Die Rechtsprechung

der

Oberlandesgerichte

auf dem Gebiete des Zivilrechts.

Herausgegeben von

B. Mugdan, Kammergerichtsrat a. D.

und

† R. Falkmann, Senatspräsident am Kammergericht

Fünfundvierzigster Band.

Berlin und Leipzig 1926

Walter de Gruyter & Co.

vormals G. J. Göschen'sche Verlagshandlung :: J. Guttentag, Verlagsbuchhandlung
Georg Reimer :: Karl J. Trübner :: Veit & Comp.

Nachträge, Zusätze, Berichtigungen.

Bd. 18 S. 367. Vgl. dagegen RG. 113 S. 236.
Bd. 40 S. 29. Vgl. dagegen RG. 113 S. 272.
Bd. 44 S. 4. Vgl. dagegen Bay. ObLG. 9. 4. 26 (Samml. 25 S. 121).
Bd. 44 S. 174. Vgl. RG. 113 S. 272.
Bd. 45 S. 13 δ. Das OLG. Hamm 20. 3. 26 (4 w 68/26) tritt bei.
Bd. 45 S. 50. Mit Rücksicht auf die Sätze der V. v. 26. 3. 1926 (RGBl. 183) ist vorläufig eine Festsetzung des Streitwertes auf etwa 4/5 des streitigen Betrages angemessen (KG. 27. 9. 26, JW. 2693).
Bd. 45 S. 75. Z. 6 von oben statt „HRG." l. „HGB."
Bd. 45 S. 102. RG. 113 S. 223 tritt bei.
Bd. 45 S. 185. Die nach Erteilung der behördlichen Genehmigung wiederholte Auflassung verschafft das Eigentum dem Erwerber, dessen neue Eintragung nicht in Frage kommt; auch eine Berichtigung ist nicht erforderlich, sondern lediglich eine Klarstellung dahin, daß die maßgebende Auflassung erst am . . erfolgt ist (KG. 11. 11. 1926, 1 x 695/26).
Bd. 45 S. 191 Z. 8 von oben statt „GBO." l. „Gesetz v. 10. 2. 1923".
Bd. 45 S. 194. Ebensowenig hat das Ges. v. 8. 4. 1924 (GS. 221) durch sein Schweigen die staatliche Genehmigung zum Grundstückserwerb aufgehoben; seine §§ 19, 20 betreffen offenbar nur die rein kirchlichen Rechte, nicht aber die allgemeinen staatlichen Aufsichtsrechte gegenüber jeder juristischen Person (KG. 30. 9. 1926, 1 x 615/26).
Bd. 45 S. 205. Dagegen hat der 2. ZS. des OLG. Hamburg (5. 10. 26 Bf. 361/26) ein vertragliches Besitzrecht des Mieters auch für das Dach des von ihm mitbewohnten Hauses nicht anerkannt. Eine solche Verkehrssitte habe sich bisher vielleicht noch nicht gebildet.
Bd. 45 S. 244 Z. 6 von oben statt „§ 7[1]" l. „§ 4 Abs. 7".
Bd. 45 S. 256 γ. „Der Antrag muß binnen 1 Woche seit Bekanntgabe der Sachentscheidung gestellt werden" (KG. 17 ZS. RE. v. 4. 10. 26, y 86/26).
Bd. 45 S. 262 m. Bei einem Vergleiche des § 45 MSchG. müssen die Formvorschriften des § 12[3] VerfA. v. 19. 9. 23 eingehalten werden (OLG. 9. 4. 26 Samml. 25 S. 123).
Bd. 45 S. 264 o. Gegen den Beschwerdebeschluß des LG. über die Gewährung einer Räumungsfrist ist eine weitere Beschwerde nicht gegeben (KG. 17. ZS. 27. 9. 26 w 6156/26). Dasselbe muß auch für das auf Grund des § 6[4] ergehende Nachverfahren gelten (Beschluß v. 22. Mai 1926, 17 w 3032/26).
Bd. 45 S. 344. Vgl. das gleichlautende Urteil des RG. v. 22. 9. 1926 (JW. 2673).

Druck von Walter de Gruyter & Co., Berlin W. 10.

Sachverzeichnis.

N. bedeutet „Nachträge".

1. Aufwertung.

a) α) § 7[5], **wenn kein aufgewertetes Recht eingetragen ist**[1]).

Kammergericht, 1. ZS. Beschluß v. 10. Dezember 1925 (x 747/25).

Von den auf dem Rittergut haftenden Hypotheken und Grundschulden sind als letzte gelöscht: a) Nr. 12 und 13 am 21. 7. 23; b) Nr. 11: Eigentümergrundschuld von 400 000 M. am 3. 3. 1925, nachdem sie als solche auf Grund einer Quittung und Löschungsbewilligung des Hypothekengläubigers vom 9. am 21. 12. 1922 umgeschrieben worden war. Am 14. 10. 1925 bewilligten und beantragten die Eigentümer eine Hypothek von 200 000 GM. für die Beschwerdeführerin zu 4. unter den näher aufgeführten Bedingungen, besonders eines darin erklärten Verzichts auf den Rangvorbehalt aus § 7 lautend: „Endlich verzichten wir hinsichtlich aller an dem Grundbesitz etwa bestehenden Hypotheken, Grundschulden, Rentenschulden und Reallasten, die einer Aufwertung unterliegen, auf die Befugnis, gemäß § 7 an der ihnen vorbehaltenen Rangstelle eine Hypothek oder Grundschuld eintragen zu lassen". Nachdem die Antragsteller mit Rücksicht auf Bedenken des Grundbuchamts nachträglich erklärt hatten, daß dieser Antrag im Verhältnis zu dem auf Eintragung der Hypothek als selbständiger, gesonderter Antrag behandelt werden solle, trug das Grundbuchamt die Hypothek ein, lehnte dagegen die Eintragung des Verzichts ab, weil zur Zeit weder ein an erster Stelle eingetragenes, aufgewertetes Recht, noch Rechte, die diesem nachgehen, und vor denen auf Grund des Vorbehalts die Hypothek (Grundschuld) eingetragen werden könnte, im Grundbuch ständen, auch zur Sicherung etwaiger AufwAnsprüche bei den gelöschten Hypotheken kein Widerspruch vermerkt sei. Die Beschwerde blieb erfolglos. Die weitere Beschwerde ist begründet. Der Zweck des § 7, die Erleichterung neuer Kreditbeschaffung für die Eigentümer, glaubte der Gesetzgeber dadurch zu erreichen, daß er dem Eigentümer eine Rangstelle hinter der ersten und etwaiger innerhalb der Mündelsicherheitsgrenze liegender weiterer Hypotheken zu Kreditzwecken freihält. Hierbei ist wohl in erster Linie daran gedacht, daß die vorbehaltene Rangstelle unmittelbar durch Verpfändung für Beleihungszwecke verwendet wird. Nach Lage der Umstände im Einzelfalle kann aber den Interessen der Darlehnsgeber und damit zugleich dem Kreditbedürfnis der Eigentümer mehr dadurch gedient sein, daß die vorbehaltene Rangstelle als dinglicher Zwischenplatz hinter der vorstelligen und den dieser in § 7 gleichgestellten Hypotheken endgültig wegfällt und dadurch der Wert nachstehender oder neu zu bestellender Grundstückspfandrechte verbessert wird. Ein solcher Fall wird immer dann gegeben sein, wenn die Möglichkeit, die vorbehaltene Rangstelle selbst als Sicherheit für neu aufzunehmenden Kredit zu verwenden, zur Zeit der neuen Beleihung nicht vorhanden ist, wenn z. B. zur Zeit der Beleihung nicht feststeht, ob und in welcher Höhe gelöschte, aber aufwertungsfähige

---

[1]) Der Verzicht ist in den Sp. 5—7 der Abt. III einzutragen. Dabei ist in den Sp. 5, 6 der Betrag derjenigen nachgehenden Rechte, zu deren Gunsten der Verzicht wirkt, zu vermerken; soll er zu gunsten aller nachgehenden Rechte wirken, so bedarf es nicht des Vermerks in Sp. 5, 6 (AVf. v. 11. 1. 26, Pr. JMBl. 10).

Rechte an erster oder innerhalb der Mündelsicherheitsgrenze liegender späterer Stelle tatsächlich wieder eingetragen würden. Ein solcher Fall ist hier gegeben. Alle bisher im Grundbuch vermerkten Hypotheken und Grundschulden sind zurzeit gelöscht. Nr. 11, 12, 13 sind aber nach den Löschungsurkunden ganz oder mindestens zum Teil erst in der Zeit vom 15. 6. 1922 bis zum 14. 2. 1924 abgezahlt und daher gemäß §§ 15, 17, 20 f. wiedereintragungs- und aufwertungsfähig. Sie gehen im Falle der Wiedereintragung gemäß §§ 6^1, 22^2 der neuen Hypothek im Range vor. Der dingliche Umfang und die grundbuchmäßige Stelle des Rangvorbehalts sind abhängig von der Höhe der Aufwertung dieser Rechte und, soweit die Nr. 12 und 13 inbetracht kommen, davon, ob sie innerhalb der Mündelsicherheitsgrenze liegen (§ 7^1). Der § 7 würde seinen Zweck nur unvollkommen erreichen, wenn in solchem Falle der Eigentümer die ihm vorbehaltene Rangstelle nicht für die Zwecke der Kreditbeschaffung auf andere Weise als durch unmittelbare Verpfändung verfügbar machen könnte. Ein Mittel für die anderweitige Verwertung der Rangstelle gibt § 7^5 ihm durch den der Eintragung fähigen und bedürftigen Verzicht auf § 7^1 an die Hand. Denn infolge des eingetragenen Verzichts erlangt der neue Kreditgeber zwar nicht die vorbehaltene Rangstelle unmittelbar als Sicherheit, die freigewordene Rangstelle kommt aber seinem Recht insofern werterhöhend zugute, als es in ihrem Umfange, wenn auch hinter vorstehenden AufwHypotheken, aufrückt. Da nun einerseits der Rangvorbehalt auch ohne Eintragung gegen den Glauben des Grundbuchs geschützt ist (§ 7^3 S. 1) und der Eigentümer, der nicht die Rangstelle selbst unmittelbar für Kreditzwecke verpfänden kann, Kredit nur erhalten wird, wenn die Gefahr des Rangvorbehalts endgültig beseitigt ist, andererseits aber der Verzicht eine seinem Zweck entsprechende Wirkung nur herbeiführt, wenn er eingetragen ist (§ 7^5 S. 2), muß auch eine Möglichkeit gegeben sein, ihn in einem Fall einzutragen, wenn noch nicht feststeht, ob gelöschte Vorhypotheken zur Aufwertung und Wiedereintragung gelangen, und ob sie in die Mündelsicherheitsgrenze fallen (Mügel § 7^{11}).

Durch grundbuchtechnische Gesichtspunkte darf die Verwirklichung des Gesetzeszwecks nicht vereitelt werden. Allerdings setzt die eine Rechtsaufgabe verlautbarende Eintragung — ein solche ist der Verzicht auf den Rangvorbehalt — nach dem Zwecke des Grundbuchs: über Entstehen und Erlöschen dinglicher Rechte Auskunft zu geben, grundsätzlich das Eingetragensein der dadurch betroffenen Rechte voraus. Diesen Grundsatz, der gleichermaßen auch bei bloßen, gegen den Glauben des Grundbuchs sichernden Eintragungen (Widerspruch) Platz greift, hat aber das Ges., wo es der Erreichung seiner Zwecke dienlich erschien, auch sonst durchbrochen. Nicht nur lassen §§ 8^2, 16^3 einen Widerspruch gegen die Aufwertung zu, bevor diese selbst eingetragen ist, und bevor feststeht, ob eine solche überhaupt stattfindet; sondern erlaubt besonders auch § 7^3 S. 2 die Eintragung des Rangvorbehalts selbst vor Eintragung der davon betroffenen Aufwertungshypotheken, und Abs. 5 S. 3 gestattet die Eintragung eines Verzichts auf den nicht eigetragenen Rangvorbehalt. Zwischen Hypotheken, die noch mit Papiermark im Grundbuch stehen, und solchen, die bereits gelöscht sind, unterscheidet § 7 nicht. Abs. 3 S. 2

sagt nur, daß die Befugnis des Abs. 1 „bei der Eintragung der Aufwertung", auf Antrag des Eigentümers schon früher eingetragen werden solle. Ob die Aufwertung bei einer noch eingetragenen (§ 6), oder bei einer bereits gelöschten, zum AufwBetrage wieder in das Grundbuch hineingelangenden (§ 20) Hypothek eingetragen wird, begründet keinen Unterschied. Ebensowenig kann es daher für die Eintragung des Verzichts etwas ausmachen, ob die Hypothek mit dem unrichtigen PMBetrage noch eingetragen, oder ob sie bereits gelöscht ist. Aus der AVf. vom 5. 10. 1925 (JMBl. 367) kann nicht Gegenteiliges hergeleitet werden. Sie bestimmt, und zwar vom Gesichtspunkt der Einrichtung der Grundbücher (§ 1² GBO.) die Eintragungsstelle und berücksichtigt dabei nur den Regelfall, daß die der vorbehaltenen Rangstelle nachfolgenden Rechte bereits eingetragen sind. Bestimmungen über die Voraussetzungen für die Zulässigkeit der Eintragung des Verzichts zu treffen, liegt außerhalb ihres Zweckes und der Zuständigkeit der Landesjustizverwaltung. Die Richtigkeit des hier vertretenen Standpunkts wird bestätigt durch Art. 11¹ S. 2, 14² der DurchfV. vom 29. 11. 1925.

Um eine überflüssige Eintragung handelt es sich nicht, da der Verzicht auch im letztgedachten Fall entsprechend dem Zwecke des Gesetzes verlautbart, daß die in § 7¹ eingeräumte Befugnis auf jeden Fall erloschen, das Grundstück also nicht mehr durch sie dinglich gebunden ist, und daß der Eigentümer sie keinesfalls mehr ausüben kann. In solchem Falle wird bis zum Erlaß abweichender Bestimmungen genügen, den Verzicht lediglich bei der neueingetragenen Hypothek in Sp. Veränderungen zu vermerken: „Nr. . Betrag: „Der Eigentümer hat auf die Befugnis, gemäß § 7 an der ihm vorbehaltenen Rangstelle eine Hypothek oder Grundschuld eintragen zu lassen, verzichtet".

β) **Auslegung eines Antrags auf gleichzeitige Eintragung einer Hypothek und des an sich überflüssigen Rangvorbehalts.**

Kammergericht, 1. ZS. Beschluß v. 17. Dezember 1925 (x 778/25).

Die Beschwerdeführer haben ihr Grundstück 1923 von A. erworben und ihm eine Restkaufgeldhypothek von 100 000 M. bestellt. Diese ist am 27. 7. 1923 gelöscht; am 7. 8. 1925 ist gegen die Löschung ein Widerspruch eingetragen. In einer notariellen Verhandlung vom 8. 9. 1925 haben sich die Beteiligten dahin geeinigt, daß A. auf die Rechte aus der Hypothek verzichtet und die Löschung des Widerspruchs bewilligt, während die Eigentümer bewilligen und beantragen:

Daß zu Gunsten des A. eine Grundschuld in Höhe von 5 000 GM. eingetragen wird und zwar mit dem den Eigentümern gemäß § 7 zustehenden Range unmittelbar hinter 35 000 GM., d. h. dem normalen Aufwhöchstsatz der ersten Hypothek von 140 000 M. Die Grundschuld soll ohne Kündigung am 1. 1. 1932 rückzahlbar sein ... Die Grundschuld wird vom 1. 10. 1925 bis 1. 1. 1926 mit 2½% jährlich, dann mit 3% und vom 1. 1. 1928 mit 5% jährlich verzinst.... Falls das Grunbuchamt es für erforderlich erachtet, soll einer einzutragenden Aufw.-Hypothek von 35 000 GM. der Rang vor dieser Grundschuld vorbehalten und dies eingetragen werden.

Die Belastungsverhältnisse des Grundstücks waren bei Eingang dieses Antrags und sind noch heute folgende: In Abt. III waren unter Nr. 1—8 Hypotheken eingetragen und zwar an letzter Stelle für A. 100 000 M. Die Nr. 1, 2, 4, 5, 6, 7 sind sämtlich in den Jahren 1910—1918 gelöscht. Von Nr. 3 in Höhe von 162 000 M. sind 12 000 M. Ende 1910, 10 000 M. am 11. 8. 1920 und der Rest von 140 000 M.

am 4. 2. 1924 gelöscht; die zu Grunde liegende Löschungserklärung vom 27. 9. 1923 lautet: „Wir bekennen von den eingetragenen Eigentümern durch Zahlung befriedigt zu sein und bewilligen hierdurch die Löschung". Die Vorinstanzen haben ohne Grund abgelehnt. ... Das LG. bemerkt zwar richtig, daß der Rangvorbehalt des § 7 das Vorhandensein von Nachrechten hinter dem erststelligen voraussetzt, wobei es keinen Unterschied macht, ob diese noch eingetragen, oder ob sie zwar gelöscht, aber aufwertungs- und wiedereintragungsfähig sind. Das Gesetz will einen Teil der Rangstellen nach dem ersten und dem innerhalb der Mündelgrenze stehenden weiteren Rechte für Kreditzwecke des Eigentümers freimachen. Ist hiefür das Eigentum mangels nachstehender Rechte ohnehin hinter dem erststelligen und den ihm im Sinne des § 7[1] gleichgestellten Rechten verfügbar, so würde die Eintragung der Befugnis des § 7 etwas Selbstverständliches und Überflüssiges verlautbaren und darum unzulässig sein (so auch Nadler Grundbuch- und AufwertFr. 9. 26 unten). Zutreffend geht auch das LG. davon aus, daß hier als erststelliges und, abgesehen von der Hypothek des A., einziges aufwertungsfähiges Recht der Hypothek Nr. 3 in Frage kommt; denn sie geht der Nr. 1 im Range vor. Der Rest von Nr. 1 ist zwar erst 1918 gelöscht; er kommt aber, abgesehen von dem gutgläubigen Erwerb der Beschwerdeführer (§ 892[2] BGB., 20 AWG.), für die Aufwertung selbst im Falle eines bei der Zahlungsannahme gemachten Vorbehalts nicht in Frage, weil der Wert des gezahlten Nennbetrages bei der Zahlung mehr als den 25 prozentigen Aufwertungsbetrag ausmacht (§§ 1 S. 2, § 18 AWG.). Die Nr. 2 und 4—6 sind sämtlich bereits 1910 bis 1913 gelöscht.

Ein Rangvorbehalt aus § 7 kommt also nicht in Frage, so daß es auch nicht darauf ankommt, ob das Recht Nr. 3 nur wegen 140 000 M., oder auch wegen der erst im August 1920 gelöschten 10 000 M. (vgl. §§ 14, 18) aufwertungsfähig ist. Eine Eintragung der Grundschuld von 5 000 GM. würde mit zur Folge haben, daß sie unmittelbar hinter das aufgewertete Recht Nr. 3 zu stehen käme. Dies verkennt auch das LG. nicht. Seine Annahme, daß trotzdem eine solche Eintragung nicht zulässig sei, weil die Antragsteller ausdrücklich auf der Eintragung des Rangvorbehalts beständen und ihren Antrag von der Miteintragung des Rangvorbehalts abhängig machten, beruht auf rechtsirriger Würdigung der Urkunde vom 8. 9. 1925. Es ist zwar ein allgemeiner, liegenschaftsrechtlicher Grundsatz, daß Eintragungs-Bewilligung und -Antrag klar und bestimmt, besonders nicht bedingt und nicht alternativ gehalten sein dürfen; sie müssen übereinstimmen und zweifelsfrei erkennen lassen, was nach dem Willen der Beteiligten eingetragen werden soll. Dieser Grundsatz ist aber im Hinblick auf die durch das AWG. geschaffenen schwierigen Rechtslage nicht mit einer die Verwirklichung der Zwecke des AWG. vereitelnden oder in Frage stellenden formalen Strenge anzuwenden. War schon unter normalen Grundstücksverhältnissen das Grundbuchamt verpflichtet, Bewilligung und Antrag, ohne am Buchstaben zu haften, nach Gesamtinhalt und Zweck gemäß § 133 BGB. auszulegen und bei bedenkenfreier Erkennbarkeit der gewollten Eintragung diese, falls sie nicht etwa unzulässig wäre, auszuführen (Güthe-Triebel GBO. § 19[55]), so gebieten die durch das AWG.

geschaffenen Schwierigkeiten erhöhte Rücksichtnahme auf die mit dem Erklärten verfolgten Zwecke und eine auf deren Erforschung gerichtete Auslegung der Eintragungsunterlagen. Hiernach war der Gesamtinhalt der Urkunde daraufhin zu prüfen, ob eine Eintragung ohne den Rangvorbehalt durch den aus der Urkunde ersichtlichen Willen gedeckt wird. Hieran hat es das LG. fehlen lassen, wenn es am Wortlaut haftend aus der Stelle „und zwar mit dem den Eigentümern gemäß § 7 zustehenden Range hinter 35 000 GM." entnimmt, daß die Eintragung der Grundschuld nur unter gleichzeitiger Eintragung des Rangvorbehalts erfolgen solle. Es ist davon auszugehen, daß die Beteiligten etwas Vernünftiges, ihren Zwecken Dienliches beabsichtigen und auf dem einfachsten gangbaren Wege erreichen wollen. Unvernünftig aber wäre es, wenn sie die Eintragung eines Rangvorbehalts wollten, obwohl es einer solchen Eintragung nicht bedarf, weil die einzutragende Grundschuld ohnehin an die Stelle kommen würde, wohin sie die Beteiligten haben wollen.... Sie wollten also eine unmittelbar hinter die Nr. 3 kommende Eintragung ohne Rangbemerkung, wenn dies zulässig, ihre Absicht also auf diesem einfacheren Wege durchführbar sei. Da das letztere zutrifft, steht nichts im Wege, diesem Ziel der Bewilligung und des Antrages durch eine über den Rang nichts Ausdrückliches besagende Eintragung der Grundschuld zum Erfolge zu verhelfen. [Ebenso Beschluß v. 16. Januar 1926, 1 x 818/25.]

b) **Aufwertung restlicher Kaufpreiszieler.**

α) OLG. Stuttgart, 1. ZS. Beschluß v. 27. März 1925.

Der Schuldner erwarb am 23. März 1920 das Haus, das jetzt einen Verkehrswert von 9600 RM. hat, in öffentlicher Versteigerung um 47 500 M. Er schuldete noch 11 875 M. hypothekarisch eingetragene Zieler; und will nur 621 RM. bewilligen. Die AufwStelle hat jedoch den Wert des Hauses in dem Verhältnis geteilt, in dem die Restforderung zum Gesamtpreis steht und kam so auf $^1/_4$ = 2400 RM. Der Schuldner sieht mit Recht eine Bevorzugung des Gläubigers darin, daß er hier so gestellt würde, wie wenn er erst jetzt verkauft hätte; hätte er den Restkaufpreis sofort bekommen, so wäre dieser nicht auf 2400 RM. angewachsen. Die AufwStelle durfte zwar davon ausgehen, daß die im Werte des Hauses ruhende Forderung ihren jetzigen Wert aus dem heutigen Wert des Hauses erhalte. Sie betont, es müssen die Verhältnisse der Parteien gegen einander abgewogen und die Leistung des Schuldners so bestimmt werden, daß sie ein Äquivalent für die Leistung des Gläubigers bilde. Dieser Anforderung wird jedoch nicht schon damit genügt, daß dem Gläubiger vom heutigen Werte des Grundstücks soviel zugesprochen wird, als seine Forderung vom Gesamtpreis ausmacht. Denn der Gläubiger hat den Sachwert des Grundstücks aus der Hand gegeben, hat eine Geldforderung vorgezogen und hat damit die Gefahr übernommen, daß deren Schicksal sich anders gestalte als das des Grundstücks. Dazu ist zu berücksichtigen, daß das Vermögen beider Teile in der Zeit seit Errichtung der Hypothek dem allgemeinen Rückgang unterwofen war, aber bei einer Geldforderung der Rückgang sich stärker darstellt, weil eine wertbeständige Erhaltung schwierig und eine Gleichstellung mit den Grundstückswerten unmöglich war. Diese Umstände sind bei den Zeilerschen

Umwertungszahlen berücksichtigt. Auch diese Zahlen besitzen freilich keine unbedingte Geltung und verschiedentlich wird zwischen ihnen und der Mügelschen Formel ein Mittelweg eingeschlagen. Das Senat kann darüber für den einzelnen Fall keine Vorschrift treffen; aber er muß sich dagegen wenden, daß die AufwStelle schon in der Anwendung des Mügelschen Maßstabes den billigen Ausgleich findet, der das Ziel des § 3 der 3. StNV. bildet. S.

β) Kammergericht, 9. ZS. Beschluß v. 7. Januar 1926 (Aw. 489/25).

Aus § 10 Nr. 5, Abs. 3 erhellt, daß die Forderungen, für die der § 10³ gilt, an sich nach allgemeinen Vorschriften aufzuwerten sind. Dieser Regelung muß die AufwStelle in der Weise Rechnung tragen, daß sie den Betrag zunächst nach den Grundsätzen der Individualaufwertung ermittelt. Bleibt der so gefundene Betrag hinter 75 vH. (100 vH.) des GMBetrages zurück, so ist die Forderung auf jenen Betrag aufzuwerten; übersteigt er den Satz von 75 vH. (100 vH.), so ist er lediglich auf 75 vH. (100 vH.) herabzusetzen. Nur dieses Verfahren führt zu Ergebnissen, die eine gerechte und billige Ausgleichung der Interessen beider Teile bewirken und damit Treu und Glauben (§ 242 BGB.) gerecht werden. Es verhindert besonders bei Vorkriegsforderungen, die durch Hypotheken auf städtischem Hausbesitz gesichert sind, eine zu hohe, für den Eigentümer und Schuldner nicht tragbare Aufwertung. Die Beträge, die die Gerichte bei der freien Aufwertung zubilligen, schwanken bekanntlich recht erheblich, vielfach werden ziemlich mechanisch 50—60 vH. des GMBetrags als Normalsätze zugesprochen. Diese Praxis könnte (Nadler S. 100) leicht dazu Anlaß geben, daß die AufwStelle, die sich an den Satz von 50 oder 60 vH. gewöhnt hat, auch Vorkriegsforderungen der hier in Frage kommenden Art auf diesen Betrag aufwertet, was in vielen Fällen, namentlich beim städtischen Hausbesitz, zu einer schweren Schädigung der Schuldner führen würde; solche Ergebnisse werden aber vermieden, wenn der Richter, ohne sich zunächst um die AufwSchranke zu kümmern, in jedem einzelnen Falle unter sorgfältiger Beachtung aller zu berücksichtigenden Gesichtspunkte, besonders des gegenwärtigen Grundstückswertes, den Betrag ermittelt.

Das LG. hat diesen Wert mit etwa $^2/_3$ des früheren Wertes angenommen. Diese Feststellung beruht auf einer Verletzung allgemeiner Erfahrungssätze, die das mit der Rechtsbeschwerde befaßte KG. ebenso wie das Revisionsgericht nachzuprüfen hat (RGZ. 76 S. 176). Der Satz, daß der städtische Hausbesitz ganz allgemein heute den Wert von etwa $^2/_3$ des Friedenswertes habe, widerspricht der allgemeinen Erfahrung, denn der Wert des städtischen Hausbesitzes ist durchschnittlich stärker, auf etwa ein Drittel des früheren Wertes gesunken.

c) **Getrennte Aufwertung mehrerer Hypotheken und persönlicher Forderungen** [1].
Kammergericht, 9. ZS. Beschluß v. 5. März 1925 (AW. 108/25).

Es ist unzulässig, daß die AufwStelle mehrere Hypotheken und die durch sie gesicherten Forderungen auf einen Gesamtbetrag aufwertet; jede Hypothek und

[1]) Mitteilung der Anmeldungen: AVf. v. 26. 1. 26 II, Pr.JMBl. 11.

jede Forderung muß vielmehr besonders aufgewertet werden. Für die Hypotheken folgt dies ohne weiteres daraus, daß sonst eine Eintragung des AufwBetrages bei der einzelnen Hypothek nach § 2³ der 3. StNVO. nicht möglich wäre. Für die persönlichen Forderungen muß aber wegen ihres engen Zusammenhangs mit den Hypotheken und zur Klarstellung der Verhältnisse im Interesse aller Beteiligten dasselbe gelten. N. r.

d) **Widerspruch des § 16²: α) Voraussetzungen. Anrechnung nach § 18.**

Kammergericht, 1. ZS. Beschluß v. 19. November 1925 (x 716/25).

Der Gläubiger A. hat am 2. 8. 1922 über die Zahlung durch den Eigentümer quittiert und die Löschung der seit 1920 eingetragenen Hypothek bewilligt. Diese ist darauf auf Antrag des damaligen Eigentümers am 28. 10. 1922 gelöscht worden. Nachdem auf Grund einer Auflassung vom Anfang 1925 der Beschwerdeführer als Eigentümer eingetragen worden war, hat am 16. 9. 1925 A. den Anspruch auf Aufwertung der Hypothek bei der AufwStelle angemeldet; er berechnet den Betrag auf 25% des um den GMWert der Zahlung verminderten GMWertes der Hypothek am Abtretungstage auf 187,86 RM.; zugleich hat er Wiedereintragung der gelöschten Hypothek und zunächst Eintragung eines Widerspruchs zur Sicherung beantragt. Das Grundbuchamt hat darauf einen Widerspruch gegen die Löschung der Hypothek von 17 500 M. eingetragen. Das LG. hat die Beschwerde des Eigentümers, die sich darauf gründete, daß er auf Grund des Glaubens des Grundbuchs die Wiedereintragung und daher auch den Widerspruch nicht gelten zu lassen brauche, mit der Maßgabe zurückgewiesen, daß der Betrag des Widerspruchs auf Höhe des AufwBetrages zu berichtigen sei. Die weitere Beschwerde ist nach §§ 80, 71 GBO. zulässig. Wie das KG. ständig angenommen hat, betrifft der § 71² S, 1 nur Eintragungen, die unter dem Glauben des Grundbuches stehen, also nicht Vormerkungen und Widersprüche. Diese Beurteilung muß unbedenklich auch für die im AufwG. vorgesehenen Widersprüche gelten, da auch, wenngleich sie gegenüber den bisher zugelassenen Widersprüchen (§§ 899 BGB., 54 GBO.) wesentliche Unterschiede aufweisen, nicht durch den öffentlichen Glauben gedeckt werden.

Das Rechtsmittel ist jedoch nicht begründet. Allerdings ist wiederholt ausgesprochen (KGJ. 41 S. 225; auch 31 S. 271), daß die Eintragung eines Amtswiderspruchs aus § 54 GBO., falls nach Entstehung der Unrichtigkeit ein rechtsgeschäftlicher Erwerb des Grundstücks erfolgt ist, nur dann zulässig sei, wenn glaubhaft gemacht werde, daß es sich nicht um einen gutgläubigen Erwerb handele. Diese Auffassung gründet sich auf die Gleichartigkeit dieses und des nach § 899 BGB. zu erwirkenden Widerspruchs, sowie auf die Zweckbestimmung beider, nicht oder nicht richtig eingetragene dingliche Rechte gegen die Gefahren des öffentlichen Glaubens zu schützen, die aber beim Erlöschen des Rechts durch guten Glauben fortfällt. Auf den in § 16² AufwG. vorgesehenen Widerspruch können diese Grundsätze jedoch keine Anwendung finden. § 16² S. 2 erwähnt im Gegensatz zu §§ 894, 899 BGB. und 54 GBO. die Unrichtigkeit des Grundbuches

[1]) Eintragung in Abt. III Sp. 1 bis linke Hälfte Sp. 4 (AVf. v. 26. 1. 26).

überhaupt nicht. Er erfordert lediglich die Erhebung des Anspruches auf Wiedereintragung und einen Antrag des Gläubigers auf Eintragung des Widerspruchs. Eine Glaubhaftmachung der Unrichtigkeit des Grundbuches und dazu auch des schlechtgläubigen Erwerbs, kann nicht etwa, obwohl § 16² diese Umstände völlig unerwähnt läßt, aus der Gleichartigkeit des hier erwähnten Widerspruchs mit den bisher gesetzlich vorgesehenen Widersprüchen hergeleitet werden. Denn die im AufwG. geregelten Widersprüche sind nicht ohne weiteres mit den letzteren auf eine Stufe zu stellen. Sie bezwecken zwar auch wie diese, den Glauben des Grundbuchs auszuschließen, sind aber nicht davon abhängig, daß das Grundbuch eine Unrichtigkeit zuungunsten des Widerspruchsberechtigten enthält; so können die Widersprüche der §§ 8², 16³, die sich gegen die Höhe der Aufwertung oder gegen diese selbst richten, auf Antrag des Eigentümers eingetragen werden, ohne daß die Aufwertung bereits eingetragen zu sein brauchte. Die Widersprüche des AufwG. sind daher ein durch das AufwG. neugeschaffenes Sicherungsmittel, das dessen besonderen Zwecken zu dienen bestimmt und grundsätzlich nach diesen hinsichtlich seiner Voraussetzungen und Wirkungen zu beurteilen ist, eine einfache Übernahme der für die Widersprüche des BGB. geltenden Rechtsregeln aber nicht ohne weiteres verträgt. Der Widerspruch des § 16² soll dem Gläubiger (bis auf weiteres übrigens neben der aus § 22² folgenden Sicherung) ein alsbald wirksam werdendes Sicherungsmittel geben, das sein bisher noch nicht wieder eingetragenes und damit für Dritte nicht erkennbare Recht gegen etwa mögliche Schädigungen durch gutgläubigen Rechtserwerb schützt. Entsprechend diesem Zwecke erfordert das Gesetz neben dem Eintragungsantrag selbst lediglich die Erhebung des Anspruchs, also die Anmeldung bei der AufwStelle. Die Frage, ob der Anspruch begründet ist und damit sowohl die Frage, ob die Voraussetzungen der §§ 14, 15 gegeben sind, wie die weitere, ob den Anspruch etwa gutgläubiger Zwischenerwerb ausschließt, ist bei der Eintragung des Widerspruchs nicht zu prüfen; sie ist im ordentlichen Verfahren auszutragen, dem dann entweder die endgültige Wiedereintragung der Hypothek oder, falls die Voraussetzungen der §§ 14, 15 fehlen oder ein gutgläubiger Zwischenerwerb dargetan wird, die Löschung des Widerspruchs folgt (vgl. 1 x 481, 653/25). [Ebenso OLG. Dresden 29. 9. 25, JW. 1926 S. 65.]

Auch die Ausführungen der Beschwerde, daß der Gläubiger zum mindesten behaupten müsse, die Hypothek habe z. Z. des Eigentumswechsels bestanden, hierzu aber die Behauptung eines Vorbehalts erforderlich sei, da andernfalls die Hypothek erst mit dem Inkrafttreten des AufwG. unter Ausschluß des guten Glaubens vom 1. Juli 1925 ab wieder ins Leben getreten sei, vermögen keine andere Beurteilung zu rechtfertigen. Einer Behauptung des schlechten Glaubens des Zwischenerwerbers bedarf es zur Eintragung des Widerspruchs nicht, wie überhaupt eine Substantiierung des Wiedereintragungsanspruchs gegenüber dem Grundbuchamt bei Stellung des Antrages auf Widerspruchseintragung nicht erforderlich ist. Es genügt die Behauptung des Bestehens jenes Anspruchs, mit dem gleichzeitigen Nachweis seiner Anmeldung bei der AufwStelle zur Begründung des Antrags, wie im entsprechenden Falle des § 16³ die bloße Behauptung des Eigentümers, daß eine Aufwertung nach §§ 14, 15 nicht stattfinde, ausreicht. Da die Anmeldung des AufwAnspruchs in dem Antrag auf Widerspruchseintragung mitgestellt ist, so haben die Vorinstanzen mit Recht die Voraussetzungen des § 16² S. 1 als gegeben angesehen.

Dagegen hat der Gläubiger den AufwBetrag, auf den sich der Widerspruch bezieht, nicht nach den Vorschriften des Gesetzes berechnet. Nach § 18 sind geleistete Zahlungen in Höhe ihres GMBetrages auf den AufwBetrag anzurechnen. Der Gläubiger rechnet die Zahlung jedoch bereits auf den GMWert der Hypothek selbst an und bestimmt daraus erst den AufwBetrag. Dieser beläuft sich bei 857,50 GM. auf 25% davon (§ 4) = 214,37 GM.; bei Anrechnung der Zahlung im GMBetrag von 106,05 GM. verbleibt nur ein AufwBetrag von 108,32 GM. Nur in dieser Höhe kommt daher eine Aufwertung und damit auch die Eintragung eines Widerspruchs in Frage.

β) **Eintragung bei noch nicht gelöschten Hypotheken?**

Kammergericht, 1. ZS. Beschluß v. 3. Dezember 1925 (x 707/25).

Auf dem Grundstücke des A. steht unter Nr. 5 seit 1893 für die beschwerdeführende Bank eine Darlehenshypothek von 10 000 M. eingetragen. Die Bank behauptet, die Hypothekenforderung sei ihr am 8. 2. 1923 und zwar mit 20 000 PM. = 2,70 GM. vom Eigentümer und persönlichen Schuldner A. zurückgezahlt worden, sie habe unterm 27. 2. 1923 über den Empfang des Kapitals quittiert und die Löschung bewilligt; diese Urkunde auch nebst dem Briefe dem A. ausgehändigt. Von der Annahme ausgehend, daß die Hypothek gelöscht sei, hat sie, nachdem sie den gemäß § 15 ihr zustehenden AufwAnspruch angemeldet hatte, beantragt, den Anspruch auf Wiedereintragung der Hypothek durch einen Widerspruch zu sichern. Die Vorinstanz hat mit Verfügung vom 26. 9. 1925 den Antrag im Hinblick auf die noch nicht erfolgte Löschung der Hypothek mit Recht abgelehnt. Die Voraussetzungen für die Aufwertung der Hypothek sind, falls die Angaben der Gläubigerin den Tatsachen entsprechen, gegeben. Dagegen liegen die Voraussetzungen für eine Wiedereintragung der Post und für deren Sicherung gemäß § 16 nicht vor, da die Hypothek noch eingetragen steht. Das Grundbuch ist, soweit es sich um das Eingetragensein der Hypothek auf den Namen der Gläubigerin handelt, nicht unrichtig. Sein wesentlichster Inhalt entspricht insowiet im Gegenteil der Tatsache, daß sich die Gläubigerin durch die Annahme der Zahlung im Februar 1923 ihres Hypothekenrechts im wesentlichen nicht entäußert hat, sondern dinglich Berechtigte geblieben ist; Eintragungsfiktionen kommen nicht in Betracht. Daß dem Eigentümer löschungsfähige Quittung erteilt und der Brief ausgehändigt ist, kann zur Eintragung eines Widerspruchs nicht führen.

Allerdings liegt scheinbar ähnlich der von der Beschwerde herangezogene Fall der Abtretung einer Briefhypothek außerhalb des Grundbuchs durch Erteilung einer beglaubigten Abtretungserklärung und Übergabe des Briefes in der Zeit nach 14. Juni 1922. Auch in diesem Fall ist der frühere (abtretende) Gläubiger noch als solcher eingetragen; der Zusammenhang der §§ 16, 17, 20 und 21[1] ergibt jedoch, daß nach der Auffassung des Gesetzes eine „Wiedereintragung" seines Gläubigerrechts in Höhe der Aufwertung stattfindet und daß der Anspruch durch einen Widerspruch gesichert werden kann. Diese Art der Behandlung gründet sich aber auf den in § 21[1] Nr. 2 angezogenen § 1155 BGB. Darnach wird in Ansehung der Wirkung des Glaubens des Grundbuchs der nicht eingetragene Briefbesitzer als eingetragen behandelt; der in Wirklichkeit noch eingetragene frühere Gläubiger ist infolgedessen als gelöscht anzusehen. Das hat hinsichtlich der Aufwertung bei Anwendung der §§ 891, 892 für den früheren Gläubiger die Möglichkeit eines Verlustes seines AufwAnspruchs auf Grund eines Wechsels im Eigentum am Grundstück zur Folge: wer nach der Abtretung gutgläubig im Vertrauen auf das Gläubigerrecht des als eingetragen geltenden Briefbesitzers und die fingierte Löschung des früheren Gläubigers das Eigentum am Grundstück erwirbt, braucht die Aufwertung zugunsten des früheren Gläubigers nicht gegen sich gelten zu lassen (Quassowski § 21 I). Diese Rechtslage muß nicht nur dazu führen, eine „Wiedereintragung" des Abtretenden stattfinden zu lassen, sondern ferner auch zur Zulassung eines Widerspruchs gegen die fingierte Löschung zum Schutze gegen den durch sie in Verbindung mit dem Glauben des Grundbuchs ermöglichten Verlust des Rechts, also zur Sicherung der Wiedereintragung. Der Rangverlust hinsichtlich des AufwAnspruchs infolge des Erwerbs der abgetretenen Hypothek oder eines anderen Rechtes am Grundstück durch einen Dritten kommt dagegen nicht in Betracht, da nach der positiven Vorschrift des § 21[2] der frühere Gläubiger einen solchen unabhängig von den Vorschriften über den guten Glauben erleidet.

Der hier in Rede stehende Fall unterfällt nicht dem § 1155 BGB., so daß der zahlende Eigentümer nicht im selben Sinne wie der Briefbesitzer im Falle des § 1155 als eingetragen gilt; besonders ist Satz 2 nicht anwendbar. Denn wenn auch im Sinne dieser Vorschrift der gesetzliche Übergang des Hypothekenrechts auf den Eigentümer, wie er infolge der Zahlung stattfindet, der Übertragung der Forderung gleich zu erachten ist, so ist doch die Quittung kein Anerkenntnis des Rechtsüberganges (Güthe, GBO. § 40[25]; RGKom. § 1155[5]; JFG. 1 S. 487). Soweit finden schon hiernach, ganz abgesehen davon, daß durch die PMZahlung die Hypothek als solche auf den Eigentümer in Wahrheit nicht übergeht, auf einen Fall der vorliegenden Art, auch die §§ 21 Nr. 2, 20, 16, 17 AufwG. keine Anwendung; es findet also weder eine „Wiedereintragung" des ausgezahlten Gläubigers noch dessen Sicherung durch Widerspruch statt. Daß im Sinne des § 40 GBO. wie der Briefbesitzer des § 1155 so auch der im Besitze von Quittung und Brief befindliche Eigentümer, der die Hypothek durch Zahlung erworben hat (von der Unzulänglichkeit der PMZahlung wiederum abgesehen), als deren eingetragener Inhaber gilt (Güthe § 40[27, 14]), kommt nicht in Betracht; wenn § 40 in solcher Art auf den vorliegenden Fall angewendet wird, so handelt es sich dabei um eine Folgerung aus dem Wesen der Eigentümerhypothek (vgl. Güthe a. O., KGJ. 21 S. 159, 28 S. 135), die die dem Wortlaut entsprechende Befolgung der formellen Ordnungsvorschrift des § 40[1] hier ebensowenig als notwendig erscheinen läßt, wie das Gesetz sie für die Fälle des § 1155 als notwendig erachtet. Im übrigen bleibt es dabei, daß § 1155 in seiner materiellrechtlichen Bedeutung, in der Wirkung des Glaubens des Grundbuchs, auf ihn nicht anwendbar ist.

Eben deshalb ist in den Fällen der vorliegenden Art auch kein Bedürfnis für einen Widerspruch. Beim Fehlen einer dem § 1155 entsprechenden Vorschrift für diese Fälle kann der dem Anschein nach eingetretene Erwerb der Hypothek durch den im Besitze von Quittung und Brief befindlichen, jedoch nicht als Inhaber des dinglichen Rechts eingetragenen Eigentümer nicht in gleicher Weise die Grundlage für einen gutgläubigen Rechtserwerb Dritter bilden, wie wenn das Recht auf den Eigentümer umgeschrieben worden wäre. Die wesentliche Wirkung der Grundbucheintragungen, die Geltung der auf dem Glauben des Buches beruhenden Fiktionen und Vermutungen, tritt hier nicht schon als Wirkung der außergrundbuchlich sich vollziehenden Vorgänge ein. Darnach hätte hier der Übergang des Grundstückeigentums auf einen gutgläubigen Dritten nicht den Verlust des AufwAnspruchs für die Gläubigerin zur Folge. Eine Schädigung der Gläubigerin durch gutgläubigen Rechtserwerb kann also auf Grund der allgemeinen Vorschriften nicht eintreten, auch kein Rangverlust dadurch, daß der Eigentümer das dingliche Recht einem gutgläubigen Dritten abtritt oder daß ein solcher ein nachstehendes Recht erwirbt (§ 21² greift hier nicht Platz). Ebensowenig kann sich auf Grund des § 20² in Fällen wie der vorliegende, in denen noch jetzt nicht gelöscht ist, ein gutgläubiger Rechtserwerb Dritter an die Aushändigung der Quittung anschließen; denn seine Voraussetzung, daß die Löschung gemäß der Quittung später erfolgt (Quassowski § 20), kann seit dem Inkrafttreten des AufwG. jedoch nicht mehr eintreten; eine für die Aufwertung nach § 15 in Betracht kommende Hypothek kann vielmehr seitdem lediglich auf Grund einer in der kritischen Zeit ausgestellten, die Rückzahlung während dieser Zeit nachweisenden Quittung und Bewilligung nicht mehr gelöscht werden. Aus diesem Grunde kann auch hier die Möglichkeit, daß der Eigentümer auf Grund von Quittung und Brief die Hypothek löschen läßt, überhaupt außer Betracht bleiben. Ebenso steht es übrigens mit der Umschreibung der Hypothek als solcher auf seinen Namen: seit Inkrafttreten des AufwG. wird nicht mehr diese, sondern nur noch der aus der Zahlung sich für ihn ergebende AufwTeilbetrag umgeschrieben werden können (so daß auch nicht im Verhältnis von Gläubiger und Eigentümer der § 21² an die Stelle des an sich anwendbaren § 1176 BGB. tritt).

γ) **Einreichung des Briefes zum Vermerke des Widerspruchs.**

Kammergericht, 1. ZS. Beschluß v. 17. Dezember 1925 (x 759/25).

Die seit Anfang 1914 für A. eingetragene Hypothek ist in beglaubigter Urkunde vom 19. Mai 1922 an die beschwerdeführende Bank abgetreten und die Abtretung am 22. 9. 1922 im Grundbuche vermerkt. Auf Antrag des Testamentsvollstreckers des 1925 verstorbenen A. hat das Grundbuchamt, weil die Gegenleistung für die Abtretung erst nach 14. Juni 1922 gezahlt und angenommen sei, gemäß §§ 17, 16² S. 2 AufwG. einen Widerspruch zugunsten der Erben eingetragen. Demnächst hat es mit Verfügung vom 4. 8. 1925 der Bank von der Eintragung Kenntnis gegeben und sie zur Einreichung des Briefs zum Vermerke des Widerspruchs unter Ordnungsstrafe aufgefordert. Die Beschwerde blieb erfolglos. Die vom LG. vorweg erörterte Frage, ob Widerspruch zu Recht eingetragen ist, kann hier nicht nachgeprüft werden, da die Beschwerde sich ausdrücklich nur gegen die unter Ordnungsstrafe geforderte Vorlegung des Briefes, nicht gegen die Eintragung des Widerspruchs richtet. Bei der Prüfung der Vorlegungspflicht ist vielmehr vom Eingetragensein des Widerspruchs auszugehen. Solange dieser unangefochten verzeichnet steht, ist er zur Erhaltung der Übereinstimmung von Grundbuch und Brief auf diesem zu vermerken, ohne Rücksicht auf etwaige, bezüglich der Voraussetzungen für die Eintragung bestehende Bedenken. Ebenso ist hier nicht zu erörtern, ob die Fassung des Widerspruchs der Rechtslage entspricht.

Im übrigen geht das LG. mit Recht davon aus, daß es zur Eintragung eines Widerspruchs gemäß § 16² S. 2 AufwG. der Vorlegung des Briefes nicht bedarf. Abgesehen davon, daß § 42¹ S. 2 GBO. hier entsprechend anzuwenden ist, liegt es im Wesen dieses Widerspruchs begründet, daß die Vorlegung nicht verlangt werden kann. Im Regelfall des § 16² (Wiedereintragung) wird der Brief durchweg gemäß § 69 GBO. unbrauchbar gemacht und die Vorlegung deshalb nicht angängig sein. In jedem Fall soll der Widerspruch ein Mittel zu alsbaldiger Sicherung des AufwGläubigers sein; andrerseits wird sich der Brief, wie in den Fällen des § 17, der Regel nach nicht in seinen Händen befinden, so daß eine schleunige Sicherung nicht möglich wäre, wenn die Eintragung des Widerspruchs von der Beschaffung des Briefes abhängig gemacht würde. Aus der Nichterwähnung des § 16² S. 2 im Art. 17 der DurchfV. vom 29. 11. 1925 kann auf einen gegenteiligen Standpunkt nicht geschlossen werden; vielmehr ist daraus, daß nach Art. 17 Z. 1 die Vorlegung nicht notwendig ist für die Aufwertung der Hypothek selber, wenn in den Fällen des Ges. §§ 14, 15, 78 der Gläubiger und im Falle des § 17 der frühere Gläubiger die Eintragung beantragt, zu entnehmen, daß es der Vorlegung erst recht nicht bedarf, wenn es sich nur um die Eintragung eines Widerspruchs in den entsprechenden Fällen handelt. Andrerseits ist nach § 62¹ GBO. der bei der Hypothek eingetragene Widerspruch auf dem Briefe zu vermerken. Wiederum in entsprechender Anwendung des § 62² S. 2 (§ 42¹ S. 2) GBO. wird daher das Grundbuchamt für berechtigt und verpflichtet erachtet werden müssen, den Besitzer des Briefes zu seiner Vorlegung anzuhalten. Daß auch dies der Auffassung der V. v. 29. 11. 1925 entspricht, ergibt sich aus dem Art. 17², der das gleiche Verfahren für die Fälle des Abs. 1 vorschreibt, in Verb. mit dem oben Gesagten. — Die Berechtigung des Grundbuchamts, die Vorlegung des Briefes durch Ordnungsstrafen zu erzwingen, soweit eine Verpflichtung zur Vorlegung besteht, ergibt sich aus Art. 15 PrFG.; vgl. X 603.24 (Jur. Rdsch. 1925 Nr. 265), 1 X 411.25. [und Rsp. 44 S. 163].

δ) **Behandlung der gelöschten Hypothek in der Zwangsversteigerung.**

OLG. Hamburg, 2. ZS. Beschluß v. 21. Nov. 1925 (Bs. 246/25).

Das LG. hat den Zuschlagsbeschluß des Amtsgerichts aufgehoben und den Zuschlag versagt. Denn die Sparkasse gehöre, da ihr ein AufwRecht kraft Rückwirkung zustehe, trotz der am 22. Juni 1923 erfolgten Löschung ihrer Hypothek zu den „Beteiligten" des § 9 Z. 1 ZwVG. Auch hätte ihr Recht, da es dem des betreibenden Gläubigers vorgehe, im geringsten Gebot aufgenommen werden müssen. Die weitere Beschwerde des Erstehers ist begründet.

Solange eine neue gesetzliche Regelung bezüglich der formellen Vorschriften des ZwVG. nicht getroffen ist, hat der Versteigerungsrichter sich an den klaren Wortlaut des Gesetzes zu halten und darf diesen nicht aus dem „Sinne" eines anderen Gesetzes anders auslegen. Es kann auch nicht zugegeben werden, daß er in der Lage ist, ohne weiteres die Gläubigerschaft und die AufwBerechtigung des Inhabers einer gelöschten Hypothek aus dem Grundbuche festzustellen, jedenfalls dann nicht, wenn ihm nicht die Grundakten übersandt sind, sondern wie hier gemäß § 19² ZwVG. lediglich eine beglaubigte Abschrift aus dem Grundbuche, die die gelöschten Hypotheken gar nicht aufweist. Erst nach Erlaß des Zuschlagsbeschlusses hat die Justizverwaltung angeordnet, daß in Zukunft das Grundbuchamt in der an die Abt. für Zwangsversteigerung zu entsendenden Abschrift auch die gelöschten Hypotheken aufzuführen habe, für die eine Aufwertung mit Rückwirkung in Frage kommt und daß auch die Inhaber solcher Hypotheken im Versteigerungsverfahcen zu benachrichtigen seien. Dabei ist aber ausdrücklich betont worden, daß ein Rechtsanspruch auf Benachrichtigung durch diese Verwaltungsanordnung für die betroffenen früheren Hypothekengläubiger nicht begründet werde. Darnach bedurfte es hier der Anmeldung des AufwAnspruchs gemäß §§ 9 Nr. 2, 45, 66 ZwVG. Bei dieser Sachlage ist nicht weiter darauf einzugehen, ob die Sparkasse aus dem das geringste Gebot übersteigenden Betrage nach § 110 ZwVG. mit ihrem nachträglich angemeldeten Anspruche zu befriedigen ist.

e) α) **Aufwertung nach Abtretung der Hypothek.**

OLG. Hamburg, 1. ZS. Beschluß v. 4. Dezember 1925 (F 104/25).

Die nach 22. 6. 22 abgetretenen Hypotheken sind jetzt auch zugunsten der früheren Hypothekengläubiger aufgewertet. Als diese sie abtraten, übertrugen sie dem Erwerber nur den Teil, der dem PMNennbetrag entsprach. Hinsichtlich eines weiteren Teils, auf den sie nach Treu und Glauben Anspruch hatten, blieben sie die Berechtigten. Das AufwG. hat den Anspruch nicht erst geschaffen, sondern den Umfang bereits bestehender Ansprüche begrenzt. Die Terminologie des Gesetzes: „die Aufwertung findet statt" bedeutet, daß diese in dem Umfange, den das Gesetz bestimmt, vom Gesetzgeber anerkannt wird. In diesem Sinne sind die §§ 14, 15 zu verstehen und die in § 16 für diese Fälle gegebene Anmeldevorschrift kann nur dahin ausgelegt werden, daß die grundsätzlich anerkannte (§§ 14, 15) Aufwertung auflösend, nicht aber aufschiebend bedingt ist, der bestehende Anspruch im Falle nicht fristgemäßer Anmeldung erlischt.

Dazu: Kammergericht, 1. FerienZS. Beschluß v. 29. August 1925 (1 x 511/25).

A. hat die für ihn auf dem Grundstücke des M. haftenden Hypotheken notariell am 16. 1. 1923 an B. abgetreten. Dieser hat sie mit seinen Ansprüchen auf Aufwertung durch Urkunde vom 15. 10. 1924 an C. abgetreten, der durch Erklärung vom 9. 6. 1925 die Löschung der Hypotheken bewilligte. Auf den von M. gestellten Löschungsantrag ist die Zustimmung des A. erfordert. Das LG. hat die Beschwerde auf der Grundlage der 3. StNV. zurückgewiesen. Inzwischen ist das AufwG. in Kraft getreten, das sich unzweideutig rückwirkende Kraft beilegt und daher jetzt zu berücksichtigen ist. Danach aber erweist sich die Zwischenverfügung des Grundbuchamts als gerechtfertigt.

Der Zustimmung des noch als Gläubiger eingetragenen A. bedarf es dann, wenn sein Recht durch die beantragte Löschung der Hypothek betroffen wird (§ 19 GBO.). Diese Voraussetzung ist gegeben, obwohl A. das Hypothekenrecht, ohne den AufwAnspruch auszunehmen, abgetreten hat. Denn nach § 17 wird eine Hypothek kraft Rückwirkung zugunsten des Zedenten aufgewertet, wenn er, wie hier nach dem Ausstellungstage der Abtretungsurkunde anzunehmen ist, die Gegenleistung nach 15. 6. 1922 angenommen hat. In solchem Fall ist in Höhe des AufwBetrages das Hypothekenrecht des Zedenten trotz der uneingeschränkt erklärten Aufgabe nicht untergegangen. Der Umstand, daß die Aufwertung zugunsten des Zedenten von der rechtzeitigen Anmeldung seines Anspruchs abhängig ist, macht nicht etwa die Zustimmung des Zedenten zur Löschung, wenn die Anmeldung des AufwAnspruchs nicht feststeht, entbehrlich. Solange der Zedent durch Unterlassung der rechtzeitigen Anmeldung nicht der Aufwertung verlustig gegangen ist, muß das Grundbuchamt die dem Zedenten durch das Gesetz eingeräumte Möglichkeit der Aufwertung beachten. Wenn der AufwBetrag des Zedenten auch allen eingetragenen Rechten nachgeht (§ 21^2), so bleibt er doch ein Teil des Hypothekenrechts; dessen vollständige Löschung also in das Recht des Zedenten eingreift. Jedenfalls wird durch die Löschung, wenn auch der Zedent nicht schon durch sie allein seinen AufwAnspruch verliert (§§ 20, 21), seine Rechtsstellung beeinflußt, da ihm bei Löschung der Verlust seines Rechtes im Falle gutgläubigen Erwerbs des Grundeigentums droht (§ 892 BGB), sofern nicht zu seinen Gunsten ein Widerspruch aus § 16^2 in Höhe der Aufwertung eingetragen ist. Vorliegend ist die Hypothek nicht zugunsten des Zwischenerwerbers B. aufzuwerten, weil er, der ja auch den AufwAnspruch mit übertragen hat, die Hypothek nach dem 13. 2. 1924 abgetreten hat (§§ 16^1, 2^1 Schlußsatz).

β) **Bei Abschreibung eines lastenfrei verkauften Trennstücks.**

Kammergericht, 1. ZS. Beschluß v. 12. November 1925 (x 668/25).

Der Beschwerdeführer hat von seinem Grundbesitz am 4. Mai 1925 eine Teilfläche mit der Bestimmung, daß sie lastenfrei aufgelassen werden solle, verkauft und aufgelassen. Der Notar hat am 11. 8. 1925 die Eintragung der Eigentumsveränderung beantragt und gebeten, die verkaufte Fläche auf ein neues Blatt zu übertragen. Die früher auf dem Grundbesitz unter Nr. 1 bis 11 eingetragen gewesenen Hypotheken sind zwischen dem 15. 6. 1922 und dem 14. 2. 1924 auf Grund in dieselbe Zeit fallender Löschungsbewilligungen der Gläubiger gelöscht worden. Das Grundbuchamt hat daher die Beibringung dieser Pfandentlassungserklärungen „mit Rücksicht auf die eventuelle Wiedereintragung der gelöschten Hypotheken gemäß dem AufwG" verlangt. Die Beschwerde des Eigentümers ist mit Recht zurückgewiesen. Abschreibung eines Teiles von einem Gesamtgrundstück und seiner Übertragung auf ein neues Blatt, wie sie hier zur Umschreibung auf einen neuen Eigentümer erstrebt wird, sind an sich, falls nichts anderes beantragt ist, die auf dem Gesamtgrundstück ruhenden dinglichen Lasten auf das neue Blatt mitzuübertragen. Die Nichtmitübertragung bedeutet, wie 47² GBO ergibt, ihre Löschung in Ansehung des Teilstücks. Ein Antrag, wie er hier als gestellt anzusehen ist, auf Umschreibung des Teilstücks ohne Mitübertragung von Lasten (auf sog. lastenfreie Umschreibung) enthält also neben dem Antrag auf Umschreibung den Antrag auf Teillöschung der Lasten durch Nichtmitübertragung. Da diese in ihrer rechtlichen Wirkung der Löschungs*eintragung* gleichsteht, ist der Fall nicht anders zu behandeln, als wenn zugleich mit der Eintragung der Eigentumsveränderung hinsichtlich des Teilstücks die Eintragung der Löschung beantragt wäre. Danach ist die Voraussetzung des § 16² GBO. gegeben. Nach der Absicht der Beteiligten müssen die beiden als vorliegend anzunehmenden Eintragungsanträge als stillschweigend gemäß dieser Vorschrift gebunden angesehen werden; der Grundbuchrichter kann mithin den Umschreibungsantrag nicht erledigen, ohne daß er auch — durch Nichtmitübertragung der Lasten — den Löschungsantrag erledigt. Dem letzteren Antrage aber kann er, da an sich die Mitübertragung erfolgen mußte, von anderen hier nicht in Betracht kommenden Möglichkeiten abgesehen, nur dann stattgeben, wenn ihm die Enthaftungserklärungen der Berechtigten vorgelegt werden. Diese Grundsätze setzen allerdings voraus, daß dingliche Belastungen vorhanden sind, deren Mitübertragung in Frage kommt. Wenn aber der Grundbuchrichter das hier in Ansehung der auf Grund gleichzeitiger Löschungsbewilligungen gelöschten Hypotheken Nr. 1—11 angenommen hat, so kann dem nicht entgegengetreten werden. Im Hinblick auf die vermutliche Gleichzeitigkeit der Bewilligung der Löschung und der Rückzahlung dieser Hypotheken und auf die Rückwirkungsbestimmung des § 15 AufwG. ist bis auf weiteres die Annahme begründet, daß AufwAnsprüche der früheren Gläubiger bestehen. Sind solche Ansprüche gegeben, bestehen also die gelöschten Hypotheken außerhalb des Grundbuchs zum AufwBetrage fort, so ist das Grundbuch insoweit unrichtig. Allerdings verliert nach § 16 der Gläubiger den AufwAnspruch, wenn er ihn nicht bis Anfang 1926 anmeldet; die Wiedereintragung kann auch nicht ohne die Zustimmung des Eigentümers oder richterliche Feststellung des Bestehens eines AufwAnspruchs erfolgen. Solange jedoch dessen Verlust oder Nichtbestehen nicht feststehen, ist ein Schwebezustand gegeben und mit der Wiedereintragung zu rechnen; die Eintragung oder Nichteintragung eines *Widerspruchs* gemäß § 16² S. 2 ist ohne Belang. Dieser Rechtslage kann aber der Grundbuchrichter bei der Abschreibung eines Teiles des verhafteten

Grundstücks und seiner Übertragung auf ein neues Blatt an sich nur dadurch Rechnung tragen, daß er die vermutlich in der kritischen Zeit zurückgezahlten Hypotheken mitüberträgt. Nur auf diese Weise vermag er das Grundbuch auch hinsichtlich des abgeschriebenen Teilstücks so zu gestalten, daß es, soweit möglich, den wirklichen Rechtszustand wiedergibt; allerdings ist dazu notwendig, daß die Mitübertragung in der Form geschieht, daß die gesamten auf die gelöschten Rechte sich beziehenden Eintragungen auf das neue Blatt übernommen und alsdann gerötet und daß auch die vollständigen Löschungsvermerke eingetragen werden; es genügt also nicht die bloße Übernahme der Nummern der Eintragungen unter Hinzufügung des Vermerkes „gelöscht" (vgl. § 18 AVf. vom 20. 11. 99). Eine Stütze für diese Auffassung glaubt der Senat aus der AVf. v. 5. 10. 25 (jetzt 26. 1. 26 III 4) entnehmen zu können. Die Frage, inwieweit der Glaube des Grundbuchs und die Vermutung des § 891² BGB. den AufwAnsprüchen der früheren Hypothekare entgegenstehen könnten, ist jedenfalls hier für die Notwendigkeit der Mitübertragung schon deshalb nicht zu prüfen, weil auf einen Rechtserwerb bezüglich des abzuschreibenden Teilstücks, der in die Zeit nach 1. Juli 1925 fällt (wie er hier allein in Betracht kommt), § 22² Anwendung findet.

Kann aber der Grundbuchrichter von der Mitübertragung nur dann absehen, wenn der Antrag der Beteiligten auf lastenfreie Abschreibung des Teilstücks gerichtet ist und wenn ihm die Enthaftungserklärungen der früheren Hypothekare vorgelegt werden, so ist von dieser Vorlegung, da die obigen Ausführungen über den Antrag auf Teillöschung der Hypotheken und die Gebundenheit der beiden Anträge hier entsprechend gelten müssen, auch die Erledigung des Antrags auf Umschreibung des Eigentums abhängig. Dabei kommt nicht in Betracht, daß die verkaufte Teilfläche erst nach der Löschung der Hypotheken dem verhafteten Grundstücke zugeschrieben worden ist; ist die Löschung im Hinblick auf die AufwAnsprüche der Gläubiger zu Unrecht erfolgt, so ist auch die verkaufte Teilfläche von der Haftung für die Hypotheken ergriffen (§ 1131 S. 1 BGB.). . . . Dem Grundbuchamt wird empfohlen zu prüfen, ob in der kritischen Zeit gelöschte Hypotheken außer den schon berücksichtigten noch auf dem geschlossenen Blatt 131 verzeichnet standen, auf dem die veräußerte Teilfläche früher eingetragen war.

γ) **Nachweisungen bei Übertragung von Nachlaßhypotheken.**

Kammergericht, 1. FerienZS. Beschluß v. 29. August 1925 (1 x 499/25).

Die unter Nr. 1, 3, und 5 eingetragenen Hypotheken wurden 1909 auf S. umgeschrieben. Nachdem dieser am 25. Juli 1911 verstorben war, traten seine Testamentserben jene Hypotheken am 4. August 1911 an ihren Miterben A. ab. Dieser meldete sie unterm 4. März 1925 bei der AufwStelle an. Er beantragte ferner bei dem Grundbuchamte, die gesetzliche Aufwertung auf 15% des „GM-Nennbetrages" gemäß der 3. StNV. einzutragen, da der Eigentümer Anfang 1923 8000 PM. gezahlt habe. Der Antrag wurde auf Grund der Vorschriften der 3. StNV. zurückgewiesen. Das AufwG. hat aber inzwischen eine andere

Rechtslage geschaffen, die die Bestätigung der Vorentscheidungen nicht zuläßt. . . . Da der Beschwerdeführer anführt, daß die Hypothekensumme mit der Post eingesandt worden, dagegen von einem Vorbehalt nichts erwähnt, vielmehr erklärt, daß er auf die Sendung garnicht erst geantwortet habe, so kommt eine Aufwertung nur gemäß § 15 oder auf Grund nicht vorliegender Annahme der Leistung in Betracht. Zur Eintragung handelt es sich, da die Aufwertung kraft Gesetzes eintritt, um eine Berichtigung des Grundbuches und deshalb ist entweder die Bewilligung des Betroffenen oder der Nachweis der Unrichtigkeit des Grundbuchs erforderlich (§ 22 GBO.). Der Beschwerdeführer will offensichtlich die Eintragung auf Grund dieses Nachweises; es scheidet daher die Aufwertung wegen unterlassener Annahme der geleisteten Zahlung aus. Denn der Nachweis, daß die Leistung nicht als Erfüllung angenommen sei, ist in der Form des § 29 GBO. nicht zu führen. Die Aufwertung könnte mit dieser Grundlage nur auf Grund von Berichtigungsbewilligungen eingetragen werden. Es kommt hiernach für den Eintragungsantrag nur die Aufwertung nach § 15 AufwG. in Frage. Da nach § 16 in diesem Falle die Aufwertung nur stattfindet, wenn der Anspruch bis 1. 1. 1926 bei der AufwStelle angemeldet worden ist, so ist zum Nachweis der Unrichtigkeit des Grundbuchs in der Form des § 29 GBO. darzutun, daß die Anmeldung erfolgt ist. Hierzu ist die gemäß § 8 vom 21. 7. 1925 (RGBl. I S. 154) zu erteilende Bescheinigung geeignet und bestimmt. Ein solcher Nachweis ist, falls die Anmeldung bei dem Grundbuchamte nicht offenkundig ist, auch hier beizubringen, obwohl die Aufwertung bereits unter der 3. StNV. angemeldet worden ist. Allerdings gelten nach § 9 V. vom 21. 7. 1925 die auf Grund der 3. StNV. und ihrer Durchf.V bei einer AufwStelle anhängigen Verfahren als auf Grund des AufwG. anhängig. Ferner gelten, soweit auf Grund des Art. I der 3. StNV. Ansprüche angemeldet oder Anträge gestellt sind, für die es nach den entsprechenden Vorschriften des AufwG. der Einhaltung bestimmter Fristen bedarf, diese als gewahrt. Die Anmeldnug vom März 1925 beruht jedoch auf keiner Vorschrift der 3. StNV. und keiner dazu erlassenen DurchfV., sondern lediglich auf dem Willen des Gläubigers; sie ist daher bedeutungslos.

Aber auch sonst stehen der Erledigung des Antrages noch Hindernisse entgegen. Wird davon ausgegangen, daß das Gläubigerrecht des A. durch die Testamente und die Urkunde vom 4. 8. 1911 ausgewiesen ist, so entbehrt zunächst der Antrag der erforderlichen Bestimmtheit; denn er ist nicht für jede Hypothek gesondert auf die Eintragung eines bestimmten AufwBetrages gerichtet. Es sind ferner gemäß § 42 GBO. (vgl. auch § 6^1 S. 2 Halbsatz 2 AufwG.) die Briefe beizubringen, deren Vorlegung hier auch für den Nachweis des Erwerbs der Hypotheken durch A. notwendig ist. Hinsichtlich der Höhe der Beträge wird es dagegen keines weiteren Nachweises mehr bedürfen. Da A. die Hypotheken durch Auseinandersetzung einer Erbengemeinschaft erworben hat, so ist für die Berechnung des GMBetrages der Erwerb durch die Gemeinschaft maßgebend (§ 3 Nr. 4). Dieser ist mit dem — beim Grundbuchamt offenkundigen — Tode des

S. eingetreten (§§ 1922, 2032 BGB.). Der GMBetrag folgt hiernach aus § 2[1] S. 1. Zur Anrechnung der geleisteten Zahlung (§ 18[1]) ist schließlich noch die Zeit und die Höhe nachzuweisen. Da § 18[1] auf §§ 2, 3 verweist, so ist gemäß § 11[1] V. vom 21. Juli 1925 der Tag und die Höhe der Zahlungen nicht in der Form des § 29 GBO. darzutun. Der Nachweis ist daher durch den überreichten Postanweisungsabschnitt geführt. Wegen der sämtlich leicht behebbaren Hindernisse ist lediglich eine Zwischenverfügung gerechtfertigt.

d) **Recht des Zessionars auf Durchführung seiner Aufw.Ansprüche.**

Kammergericht, 1. ZS. Beschluß v. 14. Januar 1926 (x 791/25).

Die für die „Concordia" unter Nr. 12, Nr. 16, Nr. 18 eingetragenen Briefhypotheken sind am 3. 2. 1923 dem Beschwerdeführer A. abgetreten und für ihn umgeschrieben. Außer diesen Hypotheken steht nur im Range nachgehend unter Nr. 13 eine Hypothek. Im Mai 1925 beantragte A. auf Grund einer Bewilligung des Eigentümers vom 30. 4. 25 eine Aufwertung von 20 250 — 5 400 — 1350 GM. für ihn einzutragen. Der Eigentümer, dem das Grundbuchamt dies mit dem Hinweis auf die nach dem Zeitpunkt der Abtretung sich ergebenden geringen gesetzlichen AufwBeträge mitteilte, widersprach und erklärte, daß er sich auf 15% Aufwertung nur in der irrigen Meinung geeinigt habe, daß die Hypotheken schon aus der Vorkriegszeit zuständen und daß er deshalb die Bewilligung nunmehr angefochten und widerrufen habe. Am 9. 9. 1925 erklärte jedoch der Vertreter des Eigentümers, daß die Anfechtung zurückgezogen und der abgeschlossene Vergleich als rechtsgültig anerkannt werde. Unterm 21. 9. 1925 bewilligte der Eigentümer die gleiche Aufwertung wie vorher und fügte hinzu, daß er den „Widerruf" zurücknehme und ausdrücklich sein Einverständnis zu der AufwVereinbarung erkläre. Die Vorinstanzen lehnten ab. Die weitere Beschwerde ist begründet. Allerdings ist vom Standpunkt des AufwG. im Fall einer gemäß § 17 erfolgten Abtretung der Zedent in Höhe des für ihn herauskommenden AufwBetrages als Teilgläubiger der ursprünglichen Hypothek anzusehen. Daraus folgt jedoch nicht, daß Zedent und Zessionar Mitberechtigte einer *einheitlichen* aufwertbaren Hypothek nach Maßgabe des für jeden sich ergebenden AufwBetrages seien, und der Zessionar ohne Mitwirkung des Zedenten nicht mit dem Eigentümer eine Vereinbarung gemäß § 67 treffen könne. Das Recht des Zessionars einerseits und das des Zedenten andererseits sind vielmehr hinsichtlich der Durchführung ihrer AufwAnsprüche, sei es ausschließlich nach §§ 2—4, sei es auf Grund von Einigungen des § 67, selbständig und unabhängig voneinander zu beurteilen. Insbesondere kann der Zessionar die Aufwertung *seines* Rechts auf Grund des § 6 zur Eintragung bringen, gleichviel wie sich der Zedent hinsichtlich der etwa ihm gebührenden Aufwertung verhält, ob er sie gemäß § 16 anmeldet und zur rechtskräftigen Feststellung bringt oder auf sie verzichtet. Die etwaigen AufwAnsprüche des Zedenten schließen Vereinbarungen zwischen Zessionar und Eigentümer mit Wirkung für und gegen den Zessionar aber nicht aus. Dieser Auffassung steht nicht entgegen, wenn zur *Löschung* der ursprünglichen Hypothek die Zustimmung des Zedenten mit Rücksicht auf seine etwaigen AufwRechte verlangt wird; denn in solchem Falle soll das Hypothekenrecht als Ganzes zuungunsten aller an ihm zu irgend einem Teil beteiligten als erloschen verlautbart werden, während bei der Durchführung der Aufwertung der Zessionar — unbeschadet der etwaigen besonderen Voraussetzungen unterworfenen (§ 16) Rechte des Zedenten, — lediglich über den ihm gebührenden selbständigen Teil der AufwHypothek verfügt. Es ist hiernach nicht erforderlich, daß zunächst gemäß § 40 GBO. der Teilbetrag des Zedenten und der des Zessionars auf den Namen der Berechtigten eingetragen wird, noch ist die Eintragung der Aufwertung von einem Verzicht der Zedentin auf ihre Ansprüche abhängig.

Eintragungsgrundlage ist hier eine Bewilligung des Eigentümers. Ob seine Anfechtungserklärungen geeignet waren, die erste Bewilligung vom 30. 4. 1925 als Eintragungsunterlage ungeeignet zu machen, kann unerörtert bleiben, nachdem der Eigentümer in Kenntnis der Sachlage die neue Bewilligung erteilt hat (§ 141 BGB). Ob der Bewilligung eine wirksame Einigung zu Grunde liegt, hat das Grundbuchamt nicht zu prüfen (Güthe-Triebel GBO. § 19[11]). Daß hier eine wirksame Einigung, im Sinne des § 67 zwischen Eigentümer und Zessionar, die eine Form nicht bedurfte, nicht vorliege, steht übrigens keineswegs fest. Da es sich hier um die Eintragung von Rechten zugunsten des Zessionars handelt, die in der Bewilligung des Eigentümers eine geeignete Unterlage findet und an den etwaigen Rechten des Zedenten nichts ändern würde, kann dahin gestellt bleiben, ob durch einen vor dem AufwG. zwischen Zessionar und Eigentümer geschlossenen wirksamen Vergleich AufwAnsprüche des Zedenten beseitigt werden oder nicht (in ersterem Sinne JW. 1925 S. 1740 und 2225, Schlegelberger § 67[1], Quassowski N. 4, Lehmann-Boszebrok N. 13 zu § 17; im letzteren Sinne Abraham, AufwG. § 17[4], § 67[1]). Diese Frage wird erst zu entscheiden sein, und zwar bei dem zu erwartenden Einspruch des Eigentümers durch das Prozeßgericht oder die Aufw.-Stelle, wenn die Zedentin ihrerseits mit AufwAnsprüchen herantritt (vgl. §§ 16, 71).

Da es sich hier um eine von der gesetzlichen nach oben abweichende Aufwertung handelt, kann der 25% übersteigende AufwBetrag gemäß § 67 S. 2 nur unter neuer Nummer als selbständige Hypothek eingetragen werden. Da ferner die Höhe des dem Zessionar gesetzlich zustehenden AufwBetrages nach der Höhe des für die Abtretung gezahlten Erwerbspreises zu bemessen ist (§ 2 S. 2), bedarf die Bewilligung einer Ergänzung dahin, welche Erwerbspreise A. für die Abtretung gezahlt hat (vgl. Art. 2, 3 DurchfV.). — Einer Zustimmung des Gläubigers der Post Nr. 13 bedarf es entgegen der Annahme des LG. nicht, weil nach Art. 4 aO. auch in den Fällen des § 1156 BGB. vermutet wird, daß ein gleich- oder nachstehendes Recht dem zusteht, für den es eingetragen ist, daß also ein außergrundbuchlicher Erwerb inzwischen nicht stattgefunden hat. Nur wenn der 25% übersteigende Betrag den Vorrang vor der Nr. 13 erhalten soll, bedarf es gemäß §§ 380 BGB., 19 GBO. insoweit dieser Zustimmung. Ein Verzicht auf den Rangvorbehalt des § 7 AWG. ist hier nur nötig, wenn, wie es scheint, den 25%

übersteigenden Betrag nur die AufwHypotheken der gesetzlichen Aufwertung als Rangstelle vorgehen sollen.

ε) Wiedereintragung des Zedenten nach Anfechtung der Abtretung.

Kammergericht, 1. ZS. Beschluß v. 7. Januar 1926 (x 798/25).

In den Grundbüchern Bl. 49 und 81 ist unter Nr. 46, bez. Nr. 1 für den Beschwerdeführer A. seit 1918 eine Gesamtbriefhypothek von 250 000 M. eingetragen, die am 9. 8. 1923 an C. abgetreten und auf ihn umgeschrieben ist. Auf Bl. 49 sind dann noch vor 1. 7. 1925 unter Nr. 48—50 andere Hypotheken eingetragen, während auf Bl. 81 Nacheintragungen nicht erfolgt sind. Eingetragener Eigentümer des Bl. 49 war bei Eintragung der Post Nr. 46 die Pflegeanstalt GmbH. Am 28. 3. 23 wurde an ihrer Stelle der Dr. B. eingetragen; seit 16. 2. 25 steht auf Grund der Auflassung vom 6. 1. 25 die Terraingesellschaft mbH. eingetragen. Eigentümerin des Grundstücks Nr. 81 ist nach wie vor die Pflegeanstalt. Unterm 25. 5. 25 haben Zedent und Zessionar übereinstimmend erklärt, die Abtretung sei wegen Irrtums angefochten und die Berichtigung des Grundbuchs durch Wiedereintragung des Zedenten als Gläubigers beantragt. ... Die weitere Beschwerde ist unbegründet. Da die Beschwerde des Zedenten hinsichtlich des Bl. 81 Erfolg hatte, unterlag die landgerichtliche Entscheidung der Nachprüfung nur, soweit sie das Bl. 49 betrifft. Hier hatte das Grundbuchamt erfordert: 1. entweder Zustimmung der Eigentümerin, 2. oder Nachweis einer schlüssig begründeten Anfechtung. Das LG. hält die Auflage zu 1. für gerechtfertigt, außerdem aber die Zustimmung der Nachhypothekare für nötig, die Auflage zu 2. mit Rücksicht auf den gutgläubigen Erwerb der Eigentümerin und der Nachhypothekare für nicht geeignet, dem Umschreibungsantrag zum Erfolge zu verhelfen. Sein Standpunkt ist also der, daß der Antragsteller nicht beschwert sei, weil der Anstand zu 1. zu Recht erhoben sei, es auf den zu 2. nachgelassenen Anfechtungsbeweis dagegen nicht ankomme, der Antrag vielmehr bei Nichterledigung des Anstandes zu 1 sofort zurückgewiesen werden müsse. Diesen Ausführungen ist im wesentlichen beizutreten. Das LG. prüft mit Recht, ob im Fall einer Wiederherstellung des Rechts des Zedenten das Eigentum schwerer belastet und das Recht der Nachhypothekare ungünstiger gestaltet werde, als bei Bestehenbleiben der Zession. Es bejaht dies auf Grund rechtlich nicht zu beanstandender Auslegung der §§ 20, 21, 6 AufwG., 892 BGB. Nach diesen Vorschriften steht der Wiedereintragung gelöschter Rechte überhaupt entgegen, wenn das Eigentum nach der Löschung auf einen die Unrichtigkeit der Löschung nicht Kennenden übergegangen ist; der Wiedereintragung an der bisherigen Rangstelle steht entgegen, wenn nach der Löschung ein Anderer, der die Unrichtigkeit der Löschung nicht kennt, ein Recht am Grundstück erwirbt. Nach § 21 AufwG. findet § 20 entsprechende Anwendung, wenn die Hypothek auf Grund einer Abtretung umgeschrieben ist oder eine Übertragung im Sinne des § 1155 BGB. vorliegt. Die Umschreibung und ein Abtretungstatbestand i. S. des § 1155 sollen also bei der Übertragung einer Hypothek hinsichtlich der Einwirkung des Glaubens des Grundbuchs auf den Fortbestand und die Aufwertbarkeit des Rechts des bisherigen Gläubigers entsprechend beurteilt werden, wie die Löschung bei der Aufgabe der Hypothek. Wie bei der Löschung der gutgläubige Grundstückserwerb die Wirkung hat, daß die Löschung trotz etwaiger allgemeiner Unwirksamkeitsgründe als wirksam und das Recht des bisherigen Gläubigers trotz Vorliegens der AufwVoraussetzungen kraft Vorbehalts oder Rückwirkung (§§ 14, 15) als erloschen und nicht aufwertbar gilt, so bewirkt der gutgläubige Grundstückserwerb bei der Umschreibung, daß diese trotz etwaiger allgemeiner Unwirksamkeitsgründe als wirksam und das Recht des bisherigen Gläubigers trotz Vorliegens der AufwVoraussetzungen kraft Vorbehalts oder Rückwirkung (§ 17) als erloschen und nicht mehr aufwertbar gilt. Den Erwerbern von Nachrechten gegenüber wirkt sich die entsprechende Anwendung dahin aus, daß die Abtretung als wirksam, eine Aufwertung für den Zedenten vor ihrem Recht ausgeschlossen ist, vielmehr nur eine nach dem Zeitpunkt der Abtretung zu berechnende AufwSumme den Vorrang vor ihren Rechten erhält (§§ 2, 6, 17, 21²). Ist infolge gutgläubigen Grundstückserwerbs das Recht des Zedenten überhaupt erloschen, so kommt für diesen eine Aufwertung in keiner Weise, also auch nicht hinter den Nachrechten in Frage (A. M. Gribel DNotV. 1925 S. 432, vgl. im übrigen Nadler Grundbuch- und AufwFragen S. 52).

Wird die Unwirksamkeit der Abtretung, wie hier, auf Anfechtung gestützt, so ist ferner der § 142² BGB. heranzuziehen, wonach die Kenntnis (fahrl. Nichtkenntnis) der Anfechtbarkeit der Kenntnis der Unwirksamkeit der Abtretung hinsichtlich der Geltung oder Nichtgeltung der Abtretung gegenüber den Grundstücks- und dem Nachrechtserwerbern gleichsteht. Vorliegend ist garnicht behauptet, daß die Terraingesellschaft in der Person ihres Vertreters Dr. B. beim Erwerbe des Grundstücks Bl. 49, und daß die Nachhypothekare bei Erwerb ihrer Rechte die angebliche Anfechtbarkeit der Abtretung gekannt oder hätten kennen müssen; es ist nicht einmal der Anfechtungstatbestand schlüssig dargelegt. Das LG. ist also zu Recht davon ausgegangen, daß gegenüber der Eigentümerin und den Nachhypothekaren der Zessionar allein als Rechtsinhaber zu gelten hat, und ihnen gegenüber das abgetretene Recht nur zu demjenigen aufzuwerten ist, der sich bei Berechnung nach dem Zeitpunkt der Ausstellung der Abtretungsurkunde ergibt (§ 5¹ S. 2). Da dieser Betrag nach den Darlegungen des LG. geringer zu bemessen ist, als der, der sich ohne die Abtretung für den Zedenten ergeben würde (§§ 2 f.), so werden der Eigentümer und die Nachhypothekare durch eine Wiederherstellung des Gläubigerrechts des Zedenten im Sinne des § 19 GBO. betroffen; die Umschreibung bedarf also ihrer Zustimmung.

Die nach Erlaß des Beschwerdebeschlusses vom Grundbuchamt getroffene Zwischenverfügung ist nicht Gegenstand der weiteren Beschwerde. Es mag jedoch bemerkt werden, daß der in ihr niedergelegte Standpunkt zu billigen ist, daß die Eintragung einer nicht einheitlichen Veränderung des Gläubigerrechts bei einer Gesamthypothek unzulässig sei und deshalb die Umschreibung auf beiden Grundstücken nur mit Zustimmung des jetzigen Eigentümers Bl. 49 und der Nachhypothekare erfolgen könne (RG. 63 S. 74, KGJ. 33 S. 297, 44 S. 182, 187; Planck Nr. 4 b, Staudinger Nr. 2 d, RGKom. Nr. 3 zu § 1132 BGB.). . . .

f) α) **Gutgläubiger Erwerb im Falle des § 20.**

Kammergericht, 1. ZS. Beschluß v. 26. November 1925 (x 736/25).

Eine 1918 für A. eingetragene Hypothek wurde am 15. 3. 1923 auf Antrag des damaligen Eigentümers gelöscht. Die Löschungserklärung des A. vom 22. 2. 1923 enthält den Satz: „Der Eigentümer . . . hat diese 10 000 M. in PM. an mich gezahlt; ich bewillige deshalb die Löschung.“ Nachdem die Beschwerdeführer auf Grund der Auflassung vom 8. am 10. Juli 1924 als Eigentümer eingetragen worden waren, hat am 6. Juni 1925 das Grundbuchamt von Amtswegen einen Widerspruch gegen die Löschung der Hypothek zugunsten des A. eingetragen. Die Beschwerde wurde zurückgewiesen. Die weitere Beschwerde ist begründet. . . .

Die Eintragung eines Amtswiderspruchs setzt nach § 54 GBO. voraus, daß a) die Hypothek unter Verletzung gesetzlicher Vorschriften gelöscht ist, b) durch die Löschung das Grundbuch unrichtig geworden ist. Die Gesetzesverletzung muß festgestellt sein; zeitlich maßgebend ist die Gesetzeslage, die zur Zeit der Vornahme der vom Widerspruch betroffenen Eintragung besteht. Die Unrichtigkeit braucht nur glaubhaft zu sein; sie muß noch zur Zeit der Eintragung des Widerspruchs fortbestehen. Die Voraussetzung zu a) ist gegeben, weil nach der Rechtsprechung (RG. 110 S. 87, JFG. 2 S. 53 und V. B. 17/25) eine Erklärung, daß der eingetragene Betrag in „Papiermark“ zurückgezahlt sei, einen auf das dingliche Recht zu beziehenden Vorbehalt ausdrückte. Auch die Voraussetzung zu b) war zunächst eingetreten, weil die Löschung das bestehen gebliebene Hypothekenrecht als erloschen verlautbarte; sie war aber nicht mehr gegeben, als der Widerspruch eingetragen wurde. Denn als die Beschweredführer das Eigentum am Grundstück erwarben (Juli 1924), galt ihnen gegenüber gemäß § 892[1] BGB. die Löschung als richtig, es sei denn, daß i h n e n die Unrichtigkeit, also das Fortbestehen der Hypothek im Zeitpunkt der Stellung des Umschreibungsantrags bekannt war (§ 892[1], [2] BGB.). Dazu hätte die Kenntnis des Inhalts der vorerwähnten Löschungserkläzung nur ausgereicht, wenn die Vertreter der Erwerber auch die Bedeutung der Erklärung, daß in PM. gezahlt sei, als einen das dingliche Recht mitbetreffenden und sein Erlöschen hindernden Vorbehalt erkannt hätten (1. X. 485/24, J. Rdsch. 1925 Nr. 144 Komm. z. AufwGes. vom 16. Juli 1925: Schlegelberger-Harmoning A. 1, Quassowski I A. 1 zu § 20, abw. anscheinend Mügel A. 4 zu § 20 S. 304, 306, 307). Hier ist nicht einmal glaubhaft, daß den Erwerbern die Löschungserklärung im einzelnen, besonders das Wort „PM.“ bei dem Eigentumserwerb bekannt war; selbst im Falle dieser Kenntnis wäre aber aus ihr nicht zu folgern, daß seine Bedeutung als rechtserhaltender Vorbehalt erkannt wäre; denn der Senat hatte selbst bisher die bloße Erwähnung der PMzahlung für keinen Vorbehalt der in der 3. StNV. § 11 geforderten Art erachtet. Die Wirkung des gutgläubigen Erwerbs ist auch durch das AufwG. nicht beseitigt, durch § 20 vielmehr seit der Beschränkung des § 22[2] ausdrücklich aufrechterhalten. Ob ein neuer Widerspruch gemäß § 16[2] S. 2 auf Antrag des bisherigen Gläubigers nach der Anmeldung bei der AufwStelle eingetragen werden könnte, ist hier belanglos und daher nicht zu erörtern.

β) **Arrestanspruch des Veräußerers wegen seines Rückgriffs?**

OLG. Hamburg, 6. ZS. Beschluß v. 29. September 1925 (Z 204/25).

Der Antragsteller A. hat nach dem Kaufvertrage vom 10. 2. 1924 einen Anspruch darauf, daß der Gegner die AufwAnsprüche der Gläubiger befriedigt, deren Hypotheken schon damals in PM. ausbezahlt waren und auch gelöscht worden sind. Auch ist kaum zweifelhaft, daß die Gläubiger, deren Forderungen nach 15. 6. 1922 getilgt sind, bis 1926 ihre AufwAnsprüche anmelden und so auch deren formelle Voraussetzung gegen A. als persönlichen Schuldner und gegen den Gegner als Grundeigentümer erfüllen werden (§ 16). Aber auch wenn demgemäß A. von den Gläubigern belangt werden sollte, hat er für seinen Rückgriff gegen den Gegner schon jetzt diejenige Sicherheit, die er durch die von ihm aus dem Arrestbefehl erstrebte Sicherungshypothek erreichen will. Denn wenn jene Hypothekare ihre Ansprüche rechtzeitig anmelden — ohne diese Voraussetzung hat der Antragsteller nicht aufzuwerten —, müssen für sie gemäß §§ 20, 6 die Hypotheken in Höhe der Aufwertung mit dem alten Range, soweit nicht der Glaube des Grundbuchs entgegensteht, wieder eingetragen werden und nach § 22² steht der Wiedererlangung des alten Ranges nicht einmal dieser Glaube denjenigen neuen Hypotheken zur Seite, die nach 1. Juli 1925 erworben worden sind. Nach § 1164 BGB. gehen aber die Hypotheken jener Gläubiger ohne weiteres auf A. über, sobald er deren Forderungen befriedigt, da er ja nach dem Kaufvertrage vom Käufer, dem Eigentümer, Ersatz verlangen kann (vgl. auch RGKom. BGB. § 1164³). Mehr kann A. durch Eintragung einer Sicherungshypothek nie erreichen.

g) **Kann bei gelöschten Hypotheken die Zahlung der Aufwertung eingetagen werden?**

Kammergericht, 1. ZS. Beschluß v. 21. Januar 1926 (x 801/25).

Die für X seit dem 17. 10 1922 eingetragene Darlehnshypothek von 50 000 M. ist am 14. 2. 1923 auf Grund einer vorbehaltlosen löschungsfähigen Quittung und Löschungsbewilligung vom 20. 10. 1922 gelöscht worden. Unterm 15. 10. 1925 haben die Eigentümer und X. notariell erklärt, daß die Hypothek der Aufwertung unterliege und sich ihr AufwBetrag bei einem GMBetrag der Hypothek von 760 GM. und einem solchen der am 20. 10. 1922 geleisteten Rückzahlung von 82,50 RM. auf 107,50 RM. belaufe; sie haben, nachdem X. anerkannt hatte, diesen Betrag nebst Zinsen von den Eigentümern gezahlt erhalten zu haben, beiderseits bewilligt, bei der gelöschten Hypothek „zu vermerken, daß diese Hypothek gemäß §§ 2, 4, 5, 15 aufgewertet und der AufwAnspruch nebst Zinsen ausgezahlt sei". . . . Für diesen Vermerk fehlt es jedoch, wie das LG. zutreffend hervorhebt, an einer gesetzlichen Grundlage. Das AufwG., wie auch die DurchfV. vom 29. 11. 1925 sehen einen solchen Vermerk nicht vor, obwohl sie eine Anzahl bisher unbekannter Grundbucheintragungen (vgl. §§ 7,8², 16³) neu schaffen. Es muß daher auf die allgemeinen Grundsätze des Grundbuchrechts zurückgegriffen werden, die, soweit das AufwG. und seine AusfBestimmungen nicht Sondervorschriften geben, auf die Eintragungen, die im Anschluß an die gesetzliche Regelung der Aufwertung vorzunehmen sind, in gleicher Weise Anwendung zu finden haben, wie auf alle sonstigen Eintragungen. Bei der Buchung dinglicher Rechte sind aber nur solche Eintragungen zulässig, die gesetzlich erlaubt sind; unerlaubt aber sind nicht nur die Eintragungen, die das Gesetz verbietet, sondern auch die überflüssigen Eintragungen, d. h. unnötige wie unerhebliche Vermerke (vgl. Güthe-Triebel Nr. 23, 60, 61 vor § 13); diese überflüssigen Vermerke laufen den Zwecken des Grundbuchs zuwider und wirken nur verwirrend, sie sind daher von der Eintragung ausgeschlossen (KGJ. 20 S. 199; 21 S. 165; 28 S. 145). Der hier beantragte Vermerk aber ist unerheblich; denn in der Form, die ihm gegeben ist, besagt er nichts darüber, ob und in welchem Umfang und für wen das Recht etwa noch besteht oder ob es nicht besteht, schafft vielmehr in diesen Hinsichten weitere erhebliche Unklarheit und wirkt damit, ohne den Inhalt des Rechts tatsächlich zu berühren, weiter verwirrend.

Die Hypothek ist, obwohl sie auf Grund vorbehaltloser Löschungsbewilligung gelöscht war, nach § 15 aufwertungsfähig geworden, da X. die Leistung zwischen dem 15. 6. 1922 und 14. 2. 1924 angenommen hat. Der § 16 knüpft die Aufwertung an die Bedingung, daß der Anspruch bis 1926 bei der AufwStelle angemeldet wird. Die Frage ob dieses geschehen ist, kann aber ebenso wie die weitere dahingestellt bleiben, ob die Anmeldung stets eine notwendige Voraussetzung der Aufwertung ist, also auch dann, wenn sich Eigentümer und Gläubiger, wie anscheinend hier, gütlich einigen (so Nadler DJZ. 25 S. 1643, aber auch J. R. 1926, 3. oder ob es dann der Anmeldung nicht bedarf (vgl. Wunderlich, DJZ. 26, 17; auch Mügel § 67[5]); denn in jedem Falle ist der beantragte Vermerk unerheblich und irreführend. Ist nämlich die Hypothek aufgewertet, also in Höhe des AufwBetrages, trotzdem das Grundbuch sie nicht als bestehend ausweist, jedenfalls bis zur Zahlung dieses Betrages bei Bestand geblieben, so ist sie infolge der Zahlung nach § 1173 BGB. auf den Eigentümer, der sie leistete, übergegangen. In diesem Fall ist der beantragte Vermerk unerheblich, da das Recht selbst uneingetragen bleibt, und damit verwirrend, weil er im unklaren läßt, ob die Hypothek nach der Aufwertung als Eigentümergrundschuld weiterbesteht oder, wofür das Fortbestehen ihrer Löschung spricht, endgültig erloschen ist. Der gegebene Weg zur Klarstellung des Grundbuches wäre anstelle des unzulässigen Vermerks die Berichtigung durch Eintragung des Rechts der Eigentümer an der neu einzutragenden Hypothek. Nimmt man aber an, daß eine Anmeldung innerhalb der — erst nach Erlaß des Beschwerdebeschlusses abgelaufenen — Frist nicht erfolgt ist, sie aber auch bei Einigung der Beteiligten erforderlich war, so wäre eine Aufwertung wirksam nicht eingetreten und die Hypothek damit endgültig untergegangen. Von letzterer Annahme scheinen, allerdings unter Annahme wirksamer Aufwertung und unter Außerachtlassung des dann eingetretenen Eigentümerrechts, auch die Beschwerdeführer auszugehen. Dann aber ist der Vermerk, soweit er von dem Eintritt der Aufwertung spricht, tatsächlich unrichtig und im übrigen unerheblich, da die Zahlung für den Untergang der Hypothek, der nicht durch sie, sondern durch das Unterbleiben der Anmeldung eingetreten wäre, ohne jeden Belang wäre und die Tatsache des Erloschenseins durch den Löschungsvermerk zutreffend ausgewiesen wird.

Der beantragte Vermerk ist hiernach in jedem Falle unzulässig. Hieran ändert auch nichts die Möglichkeit eines Verzichts auf die Hypothek und seiner Eintragung. Diese ist, wie jetzt Art. 7 DurchfV. v. 29. 11. 25 klarstellt auch dann zulässig, wenn der AufwBetrag noch nicht eingetragen ist; dies gilt auch für Fälle, in denen die Hypothek bereits gelöscht ist und Aufwertung kraft Rückwirkung in Frage kommt (vgl. Schlegelberger Art. 7). Ob diese Bestimmung nur einen schon durch das AufwG. selbst geschaffenen Rechtszustand außer Zweifel stellt, den also bereits das LG. hätte in Rücksicht ziehen müssen, oder ob es sich um eine nach § 88 AufwG. neu geschaffene und erst mit dem Wirksamwerden der DurchfV. am 10. 12. 1925 in Kraft getretene Vorschrift handelt, kann dahinstehen; denn ein Verzicht des X. steht hier nicht in Frage. Allerdings ist auch im Grundbuchverkehr der § 133 BGB. anzuwenden; jedoch erfordert die Sicherheit jenes Verkehrs, daß die urkundlichen Nachweise, auf Grund deren eine Eintragung erfolgen soll, einen zweifelsfreien Inhalt haben und die Eintragungsbewilligung deutlich ausdrückt, was eingetragen werden soll; es genügt nicht, daß der Grundbuchrichter den wirklichen Willen aus dem Zusammenhang als möglich folgern kann (vgl. KGJ. 32 S. 260, JFG. 1 S. 322; Güthe 101 vor § 13). Ebensowenig wie in einer Löschungsbewilligung eine Verzichtserklärung gefunden werden kann (RGKomm. BGB. § 1168[1]), kann hier in der Bewilligung des beantragten Vermerks ein Verzicht und die Bewilligung einer Eintragung gesehen werden. Ein wirksamer Verzicht hätte allerdings im Gegensatz zu der Befriedigung durch einen der Eigentümer bei der Gesamthypothek nicht den Übergang der Hypothek auf diesen (§ 1173 BGB.), sondern das Erlöschen der Hypothek am Grundstück, auf das sich der Verzicht bezieht, zur Folge (§ 1175 S. 2). Er kann aber auch deshalb nicht vorliegen, weil nach den beigebrachten Unterlagen die Beschwerdeführer gezahlt haben und damit die Hypothek, sofern sie als aufgewertete bestand, auf die Eigentümer überging, so daß dem Gläubiger zurzeit des etwaigen späteren Verzichts eine Hypothek, auf die er hätte verzichten können, nicht mehr zustand (vgl. RG. 97 S. 228 für den entgegengesetzten Fall des § 1163[1] S. 1). — Ebensowenig liegt in den Erklärungen vom 15. 10. 1925 eine Bewilligung und ein Antrag auf Löschung. Diese setzt im übrigen begrifflich das Eingetragensein des Rechts voraus, woran es hier fehlt. Wollten die Beteiligten das Grundbuch durch endgültige Löschung unter Hervorhebung der erfolgten Aufwertung bereinigen, so bedurfte es zunächst der Wiedereintragung der Hypothek zum aufgewerteten Betrage und der daran anschließenden Löschung.

Auch die wirtschaftlichen Erwägungen der Beschwerde sind nicht berechtigt. Allerdings ergibt sich für eine gewisse Zeit nach Inkrafttreten des AufwG. eine Unsicherheit dadurch, daß die Grundbücher erst allmählich mit der neu geschaffenen Rechtslage in Übereinstimmung gebracht werden können. Deshalb und wegen der Ausschaltung des Glaubens des Grundbuchs durch § 22² wird bewirkt, daß sich ein Dritter für die Übergangszeit nicht sicher auf die Richtigkeit und Vollständigkeit des Grundbuchs verlassen kann. Er ist daher bis zur Aufhebung des § 22² genötigt, sich auf andere Wege weitere Gewißheit über die wirkliche Rechtslage zu verschaffen. Den Nachweis, daß auf die fragliche Hypothek der AufwBetrag gezahlt worden ist, die Post also dem eingetragen gewesenen Gläubiger jedenfalls nicht mehr zusteht, können aber die Beschwerdeführer einem neuen Geldgeber durch die Urkunde vom 15. 10. 1925 einwandfrei führen. Ihre Belange werden also durch die Unzulässigkeit des beantragten Grundbuchvermerks nicht beeinträchtigt. Sie sind, sofern sie nicht durch eine andere Eintragung die Begleichung des AufwBetrages im Grundbuch ersichtlich zu machen vermögen, in einer ähnlichen Lage wie der Eigentümer, dessen Hypothekar die Anmeldefrist hat verstreichen lassen, so daß es zu einer Aufwertung nicht kommt; hier ist der Eigentümer durch Art. 126 DurchfV. in die Lage versetzt, durch die ihm zu erteilende Bescheinigung über die Nichtanmeldung darzutun, daß die gelöschte Hypothek endgültig erloschen bleibt. Die Interessen Dritter aber beeinträchtigt nicht die Unzulässigkeit des Vermerks, sondern ihre bewußte Zurücksetzung durch § 22²; sobald diese Vorschrift aufgehoben wird, tritt der Glauben des Grundbuchs voll wieder in Kraft, also mit der Wirkung daß bei gleichem Grundbuchstand wie jetzt die Hypothek als endgültig gelöscht gilt.

h) **Muß der Antrag auf Eintragung der Aufwertung über die Rückzahlung und Kündigung Bestimmungen enthalten?**

Kammergericht, 1. ZS. Beschluß v. 23. Dezember 1925 (x 776/25).

Die unter Nr. 1 für A. seit 1911 eingetragene Kaufgeldhypothek von 6000 M. ist auf Grund der von A. am 26. 10. 1923 erklärten Bewilligung am selben Tage gelöscht worden. Unterm 1. 9. 1925 hat der Eigentümer die Wiedereintragung der Hypothek bewilligt und beantragt und weiter erklärt, er werte sie auf 1 500 RM. gemäß den Bestimmungen des AufwG. auf und beantrage auch die Eintragung der Aufwertung. Die Vorinstanzen haben mit Rücksicht auf die §§ 25—27 eine Ergänzung in Bezug auf Rückzahlung und Kündigung des aufgewerteten Kapitals gefordert. Die weitere Beschwerde ist begründet.

Der Löschung liegt, wie anzunehmen, die Rückzahlung des Kapitals im PMNennbetrage zu Grunde. Aus dem Datum von Löschungsbewilligung und Löschung kann entnommen werden, daß die Leistung zwischen dem 15. 6. 1922 und dem 14. 2. 1924 zurückgezahlt und angenommen ist. Dem A. steht daher ein AufwAnspruch gemäß § 15 zu; infolge der Löschung der Hypothek ist das Grundbuch mithin unrichtig. Der Antrag erstrebt die Berichtigung des Grundbuchs durch Wiedereintragung der Hypothek zum gesetzlichen AufwBetrage und kann sich auf die Bewilligung der Betroffenen oder auf den Nachweis der Buchunrichtigkeit stützen. Auch wenn wie hier eine Bewilligung des Eigentümers beigefügt wird, ergibt das noch nicht zwingend, daß jener Nachweis nicht die Unterlage bilden solle, dies umsoweniger dann, wenn die Bewilligung von vornherein darauf, daß ihr AufwBetrag der Höhe nach dem gesetzlichen entspricht, hinweist und wenn nachstehende Berechtigte in Frage kommen, die bei alleiniger Prüfung des Eintragungsantrages auf der Grundlage der Bewilligung, d. h. vom Gesichtspunkt einer bewilligten Berichtigung, als Betroffene gemäß § 19 GBO. zustimmen müßten (IFG. 2 S. 373). Es ist deshalb Pflicht des Grundbuchamts, Anträge auf Eintragung der Aufwertung auch bei Vorlegung einer Bewilligung des Eigentümers stets gleichzeitig vom Gesichtspunkt des Unrichtigkeitsnachweises zu prüfen, falls nicht nach den Umständen des Einzelfalles außer Zweifel steht, daß die Bewilligung die ausschließliche Eintragungsunterlage bilden soll.

Die hier verlangte Ergänzung ist ungerechtfertigt vom Gesichtspunkt sowohl des Unrichtigkeitsnachweises, als auch der Bewilligung. Im ersteren Falle greifen die §§ 25 f., 28 ohne weiteres kraft Gesetzes Platz. Im letzteren Fall ergibt sich ihre gewollte Geltung aus dem Inhalt der Bewilligung. Denn die Erklärung des Eigentümers, er „werte ..." kann bei einer die bezweckte Anpassung des Hypothekenschuldverhältnisses an das AurwG. gebührend berücksichtigenden Auslegung des § 133 BGB. nur dahin verstanden werden, daß das AufwG. auch für Verzinsung und Rückzahlung angewendet werden und, soweit solche fehlen, das alte Hypothekenverhästnis weiter gelten soll. Das letztere folgt daraus, daß bei einer die gesetzliche Grenze innehaltenden Aufwertung das alte Schuldverhältnis, soweit das AufwG. seine inhaltlichen Bestandteile nicht durch andere ersetzt, als fortbestehend zu behandeln ist (§§ 67 S. 2). Hinsichtlich der Verzinsung greift also § 28¹·² Platz, hinsichtlich der Rückzahlung nur § 25¹ S. 1, und seine Ergänzung in Abs. 2. § 25¹ S. 2 und 3 treffen auf das vorliegende Schuldverhältnis nicht zu. Die §§ 26, 27 bleiben hier außer Betracht; sie setzen besondere, auf Antrag des Eigentümers oder des Gläubigers ergehende Anordnungen der AufwStelle voraus, die nach § 26³, der im Falle des § 27 entsprechend anzuwenden sein wird, bei der Eintragung der Aufwertung nicht zu berücksichtigen sind. Eine Eintragung der Aufwertung dergestalt, daß Zahlung und Verzinsung gemäß den Bestimmungen des AufwG. erfolge, würde also genügend klar ersehen lassen, daß hinsichtlich Verzinsung und Rückzahlung die §§ 25¹ S. 1, Abs. 2, § 28 und im übrigen die bisherigen, aus dem Eintragungsvermerk ersichtlichen Bedingungen Platz greifen.

Das Grundbuchamt wird bei der erneuten Erörterung im übrigen folgendes berücksichtigen müssen. Die Erledigung des Antrages vom Gesichtspunkt des Unrichtigkeitsnachweises setzt in erster Linie voraus den Nachweis rechtzeitiger Anmeldung (§ 16¹ Ges., Art. 126 DurchfV.); die in § 16² aufgestellten weiteren Voraussetzungen für die Wiedereintragung werden hiernach durch die Bewilligung des Eigentümers ersetzt. Sie setzt weiter voraus den Nachweis, daß die Zahlung in der Zeit vom 15. 6. 1922 bis 14. 2. 1924 angenommen ist und in welcher Höhe Zahlung geleistet ist; dazu genügt eine unbeglaubigte Erklärung des Gläubigers (Art. 3). Stellt die Zahlung einen Goldwert dar, ist § 18 zu berücksichtigen. Der Antrag wird auf GM. statt auf RM. zu stellen sein (Art. 1); einer Form bedarf dieser Antrag nicht, da er ein reiner Verfahrensantrag ist (§ 30 GBO.). Vom Gesichtspunkt der Eintragungsbewilligung bedarf es der in der Form des § 29 GBO. nachzuweisenden Zustimmung des Gläubigers der aufzuwertenden Hypothek sowie der nachstehenden Gläubiger der noch eingetragenen Hypotheken Nr. 2, 3 und auch der gelöschten Hypothek Nr. 1⁸. Denn diese Post ist auf Grund einer am 26. 10. 1923 erteilten Löschungsbewilligung gelöscht, die eine Zahlungsannahme in der kritischen Zeit vermuten läßt; sie ist also als eine gemäß §§ 15, 4, 18 aufwertungsfähige zu behandeln, falls nicht nachgewiesen wird, daß diese Gläubigerin ihr AufwRecht durch Verzicht (§ 14¹ Halbs. 2) oder Nichtanmeldung (§ 16[1] Ges., Art. 126 DurchfV.) verloren hat (vgl. allgemein JFG. 2 S. 373).

i) **Aufwertung:** α) **Der zur Sicherstellung bestimmten Vertragsleistungen.**

OLG. Hamburg, 7. ZS. Urteil v. 22. Dezember 24 (Bf 425/24).

Der Mann der Klägerin, der bis zu seinem Tode (1921) Geschäftsführer der beklagten G. m. b H. war, hatte mit dieser 1910 den Vertrag (Anlage1) geschlossen und sich darin verpflichtet, seine Dienste für seine Lebenszeit zur Verfügung zu stellen, während die Beklagte ihm als Entgelt ein Jahresgehalt und seiner Witwe eine Pension von 18 000 M. jährlich versprach. Statt der zur Sicherung der Klägerin vorgesehenen Rentenschulden sind 1918 Reallasten eingetragen worden. Mit der vorliegenden Klage werden nicht aus diesen Reallasten, sondern lediglich aus dem Vertrage v. 1910 Ansprüche geltend gemacht bei ihnen handelt es sich also nicht um Vermögensanlagen i. S. der 3. StNV. Dafür, daß durch die Eintragung der Reallasten der Charakter der Ansprüche geändert und die Vertragsrechte der Klägerin in reine dingliche umgewandelt werden sollten, fehlt jeder Anhalt.

Für die Frage, ob die Beklagte ihre Leistungen der Geldentwertung anzupassen hat, ist der Charakter des Vertrages ausschlaggebend. Sie bezeichnet die dort der Klägerin gemachten Zuwendungen als Schenkungen. Allein der Vertrag stellt sich als zweiseitiger Vertrag zwischen dem Mann und der Beklagten dar. Als sein weiterer Zweck ist die Sicherstellung der Lebenshaltung der Klägerin gedacht, aus der für sie ausgeworfenen Rente sollte sie ihren Lebensunterhalt bestreiten. Es kann nun dahingestellt bleiben, ob dieser Charakter des Vertrages eine Anpassung der Bezüge der Klägerin an die Geldentwertung notwendig macht, jedenfalls tut das der Umstand, daß darin eine Rente ausgeworfen ist, die bestimmt ist, ihren Unterhalt zu gewährleisten. Infolge der Geldentwertung ist ihr es nicht mehr möglich, sich auch nur einen Bruchteil dessen zu beschaffen, was bei Festsetzung der Rente als angemessener Unterhalt angesehen wurde. Eine dem Willen der Vertragschließenden entsprechende Auslegung des Vertrages nötigt daher zu einer Anpassung der Geldrente an die Geldentwertung, weil nur so dem wahren Willen der Vertragschließenden genügt wird. (JW. 1924 S. 1428).

Die Beklagte hält eine Aufwertung deshalb für ausgeschlossen, weil sie selbst durch eine Änderung der Verhältnisse nahezu vermögenslos geworden sei. Allein nach dem wahren Sinne des Vertrages hat die Beklagte nicht eine bestimmte Geldsumme zu zahlen, sondern der Klägerin die zur Bestreitung ihres Unterhalts nötigen Mittel zu gewähren. Ändern sich die bei Festsetzung der Rente als feststehend angesehenen Wertverhältnisse, so muß das Gericht die Rente im Streitfalle neu festsetzen, ohne daß es auf die Zahlungsfähigkeit der Beklagten entscheidend ankommen kann. Daß die Fortführung ihres Geschäftsbetriebes durch eine Neufestsetzung der Rente nicht beeinträchtigt wird, ergeben ihre eigenen Angaben, denn der Betriebsumfang wird von dritter Seite bestimmt. Diese Neufestsetzung kann allerdings nicht dazu führen, daß der Klägerin der volle Betrag der ihr zugesagten Rente in GM. zugesprochen wird. Seit dem Vertrage von 1910 haben sich die Lebensverhältnisse erheblich verschoben. Fast alle Kreise, besonders auch die im Erwerbsleben tätigen Personen müssen sich trotz der Teuerung mit Einkünften behelfen, deren Kaufkraft die ihres Einkommens vor dem Kriege bei weitem nicht erreicht; dem muß auch die Klägerin Rechnung tragen. Bei Berücksichtigung des Umstandes, daß ihr ein recht auskömmlicher Unterhalt zugedacht war, erschien es angemessen, die Rente auf jährlich 6000 RM. festzusetzen.

β) **Des Kaufpreises innerhalb der parteiseitig angegebenen Grenzziffern.**

OLG. Hamburg, 1. ZS. Urteil v. 28. Januar 1925 (Bf 425/24).

Die Aufgabe des Gerichts besteht lediglich darin, unter Ausspruch der Auflassungspflicht des Beklagten den angemessen aufgewerteten Kaufpreis im Rahmen der parteiseitig aufgegebenen Grenzziffern — 33 000 bis 90 000 RM. — festzusetzen. Dabei würde eine Festlegung des jetzigen Marktpreises als obere Grenze der Aufwertung nach Dollar- oder Indexbasis nicht dem Sinne des Optionsabschlusses v. April 1919 und den derzeitigen Absichten der Parteien gerecht werden; denn diese waren sich ganz entgegen dem Normalfalle darüber klar, daß der Kaufpreis den damaligen Marktpreis um 50%, nach der Behauptung des Beklagten sogar um 200% überstieg. Den Grund für diesen Aufschlag gab das Interesse des Klägers daran, einem Konkurrenzunternehmen, das einen noch höheren Preis geboten hatte, die Ausdehnungsmöglichkeit zu beschneiden. Unter diesen Umständen genügt es nicht, den infolge des Marksturzes in nichts zerflossenen PMPreis auf den vollen jetzigen Marktpreis aufzuwerten, vielmehr muß analog den Grundsätzen des § 472[1] BGB. ein dem früheren entsprechender Aufschlag auf den jetzigen Marktwert dem Beklagten zugebilligt werden. Andererseits hat aber der Kläger, der sich ein Ankaufsrecht auf 22 Jahre zu einem ziffermäßig bestimmten PMPreise zusichern ließ, mit dem Abschluß eine Spekulation verbunden in dem Sinne, daß er das Recht zu einer Zeit ausüben wollte, in der ein nach der bisherigen Entwickelung wahrscheinliches weiteres Sinken des Markkurses eingetreten wäre. Dadurch, daß sich Beklagter auf diese lange Dauer der Option einließ, hat er wenigstens zu einem gewissen Teile die Gefahr eines Sinkens der Mark innerhalb der nach den damaligen Erfahrungen anzunehmenden Grenzen übernommen.

Nach diesen Gesichtspunkten muß die Spannung zwischen dem jetzigen GMPreise und demjenigen geteilt werden, der sich durch vollen Aufschlag des Überpreises gegenüber dem derzeitigen Marktpreis auf den jetzigen marktmäßigen GMPreis ergibt. Es erscheint bei der ganzen Sachlage, da die Grundstücke ein wertbeständiges Objekt darstellen und da die Grundstückspreise zur Zeit unter dem Einflusse der Zwangsregulierung der Mieten und der steuerlichen Belastung verhältnismäßig niedrig stehen, angezeigt, von dem Betrage der bezeichneten Spannung etwa $^2/_3$ dem Beklagten und etwa $^1/_3$ dem Kläger zugute zu schreiben und mithin den Kaufpreis um etwa $^2/_3$ dieser Spannung zu erhöhen. Nach den Gutachten beträgt der Wert der Grundstücke bei Vertragsschluß (April 1919) insgesamt 99 000 M. gegenüber einem Vertragpreise von 275 000 M. während der jetzige 33 000 RM. beträgt. Die Gleichung X : 33 000 = 275 000 : 99 000 würde einen Preis von 91 667 RM. ergeben. Entsprechend den obigen Grundsätzen ist der angemessene Kaufpreis auf 70 000 RM. zu bemessen.

γ) **Aufwertung der Miete nach aufgehobener Zwangswirtschaft.**

OLG. Hamburg, 2. ZS. Urteil v. 18. November 1924 (Bf 347/24).

Der Kläger hat Anfang 1922 bis 1. Juli 1931 Kontorräume von 250 qm für jährlich 50 000 M. der Beklagten vermietet. Er verlangt jetzt anderweitige Festsetzung der Miete auf jährlich 7500 RM., da er selbst jetzt dem Hauswirte 30 M. je qm an Miete zahlen müsse. Allein das Gericht kann nicht für zulässig erachten, solche Verträge, bei denen sich — vom Währungsverfall abgesehen — die eine Partei in ihren Berechnungen und ihrer wirtschaftlichen Voraussicht getäuscht hat, neu in ihren Grundlagen von Amts wegen zu regeln. Besonders kann es nicht annehmen, daß die Parteien, die für eine Leistung einen bestimmten Preis vereinbaren, dies unter der stillschweigenden Bedingung getan haben, daß nicht der Preis, wie er damals seinem inneren Wert nach für angemessen und auskömmlich gehalten wurde, sondern die jeweils für angemessen zu erklärende Vergütung als abgemacht gelten sollte. Ein Rechtssatz solchen Inhaltes müßte dazu führen, jedermann von den Folgen einer verfehlten Spekulation zu entbinden. Wäre der Mietpreis von 50 000 M. Anfang 1922 auf wertbeständiger Grundlage, etwa auf Dollarbasis, ausdrücklich vereinbart worden, dann müßte doch wohl undenkbar sein, die Miete nachträglich abzuändern, ebensosehr wie wenn in der früheren Zeit stabiler Währung eine Miete in RM. auf einen längeren Zeitraum vereinbart wäre und diese Miete sich im Laufe der Jahre etwa durch Änderung der Verhältnisse auf dem Gebiete des Grundstücksmarktes als zu gering und damit der langfristige Vertrag auch als eine verfehlte Spekulation des Vermieters erwiese.

Wenn der hier streitige Vertrag unter Mietsverhältnissen, die für den Vermieter besonders ungünstig waren, geschlossen wurde oder, was gleichbedeutend ist, wenn die inländische Kaufkraft des Geldes ungewöhnlich groß war, so mußte dies als Übergangserscheinung, die sich ausgleichen würde, sobald die Währungsverhältnisse wieder zu einiger Ständigkeit zurückkehrten, von jedermann anerkannt und daher als Faktor bei der Preisbildung mit eingesetzt werden. Ein Irrtum in dieser Beziehung kann nicht anders gewertet werden wie etwa die nachher als verfehlt sich erweisende Annahme eines Kaufmanns, daß die Preisbildung einer von ihm gehandelten Ware zur gegebenen Zeit zu seinen Gunsten schlagen werde. Hieran kann auch der Umstand nichts ändern, daß sich seit 1922 das immerhin ungewöhnliche Mißverhältnis von Lebenshaltungsindex zu RM.-Kurs (20. 41 zu 44.47) annähernd ausgeglichen hat (Ende August 1924 1,140 Bill. zu 1 Bill.), um so weniger, als gerade für Kontormieten der hier streitigen Art inzwischen die Zwangsbewirtschaftung aufgehoben worden und dadurch der Mietpreis gestiegen ist. Denn die Erwägungen, die zur Aufwertung der Markpreise im eigentlichen Sinne geführt haben, treffen hier eben nicht zu.

Der Vertrag war auf beiden Seiten ein gewagtes Geschäft und wenn sich die damals vereinbarte, in RM. umgerechnete Miete im Laufe der Vertragsjahre als besonders niedrig erweisen mußte, so kann dies auch auf dem Wege der Auslegung des Vertrags nach Treu und Glauben nicht dazu führen, den Vertrag zugunsten der Partei abzuändern, die sich in ihren Berechnungen geirrt hat.

k) **Verspätet ausgezahlter Postanweisungen. Verjährung nach § 14 Postges.**
OLG. Darmstadt, 1. ZS. Urteil v. 24. Februar 1925 (U 602/24).

Die rechtliche Natur des Postanweisungsvertrags ist sehr bestritten. Mit Scholz (Postrecht § 213 S. 105) und Aschenborn (Ges. über das Postw. S. 95) betrachtet das Gericht ihn als einen Werkvertrag mit Realvertragsnatur. Ein Dienstvertrag, wie das LG. annimmt, ist er nicht, weil er nicht auf die Dienste an sich, sondern auf deren Erfolg gerichtet ist. Ein Realvertrag ist er insofern, als eine Verpflichtung der Post nur durch Einzahlung einer Geldsumme und in ihrer Höhe begründet wird. Kraft des Vertrages verpflichtet sich die Post dem Absender gegen Entgelt, eine ihr von ihm postordnungsgemäß (unter Übergabe eines ausgefüllten Vordrucks) übergebene Geldsumme in gleicher Höhe dem Empfänger auszuhändigen, d. h. den Vordruck zu befördern und dem Empfänger derart vorzuzeigen, daß er in die Lage versetzt wird, den „Abschnitt" in Besitz zu nehmen. Das Geld geht durch die Einzahlung in das Eigentum der Post über. Nach § 6 PostGes. leistet die Post für die eingezahlte Summe „Garantie", ein Ausdruck, der gewählt ist, weil von „Verlust" des in das Eigentum der Post, übergegangenen Geldes nicht gesprochen werden kann. Er bedeutet eine Haftung der Post nur dafür, daß der Betrag dem Willen des Absenders entsprechend postordnungsgemäß ausgehändigt wird (Scholz § 21³ IV. S. 110). Ist die Postanweisung unbestellbar, wird sie z. B. wie hier, vom Empfänger nicht angenommen, so hat der Absender Anspruch auf gebührenfreie Rückgabe des eingezahlten Betrags gemäß § 45 PostO. Die Haftung für den eingezahlten Betrag ist entsprechend der Haftung für Verlust zu behandeln; für Verzögerung, auch der telegraphischen Postanweisung, haftet die Post nicht. Vorliegend ist der am 9. 11. 23 eingezahlte Betrag erst am 20. 4. 24 dem Empfänger erfolglos angeboten und dann im Nennbetrage der Absenderin zurückbezahlt worden. Wegen dieser Verzögerung steht ihr ein Schadensanspruch nicht zu. Sie verlangt auch nur Rückzahlung des eingezahlten Betrages, der inzwischen von 800 PM. auf 120 RM. entwertet ist und nach Billigkeit aufzuwerten sei. Die Post hält sich dazu mit Rücksicht auf die im PostGes. enthaltenen Haftungsbeschränkungen nicht für verpflichtet. Allein der Postanweisungsvertrag unterliegt, soweit er nicht durch das PostGes. und die PostO. beeinflußt wird, dem BGB., also auch dem § 242. Die Haftungsbeschränkungen des PostGes. schließen jedenfalls nicht aus, daß die Post wie jeder andere Schuldner ihre Leistungen, auch aus jenem Vertrage, so zu erfüllen hat, wie Treu und Glauben es erfordern. Wird sie auch für die verzögerte Erledigung der Postanweisung nicht ersatzpflichtig, so ist es doch mit den einfachsten Begriffen der Billigkeit nicht vereinbar, daß sie einen ihr zur Auszahlung übergebenen

Betrag, den sie sicherlich in ihrem Betriebe zum Wert des Einzahlungstags sofort umgesetzt hat, viele Monate später entwertet dem Absender zurückgibt in der Meinung, damit ihre Verpflichtung erfüllt zu haben, nachdem durch Mängel in ihrem Betriebe die Auszahlung an den Empfänger vereitelt wurde. Hat sie auch letzten Endes mit Verlust gearbeitet, so schließt dies nicht aus, daß einzelne Geschäfte für sie von Vorteil waren. Hier entspricht durchaus der Billigkeit, daß der Nachteil der Geldentwertung so wie es das LG. getan hat zwischen den Parteien gleich geteilt wird. Das KG. (JW. 1924 S. 1615) behandelt einen ähnlichen, aber doch immerhin anders gelagerten Fall, in welchem telegraphische Postschecküberweisungen mit verhältnismäßig kurzer Verspätung ausgeführt waren, und hat erörtert, ob eine Pflicht zur wertbeständigen Überweisung bestehe und einen Schaden- oder Bereicherungsanspruch begründe, nicht aber den Gesichtspunkt des § 242 BGB. in Betracht gezogen.

2. Die Post hat weiter Verjährung eingewendet, weil der Anspruch erst nach Ablauf der sechsmonatigen Frist des § 14 PostGes. gerichtlich geltend gemacht und auch vorher nicht bei der Oberpostdirektion angemeldet worden. Das LG. verneint, weil es sich um einen einfachen Erfüllungsanspruch handle. Allein die kurze Verjährung ist eingeführt, weil es bei dem sich schnell abwickelnden Massenbetrieb der Post nach längerer Zeit nicht mehr leicht möglich ist, Vorgänge der Vergangenheit aufzuklären und weil dem Publikum sehr wohl zugemutet werden kann, vermeintliche Ansprüche binnen kurzer Frist zu erheben, damit nicht die Post genötigt ist, ihre sich massenhaft anhäufenden Belege mit Rücksicht auf möglicherweise noch später zu erwartende Reklamationen längere Zeit aufzubewahren. Das gleiche Bedürfnis besteht für alle aus den Beförderungs- und Geldverkehrsverträgen gegen die Post erwachsenen Ansprüche, mögen sie nun ihrer rechtlichen Natur nach Erfüllungs- oder Schadenansprüche sein. Der § 14 steht im II. Abschnitt, der von der Garantie handelt. § 6 bestimmt, in welchen Fällen für Verlust und Beschädigung Ersatz und daß für Postanweisungen Garantie geleistet wird, während die §§ 8—11 Einzelheiten regeln. Nachdem § 12 hervorgehoben hat, daß weitere als die in §§ 8—11 bestimmten Entschädigungen nicht geleistet werden und § 13 die Postbehörde bezeichnet hat, gegen die der Anspruch auf Schadloshaltung zu richten ist, bestimmt § 14 über die Verjährung. Der Abschnitt schließt mit § 15, der die Befugnis der Post, jede Haftung abzulehnen, regelt. Diese Anordnung des Stoffes ergibt, daß man den § 14 nicht nur für eigentliche Entschädigungen geben, sondern alle Ansprüche aus der „Garantie“, also der Haftung der Post aus ihren Geschäften damit treffen wollte (ebenso Hamburg Seuff. 64 Nr. 209; Scholz § 213 IV).

1) **Wegen verspäteter Zahlung der Beamtengehälter.**

OLG. Rostock, 1. ZS. Urteil v. 13. November 1924.

. . . Der Beamte hat einen Gehaltsanspruch nur insoweit, als diesen die gesetzgebenden Körperschaften anerkannt haben. Er kann deshalb auch nicht ohne weiteres auf Auszahlung eines auskömmlichen Gehalts klagen. Allerdings ist der Staat moralisch verpflichtet, seinen Beamten, die ihm ihre Dienste und ihre Arbeit voll zur Verfügung stellen, ein zu ihrem Unterhalt auskömmliches Gehalt zu gewähren. Aber ein Rechtsanspruch auf ein solches Gehalt besteht nicht, und eingeklagt können nur die Beträge werden, die für die einzelnen Beamtengruppen festgesetzt sind. Erst hiermit entsteht ein Rechtsanspruch der Beamten und zwar nur auf die für sie festgesetzten Summen, keineswegs aber auf deren wirtschaftlichen Wert. Besonders zu Zeiten einer derartigen ständig fortschreitenden Geldentwertung, wie sie gerade im November 1923 stattfand, kann deshalb der Beamte nicht beanspruchen, daß ihm bei verspäteter Gehaltszahlung die Beträge nachbezahlt werden, um die sein Gehalt dem Wert am ersten zulässigen Zahlungstage zurückblieb. Dies läge vielleicht anders, wenn ein bestimmter Zahltag angesetzt und erst nach diesem gezahlt wäre. Aber gerade für das eingeklagte Gehaltsdrittel ist nur angeordnet, daß vom 19. 11. 23 ab die Zahlungen geschehen sollten. . . .

ζ) **Der Renten aus Vermächtnissen.**

OLG. Hamburg, 6. ZS. Urteil v. 12. März 1925 (Bf 1/25).

Der Erblasser hat 1909 seiner Schwester, der Klägerin, eine Jahresrente von 600 M. vermacht. Diese Zuwendung war zweifellos als Unterhaltsbeitrag gedacht. Unterhaltsrenten sind grundsätzlich aufzuwerten. Das trifft auch bei solchen Renten zu, die durch Vermächtnis den Erben auferlegt sind. Andrerseits geht es nicht an, bei solchen aus der Vorkriegszeit stammenden Vermächtnissen einfach den damaligen Geldwert zugrunde zu legen; vielmehr ist von dem vermutlichen Willen des Erblassers auszugehen. Dieser hat das Vermächtnis hier den Erben nicht unabhängig von dem übrigen Teil des Testamentes auferlegt; vielmehr steht beides in engstem Zusammenhang. Er ist offensichtlich davon ausgegangen, daß die Beschwerung der Erben gegenüber ihren Erbteilen verhältnismäßig gering sei und daß sich die Rente sowie die anderen Auflagen aus den Einkünften der den Erben zufallenden Vermögen leicht werde bestreiten lassen. Mit einem Umschwunge, wie er in der Nachkriegszeit eintrat, konnte er 1909 nicht rechnen. Keineswegs kann er daher beabsichtigt haben, daß die Erben ihr ganzes Erbteil und sogar darüber hinaus etwaiges sonstiges Vermögen oder Einkünfte zur Erfüllung der ihnen auferlegten Rentenverpflichtung verwenden sollten (JW. 1924 S. 1123, 1925 S. 339). . . . Die beiden Beklagten sind also tatsächlich außerstande, aus dem ererbten Vermögen eine Rente zu bestreiten. Da ferner beide den Mietzins für die von der Klägerin bewohnte Wohnung mit M. 280 jährlich nach rechtskräftigem Urteil aufzubringen haben, so wäre es durchaus unbillig, die Rente der Klägerin aufzuwerten. Es ist nicht angängig, die Folgen der Geldentwertung die Beklagten allein tragen zu lassen, zumal die Klägerin aus ihrer Wohnung, in die sie Tochter und Schwiegersohn aufgenommen hat, noch Einkünfte zu beziehen vermag. . . . [Vgl. Warn. 18 S. 5.]

η) **Hofverlaßvertrag. Abfindungen an Geschwister**[1]**.**

OLG. Braunschweig, 2. ZS. Beschluß v. 14. Mai 1925 (W 40/25).

Die Abfindungen, die bei den dem Bauernrecht unterliegenden Grund-

[1]) Über den Unterschied von Gutsüberlassungen und Auseinandersetzung der allgemeinen GG. vgl. Beschluß des ObLG. 31. 10. 25 (Bay. Z. 21 S. 397). Vgl. KG. 29. 6. 25 (JW. 1926

stücken für die Geschwister des Anerben begründet werden, gelten nach dem Rechte vor 1900 als Reallasten (BrZ. 62 S. 85). Für das Recht des BGB. bestimmt § 17 AusfGes. vom 12. Juni 1899, daß die Abfindungen in die Abt. II einzutragen sind, was hier auch geschehen ist. Sie werden daher vielfach als Reallasten nach Landesrecht betrachtet, deren Aufrechterhaltung durch Art. 64 EG. BGB. ermöglicht wird und denen nicht entgegensteht, daß die Reallasten des BGB. § 1105 anders, als vielfach die bauernrechtlichen Abfindungen, auf wiederkehrende Leistungen gerichtet sind. Das gilt indessen nur für die bei der Erbfolge in einen Bauernhof kraft Anerbenrechts entstehenden Abfindungen, nicht aber für solche, die wie hier durch Vertrag, besonders Hofverlaßvertrag begründet werden. Solche Abfindungen können nur in den Formen des BGB. verdinglicht werden (BrZ. 56 S. 142). Eine vertragsmäßige Abfindung ist daher keine Reallast im Sinne des Bauernrechts und auch keine solche des Reichsrechts. Der Aufwertungsstreit der Parteien gehört daher nicht zur Zuständigkeit der AufwStelle.

Das Amtsgericht hätte vielmehr als ordentliches Gericht entscheiden müssen. Dabei wäre zu prüfen gewesen, ob nicht die Abfindung unter § 12^2 V. v. 14. 2. 24 fällt. Sie gründet sich auf den Hofverlaßvertrag, also einen gegenseitigen Vertrag, der, soweit er für die Geschwister des Hofsannehmers Abfindungen vereinbart, ein Vertrag auf Leistung an Dritte (§ 328 BGB.) ist. Alsdann würde die Abfindung von der V. nicht betroffen werden, sondern nach allgemeinen Rechtsgrundsätzen (§ 242 BGB.) aufzuwerten sein. Anders läge der Fall, wenn, was im Laufe des Rechtsstreits behauptet ist, die Abfindung nachträglich in ein Darlehen umgewandelt wäre (§ 607^2); alsdann könnte eine Vermögensanlage nach § 12^1 V. vorliegen.

θ) **Einzelne Teilleistungen auf vertragsmäßige Vergütung.**

OLG. Hamburg, 3 ZS. Urteil v. 19. Januar 1926 (Bf. 535/25).

Der Kläger hat sein Bankgeschäft am 1. 2. 18 der beklagten Aktienbank überlassen und ist auf 7 Jahre als Direktor des nunmehr zu einer Zweigniederlassung umgewandelten Geschäfts gegen 43 000 M. angestellt worden. Davon sollten 33 000 M. als Entgelt dafür gezahlt werden, daß der Kläger seinen Kundenkreis, den „good-will" des Geschäftes, überlassen hat. Ob hierin ein verschleierter Kaufvertrag zu sehen ist, oder ob wirklich eine Gehaltszahlung gewollt war, kann dahingestellt bleiben. Denn der Kläger macht geltend, daß ihm ein Teil der Vergütung, nämlich die 33 000 M., jährlich bisher nur zu einem Bruchteil ausbezahlt seien, und daß er daher Nachzahlung verlangen könne. Dieser Standpunkt ist an sich für die 1923 und 1924 fälligen, Ende 1923 bezahlten Raten ohne weiteres begründet. Dagegen kann für die früheren Raten nichts nachgefordert werden. Die Rechtsüberzeugung, daß der Satz „Mark gleich Mark" rechtliche Geltung nicht mehr beanspruchen könne, ist allerdings nicht erst 1923, sondern schon vorher in der Rechtsprechung vorhanden gewesen.

S. 175). Beteiligungsverhältnis des § 63^2: JW. 1926 S. 186, Darlehen als Vermögensanlagen: Warn. 18 S. 2, 9; JW. 1926 189, 193, 202.

Sie ist aber nicht anerkannt worden und kann daher keine Geltung beanspruchen, da eine Rechtsregel eine irgendwie erkennbare Quelle haben muß, auf der sie beruht. Die Berücksichtigung bloß des Goldwerts der früheren Zahlungen kann auch nicht, wie das LG. will, damit begründet werden, daß es sich um ein einheitliches Entgelt handele. Diese Einheitlichkeit betrifft nur den Rechtsgrund der einzelnen Teilleistungen, kann aber nichts daran ändern, daß die einzelnen Leistungen hinsichtlich der Frage der Erfüllungskraft selbständig zu beurteilen sind...

Daß die Aufwertung einen billigen Ausgleich der Interessen beider Beteiligten herbeiführen soll, wird, soweit ein gegenseitiger Vertrag von einer Seite ganz, von der anderen Seite nicht oder nur teilweise erfüllt ist, von entscheidender Bedeutung sein, welchen Wert der als Erfüllung gegebene Gegenstand zur Zeit, für die die Aufwertung verlangt wird, wenigstens dann, wenn die etwaige Entwertung lediglich auf die Inflation zurückzuführen ist und voraussichtlich auch bei dem früheren Besitzer eingetreten wäre. Die Beklagte wollte zur Zeit des Vertragsschlusses 200 000 M. für die Kundschaft zahlen, was 170 000 GM. entspricht. Es ist davon auszugehen, daß dies der objektiv angemessene Wert war. Die Behauptung der Beklagten, das Geschäft habe in der Hauptsache in der Vermittlung von Effektenspekulationen einzelner Kunden im Auslande bestanden, während ein reguläres Kontokorrent- und Kreditgeschäft nicht betrieben worden sei, ist an sich wenig wahrscheinlich; denn die Effektenspekulationen im Auslande waren durch den Krieg so gut wie unterbunden, während der Kläger auch damals mit Gewinn gearbeitet hat. Sie ist aber auch bedeutungslos, da der objektive Wert des Geschäfts nicht dadurch beeinflußt werden konnte, daß der Kläger eine besondere, aber sicherlich in das Bankiergewerbe fallende Art von Geschäften besonders gepflegt haben sollte.

Das LG. hat nun, um einen Anhalt für den heutigen Wert zu gewinnen, die Geschäftsgewinne aus 1914—1917 und 1920—1923 verglichen und gefunden, daß der Wert durch die Geldentwertung auf $^1/_4$ herabgemindert sei. Es hat ferner das Vermögen der Beklagten vor und nach der Geldentwertung verglichen und festgestellt, daß sie ihre Substanz zu $^1/_4$ erhalten habe. Der Senat schließt sich diesen Erwägungen an. Zuzugeben ist, daß es sich dabei um ziemlich rohe Schätzungen handelt. Allein eine Begutachtung durch Sachverständige, die außerhalb des Betriebes des Beklagten stehen — nur solche kommen in Betracht —, würde zu keinen wesentlich zuverlässigeren Ergebnissen führen; andererseits kommt es auch auf Genauigkeit nicht an, da die Werte nur einen Anhalt für das Maß der Aufwertung bieten sollen, das im übrigen immer im Ermessen des Richters stehen muß. Danach entspricht es der Billigkeit, wenn die Beklagte, hätte sie den ganzen Kaufpreis jetzt zu zahlen, $^1/_4$ von 170 000 = 42 500 GM. entrichten würde. Da nur zwei von 7 Raten in Betracht kommen, so muß sie 12 143 RM. zahlen. Hinzu kommt aber noch ein Zinszuschlag, da die Raten nicht auf 200 000 : 7 gleich 28 555 PM., sondern auf 33 000 PM. festgesetzt waren; insgesamt ist die angemessene Aufwertung 13 500 RM. nebst Zinsen seit 1. 1. 25. B.

m) α) **Renten aus Urteilen und gerichtlichen Vergleichen. Bedeutung der ZPO. § 323.**
OLG. Hamburg, 1. ZS. Urteil v. 8. Juni 1925 (Bf 7/25).

Der Kläger, der 1903 im Betriebe der Straßenbahn einen Unfall erlitten hatte, hat sich im Mai 1909 gerichtlich dahin verglichen, daß die beklagte Gesellschaft ihm für die Erwerbsbeschränkung eine jährliche Rente von M. 1500 und für Verpflegungs- und Heilungskosten jährlich M. 400 monatlich im voraus bis ans Lebensende zahlt. Diese Rente wurde wegen der Geldentwertung ab 1. März 1921 und nochmals ab 1. 1. 23 erhöht. Nunmehr beansprucht der Kläger die Nachzahlung der Beträge, um die die gezahlten PMBeträge in der Zeit von 1920 bis Juli 1923 hinter dem Kurse der RM. oder der hamburgischen Indexzahl zurückblieben und die er zunächst mit 6000 RM. geltend macht. Es kann dahingestellt bleiben, ob die Abänderung, besonders die Umwertung von Renten, die durch Urteil oder gerichtlichen Vergleich festgesetzt sind, außerhalb des im § 323 ZPO. vorgesehenen Weges überhaupt zulässig ist. Die dafür angezogenen Erkenntnisse (bes. RG. 104 S. 230, 106 S. 233, 107 S. 217) sprechen sich nicht bestimmt darüber aus, indem sie die Umwertung teils im Zusammenhange mit § 323 erörtern, teils die Frage des prozessualen Vorgehens überhaupt nicht berühren. Dagegen spricht, daß es etwas durchaus Ungewöhnliches wäre, wenn im § 323, noch dazu mit den aus Abs. 2, 3 sich ergebenden Einschränkungen, nur ein Weg zur Abänderung von Urteilen und gerichtlichen Vergleichen neben anderen für den Berechtigten ohne jene Einschränkung gegebenen günstigeren Möglichkeiten zu befinden sein sollte. Tatsächlich bedeutet, wenn irgend etwas, so die durch die Geldentwertung bewirkte völlige wirtschaftliche Umwälzung eine im höchsten Grad empfindliche und wesentliche Änderung der Verhältnisse; daher ist kein Grund ersichtlich, weshalb gerade eine so bedeutsame Änderung der Dinge nicht vom § 323 mit umfaßt sein sollte. . . . Tatsächlich haben Fragen der Geldentwertung, bei aller Verschiedenheit ihres Umfangs im Vergleich zur Inflationszeit, die Gerichte schon vor der ZPO. beschäftigt und sind unter dem Gesichtspunkt der wesentlichen Änderung der Verhältnisse i. S. des früheren § 7² RHaftPG., des Vorläufers des § 323 ZPO., erörtert worden (ROHG. 4. Mai 1877 bei Eger RHG. S. 548). Im übrigen hat gerade die Geldentwertung die Hinzufügung des neuen Abs. 4 zum § 323 veranlaßt und damit auch die Abänderung eines gerichtlichen Vergleichs den Abs. 2, 3 unterworfen. Stände bei dem Ausgleich der Geldentwertung keine Abänderung, sondern nur eine Aufrechterhaltung der ursprünglichen Leistungen in Frage, so wäre für eine gerichtliche Entscheidung über das Maß der Aufwertung, das ja nach § 242 BGB. nach billigem Ermessen zu bestimmen ist, überhaupt kein Raum mehr, vielmehr käme nur ein Rechenexempel an der Hand des GMKurses oder der Indexzahlen in Betracht.

Hielte man aber auch eine Erfüllungsklage unmittelbar aus dem Vergleich nach § 242 BGB. — unabhängig vom § 323 ZPO. — für möglich, so fände ein solcher Anspruch doch seine Grenze an der Rechtskraft der Vorprozesse, die die ursprüngliche Rente bereits im Wege des § 323 abänderten und zwar nach Abs. 3 mit der Wirkung, daß eine weitere Abänderung erst nach Erhebung einer neuen

Umwandlungsklage zulässig ist. Für denselben Zeitraum, für den die Vorprozeßurteile die Rente rechtskräftig festsetzten, ist daher keine Nachforderung möglich. Allerdings begründet der § 323 keineswegs einen neuen privatrechtlichen Anspruch des Berechtigten, der ihm etwa durch Änderung der Verhältnisse erwachsen sei, sondern lediglich einen publizistischen Anspruch auf Rechtsänderung, indem er die Rechtskraft des abzuändernden früheren Urteils unter bestimmten Voraussetzungen einschränkt. Einen selbständigen, von der materiellen Rechtsgrundlage losgelösten publizistischen Anspruch als ausreichendes Klagfundament kennt aber die ZPO. nicht, der § 323 setzt die materielle Rechtsgrundlage vielmehr als durch das bürgerliche Recht gegeben voraus (Lucas JW. 1925 S. 737; RG. 106 S. 234). Die im Rahmen des § 323 durchgeführten Vorprozesse machen aber ersichtlich keinen anderen bürgerlichrechtlichen Anspruch geltend, als den jetzt streitigen, d. i. den Umwertungs- oder Erfüllungsanspruch aus § 242 BGB. Hier wie dort stützt sich der vom Vergleich als Verpflichtungsgrund ausgehende Umrechnungsanspruch auf die Veränderung der Verhältnisse, nämlich der Geldverhältnisse, die bewirkt hatten, daß die im Vergleich festgesetzten Summen entwertet waren und daher nicht mehr die vereinbarten Leistungen darstellten.

Ein Anspruch auf Nachzahlung kann auch nicht daraus hergeleitet werden, daß der Kläger im Vorprozesse nicht die volle, der Geldentwertung entsprechende Aufwertung geltend gemacht habe. Aus dieser Erwägung ist aber im Hinblick auf § 323³ nicht zu folgern, daß der Kläger eine Erhöhung der Rente auch für den durch den Vorprozeß geregelten Zeitraum nachfordern könnte. Hierüber konnte er, wenn er in früheren Umwandlungsklagen nicht die volle Aufwertung geltend machte, nicht im Zweifel sein. Im übrigen ist der Umstand, daß er nicht die volle Aufwertung nach dem GMKurs geltend machte, wohl kaum anders zu erklären, als daß er die verlangten Beträge einstweilen tatsächlich als für seinen Bedarf ausreichend ansah, übertraf doch auch die inländische Kaufkraft der PM. bei weitem deren Goldwert. . . . B.

β) **Umfang der Rechtskraft vorkriegszeitlicher Urteile.**

OLG. Hamburg, 4. ZS. Urteil v. 8. Juli 1925 (Bf 193/24).

Nach dem Urteil vom 10. 2. 1914 hat der Beklagte dem X. 65 000 M. zu zahlen. X. hat 1919 diese Forderung dem Kläger abgetreten. Nachdem eine Klage aus § 767 ZPO. abgewiesen worden, fordert nunmehr der Kläger im Wege der Aufwertung 2000 RM. als Teilbetrag. Der Einwand, daß X. 1911 auf die Forderung verzichtet habe, ist unzulässig. Die Erwägung, daß der Umfang der Rechtskraft nicht weiter gezogen werden darf, als der Nennbetrag reicht (RG. 110 S. 149), trifft nicht zu, wenn zwischen Klagerhebung und Endurteil das Geld überhaupt nicht entwertet ist; denn dem Kläger sollte das Urteil das gewähren, was er verlangt hat, nämlich eine Summe von bestimmtem Wert, nicht etwa einen „Nennbetrag". So liegt die Sache hier, wo das Urteil zu einer Zeit ergangen ist, wo man weder den Begriff der Geldentwertung, noch der PM. — im Gegensatz zur GM. — kannte. Der Kläger verlangt nicht etwas, was ihm bisher nicht zugesprochen worden ist, sondern einzig und allein den Wert des ihm bereits zugesprochenen, wie er sich mit Rücksicht auf die inzwischen eingetretenen Ereignisse nach Treu und Glauben stellt. Sein Begehren ist eine typische Klage aus dem Urteil (actio judicati). Dem Einwand des Verzichts steht daher zunächst die Rechtskraft des Urteils von 1914 entgegen, die er nur auf dem Wege des § 767 ZPO. beseitigen könnte. Es steht ihm aber weiter die Rechtskraft der Entscheidung entgegen, die bereits 1921 aus § 767 ZPO. ebendenselben Einwand zurückgewiesen hat; denn auch sie hat den Einwand in Bezug auf die ganze GMSumme des Urteils von 1914 verworfen. — Ebenso unzutreffend ist der Einwand, die Urteilsschuld sei bezahlt. Am 18. 10. 1921 sind allerdings 1350 PM. bezahlt; diese Zahlung kommt jedoch nicht in Betracht, weil zur Zeit nur ein Bruchteil der Klageforderung eingeklagt ist. Im Juli 1923 sind dann 101 913 PM. entrichtet. Diese machten 114 GoldPf. und sind lediglich als ganz geringfügige Teilzahlungen zu betrachten, einerlei, ob der Gläubiger sie widerspruchslos angenommen hat oder nicht.

Für die Höhe der Aufwertung geht das LG. davon aus, daß Kläger die Forderung 1919 für 600 M. erworben hat und lediglich diesen Betrag aufwerten darf. Allein der neue Gläubiger erwirbt die Forderung in ihrem jeweiligen Bestand, ohne Rücksicht auf das Grundgeschäft und das gegebene Entgelt. Durch die Abtretung soll der Schuldner grundsätzlich weder besser noch schlechter gestellt werden als vorher. Hieran wird auch durch die AufwGrundsätze nichts geändert. Es sind zwar die gesamten Verhältnisse zu berücksichtigen, wozu auch die Lage vom Schuldner und Gläubiger gehört. Aber das bedeutet nicht, daß der ganz zufällige Eintritt eines neuen Gläubigers und die Umstände, unter denen er die Forderung erworben hat, in Rechnung gezogen werden dürften. Wenn der Gesetzgeber einen Unterschied zwischen Alt- und Neugläubigern macht, so tut er dies in bewußter Abweichung vom geltenden Recht und aus Erwägungen, die mit den allgemeinen AufwGrundsätzen nichts zu tun haben. V.

γ) **Aufwertung der Urteile über Valutaschaden.**

Bayer. Oberstes Landesgericht, ZS. Beschluß v. 30. Oktober 1925 (III 108/25).

. . . Im Hinblick auf den entscheidenden Charakter des § 68 dürfen nur solche Urteile aufrecht bleiben, die die Aufwertung im eigentlichen Sinne behandeln. Diese stützt sich aber auf § 242 BGB. und will gemäß Treu und Glauben die Nachteile ausgleichen, die für den Gläubiger aus der Entwertung der deutschen Währung entstanden sind. Nur diejenigen Urteile können deshalb unter § 68 fallen, die bei der Frage, ob eine Aufwertung begehrt werden kann, die gesamten Umstände des Einzelfalls würdigen, also nicht bloß die Verhältnisse des Gläubigers, sondern auch die besondere Lage des Schuldners, namentlich seine Leistungsfähigkeit. Nach der Rechtsprechung (RG. 110 S. 127, 147) steht die Rechtskraft eines über den Anspruch des Gläubigers in PM. ergangenen Urteils einem neuen AufwProzesse nicht entgegen. Den gleichen Grundsatz spricht der § 68 aus. Hier hatte aber im Vorprozesse der Kläger von vornherein den sog. Valutaschaden geltend gemacht. Ein solcher wurde damals besonders auch vom RG. lediglich aus dem Gesichtspunkte des Verzugs zugebilligt; von dieser Auffassung ging auch das Berufungsurteil v. 1. März 1923 aus. Insoweit kann aber keine volle Deckung mit einem AufwStreite des AufwG. angenommen werden. Es bestehen hier zwar Berührungspunkte, aber keine volle Übereinstimmung des Rechtsstoffes und der Streitlage, wie solche nach § 68 notwendig erfordert werden muß.

d) **Aus Urteilen geleistete Zahlungen. Verjährung.**

OLG. Hamburg, 1. ZS. Urteil v. 21. Oktober 1925 (Bf 269/25).

Der Kläger, der bereits 1916 auf Zahlung von M. 4256 nebst Zinsen ab 30. 9. 1916 geklagt hatte, hat zunächst Anfang 1919 die Verurteilung des Beklagten zu M. 2702 nebst 5% Zinsen seit 30. 9. 1916 und am 26. 9. 1919 die zur Zahlung von M. 1554 nebst Zinsen erwirkt. Der Beklagte hat auf Grund des ersten Urteils am 14. 1. 1919 M. 2702 nebst Zinsen und am 27. 11. 1919 den Restbetrag bezahlt. Nunmehr Ende 1924 hat der Kläger mit der Begründung, daß durch diese Zahlungen wegen der damals schon eingetretenen Geldentwertung nicht die vollen ihm aus Weinlieferungen geschuldeten Summen, sondern, auf Grundlage des Dollars berechnet, GM. 800 zu wenig erhalten habe, einen Zahlungsbefehl in dieser Höhe erwirkt. Nach erhobenem Widerspruche hat er jedoch ausgeführt, die Forderung von M. 4256 sei ihm von seinem Bruder abgetreten und stelle dessen Anteil an dem Gewinne dar, der durch den gemeinsamen An- und Verkauf einer Partie Kognak 1916 erzielt sei. Der Anspruch ist unbegründet. Wäre der Anspruch des Vorprozesses aus käuflicher Lieferung von Wein entstanden, so wäre der Einwand der Verjährung begründet. Denn der Kläger macht, indem er Aufwertung verlangt, geltend, daß er wegen seiner schon seit 30. 9. 1916 bestehenden Forderung durch die bisherigen Zahlungen nicht voll befriedigt sei und daher nunmehr den nicht gedeckten Teil seiner Forderung einklage. Darnach hätte der jetzige Klaganspruch denselben Rechtsgrund wie die frühere Klagforderung und unterläge wie diese der vierjährigen Verjährung des § 196² BGB. Diese Verjährung würde auch vollendet sein. Denn wenn die Klagerhebung 1916 auch hinsichtlich der ganzen dem Kläger etwa zustehenden Forderung die Verjährung unterbrochen hatte, so dauerte diese Unterbrechung, insoweit im früheren Rechtsstreite nicht über den klägerischen Anspruch entschieden wurde, d. h. hinsichtlich des jetzt eingeklagten Restes doch immer nur bis zur Erledigung des ersten Prozesses, die spätestens Ende 1919 erfolgte, fort. Von da an begann wegen dieses Restes eine neue vierjährige Verjährung, die bereits Ende 1923 ablief. Die Meinung des LG., daß die ganze im Vorprozeß erhobene Forderung gerechtfertigt sei und daß daher hier in jedem Falle nur die Urteilsverjährung des § 195 BGB. Platz greife, ist irrig.

Es steht jedoch nicht fest, daß es sich im Vorprozeß um eine Warenlieferung handelte. Träfe aber die jetzige Begründung der Klageforderung zu, so wäre diese noch nicht verjährt. Einer Entscheidung über den Rechtsgrund des Klageanspruchs bedarf es indessen nicht. Denn es kann nicht anerkannt werden, daß dem Kläger, nachdem die Urteile im Vorprozesse seinem damaligen Klageantrage zahlenmäßig stattgegeben hatten, noch ein Anspruch auf Aufwertung verblieben wäre. Denn die Rechtsüberzeugung, daß der Satz „Mark ist gleich Mark" rechtliche Geltung nicht unbedingt oder überhaupt nicht mehr beanspruchen könne, ist erst allmählich und erst spät (1923) durchgedrungen, als der Tiefstand der Mark einen überaus hohen, früher geradezu unvorstellbaren Grad erreicht hatte. ...

n) **Eintragung der vereinbarten höheren Aufwertung.**

α) Kammergericht, 1. ZS. Beschlüsse v. 12. November 1925 (x 632, 651/25).

Seit 1. 10. 1921 ist unter Nr. 13 eine Restkaufgeldhypothek von 40 000 M. für A. eingetragen. In notarieller Urkunde vom 11. 7. 1925 haben A. und der Eigentümer vereinbart, daß diese Hypothek in eine Hypothek von 3000 GM. aufgewertet werde und die Eintragung der Vereinbarung über die Aufwertung in das Grundbuch bewilligt und beantragt. ... Den Streitpunkt bildet die Frage der Möglichkeit einer Umschreibung der PMHypothek in eine aufgewertete Hypothek von 3000 GM., also einer Eintragung in diesem Sinne unter der alten Nummer (13) in der Spalte Veränderungen. Den GMWert der Hypothek haben die Vorinstanzen ohne Widerspruch auf 1552, den gesetzlichen AufwBetrag mithin auf 388 GM. angenommen. Die von den Beteiligten vereinbarte Aufwertung auf 3000 GM. enthält eine erhebliche Überschreitung dieses Betrages. Der einfachen Umschreibung der Hypothek in ein der vereinbarten Aufwertung entsprechendes Recht steht darnach schon § 67 entgegen. Nach § 67[1] S. 1 und Abs. 3 sind allerdings Vergleiche über Ansprüche der in den §§ 4—61, 63[1] bezeichneten Art, die zur Beseitigung einer Ungewißheit über die Höhe der Aufwertung geschlossen werden, zugelassen; daß ein Vergleich im Sinne des Abs. 1 bei der vorliegend vor Erlaß des AufwG. getroffenen Vereinbarung in Frage steht, unterliegt keinen Bedenken. Für diese Fälle bestimmt Abs. 1 Satz 2, daß die Vereinbarung der Aufwertung als Begründung eines neuen Schuldverhältnisses gilt, soweit der vereinbarte Betrag 25% des GMBetrages übersteigt. Betrifft der Vergleich eine Hypothek (oder eines der im Abschnitt 3 des Gesetzes behandelten Rechte), so findet nach Satz 3 der § 6 bis zur Höhe von 25% des GMBetrages Anwendung, d. h. bis zu dieser Höhe behält die aufgewertete Hypothek, von hier nicht in Betracht kommenden Ausnahmen abgesehen, ihren bisherigen Rang. Der § 67[1] bezieht sich, wie Satz 1 zeigt, auf sämtliche dort genannten Rechte einschließlich der Hypotheken und der ihnen gleichstehenden Rechte, die in Satz 3 dann besonders hervorgehoben sind. Auch Satz 2 ist darnach, was außerdem der Zusammenhang mit Satz 1 einerseits und Satz 3 andererseits ergibt, trotz des mißverständlichen Ausdrucks „Schuldverhältnisses" auf die Hypotheken usw. mit zu beziehen. Dieser Ausdruck muß in Ansehung der letztgenannten Rechte dahin verstanden werden, daß die Neubegründung eines dinglichen Anspruchs gemeint ist. Bei ihnen handelt es sich also in Höhe des die gesetzliche Aufwertung übersteigenden Überschusses nicht um eine Umwandlung des bisherigen, sondern um die Einigung über die Bestellung eines neuen dinglichen Rechts (Quassowski § 67 IV c, auch Mügel § 67[7]). Diese neue Hypothek, die durch eine über 25% des GMBetrages hinausgehende Hypothekenaufwertung somit begründet wird, kann aber, wie keiner Ausführung bedarf, nur unter neuer Nr. an bereiter Stelle der Abt. III eingetragen werden, während an der alten Stelle lediglich der gesetzliche AufwBetrag einzutragen ist. Damit stimmt § 67[1] S. 3 überein.

Zu demselben Ergebnis führt die folgende Erwägung. Der gesetzliche Umfang der aufzuwertenden PMHypothek nach Maßgabe der kraft Gesetzes außerhalb des Grundbuchs eingetretenen Aufwertung ist in § 4 dadurch festgelegt, daß die Aufwertung auf 25% des GMBetrages bestimmt ist. Die Eintragung eines höheren Betrages würde sich als eine Erweiterung des durch die ursprüngliche Eintragung und die gesetzliche Aufwertung nach oben begrenzten Hypothekenkapitals darstellen. Solche Erweiterung ist jedoch nach den §§ 1113, 1115 BGB. unzulässig. Ihre Zulassung ist auch aus dem AufwG. nicht zu entnehmen, das vielmehr in Höhe des Überschusses eine neue Hypothek erfordert.

Bei der dargelegten Rechtslage erscheint auch nicht angängig, die hypothekarische Eintragung des ganzen vereinbarten AufwBetrages an der Stelle des alten Rechts unter Umschreibung des letzteren in die aufgewertete Hypothek derart vorzunehmen, daß der Überschußbetrag den Rang hinter den gesetzlichen 25% und den nachstehenden Rechten erhält (Ricks, DNotV. 1924 S. 112). Auch diesem Verfahren steht § 67 S. 2 und die Unzulässigkeit einer Erweiterung der Geldsumme der Hypothek entgegen. Demgegenüber ist gleichgültig, daß § 67[1] S. 3, für sich allein betrachtet, ein solches Verfahren vielleicht zuließe. Es ändert sich an der rechtlichen Beurteilung ferner dadurch nichts, daß wie hier der aufgewerteten Hypothek nachstehende Rechte Dritter nicht in Frage kommen und daß nach §§ 879[3], 880 BGB. die Beteiligten in der Lage sind, das Rangverhältnis zwischen einem bereits eingetragenen Rechte (hier: der gesetzlich aufgewerteten alten Hypothek) und einem neu einzutragenden (hier: dem Überschußbetrage) abweichend von der gesetzlichen Regel derart zu bestimmen, daß das letztere dem ersteren im Range gleichsteht. Die Möglichkeit einer Abweichung von § 67 wird den Beteiligten dadurch nicht gegeben, ebensowenig die Möglichkeit, eine bereits eingetragene und bestehen bleibende Hypothekenbelastung unter der bisherigen Nr. zu erweitern, sie würden vielmehr nur der unter neuer Nummer einzutragenden Überschußbetragshypothek den gleichen Rang mit der alten zu geben vermögen (vgl. 1. X. 193/25). Wenn bei der Neueinreichung des Antrages die Beteiligten diesen Weg der Teilung wählen, so wird der Antrag die Teilbeträge ziffernmäßig angeben und die Unterlagen für ihre Errechnung erkennen lassen müssen. Dem Grundbuchamt ist jedoch schon im Hinblick auf die übersichtlichere Gestaltung des Grundbuchs und die Vereinfachung der späteren Behandlung des Rechts dahin beizutreten, daß als der an sich empfehlenswerte Weg die Löschung der PMHypothek und die Eintragung einer neuen in Höhe des vereinbarten AufwBetrages erscheint.

β) OLG. Jena, 2. ZS. Beschluß v. 15. Mai 1925 (Y 20/25).

Auf dem Grundstücke des A. steht seit 1. 10. 22 für B. eine Darlehnshypothek von 200 000 M. eingetragen. Am 6. Juni 1924 erklärten A. und B. notariell, daß die Hypothek auf 3500 GM. aufgewertet und als Darlehn bis 30. April 1932 gestundet wird; demgemäß bestellt A. hiefür Hypothek und bewilligt die Eintragung an erster, notfalls an bereitester Stelle. Dieser Hypothek räumt C. vor seiner unter Nr. 2 eingetragenen Hypothek von 100 000 M. den Vorrang ein, wofür ihm eine an zweiter, notfalls an bereitester Stelle einzutragende Hypothek von 1500 GM. eingeräumt wird. Die Vorinstanzen haben abgelehnt. Das LG. faßt den Antrag des A. dahin auf, daß die Posten Nr. 1 und 2 gelöscht und dafür die bezeichneten GMHypotheken eingetragen werden sollen, bei dieser Wiedereintragung müsse aber der gesetzliche AufwBetrag angegeben und der Überschuß neu eingetragen werden. Allein eine Berichtigung der PMBeträge auf 15% des GMBetrages und Eintragung von Überschußhypotheken an bereitester Stelle, wie es § 13 der 3. NStV. vorsieht, kommt hier nicht in Frage. Beantragt ist hier Eintragung zweier einheitlicher Hypotheken in Höhe der vereinbarten Aufwertung. Dem steht der § 13 nicht entgegen, der den Schutz nachstehender Gläubiger bezweckt. Hier liegt aber das Einverständnis des an zweiter Stelle stehenden C. vor, daß seiner Hypothek nicht nur der gesetzliche AufwBetrag der ersten Hypothek, sondern der volle vereinbarte Betrag vorgeht. Es ist also keine Trennung der 3500 GM. in gesetzlichen AufwBetrag und Überschuß nötig. Erst recht ist das nicht nötig bei der Hypothek des C., hinter der zurzeit keine weitere Hypothek steht. Sollte inzwischen eine solche beantragt sein, so stände auch dieser Antrag nicht entgegen, wenn es richtig ist, daß die neue Hypothek nur mit dem Range hinter den auf 3500 und 1500 GM. aufgewerteten Hypotheken bewilligt ist. —n—.

o) **Vergleiche über die Aufwertung**[1]**. Bedeutung des § 78.**

a) Kammergericht, 1. ZS. Beschluß v. 26. November 1925 (x 732/25).

Auf dem Grundstücke des A. haftet seit Oktober 1922 für B. eine Sicherungshypothek von 70 000 M. für alle Forderungen aus der vertragsmäßigen Ausführung einer Betondecke. Am 16. 10. 1925 beantragte A. die Löschung auf Grund der Löschungsbewilligung des Gläubigers vom 26. 6. 1925. Die Vorinstanzen lehnten ab, obgleich A. die begl. Abschrift einer privatschriftlichen Vergleichsurkunde beigebracht hatte, wonach sich in einem Rechtsstreit wegen der gesicherten Forderung die Beteiligten am 17. Juni 1925 außergerichtlich dahin verglichen hätten, daß Zug um Zug gegen Zahlung von 200 RM. die Löschung zu bewilligen sei. Die weitere Beschwerde ist begründet. Nicht zutreffend ist allerdings die Meinung, daß die Löschungsbewilligung für sich allein betrachtet schon die Löschung rechtfertige. Sie weist durch ihr Datum darauf hin, daß nach 13. 2. 1924 gezahlt ist. Da für diesen Fall der § 78 eine Aufwertung „nach den Vorschriften dieses Gesetzes" bestimmt, sind außer den dort besonders erwähnten §§ 16, 18—24 auch alle sonstigen Vorschriften des AufwG. besonders auch § 67 anwendbar. Die Aufwertung tritt auch ein, wenn ein Vorbehalt nicht gemacht ist. Die §§ 16^2, 20 f. sehen eine Wiedereintragung der gelöschten Hypothek vor. Solange nicht feststeht, daß die Voraussetzungen für eine Aufwertung nicht bestehen, sieht also das Gesetz die Hypothek als fortbestehend an. Die Löschungsbewilligung ist also keine ausreichende Unterlage, wenn nicht nachgewiesen wird, daß eine Aufwertung nicht

[1]) Anfechtung des Vergleichs über Unterhaltsrente: RG. Warn. 18 S. 23; wegen der Auffassung der Parteien: Mark = Mark; KG. JW. 1926 S. 187.

mehr in Frage kommt. Das letztere ist der Fall, wenn entweder der Gläubiger ausdrücklich auf sie verzichtet hat (§ 14[1] Halbs. 2), oder die Anmeldefrist des § 16 ungenutzt verstrichen ist, was die AufwStelle auf Antrag zu bescheinigen hat. Es gelten insoweit entsprechende Grundsätze, wie sie in X. 613/25 (oben 44 S. 322) ausgesprochen hat.

Dagegen enthält der Vergleich v. 17. 6. 25 eine AufwVereinbarung im Sinne des § 67: Forderung und Hypothek sind auf 200 RM. aufgewertet. Die gesetzliche Aufwertung würde etwa 19,50 GM. betragen. Nur in dieser Höhe bestand die gesetzliche Aufwertungsschuld für das dingliche Recht. Die alte Hypothek konnte also durch Zahlung des gesetzlichen AufwBetrages zum Erlöschen gebracht werden mit der Wirkung, daß eine Eigentümergrundschuld gemäß §§ 1163, 1177 BGB. entstand. Würde also, wie es der Vergleich in Verb. mit der im Anschluß an ihn erteilten Löschungsbewilligung erwarten ließ, in einer dem § 29 GBO. genügenden Form nachgewiesen, daß eine Zahlung auch nur in Höhe des gesetzlichen AufwBetrages geleistet sei, so war damit grundbuchmäßig erwiesen, daß das alte Hypothekenrecht infolge Erlöschens der gesicherten Forderung auf den Eigentümer übergegangen und auf seinen die Bewilligung mitenthaltenden Antrag gemäß §§ 19, 27, 29 GBO. zu löschen war. Der Löschung stand also ein Hindernis entgegen, mit dessen alsbaldiger Behebbarkeit zu rechnen war. Das LG. hätte also entweder selbst eine Zwischenverfügung auf formgemäßen Nachweis der Zahlung eines der gesetzlichen Aufwertung entsprechenden Betrages erlassen oder dem Grundbuchamt ihren Erlaß aufgeben müssen. ...

p) **Vorherige Eintragung des Rangvorbehalts gemäß § 40 GBO.**

Kammergericht, 1. ZS. Beschluß v. 21. Januar 1926 (X 18/26).

Auf dem Grundstücke des Beschwerdeführers A. steht in Abt. III an erster Stelle unter Nr. 30 noch seit 1900 für X. eine Resthypothek von 420 000 M — aufgewertet Ende 1924 gemäß der 3. StNV. auf 63 000 GM. Alle nachstehenden Hypotheken sind gelöscht, jedoch Nr. 37 erst am 18. 2. 1920, die Nr. 39 und ein dem X. nachstehender Teilbetrag von Nr. 30 am 12. 1. 1924 (Quittung und Löschungsbewilligung vom 19. 10. 1923). A. hat nun am 4. 11. 1925 erklärt: Ihm stehe hinter der rangersten Hypothek ein Rangevorbehalt von 105 000 RM. zu. In Höhe von 10 000 RM. räume er den vorbehaltenen Rang mit dem Vorzugsrecht vor dem Überrest dem B. . . mit der Maßgabe ein, daß für B. eine brieflose Hypothek als Darlehen eingetragen werde. Die Eintragung wurde abgelehnt. Die weitere Beschwerde ist unbegründet. . . Nachstehende Rechte, die möglicherweise nach § 14 oder 15 wieder eintragungs- und aufwertungsfähig sind, sind hier vorhanden. Soll die Hypothek von 10 000 GM. unmittelbar hinter die erststellige Hypothek zu stehen kommen, so muß dies im Grundbuche zum Ausdruck kommen, weil sie sonst nur den Rang hinter der dem Eigentümer vorbehaltenen Rangstelle und hinter dem etwa wieder zur Eintragung kommenden AufwHypotheken erhalten würde (§§ 6, 20 f., 22[2]). Die Rangbezeichnung kann, wie beantragt, dahin lauten, daß die 10 000 GM. die erste Stelle des Rangvorbehalts einnehmen. Mit Recht hält aber das LG. hier den § 40 GBO. für anwendbar und deshalb die vorherige Eintragung des Rangvorbehalts für notwendig; denn betroffen im Sinne der §§ 19, 40 GBO. wird durch eine Eintragung an der dem Eigentümer vorbehaltenen Rangstelle — eine solche kommt (vgl. oben S. 33 nur im Falle Bestehens weiterer eingetragener oder wieder eintragungsfähiger Rechte in Frage — nicht das Eigentum am Grundstück als solches, sondern die an diesem gesetzlich geschaffene besondere Rangstelle, der Eigentümer nicht in seiner allgemeinen Rechtsstellung als Eigentümer des zu belastenden Grundstücks, sondern als Inhaber einer ihm durch das AufwG. gewährten besonderen Rangstelle am Grundstück, also als Inhaber einer besonderen dinglichen Rechtsbefugnis am Grundstück.

Durch den inzwischen eingetretenen Ablauf der Anmeldefrist des § 16 hat sich die Rechtslage nur insofern geändert, als A. durch Beibringung einer Bescheinigung der AufwStelle nachweisen kann, daß die nachstehenden gelöschten Hypotheken nicht vor 1926 angemeldet, also nicht wieder eintragungsfähig sind. In diesem Falle käme ein Rangvorbehalt überhaupt nicht in Frage; die Hypothek könnte und müßte ohne Rangvermerk eingetragen werden, weil sie kraft Gesetzes den Rang hinter der des B. erhielte. In diesem Falle griffe auch Art. 9 DurchfV. nicht Platz, so daß das Recht als RM-Hypothek eingetragen werden könnte.

q) **Wie ist zu verfahren, wenn mit der Anmeldung die Wiedereintragung verbunden ist?**

Kammergericht, 1. ZS. Beschluß v. 21. Januar 1926 (X 15/26).

Der Beschwerdeführer A. hat als früherer Gläubiger der im Juli 1925 gelöschten Hypothek zum Protokolle des Gerichtsschreibers des Amtsgerichts, Aufw-Stelle, vom 20. 10. 1925 die Hypothek und die persönliche Forderung zur Aufwertung angemeldet und die Wiedereintragung der Hypothek und die Buchung eines Widerspruchs beantragt. Das Amtsgericht wies als Grundbuchamt den zur Blattsammlung 3 Aw 1467. 25 genommenen Wiedereintragungsantrag auf Grund des § 21 Nr. 1 zurück, da die Hypothek am 9. 10. 1922 an H. abgetreten worden sei und der jetzige Eigentümer das Grundstück am 30. 5. 1923 erworben habe. Die Beschwerde hatte keinen Erfolg. Die weitere Beschwerde führt zur Aufhebung der Vorentscheidungen. Der Antrag auf Wiedereintragung der gelöschten, aber der Aufwertung kraft Rückwirkung unterliegenden Hypothek stützt sich auf §§ 20, 21, 17. Die Auffasung des LG., daß gegen die Zurückweisung dieses Antrages die unbeschränkte Beschwerde zulässig sei, ist frei von Rechtsirrtum. Die Wiedereintragung kennzeichnet sich zwar rechtlich als Berichtigung des Grundbuches, sie erfolgt jedoch nicht ausschließlich auf Grund des § 22 GBO., sondern gründet sich auf die erwähnten §§ 20, 21, 17. Dem Zwecke und Sinne des AufwG. aber entspricht es, daß die Wiedereintragung auch im Wege der Beschwerde begehrt, daß also ein darauf gerichteter Antrag durch alle drei Rechtszüge verfolgt werden könne. Hiernach ist im Gegensatz zu der nach der 3. StNV. bestehenden Rechtslage (RG. 110 S. 65, 87) für die Zulässigkeit der Beschwerde ohne Bedeutung, ob es sich hier um die Beseitigung einer ursprünglichen oder einer nachträglichen Unrichtigkeit handelt.

Voraussetzung für die Entscheidung des Grundbuchamts ist, daß der Antrag bei ihm gestellt ist. Gestellt ist er aber nicht, bevor er nicht bei ihm eingegangen ist. Hier ist nur der Wiedereintragungsantrag im Anschluß an die Anmeldung des AufwAnspruchs aufgenommen worden. Damit ist jedoch, selbst wenn Aufw-Stelle und Grundbuchamt miteinander vereinigt sind, jener Antrag nicht ohne weiteres auch bei dem Grundbuchamt eingegangen. Nadler S. 46 meint zwar „wegen der Einheitlichkeit des Amtsgerichts", daß das, was bei einer Abteilung eingeht, gleichzeitig bei allen anderen Abteilungen eingehe. Diese Ansicht ist jedoch in dieser Allgemeinheit nicht richtig. Der Senat hat sie bereits in einer Erbscheinsache (KGJ 42 S. 89) für das Verhältnis von Nachlaß- und Vorm-Gericht abgelehnt. Sie kann aber noch viel weniger für den Eingang eines Antrages beim Grundbuchamte gelten. Denn dafür genügt nicht, daß er an das Amtsgericht gelangt ist; erforderlich ist vielmehr, daß der an das Grundbuchamt gerichtete Antrag in den Besitz eines der nach Art. 4 AG. zur GBO. zuständigen Beamten gekommen ist, weswegen auch dieser Zeitpunkt nach § 13¹ S. 2 GBO., Art. 4 AG. auf dem Antrage zu vermerken ist. Da hier der Wiedereintragungsantrag keinen den erwähnten Vorschriften und der Geschäftsordnung entsprechenden Eintragungsvermerk enthält, sich auch noch bei der mit der Anmeldung gebildeten Blattsammlung befindet, so sprechen schon diese Umstände dafür, daß der Antrag bisher noch nicht als beim Grundbuchamt eingegangen betrachtet worden ist. Die Beurkundung des Eingangszeitpunktes könnte allerdings versehentlich unterblieben sein, wodurch der Eingang selbst noch nicht in Frage gestellt würde; daher kann auf das Fehlen dieses Vermerkes allein kein maßgebendes Gewicht gelegt werden. Für die Verneinung des Eingangs ist hier jedoch noch ein anderer Gesichtspunkt entscheidend, nämlich der Wille des Beteiligten und seine Auffassung von der Art, wie sein Antrag behandelt werden solle. Beide können nur dahingehen, daß der in dem Anmeldungsprotokoll aufgenommene Wiedereintragungsantrag erst nach Eintritt der in § 16², 17 S. 2 bestimmten Voraussetzungen als bei dem Grundbuchamte gestellt gelten soll. Denn ist danach die Wiedereintragung im unmittelbaren Anschluß an die Anmeldung nur beim Vorliegen einer Bewilligung des Eigentümers zulässig, so will der Gläubiger, daß sein nicht auf solche Bewilligung gegründeter Antrag das Grundbuchamt erst nach der Wiedereintragung beschäftigen soll. Eine gegenteilige Auffassung würde dem Gläubiger unterstellen, daß er von vornherein damit einverstanden ist, daß sein Antrag sogleich abgelehnt oder beanstandet werde, während doch die Zusammenfassung des Wiedereintragungsantrages mit der Anmeldung lediglich der Vereinfachung der AufwRegelung und zwar im Interesse sowohl des Publikums wie des mit der Aufwertung befaßten Gerichts dienen soll. Soll aber die Wiedereintragung bei dem Grundbuchamte erst nach dem Vorliegen der in § 16² bestimmten Voraussetzungen beantragt sein, so ist vor diesem Zeitpunkt auch eine grundbuchamtliche Entscheidung auf den — noch nicht vorliegenden — Antrag nicht zulässig. Er kann deshalb auch nicht, wie das LG. meint, wegen unheilbarer Mängel alsbald zurückgewiesen werden. Vorliegend den zu Protokoll erklärten Antrag anders zu beurteilen, ist kein Anlaß vorhanden.

Vorstehende Ausführungen haben jedoch für den Antrag auf Buchung eines Widerspruchs keine Geltung. Dieser soll nach dem Willen des Anmeldenden sofort als gestellt gelten; über ihn ist nach den Grundsätzen zu entscheiden, die der Senatbeschluß (oben S. 7) ausgesprochen hat. Übrigens dürfte der sachliche Standpunkt der Vorinstanzen gegenüber dem Wiedereintragungsantrage zutreffend sein.

r) **Gilt § 25 für die Kündigung der Ablösungssumme?**

OLG. Hamburg, 6. ZS. Beschluß v. 22. Dezember 1925 (Bs 251/25).

Geklagt ist auf Einwilligung in die Löschung der Rentenschuld, die für die Beklagte auf dem Grundstück des Klägers ruhte und bereits auf den 1. 1. 1924 ihr gekündigt worden ist und daß diese Kündigung noch fortgelte. Allein nach § 25 sind Kündigungen, die vor dem AufwG. erklärt sind, gegenstandslos geworden. Der § 25 spricht allerdings nur von Hypotheken, findet aber nach § 31 auch auf Grundschulden Anwendung; indessen erwähnt § 31 den § 25 nicht bei Regelung der Rentenschulden. Das erklärt sich dadurch, daß § 31 ausdrücklich nur über die wiederkehrenden Rentenbeträge bestimmt, nicht über die Ablösungssumme. Indessen ist die Annahme, daß auf diese der § 25 keine Anwendung finden solle, unvereinbar mit der Absicht des Gesetzes; denn sie nähme den Schuldnern bereits gekündigter Rentenschulden den Vorteil der Befristung bis 1932, während der Gesetzgeber bei Bemessung der Höhe der Aufwertung davon ausgegangen ist, daß bis 1932 nur Zinsen und Renten, aber keine Kapitalsummen gezahlt werden müßten. Die Frage muß daher aus dem Begriff der Rentenschuld und der Ablösungssumme gelöst werden, wie er in §§ 1199, 1200 BGB. bestimmt ist. Danach sind Rentenschulden nur eine Form der Grundschuld, und auf die Ablösungssumme finden die für das Grundschuldkapital geltenden Vorschriften entsprechende Anwendung. Ebenso muß § 31 dahin verstanden werden, daß die für die wiederkehrenden Leistungen gegebenen besonderen Bestimmungen nur auf diese wiederkehrenden Leistungen Anwendung finden sollen, während auf die nicht ausdrücklich erwähnte Ablösungssumme die für das Grundschuldkapital geltenden Bestimmungen Anwendung finden, also nach dem ersten Satz des § 31 auch der dort mit erwähnte § 25. Danach war der Klageanspruch bei Klageerhebung noch nicht fällig, sondern ist frühestens 3 Monate nach dem Schreiben des Klägers vom 29. 8. 1925 fällig geworden; dann hat aber Beklagter den Anspruch sofort erfüllt. Den Kläger treffen deshalb die Prozeßkosten. B.

s) **Verfahren: a) Bei Streit über den aufzuwertenden Anspruch**[1]).

Kammergericht, 9. ZS. Beschluß v. 11. Dezember 1924 (Aw 63/24).

Die AufwStelle ist — abgesehen von dem Fall, daß die Herabsetzung beantragt ist — nach § 9[1] der 3. StNV. nur zuständig, wenn Streit über die Höhe

---

[1]) Ist der Anspruch selbst bestritten, so ist die Aussetzung des Rechtsstreits bis zur Entscheidung der AufwStelle (§ 77) für diese nicht bindend (ObLG. 28. 2. 25, BayZ. 21 S. 155).

a) Vollmachten im AufwVerfahren sind stempelfrei (PrJMBl. 1925 S. 397). Berechnung des Stempels zu Anträgen auf Eintragung der Aufwertung oder auf Wiedereintragung der Hypothek: aO.

b) Der Gläubiger darf über das Vorbringen des Schuldners im Wege Ersuchens vernommen werden (OLM. Frankfurt 20. 5. 25, JW. 1411).

des AufwBetrags herrscht. Dagegen hat, wenn die Parteien streiten, ob überhaupt noch ein aufzuwertender Anspruch besteht, hierüber das Prozeßgericht zu entscheiden. Die Stelle darf über die Höhe der Aufwertung in der Regel nur entscheiden, wenn die Parteien über das Bestehen des aufzuwertenden Anspruchs einig sind oder dieser rechtskräftig festgestellt ist. Erhellt aus dem Antrag, daß über den Anspruch Streit herrscht, so ist er in der Regel mit der Begründung abzuweisen, daß die AufwStelle zurzeit sachlich unzuständig sei. Ergibt sich erst im Laufe des Verfahrens, daß die Parteien auch über den aufzuwertenden Anspruch streiten, so empfiehlt sich, das Verfahren unter Bestimmung einer Frist zur Vorlegung einer rechtskräftigen Entscheidung des Prozeßgerichts über den Anspruch auszusetzen. Sollte es freilich offensichtlich sein, daß der Anspruch nicht mehr besteht, so wird die sofortige Abweisung des Antrags geboten sein (vgl. KGJ. 35 S. 118). Ausnahmsweise kann auch im ersterörterten Fall ausgesetzt werden, besonders wenn der AufwAntrag durch die 3. StNV. oder die DurchfV. befristet ist. Ist die aufzuwertende Hypothek bereits gelöscht, so ist in der Regel ohne weiteres anzunehmen, daß über das Bestehen des Anspruchs Streit herrscht. N.r.

β) **Abweisung des nicht unter §§ 14, 15, 17 fallenden AufwAnspruchs**

Kammergericht, 1. ZS. Beschluß v. 4. Februar 1926 (X 38/26).

Der Gläubiger A. hat am 25. 9. 1925 einen AufwAnspruch hinsichtlich seiner am 26. März 1923 gelöschten Hypothek angemeldet und gleichzeitig Eintragung eines Widerspruchs bei der Hypothek beantragt. Die Vorinstanz hat abgelehnt, weil A. die Hypothek am 1. 10. 1921 unter Aushändigung des Briefes und mit dem Bekenntnis, die Valuta erhalten zu haben, an X. abgetreten habe. Die weitere Beschwerde ist unbegründet. Im Beschluß (oben S. 7) ist ausgesprochen, daß der Antrag auf Eintragung des Widerspruchs lediglich durch den Nachweis der rechtzeitigen Anmeldung des AufwAnspruchs begründet wird, die Frage aber, ob der Anspruch auf Wiedereintragung der Hypothek begründet ist, nicht zu prüfen ist. Immer aber muß es sich um einen AufwAnspruch i. S. der §§ 14, 15 oder 17 und um seine Anmeldung handeln. Steht nicht ein solcher, sondern ein anders gearteter Anspruch in Frage, der sich zweifelsfrei auf einen dort nicht geregelten Sachverhalt stützt wie etwa ein auf unstreitig vorbehaltslos angenommene Rückzahlung im Jahre 1920 gegründeter Anspruch oder einer der im § 19 erwähnten Ansprüche, so liegt ein „AufwAnspruch" und dessen Anmeldung nicht vor. Die Anmeldung braucht zwar Angaben über den Vorbehalt nach § 14 oder über die Rückwirkungsvoraussetzungen des § 15 (wie des § 17) nicht zu enthalten (vgl. JW. 1926 S. 31) und auch für den Antrag auf Widerspruchseintragung bedarf es weder des Nachweises noch der Glaubhaftmachung, daß die Voraussetzungen der §§ 14, 15, 17 gegeben sind, (vgl. oben S. 7). Ergibt sich jedoch aus der Anmeldung oder aus ihr in Verbindung mit dem Inhalt des Grundbuches

---

c) Die Ergänzung des rechtskräftigen Beschlusses der AufwStelle kann nur beantragt werden, wenn sie auf Berichtigung formaler Unrichtigkeiten abzielt; jede Anfechtung des materiellen Inhalts auf diesem Wege ist unzulässig (ObLG. 19. 6. 25, Samml. 24 S. 213).

und dem sonstigen Vorbringen des Gläubigers mit Sicherheit, daß ein den §§ 14, 15, 17 unterfallender Sachverhalt nicht geltend gemacht wird, so liegt eine Anmeldung nach § 16 nicht vor. Bloße Zweifel daran, ob die AufwVoraussetzungen jener Bestimmungen tatsächlich gegeben sind, hindern die Widerspruchseintragung nicht; für sie genügt die Möglichkeit, daß die auf sie gestützte Anmeldung begründet ist. Gründet sich diese aber nicht auf einen unter die §§ 14, 15, 17 fallenden Sachverhalt, so kann ein Widerspruch nicht eingetragen werden.

Unter diesen Gesichtspunkten ist es nicht zu beanstanden, wenn die Vorinstanzen geprüft haben, ob der geltend gemachte Anspruch in den §§ 14, 15, 17 geregelt ist. Ohne ersichtlichen Rechtsirrtum haben sie die verneint. Der § 17, der allein anwendbar sein könnte, gestattet eine Aufwertung zugunsten des Gläubigers, der die Hypothek abgetreten hat, für den Fall, daß er die Gegenleistung nach 14. 6. 1922 oder unter Vorbehalt der Rechte angenommen hat; dies gilt jedoch nur, falls sich nicht nach dem Schlußsatz des § 2¹ oder nach § 3¹ Nr. 2 bis 11 die Höhe der Aufwertung zugunsten des Erwerbers nach der Zeit des Erwerbs durch den früheren Gläubiger bestimmt. § 3 Nr. 7 aber ordnet an, daß bei Erwerb auf Grund eines Treuhandverhältnisses für die Berechnung des GMWertes der Erwerb durch den Geschäftsherrn maßgebend ist. A. macht nun selbst geltend, daß es sich lediglich um eine Sicherheitsabtretung an X. gehandelt habe. Diese würde aber ein solches Treuhandverhältnis bilden, das für die Höhe der Aufwertung zugunsten des Erwerbers X. den Erwerb durch A. zum bestimmenden macht. Damit ist ein AufwAnspruch des A. aus § 17, nach dessen ausdrücklicher Bestimmung ausgeschlossen. Ergibt also das eigene Vorbringen des A., daß er einen unter §§ 14, 15, 17 fallenden AufwAnspruch nicht geltend macht, sondern sich auf einen von diesen nicht betroffenen Sachverhalt stützt, so kann auch ein Widerspruch bei der Hypothek nicht eingetragen werden. Gegenüber der Meinung der Beschwerde, daß § 3 einen selbständigen AufwAnspruch schaffe, weist bereits das LG. mit Recht darauf hin, daß § 3 allein darüber bestimmt, welcher Zeitpunkt für die Berechnung des GMWertes maßgebend ist, die Frage, zu wessen Gunsten aufzuwerten ist, aber nicht entscheidet; er geht aber, wie die Fassung in den Nr. 2—11 zeigt, gerade davon aus, daß es sich um die Aufwertung zugunsten des Erwerbers, nicht des früheren Gläubigers, handelt. Ob der Umstand allein, daß A., der nach seiner Löschungsbewilligung die Gegenleistung vor 14. 6. 1922 angenommen hat, einen dabei gemachten Vorbehalt nicht behauptet, die Ablehnung des Antrages auf Widerspruchseintragung rechtfertigen würde, kann hiernach dahinstehen.

γ) **Muß die AufwStelle stets die Einigung versuchen?**

Kammergericht, 9. ZS. Beschluß v. 5. März 1925 (Aw. 175/25).

Die AufwStelle hat, weil die Aufwertung eines nicht hypothekarisch gesicherten Anspruchs auf Rückzahlung einer Kaution verlangt ist, ihre Zuständigkeit mit Recht verneint und den Einigungsversuch unterlassen. Dieser ist allerdings in § 9³ der 3. StNVO. zwingend vorgeschrieben und seine Unterlassung hat in der Regel die Aufhebung des Beschlusses zur Folge. Die AufwStelle ist jedoch nicht verpflichtet, in jedem Falle, wenn ein Antrag an sie gerichtet wird, eine gütliche Einigung zu versuchen, sondern nur dann, wenn sie nach § 9¹. ⁷ zuständig ist. N. r

δ) **Beschwerde im Anmeldungsverfahren. Ist die Anmeldung des Zedenten dem Zessionar mitzuteilen?**

Kammergericht, 9. ZS. Beschluß v. 7. Dezember 1925 (Aw. 469/25).

Der Beschwerdeführer hat die abgetretene Forderung angemeldet und erfolglos beantragt, diese Anmeldung auch dem Zessionar mitzuteilen. Die weitere Beschwerde ist zulässig. In §§ 69, 70 ist die Zuständigkeit der AufwStelle nicht erschöpfend geregelt. Auch für die dort nicht aufgeführten Verfahren mußte die Einrichtung und damit die Zuständigkeit jener Stelle geregelt werden. Die in §§ 72 ff. getroffene Regelung dieser Fragen kann deshalb nicht auf die Fälle der §§ 69, 70 beschränkt werden, sondern gilt für alle Verfahren, die jener Stelle übertragen sind. Demgemäß ist auch im Anmeldungsverfahren der § 73¹ und damit das FGG. sinngemäß anzuwenden. Inwieweit die eigenartige Gestaltung dieses Verfahrens diese Vorschrift ausschließt, ist hier nicht zu erörtern, jedenfalls bestehen gegen die Anwendung der §§ 19, 20 FGG. keine Bedenken.

Die Beschwerde ist jedoch unbegründet. Im § 16¹ S. 2 ist der Kreis der Personen, denen die Anmeldung zuzustellen ist, klar festgelegt. Zu ihnen gehört aber nicht der Zessionar (im Falle des § 17). Die Ausführungen der Beschwerde verwechseln das Anmeldungs- mit dem AufwVerfahren.

ε) **Niederschlagung der Kosten von Beschwerden.**

OLG. Hamburg, 1. ZS. Beschluß v. 16. Februar 1925 (F 18/25).

Die Beschwerde kann nach § 4 der 2. DurchfV. v. 24. 5. 24 nur zu Protokoll des zuständigen Gerichtsschreibers oder durch eine von einem Rechtsanwalt unterzeichnete Beschwerdeschrift eingelegt werden. Diese Form ist hier nicht beobachtet und die Beschwerde daher unzulässig. Nur in Ansehung der Kosten kann berücksichtigt werden, daß die Eingabe vom 2. 11. 1924 die Hypotheken nur zur Aufwertung mit der Bitte um Ausstellung einer Bescheinigung hierüber angemeldet hat. Mangels eines Antrags durfte die AufwStelle die angefochtene Entscheidung nicht erlassen, zum mindesten hätte sie vor deren Abgabe bei dem nicht einmal legitimierten Verfasser der Eingabe nachfragen müssen, ob diese als Antrag aufzufassen sei. Bei richtiger Behandlung der Sache wären die durch den Beschluß entstandenen Gerichtskosten nicht erwachsen. Es rechtfertigt sich daher gemäß § 4 hamb. GKostengeſ. vom 30. Mai 1911 die Niederschlagung dieser Kosten. Auf Grund dieses § 4 ist auch die Niederschlagung der durch das Beschwerdeverfahren erwachsenden Gerichtskosten geboten, weil die Versäumung der gesetzlich gebotenen Form auf nicht anzurechnender Unkenntnis der Verhältnisse oder auf Unwissenheit beruht. Zwar ist der Beschwerdeführer durch Schreiben der AufwStelle auf die zu beobachtende Form hingewiesen. Ihm ist aber nicht anzurechnen, daß er geglaubt hat, eine Beschwerde gegen eine ohne seinen Antrag erlassene Entscheidung unterliege nicht dem Formzwange einer Beschwerde gegen eine von ihm erbetene Entscheidung. B.

ζ) **Umfang der Aussetzung des Prozeßverfahrens**[1]).

OLG. Hamburg, 6. ZS. Beschluß v. 26. Mai 1925 (Z 110/25).

Die Aussetzung der Verhandlung hat, wie das in den Fällen der §§ 148, 149 ZPO. ganz allgemein anerkannt ist, nicht bloß die Wirkung, daß die weitere Verhandlung, sondern daß das ganze weitere Erkenntnisverfahren vorerst zu unterbleiben hat. Sie ist in den Wirkungen gleichbedeutend mit der Aussetzung des § 249 ZPO. Abgesehen vom Vollstreckungsverfahren, auf das sich die §§ 230 ff. ZPO. überhaupt nicht beziehen, bleiben also nur zulässig diejenigen Prozeßhandlungen der Parteien und diejenigen Entscheidungen, die sich auf die Aussetzung selbst, also deren Anordnung, Geltendmachung und Aufhebung beziehen. Nicht hierzu gehören aber Anträge und Entscheidungen über Festsetzung von Kosten. Ein Festsetzungsbeschluß ist nur eine Ergänzung des Kostenurteils und gehört zum Erkenntnisverfahren, darf also nicht stattfinden (Stein-Jonas § 249 III[1] a. E.). Nur dann bedarf es einer besonderen Aussetzung des Festsetzungsverfahrens, wenn z. B. eine Partei erst nach der Rechtskraft einer Prozeßentscheidung stirbt. Allerdings ist hier das vor der Aussetzung ergangene Versäumnisurteil für vorläufig vollstreckbar erklärt. Ein vollstreckbarer Kostentitel ist aber nur eine Voraussetzung der Kostenfestsetzung, hat diese aber nicht notwendig zur Folge. Die Ausführung (a. O. IV 2) betrifft lediglich die Wirkung von Entscheidungen, die *während* der Unterbrechung oder der Aussetzung unzulässiger Weise ergangen sind, und sagt lediglich, daß, solange sie nicht mit den zulässigen Rechtsmitteln wegen ihrer Unzulässigkeit angefochten und umgestoßen werden, sie auch bei Kostenfestsetzungen als wirksame Unterlage gelten müssen, berührt aber nicht die Wirkung, die die Unterbrechung oder Aussetzung auf die Zulässigkeit des Festsetzungsverfahrens selbst ausübt[2]) . . . P.

η) **Ist § 79 auf Verwahrung von Wertpapieren anzuwenden?**

Kammergericht, 26. ZS. Urteil v. 10. November 1925 (U 6622/25).

Nach § 79 kommt es nicht darauf, ob die beklagte Bank mit einer Aufwertung rechnen *konnte*, sondern darauf an, ob sie mit ihr gerechnet *hat*. Es genügt auch, wenn sie dieses Vertrauen auf den Stand sei es der Gesetzgebung oder der Rechtsprechung gestützt hat. Auf erstere konnte sie sich aber bis zur 3 StNV. berufen. Es braucht daher an sich nicht erörtert zu werden, bis wie lange sie der Rechtsprechung vertrauen durfte. Jedenfalls konnte sie aber auch hierauf bis 30. 6. 23 vertrauen, da bis dahin den Urteilen, die die Aufwertung bejahten, überwiegend abweichende Entsch. gegenüberstanden. — Auch darin, daß die Beklagte nicht unmittelbar nach der Kündigung der Schuldverschreibungen (zum 1. 5. 23) dies dem Kläger mitgeteilt hat, liegt kein Verschulden. Denn nach dem Gutachten der hiesigen Handelskammer war allgemein üblich, daß Banken, die Schuldverschreibungen verwahren, diese im Kündigungsfall ohne Befragen des Eigentümers ein-

[1]) Bei streitigem Anspruch ist die Aussetzung des Rechtsstreits bis zur Entscheidung der AufwStelle für diese nicht bindend (ObLG. 28. 2. 25, Samml. 24 S. 94). Vgl. RG. 30. 11. 25 (Warn. 18 S. 1).

[2]) Streitwert des AufwProzesses ist der Anfang 1932 fällige Betrag, vermindert um den Zwischenzins von jährlich 9% (OLG. Celle 15. 12. 25, JW. 1926 S. 210).

lösten. Auch hat sich im Sommer 1923 noch keine allgemeine Übung der Banken herausgebildet, die Eigentümer von Fälligkeit der Kündigungen (Auslosungen) zu unterrichten und sie in die Lage zu versetzen, der Einlösung zu widersprechen[1]).

θ) **Voraussetzungen des § 82.**

Kammergericht, 16. ZS. Beschluß v. 31. Dezember 1925 (W 6959/25).

... Der § 82 ist nur als gegeben anzusehen, wenn der Rechtsstreit einen Anspruch zum Gegenstande hat, der durch die Vorschriften des AufwG. unmittelbar betroffen und gerade durch diese erledigt wird, so daß sich seine Fortführung für beide Teile erübrigt. Hier handelte es sich um einen Anspruch, der nicht allein von jenen Vorschriften abhing und nicht mit ihnen unmittelbar zusammenhing. Überdies war er von vornherein unbegründet und wäre daher ohne Rücksicht auf das AufwG. abgewiesen worden, wenn er sich nicht durch die dahin gehende Erklärung des Klägers, der die Beklagte nicht widersprach, erledigt hätte. ..[2]).

2. Handelsrecht.

a) **Geschäfte des Bezirksagenten außerhalb seines Bezirks.**

OLG. Düsseldorf, 4. ZS. Urteil v. 12. März 1925 (U 25/25).

... Der § 88 ist ganz allgemein gefaßt. Eine Einschränkung dahin, daß ein Bezirksagent für Geschäfte, die er außerhalb seines Bezirks zustandebringt, keine Provision fordern dürfe, enthält das HGB. nicht. Sie wäre auch unbillig; denn dann erhielte der Geschäftsherr einen Vorteil, auf den er an sich kein Recht hat. Allerdings muß er nach § 89 dem zuständigen Bezirksagenten ebenfalls Provision zahlen. Soweit er aber hierdurch geschädigt wird, kann er wegen vertraglichen Verschuldens Schadensersatz verlangen, also nur dann, wenn entweder das Geschäft für ihn wegen der doppelten Provision nachteilig geworden ist oder wenn es ohne den Agenten abgeschlossen worden wäre ...[3]).

b) α) **Nachprüfung der Bilanzen durch inzwischen ausgeschiedene Gesellschafter.**

OLG. Hamburg, 6. ZS. Urteil v. 12. Januar 1926 (Bf 535/25).

Der Kläger, der bis Ende 1924 Gesellschafter der Beklagten war, ist gegen-

---

[1]) Obrige Gründe überzeugen nicht. Zunächst ist die Bank, die die Wertpapiere verwahrt, nicht „Verwalter", vielmehr gelten für sie die §§ 688 ff. BGB. Weiter ist nicht anzuerkennen, daß sie auf den Stand der Rechtsprechung vertraut hat, daß sie also der Überzeugung war, es würde bei der bisherigen Rechtsprechung verbleiben. Denn Ende Juni 1923 war bereits die Aufwertungsfrage beim RG. anhängig, nachdem das Berufungsgericht sie bejaht hatte. Wie das Revisionsurteil ausfallen würde, war ganz ungewiß. Endlich ist das Gutachten der Handelskammer nicht zutreffend; denn der Unterzeichnete hat selbst von der Darmstädter Bank eine Mitteilung über Auslosung damals erhalten und weiß, daß auch die Deutsche Bank solche versandte; daß es sich hier um vereinzelte Ausnahmen gehandelt haben sollte, dafür liegt nicht der geringste Anlaß vor. D. H.

[2]) Ebenso OLG. Breslau 31. 10. 25 (JW. 1926, 194 und RG. Warn. 18 S. 10). Dagegen ist der § 82 dann anwendbar, wenn zwar die Klage am 1. 6. 24 erhoben und damals unbegründet war, nach Erlaß der 3 StNV. aber alsbald ausgesetzt wurde und nach Erlaß des AufwG. beide Parteien die Hauptsache für erledigt erklärten (OLG. Breslau, 5. ZS. Beschluß v. 11. 11. 25, aO. 195).

[3]) Diese Verteilung der Beweislast ist nicht gerechtfertigt. Wer den Vertrag wissentlich verletzt, kann auf ihn sicherlich keine Ansprüche erheben, sondern ist darauf beschränkt, von dem zuständigen Bezirksagenten die Bereicherung, also regelmäßig das, was dieser an Reisekosten, Auslagen usw. erspart hat, zu verlangen. D. H.

wärtig ausgeschieden. Beklagte hat ihre Bilanz sowie die Gewinn- und Verlustrechnung für 1924 aufgestellt. Der Kläger beansprucht das Recht der Nachprüfung und will solches durch den beeidigten Bücherrevisor X. ausüben. Es ist zweifelhaft, ob ein ausgeschiedener Gesellschafter jenes Prüfungsrecht noch auf Grund § 118 besitzt (s. Düringer 4 S. 423, 577 Nr. 7). Es wird ihm aber nach § 810 BGB. nicht zu versagen sein (RG. 50 S. 337). Die Parteien streiten denn auch nicht eigentlich um solches Recht, sondern darüber, ob der Kläger es nur selber ausüben kann oder sich eines beeidigten Bücherrevisors bedienen darf. Daß letzteres unter gewissen Umständen geschehen kann (Verhinderung oder Unfähigkeit des früheren Gesellschafters), ist klar und in der Rechtslehre nicht beanstandet. Derartige Umstände liegen hier nicht vor. Es ist nicht zu glauben, daß der Kläger nicht die hinreichenden Fähigkeiten und buchhalterischen Kenntnisse zu solcher Prüfung besitzen sollte. Es mag richtig sein, daß tatsächlich tüchtige Kaufleute an einem erheblichen Mangel buchhalterischer Kenntnisse leiden. Hier besitzt das Geschäft keinen zahlreichen Kundenkreis und beschränkt sich auf eine verhältnismäßig kleine Anzahl von Einkaufsquellen. Ein solches Geschäft hat durch viele Jahre der Kläger erfolgreich geführt. Er ist deshalb ohne weiteres zur eigenen und alleinigen Nachprüfung für fähig zu erachten. Andererseits stellt sich die Nachprüfung durch einen beeidigten Sachverständigen als eine im Interesse beider Parteien gleichmäßig liegende überaus praktische Maßnahme dar. Sie streiten heftig miteinander, sie führen eine Anzahl Prozesse gegeneinander und würden bei persönlichem Zusammentreffen, wie es bei persönlicher Nachprüfung schwer zu vermeiden wäre, in starken Streit kommen. Wie Beklagte glaubt, würde der Kläger gelegentlich der Prüfung versuchen, beklagtische Geschäftsgeheimnisse (Kundennamen und Bezugsquellen) zu erfahren, der Kläger sei in dieser Beziehung unzuverlässig, da er ihr schon einen Reisenden weggengagiert habe. Diesem Gedankengang entsprechend müßte die Beklagte das Recht des Klägers auf persönliche Einsichtnahme bestreiten; sie könnte höchstens Einsicht einem zuverlässigen Dritten gewähren. Nun wehrt sie sich nicht gegen die Person des X.; sie meint aber, eine Besichtigung durch X. weniger gut überwachen zu können. Wie das möglich sein soll, ist schwer einzusehen. Ein Interesse kann Beklagte haben, daß der Revisor persönlich und nicht durch irgendwelche Angestellten prüft; dies festzustellen, hat keine Bedenken. B.

β) **Zeitpunkt des Geschäftsbeginnes**[1]).

OLG. Hamburg, 2. ZS. Urteil v. 29. September 1925 (Bf. 342/25).

Der Klägerin, die gegen den Beklagten B. ein rechtskräftiges Urteil erwirkt hat, fordert auch von dem Mitbeklagten als Gesamtschuldner Bezahlung von

---

[1]) a) Im Falle des § 146² sind als wichtige Gründe solche anzuerkennen, die im Einzelfalle die Annahme rechtfertigen, daß die Liquidation zu keinem gedeihlichen Ende geführt werden könne, und hierüber entscheidet das Gericht unter Berücksichtigung aller Umstände nach freiem Ermessen; hier hat aber die Kammer für HS. gerade selbst erklärt, daß sie den wichtigen Grund nicht feststellen könne, weil der Beschwerdeführer nicht genügend Beweise und Klärungen erbracht habe, und damit den § 12 FGG. verletzt. Ebenso hat sie darin geirrt, daß sie den Vorschlag des Beschwerdeführers, ihn selbst als Liquidator zu bestellen, als bindend ansah und bei Ablehnung

Waren, die er der offenen HG. der beiden Beklagten unter der Firma B. & Co. geliefert habe. Der Beklagte bestreitet, daß die von ihm nach dem Vertrage vom 22.12.1924 mit B. begründete offene HG. in Ermangelung der Eintragung im Verhältnis zu Dritten wirksam geworden sei. Daß B. dem Kläger von jenem Vertrage Kenntnis gegeben und von ihm seit 12.1.25 unter der Firma der Gesellschaft Waren bezogen habe, sei eine vertragswidrige Eigenmächtigkeit . . . Es fragt sich also, ob die nicht eingetragene offene HG. zwischen B. und dem Beklagten zur Zeit der Lieferungen bereits dadurch dem Kläger gegenüber wirksam geworden war, daß sie ihre Geschäfte begonnen hatte. Die beiden Personen hatten einen Vertrag geschlossen, bei dem es sich um die Fortführung des bestehenden Geschäfts des B. handelte und nach welchem zwar die Eintragung vorgesehen war, andererseits aber die Gesellschaft als bestehend — und zwar als schon seit dem 1. 11. 1924 „begonnen" — gedacht wurde. Wenn weiter ausdrücklich jedem der beiden Gesellschafter das Recht der Vertretung der Gesellchaft und zur Zeichnung der Firma zuerkannt wurde, so muß bis zum Beweise des Gegenteils angenommen werden, daß B., dem ja in erster Linie die Fortführung seines bisherigen Betriebes oblag, nunmehr auch ohne weiteres und ohne die Eintragung in das Handelsregister abwarten zu müssen, in der Lage sein sollte, die HGesellschaft als solche, d. h. als eine Gesellschaft zweier Personen, deren jede den Kreditgebern des alten Geschäfts unbeschränkt haftet, in die Erscheinung treten zu lassen. Bei Gründung eines neuen Unternehmens mögen die zu einer offenen HG. Zusammentretenden regelmäßig beabsichtigen, daß vor der Eintragung der Firma keiner der Gesellschafter durch das nicht besonders genehmigte Handeln eines andern Dritten gegenüber soll verpflichtet werden können. Aber wenn wie hier von vornherein ein von der Gesellschaft übernommener laufender Betrieb geschäftlich weiterzuführen ist, so ist der Vertrag, der den gemeinschaftlichen Betrieb als sofort beginnend oder als schon begonnen ansieht, im Zweifel dahin auszulegen, daß die laufenden Geschäfte von Gründung der Gesellschaft an tatsächlich auch Geschäfte einer offenen HG. sein sollen. Daß entgegen dieser Vermutung B. vom Beklagten vertraglich verpflichtet worden wäre, bis auf weiteres und besonders bis zur Eintragung das Bestehen der Gesellschaft nach außen geheim zu halten und die Gefahr der Verpflichtungen den Gläubigern gegenüber allein zu tragen, kann der Beklagte nicht beweisen; die in den Vertrag aufgenommene gegenseitige Zusage loyalen Zusammenarbeitens bedeutet offenbar keine Beschränkung der jedem Gesellschafter grundsätzlich zugestandenen Vertretungsbefugnis. Diese Erwägungen, nach denen B. & Co. spätestens am 12.1.25 durch die geschäftliche Tätigkeit des B. ihre Geschäfte begonnen hat, widersprechen nicht dem ROHG. 12 Nr. 115; denn es stellt die Entscheidung auf die Beweislast ab, in der es derselben Ansicht zu sein scheint, wenigstens nicht erkennbar davon abweicht. V.

---

des Vorschlags den ganzen Antrag abwies; vielmehr hat sie selbst nach Feststellung des wichtigen Grundes die geeignetste Person zu wählen (Bay. ObLG. 17. 11. 24, Samml. 23 S. 210).

b) Begründetes Mißtrauen gegen die Geschäftsführung eines Liquidators kann zu dessen Abberufung führen; auch wenn ihn kein Verschulden trifft (Beschluß v. 25. 10. 24 aO. 193).

c) **Aktien-G.** α) **Keine Einzelentlastung der Aufsichtsratsmitglieder.**

OLG. Stuttgart, 1. ZS. Urteil v. 3. April 1925 (U 148/25).

Das LG. erklärt die Einzelabstimmung dann für erlaubt, wenn ein besonderer Anlaß dazu gegeben ist. Allein in RG. 65 S. 242 ist nur ausgesprochen, daß die Stimmabgabe nicht für die Mitglieder des Aufsichtsrats gleichmäßig auf Bejahung oder Verneinung lauten müsse. Hiernach bleibt es bei dem in RG. 55 S. 77 ausgesprochene Grundsatze. Dem § 259³ widerspricht es, wenn von vornherein beschlossen wird, über jedes Aufsichtsratsmitglied gesondert abzustimmen, so daß die jeweils nicht betroffenen Mitglieder mitstimmen können. Daß dies der Wille des Gesetzes ist, ergibt sich daraus, daß sonst die Bestimmung jederzeit umgangen werden könnte. Eine solche Umgehung läßt sich auch nicht dadurch verschleiern, daß man den Abstimmungsvorgang in 2 Teile zerlegt. Nach Ansicht der Beklagten darf sich die Generalversammlung eine Verfahrensvorschrift dahin geben, daß über die Entlastung einzeln für jedes Mitglied abgestimmt werde, und sollen dann die Einzelabstimmungen unanfechtbar sein. Es kann sich aber nicht um eine bloße Verfahrensart handeln, wenn man auf das Ende sieht. Das Gesamtergebnis liegt eben darin, daß der ganze Aufsichtsrat sich selbst mit entlastet hat. Daß der § 252³ vorliegend wirklich verletzt worden ist, ergeben die Stimmzahlen des Protokolls und das Verzeichnis der hinterlegten Aktien. Allerdings ist der Aufsichtsrat keine Gesellschaft, vielmehr stehen nur seine Einzelmitglieder der Aktiengesellschaft gegenüber und trägt jedes Mitglied seine Verantwortung. Dies berührt aber nicht das Entlastungsverfahren des § 260. Die Generalversammlung darf über die gesamte Geschäftsführung des Aufsichtsrats abstimmen: dabei steht dessen Gesamtheit als Gesellschaftsorgan den Aktionären gegenüber (RG. 55 S. 77, 75 S. 310). Das Recht der Gesellschaft, dem Aufsichtsrat als geschlossenem Organ die Entlastung zu verweigern, darf nicht dadurch verkürzt werden, daß unter Mitwirkung der Aufsichtsratsmitglieder Einzelabstimmung beschlossen wird . . .

Die Beispiele, die in DJZ. 1903 S. 470 für die Einzelabstimmung aufgeführt werden, sind durch RG. 65 S. 242 erledigt, nämlich daß ein Mitglied einen Sonderauftrag erhalten hatte oder an der beanstandeten Ausführung der übrigen Mitglieder unbeteiligt war. Hier hilft die Spaltung der Stimme beim Beschluß über die Entlastung des ganzen Aufsichtsrats. Überhaupt wird die Möglichkeit solcher Stimmenspaltung jeglichem Bedürfnis nach Unterscheidung zwischen den einzelnen Mitgliedern abhelfen. Eine Einzelabstimmung könnte jedoch nur in solchen Fällen gestattet werden, wo ein verschiedenes Maß der Verantwortung sich wirklich feststellen ließe. In dieser Richtung hat die Beklagte nur vorgetragen, daß in der Versammlung eine verschiedene Haftung behauptet wurde und daß die gegen die Entlastung abgegebenen Stimmen verschieden hohe Zahlen bei den einzelnen Mitgliedern ergaben, daß jedoch weder ein Auftrag des § 246 noch sonst eine Sondertätigkeit bei der Geschäftsführung bestand, vielmehr lediglich bezweckt wurde, diejenigen Mitglieder herauszufinden, die sich für die anstehende Neuwahl eigneten. Dieser Zweck konnte jedoch ohne weiteres dem Wahlverfahren überlassen werden. S.

β) **Bedeutung des § 288 ². „Erfolgte" Herabsetzung (§ 291).**
Kammergericht, 1. ZS. Beschluß v. 4. Februar 1926 (X 794/25).

Das Grundkapital der AG. ist von 12 Milliarden PM. auf 15 000 RM, zerfallend in 750 Aktien über je 20 RM, umgestellt und um 1 Million durch Ausgabe 1000 neuer Aktien über je 1000 RM erhöht. In der Versammlung vom 9. 7. 1925 wurde einstimmig beschlossen, es um 15 000 RM herabzusetzen, und zwar „durch Ankauf der 750 Stück Aktien über je 20 RM und deren Kraftloserklärung" und der Vorstand ermächtigt, alle zur Durchführung erforderlichen Maßnahmen zu treffen. In der Versammlung waren von den 8 überhaupt vorhandenen Aktionären A. und B. erschienen, während die übrigen durch B. auf Grund schriftlicher Vollmachten vertreten waren. Der Vorstand hat zum Handelsregister angemeldet, daß die Herabsetzung des Grundkabitals auf 1 Million RM beschlossen und gemäß dem Beschluß durchgeführt sei. Die Vorinstanzen haben die Anmeldung ohne Grund beanstandet. Nach § 227¹ setzt jede Einziehung von Aktien voraus, daß sie im Gesellschaftsvertrage angeordnet oder gestattet ist. Die Gestattung enthält hier der § 2 des Vertrages, der die Einziehung mittels Ankaufs ausdrücklich zuläßt. Da die Aktien nicht aus dem nach der jährlichen Bilanz verfügbaren Gewinn eingezogen werden, dieser vielmehr einem Reservefonds zugewiesen ist, folgt sie nach Abs. 2 den erschwerenden Regeln der H. des Grundkapitals; also den §§ 288 ff. Der § 288¹ ist hier jedenfalls nicht verletzt, da die H. in einer Universalversammlung mit allen Stimmen beschlossen ist. Dagegen fragt sich, ob der den Inhalt des Beschlusses betreffende Abs. 2 erfüllt ist. Der Beschluß selbst gibt als Zweck an: Abrundung des Grundkapitals auf 1 Million RM. Demgegenüber wollen die Vorinstanzen die Abrundung nur als das Ergebnis, als eine notwendige Folge, nicht als den Zweck der H. gelten lassen. Allein der § 288² erwähnt die teilweise Rückzahlung des Grundkapitals nur als einen besonders wichtigen Zweck („insbesondere"). Die Denkschrift führt als anderen Zweck noch die Befreiung der Aktionäre von noch nicht geleisteten Einzahlungen auf (vgl. auch § 289⁴ (S. 2), die Amortisation eines Teils der Aktien, die Beseitigung einer Unterbilanz und die Umwandlung eines Teiles des Grundkapitals in einen der freien Verfügung unterliegenden Reservefonds (S. 160). Auch diese Aufzählung ist nicht erschöpfend. Im Schrifttum wird auf die Möglichkeit der Verwechslung von Zweck und Mittel der H. hingewiesen (vgl. Staub § 288¹⁴, Horrwitz, Recht der Generalvers. 440). Diesen Fehler begeht auch die Denkschrift, wenn sie auch die Einziehung eines Teiles der Aktien, wie sie hier in Betracht kommt, als einen Zweck der H. ansieht, während sie sich im Verhältnisse zur H. doch nur als eines der verschiedenen Durchführungsmittel darstellt (Neuburger, Die H. des Grundkap. 18). Allgemein zwischen dem Zweck und einem bestimmten Ergebnis (notwendigen Folge) der H. zu unterscheiden, geht nicht an. Denn mit dem bestimmten Ergebnis der H. kann natürlich auch ihr eigentlicher Zweck erreicht sein. Ist sie allein durch das Bestreben veranlaßt, im Interesse einer rechnerischen Vereinfachung zu einer runden Kapitalziffer zu gelangen, so ist nicht einzusehen, welcher andere Zweck in den Beschluß aufgenommen werden soll. Zwar tritt auch in solchem Falle das ein, was das Gesetz als Beispiel eines Zweckes der H. aufführt, es wird nämlich ein Teil des Grundkapitals an die Aktionäre zurückgezahlt. Es wäre jedoch falsch, diese Rückzahlung als den Zweck zu bezeichnen, denn die H. wird um eines anderen Erfolges willen vorgenommen. Soll nur das Grundkapital auf einen runden Betrag gebracht werden, so läßt sich gerade von der teilweisen Rückzahlung des Kapitals sagen, daß sie, ohne Zweck der H. zu sein, ihr bestimmtes Ergebnis, ihre notwendige Folge bildet.

Zu prüfen ist aber, ob hier in der Abrundung auch der wahre Zweck der H. zu finden ist. Das LG. glaubt, daß der wahre Zweck verschleiert sei; er habe darin bestanden, das alte PMKapital überhaupt nicht umzustellen, sondern verschwinden zu lassen, wie es schon in der Versammlung vom 23. 6. 1924 versucht worden sei. Allein dort wurde eine Kapitalserhöhung von 1 Million GM. und die Einziehung der bisherigen Aktien von 12 Milliarden nach Durchführung jener Erhöhung beschlossen. Da das Amtsgericht die Kapitalserhöhung vor der Umstellung des Grundkapitals als unzulässig erachtete, wurden in der Versammlung vom 20. 12. 1924 die 12 Milliarden auf 15 000 RM. umgestellt, während es bei der Kapitalserhöhung verblieb. Die Folge war nicht etwa, daß neben dieser 1 Million RM. mit Aktien zum Nennbetrage von 1000 RM. noch ein weiteres selbständiges Grundkapital von 15 000 RM. mit Aktien von je 20 RM. bestand, vielmehr war ein einheitliches Grundkapital von 1 015 000 RM. vorhanden. Die Annahme des LG., daß der aus der Umstellung herrührende Teil des Grundkapitals nicht „verschwinden", d. h. nicht von einer Einziehung betroffen werden durfte, ist unhaltbar. Gesetzliche Vorschriften werden nicht umgangen. Der Umstellungspflicht ist genügt und die Kapitalserhöhung hat die Möglichkeit geschaffen, die auf das umgestellte Kapital bezüglichen Mitgliedschaftsrechte durch Einziehung der 20 RM.-Aktien im Rahmen der §§ 288 ff. zu beseitigen. Das Kapital hätte zur Schaffung eines Grundkapitals von 1 Million RM. nur um 985 000 RM. erhöht zu werden brauchen; demgegenüber wurde aber durch den hier eingeschlagenne Weg der Vorteil einer gleichmäßigen Stückelung des gesamten Aktienkapitals geboten. Nachdem es bei der Kapitalserhöhung verblieben war, ergab sich, wenn das Aktienkapital auf 1 Million und nicht auf den krummen Betrag von 1 015 000 RM. lauten sollte, die Notwendigkeit einer H. durch Einziehung der 20 RM.-Aktien über insgesamt 15 000 RM.

Auch dem zweiten Erfordernisse des § 288²: „in welcher Weise die Maßregel auszuführen ist", entspricht der Beschluß. Im Schrifttume herrscht Streit darüber, wieweit sich der Beschluß hierüber zu verhalten hat, ob er nur das Durchführungsmittel, wie die Verminderung des Nennbetrags der Aktien, ihre Zusammenlegung, die Einziehung bestimmter Aktien zu bezeichnen hat, während er die Einzelheiten nicht zu enthalten braucht, insoweit vielmehr die Ausführung dem Gesellschaftsorgan überlassen bleiben kann (Staub § 288¹⁴, Brand § 288 Nr. 6 Cd, Horrwitz 441), oder ob er auch die technische Art der Vollziehung der H. (Abstempelung, Vernichtung, Umtausch usw.) festlegen muß (Lehmann-Ring² § 288⁷, Goldmann § 288¹⁶ A. 16). Selbst nach der strengeren Meinung würde vorliegend der Beschluß genug sagen, wenn er die H. „durch Ankauf" vorsieht. Zur Erfüllung des rechtsgeschäftlichen Kaufs gehört die Ablieferung der Aktien an die Gesellschaft, weitere Maßnahmen sind zur technischen Ausführung der H. nicht erforderlich. Allenfalls käme hierfür noch die Vernichtung oder Unbrauchbarmachung der abgelieferten Aktien in Betracht. Daß solche stattzufinden hat, ergibt der Zusatz „und deren Kraftloserklärung", wobei diese, die sich nur auf die angekauften und abgelieferten Aktien beziehen kann, nicht im gesetzlichen Sinne (vgl. § 290[2]), sondern eben nur im Sinne einer Vernichtung oder Unbrauchbarmachung zu verstehen ist. Das LG. vermißt die notwendige Festsetzung der Ausführungsweise, weil nähere Bestimmungen über die Ankaufsbedingungen nicht getroffen seien. Die Fassung des Gesetzes nötigt indes nicht zu einer solchen Auslegung. Die RGE. (26 S. 132), die im Falle des Aktienkaufs auch die beschlußmäßige Bestimmung des zu bewilligenden Höchstpreises verlangt, erfordert keine andere Stellungnahme, da sie unter dem alten HGB. ergangen ist und überdies der dem § 288[2] entsprechende Art. 248[2], A. D. HGB. von dem Wortlaute der ersteren Vorschrift gerade in dem entscheidenden Teil abweicht. Es bedarf hiernach keines näheren Eingehens auf die Frage, ob der Ankauf zu 100% mangels einer besonderen Preisfestsetzung als selbstverständlich gelten müsse. — Da die Aktien nicht schon in der Versammlung angekauft worden sind, ist auch die Annahme des Amtsgerichts hinfällig, daß die Aktionäre dort der Gesellschaft als Vertragsparteien gegenübergestanden hätten. Weder kann das Stimmrecht der Aktionäre im Hinblick auf § 252[3] in Frage gestellt, noch der Inhalt der zu rechtsgeschäftlichen Abschlüssen nicht ermächtigenden Vollmachten oder ihre Form bemängelt werden.

Hier ist aber die Anmeldung des Herabsetzungsbeschlusses (§ 289[1]) mit der erfolgten H. (§ 291) verbunden worden. Dies ist, wenn das Gesetz es auch nicht wie für die Kapitalserhöhung (§ 285) ausdrücklich gestattet, nach KGJ. 34 S. 145 grundsätzlich zulässig. Die „erfolgte" H. ist jedoch von der H. selbst, die schon früher vollendet ist, zu unterscheiden (RG. 101 S. 202). Als „erfolgt" im Sinne des § 291 gilt die H. dann nicht, wenn die im § 290[1] vorgesehenen Maßnahmen, d. h. diejenigen, die bestimmt und erforderlich sind, um eine äußere Übereinstimmung der Gesamtheit der verbleibenden Aktien mit der neuen Grundkapitalziffer nach den Einzelheiten des Beschlusses herbeizuführen, nicht ausreichend getroffen sind (KGJ. 34 S. 147). Diese Anforderungen wären vorliegend erfüllt, da die Aktien angekauft, jedenfalls der Gesellschaft zur Verfügung gestellt und für „kraftlos erklärt" sind. Nun sind die eingezahlten 25% des Nennbetrages der eingezogenen Aktien an die Aktionäre auszuzahlen und diese werden von ihrer Verpflichtung zur Leistung der ausstehenden 75% befreit. Die Abs. 2—4 des § 289 müssen aber auch dann Geltung beanspruchen, wenn die Zahlungen an die Aktionäre und die Befreiung von der Einlageverpflichtung, wie hier, nicht Zweck, sondern Wirkung der H. sind. Es fragt sich, ob die Herabsetzung nur dann „erfolgt", d. h. ausgeführt ist, wenn die Gläubigerschutzvorschriften eingehalten sind und das Sperrjahr abgelaufen ist. Für die Bejahung kann KGJ. 34 S. 172 nicht herangezogen werden, da sie die Kapitalsherabsetzung einer GmbH. betrifft, für die gerade der hier strittige Punkt zweifelsfrei geregelt ist (GmbHG. § 58, bes. Nr. 3 und 4). KGJ. 34 S. 145 hat die Frage für den Fall der teilweisen Rückzahlung des Grundkapitals und der Befreiung von Einlageverpflichtungen dahingestellt gelassen, für andere Fälle aber die Einhaltung jener Schutzvorschriften als zur Ausführung der H. nicht erforderlich erklärt. Das RG. (101 S. 199) hat zwar ausgesprochen, daß die H. von der Erfüllung des § 289 und dem Ablaufe des Sperrjahres nicht abhängig ist, wenn es auch beider für die H. des Grundkapitals allgemein bedürfen soll; zu der Frage, ob die „erfolgte“ H. durch § 289 gehemmt wird, hat es jedoch dort nicht Stellung genommen. Die Ansichten im Schrifttum sind geteilt (Brand § 291[1]). Mit Staub (§ 291[1]), Brand aO., Horrwitz 447 nimmt der Senat an, daß die Maßregeln aus § 289 nicht Erfordernisse für die Ausführung der KapitalsH., also für die „erfolgte“ H. § 291 sind, daß es sich vielmehr um gesetzliche Bedingungen für die Erreichung des Zwecks der durchgeführten KapitalsH., nämlich für die Ermöglichung von Zahlungen an die Aktionäre und für deren Befreiung von Einlageverpflichtungen, oder aber, sofern Zahlungen und Befreiung nur Wirkung der KapitalsH. sind, um die gesetzliche Regelung der mit ihr verbundenen Folgen handelt. Hiernach sind die Gläubigerschutzvorschriften auch hier zwar einzuhalten, widrigenfalls sich die Haftung der Organe nach § 241 Nr. 1, 2, 5 und § 249 sowie der Aktionäre nach § 217 ergeben kann; mit der Eintragung der „erfolgten“ H. gemäß § 291 aber haben sie nichts zu tun.

d) **§ 15 GmbHG., wenn der Inhaber sämtlicher Geschäftsanteile „das Geschäft verkauft“.**

OLG. Hamburg, 6. ZS. Urteil v. 3. November 1926 (Bf. 547/24).

Dem LG. ist darin zuzustimmen, daß der Vertrag vom 1. 12. 1923 auf Übertragung der Geschäftsanteile der GmbH. H. u. G. gerichtet war. Die beklagte Frau Schm. war Inhaberin sämtlicher Anteile und der Vertrag ist für sie persönlich durch ihren bevollmächtigten Mann abgeschlossen, nicht namens der Gesellschaft, deren Geschäftsführer der Mann ebenfalls war. Allerdings besagt § 1, daß die jetzige Inhaberin die Firma H. u. G. GmbH. mit Geschäft an die Kläger verkauft. Hierin liegt zweifellos insofern ein Widerspruch, als die Beklagte zur Veräußerung von Gesellschaftsvermögen gar nicht befugt war. Indessen haben den Vertrag ohne Hinzuziehung eines Rechtskundigen die Kläger und der Ehemann zusammen aufgesetzt, und sind sich offensichtlich gar nicht klar darüber gewesen, daß zu unterscheiden war zwischen der Firma nebst Geschäft und den Geschäftsanteilen. Käufer wie Verkäufer haben sich ferner in dem für Laien verzeihlichen Irrtum befunden, die Beklagte als die Inhaberin aller Anteile mit der Gesellschaft gleichzusetzen.

Darnach können die Parteien nicht beabsichtigt haben, daß die Gesellschaft nach Inkrafttreten des Vertrages in der Person der Beklagten fortbestehen sollte. Vielmehr bezweckten die Kläger, das Geschäft unter bisheriger Firma auf eigene Rechnung weiterzuführen. Das durften sie aber nach dem Grundsatz der Firmenwahrheit nur dann, wenn sie eine GmbH. hinter sich hatten. Die Beklagte sollte an diesem Geschäftsbetrieb, wie der Vertrag zeigt, nicht mehr beteiligt sein. Da sie ferner alsbald nach dem Vertragschluß die Kläger zu Geschäftsführern der GmbH. ernannt hat, diese sodann im gegenseitigen Einverständnis das Geschäft noch vor 1924 übernommen und es unter der unveränderten Firma betrieben haben, so sollten zweifellos die Mitgliederrechte auf Verwaltung, Gewinn und Liquidationserlös des Vermögens der GmbH. nach 1. 1. 1924 nicht in den Händen der Bekl. verbleiben, sondern auf die Kläger übergehen. . . Betraf sonach der Vertrag inhaltlich die Übertragung der Geschäftsanteile, so ist er wegen Mangels der notariellen Beurkundung nichtig und die Beklagte hat das Empfangene zurückzugewähren, soweit sie bei Klageerhebung noch bereichert war (§ 818 BGB.). Sie hat demgegenüber mit einer Gegenforderung aufgerechnet, die sie daraus herleitet, daß die Kläger in der Zwischenzeit die Firma in einer Weise heruntergewirtschaftet haben, daß sie liquidieren müsse. Eine solche Forderung stände allerdings nicht der Beklagten persönlich, sondern nur der GmbH. zu. Wenn jedoch der Wert des Handelsgeschäftes, das den wesentlichen Teil des Vermögens der GmbH. ausmachte, erheblich gesunken ist, so ist damit auch der Wert der Geschäftsanteile in gleichem Maße verringert. Da der Vertrag nichtig ist, ist die Beklagte Inhaberin dieser Anteile geblieben und hat, wenn ihre Behauptung richtig ist, durch den Vertrag Vermögen eingebüßt. Ihr Vorbingen begründet daher zwar nicht die Aufrechnungseinrede, wohl aber stellt es sich als ein Bestreiten der von den Klägern behaupteten Bereicherung dar. Da die beiderseitigen Vor- und Nachteile auf derselben Grundlage beruhen, nämlich auf der Ausführung des Vertrages, so kann die Bereicherung nur einheitlich unter Berücksichtigung des Wertes des angeblich von den Klägern heruntergewirtschafteten Geschäftes gegenüber seinem Werte bei Übernahme durch die Kläger festgestellt werden (RG. 54 S. 137). . . V.

e) **Auftrag zum Ankauf ausländischer Wertpapiere.**

OLG. Hamburg, 8. ZS. Urteil v. 15. Mai 1924 (Bf. 104/23).

Der Kläger fordert die Lieferung der ausländischen Wertpapiere, mit deren Ankauf er 1908 die Beklagte beauftragt hat. Diese war nach ihren Geschäftsbedingungen befugt, den Auftrag durch Selbsteintritt zu erledigen. Demgemäß schloß sie mit dem Kläger einen Kaufvertrag, der sie zur Lieferung der Wertpapiere verpflichtete. Da börsengängige Papiere zu liefern waren, handelte es sich zunächst um eine reine Gattungsschuld. Die Beklagte hat dann im eigenen Namen in London die Papiere gekauft und sie dort bei Bankhäusern in Depot gegeben. Dagegen erhebt der Kläger mit Unrecht Einwendungen. Daß Beklagte die Papiere nicht in Deutschland, sondern in London liefern sollte, ist ihm mit der Ausführungsanzeige mitgeteilt. Zudem konnte er aus dem Umstande, daß er in den Abrechnungen nicht mit dem deutschen Stempel belastet wurde, ersehen, daß sich die Papiere nicht in Deutschland befanden. Endlich war der gewählte Weg vor dem Kriege im Handel mit englischen und amerikanischen Papieren üblich. Die Behauptung des Klägers, er habe nicht gewußt, daß sich die Papiere in London befunden hätten, ist bedeutungslos, weil dies ihm in der im Bankverkehr üblichen Form mitgeteilt worden und es zu seinen Lasten geht, wenn er die Mitteilung nicht verstand.

Ebenso beanstandet der Kläger mit Unrecht, daß die Beklagte die Stücke im eigenen Namen in Depot gegeben hat. Ein Stückeverzeichnis hat sie ihm allerdings nicht übersandt und danach ihm die Papiere nicht in Erfüllung ihrer Lieferpflicht übereignet. Allein sie war dazu nicht verpflichtet, solange er die Papiere nicht ganz bezahlt hatte, was erst 1919 geschah. Insbesondere folgt diese Pflicht nicht daraus, daß er in laufender Rechnung mit dem Kaufpreise belastet worden ist. Diese Belastung bezweckte nur, ihm zu zeigen, wie hoch der Kaufpreis war und in welcher Höhe ihm Gegenforderungen gegenüberstanden, und kann mangels besonderer Abreden nicht dahin verstanden werden, daß sich Beklagte verpflichten wollte, das Kaufgeschäft zu erfüllen und die Gegenleistung auf unbestimmte Zeit zu stunden. Sie war daher, als sie Wertpapiere hinterlegte, deren Eigentümerin und als solche zur Verfügung über die Stücke befugt.

Mit RG. 104 S. 223 (s. auch JW. 1923 S. 929) ist das Vertragsverhältnis der Parteien mit Rücksicht auf die Vereinbarung „Stückelieferung in London" dahin auszulegen, daß die Papiere nach dem Willen der Parteien in London bleiben sollten und daß Beklagte nur ihre Lieferpflicht gegenüber dem Kläger aus dem in London liegenden Bestande zu erfüllen hatte. Das Schicksal des dort abgeschlossenen Deckungsgeschäftes sollte von maßgebendem Einfluß auf die Lieferpflicht der Beklagten sein. Die Papiere sind aber während des Krieges verkauft worden, angeblich, weil die Beklagte bei den Londoner Bankiers Schulden hatte. Hieraus folgt aber nicht, daß der Kläger den Zwangsverkauf nicht gegen sich gelten zu lassen braucht. Die Beklagte als Eigentümerin durfte die Papiere auch verpfänden und hatte zur Aufnahme von Vorschüssen gerade auf sie besonderen Anlaß, weil deren Kaufpreis nicht bezahlt war. Sie war deshalb auch nicht verpflichtet, den englischen Banken mitzuteilen, daß jene Papiere dem Kläger zuständen (Hans. RZ. 1923 S. 773). B.

f) **Speditionsgeschäft:** α) **Vertragliche Regelung der Beweislast** [2]).

OLG. Stuttgart, 3. ZS. Urt. vom 8. April 1924.

Der § 53 der Geschäftsbed. des Vereins deutscher Spediteure versucht die nach §§ 390, 407 gewollte Rechtslage umzukehren und dem Auftraggeber die Beweislast für ein Verschulden des Spediteurs aufzubürden. Diese Regelung bedeutet eine ungeheure Verschlechterung der Lage des Versenders, der in der Regel nicht die Maßnahmen und Unterlassungen des Spediteurs und seiner Leute kennen und daher regelmäßig ein Verschulden dieser Personen nicht nach-

---

[1]) HGB. § 84. Das buchhändlerische Kommissionsverhältnis ist nach den dafür geltenden Gewohnheiten und weiter nach §§ 84 ff., 416; 675 HGB. zu beurteilen; danach haftet er für den Verlust des von ihm verwahrten Gutes, es sei denn, daß er auf Umständen beruhe, die durch die Sorgfalt des ordentlichen Buchhändlers nicht abgewendet werden konnten. (HGB. § 417[1] verb. mit 390[1]). (OLG. Dresden, 10 ZS. Urteil v. 1. 2. 23, SächsArch. 215.)

[2]) Anweisung, nur zu bestimmtem Satze zu verzollen, ist zulässig (OLG. Naumburg 13. 5, 24, eisE. 42 S. 312). Keine entsprechende Anwendung des § 436 (RG. 26. 4. 24, aO. 77). Unterschied zwischen Zwischen- und Unterspediteur: RG. 6. u. 10. 12. 24 (aO. 41 S. 365, 368).

weisen kann. Würde eine dem § 53 entsprechende Regelung im Wege völlig freier Vereinbarung getroffen, so wäre dagegen im Hinblick auf den Grundsatz der Vertragsfreiheit nichts einzuwenden. Wird sie aber wie hier dem Publikum durch Unternehmer aufgezwungen, die ein für den Verkehr unentbehrliches Gewerbe betreiben, sich bei Aufstellung ihrer Geschäftsbedingungen zusammentun und dadurch gewissermaßen eine Monopolstellung einnehmen, so verletzt eine derartige eigennützige Belastung des Verkehrs die guten Sitten.

β) **Bestes Ermessen des Spediteurs nach § 6 ADSB.**

OLG. Hamburg, 1. ZS. Urteil v. 23. Februar 1925 (Bf. 318/24).

Der Kläger, der 1923 als Geschäftsführer einer hiesigen GmbH. den Speditionsvertrag mit der Beklagten abschloß, kann nicht in Unkenntnis darüber gewesen sein, daß hier alle Spediteure auf Grund der Bedingungen des Vereins hamburgischer Spediteure abschließen. Jedenfalls mußte er wissen, daß Schriftstücke, die ein Vertragsverhältnis betreffen, auf das Vorhandensein und die Bedeutung vorgedruckter Klauseln usw. genau zu prüfen sind. Dann hätte ihm der auf der Bestätigung der Beklagten, wenn auch in kleiner, so doch deutlicher Schrift an auffälliger Stelle stehende Aufdruck: „Wir arbeiten nur auf Grund der allgemeinen Bedingungen" nicht entgehen können. Da sonach die Speditionsbedingungen Inhalt des Vertrages geworden sind, haftet nach § 18 das. die Beklagte nicht als Frachtführer, sondern lediglich als Spediteur, also nicht gemäß § 566 für den Schaden, den der Kläger durch die ohne seine Zustimmung geschehene Verladung des Kraftwagens auf Deck des Dampfers erlitten hat. Nach dem Beweisergebnisse hat sie aber gemäß § 408 die Versendung sorgfältig ausgeführt und hierbei das Interesse des Klägers wahrgenommen. Sie hat sich unverzüglich bei den Vertretern des zur Beförderung vom Kläger bestimmten Dampfers danach, ob die Verladung unter Deck möglich sei, erkundigt und auf die bejahende Antwort den Frachtvertrag ordnungsmäßig abgeschlossen, die Schiffspapiere rechtzeitig besorgt und der mit der Anlieferung beauftragten Firma übergeben, auch dem Wunsche des Klägers entsprechend die vorzeitig ausgestellten Konnossemente rechtzeitig dem Beauftragten des Klägers übergeben. Dafür, daß das Schiff trotz seiner Eignung und trotz rechtzeitiger Anlieferung des Frachtstücks nicht unter Deck verladen konnte, haftet sie nicht. Es fragt sich nur, ob sie, von dieser Unmöglichkeit in Kenntnis gesetzt, sorgfältig und unter Wahrung des Interesses des Klägers gehandelt hat. Unstreitig hat sie vergeblich versucht, die Weisung des Klägers einzuholen, und stand also vor der Wahl, entweder die Beförderung aufzuschieben oder der Verladung auf Deck zuzustimmen. ... Durch die sachgemäße Lagerung des Kraftwagens und dessen Bereitstellung zur späteren Beförderung mußten aber erhebliche Kosten er-

[1]) Der Absender wird durch die Mitteilung, daß er die Versicherung selbst deckt, dem Spediteur gegenüber zu dieser Deckung verpflichtet und hat deshalb auch keine Vertragspflicht, die eigenmächtig vom Spediteur abgeänderte Transportart seiner Versicherungsgesellschaft anzuzeigen (OLG. Hamburg, 3. ZS. Urteil v. 5. Juni 1923, Bf. 70/23).

Der Spediteur hat die Sendung nicht nachzuzählen, wenn dadurch erhebliche Unkosten entstehen und keine Spuren einer Beraubung ersichtlich sind (RG. in Warn. 10 S. 82).

wachsen. Andrerseits war der Kläger gegen die durch die Verladung auf Deck entstehende größere Transportgefahr durch Versicherung zu decken. Unter diesen Umständen durfte Beklagte der Verladung auf Deck zustimmen und die entsprechende Versicherung nehmen.... V.

Dazu: OLG. Hamburg, 1. ZS. Urteil v. 4. Januar 1926 (Bf. 27/25).

Auch wenn man die Vereinsbedingungen zugrunde legt, hat die hiesige Beklagte den vom Kläger 1823 erteilten Auftrag auf Spedition von Waren an S. in Rosario unter Nachnahme nicht ordnungsmäßig ausgeführt. Allerdings hatte sich der Kläger mit der Aushändigung der Ware gegen Akzepte einverstanden erklärt. Nunmehr ging jedoch der Auftrag, da eine Erlaubnis zu weitergehender Zahlungsbefristung nicht erteilt war, ohne weiteres dahin, die Wechsel an den Fälligkeitstagen einzuziehen. Ein Fall der Nr. 6 der Allg. Bedingungen, den Auftrag nach bestem Ermessen auszuführen, lag danach nicht vor. Die Verlängerung der Wechsel an den Fälligkeitstagen durch Mamp., dem die Beklagte als ihrem Mitinhaber und Vertreter in Rosario die dortige weitere Erledigung des Auftrages übertragen hatte, bedeutete daher eine Abweichung von den Weisungen des Klägers. Dessen ist sich Mamp. auch offensichtlich bewußt gewesen, ebenso wie der aus den §§ 665 BGB., 385²; 407² HGB. sich ergebenden Verpflichtung, vorher die Entschließung des Auftraggebers einzuholen. Dies ergibt sich daraus, daß er sich damit zu entschuldigen sucht, daß ihm wegen der Kürze der Zeit über die Frage, ob die Wechsel protestiert oder verlängert werden sollten, eine Verständigung mit dem Kläger nicht mehr möglich gewesen sei. Allein außer dem Tage vor Fälligkeit des Wechsels stand ihm noch eine Protestfrist von zwei Tagen zur Verfügung (§ 713 des argent. HGB. vom 5. 10. 1889). Das war mehr als ausreichend, um nicht nur drahtlich mit dem Kläger sich zu verständigen, sondern auch im Fall einer ablehnenden Antwort die rechtzeitige Protesterhebung in Rosario zu sichern [1]). Daß diese unmittelbar den Konkurs des Schuldners S. nach sich gezogen hätte, ist nicht anzunehmen; vielmehr begründen die bis zur Konkurseröffnung Anfang 1924 an den Kläger geleisteten Zahlungen eine gewisse Wahrscheinlichkeit dafür, daß eine unverzügliche zwangsweise Einziehung der fällig gewordenen Wechselbeträge zur Befriedigung des Klägers geführt hätte, zumal S. an sich durchaus gut stand und nur durch schleppende Eingänge der Außenstände in Schwierigkeiten geraten war. Ein weitergehender Beweis dafür, daß die vertragswidrige Ausführung für den entstandenen Schaden ursächlich gewesen ist, kann der Kläger im Hinblick auf die für ihn nicht genügend übersehbaren überseeischen Verhältnisse im allgemeinen und die Geschäftslage von S. im besonderen nicht zugemutet werden. Es ist vielmehr Sache der Beklagten, den Entlastungsbeweis zu führen, daß der Schaden auch bei rechtzeitiger Protestierung unabwendbar gewesen wäre. (Staub § 383⁴¹; RG. 63 S. 301; 97 S. 238/9.) Ist diese Möglichkeit auch nicht auszuschließen, so kann doch von solchem Nachweis keine Rede sein.... V.

[1]) Ist nicht Barnachnahme vorgeschrieben, so darf das Gut gegen einen Staatsbankscheck auf eine Großbank ausgehändigt werden (RG. 5. 11. 24, eisE. 42 S. 86).

γ) **Keine Anwendung des § 384³ im Falle des § 408.**

OLG. Hamburg, 6. ZS. Urteil v. 15. Mai 1924 (Bf. 13/24).

Das LG. hat, indem es den § 384³ auf den Spediteur für anwendbar erachtete, die Beklagte verurteilt, weil sie der Klägerin nicht bei oder gleich nach Abschluß des Versicherungsvertrages den Namen des Versicherers genannt hat. Allerdings erklärt § 407² die für den Kommissionär geltenden Vorschriften auch auf das Speditionsverhältnis für anwendbar, jedoch nur „soweit dieser Abschnitt keine Vorschriften enthält". Im § 408 ist aber die Sorgfaltspflicht des Spediteurs ebenso wie im § 384¹ die entsprechende Verpflichtung des Kommissionärs niedergelegt. Sowohl der § 384²·³ als der § 408² machen noch Sonderangaben, die im ersten Fall ausführlicher und schärfer, im zweiten kürzer gehalten sind. Etwaige Ergänzungen des § 408 sind den allgemeinen Rechtssätzen des BGB., nicht den Sonderbestimmungen über das Kommissionsverhältnis zu entnehmen. Eine andere Frage, ob Beklagte deshalb haftet, weil sie angeblich bis nach Klageerhebung die Angabe des Namens ihrer Vertragsgegnerin verweigert und die ganze Angelegenheit vernachlässigt, bedarf noch weiterer Klärung. B.

δ) **Klagerecht des Empfängers. Haftungsbeschränkungen.**

OLG. Hamburg, 6. ZS. Urteil v. 29. April 1924 (Bf. 85/24).

1. Wenngleich die Bank in C. (Rumänien) als Empfängerin der gekauften Ware die Gefahr der Versendung trug und daher trotz des teilweisen Verlustes zur Vollzahlung des Kaufpreises an den Verkäufer X. verbunden blieb, so erwarb sie doch durch die Bezahlung den Anspruch auf Abtretung der Rechte des X. aus dem von ihm mit der Beklagten geschlossenen Speditionsvertrage (Staub Anh. § 382⁵⁶). Darum konnte X. auch den seinem Käufer erwachsenen Schaden unmittelbar gegenüber der Beklagten geltend machen (RG. 62 S. 335) und an die klagende VersGesellschaft weiter abtreten. Dem auf den Vertrag gestützten Ersatzanspruch steht jedoch die Haftungsbeschränkung entgegen, wie sie sich aus Nr. 18 der zwischen der Beklagten und X. vereinbarten Bedingungen des Vereins Hamburger Spediteure vom 1. 4. 1921 ergibt. Eine Sittenwidrigkeit läge hierin nur dann, wenn die Beklagte selbst oder ein leitender Angestellter schuldhaft gehandelt hätte. Beides ist nicht der Fall. Der des Diebstahls schuldige, bei der Beklagten damals als Außenexpedient angestellte M. hatte lediglich die Aufsicht über die ordnungsmäßige Verladung auszuüben, wie sie neben ihm auch einer größeren Anzahl anderer Angestellter übertragen war. Ebensowenig handelt es sich hier um eine Ausbeutung einer Monopolstellung, da dem genannten Verein bei weitem nicht alle Hamburger Spediteure angehören.

2. Soweit aus unerlaubter Handlung geklagt wird, scheidet der § 823 BGB. aus, weil keine unmittelbar schädigende Einwirkung der Beklagten, sondern eines ihrer Angestellten in Frage steht. Andererseits kommt auch ein Anspruch der Empfängerin aus § 831 BGB. nicht in Betracht, weil diese nicht Eigentümerin der Ware war, sondern lediglich einen Lieferungsanspruch gegenüber ihrer Verkäuferin hatte, der § 831 aber voraussetzt, daß ein Schadensfall des § 823 gegeben ist (RGKomm. § 831⁴). Aus dem gleichen Grund ist auch die Obhutspflicht über die Ware gegenüber der Empfängerin nicht verletzt (RG. 102

S. 38). — Auch dem Anspruch des X. aus unerlaubter Handlung kann Beklagte zunächst die vereinbarte Haftungsbeschränkung entgegenhalten, da diese bei der regelmäßig gegebenen Möglichkeit, den Anspruch anstatt auf Vertrag auf unerlaubte Handlung zu stützen, sonst alle Bedeutung verlöre (RGKomm. vor § 823 Nr. 4). V.

ε) **Einforderung der Nachtragsfracht. Verjährung.**

OLG. Hamburg, 8 ZS. Urteil v. 17. Januar 1924 (Bf. 352/23).

Die jetzt beanspruchten 14 Dollar für Fracht Neu York—Minneapolis stehen dem Kläger an sich zu; denn es handelt sich um Aufwendungen, die er in Ausführung des Speditionsauftrages gemacht hat.... Dagegen hat er, obwohl er am 6. 9. 1920 versprochen hatte, „mit Fracht- und Spesennota bis Minneapolis schnellmöglichst zu dienen", am 15. 9. 1920 die Rechnung über 1542 M. geschickt, ohne zu erwähnen, daß die hier fr. Fracht noch ausstehe. Die Beklagte mußte daher annehmen, daß die Rechnung vollständig sei, und hat mit dem Empfänger des Gutes auf Grund der Rechnung abgerechnet. Der Kläger hätte auch pünktlicher, als geschehen, die Rechnung des amerik. Spediteurs über die Nachtragsfracht an die Beklagte weitergeben müssen. Ihr Schaden besteht sonach in den dem Kläger geschuldeten 14 Dollar und ist schon jetzt erwachsen. Sie hat nicht nachzuweisen, daß sie sich wegen dieses Schadens bei dem Empfänger des Gutes zu erholen vermag noch braucht sie sich auf den Ersatzanspruch gegen den Empfänger verweisen zu lassen; sie ist vielmehr berechtigt, mit dem Schaden gegen die Klageforderung aufzurechnen und dem Kläger die Abtretung der Rechte gegen den Empfänger anzubieten[1].... V.

ζ) **Gesetzliches Pfandrecht oder Zurückbehaltungsrecht?**

OLG. Hamburg, 3. ZS. Urteil v. 8. April 1925 (Bf. 210/25).

... An sich hätte der Kläger nicht nötig gehabt, sich bei dieser Partie Draht, die er dem K. verkauft hatte, eines besonderen Spediteurs S. zu bedienen, anstatt die Beklagte, die ihr als Spediteur des K. bekannt war, mit dem Fob-Auflieferungsauftrag zu betrauen. Dadurch verblieb der Beklagten nur der Abruf und die Versandinstruktion namens des K. Dies war auch der Wille des Klägers, der das volle Verfügungsrecht über die Partie behalten und vor allem die Dokumente stets in der Hand des S. wissen wollte. Dementsprechend hat S. auch gehandelt und die Beklagte verpflichtet, ihm die Verschiffungsdokumente nach der Verladung zur Verfügung zu stellen. Sie konnte somit garnicht annehmen, daß ihr Auftraggeber K. befugt war, über diese Partie für den Eigentümer zu verfügen und ihr daran ein vertragsmäßiges Pfandrecht auch für Forderungen aus früheren Transporten einzuräumen.

---

[1]) Die Vereinbarung, daß der Spediteur das Gut zu versichern hat, stellt einen Werkvertrag des § 675 BGB. dar; die Ersatzansprüche aus seiner Nichterfüllung verjähren deshalb nicht nach § 414 HGB., der einen unmittelbar durch Verlust des Gutes entstehenden Schaden voraussetzt, sondern in 30 Jahren (§ 195 BGB.). War das Gut gegen Unfälle durch höhere Gewalt zu versichern, so fällt darunter nach der Verkehrssitte nicht eine Verfügung von hoher Hand (OLG. Köln, 9. ZS. Urteil v. 16. Mai 1923; JW. 1924 S. 215).

Ansprüche wegen positiver Vertragsverletzung verjähren in 30 Jahren (RG. 22. 10. 24, Verkehrsr. Rdsch. 4 S. 112).

Der Beklagten steht aber auch ein Pfandrecht aus § 20 der Vereinsbedingungen vom 1. 4. 21 gar nicht zu. Danach ist ein Pfandrecht nur gegeben, falls und soweit es „zur Entstehung gelangt ist". Diese Beschränkung kann nur das Pfandrecht aus § 410 wegen konnexer Forderungen im Auge haben und will, falls dieses nicht entstanden ist, d. h. wenn es sich nicht um Fracht, Provision oder Verwendungen des Spediteurs auf die Güter, sondern um seine früheren, mit den Gütern nicht zusammenhängenden Forderungen handelt, nur ein Zurückbehaltungsrecht einräumen. Sollte § 20 diese Bedeutung nicht haben, so ist seine Fassung zum mindesten so unklar, daß aus ihr nach bekannten Auslegungsregeln die Spediteure keine Rechte herleiten könnten. Käme somit höchstens ein Rückbehaltungsrecht in Frage, so muß Beklagte unterliegen, da nach dem Vergleiche ihr Obsiegen davon abhängt, daß das von ihr behauptete Pfandrecht gerichtlich bestätigt wird. B.

g) **Lagergeschäft:** α) — **der Reederei über die an ihrem Kai entlöschte Ware.**
OLG. Hamburg, 1. ZS. Urteil v. 15. März 1924 (Bf. 452/22).

Werden die mit einem Dampfer ankommenden Güter am Kai der beklagten Reederei entlöscht und auf ihn übernommen, so bezweckt dies zunächst nicht ihre Einlagerung; vielmehr sollen sie dort nach ihren verschiedenen Arten und Bezeichnungen gesondert und von dort aus den verschiedenen sich meldenden Empfangsberechtigten ausgeantwortet werden. Insoweit der Kai nur diesem Zwecke dient, erscheint die Beklagte sonach nicht als Lagerhalter. Diese Rechtslage bestand zunächst auch für die Partie Bohnen, die nach ihrer Entlöschung auf den Kai gelangte, mithin auch für den aus jener Partie vom Kläger erworbenen Teil. Als jedoch die Beklagte, nachdem dieser Teil verwogen, also der Zweck der Entlöschung erfüllt war, darauf einging, die für den Kläger verwogenen und von ihm übernommenen Bohnen noch weiterhin für ihn zu behalten und zu seiner Verfügung zu halten, so traf sie mit ihm ein stillschweigendes Übereinkommen, daß sie nunmehr seine Ware von ihm entgegen- und für ihn in Verwahrung nehme, schloß also dadurch einen Lagervertrag.... Unbedenklich darf davon ausgegangen werden, daß sie häufiger mit Empfangsberechtigten, die nicht alsbald abnahmebereit sind, Abkommen über die einstweilige Einlagerung der Güter, die sie auf ihrem Kai übernommen hat, trifft. Das ergibt ihr eigenes Vorbringen, daß ein längeres Lagernlassen von Gütern auf ihrem Kai als nichts Ungewöhnliches erscheint, und der Umstand, daß in ihrem Kaibetriebe die Erhebung von Lagergebühr ganz allgemein vorgesehen ist. Sie betreibt mithin, da sie sich für das Auflagernehmen auch ein Entgelt bezahlen läßt, das Einlagern wie ein Gewerbe, wenngleich dieses für sie nur ein Nebengewerbe bildet....

Es kommt mithin darauf an, ob die Beklagte bewiesen hat, daß die Umstände, die das Fehlen der 311 kg Bohnen verursachten, durch die Sorgfalt eines ordentlichen Kaufmannes nicht fernzuhalten waren. Nun hat sie zwar zur Verhütung von Güterberaubungen umfassende Maßregeln getroffen, die der Sachverständige für sehr geeignet hält, um die Beraubungen auf das denkbar geringste Maß einzuschränken. Dennoch muß der ihr obliegende Beweis daran scheitern, daß sie nicht anzugeben vermag, worauf der Verlust zurückzuführen ist, ob auf Diebstahl durch ihre eigenen Arbeiter (Angestellten) oder auf Beraubung durch fremde, auf ihrem Kai und im Schuppen verkehrende Personen oder von der Wasserseite eingedrungene Diebe oder ob der Verlust etwa nur auf nachlässige Behandlung der vielleicht schadhaften Säcke, in denen sich die fehlenden Bohnen befanden, herbeigeführt ist. Es fehlt deshalb an der Möglichkeit, zu prüfen, ob ein sorgsamer Kaufmann die Ursache des Verlustes nicht habe vermeiden können. V.

β) **Übernahme der Versicherung. Umfang.**

OLG. Hamburg, 6. ZS. Urteil v. 5. November 1925 (Bf. 438/25).

Die Beklagte hat den Transport vom Bahnhof zu ihrem Lager, die Lagerung und die Ablieferung vom Lager frei Haus Hamburg oder Altona einschließl. Versicherung übernommen. Hieraus folgt, daß sie den Kläger auch gegen die Entwendung der Ware durch ihre Angestellte hätte versichern müssen. Sie will unter der Versicherung, die sie übernahm, nur die Feuerversicherung verstanden wissen. Diese Auslegung widerspricht aber den von ihr für maßgebend erachteten Vereins-Lagerbedingungen, deren § 21 lautet: „Sofern nicht anderes vereinbart ist, übernimmt der Lagerhalter keinerlei Versicherung; er ist für versicherbare Schäden nicht haftbar, auch nicht, wenn sie durch Verschulden seiner Angestellten verursacht sind“[1]). Diese Bestimmung zwingt also den Auftraggeber, sich gegen jede versicherbare Gefahr, auch soweit Schäden durch Verschulden von Angestellten des Quartiersmannes entstehen, zu versichern. Übernimmt aber wie hier der Quartiersmann die Versicherung, so ist damit auch ihr Umfang festgelegt. Er muß in dem Umfange versichern, wie es verständigerweise der Auftraggeber zu seiner Deckung tun muß. Für diese Frage kommt nichts darauf an, ob hier die Bedingungen der Hamb. Quartiersleute tatsächlich zum Vertragsinhalt geworden sind. Auch wenn die Beklagte mit ihrer eigenen Behauptung, daß jene Bedingungen maßgebend seien, unrecht haben sollte, sind doch aus ihnen für die Frage, was üblicherweise unter Versicherung zu verstehen ist, Schlüsse zu ziehen. Aber auch ohnehin gehört bei einem Beförderungs- und Lagervertrage die Unredlichkeit der Angestellten des Übernehmers mit zu den wichtigsten Gefahren, gegen die der Auftraggeber ein Versicherungsbedürfnis hat. Wird also die Versicherung ohne Einschränkung übernommen, so muß auch diese Gefahr versichert werden. Daß es eine Versicherung gegen Unterschlagungen der Angestellten nicht gebe, ist, wie gerichtsbekannt, unrichtig. Es mag sein, daß Beklagte sich nicht selbst gegen Unredlichkeiten ihrer Angestellten versichern kann, sie war aber in der Lage, zugunsten ihrer Kunden eine solche Versicherung zu nehmen (vgl. § 129 VVG und das Abkommen, das der Verein mit Versicherungsgesellschaften nach dem Hamb. Börsenhandbuch S. 413 getroffen hat). Endlich konnte der Kläger nicht aus dem geringen Preise schließen,

[1]) Auch der § 16 dieser Bedingungen, daß die Abtretung der Lagerscheine dem Lagerhalter gegenüber erst wirksam wird, wenn er sie genehmigt hat, verstößt nicht gegen Treu und Glauben (Urteil desselben ZS. v. 3. 2. 25, Bf. 574/24).

daß eine so weitgehende Versicherung nicht eingeschlossen sei. Denn er konnte nicht wissen, ob Beklagte nicht eine günstige Generalpolize geschlossen hatte oder das Risiko im Vertrauen auf ihre Angestellten übernähme. B.

γ) **Gesetzliches Pfandrecht wegen anderweitiger Forderungen.**

OLG. Hamburg, 2. ZS. Urteil v. 3. November 1925 (Bf. 431/25).

Der in Berlin ansässige Kläger beauftragte 1924 seinen dortigen Spediteur X. mit der Versendung von 14 Kolli Maschinen nach Hamburg und Einlagerung hierselbst. X. bediente sich zur Ausführung dieses Auftrages des hiesigen Spediteurs K., der seinerseits die Kolli bei der Beklagten unter den „Lagerungsbedingungen des Vereins Hamb. Quartiersleute" einlagerte, nach deren § 13 „der Lagerhalter wegen aller Ansprüche, die ihm aus irgendwelchem Grunde gegen den Einlagerer zustehen, ein Pfandrecht an dem Gute hat, solange er dieses besitzt". Die Beklagte hat — außer den für die Einlagerung der 14 Kolli bezahlten 270 M. — gegen K. aus anderen Geschäften einen Anspruch von 1000 M. und macht ihr Pfandrecht dieserhalb geltend. Für die Frage, ob sie solches Pfandrecht durch Vertrag und Übergabe erwerben konnte, ist zu prüfen, ob ihr bekannt oder infolge grober Fahrlässigkeit unbekannt (§§ 1207, 932² BGB.) war, daß K. nicht befugt war, mit dem Lagergute so zu verfahren, wie geschehen. Da sie als Lagerhalterin Kaufmannseigenschaften hat (§§ 1⁶, 5), ist § 366 HGB. anwendbar. Die Beweislast für den bösen Glauben trägt der Kläger (§ 932 BGB.; RG. 71 S. 340). An sich mußten einem Lagerhalter auch bei geringer Aufmerksamkeit sofort Zweifel auftauchen (RG. 58 S. 162, 67 S. 27), ob der Spediteur, der präsumtiv fremdes Eigentum einlagert, berechtigt sein konnte, dieses für Forderungen der Beklagten an eine andere Person, hier den Spediteur selbst, mit einem Pfandrechte zu belasten. So aber liegt die Sache hier nicht. Denn K. hat dies Pfandrecht nur im Rahmen der in Hamburg allgemein üblichen und den Lagerverträgen zugrunde gelegten, auch in das Börsenhandbuch aufgenommenen Lagerungsbedingungen vereinbart. Die Beklagte durfte deshalb ohne grobe Fahrlässigkeit davon ausgehen, daß eine hiesige Speditionsfirma berechtigt sei, für ihre Auftraggeber das Spedtionsgut nach den allgemeinen ortsüblichen Bedingungen zu Lager zu geben. B.

h) **Bahnbeförderung:** a) **Spiritus in Kesselwagen**[1]. **Diebstahlsgefahr**[2].

OLG. Rostock, 1. ZS. Urteil v. 11. Mai 1923.

„Gedeckt" ist ein Wagen, wenn er ringsum geschlossen ist, so daß die Ladung nicht der Sonne, dem Staube, der Feuchtigkeit, dem Herausfallen, dem unmittelbaren Zugriffe von außen ausgesetzt ist. Alles dies ist der Fall bei dem

[1]) Ebenso OLG. Kiel (Urteil v. 1. 12. 23).

[2]) Auf Grund der Tatsache allein, daß ein gedeckter Wagen ohne eine Verpflichtung zu dessen Stellung gestellt wurde, kann eine Haftung nicht abgelehnt werden; die abweichende RGE. 10 S. 106 trifft nicht mehr zu. Der Absender hat eine Pflicht zur Prüfung nur, wenn ein besondrer Anlaß dazu besteht (OLG. München, 8. Febr. 1924, BayZ. 20 S. 110). Ebenso läßt das OLG. Frankfurt die Bahn, die statt der tarifmäßig zugelassenen Stellung offener Wagen, ohne daß es der Absender verlangt, einen bedeckten Wagen hergibt, für die Güte dieses Wagens haften (Urteil v. 27. Nov. 1922, JW. 1923 S. 238). AA. OLG. Celle 26. Okt. 1921 (2 U 161), weil § 43 Nr. 3 Tarif 1 B durch § 66 EVO. ergänzt werden müsse.

Kesselwagen, dessen Öffnungen, ein Mannloch und mehrere Abflußrohre, nicht leichter zugänglich sind als die breiten Schiebetüren des gewöhnlichen gedeckten Güterwagens. Man kann auch nicht das Bassin nur als Umhüllung der Ladung betrachten, die damit wie ein gefülltes Faß befördert wird. Jeder Bahnwagen setzt außer dem auf den Schienen rollenden Radgestelle eine zur Aufnahme der Ladung dienende Vorrichtung voraus. Diese ist hier das Bassin; es gehört in demselben Sinne zum Wagen wie die bei anderen Bahnwagen zur Lagerung des Frachtgutes vorhandenen Plattformen, niedrigen oder hohen, offenen oder geschlossenen Kasten, und ist tatsächlich ringsum geschlossen. Es kann daher die im Gütertarife IB gemachte Erläuterung „dagegen rechnen Kesselwagen zu den offenen Wagen" im Sinne des § 86 EVO. nicht für richtig gehalten werden. § 50 des Tarifs behandelt als Kesselwagen solche Wagen, „bei denen der Kessel die Stelle des Wagenkastens vertritt oder mit dem Wagenboden derart verbunden ist, daß er nicht ohne besondere Schwierigkeiten abgenommen werden kann". Es ist nicht abzusehen, aus welchem Grunde der den Wagenkasten vertretende Kessel, der wasserdicht ringsum vernietet ist, dem offenen Wagenkasten gleichzustellen ist.

Auch für die Frachtberechnung gilt der Kessel nicht etwa wie ein Faß blos als Umhüllung des Frachtgutes. Die Fracht (Tarif §§ 50[5], 53) berechnet sich grundsätzlich nach dem Reingewichte der im Kessel verladenen Flüssigkeit. Daß hierbei ein gewisses Mindestgewicht zugrunde gelegt wird, erklärt sich aus der Eigenart des Beförderungsmittels und dem Bestreben, den Transport rentabel zu machen. Mit der Frage, ob der Kesselwagen im Sinne des § 86 EVO. als offener oder gedeckter Wagen anzusehen ist, hat diese Besonderheit nichts zu tun. Das gleiche gilt von der Behauptung, daß zollamtlich wohl ein gedeckter Güterwagen gewöhnlicher Art, nicht aber ein Kesselwagen als geschlossener Raum behandelt werde; denn diese Behandlung richtet sich nach besonderen technischen Bedürfnissen.

Der Kesselwagen ist demnach kein offener Wagen. Seine Besonderheit besteht nur darin, daß in ihm flüssige Güter ohne Verpackung versandt werden können. Daraus ergibt sich freilich, daß die Bahn nicht für solche Schäden haftet die aus den mit dem Fehlen der Verpackung verbundenen Gefahren entstehen. Der Vorschrift, daß das Gut als unverpackt bezeichnet ist, ist hier dadurch genügt, daß im Frachtbriefe die Verladung im Kesselwagen vermerkt ist. Denn hieraus ergibt sich ohne weiteres das Fehlen einer sonst für Flüssigkeiten erforderlichen Verpackung. Vorliegend ist die Minderung der Ladung durch Diebstahl herbeigeführt. Unter Umständen kann auch Diebstahl zu den besonderen Gefahren einer fehlenden oder mangelhaften Verpackung gehören, so in den Fällen, wo infolgedessen das Gut für den diebischen Zugriff schutzlos daliegt. Aber ein ordnungsmäßig verschlossener Kesselwagen muß als ebensogut gesichert angesehen werden wie der gewöhnliche gedeckte und geschlossene Güterwagen. Letzterer kann in der Regel durch mühelose Entfernung der Plomben geöffnet werden und bietet dann gleich ausreichliche Gelegenheit zum Stehlen sowohl verpackter wie unverpackter Waren. Allerdings macht der Kesselwagen schon durch seine Gestalt den Inhalt der Ladung kenntlich und lockt die Begehrlichkeit an. Das hat er mit allen Spezialwagen z. B. der Bier-, Fleisch-, Fischversendung gemeinsam, und auch gewöhnliche geschlossene Güterwagen lassen sehr häufig (z. B. bei der Verladung von Mehl, Salz, künstlichem Dünger in Säcken) ihren Inhalt durch die bei der Verladung entstandenen Spuren deutlich erkennen. Maßgebend ist vielmehr, daß Kesselwagen verkehrsüblich als ausreichend sichere Beförderungsmittel für Flüssigkeiten in Gebrauch sind und daß die Gefahr ihrer Beraubung nicht größer ist als bei gewöhnlichen Wagen [1]). Dr. Br.

β) **Haftung trotz Anerkennung mangelhafter Verpackung** [2]).

OLG. Dresden, 1. ZS. Urteil v. 15. Okt. 1923.

Auch wenn unterstellt wird, daß der im Frachtbriefe stehende Vermerk: „Mangelhaft in Leinen verpackt" eine vorschriftsmäßige Erklärung nach § 459 Nr. 2 enthält, müßte der Beklagte dartun, daß der Verlust eines Ballens den Umständen nach aus der mit der mangelhaften Verpackung verbundenen Gefahr entstehen konnte. Daran fehlt es. Unstreitig handelt es sich hier um Gebrauchsleder, für das der — dem Publikum zugängliche — Reichsverkehrsanzeiger Nr. 69 das Einnähen in Geweben als ausreichende Verpackung zugelassen hat. Der Absender hat also hier eine Verpackung gewählt, die nach einer an das Publikum gerichteten Erklärung des Beklagten als ausreichend zu gelten hat. Aus einer tatsächlich nicht vorhandenen, sondern nur nach der Erklärung des Absenders unterstellten Mangelhaftigkeit kann aber Schaden nicht entstehen, mit ihr ist auch keine Gefahr verbunden. Den Beklagten träfe der Vorwurf der Arglist, wenn er erst in einer — unter seiner vom Publikum benutzten — Veröffentlichung eine Verpackungsart für ausreichend erklären, dann aber im Rechtsstreite geltend machen wollte, daß mit ihr Schadensgefahr verbunden sei.... Die vom Beklagten angeführten Urteile des RG. (JW. 1923 S. 231[3], 597[7]) betreffen Expreßgut. Die für dieses geltenden AusfBest. zu § 40 EVO. besagen, daß es, mangelhaft verpackt, doch angenommen wird, wenn es sich nach dem Ermessen des abfertigenden Beamten zur Beförderung eignet und daß dann der Absender die Mangelhaftigkeit schriftlich anerkennen muß. Eine gleiche Vorschrift findet sich aber nicht zu § 62 EVO.

Aber selbst vom Standpunkte dieser beiden Urteile entspricht die Entschei-

---

[1]) a) Feuergefährliche Wagenladungen unweit der Lokomotive in den Zug einzustellen bedeutet dann kein Verschulden der Bahn, wenn die gesamte Betriebslage ein Verschieben der Wagen ausschließt (OLG. Düsseldorf 8. 1. 25, eisenbE. 42 S. 202). Vgl. auch OLG. Frankfurt 26. 10. 22, JW. 1923 S. 238).

b) Gleichzeitiges Verschwinden von Gut und Frachtbrief bedeutet nicht ohne weiteres ein Verschulden der Bahn, vielmehr kommt es auf die Umstände des Einzelfalls an (RG. 25. 10. 24, eisenbE. 41 S. 360); vgl. JW. 1923 S. 238.

[2]) Die Bahn muß dartun, daß die Mangelhaftigkeit der Verpackung gerade für den Diebstahl — hier der ganzen Sendung — von ursächlicher Bedeutung sein konnte (OLG. München, 1. ZS. Urteil v. 6. Febr. 1924, BayZ. 20 S. 48). Insbesondere bringt die Wellpapierverpackung nicht mit sich die Gefahr des Diebstahls des ganzen so verpackten Ballens, sei es schlechthin oder durch Erleichterung der Feststellung des Inhalts (Urteil desselben ZS. v. 20. 2. 24, a. O. 277). Vgl. RG. 109 S. 164.

dung, daß hier die Verpackung mangelhaft sei, nicht dem billigen Ermessen. Da der Frachtbrief das Gut nicht der Gruppe nach (als Gebrauchsleder) bezeichnete, der Beamte mithin nicht die Art des Leders sicher erkennen konnte, so ist es als billig anzusehen, daß das Gut nur gegen Anerkenntnis der mangelhaften Verpackung angenommen wurde. Aber nicht entspricht der Billigkeit, wenn damit die Mangelhaftigkeit auch für die Ersatzpflicht der Bahn festgestellt sein sollte, obwohl die Verpackung tatsächlich so war, wie es die Bahn selbst verlangt hatte....

γ) Kammergericht, 12. ZS. Urteil v. 25. April 1923.

... Nach dem Wortlaut des § 62 EVO.: „ist dies nicht der Fall, so hat die Bahn die Wahl..." setzt dieses Wahlrecht voraus, daß das Gut **tatsächlich** in mangelhafter Verpackung angeliefert wird. Hierüber hat zunächst der Beamte nach billigem Ermessen zu entscheiden. Kommt es aber zum Prozesse, so hat das Gericht zu entscheiden, ob tatsächlich die Verpackung mangelhaft war. Dem Absender steht also der Gegenbeweis offen, daß die Verpackung keine mangelhafte war[1]. Hier waren die Ballen zunächst in Papier, sodann in Pappe verpackt und fest verschnürt; endlich waren sie in Packzeug ordnungsgemäß vernäht. Eine derartige dreifache Verpackung ist hinreichend sicher; eine Verpackung in Holzkisten kann die Bahn mangels einer dahingehenden Tarifvorschrift nicht verlangen....

δ) **Aufladen, das der Absender besorgt.**

Kammergericht, 12. ZS. Urteil v. 14. Februar 1925.

Der vom Absender mit Dörrpflaumen beladene Wagen ist mit offenstehenden Luken auf allen 4 Seiten angekommen. Da sich die Luken nicht unterwegs geöffnet haben können, müssen sie geöffnet die Versandstation verlassen haben. Sie gewährten Dieben einen leichten und raschen Zugriff, der infolgedessen während der langen, teilweise nächtlichen Fahrt den Bahnangestellten auch ohne Nachlässigkeit verborgen bleiben konnte. Durch die offene Bremse an der Stirnwand des Wagens konnten die Diebe besonders bequem an die Luken und die Ladung herankommen. Danach war die Verladung mangelhaft und die Bahn nach § 86 Nr. 3 EVO. haftfrei. — An einem Verschulden der Bahn fehlt es. Große unvergitterte Luken dienen der bequemen Verladung, z. B. können besonders lange Gegenstände leicht durch die Luke in der Stirn- oder Rückwand hindurch in den Wagen geschafft werden. In solchen Wagen kann auch Obst, das während der Fahrt Lüftung erfordert, versendet werden, wenn der Verladende auf die Luken die erforderliche Rücksicht nimmt, sie z. B. teils offenstehend läßt, teils schließt, die offenen aber — etwa durch die zu verladenden Gegenstände — derart fest zustellt, daß sie keinen Diebeseingriff gestatten. Ist die Diebesgefahr nicht abzuwenden, so mag der Absender anstelle des ihm angebotenen ungeeigneten Wagens einen besser passenden mit kleineren oder vergitterten Luken fordern. Hierbei die geeigneten, der besonderen Sachlage entsprechenden Erwägungen anzustellen, ist nicht Sache der Bahn, sondern liegt dem Belader des Wagens ob.

[1]) Das RG. hält diesen Gegenbeweis nicht für genügend, vielmehr müsse der Absender auch beweisen, daß die Bahn unbilligerweise und infolgedessen unverbindlich die Abgabe des Anerkenntnisses verlangt habe (Urteil v. 3. 11. 24, eisenbE. 41 S. 362).

ε) **Versendung von Wein in Holzfässern.**

OLG. Celle, 2. ZS. Urteil v. 25. Mai 1925.

Bei Versendung von Wein, Bier usw. in Holzfässern scheidet die Vermutung, daß es sich um ein Gefahrgut handelt, nur dann aus, wenn das Faß stark, tadellos und spundvoll gefüllt und die Verladung des Gutes einwandfrei ist. Es genügt nicht, daß es „noch in einem zur Beförderung durchaus geeigneten Zustande" sich befindet; ein solches braucht nicht stark und tadellos zu sein, eher ist zu schließen, es sei von höchstens mittelmäßiger Güte. Weiter ist die Stirnverkeilung nicht zu entbehren. Der ständige Brauch an der Mosel ist hierbei nicht ausschlaggebend; denn es ist nicht gesagt, daß ein solcher Brauch stets der Notwendigkeit der Sachlage in vollem Umfange Rechnung trage. Soweit das, wie hier, nicht zutrifft, hat der Versender für das Versäumte aufzukommen, zumal die Bahn schon seit längerer Zeit auf die Notwendigkeit der Stirnsicherung hingewiesen hatte. Ob der Absender das in diesem besonderen Falle wußte, ist bedeutungslos; er hatte als Weingutsbesitzer sich darum zu kümmern. Nicht anerkannt kann werden, daß die Stirnkeile keine größere Sicherheit böten als die bloße Seitenverteilung und gar wie hier mit nur 2 Seitensicherungen, obgleich der Zeuge doch bekundet, daß man zu 4 Keilen übergegangen sei, weil es sich herausgestellt habe, daß dadurch die Beschädigungen weniger würden.

ζ) **Mangelhafte Verpackung der Eiersendung?**

OLG. Hamburg, 8. ZS. Urteil v. 20. Mai 1924.

Eier sind vermöge ihrer natürlichen Beschaffenheit der besonderen Gefahr des Bruches ausgesetzt. Nach § 84² EVO. muß daher der Kläger beweisen, daß ihr Zerbrechen eine Folge nicht ihrer leichten Zerbrechlichkeit, sondern eines anderen Umstandes ist, der auch für andere als leicht verletzbare Güter erheblich gefahrbringend gewesen wäre (RG. 64 S. 172). Aus der festgestellten Art der Verpackung der Eier und der Verladung der 42 Kisten sowie daraus, daß diese sämtlich bei der Ankunft starke Leckage aufwiesen und die Hälfte mehr oder weniger starke Beschädigung zeigte, kommt das LG. zu der Annahme, daß die Ladung auf dem Transport mit mangelhafter Sorgfalt behandelt und Erschütterungen ausgesetzt worden ist. Allein gerade aus dem Umfange der Beschädigung ließe sich mit gleicher Berechtigung folgern, daß die Eier, namentlich für die Länge der Reise, ungenügend verpackt waren. Aber auch wenn die Verpackung sorgfältig war, läßt sich daraus, daß sich die Ladung im Innern nach einer Richtung verschoben hatte und die Eier gegen die in der Mitte der Kisten befindliche Scheidewand und gegen die Stirnwand gedrückt waren, nicht sicher folgern, daß diese Verschiebung durch einen besonders heftigen Rangierstoß verursacht worden ist. Dieselbe Wirkung können vielleicht auch eine Reihe kleinerer, in derselben Richtung erfolgter Stöße, wie sie beim Rangieren nicht vermeidlich sind, gehabt haben.

In dieser Instanz hat sich indessen ergeben, daß 4 Kisten seitlich eingeknickt waren. . . . Dies kann nur dadurch entstanden sein, daß gegen ihre Längsseiten andere Kisten mit den Stirnseiten gedrückt worden sind. Hinzu kommt, daß sich nach der Tatbestandsaufnahme die ganze Ladung (5000 kg) um 30 cm verschoben hatte und daß die Eier im Innern der Kisten sich alle in einer Richtung verlagert hatten. Danach muß den Wagen ein ungewöhnlich heftiger Rangierstoß getroffen haben. Die Beschädigung der von allen Zeugen als „neu und sehr stark" bezeichneten Kisten zeigt, daß dieser Stoß von solcher Stärke gewesen ist, daß auch andere als leicht verletzliche Güter durch ihn gefährdet wurden. Ein Verschulden der Eisenbahn braucht der Kläger nicht nachzuweisen, vielmehr hat Beklagte darzutun, daß einer der Befreiungsgründe des § 456 HGB. hier zutrifft. Sie sieht ein Verschulden des Absenders, welcher Selbstverlader war, darin, daß die Kisten nicht befestigt gewesen seien. Allein dies hätte wohl nur durch Keile am Boden des Wagens erfolgen können, war aber weder notwendig noch üblich. Jede der Kisten wog über 100 kg und verrutscht nicht leicht; außerdem waren sie fest aneinander gepackt. V.

s) **Niederlegung von Gepäckstücken auf einen Hinterlegungsschein. Tarifbekanntgabe. Aufwertung.**[1])

α) OLG. Braunschweig, 1. ZS. Urteil v. 9. Mai 1924 (V 69/24).

Am 27. August 1922 hat der Kläger zu vorübergehender Aufbewahrung gegen Aushändigung des Scheins Nr. 342 zwei Gepäckstücke niedergelegt, die tags darauf auf den Schein Nr. 242 versehentlich ausgehändigt wurden. Die Beklagte hat 500 M. Ersatz dem Kläger gezahlt, dagegen sein Verlangen auf vollen Werterſatz abgelehnt. . . . Für Verlust aufbewahrter Gegenstände wird gemäß Z. 1[8] AusfBest. zur EVO. § 39 der nachgewiesene Schaden, jedoch nur bis 500 M. für jedes Gepäckstück ersetzt. Diese Beschränkung ist sachlich gültig. Auf die Rechtsbeziehungen der Parteien finden die §§ 688 ff. BGB. Anwendung und nicht etwa die §§ 465[3], 471 HGB.; denn diese beziehen sich nur auf solches Gepäck, das der Reisende, ohne es aufgegeben zu haben, bei der Beförderung mit sich führt oder in den beförderten Fahrzeugen belassen hat. Bei der nachgiebigen Natur der §§ 688 ff. ist eine Vereinbarung über eine Haftungsbeschränkung des Verwahrers zulässig, soweit nicht § 276[2] BGB. entgegensteht (vgl. Staub HGB. § 465[9]; RG. 98 S. 331. Die Entschädigungsgrenze ist auch nicht so niedrig festgesetzt, daß sie sachlich eine Freizeichnung bedeuten und gegen § 138 BGB. verstieße (vgl. RG. 98 S. 36) . . . Ebensowenig ist die Nr. 1[8] aus formalen Gründen wegen mangelnder Veröffentlichung unwirksam. Nach § 2 EVO. werden die AusfBest. mit Genehmigung der Landesaufsichtsbehörde getroffen und bedürfen der Aufnahme in den Tarif, der nach § 6 veröffentlicht werden muß. Über diese Veröffentlichung sagt die EVO. selbst nichts; nach dem Vorwort macht die Reichsbahndirektion Berlin die Ausgabe der Tarife und ihre Nachträge im Reichs-

---

[1]) Die vom RG. 106 S. 369 für das Handgepäck aufgestellten Grundsätze müssen auch beim Reisegepäck angewendet werden, obwohl bei diesem das Gewicht festgestellt wird (OLG. München, 1. ZS. Urteil v. 3. März 1924, BayZ. 20 S. 77). Gardinen als zulässiges Reisegepäck: OLG. Naumburg, 2. ZS. Urteil v. 25. 10. 1921 (AnwZ. 22 S. 5). Dagegen darf ein Schrankkoffer nicht als Reisegepäck aufgeliefert werden, wenn die neuen in A. beschafften, aber für den Gebrauch in B. bestimmten Kleidungsstücke, Stoffe usw. bei weitem nach Umfang, Wert und Gewicht seinen Hauptinhalt bildeten (OLG. Köln 9. 10. 24, eisenbE. 41 S. 358).

Deklarierung der im Reisegepäck enthaltenen Kostbarkeiten, für die nur andres Reisegepäck den Vergleichsgegenstand bildet. Aufwertung der Haftsumme (RG. 112 S. 88).

anzeiger und in der Zeitung des Vereins Deutscher Eisenbahnverwaltungen bekannt. Das LG. folgert aus den AusfBest. zu § 6 EVO., daß der Wortlaut der neuen Tarifvorschriften bekannt gegeben werden müsse. Dabei ist der Gegensatz zwischen Satz 1 und 2 übersehen. Nach S. 1 werden Tarifänderungen in der Regel durch neue Tarife oder Tarifnachträge veröffentlicht. Der Wortlaut neuer Tarifvorschriften ist nur für den Fall bekanntzumachen, wenn sie außerhalb des Tarifs allein durch Bekanntmachung veröffentlicht werden (S. 2). Das ist auch die Auffassung des RG. 99, S. 250. Die Nr. 1[8] ist in den seit 1. März 1921 gültigen Personen- und Gepäcktarif Teil 1 aufgenommen. Deshalb konnte sie auch nach dem Vorwort der EVO. bekannt gegeben werden. Das ist aber durch Bekanntmachung der Ausgabe des Tarifs unter Bezeichnung der Auskunftsstellen im Reichsanzeiger vom 1. 2. 1920 Nr. 26 mit dem Hinweise geschehen, daß die AusfBest. gemäß § 2 EVO. genehmigt worden sind. Diese Veröffentlichung ist nach Abs. 2, 3 des Vorworts als ordnungsmäßig anzusehen, wie das RG. (aO. S. 253 und am 8. April 1921 VII 311. 20) bezüglich des Tarifnachtrags V anerkannt hat. Auch im Schrifttum wird diese Art der Veröffentlichung der Tarife mit Rücksicht auf den meist erheblichen Umfang der Tariftabellen und ihrer Änderungen als ausreichend erachtet, wenn zugleich die Stellen bezeichnet sind, bei denen der neue oder abgeänderte Tarif eingesehen oder erworben werden kann (Eger, Handbuch 2 S. 310, 160; Bering, Gruch. 21 S. 410; Staub § 461[2]). Die Auskunftsstellen sind aber in der Bek. vom 1. 2. 1920 bezeichnet. Daß auch die Zentralbehörde diese Veröffentlichungsart wählt, läßt die Bek. v. 13. 4. 1924 (RGBl. 89) ersehen.

Das Klagebegehren kann jedoch noch nicht in vollem Umfang abgewiesen werden. Denn das in Verlust (Staub § 414[2], § 429[5]) geratene Gepäck bestand aus zwei Stücken, und der Kläger hat dafür nur 500 M. als Höchstsatz für ein Gepäckstück erhalten. Es ist ihm der Nachweis offen zu lassen, daß der durch den Verlust beider Stücke ihm erwachsene Schaden sich bis zu 1000 M. beläuft. Daneben wird zu erwägen sein, ob ihm nicht dieser Mehrbetrag aufzuwerten ist (JW. 1924 S. 533). v. F.

β) **Begriff des „Umzugsgutes".**

OLG Braunschweig, 2 ZS. Urteil v. 31. Okt. 1923.

Nach dem maßgebenden Spezialtarif III des EisenbGT. vom 1. April 1918 muß es sich bei „Umzugsgut" zunächst um einen durch die Veränderung des Wohnsitzes veranlaßten Umzug handeln. Weiter wird vorausgesetzt, daß die Gegenstände nicht nur vor ihrer Beförderung bereits dem Haushalte des Umziehenden angehört haben, sondern auch nach Beendigung des Umzuges darin verbleiben. In Rücksicht auf die unbemängelte Annahme des Frachtbriefs trifft die Beweispflicht den Kläger (Eger § 53[222]). Dieser bestreitet nicht, daß die Absenderin in München eine eigene, mit eigener Küche versehene und mit eigenem Hausrat ausgestattete selbständige kleine Wohnung innegehabt hat, doch habe sie diese Wohnung schon 1917 aufgegeben und ihren gesamten Hausrat seitdem bis zur Übersiedlung nach Br. bei Verwandten in A. untergestellt. Allein dadurch ist der Hausrat seines

Charakters als Haushaltsgut keineswegs verlustig gegangen. Daraus, daß das Gewicht des gesamten Guts schließlich nur noch 16 Ztr. betragen hat, lassen sich ohne weiteres keine Schlüsse ziehen. Hinsichtlich der Weiterführung des Münchener Haushalts in Br. herrscht kein Streit darüber, daß die Absenderin dort mit ihrem jetzigen Ehegatten, dem Beklagten, einen Haushalt führt, und für diesen die übersandten Gegenstände bestimmt gewesen sind. Dadurch hält der Kläger für erwiesen, daß sie nicht zur Fortführung des früheren Haushalts bestimmt waren. Allein mit ihrer Einrichtung führt die Absenderin, wenn auch nunmehr gemeinschaftlich mit ihrem Gatten und vermutlich unter Hinzufügung vieler weiterer Gegenstände den Haushalt fort. Daß sie nicht mehr als Haushaltungsvorstand gilt, ändert nichts daran. v. F.

t) **Durchgehender Frachtvertrag zwischen Klein- und Vollbahn.**

OLG. Breslau, 4. ZS. Urteil v. 16. Oktober 1924 (U 76/24).

Der § 469 bedeutet lediglich die Einschränkung des § 432 für die Güterbeförderung auf Eisenbahnen; er setzt wie § 432 aber auch voraus, daß es sich um durchgehendes Gut mit durchgehendem Frachtbrief, der also auf die einheitliche Ausführung der Beförderung durch mehrere aufeinanderfolgende Bahnen gerichtet ist (Staub § 469[2]). Hier hat zwar der Absender das Gut mit dem Frachtbrief an die Kleinbahn und diese dasselbe Gut mit demselben Frachtbrief an die beklagte Reichsbahn übergeben. Auf eine einheitliche Ausführung der Beförderung war er aber nicht gerichtet. Er trägt einen Annahmestempel nur von der Reichsbahnstation; von der Kleinbahn findet sich auf ihm nur ein Ausgangs- und ein Wägestempel, ohne etwas über den mit der Kleinbahn geschlossenen Frachtvertrag auszuweisen. Die Kleinbahn hatte zweifellos nur die Güter zur Reichsbahn zu befördern und ihr den Frachtbrief zu übergeben, der nur für den Beförderungsvertrag mit der Reichsbahn bestimmt war. Dafür spricht weder der darauf enthaltene Vordruck: „für den Frachtvertrag gelten die EVO. und die in Betracht kommenden Tarife"; er bezieht sich auch danach nicht auf die der EVO. nicht unterliegende Beförderung durch die Kleinbahn. Der Nachweis der unberaubten Auflieferung des Gutes bei dieser begründet daher nicht die Haftpflicht der Beklagten. Ebensowenig fällt ihr zur Last, daß sie für die Gewichtsunterschiede nicht die Minderungsursache feststellte. Für sie mußte das von ihr für den Zeitpunkt der Annahme zur Beförderung festgestellte Gewicht maßgebend sein, da jetzt erst ihre frachtrechtliche Haftbarkeit begann. Eine Abweichung dieses Gewichts von dem bei früheren Wägungen ermittelten konnte sie unberücksichtigt lassen.

u) **Binnenschiffahrt. Frachtzahlung bei verzögerter Fahrt**[1]**.**

OLG. Hamburg, 6. ZS. Urteil v. 18. November 1924 (Bf. 309/24).

Nach dem Inhalt des Scheins ist für den Frachtvertrag keine bestimmte Zeit vorgesehen und die Fracht tageweise zu zahlen. In den Vorbesprechungen mögen

---

[1]) SchG. § 63 S. 1 gilt nur für das Verhältnis zwischen Schiffer und Empfänger; einen Handelsgebrauch, daß das Gewicht des Ladescheins auch für Schiffer und Absender maßgebend ist, gibt es nicht. Auch eine Handelsübung, daß das Gewicht der amtlichen Eichaufnahme im Abgangshafen der Frachtberechnung zugrunde zu legen ist, besteht nicht (OLG. Karlsruhe, 3. ZS. Urteil v. 10. April 1924, Badische Rechtspraxis 90 S. 70).

die Parteien von einer bestimmten Reisedauer ausgegangen und danach den Satz für die Tagesfracht errechnet und bestimmt haben. Solche Gedankengänge, die eine Frachtzahlung über eine bestimmte Zeit hinaus ausschlössen, sind aber nicht hinreichend klar zum Vertragsinhalt gemacht. Auf die Frage, ob Verzögerungen, die ohne Verschulden des Schiffers entstanden sind, den Befrachter von der Frachtzahlung befreien, gibt das BSchiffG. — im Gegensatz zum Seerecht (§ 622² HGB.) — keine bestimmte Antwort. Es weist aber doch im § 71 darauf hin, daß bei zufälliger Unterbrechung der Reise der Befrachter nur das Recht hat, vom Vertrage abzugehen. Daraus folgt, daß, wenn dieses Recht nicht geltend gemacht wird, die Fracht zu zahlen ist. Im übrigen dürfte auch der § 323 mit § 157 BGB. zum gleichen Ergebnisse führen. Wenn Beklagte darauf hinweist, nach Ansicht der beteiligten Kreise fielen bei tageweiser Frachtberechnung die Überwinterungskosten dem Schiffer zur Last, so kommt solche Auffassung gegenüber der positiven Bestimmung des § 71³ mit § 37 BSchG. nicht in Betracht; vielmehr kann Ausladung nur gegen Zahlung der vollen Fracht verlangt werden, d. h. bei Zeitfracht der Fracht für alle Tage, die nötig sind, um das gesteckte Ziel zu erreichen.

Der Kläger hat aber weiter aufzuklären, wie die Aufenthalte entstanden sind. Der Kläger hatte vor der Abfahrt mitgeteilt, daß sein Fahrzeug überladen sei; Beklagte ließ ihn trotzdem die Fahrt antreten. Der Kahn kam an einer schwierigen Stelle fest. Dies ist nach Aussage des immerhin sachkundigen Zeugen, der selber Schiffer ist, auf ein falsches Steuern des Schleppers zurückzuführen und trifft den Kläger keine Schuld. Ebenso liegt es im Falle Br. Wie der Zeuge K. bekundet, hat sich dieser um Schleppkraft bemüht und war der Kläger segelfertig. Die Schwierigkeit lag darin, daß Beklagte nicht zur Dampfergenossenschaft gehörte und deren Schlepper nicht erhielt. Dafür, daß er seine eigenen Dampfer geschickt und der Kläger die Mitnahme durch solche vernachlässigt hätte, liegt nichts vor. Hier sind ihm keine Vorwürfe zu machen. V.

v) **AktienG.:** a) **Satzungswidrige Wahl des Vorstands.**

OLG. Stuttgart, 1. ZS. Beschluß v. 22. Oktober 1925 (F 66/25).

Nach der Satzung hat der Aufsichtsrat, der von der Generalversammlung mit 3/4 Mehrheit zu wählen ist, den Vorstand zu bestellen. In der zweiten Versammlung konnte aber der Aufsichtsrat nicht gewählt werden, weil kein Mitglied auf sich die 3/4 Mehrheit vereinigte. Der Beschwerdeführer als Hauptaktionär ließ sich deshalb von der Versammlung durch einfache Stimmenmehrheit zum Vorstand bestellen und beruft sich darauf, daß der Versammlung alle Befugnisse zukämen, die dem Aufsichtsrate durch die Satzung, nicht durch das Gesetz übertragen sind. Allein würde allgemein zugelassen, daß von der Satzung abgewichen werden darf, wenn ein Aufsichtsrat zurzeit fehlt, so könnte eine geringe Mehrheit der Aktionäre durch Vereitelung jeder Aufsichtsratswahl die ausschließliche Leitung der AG. an sich bringen. Das soll gerade dadurch verhütet werden, daß der Aufsichtsrat den Vorstand zu bestellen hat und daß diese Bestimmung mit der in §§ 274/5 angeordneten 3/4 Mehrheit geändert werden kann. Diese §§ dienen dem Schutze der Minderheit; diese darf nur durch eine solche Mehrheit ausgeschaltet werden.

RG. 48 S. 40 behandelt eine vor 1870 entstandene AG., während sich RG. 73 S. 235 mit dem Falle beschäftigt, daß dem Aufsichtsrate nicht gelingt, sich einen Vorsitzenden zu geben. Auch vom Standpunkte des KG. (JFG. 1 S. 223): der Versammlung stehe nicht zu, was die Satzung mit klaren Worten dem Aufsichtsrate vorbehalte; ist die Wahl des Beschwerdeführers ungültig; denn in einem Falle, wo auf der Versammlung von Anfang an der Druck eines Hauptaktionärs lastet, muß die Übertragung der Vorstandswahl auf den Aufsichtsrat dahin verstanden werden, daß dadurch auch ein subsidiäres Recht der Versammlung auf jene Wahl verneint sein soll. . . .

β) **Sind im Falle des § 259⁵ die Beilagen des Abs. 3 beizufügen?**

OLG. Stuttgart, 1. ZS. Beschluß v. 6. November 1925.

1. Der § 259³ stellt keine bloße Ordnungsvorschrift dar, sondern erklärt das Teilnehmerverzeichnis und die Belege zu notwendigen Bestandteilen des Protokolls (KG., RJA. 7 S. 237). Die weitere Frage, ob der nach Abs. 5 einzureichenden Protokollabschrift jene Liste beigefügt werden muß, hat das KG. (KGJ 34 S. 142) bejaht, weil Abs. 5, wie schon aus seiner Stellung und Fassung hervorgehe, unter dem Protokoll ein solches verstehe, das allen Anforderungen der Abs. 1—4 entspricht. Dagegen folgert die Beschwerde aus §§ 195², 260² und 265², daß das Protokoll ohne die Beilagen genüge; denn wie dort die einzelnen vorzulegenden Schriftstücke ausdrücklich bezeichnet sind, hätten auch in § 295⁵ die Belege und die Teilnehmerliste aufgeführt werden müssen. Allein dort war es notwendig, alle Urkunden einzeln zu nennen, weil sie vorher noch nicht genannt waren. Hier ist dagegen schon in § 295² aufgezählt, was zum Protokoll gehört, und darum brauchten die Einzelheiten des Abs. 3 nicht in Abs. 5 wiederholt zu werden.

Ebensowenig kann anerkannt werden, daß die Liste für die Zwecke des Handelsregisters überflüssig sei. Das Registergericht hat die Befugnis und die Pflicht, die Beschlüsse, die eingetragen und veröffentlicht werden sollen, auf ihr rechtmäßiges Zustandekommen zu prüfen, besonders ob die nötige Stimmenmehrheit erzielt worden ist, z. B. bei Änderung des Gesellschaftsvertrags (§§ 274, 275; vgl. KG. in RJA. 9 S. 35). Dazu muß ihm möglich sein, die Stimmen nachzuzählen; es kann sich nicht mit der Angabe begnügen, wieviel Stimmen im ganzen vertreten waren. Ferner muß es prüfen, ob etwa der beurkundende Notar als Aktionär aufgetreten ist, in welchem Fall er nach § 170 FGG. von der Beurkundung ausgeschlossen wäre. Ebenso hat es zu prüfen, ob bei Entlastung des Aufsichtsrats und des Vorstands gemäß § 260 die Beteiligten mitgestimmt haben, worüber das Protokoll gewöhnlich keine Auskunft gibt; desgleichen wenn über die Vornahme eines Rechtsgeschäfts oder über die Erledigung eines Rechtsstreits mit einem Aktionär abgestimmt wurde (§ 252³). Hiernach genügt zu den Zwecken des Registergerichts nicht der bloße Zahlennachweis, sondern nur eine Teilnehmerliste, die die Namen, den Wohnort und den Betrag der von jedem vertretenen Aktien enthält, wie in § 258 vorgeschrieben ist. Überhaupt kann in den Erfordernissen eines Verzeichnisses der Teilnehmer kein Unterschied zwischen §§ 258 und 259 bestehen, schon deshalb nicht, weil eine beglaubigte Abschrift sich mit dem nach § 258 angefertigten Verzeichnis decken muß. Dies tritt bei der hier eingereichten Anwesenheitsliste deutlich zutage. Sie ist als „auszugsweise Abschrift" bezeichnet, kann aber nicht als Abschrift, auch nicht als eine teilweise gelten; denn sie enthält etwas anderes als die Urschrift, nämlich die zusammengerechneten Summen anstatt der Einzelzahlen.

Bei dieser Rechtslage muß die Erwägung zurücktreten, daß die Vorschriften des HGB. von Unbeteiligten, besonders von Konkurrenzunternehmen mißbraucht werden. Ein Mißbrauch der Befugnis des § 9[1] kann nicht darin gefunden werden, daß Unbeteiligte zu Privatzwecken die zum Register eingereichten Schriftstücke, z. B. das nach § 259 vorzulegende Teilnehmerverzeichnis einsehen. Das HGB. hat gerade auch den Unbeteiligten das Recht auf Einsicht verliehen und will eine Prüfung der Frage ausschließen, zu welchem Zweck im Einzelfall die Einsicht genommen wird. Das Handelsregister soll der Öffentlichkeit dienen und ihr Interesse stellt das Gesetz über etwaige Bedenken, die daraus entspringen, daß Unbeteiligte dabei private Zwecke, z. B. Zwecke des Wettbewerbs, verfolgen. Werden dann Verfehlungen auf dem Gebiete des Wettbewerbs verübt, so ist ihre Ahndung durch allgemeine Vorschriften gegen unerlaubte Handlungen vorgesehen. Dagegen geht die Rücksicht des Gesetzes auf solche Verfehlungen nicht so weit, daß deshalb die Öffentlichkeit des Registers beschränkt werden müßte. Das Amtsgericht hat zutreffend ausgeführt, daß die Öffentlichkeit ein Interesse habe zu erfahren, welche Kreise hinter einer AG. stehen; denn bei den zahlreichen Aktiengründungen zweifelhafter Art, wie sie in der letzten Zeit aufgetaucht sind, muß eine solche Möglichkeit zur Sicherung eines geordneten Wirtschaftslebens gegeben sein. — Wenn, wie die Beschwerde als gerichtsbekannt bezeichnet, die deutschen Großbanken sich Abschriften von den Anwesenheitslisten geben lassen, ohne ein weiteres Interesse zu haben, als eben die Namen der Aktionäre zu erfahren, so würde das allerdings gegen § 9[2] verstoßen. Dann hat aber im Unterschied von Abs. 1 der Registerführer darauf zu sehen, daß ein berechtigtes Interesse an der Erteilung einer Abschrift glaubhaft gemacht wird, und die Gerichte haben über die Einhaltung zu wachen. Dagegen berührt es die gegenwärtige Frage nicht, wenn in dieser Hinsicht Mißbräuche vorgekommen sein sollten. S.

3. Wechsel- und Scheckrecht.

α) Bezeichnung des Bezogenen mit einer jetzt nicht mehr zulässigen Firma.

OLG. Hamburg, 2. ZS. Urteil v. 17. Februar 1925 (Bf. 529/24).

Der Mitbeklagte Aussteller A. hat nachgewiesen, daß die Firma der Bezogenen B. „Deutsche Im- und Export-Kompagnie" nicht ins Handelsregister eingetragen, auch nach geltendem Recht nicht eintragungsfähig ist. Damit fehlt ihr die passive Wechselfähigkeit, so daß sie aus dem von ihr geleisteten Akzept wechselmäßig nicht belangt werden kann. Die Unwirksamkeit des Akzepts macht an sich den Wechsel als solchen nicht ungültig. Das erkennt auch Beklagter an. Er beruft sich nur darauf, daß der von der B. gewählte Handelsname im Sinne des in Art. 4 Nr. 7 aufgestellten wesentlichen Erfordernisses keine nach dem Gesetz zulässige Bezeichnung der Bezogenen sei, wenn sich auch hinter jenem Namen entweder eine

Aktiengesellschaft aus der Zeit vor 1900 (EG. Art. 22) oder eine vor dem HGB. gegründete offene HG. (RG. 41 S. 21) verbergen könne. Allein reicht grundsätzlich aus, daß der Bezogene, ist er eine Firma, so bezeichnet ist, daß die gewählte Bezeichnung der Handelsname einer zulässigen und möglichen Firma sein kann, so kann es keinen Unterschied begründen, ob diese Bezeichnung bei einer Neugründung unter der Herrschaft des geltenden Rechts statthaft ist, oder ob es sich um ältere Rechtsformen handelt, deren Fortbestehen unter ihrem alten Namen auch der heutige Rechtszustand nicht verbietet. Auch in diesem Falle handelt es sich um in der Gegenwart mögliche Firmenbezeichnungen, die zudem in weitem Umfange noch in Gebrauch sind (z. B. Deutsche Bank, Norddeutscher Lloyd). Das RG. (63 S. 380) vertirtt rechtlich keinen anderen Standpunkt; auch dieses Urteil spricht den entscheidenden Grundsatz, daß der Bezogene, wenn es sich um eine Firma handelt, als eine Firma bezeichnet sein müsse, die als Bezeichnung einer firmenrechtlichen Person möglich sei, klar aus, verneint aber für den dort entschiedenen Fall das Vorliegen dieser Voraussetzung, wobei vielleicht nicht alle Möglichkeiten erwogen sind. Auch Staub (WO. Art. 4 Nr. 11 b) sieht darin keinen Widerspruch zu der von ihm vertretenen Auffassung, die eine Unterscheidung zwischen übernommenen und noch heute möglichen Firmenbezeichnungen und solchen, die das geltende Recht für Neugründungen vorschreibt, ablehnt. B.

b) **Firmenbezeichnung. Bedeutung des Art. 86. Englischer Protest „for the holder".**
OLG. Hamburg, 2. ZS. Urteil v. 17. Februar 1925 (Bf. 529/24).

Die Kommanditgesellschaft „Otto Fridrichs Wwe. Anna M. Fridrich" (persönlich Haftender: Erich Otto Fridrich) ist Inhaberin von 3 Wechseln über je 100 Pfund, die die Aktiengesellschaft „Bena" auf die Glaß Ltd. in Liverpool gezogen und die diese angenommen hatte. Die Wechsel waren an die eigene Ordre der Bena gestellt und von ihr in blanko indossiert. Dahinter befindet sich das Blankoindossament der Beklagten, dem ein Blankoindossament

„Porzellan-Manufaktur Otto Friedrichs Wwe.
Erich Fridrich".

folgt. Die Worte Erich Fridrich sind mit der Hand geschrieben, die übrigen Worte sind gestempelt. Die Klägerin nimmt als Indossatarin Regreß, für den, da die Beklagte in Deutschland wohnt, deutsches Recht gilt. Bei dem zweiten Wechsel waren die sämtlichen Indossamente, die der Klägerin folgten, zurzeit des Protestes durchstrichen; die beiden anderen Wechsel hat sie im Regreßwege eingelöst. Die Protesturkunden der 3 Wechsel lauten „for the holders". Da bei dem 2. Wechsel das letzte nicht durchstrichene Indossament das der Klägerin war, so ist anzunehmen, daß der Protest für sie erhoben war oder für einen (holder), der durch jenes Indossament und den Besitz des Wechsels legitimiert war. Denn es genügt auch nach deutschem Recht, wenn der Protest von einer Person erhoben ist, die aus dem Wechsel legitimiert sein kann, und das ist beim Blankoindossament jeder Inhaber (holder). Regreßrechte kann aber die Klägerin, da sie im Protest nicht genannt wird, nicht darauf stützen, daß ihrem Indossament auch ein Blankoindossament vorausging. Nach deutschem Recht darf sie solche nur ausüben, wenn die Wechselunterschrift genügend deutlich zeigt, daß es sich um eine Unterschrift der Klägerin handelt und als Wechselzeichnung gültig ist. Beklagte hält diese Unterschrift deshalb für ungültig, weil die Firma der Klägerin lediglich gestempelt sei und der mit der Hand geschriebene Name „Erich Fridrich" ein neues selbständiges Blankoindossament darstelle. Allein jeder Kaufmann weiß, daß ein bloßer Stempel als Unterschrift eines Wechsels nicht genügt. Es ist daher auch nicht anzunehmen, daß die Klägerin lediglich durch den Stempel eine gültige Wechselunterschrift abgeben wollte. Es kommt im Verkehr bei offenen Handels- und Kommanditgesellschaften vor, daß die Firma, namentlich wenn sie sich zum Teil als Sachfirma darstellt, gestempelt wird und dann dieser Stempel mit dem Namen eines Vertretungsberechtigten unterschrieben wird. Es ist daher anzunehmen, daß es sich um eine einheitliche Wechselzeichnung handelt.

Dann aber war weiter zu prüfen, ob es genügt, wenn die Firma lediglich gestempelt wird und nur der persönliche Name des zeichnungsberechtigten Gesellschafters geschrieben ist. RG. (47, 165) trifft den vorliegenden Fall nicht, weil dort der wesentliche Teil der Firmenbezeichnung selbst „Moritz Auerbach u. Co." mit der Hand geschrieben war, hier aber die ganze Firmenbezeichnung gestempelt ist. Die neuere Rechtsprechung (Recht 1910 Nr. 2406, 1912 Nr. 2795) billigt aber zutreffend, wenn der Name der Firma gestempelt wird und nur der Name des zeichnungsberechtigten Vertreters mit der Hand geschrieben wird. Denn die strengen Formvorschriften des Wechselrechts sind eingeführt, um den Verpflichtungswillen der zeichnenden Personen einwandfrei feststellen zu können und ferner, um keine Ungewißheit darüber entstehen zu lassen, welche Rechtsgebilde aus dem Wechsel berechtigt und verpflichtet werden. Hier läßt sich nun jederzeit durch einen Registerauszug feststellen, für welche Firma der die Unterschrift Leistende zeichnungsberechtigt ist.

Der Zusatz „Porzellan-Manufaktur", der nach dem Registerauszug nicht zur Firma gehört, ist unschädlich. Bedenklich erscheint aber, daß die Firma nicht nur Otto Fridrichs Wwe., sondern „Otto Fridrichs Wwe., Anna M. Fridrich" lautet. Die Rechtsprechung hat jedoch anerkannt, daß auch eine ungenaue Bezeichnung dann nichts schadet, wenn im übrigen an der Identität der Firma keine Zweifel bestehen. Solche können hier umsoweniger entstehen, als der Zeichner des Wechsels Erich Fridrich tatsächlich alleiniger Firmeninhaber ist.

Die Beklagte wendet ferner ein, daß der Protest zu spät erhoben sei, da er erst drei Tage nach Fälligkeit erhoben sei. Für die Fälligkeit gegenüber dem englischen Akzeptanten kommt englisches Recht zur Anwendung, ganz gleich, ob man nach internationalem Privatrecht das Recht des Wohnsitzes oder das Personalstatut des Schuldners oder das Recht des Erfüllungs- (Zahlungs)ortes für maßgebend erachtet. Aus § 14 der englischen WechselO. ergibt sich aber, daß die dort genannten days of grace keine Frist bedeuten, die dem Schuldner ermöglichen soll, ohne Rechtsnachteile den Verpflichtungen aus dem Wechsel noch nachzukommen, sondern daß die Fälligkeit einfach um drei Tage herausgeschoben wird, so daß eine Vorlegung des Wechsels zur Zahlung und eine Protesterhebung vor dem letzten jener drei Tage verfrüht und ungültig wäre. Die Wechsel waren daher gegenüber dem Akzeptanten erst fällig an den Tagen an denen der Protest aufgenommen wurde. Dies gilt aber auch für die Klägerin gegenüber der regreßpflichtigen Partei, obwohl an sich zwischen ihnen deutsches Recht gilt. Auch im Verhältnis zwischen ihnen kann der Wechsel nicht früher fällig werden, als gegenüber dem Akzeptanten (so auch RG. 37 S. 129). In ROHG. (1 S. 288, 5 S. 102) ist lediglich ausgesprochen, daß eine nachträgliche Erstreckung der Fälligkeit oder der Protestfrist durch Maßnahmen einer ausländischen Regierung nicht zugunsten eines deutschen Regreßverpflichteten wirkt.

Während Art. 88 WO. die Angabe des Namens oder der Firma der protesterhebenden Partei erfordert, kann nach § 51 der englischen WechselO. zweifelhaft sein, ob die einfache Angabe „for the holders" genügt. In dem bekannten Kommentar von Chalmers ist im Formular des Anhanges bemerkt, daß der Protest erfolgen kann „at the request" einer bestimmten Person oder „of the holders". Ebenso sind in den vorliegenden Formularen des englischen Notars die Worte „of the Holders" vorgedruckt. Danach ist ein Protest „for the holders" nach englischem Recht üblich und zulässig.

Die Beklagte hält ferner die Wechselrechte der Klägerin deshalb für erloschen, weil sie die Nichtzahlung des Wechsels nicht der Beklagten in der vom englischen Recht vorgeschriebenen Form und Zeit angezeigt habe. Allerdings hat danach die Unterlassung solcher Anzeige den Verlust des Regreßrechts zur Folge. Allein der Art. 86 WO. wollte die Frage, welche Handlungen zur Erhaltung des Wechselrechts am ausländischen Platz erforderlich sind, nicht für alle Wechselverpflichteten dem Rechte des Zahlungsortes unterstellen. Grundsätzlich ist für die Voraussetzung der Haftung des einzelnen Wechselverpflichteten sein Wohnort oder der Ort seiner geschäftlichen Niederlassung maßgebend. Art. 86 stellt nur eine Ausnahme von diesem Grundsatze dar, darf also nicht ausdehnend ausgelegt werden. Er ist deshalb dahin zu lesen, daß er sich nicht auf die zur Erhaltung des Wechselrechts erforderlichen Handlungen bezieht, sondern nur auf die Form dieser Handlungen. Danach ist vorliegend zunächst nach deutschem Rechte zu entscheiden, ob eine Anzeige zur Erhaltung des Wechselrechts erforderlich ist (so auch ROHG. 1 S. 289; RG. 9 S. 438). Da dies nicht der Fall ist, so war auch dieser Einwand unberechtigt. V.

c) **Sind Wechselgläubiger nach § 13 Nr. 2 V. v. 8. Februar 1924 von der Teilnahme am Aufsichtsverfahren befreit?**

Kammergericht, 13. ZS. Urteil v. 22. Dezember 1924 (U 9767/24).

Unter die im § 13 aufgeführten sechs Gruppen gehören die Gläubiger, deren Ansprüche auf einem gegenseitigen, noch nicht erfüllten Vertrage beruhen. Dagegen werden Gläubiger aus Wechseln oder anderen abstrakten Schuldversprechen nicht mit aufgeführt. Wenn aber der Schuldner einer unter § 13 Nr. 2 fallenden Forderung eine abstrakte Verpflichtung einging, um ein Mittel zur Befriedigung für diese Forderung zu schaffen, so daß für dieselbe Leistung zwei konkurrierende Ansprüche bestehen, so ist er nicht nur mit der Forderung aus dem gegenseitigen

Vertrage vom Aufsichtsverfahren befreit, sondern auch mit der abstrakten Forderung. Denn § 13 Nr. 2 beruht auf dem Gedanken, daß der Gläubiger, der gezwungen werden kann, Leistungen an den unter Geschäftsaufsicht stehenden Schuldner zu bewirken, auch selbst in der Lage sein muß, seine Gegenleistung gegen einen etwa widersprechenden Willen des Schuldners oder anderer Gläubiger im Zwangswege aus dem Vermögen des Schuldners beizutreiben und daher nicht den Beschränkungen in § 6^2 unterliegen darf. Bei diesem Zwecke der Vorschrift hat es keinen Sinn, dem Gläubiger bei der Verfolgung seines Anspruches auf die Gegenleistung den Weg zu versperren, der ihm gerade eine leichte und schnelle Befriedigung wegen seiner Gegenleistung ermöglichen sollte. Was der Beklagte hiergegen mit dem Hinweis auf den Fall vorbringt, daß der Gläubiger den Wechsel in Verkehr gebracht hat, schlägt nicht durch. Wer lediglich die Wechselforderung erwirbt, hat keine Ansprüche aus einem gegenseitigen Vertrage, die mit jener Forderung rechtlich zusammenhängen; er kann daher auch nicht mit der Wechselforderung den Gläubigern des § 13 Nr. 2 zugerechnet werden. L. u.

d) **Ungültiger Wechsel als Verpflichtung anderer Art.**

OLG. Hamburg, 6. ZS. Urteil v. 22. Juni 1925 (Bf. 151/25).

Dem Klagwechsel fehlt ein wesentliches Erfordernis, die Angabe des Remittenten. Es fragt sich aber, ob er eine Verpflichtungserklärung anderer Art enthält. Seinem Wortlaute nach ist er weder eine Schuldverschreibung noch ein Verpflichtungsschein. Da außerdem der Beklagte kein Kaufmann ist, würde das Indossament wirkungslos sein (HGB. § 363). Zu einer Schuldverschreibung auf den Inhaber — der Berechtigte ist in der Urkunde nicht genannt — wäre die staatliche Genehmigung notwendig (BGB. § 795).

Auch eine angenommene Anweisung (§ 784 BGB.), auf die der Wortlaut hinweist, ist die Anlage 1 deshalb nicht, weil in ihr der Anweisungsempfänger nicht angegeben ist. Hinter dem Vordrucke: „an die Order" ist versehentlich das Wort „eigene" ausgelassen worden, wie ein Vergleich mit dem am selben Tage ausgestellten andern Wechsel derselben Parteien zeigt. Aber selbst wenn der Beklagte gewußt hat, daß die Urkunde an X. gegeben werden sollte, so genügt das nicht; denn die Anweisung und die Annahme sind abstrakte Rechtsgeschäfte, deren Inhalt sich aus der Urkunde ergeben muß. Die angenommene Anweisung ist einem Wertpapier gleichzuachten. Schließlich würde sich aus der Anweisung niemals eine Verpflichtung des Anweisenden ergeben. Wollte man also auch gemäß § 140 BGB. eine Konversionsabsicht der Beteiligten annehmen, so würde der Wechsel doch keine Anweisung darstellen, zumal Beklagter in blanko akzeptiert hat. V.

e) **Erfordernisse der im Ausland zahlbaren Schecks** [1]).

Kammergericht, 4. Ferien-ZS. Urteil vom 8. September 1924 (13 U 6375/24).

Die wesentlichen Erfordernisse eines in Deutschland ausgestellten Schecks

[1]) a) Ein Schea, der bereits vor Inkrafttreten der V. v. 6. 2. 24 (RGBl. I S. 50) in Goldmark ausgeschrieben wurde, ist nicht nichtig, weil der Verkehr schon damals mit GM. rechnete (KG. 3. 11. 24, 13 U 3193/24). Ebenso verliert der Wechsel, der auf GM. lautet, durch die Ver-

sind nach dem deutschen ScheckG. zu beurteilen. Das gilt auch, wenn sie im Ausland zahlbar sind[1]). Sie dürfen zwar auf solche Bezogene lauten, auf die nach dem ausländischen Recht ein Scheck gezogen werden darf (§§ 25, 2). Auch ist für sie in erster Linie die durch das ausländische Recht vorgeschriebene Vorlegungsfrist maßgebend (§ 11²). Sie sind aber nichtig, wenn sie nicht den Anforderungen in § 1 entsprechen. Demnach müssen sie innerhalb des Textes die Bezeichnung als Scheck enthalten oder — wenn sie in einer fremden Sprache ausgestellt sind — einen jener Bezeichnung entsprechenden Ausdruck in der fremden Sprache (§ 1 Nr. 1). Die Bezeichnung darf auch dann nicht fehlen, wenn der Scheck im Ausland an einem Orte zahlbar ist, dessen Gesetze die Scheckklausel nicht verlangen. Hier hat die Erstbeklagte die Urkunde in Berlin in englischer Sprache ausgestellt, aber nicht die dem deutschen Wort entsprechende englische Bezeichnung (**cheque** oder **check**) in den Text der Urkunde aufgenommen. Mithin ist nicht nur der Scheckprozeß unzulässig, sondern auch das Regreßrecht unbegründet, das der Kläger aus § 15 gegen Aussteller und Giranten ausüben will. . . .

f) **Ungültiger Scheck als Schuldversprechen des BGB. § 780.**

OLG. Hamburg, 3. ZS. Urteil v. 11. Dezember 1924 (Bf. 484/23).

Der Kläger hat 1921 Vieh verkauft und übergeben gegen 5 Schecks des Käufers A. auf die Beklagte, die auf der Rückseite folgende Erklärung gesetzt hatte: „Wir verpflichten uns, diesen Scheck innerhalb 14 Tage während unserer Geschäftsstunden einzulösen". Dieser Annahmevermerk gilt nach § 10 als nicht geschrieben; Beklagte kann daher scheckrechtlich nicht belangt werden. Das schließt nicht aus, daß aus sonstigen Gründen ein Schuldverhältnis entstanden ist. Die einseitige Erklärung der Beklagten ist freilich für sich allein ohne rechtliche Bedeutung, weil nach § 305 BGB. Schuldverhältnisse grundsätzlich nur durch Vertrag entstehen können und kein Ausnahmefall hier vorliegt. Insbesondere kann die Erklärung, dem Aussteller oder dem jeweiligen „Überbringer" leisten zu wollen, nicht als Entstehungsgrund eines durch einseitiges Rechtsgeschäft gemäß §§ 793 ff. BGB. mit § 4² ScheckG. begründeten Schuldverhältnisses mit Rücksicht auf § 795³ Satzteil 1 BGB. gewertet werden. Es besteht aber kein Bedenken, ein Schuldversprechen nach § 780 BGB. in Verbindung mit einem von der Beklagten mit A., dem Empfänger jener Erklärung, geschlossenen Vertrag zugunsten des Über-

---

änderung in „Rentenmark effektiv" nicht völlig seine Beweiskraft (OLG. Kiel, 2. ZS. Urteil v. 11. 7. 24, SchlHAnz. 220). — Bei dem im Juli 1924 ausgestellten Wechsel ist unter „Mark" die Reichsmark zu verstehen (RG. 112 S. 85).

b) Wer zu Verfügungen über sein Bankguthaben ermächtigt, gestattet der Bank nur, aus dem Guthaben Zahlungen an den Bevollmächtigten zu leisten. Läßt er aber diesem auch ein Scheckbuch aushändigen, so haftet er nach § 15¹ ScheckG. sogar für die Einlösung eines in Verkehr gebrachten ungedeckten Schecks (RG. 28. Sept. 1922, JW. 1923 S. 23 J.).

c) Haftung des Verkäufers eines von ihm ausgestellten Schecks: RG. 112, S. 46.

d) Befindet sich an der Stelle, wo im Text die ABank als Bezogene steht, der Stempelaufdruck eines Andren, so ist dieser nicht als Bezogener anzusehen (RG. 24. 11. 25, JW. 1926 S. 568 = RG. 112 S. 137).

[1]) oder wenn sie über ausländische Währung mit ausländischer Ortsangabe lauten (OLG. Nürnberg 6. 5. 1925, JW. 1926 S. 384).

bringers anzunehmen. Aus den Umständen, besonders aus dem Zweck dieses Vertrages ist zu entnehmen, daß der Überbringer sofort das Recht erwerben sollte, die versprochene Leistung von der Beklagten zu fordern (§ 328 BGB.). Daß diese als Bank das ScheckG., besonders den § 10 gekannt habe, muß von vornherein angenommen werden. Der ihr obliegende Gegenbeweis kann durch die Zeugenaussage keineswegs für geführt erachtet werden. Daher muß weiter geschlossen werden, daß Beklagte durch ihre Erklärung eine zivilrechtliche Verpflichtung unabhängig von einer scheckrechtlichen Haftung begründen wollte. Daß die Person des Dritten, zu dessen Gunsten sie den Schuldversprechensvertrag mit A. geschlossen hat, ihr damals noch nicht bekannt war, steht nicht entgegen, wie schon § 332 BGB. zeigt. Es genügt, daß die Person bestimmbar war, nämlich durch die Inhaberschaft der Urkunde.

Die Haftung der Beklagten ergibt sich aber auch aus unerlaubter Handlung. Insoweit muß freilich § 823[1] BGB. ausscheiden, weil das Vermögen nicht zu den dort geschützten Rechtsgütern gehört; auch als Schutzgesetz des Abs. 2 das. kann § 10 ScheckG. nicht angesprochen werden. Dagegen muß die Beklagte, gerade weil sie als Bankinstitut den § 10 kannte, für den Fall, daß sie eine rein zivilrechtliche Haftung nicht begründen wollte, von vornherein mit der Möglichkeit gerechnet haben, daß sie, wenn A. die zur Zeit ihrer Willenserklärung noch ungedeckten Schecks nicht decken werde, die Schecks nicht einlösen und der Erwerber Schaden erleiden könne. Wenn sie ihre Erklärung gleichwohl abgab, so hat sie diesen möglichen Erfolg von vornherein mit in ihren Willen aufgenommen und ihn auch für den Fall seines Eintritts gewollt. Sie hat daher durch dieses gegen die guten Sitten verstoßende Verhalten dem Kläger als berechtigten Inhaber der Schecks vorsätzlich Schaden zugefügt, den sie sonach zu ersetzen hat, da A. unpfändbar ist. B.

f) **Zahlungshalber hingegebene Schecks, deren Aussteller ein Dritter war.**

α) OLG. Hamburg, 4. ZS. Urteil v. 4. April 1924 (**Bf.** 44/24).

Die Beklagte hatte am 9. April dem Kläger auf dessen Kaufpreisforderung zahlungshalber einen indossierten Scheck gegeben. Dieser ist jedoch, nachdem die bezogene Firma X. in Neuyork am 20. Juni ihre Zahlungen eingestellt hatte, am 18. Juli zu Protest gegangen. Der Kläger fordert deshalb nunmehr den Kaufpreis; sein Anspruch ist aber unbegründet, sowohl wenn die scheckrechtlichen Ansprüche infolge Nichteinhaltung der Vorlegungsfrist erloschen sind, als wenn das nicht der Fall ist. Denn der Gläubiger, der eine Forderung, besonders Wechsel oder Scheck, auf seine ursprüngliche Forderung in Zahlung nimmt, übernimmt damit gewisse Verpflichtungen, deren Inhalt sich nach dem Vertrag über diese Hingabe, also, sofern wie hier keine ausdrücklichen Vereinbarungen getroffen sind, nach Treu und Glauben richtet. Danach hatte der Kläger zunächst für den Eingang der Scheckforderung innerhalb angemessener Frist zu sorgen, d. h. sie einzuziehen. Er hat den Scheck aber erst am 13. Juni an die Reichsbank zum Inkasso gegeben, so daß er der Bezogenen erst nach ihrer Zahlungseinstellung vorgelegt werden konnte. . . . Diese schuldhafte Verletzung der Einziehungspflicht hat aber zur Folge gehabt, daß die ursprüngliche Kaufgeldforderung nicht erlosch. Denn wie gerichtsbekannt, hat die Firma X., die als erstklassige Aufgabe galt, bis zur Zahlungseinstellung ihre Verpflichtungen erfüllt; sie hätte daher auch den Scheck — da der Aussteller über ein entsprechendes Guthaben bei ihr verfügen konnte — bei früherer Vorlegung eingelöst.

Zu Unrecht bestreitet der Kläger, daß dieser Schade mit seinem Verhalten in adäquatem Kausalzusammenhange stehe. Denn mag der Zusammenbruch der X. auch nicht voraussehbar gewesen sein, so ist doch, ganz allgemein gesehen, die Gefahr, daß ein zahlungsfähiger Schuldner zahlungsunfähig wird und seine Verpflichtungen infolge im einzelnen nicht voraussehbarer Veränderung der Verhältnisse nicht erfüllen kann, um so größer, je länger die Erfüllung hinausgezogen wird; je länger die Frist, um so größer ist naturgemäß die Möglichkeit, daß die verschiedensten Umstände die Vermögenslage des Schuldners ungünstig beeinflussen. Nur auf die größere Wahrscheinlichkeit des eingetretenen Erfolges als Folge des Handelns, vom Gesichtspunkte einer objektiven Betrachtung aus, nicht auf die subjektive Voraussehbarkeit des Erfolges kommt es für die Annahme eines adäquaten Kausalzusammenhangs an. Hat somit der Kläger den der Beklagten erwachsenen Vermögensschaden schuldhaft verursacht, ist er auch zu dessen Ersatze verpflichtet: er muß die Beklagte von ihrer Kaufpreisschuld befreien, d. h. also sich so behandeln lassen, als ob gezahlt wäre.

Dieses Ergebnis könnte keinem Zweifel unterliegen, wenn Beklagte selbst den Scheck ausgestellt und durch das Verhalten der Klägers ihr Guthaben bei dem Bezogenen eingebüßt hätte, ebenso wie in dem Falle, daß ein Gläubiger eine in Zahlung genommene Buchforderung verfallen läßt. Zweifel werden erst hineingetragen durch den Umstand, daß Aussteller des Schecks die Firma B. ist, und der Kläger verweist die Beklagte auf ihre vermeintlichen Ansprüche gegen den Aussteller. Allerdings kann der Gläubiger, der einen Scheck in Zahlung nimmt, auf die ursprüngliche Forderung zurückgehen, wenn der Eingang nicht erfolgt. Das ergibt sich im Zweifel aus dem Sinne jener Hingabe, indem eben der Scheck als ein vollwertiges Zahlungssurrogat angesehen wird. Hier aber war der Scheck bei seiner Hingabe vollwertig und ist erst durch das saumselige Verhalten des Klägers entwertet. Es kann sich daher nur darum handeln, ob der Kläger gegenüber dem an sich berechtigten Schadensanspruch einwenden kann, ein Schade sei in Wirklichkeit nicht entstanden, insofern der Beklagten nach Rückgabe des Schecks noch die Ansprüche gegen den Aussteller zuständen. Ständen ihr liquide Ansprüche gegen B. zu, könnte allerdings zweifelhaft sein, ob ihr nicht in der Tat zuzumuten wäre, den Kaufpreis zu zahlen und sich mit ihren Ansprüchen an den Aussteller zu halten. Aber so liegt die Sache keineswegs, es ist vielmehr überaus zweifelhaft, ob Beklagte irgendwelche Ansprüche gegen B. hat, und wenn solche bestehen sollten, so werden sie — da B. eine Zahlung ablehnt — nur mittels eines kostspieligen, ungewissen Prozesses durchgesetzt werden können. Der Aussteller ist Bankier; ersichtlich muß also zwischen ihm und der Beklagten irgendein Revalierungsverhältnis bestehen; da sie den Scheck von dem Aussteller nicht ohne Gegenleistung erhalten haben kann. Ob sie nach Untergang des Scheckrückgriffs aus dem materiellen Verhältnisse die Erstattung dieser Gegenleistung beanspruchen kann, muß dahinstehen und könnte erst durch Aufhellung dieses Verhältnisses festgestellt werden; jedenfalls würde ein solcher Anspruch dann nicht bestehen, wenn, wie Beklagte behauptet, der Scheck gekauft war, und ebensowenig dann, wenn an sich ein Bereicherungsanspruch gegen den Aussteller nach Präjudizierung des Schecks übriggeblieben wäre, der Aussteller aber infolge der verspäteten Vorlegung des Schecks und der dadurch bedeutsam gewordenen Zahlungseinstellung des Bezogenen die bei diesem vorhandene Scheckdeckung verloren hätte. Die Frage, ob der Scheck tatsächlich präjudiziert ist, kann jedoch in diesem Prozeß mit Rechtskraftwirkung gegenüber B. überhaupt nicht entschieden werden. Es sind daher zwei Möglichkeiten gegeben. Entweder der Scheck ist präjudiziert, dann steht im günstigsten Falle der Beklagten ein Bereicherungsanspruch gegen B. zu, den sie mit Aufwendung von Mühe und Kosten in einem auf alle Fälle schwierigen Prozeß durchzusetzen versuchen könnte. Oder aber der Scheck ist nicht präjudiziert, dann könnten die scheckrechtlichen Regreßansprüche, die gegen B. bestehen blieben, wieder nur im Prozeßwege durch Austragung der Frage, ob der Scheck nach amerikanischem Recht innerhalb einer „reasonable time" vorgelegt ist, durchgesetzt werden. Müßte also Beklagte den Kaufpreis zahlen und unter Rückgabe des Schecks sich an B. halten, so würde sie infolge des schuldhaften Verhaltens des Klägers gezwungen, kostspielige und nach jeder Richtung zweifelhafte Prozesse zu führen. Das kann ihr jedoch nicht zugemutet werden. Glaubt der Kläger einen Scheckrückgriff gegen den Aussteller durchführen zu können, so mag er das auf seine Gefahr tun; er kann es aber nicht der Beklagten zumuten. Ebenso muß es ihm überlassen bleiben, eine etwaige Bereicherung gegen B. nach Abtretungserklärung der Beklagten zu verfolgen. B.

β) OLG. Hamburg, 6. ZS. Urteil v. 15. Mai 1924 (Bf. 107/24).

Der Vorwurf, daß der Kläger den Scheck bei sich ungebührlich lange habe liegen lassen, ist zurückzuweisen. Zu seinen Lasten könnte nur die Zeit vom 6. bis 20. Juni gerechnet werden, denn am 20. Juni hat die bezogene Firma X. ihre Zahlungen eingestellt, eine Tatsache, die alsbald hier bekanntgeworden ist. Die Beklagten haben dann zugesagt, den Scheck gegen einen anderen umzutauschen, daher den streitigen Scheck zurückgenommen. Erst am 27. Juni ist dieser Scheck abermals dem Kläger übergeben und dann auch unverzüglich nach Neuyork gesandt, wo er am 13. Juli protestiert ist. Nach deutschem Rechte hätte der Kläger zwei Monate bis zur Vorlage des Schecks Zeit gehabt, aber selbst wenn man den Neuyorker Brauch der Vorlegung innerhalb einer billigen, angemessenen Zeit zugrunde legt, so liegt in dem 15tägigen Liegenlassen noch keine Überschreitung solcher Frist. Es kann dahingestellt bleiben, ob sich hier in der Zeit der Markentwertung eine von den Neuyorker Beteiligten nicht getadelte Gewohnheit gebildet hat, ausländische, besonders auf nordamerikanische Banken gezogene Schecks von Hand zu Hand zu geben und längere Zeit als sicherste Anlage aufzuspeichern. Denn die Vorlegung in angemessener Zeit gibt dem Richter einen gewissen Spielraum, die Handels- und Geschäftsgebräuche, die Gewohnheiten der Beteiligten und die Sachlage des Einzelfalles zu berücksichtigen. Da ist es von Bedeutung, daß der Scheck bei dem Aussteller und dem ersten Indossenten — beides angesehene Bankfirmen hier — bereits vom 11. Mai bis 5. Juni gelegen hat und daß auch unstreitig der Scheck noch am 13. Juli eingelöst wäre, wenn nicht X. die Zahlung eingestellt hätte. Danach ist ohne Bedenken festzustellen, daß vorliegend unter den Beteiligten eine Liegezeit von 15 Tagen noch als unbillige Verzögerung nicht anzusehen ist. Die Erklärung der Beklagten zeigt jedenfalls, daß während der Markentwertungszeit die am Geldverkehr mit Hamburg nicht unerheblich beteiligte Firma X. auf die deutschen Geldverhältnisse Rücksicht zu nehmen pflegte, möge auch im übrigen amerikanischen Innenverkehr oder im Verkehr mit Ländern anderer Währung eine peinlichere Auffassung bezüglich der Vorlagefrist als „reasonable" anzusehen sein. Aber selbst bei unverzüglicher Behandlung des Schecks wäre eine Vorlage vor 20. Juni nicht wahrscheinlich gewesen. Der Scheck hat von der Absendung 16 Tage gebraucht; vom 6. bis 19. Juni sind nur 14 Tage. Wenn man dem Kläger auch nur einen Tag zur Ausfertigung des Begleitschreibens und der Absendung Zeit gibt, so konnte der Scheck bei der üblichen Bankeinkassierung am 19. noch kaum der Bezogenen präsentiert sein. B.

4. Grundbuchrecht. Freiwillige Gerichtsbarkeit.

a) Maßgebender Zeitpunkt für den Rang eingetragener Hypotheken.

OLG. Hamburg, 1. ZS. Beschluß v. 22. April 1924 (F 90/24).

... Ein Eintragungsantrag ist nach § 130¹,³ BGB. in dem Zeitpunkte beim Grundbuchamte gestellt, in dem er bei diesem eingeht. Wann er als eingegangen zu gelten habe, darüber besteht keine reichsrechtliche Vorschrift; das zu bestimmen ist vielmehr dem Landesrechte überlassen. Für Hamburg ist dafür nach § 29 Ges. über Ausführung der GBO. der Zeitpunkt zu betrachten, in welchem der Antrag dem für die Anordnung der Eintragung zuständigen Richter oder dem diesem Richter zugewiesenen Gerichtsschreiber vorgelegt wird. Dies muß auch gelten, wenn mehrere Anträge, die sich auf verschiedene und in den Bezirken verschiedener Grundbuchrichter liegende Grundstücke beziehen, zu einem Eintragungsersuchen vereinigt dem Grundbuchamt eingereicht werden. Eine abweichende Vorschrift für diesen Fall, wie sie das Preuß. AusfG. zur GBO. Art. 4² hat und wie es ihrer bedürfen würde, damit der angef. § 29 für ihn nicht gelte, ist im hamb. Rechte nicht enthalten. Auch § 769 der GeschäftsO. für die Gerichtsschreibereien des Amtsgerichts Hamburg enthält keine von § 29 abweichende Vorschrift, besonders nicht für den hier gegebenen Fall, daß eine außerhalb Hamburgs wohnende Person mehrere für verschiedene hamb. Grundbuchbezirke bestimmte Eintragungsanträge, über die verschiedene Grundbuchrichter zu befinden haben, zu einem Antrage zusammengezogen einreicht. ... Gilt also hier der § 29, so sind die einzelnen Anträge erst dann als beim Grundbuchamt eingegangen und wirksam gestellt zu erachten, wenn wenigstens die gemäß § 769 GeschO.

anzufertigenden Abschriften des Gesamtantrages an den zuständigen Grundbuchrichter oder den ihm zugewiesenen Grundbuchführer gelangen.

Sind also die Eintragungsanträge des Beschwerdeführers Braun auf St. Pauli Süd Nr. 10 und Eppendorf Nr. 288 eher bei den zuständigen Grundbuchabteilungen V und VI eingegangen als die Abschriften des Antrages des Notars auf Eintragung von Hypotheken in die gleichen Grundstücke für Hamm, so hat das Grundbuchamt dadurch, daß es die Hypotheken für Hamm vor denen für den Beschwerdeführer eingetragen hat, infolge Verkennung des § 29 AG. GBO. die §§ 17, 46 GBO. verletzt, ohne daß das LG. diesen Rechtsverstoß erkannt hat. Ob aber die Anträge des Beschwerdeführers wirklich vor denen des Notars bei den zuständigen Grundbuchabteilungen eingegangen sind, ist bisher nicht festgestellt. Die Abschriften der Anträge des Notars lassen einen Vermerk über ihr Eingehen vermissen. Einer Zurückverweisung der Sache bedarf es jedoch nicht; denn keinesfalls kann die Beschwerde durchdringen.

Maßgebend für den Rang der in ein Grundstück eingetragenen Hypotheken und Grundschulden untereinander ist nicht etwa die Zeitfolge des Eingangs der Eintragungsanträge. Er wird vielmehr nach § 879 BGB. lediglich durch die räumliche Aufeinanderfolge der Eintragungen bestimmt. Hat also hier das Grundbuchamt, weil es die Zeitfolge des Eingehens der Eintragungsanträge des Beschwerdeführers einerseits und der vom Notar für dieselben Grundstücke eingereichten andererseits verkannte, unter Verletzung der §§ 17, 46 GBO. die letzteren vor jenen eingetragen, so ist das Grundbuch nicht unrichtig geworden. Es ist dadurch, weil das materielle Recht nicht etwa vorschreibt, daß die Eintragungen auf den Zeitpunkt des Eingehens der verschiedenen Anträge zurückzubeziehen seien, was die hier fraglichen Hypotheken angeht, kein Zustand der sie betreffenden Eintragungen im Grundbuch geschaffen, der der wirklichen Rechtslage widerspräche (Güthe GBO.[3] § 13 N. 13[4]) und es rechtfertige oder gebiete, nach § 54 GBO. zu verfahren. Die Beschwerde meint allerdings, das RG. (57 S. 280) mache die Eintragung eines Amtswiderspruchs davon abhängig, ob die Gläubiger der Posten, die unter Nichtachtung der Reihenfolge des Eingangs der Eintragungsanträge zu Unrecht mit Vorrang eingetragen seien, hiervon bereits Kenntnis erhalten hätten oder nicht: hätten sie von ihrer Eintragung in dem Zeitpunkt, in dem die Eintragung eines Widerspruchs beantragt werde, noch keine Kenntnis, so sei ein solcher Widerspruch geboten und zweckmäßig. Hier könne und wolle der Beschwerdeführer nachweisen, daß, als er den Widerspruch beantragt habe, Hamm von den zu seinen Gunsten erfolgten Eintragungen noch keine Kenntnis gehabt habe. Allein in dem vom RG. entschiedenen Falle hatte das Grundbuchamt versehentlich die bei ihm beantragte Eintragung einer Hypothek vorzunehmen unterlassen und zunächst Hypotheken für andere Gläubiger eingetragen (unter Nr. 8, 9, 10), deren Eintragung später beantragt worden war. Als der Irrtum bemerkt und jene Eintragung unter Nr. 11 nachgeholt wurde, hatte es von Amts wegen bei Nr. 8, 9, 10 einen Widerspruch gegen ihren Vorrang vor Nr. 11 vermerkt. Das RG. bezeichnet diesen Widerspruch als zwecklos, weil dadurch das durch die Eintragung bewirkte Rangverhältnis nicht habe geändert oder beeinflußt werden können, nachdem, so fügt es allerdings hinzu, „im Zeitpunkte der Eintragung des Widerspruchs die Gläubiger der Nr. 8—10 von der Eintragung und dem dadurch begründeten Rangverhältnisse dieser Posten längst Kenntnis erhalten hatten". Sollte hieraus entnommen werden müssen, daß, wenn die Gläubiger der zuerst und mit Vorrang eingetragenen Hypotheken diese Eintragung in dem Zeitpunkt, in dem das Grundbuchamt auf sein Versehen aufmerksam geworden, noch nicht gekannt hätten, wäre für einen Widerspruch wegen entstandener Unrichtigkeit des Grundbuchs gemäß § 54 GBO. Raum und berechtigter Anlaß gewesen, so würde es dem Senat zweifelhaft erscheinen, ob dem beigepflichtet werden könne. Einer Entscheidung darüber bedarf es jedoch nicht. Ein Fall des § 28² FGG. liegt nicht vor. Denn jene Auslassung des RG. bildete keinen der Gründe, die seine damalige Entscheidung tragen sollten und trugen. Vor allem war aber die Sachlage anders als vorliegend. Dort hatte das Grundbuchamt den Widerspruch gegen den Vorrang der Posten 8—10 vor der verspätet eingetragenen Nr. 11 zugleich mit diesem Posten eingetragen. Hier handelt es sich darum, ob, nachdem eine Hypothek unter Nichtbeachtung der §§ 17, 46 GBO. sowohl zeitlich als auch räumlich nach einer anderen Hypothek eingetragen ist, vor der sie hätte eingetragen werden müssen, wenn also beide Hypotheken in falscher zeitlicher und räumlicher Aufeinanderfolge eingetragen worden sind, ein Widerspruch wenigstens in dem Falle gerechtfertigt und statthaft ist, daß der Gläubiger des vorstehenden Postens noch nicht seine Eintragung gekannt hat. Darüber hat sich das RG. nicht geäußert, und das ist unbedingt zu verneinen. Denn das Grundbuch ist so, wie die mehreren Hypotheken einmal hintereinander eingetragen stehen und wie es darnach ihren Rang untereinander gemäß § 879 BGB. angibt, richtig und daran ändert nichts, daß die Gläubiger der mehreren Posten deren Eintragung, Reihenfolge und Rang vielleicht nicht gleich erfahren. Auch in diesem Fall ist das Grundbuch richtig, und demnach besteht für den Grundbuchrichter kein Anlaß und keine Berechtigung, von Amts wegen einen Widerspruch dagegen einzutragen [1]).

b) **Wer wird vom Widerspruch gegen die Löschung „betroffen"?**

OLG. Karlsruhe, 1. ZS. Beschluß v. 12. Juni 1925 (RH. 21/25).

Auf Grund einer einstw. Verfügung hat das Grundbuchamt einen Widerspruch gegen die am 1. 12. 1921 erfolgte Löschung der für A. eingetragenen Hypothek eingetragen mit dem Zusatze, daß er sich auch gegen die Rangänderung der vorgerückten Nachrechte richtet. Mit Recht hat das LG. eine Prüfung der materiellrechtlichen Einwendungen des Beschwerdeführers (Nachhypothekars) gegen den Inhalt der einstw. Verf. abgelehnt. Sie könnten nur im anschließenden Zivilprozeßverfahren erörtert werden. Der Grundbuchrichter hatte also davon auszu-

[1]) Der Satz des Vergleichs: „Für die ganze Summe ist auf Blatt 3 für R. eine GM.-Hypothek einzutragen" drückt die Einigung der Parteien, daß die Rechtsänderung eintreten soll, aus und schließt zugleich die Eintragungsbewilligung in sich (OLG. Jena, 2. ZS. Beschluß v. 27. 3. 25, SächsA. 2 S. 297).

gehen, daß das Grundbuch durch die Löschung unrichtig geworden war und daß deshalb die Eintragung eines Widerspruchs materiellrechtlich gerechtfertigt war, da die Verfügung keine inhaltlich unzulässige Eintragung anordnete. Soweit sich der Widerspruch gegen die Löschung richtet, stand seiner Eintragung nichts im Wege. Insoweit wurde zunächst lediglich das Recht des Eigentümers an seinem Grundstücke betroffen; es war also nach § 19 GBO. auch nur seine Einwilligung erforderlich, die durch die einstw. Verf. ersetzt war. Diese war in einem gegen den Eigentümer gerichteten Zivilprozeß ergangen und durch Widerspruch anfechtbar. Anders aber liegt die Sache, soweit sich die Verfügung auch gegen die Rangänderung richtete. Insoweit könnte die nach § 19 mit BGB. §§ 880, 894, 899 erforderliche Einwilligung der Betroffenen nur durch eine einstw. Verf. ersetzt werden, die sich sowohl gegen den Eigentümer als gegen die durch die Löschung vorgerückten Nachberechtigten richtete, denen etwa die Möglichkeit gegeben war, Widerspruch zu erheben. Insoweit war der Eintrag zu löschen.

c) **Ersuchen des Kulturamtsvorstehers um Vollziehung eines von ihm beurkundeten Siedlungsvertrages. Eigentumseintragung.**

Kammergericht, 1. ZS. Beschluß v. 4. März 1926 (X 104/26).

Der Beschwerdeführer hat den Kauf- und Siedlungsvertrag vom 9. 6. 1925, den er als Urkundsbeamter beurkundet hatte, dem Grundbuchamt zur Vollziehung vorgelegt. In § 1 das. sind als aufzuteilendes Land zwei der politischen Gemeinde S. gehörige Grundstücke (Blatt 41 und 136) genannt und als in das Verfahren einbezogene Grundstücke folgender Eigentümer . . . aufgeführt. Nach § 2 sind aus diesen Grundstücken durch Katasterfortschreibung neue Katasterparzellen gebildet, die in einem Verzeichnis aufgeführt werden; die darin unter A genannten Grundstücke sollen abgesehen von Nr. 1, das der Gemeinde verbleibt, den unter Nr. 2—18 aufgezählten Siedlern gehören; die Grundstücke unter B sind Austauschgrundstücke, welche drei Beteiligte als Ersatz für ihre hingegebenen Parzellen erhalten; die Grundstücke unter C stellen die nunmehrigen Wege und Gräben dar. In § 3 ist die Belastung der Siedlungsländereien und, soweit die Siedler bereits Grundbesitz haben, ihrer Stellen mit einem Wiederkaufsrecht und einer Verfügungsbeschränkung gemäß § 35 AG. zum RSiedlGes. ausgesprochen. § 4 behandelt die neu angelegten Wege und Gräben und eine den Grundstückserwerbern aufzuerlegende Unterhaltungspflicht und ein ihnen zustehendes Benutzungsrecht. Nach § 6 treten die Austauschgrundstücke (§ 2 B) in jeder Beziehung, besonders auch hinsichtlich der Rechte Dritter, an Stelle derjenigen, für die sie den Ersatz bilden. § 8 enthält die Bewilligung und Beantragung der Eintragung des Eigentums gemäß dem Verzeichnis in § 2, ferner der Eigentumsbeschränkungen nach § 3 und der Wegebenutzungsberechtigung und Unterhaltungspflicht nach § 4. Der § 10 ermächtigt zu allen für die Durchführung erforderlichen Anträgen den Beschwerdeführer. Dieser hat den Antrag bezüglich der Eigentumsbuchungen dahin gefaßt: sämtliche in § 1 genannten, gebuchten Grundstücke abzuschreiben, in den Austauschfällen (§ 2 B) die Ersatzstücke einzutragen, auf dem Blatt 41 sämtliche in § 2 A aufgezählten Grundstücke und die in C für die Gemeinde S. ausgewiesenen Grundstücke (Wege) einzutragen und dann das in A 1 für die Gemeinde ausgewiesene Land auf ein neues Blatt zu übertragen und alle Siedlungsländereien auf die Blätter der Erwerber zu übertragen. Eine vom Vermessungsbeamten ausgestellte Nachweisung der zum Verfahren gezogenen und der in ihm ausgewiesenen Grundstücke ist beigefügt worden. Die Vorinstanzen halten jedoch unter Berufung auf § 30 AVf. v. 20. 11. 1899 die Vorlegung von Auszügen aus dem Steuerbuch nebst Karte, aus denen das Hervorgehen der neuen Parzellen aus den Stammparzellen ersichtlich sei, grundbuchtechnisch zur Erledigung der Anträge für nötig. Die weitere Beschwerde ist begründet.

Es handelt sich um Anträge auf Eintragungen von Eigentumsveränderungen, Belastungen und Beschränkungen. Abgesehen davon, daß die als Unterlage vorgelegten Erklärungen der Beteiligten nach der besonderen Vorschrift des § 34 AG. zum RSiedlGes. durch den vom LKAPräsidenten beauftragten Kulturamtsvorsteher beurkundet werden konnten und daß die einzutragende Verfügungsbeschränkung der Siedler hinsichtlich der Teilung und teilweisen Abveräußerung ihrer Stellen nach der besonderen Bestimmung des § 35 das. auf Ersuchen — insoweit ist also § 39, nicht § 13 GBO. maßgebend — jenes Vorstehers in das Grundbuch aufzunehmen ist, kommen lediglich die allgemeinen Rechtsvorschriften des BGB. und der GBO. zur Anwendung. Für die besonderen materiellen und formellen Vorschriften des preuß. Agrarrechts ist kein Raum, besonders nicht für den für Gemeinheitsteilungen ausgebildeten Grundsatz der sog. dinglichen Surrogation, kraft dessen ein Abfindungsstück hins. seiner Lasten und Rechtsverhältnisse ohne weiteres an die Stelle des ursprünglichen Grundstücks tritt (Güthe GBO. II Art. 12 AusfG. A 17). Der Umstand also, daß die hier beurkundeten, auf Eigentumsveränderungen gerichteten Erklärungen der Beteiligten Siedlungszwecken dienen, befreit nicht von den allgemeinen Rechtsvorschriften des Liegenschaftsrechts. Danach setzt eine auf dem Willen von Veräußerern und Erwerbern beruhende Eigentumsveränderung die Auflassung voraus (§ 925 BGB.), deren Vorhandensein das Grundbuchamt nach § 20 GBO. zu prüfen hat. Ausdrücklich ist hier eine Auflassung nicht ausgesprochen; die Vorinstanzen haben aber den Auflassungswillen und die entsprechenden Erklärungen offenbar aus den in § 8 des Vertrages erklärten Bewilligungen und Anträgen entnommen; Bedenken hiergegen sind nicht zu erheben. Solche abgekürzte Beurkundungsweise läßt aber nur das Endziel der herbeizuführenden Eigentumsveränderung ersehen und nicht den Weg, auf dem es erreicht wird. Auch die nachträglich gestellten Anträge reichen nicht aus, diesen Weg zu bezeichnen. Dieser Weg kann, da alle einbezogenen Grundstücke infolge der mit der Siedlung verbundenen Umlegung und Grenzbegradigung sich verändern und dingliche Surrogation nicht anwendbar ist, nur der sein, daß alle bisherigen Grundstücke auf die hauptbeteiligte Gemeinde, soweit sie ihr nicht schon gehören, übertragen und von dieser nach Neuvermessung an die Siedler, die Empfänger von Austauschgrundstücken und die Eigentümer des nunmehr für Wege und Gräben bestimmten Lands weiterübertragen werden. Das LG. hat sich, nicht darüber ausgesprochen, ob derartige Auflassungen im Vertrage durch Auslegung gefunden werden können; jedenfalls hat es keine Bemängelungen in dieser

Richtung erhoben. Der Senat, dadurch zu eigener Auslegung berufen, sieht in der auf das Endziel gerichteten ausdrücklichen Erklärung der Beteiligten zugleich die stillschw. Erklärung der zur Erreichung dieses Ziels nötigen Auflassungen. Dadurch entsteht die Frage, ob es nötig ist, die Übertragung aller einbezogenen Grundstücke auf die Gemeinde durch Eintragung ihres Eigentums zu vollenden, d. h. also die Grundstücke auf ihr Grundbuchblatt zu überführen — für die bisher grundbuchlich nicht gebuchten Grundstücke mithin zunächst ein Blatt anzulegen — oder ob für die weiter zu übertragenden Grundstücke das Vorhandensein der Auflassung genügt, da nach KGJ. 47 S. 158; 53 S. 144 bei mehrfacher Auflassung unmittelbar der letzte Auflassungsempfänger eingetragen werden kann. Die Beantwortung dieser Frage ergibt sich aus folgenden Erklärungen.

Die AVf. v. 20. 11. 99 ist dadurch, daß die GBO. die Einrichtung des Grundbuchs den Ländern vorbehalten hat (§§ 1², 93—97) veranlaßt und ist daher eine Rechtsverordnung. Da nach § 2² GBO. die Grundstücke nach einem amtlichen, sie unter Nummern oder Buchstaben aufführenden Verzeichnis zu bezeichnen sind und da der § 96 GBO. die nähere Bestimmung darüber, inwieweit die Teilveränderung eines Grundstücks von einer Veränderung jenes Verzeichnisses abhängt, der Landesjustizverwaltung vorbehält, so stellt § 30 AVf. eine Verfahrensvorschrift dar, die bezweckt, die Teile und ihre Entstehung aus einem bisherigen Ganzen klarzustellen und dadurch der durch die Grundbucheinrichtung zu verbürgenden Zuverlässigkeit und Sicherheit des Verkehrs zu dienen. Wenn § 30⁴ diese Nachweisungen für solche Abschreibungen nicht für nötig erklärt, die auf Ersuchen einer Auseinandersetzungsbehörde auf Grund eines von ihr bestätigten Rezesses . . . erfolgen sollen, so durchbricht das nicht jenen Verfahrensgrundsatz, sondern beruht nur darauf, daß die ersuchende Behörde für die Veränderung des Grundstücksverzeichnisses (Katasters) hat sorgen müssen (Güthe § 96 Nr. 13, 14). Daher ist auch in einem Falle, wo das Ersuchen dem nicht genügte, seine Beanstandung für berechtigt erklärt (KGJ. 32 S. 208). Die hier vorgelegte Nachweisung ist nicht vom Katasteramt, sondern vom Kulturamt ausgestellt und bezeichnet als alten Bestand die gesamten zum Verfahren zugezogenen, verschiedenen Eigentümern gehörigen Grundstücke. Diese beiden Umstände haben die Beanstandung der Vorinstanzen hervorgerufen; sie ist jedoch in ihren Einzelheiten nicht aufrechtzuerhalten. Zunächst gibt — infolge der durch Verf. vom 31. 8. 1922 (FinMBl. 1922 Nr. 17) unter 4 zu § 10 der Anw. II v. 17. Juni 1920 für Siedelungsverfahren gegebene Ergänzung — der Umstand daß der Vermessungsbeamte der Kulturbehörde die Messungsschriften ausgestellt hat, zu Bedenken keinen Anlaß. Ferner ist das vom Beschwerdeführer verfolgte Endziel der Eintragung der aus der Neuvermessung entstehenden Grundstücke auch ohne die garnicht erfüllbare Beschaffung von Fortschreibungsnachweisungen für die einzelnen jetzt im Grundbuche gebuchten Grundstücke grundbuchtechnisch erreichbar. Es ist aber den Vorinstanzen darin beizupflichten, daß dieses Ziel auf Grund der bisher gestellten Anträge nicht erreicht werden kann. Das Grundbuch darf nicht Grundstücke führen, die als Teile aus einer Mehrheit verschiedener, teilweise garnicht einmal gebuchter Grundstücke hervorgegangen sind. Wie sich aus § 8 AVf. v. 30. 11. 1899 und dem ihr beigefügten Muster ergibt, muß bei Abschreibungen von — im Grundbuche bleibenden — Parzellen das Blatt, auf das sie übertragen werden, und bei Zuschreibungen oder Aufnahmen in das Bestandsverzeichnis neuer Blätter das Blatt aus dem die Parzellen herstammen, angegeben werden. Dem kann nicht genügt werden, wenn sich zwischen Ab- und Zuschreibung die Zusammenwerfung der Grundstücke zu einer Masse und deren Neuvermessung schieben; denn dann bilden die neuen Grundstücke Teile dieser Masse und nicht der bisher im Grundbuch enthaltenen einzelnen Grundstücke. Der Hinweis auf die in § 30[4] angenommene Auseinandersetzung versagt, weil in solchem Verfahren besondere agrarrechtliche Grundsätze, besonders die dingliche Surrogation zur Anwendung kommen und ferner die Auseinandersetzungsbehörde, die zum Ersuchen an das Grundbuchamt befugt ist, dadurch die Verantwortung für ihr Verfahren übernimmt, während hier, wo es sich hinsichtlich der Eigentumsveränderung um Anträge handelt, jenes Amt die Verantwortung für Beachtung der für sein Verfahren bestehenden Vorschriften trägt. Das Hindernis, das hiernach den Eigentumsumschreibungen entgegensteht, ist das, daß die zur neuen Vermessung und Teilung gelangende Masse nicht zunächst rechtlich zu einem im Rechtssinn einheitlichen Grundstücke gemacht ist. Haben, wie oben dargelegt, sich sämtliche Beteiligte dahin geeinigt, daß sie, soweit nicht schon die Gemeinde Eigentümerin war, auf sie die Grundstücke aufgelassen haben, so steht der Herstellung eines rechtlich einheitlichen Grundstücks nur das Fehlen entsprechender Anträge des Beschwerdeführers entgegen. Jene Herstellung setzt ferner voraus, daß, soweit die Grundstücke bisher nicht eingetragen waren, ein Blatt für sie angelegt wird und daß ferner die sämtlichen hinzugezogenen Grundstücke, die auf die Gemeinde übergehen sollen, unbelastet übertragen werden können, denn eine Mitübertragung von Lasten liegt nicht im Sinne des Siedlungsvertrages . . . Dagegen ist als irrig zurückzunehmen der Antrag, sämtliche einbezogenen Grundstücke abzuschreiben und für sie die Ersatz(Austausch)grundstücke einzutragen. Ist das einheitliche Gemeindegrundstück hergestellt, so stehen der Erledigung, der die endgültige neue Eigentumsverteilung betreffenden Anträge auf Grund der Neuvermessung Bedenken nicht mehr entgegen, soweit die Grundstücke im Grundbuch bleiben. Soweit sie dagegen als Wege ausgebucht werden sollen, müssen die Voraussetzungen der Ausbuchung gegeben sein (§ 90[2] GBO., Art. 1 V. v. 13. 11. 1899, Güthe § 90[23] und über Interessentenwege Note 10). Es wird nunmehr eine neue Zwischenverfügung zu erlassen sein, die bei einer Mehrheit von Anträgen auch dann zulässig ist, wenn einzelne Anträge — infolgedessen auch das Fehlen solcher — zu bemängeln sind (JFG. 1 S. 439). Hierbei wird wegweisend darauf hingewiesen, daß auch der die Wegbenutzung und Unterhaltung betreffende § 4 des Vertrages zu Bedenken Anlaß gibt. Die Nutzungsrechte des § 8 können nur Grunddienstbarkeiten sein (§ 1018 BGB.); ihrer Eintragung würde, da die zu benutzenden Wege bestimmt bezeichnet sind, nichts entgegenstehen. Die Wegeunterhaltungspflichten aber stellen (subjektiv dingliche) Reallasten (zugunsten der Wegeeigentümer) dar (§ 1105 BGB.), die als beständige nach § 91 verb. mit § 6[1] AblösG. 2. 3. 1850 nicht mehr begründet werden können.

d) **Keine Beschwerde, wenn inzwischen das Eigentum gewechselt hat.**

OLG. Jena, 2. ZS. Beschluß v. 5. Mai 1925 (Y 23/25).

. . . Mit dem Eigentumswechsel (30. 1. 25) ist die Beschwerde gegenstandslos geworden. Ihr Ziel könnte, selbst wenn der Antrag v. 24. 1. 25 auf Eintragung einer Zwangshypothek ohne vorherige Zwischenverfügung zu Unrecht zurückgewiesen worden, nur die Eintragung jener Hypothek sein. Diese ist aber jetzt nicht mehr zu erreichen, da der Schuldtitel sich gegen Personen richtet, die nicht mehr Eigentümer der Grundstücke sind, Auch für einen Widerspruch aus § 54 ist kein Raum, da das Grundbuch nicht unrichtig geworden ist, sondern mit der Rechtslage übereinstimmt; denn der Antrag auf Zwangsvollstreckung begründete keine dingliche Belastung. —e—

e) **Kreislandräte als „Staatsbehörden" des Art. 11 V. v. 13. 11. 99.**

Kammergericht, 1. ZS. Beschluß v. 24. September 1925 (X 571/25).

Die Landgemeinde N. beantragte unter Überreichung von Steuerbuchauszügen und eines vom Landrat „als Vorsitzenden des Kreisausschusses" unterzeichneten, mit dem Stempel dieses Ausschusses versehenen Zeugnisses über 44 jährigen Eigenbesitz (Art. 20 Nr. 2 a V. über das Grundbuchwesen vom 13. 11. 1899) für 5 Parzellen ein Grundbuchblatt anzulegen und sie als Eigentümerin einzutragen. Die Anlegung eines Grundbuchblattes erfolgt hier, da es sich um Grundstücke im ursprünglichen Geltungsbereich der GBO. v. 5. Mai 1872 handelt, ausschließlich nach der VO. vom 13. November 1899. Nach Art. 20 ist als Eigentümer einzutragen, wer das Grundstück im Eigenbesitz hat, und durch Urkunden, Verfügungen und Bescheinigungen öffentlicher Behörden oder durch Zeugen „glaubhaft macht", daß er das Grundstück schon vor dem BGB. seit 44 Jahren . . . im Eigenbesitz gehabt hat. Wenn es sich um die Eintragung juristischer Personen handelt, so muß nach Art. 11 der Eigenbesitz durch Zeugnisse „staatlicher" Behörden nachgewiesen werden. Hiernach muß das in Art. 20 geforderte Zeugnis von einer Staatsbehörde ausgestellt sein, und zwar in der nach Art. 9 AG. zur GBO. vorgeschriebenen Form; es muß also auch mit dem Stempel der ausstellenden Staatsbehörde versehen sein. Staatsbehörden sind im Gegensatz zu den Kommunalbehörden solche Verwaltungskörper, die nach den Gesetzen zur Erledigung unmittelbarer Staatsgeschäfte, besonders also zu solchen der allgemeinen Landesverwaltung berufen sind. Der Landrat ist unmittelbarer Staatsbeamter, nimmt aber nicht nur Geschäfte der allgemeinen Landesverwaltung, sondern auch solche der Kommunalverwaltung des Kreises wahr, letzteres als Vorsitzender des Kreistages und des Kreisausschusses (§ 76 KreisO. i. d. F. vom 19. März 1881). Auch in seiner Eigenschaft als Vorsitzender des Kreisausschusses kann er als Staatsbehörde im Sinne des Art. 11 V. vom 13. 11. 1899 auftreten. Denn der Kreisausschuß selbst erfüllt nicht nur Aufgaben der Kommunalverwaltung, sondern er führt auch diejenigen Geschäfte der allgemeinen Landesverwaltung, die ihm durch Gesetz übertragen sind (§ 4 LVG. v. 30. 7. 1883). Er ist also nicht nur Organ der Kommunalverwaltung des Kreises, sondern zugleich unmittelbares Staatsorgan, also Staatsbehörde (vgl. v. Rönne-Schoen, Pr. Staatsrecht, ErgBd. § 115 S. 400, Hatschek, Verwaltungsrecht 4 S. 103 II, v. Bitter, Handw. der Pr. Verw.² 1 S. 1103 II). Der Landrat führt nach § 137 KreisO. die laufenden Geschäfte der dem Ausschuß übertragenen Verwaltung; er führt „als Vorsitzender des Kreisausschusses" die Aufsicht des Staates über die Angelegenheiten der Amtsverbände, Landgemeinden, und über Geschäftsführung des Amtsvorstehers, also auch über dessen Polizeiverwaltung (§§ 5², 24 ZustGes. v. 1. 8. 1883, §§ 67², 59 Nr. 1 KreisO.) nimmt also auch insoweit staatsbehördliche Geschäfte wahr (vgl. KGJ. 30 S. 171). Nach § 137² KreisO. vertritt der Landrat den Kreisausschuß nach Außen und zeichnet alle Schriftstücke namens des Ausschusses. Er bedient sich insoweit also auch des Amtssiegels-(stempels) des Kreisausschusses. Hiernach ist entgegen der Annahme des LG. auch ein vom Landrat „als Vorsitzenden des Kreisausschusses" unterzeichnetes und mit dem Stempel des Kreisausschusses versehenes Besitzzeugnis ein solches einer „Staatsbehörde".

Das Grundbuchamt hat das Zeugnis nicht beanstandet; die Ablehnung vielmehr auf den zwischen der Gemeinde und dem X. schwebenden Eigentumsprozeß gegründet. Diese Tatsache ist jedoch für sich allein gegenüber dem Besitzzeugnis des Landrats nicht geeignet, die Ablehnung zu rechtfertigen. Art. 20 V. v. 13. 11. 99 bedeutet zwar nicht, daß der durch das Besitzzeugnis als Eigenbesitzer ausgewiesene unter allen Umständen als Eigentümer eingetragen werden müsse, vielmehr ist das Grundbuchamt, wenn begründete Zweifel gegen die Richtigkeit des Zeugnisses bestehen, berechtigt und verpflichtet, die Zweifel aufzuklären (KGJ. 45 S. 210, Güthe-Triebel GBO. § 91¹⁴). Dieser Aufklärungspflicht darf es sich aber nicht unter Berufung auf einen schwebenden Eigentumsprozeß entziehen; es hat vielmehr seinerseits geeignete amtliche Ermittlungen anzustellen (vgl. Art. 18 ff.) und darf die Eintragung erst ablehnen, wenn nach dem Ergebnis dieser Ermittlungen die durch das behördliche Zeugnis nach dem Zwecke des Art. 20 begründete Glaubhaftmachung — nur eine solche, nicht ein Nachweis wird im Anlegungsverfahren für das Eigentum verlangt — ihm nicht mehr gegeben scheint. Hierbei steht der Verwertung eines im Prozeß aufgenommenen Beweises nichts im Wege. Erforderlichenfalls ist auch eine Auskunft der Katasterbehörde einzuholen und der Auseinandersetzungsrezeß, in welchem X. als Eigentümer ausgewiesen sein soll, zu prüfen. Kommt es zur Anlegung eines Blattes, kann die Eintragung nicht durch Wiedereröffnung des wegen — sei es auch unberechtigter — Ausbuchung geschlossenen Blattes Nr. 149, sondern nur durch Anlegung eines neuen Blattes geschehen (Güthe-Triebel § 91³⁰).

f) Freiwillige Gerichtsbarkeit [1]). Ausübung gegen Exterritoriale.

OLG. Hamburg, 1. ZS. Beschluß v. 14. Oktober 1925 (F 92/25).

In dem Antrag auf Dispacheverhandlung nach §§ 153 ff. ist als beteiligt und zu laden die Generaldirektion der Finnischen Staatsbahnen bezeichnet, der als

[1]) In Nachlaßsachen kann weder ein Erbbeteiligter noch dessen gesetzlicher Vertreter als Zeuge vernommen werden; das Nachlaßgericht kann nur um ihre Vernehmung als Beteiligte ersuchen (OLG. München 8. 6. 25, BayZ. 21 S. 313).

einer Repräsentantin des Finnischen Staatswesens und seiner Souveränität zweifellos das Recht der Exterritorialität zusteht. Diese verbietet jedoch auch auf dem Gebiete der freiwilligen Gerichtsbarkeit die Ausübung eines Gerichtszwanges. Ein besonderer Grund, aus dem eine auch bei Exterritorialen mögliche Unterwerfung unter die deutsche Gerichtsgewalt folgte, ist hier nicht dargetan; die Antragsgegnerin hat vielmehr sofort ihren abweichenden Standpunkt gewahrt. Eine freiwillige Unterwerfung liegt auch nicht in dem — angeblich im finnischen Gerichtsverfahren erhobenen — Einwand der Antragsgegnerin, die deutsche Dispache sei mangels gerichtlicher Bestätigung ungültig. Ob der weitere, von der Frage solcher Unterwerfung streng zu scheidende, Gesichtspunkt zutrifft, daß die gleichzeitige Erhebung obigen Einwandes vor den finnischen Gerichten und Berufung auf Exterritorialität zur Verhinderung der gerichtlichen Bestätigung der Dispache gegen die guten Sitten verstoße, ist nach dem vorliegenden Materiale nicht zu entscheiden, da der Inhalt der in Finnland ergangenen Prozeßakten hier nicht bekannt ist. Für die Frage der Unterwerfung ist dieser Punkt aber jedenfalls unbeachtlich; der Einwand der Sittenwidrigkeit könnte solche Unterwerfung nicht begründen, sondern wäre vor den finnischen Gerichten vorzubringen und könnte dort dazu führen, daß die Nichtbestätigung der Dispache als dem Antragssteller unnachteilig erklärt würde. — Auch der Grundsatz, daß es sich um einen von der finnischen Staatsbahn in Deutschland eingegangenen und hier zu erfüllenden Vertrag handelte, kann, zumal letztere Voraussetzung nicht dargetan ist — Erfüllungsort der Zahlungspflicht der Finnischen Staatsbahn ist wohl Finnland — den Antrag nicht rechtfertigen (Walker, Intern. Prozeßrecht S. 149) [2]). B.

g) **Kann der Rechtspfleger um Übernahme der Vormundschaft ersuchen? Wichtiger Grund.**

Kammergericht, ZS. 1a. Beschluß v. 11. Dezember 1925 (IV 1. 25/146).

Bei dem Amtsgericht A. wird über das am 16. 3. 1925 unehelich geborene Kind eine Vormundschaft geführt; Amtsvormund war das städt. Wohlfahrtsamt, Abt. Jugendamt. Auf dessen Mitteilung, daß es die Amtsvormundschaft dem Jugendamt in Br. abgetreten habe, ersuchte der Rechtspfleger des Amtsgerichts A. das Amtsgericht Br. um Übernahme der Vormundschaft, was dieses mit dem Bemerken ablehnte, daß der Rechtspfleger nicht zuständig sei. Der Beschluß vom 25. 11. 1921 (JFG. I S. 43) hat allerdings auf Grund der damals gültigen AVf. vom 3. 3. und 11. 6. 1921 zum Ges. über Entlastung der Gerichte vom 11. 3. 1921 ausgesprochen, daß diese Vorschriften die Anordnung der Vormundschaft und die Aufsicht über deren Führung grundsätzlich nicht den Beamten der Gerichtsschreiberei übertragen haben und daß den Entscheidungen des Gerichtsschreibers über die örtliche Zuständigkeit des VormGerichts, einschließlich der mit §§ 5, 46 FGG. zusammenhängenden, die Rechtsgrundlage fehle. Hieran ist im Beschlusse vom 6. April 1923 (JFG. 1 S. 48) festgehalten worden. Inzwischen ist unter 28. 5. 1923

---

[1]) Nach § 22² FGG. hat der Beschwerdeführer nicht die Anwendung größtmöglichen Maßes von Sorgfalt und Vorsicht, sondern nur glaubhaft zu machen, daß er ohne sein Verschulden verhindert war, die Frist einzuhalten (BayObLG. 16. 5. 25, III 59/25).

eine neue Entlastungsverf. ergangen (JMBl. 401), die in ihrem § 17 „die Anordnung einer Vormundschaft, Gegenvormundschaft, Pflegschaft und Beistandschaft dem Richter vorbehält, soweit es sich nicht um die Vormundschaft über ein uneheliches Kind handelt“. In § 18 heißt es sodann: „Zur selbständigen Wahrnehmung sind geeignet: . . . b) die Anordnung einer Vormundschaft oder Pflegschaft, die nach § 17[1] nicht dem Richter vorbehalten ist“. Der letzte Absatz des § 18 lautet: „Bei einer Vormundschaft oder Pflegschaft, deren Anordnung dem Rechtspfleger übertragen ist, hat eine Vorlegung der Eingänge insoweit zu unterbleiben, als nicht eine gemäß § 22 dem Richter vorbehaltene Maßregel erforderlich wird“.

Diese Bestimmungen haben den früheren Rechtszustand insofern grundsätzlich geändert, als nunmehr dem Rechtspfleger die selbständige Anordnung der Vormundschaft über ein uneheliches Kind übertragen ist. Die Prüfung und die Entscheidung der örtlichen Zuständigkeit bildet aber eine derjenigen gerichtlichen Verrichtungen, die die Überschrift der §§ 1773/92 BGB. zusammenfassend als „Anordnung der Vormundschaft“ bezeichnet (JFG. 1 S. 43). Hierzu gehören auch, wie dort S. 47 betont wird, Entscheidungen aus §§ 5, 46 FGG. Der Rechtspfleger ist daher nunmehr auch zu Abgabe- und Übernahmeersuchen, sowie zur Herbeiführung einer Entscheidung über die örtliche Zuständigkeit insoweit selbständig berechtigt, als ihm die Anordnung einer Vormundschaft zur selbständigen Wahrnehmung übertragen ist (vgl. Beschlüsse v. 19. 12. 24, 27. 2. u. 10. 7. 1925 (Gen. IV. 1. 24/140, 25/41, 25/98). Wenn § 22 AVf. v. 28. 5. 1923 unter a dem Richter vorbehält: „die nicht durch das BGB. geregelten Geschäfte des VormGerichts, soweit nicht die im § 19 bezeichneten Geschäfte in Betracht kommen“, so sind hiermit — wie der Beschluß v. 10. 7. 1925 25/98 unter Hinweis auf den Inhalt und die rechtliche Bedeutung der unter b—t aufgeführten Geschäfte dargelegt hat —, offenbar nur materiellrechtliche Anordnungen gemeint, die ihre gesetzliche Grundlage außerhalb des BGB. haben, wie z. B. die Anordnung der Fürsorgeerziehung oder der Schutzaufsicht oder sonstige Entscheidungen des VormGerichts gemäß dem JWG., nicht aber rein verfahrensrechtliche Maßnahmen, die auf Grund des FGG. zu treffen sind. Sollten nach § 22 a. O. dem Richter schlechthin alle Anordnungen und Verfügungen verfahrensrechtlicher Art vorbehalten bleiben, dann wäre nicht ersichtlich, wie der Rechtspfleger die ihm zur selbständigen Wahrnehmung übertragenen Geschäfte in der Mehrzahl der Fälle allein und selbständig zu Ende führen könnte. Der gegenteilige Beschluß des OLG. Breslau v. 22. 5. 1925 (Gen. XIV. 9) schlägt demnach nicht durch, zumal aus ihm nicht hervorgeht, ob er ein uneheliches Kind betraf.

Gleichwohl erscheint ein wichtiger Grund im Sinne des § 46 jedenfalls z. Zt. noch nicht dargetan. Denn durch die gemäß § 39 JWG. erfolgte Abgabe der Vormundschaft an ein anderes Jugendamt wurde die Zuständigkeit des VormGerichts nicht berührt (Rsp. 44 S. 180). Die Abgabenachricht selbst und der sonstige Inhalt der Akten lassen nicht erkennen, worauf die Abgabe zurückzuführen ist, besonders ist nicht ersichtlich, ob die uneheliche Mutter etwa ihren Wohnsitz und damit auch den ihres Kindes nach Br. verlegt hat.

h) **Firmenlöschung. Voraussetzungen des § 142 FGG.**

OLG. Hamburg, 1. ZS. Beschluß v. 28. September 1925 (F 85/25).

Die Beschwerdeführerin hat glaubhaft gemacht, daß die Bezeichnung „Goßlerspark" die seit langem gebräuliche Bezeichnung des Grundstückes sei, dessen Erwerb, Verwaltung und Verwertung der Gegenstand ihres Unternehmens sei. Ist das richtig, so ist gegen die Zulässigkeit der gewählten Firma nach den Vorschriften über die Firmenbildung nichts einzuwenden. Danach aber sind die Voraussetzungen des § 142 für eine Löschung der Firma nicht gegeben. Glaubt die Familie Goßler den unberechtigten Gebrauch ihres Namens geltend machen zu können, ist sie auf den Weg der Klage auf Grund des § 12 BGB. zu verweisen.

i) **Zuständigkeit des KG. für Hohenzollern. Zweigniederlassung.**

Kammergericht, 1. ZS. Beschluß v. 18. Februar 1926 (X 23/26).

Der Württ.-Hohenz. Brauereigesellschaft in Stuttgart ist auf Anregung der Handelskammer aufgegeben worden, die Firma ihrer in Hechingen betriebenen Niederlassung zum Handelsregister anzumelden. Auf den Einspruch der Gesellschaft hat das Amtsgericht seine Verfügung aufgehoben. Dagegen hat das LG. auf die Beschwerde der Handelskammer den Einspruch verworfen. Für die sofortige weitere Beschwerde ist das KG. zuständig. Auf Grund des Gerichtsgemeinschaftsvertrags zwischen Preußen und Württemberg vom 14. 12. 1922 (GS. 1923 S. 60) ist das württ. OLG. für den preuß. LGBezirk Hechingen an die Stelle des OLG. Frankfurt getreten. Seine Zuständigkeit reicht aber nicht weiter als die des bisherigen OLG. Soweit an dessen Stelle durch besondere Vorschriften des preuß. Rechts das KG. für zuständig erklärt ist, bleibt dieses auch weiterhin zur Entscheidung berufen. Das gilt besonders auch für die weitere Beschwerde der freiw. Gerichtsbarkeit (Art. 7, 8 Pr.FG.; vgl. Drucks. des Pr. Landtags Bd. 9 S. 5304).

Das Rechtsmittel ist nicht begründet. Nach ständiger Rechtsprechung ist eine Zweigniederlassung dann vorhanden, wenn ein Kaufmann außerhalb des Ortes seines Hauptgeschäfts einen auf die Dauer berechneten Mittelpunkt wenigstens für einen bestimmten Kreis seiner geschäftlichen Beziehungen eingerichtet hat. Sie muß gegenüber dem Hauptgeschäft eine gewisse Selbständigkeit haben; von ihr aus müssen selbständig Geschäfte gemacht werden, und zwar nicht bloß nebensächliche, nicht bloße Vorbereitungs-, Vermittlungs- und Ausführungsgeschäfte oder nach genau gegebenen Anweisungen schematisch zu erledigende, sondern auch für das gewerbliche Unternehmen wesentliche, mit einer gewissen Freiheit der Entschließung für ihre Leiter. Sie muß eine äußerlich selbständige Leitung haben, ferner mit einem nach innen gesonderten Geschäftsvermögen ausgestattet sein und eine besondere Buchführung besitzen. Sie muß so organisiert sein, daß sie auf Grund ihres Geschäftsbetriebs beim Wegfalle der Haupt- als eigene Handelsniederlassung fortbestehen könnte (KGJ. 18 S. 17; 22 S. 91; 27 S. 210; 28 S. 208; Rsp. 14 S. 232; 27 S. 297). Hier hat das Geschäft in Hechingen, das einen Brauereibetrieb mit 53 Arbeitern und 7 kaufmännischen Angestellten unterhält, sich als „Brauerei St. Lutzen" bezeichnet und in erheblichem Umfange Bier herstellt und an die Kundschaft absetzt, eine gewisse Selbständigkeit. Es werden eigene Geschäfte wie von der Hauptniederlassung abgeschlossen, eine Unterordnung in dem Sinne, daß Geschäfte nur vorbereitender, vermittelnder oder ausführender Art geschlossen werden, besteht nicht. Die kleinen laufenden Geschäfte mit der Kundschaft werden selbständig ausgeführt. Die äußere Selbständigkeit der Leitung bleibt aber auch bei dem Abschlusse von Darlehnsgeschäften gewahrt; die Verträge werden regelmäßig vom Verwalter O. unterzeichnet, nachdem die Zustimmung der Direktion eingeholt ist. Daß die Leiter der Zweigstelle im Innenverhältnis, wie auch bezüglich der Bierpreise und bei dem Ankauf von Gerste, an die Weisungen des Hauptgeschäftes gebunden sind, ist mit der Annahme einer selbständigen Zweigniederlassung vereinbar. Wenn die Großeinkäufe in Rohstoffen, wie in Hopfen, zweckmäßigerweise von der Stuttgarter Zentrale vorgenommen werden, so ist das bei der übrigen äußeren Selbständigkeit des Hechinger Unternehmens, die sich unter anderm auch in der Anschaffung der laufenden Bedürfnisse, wie der Betriebsmittel für den Kraftwagenpark, des Futters für die Pferde und im Ankauf der Gerste äußert, zur Annahme einer bloßen Fabrikationsstätte, einer zur Ausführung von Geschäften des Gesamtunternehmens bestimmten Stelle nicht ausreichend. Wenn die Zweigstelle mit dem von ihr eingenommenen Gelde wirtschaftet und daraus die laufenden Unkosten deckt, so ist auch die Annahme eines gesonderten Geschäftsvermögens gerechtfertigt. Die Abführung größerer Überschüsse an die Zentrale ist ein aus der Natur der Zweigniederlassung folgender Vorgang. Schließlich genügt auch die Führung von Kassenbüchern, des Debitorenbuchs und des Darlehnsbuchs zur Annahme einer besonderen Buchführung. Unter den bestehenden Verhältnissen wäre bei Wegfall der Hauptniederlassung das Fortbestehen des Hechinger Unternehmens als selbständige Handelsniederlassung denkbar.

k) **Berichtigung von Kirchenbüchern in Preußen.**

Kammergericht, ZS. 1a. Beschluß v 10. Juli 1925 (X 536/25).

Die Regierung hat das evang. Pfarramt in Richwalde angewiesen, in der Taufeintragung des Beschwerdeführers v. 1859 das Wort „Baron" zu streichen. Nachdem diese Verfügung vom Kirchenbuchführer ausgeführt worden war, hat dann auch das Amtsgericht das Duplikat des Kirchenbuchs entsprechend berichtigt. Den Antrag v. 26. 1. 24 auf Wiederherstellung der alten Fassung der Taufurkunde haben die Vorinstanzen als unbegründet zurückgewiesen. Allein ihnen stand eine sachliche Prüfung des Berichtigungsantrages gar nicht zu. Der Art. 142 Pr.FG. ist nur anwendbar auf die von staatlichen Behörden geführten Standesregister, d. h. auf die Standesregister nach dem preuß. PersonenStG. vom 9. 3. 1874 und auf die älteren Zivilstandsregister des rheinischen Rechts (KGJ. 21 S. 53), nicht aber auf die Kirchenbücher (KGJ. 43 S. 76). Wie in KGJ. 43 S. 77 dargelegt ist, sind nach Art. 23 Nr. 4 Ges. v. 3. Juni 1876 (GS. 125) für die Berichtigung der alten Kirchenbücher die Regierungen zuständig[1]).

[1]) Bay. ObLG. 14. 1. 21: Der § 26 PersStG. betrifft nur Eintragungen eines auf Grund jenes Gesetzes ernannten Standesbeamten. Auch die Gerichte sind gegenüber den Pfarrämtern nicht zu Anordnungen über Ergänzung oder Berichtigung der Kirchenbücher befugt (Samml. 21 S. 7).

l) **Wer wird von der Unterwerfungsklausel „betroffen" (GBO.)?**

Kammergericht, 1. ZS. Beschluß v. 4. März 1926 (X 121/126).

Auf dem Grundstücke des A. haftet unter Nr. 8 eine Höchstbetragshypothek von 25 000 GM. für die Kommunalbank und unter Nr. 9 und 10 für A. je eine Grundschuld von 10 000 GM., von denen die Nr. 9 jener Bank verpfändet ist. Ende 1925 vereinbarten A. und die Bank die Umwandlung der Nr. 8 in eine mit 14% jährlich verzinsliche Grundschuld von 25 000 RM.; A. unterwarf sich und seine Nachfolger ferner wegen Kapital, Zinsen und Kosten der sofortigen Zwangsvollstreckung. In der gleichen Weise unterwarf er sich hinsichtlich Nr. 9 der Vollstreckung. Als beide Beteiligte die Eintragung dieser Änderungen bewilligten und beantragten, wurde der Nachweis verlangt, daß A. noch Gläubiger der Nr. 10 ist; sonst sei die Zustimmung des zurzeit Berechtigten und Vorlegung des Briefes notwendig, denn die Unterwerfungsklausel stelle eine Änderung des Inhalts des Rechts dar ... Allein durch die Unterwerfungsklausel werden nur die Vollstreckungsvoraussetzungen für die Grundschuld vereinfacht und dadurch ihr Inhalt verstärkt. Diese Erweiterung oder Verstärkung des Inhalts der Grundschuld ist jedoch nicht gleichbedeutend mit einer Erweiterung des Umfangs der Belastung; diese bleibt vielmehr die gleiche, ebenso die Rechtslage der gleich- und nachstehenden Berechtigten (RJA. 2 S. 44, 13 S. 249; Güthe zu § 19).

m) **„Bezugnahme" gemäß § 35 GBO. bei Sitzverlegung.**

Kammergericht, 1. ZS. Beschluß v. 4. März 1926 (X 126/26).

A. als Geschäftsführer der eingetragenen Eigentümerin (GmbH.) in Münster bewilligte und beantragte die Eintragung einer Darlehnshypothek und berief sich zum Nachweise seiner Vertretungsbefugnis auf die Registerakten des Amtsgerichts Münster. Diese waren aber, nachdem darin am 12. 1. 25 die Sitzverlegung eingetragen und alle die Firma betreffenden Eintragungen rot unterstrichen worden waren, am 4. 2. 25 dem Amtsgericht Duisburg übersandt worden; die Eintragung ist dort jedoch nicht erfolgt. Das Grundbuchamt hielt die angeordnete Auflage aufrecht und wies nach Ablauf der Fristen den Eintragungsantrag unter Billigung des LG. zurück. Allein die Bezugnahme auf das Register (§ 35) ist hier nicht deswegen unstatthaft, weil die Firma seit dem 4. 2. 25 bei dem Amtsgericht Münster gelöscht ist. Zunächst handelt es sich nicht um eine eigentliche Löschung der Firma, sondern lediglich um die Eintragung ihrer Sitzverlegung und die — im Anschluß daran gemäß § 27 AVf. vom 7. 11. 1899 durchaus zulässige — Unterrötung der die Firma betreffenden Eintragungen. Durch diese Rötung wird aber nur ausgedrückt, daß das bisher in Münster geführte Register für weitere Eintragungen hinsichtlich des verlegten Unternehmens geschlossen und zugleich die Zuständigkeit des dortigen Gerichts für die Registerführung betreffs des Sitzes für die Zukunft erloschen und dafür die Zuständigkeit des Gerichts des neuen Sitzes getreten ist (KGJ. 21 S. 265, 44 S. 152). Dagegen wird der Bestand der Gesellschaft durch die Maßnahmen des Registergerichts Münster nicht berührt. Sie besteht trotz der bisher — offensichtlich unberechtigt (KGJ. 44 S. 152) — nicht in Duisburg bewirkten Eintragung mit dem neuen Sitze fort. Wäre dies nicht der Fall, so entbehrte die von den Vorinstanzen behandelte Frage des Nachweises der Vertreterbefugnis überhaupt jeder Bedeutung. Denn besteht die Gesellschaft nicht mehr, so kann auch A. für sie nicht als gesetzlicher Vertreter Erklärungen abgeben. Der § 891[1] BGB. greift hier nicht ein, denn er stellt nur eine Vermutung für das Bestehen des Eigentums der Gesellschaft, nicht aber für das Fortbestehen der Gesellschaft selbst auf.

Das Erlöschen jener Zuständigkeit des Amtsgerichts Münster kann jedoch nicht, wie das LG. meint, zur Folge haben, daß, solange die Gesellschaft am neuen Sitze nicht eingetragen ist, ein Nachweis der Befugnis ihrer Vertretung überhaupt nicht möglich ist, und zwar weder durch Beschaffung eines Zeugnisses gemäß § 33 noch durch die Bezugnahme auf das Register oder auf die ebenfalls als Ersatzmittel zugelassenen (bereits abgegebenen) Registerakten (KGJ. 33 S. 153), noch durch Beibringung eines beglaubigten Registerauszuges (KGJ. 24 S. 96). Vielmehr muß in diesem Falle die Bezugnahme auf das Register des Amtsgerichts Münster zulässig sein, denn bei gegenteiliger Auffassung würde die Gesellschaft der rechtlichen Möglichkeit beraubt, in der Zeit zwischen der Eintragung der Sitzverlegung bei dem bisherigen Registergericht und der — vielleicht erst zu erzwingenden — Eintragung am neuen Sitze dringliche Grundbucheintragungen herbeiführen. Dieser Standpunkt ist aber auch mit §§ 33, 35 wohl vereinbar. Nach der besonderen Bestimmung des § 33 genügt der Nachweis der Eintragung der Vertreterbefugnis im Register. In § 35 kann demgemäß nur das Register gemeint sein, aus dem die Eintragung ersichtlich ist. Im Sinne des § 35 ist mithin das Grundbuchamt dann zugleich das Registergericht, wenn bei ihm das über die Eintragung Aufschluß gebende Register vorhanden ist. Denn solange die Gesellschaft am neuen Sitze nicht eingetragen ist, gibt es keine andere die Vertretungsbefugnis betreffende Eintragung als die bei dem früheren Registergericht Münster, die durch die Unterrötung nicht beseitigt ist ... Bedenken könnten höchstens obwalten, ob das bereits am 12. 1. geschlossene Register Münster, in welchem A. als Geschäftsführer eingetragen ist, auch nachzuweisen vermag, daß A. noch in der hier maßgebenden Zeit (Oktober) Geschäftsführer gewesen ist. Das ist nach §§ 33, 35, die die Eintragung in Register entscheiden lassen, zu bejahen. Denn da die Gesellschaft bisher in das Register Duisburg nicht übernommen worden ist, so kann eine Abänderung, besonders die Beendigung der Vertretungsbefugnis des A. dort nicht eingetragen worden sein. Hiernach ist durch die Bezugnahme auf das Register Münster in Verbindung mit der Tatsache, daß das Amtsgericht Duisburg die Gesellschaft nicht eingetragen hat, der Nachweis erbracht, daß A. im Oktober 1925 noch als Geschäftsführer der Gesellschaft im Register eingetragen war ...

n) Ersuchen des Bezirkswohnungskommissars in Enteignungsfällen.

Kammergericht, 1. ZS. Beschluß v. 11. März 1926 (x 94/26).

Der Beschwerdeführer hat als Bezirkswohnungskommissar auf Grund der V. v. 9. 12. 1919 (RGBl. 1968) und der PrAusfV. v. 14. 2. 1921 (GS. 315) ausgesprochen, daß für den Bauverein aus dem Grundbuchblatt 12 die Parz. 13, 14 in Größe von 37 Ar und 56 Ar, zusammen 93 Ar und aus dem Grundbuchblatt 155 die Parz. 12 in Größe von 62,67 Ar enteignet würden. Das Bestandsverzeichnis von Blatt 12 wies damals auf: Parz. Nr. 132 zur Größe von 94 Ar, das von Blatt 155 die Parz. Nr. 131 zur Größe von 60,30 Ar. Das Ersuchen um Berichtigung ist ohne Grund abgelehnt ...

1. Ein gemäß § 39 von der zuständigen Behörde gerichtetes Eintragungsersuchen ersetzt Antrag und Bewilligung. Die Voraussetzungen für den Eintritt der grundbuchlich zu verlautbarenden Wirkung hat das Grundbuchamt grundsätzlich nicht zu prüfen (Güthe GBO. § 39[43. 51]). Der Eigentumsübergang in Verfahren der hier vorliegenden Art verlangt die „Zustellung des Enteignungsbeschlusses an den Eigentümer". In den auf dem Ges. v. 11. 6. 1874 beruhenden Fällen, dessen § 44[1] dem § 4[5] V. v. 9. 12. 19 entspricht, genügt, daß die Enteignungsbehörde diese Zustellung bescheinigt, und wird ein Recht des Grundbuchamts zur Prüfung ihrer Ordnungsmäßigkeit verneint (KGJ. 13 S. 115, 24, S. 114, Eger Komm.[3] § 33[251], § 44[297], Güthe 2 S. 1762[2]). Ob hier mit Rücksicht auf § 2 AusfV. v. 14. 2. 21, daß dem Ersuchen Abschrift der Zustellungsurkunde beizufügen ist, dem Grundbuchamt ein weitergehendes Prüfungsrecht dahin zuzuerkennen ist, daß ein in jener Urkunde als Empfänger bezeichneter Dritter den Beschluß mit Wirkung gegen den Eigentümer entgegennehmen durfte, braucht nicht entschieden zu werden; denn auch bei Bejahung dieser Frage wäre hier die Enteignungswirkung gegen den Eigentümer eingetreten. Da § 4 v. 9. 12. 19 dem Kommissar die vorherige Anhörung des Eigentümers vorschreibt und dessen Vertretung durch Bevollmächtigte nicht ausschließt, kann der Eigentümer solche bestellen, die mangels abweichender Bestimmungen der V. ihm und der Enteignungsbehörde gegenüber in allen die Enteignung betreffenden Angelegenheiten auch die mit einer Vollmacht begriffsmäßig verbundene Rechtstellung haben. Im Vollmachtsbegriffe liegt aber auch, daß Handlungen, die in der durch die Vollmacht gedeckten Angelegenheit gegenüber dem Bevollmächtigten in dieser Eigenschaft vorgenommen sind, so zu beurteilen sind, als wären sie gegenüber dem Vertretenen selbst vorgenommen (§ 164[3] BGB.). Soll diese Wirkung im Einzelfalle nicht Platz greifen, so bedarf es ihres besonderen Ausschlusses. § 4[2. 5] besagt nichts anderes als § 44[1] EnteignG., nämlich, daß der Beschluß „an den Eigentümer" zuzustellen ist. Darüber, wie zuzustellen ist, wird nichts gesagt, besonders nicht bestimmt, daß dem Eigentümer persönlich unter Ausschluß eines etwaigen Bevollmächtigten zugestellt werden müsse. Aus dem Umstande, daß sich hier eine dem § 39 EnteignG. entsprechende Vorschrift nicht vorfindet, kann ein die Zustellung an Bevollmächtigte ausschließender Gesetzeswille um so weniger gefolgert werden, als die V., wie schon ihre Benennung ergibt, einer besonders schleunigen Durchführungsmöglichkeit bedarf und es ihren Zwecken hindernd entgegenstände, wenn z. B. bei unbekanntem Aufenthalte des Eigentümers oder bei Miteigentümern mit verschiedenen Aufenthaltsorten das Verfahren nur durch Zustellung an die Eigentümer persönlich abgeschlossen werden könnte. Zum Nachweise der Bevollmächtigung des Zustellungsempfängers muß dem Grundbuchamt, wenn ihm in dieser Hinsicht überhaupt ein Prüfungsrecht zusteht, die Erklärung der Enteignungsbehörde genügen.

2. Nach § 1 AusfV. hat der Kommissar das enteignete Grundstück „übereinstimmend mit dem Grundbuch" zu bezeichnen. Diese Vorschrift ist, wie für das Anwendungsgebiet des entsprechenden § 28 GBO. anerkannt ist (Güthe § 28²) nicht engherzig auszulegen. Es genügt in der Regel die Angabe des Namens der Gemarkung und die Nummer des Kartenblatts und der Parzellen; geringe Abweichungen der außerdem etwa angegebenen Größe vom Grundbucheintrag sind unerheblich, wenn nur die Identität der in der Eintragungsunterlage bezeichneten mit dem im Grundbuch vermerkten dadurch nicht zweifelhaft wird. Auch die Wirkung der Enteignung kann durch grundbuchmäßig nicht ganz genaue, das betroffene Grundstück aber trotzdem sicher erkennbar machende Bezeichnung nicht fraglich werden. Enteignet sind hier am selben Tage die beiden aneinandergrenzenden Grundstücke 12 und 155. Parzellen- und Größenangaben — einzeln betrachtet — stimmten mit dem Grundbuch nicht überein. Beschlüsse und Ersuchen ergaben, daß die ganzen Grundstücke enteignet werden sollten, der Fall des § 1² AusfV. (Teilenteignung) also nicht vorlag. Beide Grundbücher sind am 3. 11. 1925, also noch vor dem Beschwerdebeschlusse nach dem Steuerbuch wegen Neuvermessung und Umbenennung der Parz. 131.2 berichtigt; die jetzige grundbuchmäßige Gesamtgröße stimmt mit der in den Beschlüssen angegebenen Gesamtgröße überein. Hiernach umfassen zweifellos die dort bezeichneten Grundstücke die ganzen im Grundbuch Bl. 12, 155 verzeichneten Bestände.

o) § 54, wenn Schuldverschreibungen für die „Bank oder ihre Rechtsnachfolger" eingetragen sind.

Bayer. Oberstes Landesgericht, ZS. Beschluß v. 20. November 1925 (III 118/25).

... Nach der Bestellungsurkunde v. 5. 8. 24 wurde eine Hypothek für einen Teilbetrag von 783 000 RM. „der BBank oder ihrem Rechtsnachfolger, nämlich den durch Indossement legitimierten Besitzern der Schuldverschreibungen" eingeräumt. Die allgemeine Rechtsgrundlage war hierbei die Aufnahme einer Anleihe. Der Grundbuchrichter hat die Urkunden dahin ausgelegt, daß zunächst die Bank auf der Grundlage des Anleihegeschäfts Hypothekarin werden solle. Die „Rechtsnachfolge" hat er nicht im Sinne der §§ 1187 ff. BGB. verstanden, sondern die Eintragung dieser „Rechtsnachfolger" für überflüssig erachtet, da zunächst die Bank als Alleinträgerin der Rechte aufzufassen sei und das Grundbuch nicht dazu da sei, schon vor der Rechtsnachfolge letztere mit auszudrücken. Vom Standpunkte solcher Auslegung kann aus der Eintragung kein Verstoß gegen §§ 1113, 1115 BGB., die hierbei allein entscheidend sein könnten, entnommen werden. Ein Anleihegeschäft läßt sich sehr wohl zergliedern in dem Sinne, daß zunächst die die Geldmittel flüssig machende Bank als Darlehnsgeber erscheint und sich hierfür durch Hypotheken sichern will und daß andrerseits die auszugebenden Verschreibungen erst durch sie und nachher als das zeitlich nachfolgende Obligationsgeschäft zu verwerten sind (vgl. RGSt. 67 S. 246, Rsp. 19 S. 287). Ob aber diese Auslegung zutrifft, kann nicht im Rahmen des § 54 GBO. gewürdigt werden; denn die Angabe eines unrichtigen Berechtigten im Grundbuch fällt keinenfalls unter die „unzulässige Eintragung" des § 54¹ S. 2. Auch der S. 1

kann nicht herangezogen werden; denn wenn der Grundbuchrichter von einer rechtlich begründeten Auslegung der an sich nicht bedenkenfreien Urkunden ausgeht, so führt er nicht „unter Verletzung gesetzlicher Vorschriften" eine unrichtige Eintragung herbei. Die Frage, ob der richtige Gläubiger eingetragen ist, kann nur im Rechtswege ausgetragen werden (BGB. §§ 894, 899, 1004). Ein Widerspruch zu Rsp. 44 S. 174 besteht nicht.

p) **Die Reichsbank und ihre Stellen als „öffentliche Behörden".**
Kammergericht, 1. ZS. Beschluß v. 25. März 1926 (x 114/26).

Den von der Reichsbankhauptstelle K. ausgestellten, mit zwei Unterschriften und dem Stempel der Reichsbank versehenen Umschreibungsantrag vom 8. 7. 25 haben die Vorinstanzen zurückgewiesen, weil die Reichsbank nach dem Ges. v. 20. 8. 24 §§ 1, 8 ein privates Bankunternehmen bilde. Hiergegen hat das Direktorium mittels einer mit zwei Unterschriften versehenen Eingabe weitere Beschwerde eingelegt. Seine Befugnis zur Verfolgung der Angelegenheit der Zweiganstalt folgt aus seiner Eigenschaft als oberstes, zentrales Verwaltungsorgan für den gesamten Reichsbankbetrieb (§ 7 BankG. Koch-Schacht, Münz-Notenbankwesen § 7[4]; Güthe GBO. 2 S. 1733). Auch den seine Behördeneigenschaft darlegenden Ausführungen ist unbedenklich beizutreten. Bisher ist der Begriff der öffentlichen Behörde bestimmt als „ein dem allgemeinen Organismus der Behörden eingefügtes Organ der Staatsverwaltung, das berufen ist, unter öffentlicher Autorität nach eigenem Ermessen für die Erreichung der Zwecke des Staates tätig zu werden, gleichviel ob es unmittelbar vom Staat oder ob es von einer dem Staat untergeordneten Körperschaft zunächst für deren Angelegenheiten bestellt ist, sofern nur diese zugleich in den Bereich der Staatszwecke fallen" (Güthe aO.). Diese Merkmale sind besonders anerkannt: unter der Geltung des BankG. v. 14. 3. 1875 hinsichtlich des Reichsbankdirektoriums und der Vorstände der Hauptstellen und Reichsbankstellen (RGSt. 15 S. 236, KGJ. 39 S. 149), hinsichtlich des Direktoriums der Zentralgenossenschaftskasse (JMBl. 1904 S. 316), des Berliner Pfandbriefamts (KGJ. 29 S. 112), der Vorstände der Landschafts- und Provinzialbanken (das. 53 S. 203, Recht 1924 Nr. 230). Diese Begriffsbestimmung kann in ihren einzelnen Merkmalen nicht mit voller Klarheit angewendet werden auf Rechtsgebilde, die den durch den Krieg veränderten Verhältnissen Rechnung tragen und zur Gewähr der Erfüllung der Reparationspolitik in einer diesen Zwecken möglichst angepaßten Eigenart ins Leben getreten sind. Ein solches Rechtsgebilde ist die Reichsbank in der durch das Ges. v. 30. 8. 24 ihr gegebenen Gestalt (Koch-Schacht § 1[7]). Ihre Vertretungsorgane in der neuen Gestalt stehen allerdings — im Gegensatz zu der früheren Gestalt — mit dem Verwaltungsorganismus des Reichs insofern in keiner unmittelbaren Verbindung mehr, fügen sich also insofern nicht in ihn ein, als § 1 die Reichsbank als „eine von der Reichsregierung unabhängige Bank" bezeichnet und § 6 die Verwaltung unter Ausschluß eines staatlichen Aufsichtsrechts dem Direktorium überträgt, dessen Mitglieder in keinem — unmittelbaren oder mittelbaren — Beamtenverhältnis zum Reiche stehen. Daß jedoch die Reichsbank trotz dieser, bereits durch das Autonomiegeſ. v. 26. 5. 22 (Nr. 2) angebahnten, äußeren Loslöſung eine vorwiegend dem öffentlichen Rechte zuzuweiſende, der Erfüllung wichtigſter, öffentlich rechtlicher Aufgaben dienende Einrichtung des Reiches geblieben iſt, und daß ihre Verwaltungs- und Vertretungsorgane unter öffentlicher Autorität für die Erfüllung dieſer Zwecke tätig werden und als öffentliche Behörden anzuſehen ſind, ergeben folgende Erwägungen:

Die neue Reichsbank verdankt ebenſo wie die frühere ihr Rechtsdaſein keinem rechtsgeſchäftlichen Begründungsakte, ſondern unmittelbar einem Akte der Reichsgeſetzgebung. Sie iſt im Geſ. v. 30. 8. 24 ſelbſt nicht als ein neues Rechtsweſen, ſondern als die frühere Reichsbank gekennzeichnet, die ihr Rechtsdaſein in einer den politiſchen Verhältniſſen angepaßten neuen Ausgeſtaltung fortſetzt. Denn das BankG. beſtimmt ausweislich ſeiner Einleitung „die Rechtsverhältniſſe der durch das BankG. v. 14. 3. 1875 errichteten Reichsbank". Damit wird die juriſtiſche Identität der Rechtsperſönlichkeit zwiſchen der 1875 errichteten und der jetzt geregelten Reichsbank anerkannt (Koch-Schacht N. 4, Neufeld Komm. N. 1, 2). In § 1 ſind ihre Aufgaben übereinſtimmend mit dem früheren § 12 beſtimmt. § 2 überträgt ihr das aus der Reichsgewalt fließende Notenhoheitsrecht, während § 21 ihr ein Pfandprivileg gewährt und § 45 ſie und ihre Anſtalten für das Reichsgebiet von allen Körperſchafts-, Einkommen- und Gewerbeſteuern befreit. In § 46 wird ihr und ihren Organen die „ihr bisher auf Grund geſetzlicher Beſtimmungen zukommende bevorrechtigte Stellung" auch weiterhin gewährleiſtet. — Der Präſident und die Mitglieder des Direktoriums ſind zwar keine Reichsbeamte; trotzdem beſteht ein gewiſſer Einfluß der Reichsregierung hinſichtlich ihrer Auswahl (§ 6, 14). Die Beamten, alſo auch die zur Verwaltung der Zweiganſtalten berufenen, werden vom Präſidenten ernannt und müſſen die Rechte und Pflichten der Reichsbeamten in der ihre Rechtsverhältniſſe regelnden Beamtenſatzung erhalten. Verſtöße gegen dieſe werden in dem für Reichsbeamte vorgeſehenen Dienſtſtrafverfahren nach dem für Reichsbeamte geltenden Dienſtſtrafrechte verfolgt; hierbei übt der Präſident die Befugniſſe der oberſten Reichsbehörde aus (§ 9). Nach § 46 finden die §§ 359 StGB.; 54, 76, 96 ZPO.; 376, 408 StPO. ſowie das Geſ. v. 22. 5. 10 auf die Reichsbank, ihre Leiter und ihre Beamten ſinngemäß Anwendung, während § 47 die Beſtimmungen des HGB. über die Eintragungen in das Handelsregiſter ausdrücklich ausſchließt. Der Erlaß v. 22. 11. 24 (RGBl. I S. 762) räumt ſchließlich der Reichsbank das Recht zur Führung des Reichsſiegels ein.

Alle dieſe Beſtimmungen zeigen, daß innenſtaatlich die Reichsbank als eine dem öffentlichen Rechte angehörige, für die wirtſchafts-, beſonders finanzpolitiſchen öffentlichen Aufgaben des Reichs geſchaffene Einrichtung iſt und daß ihre Verwaltungs- und Vertretungsorgane im Rechtsverkehr ſo behandelt werden, wie die einer der Reichsverwaltung eingegliederten juriſtiſchen Perſon des öffentlichen Rechts. Dieſer Annahme ſteht auch nicht, wie das LG. meint, der § 8 entgegen. Die Beſtellung von Urkundsbeamten ermöglicht der Reichsbank, in ihren Angelegenheiten auch rechtsgeſchäftliche Erklärungen Dritter zu beurkunden und zu beglaubigen mit der gleichen Wirkung wie Gerichte und Notare. Damit ist nur eine Aufrechterhaltung und Erweiterung der für die alte Reichsbank nach Art. 12 § 2 AG. zum BGB. begründeten Rechte bezweckt, um die rechtliche Gleichstellung der neuen Reichsbank mit der alten in dieser Hinsicht außer Zweifel zu stellen (Begr. bei Koch-Schacht S. 526). Auch dem Umstande, daß im Dawesgutachten die „Neue Bank" als eine „Privatgesellschaft" bezeichnet wird (Drucks. 1924 Nr. 5 S. 83), steht nicht entgegen, weil diese Bezeichnung jedenfalls nicht in das Gesetz übergegangen, die Rechtsnatur der Reichsbank vielmehr im Gegensatz zu der der Rentenbank (§ 1 V. v. 15. 10. 23, RGBl. I S. 963 und der Golddiskontbank (§ 1 Ges. v. 19. 3. 24,) nicht als juristische Person des Privatrechts, sondern lediglich als „juristische Person" bezeichnet ist. Daß die Mitglieder nicht Beamte des Reichs sind, schließt die Eigenschaft des durch sie gebildeten Direktoriums als öffentliche Behörde nicht aus (vgl. Laband, Staatsrecht[5] 1 S. 367[2]; Meyer-Anschütz, Staatsr.[17] § 106 S. 382[a]; Hatschek, VerwRecht § 38 I). Direktorium und Vorstände der Hauptstellen und der Reichsbankstellen sind hiernach auch jetzt als „öffentliche Behörden" der §§ 39, 80 GBO. anzusehen (so auch Koch-Schacht § 1[7], § 46[1]; Neufeld § 1[2]; ReichsArbMin. 3. 12. 24 V A 9998. 24; Bay. Finanzm. v. 8. 5. 1925 I 13392. 24; Bek. des Reichsjustizmin. v. 27. 3. 23, ReichsminBl. 1923 Nr. 15 zu F; a. M. Güthe GBO. 2 S. 1922, 2300). Auch den Stellen der aus gleichen außenpolitischen Gründen ähnlich organisierten Reichsbahngesellschaft (Ges. v. 30. 8. 24) ist bisher gleichfalls die Eigenschaft „öffentlicher Behörden" zuerkannt (RG. DJZ. 1926 S. 72 [RGSt. 59 S. 384]; Stuttgart das. 1925 S. 148[2], Hamburg JRdsch. 1925 Nr. 1909).

Die hiernach in zulässiger Form erhobene weitere Beschwerde ist auch sachlich begründet. Die Vorinstanzen verlangen zunächst öffentliche Beglaubigung des Antrages vom 8. 7. 25. Dieses Verlangen setzt voraus, daß es sich nicht um einen reinen Verfahrensantrag, sondern zugleich um eine „zu der beantragten Eintragung erforderliche Erklärung" handelt; nur in letzterem Fall unterstände der Antrag dem § 29 GBO. Auf Grund des Antrags verb. mit der Schlußerklärung des Eigentümers in der Bewilligung vom 24. 1. 24 solleine zur Sicherung des Anspruchs auf eine Feingoldgrundschuld eingetragene Vormerkung umgeschrieben werden in eine Feingoldhöchsthypothek. Betroffen wird außer dem Eigentümer, dessen Bewilligung im voraus in der Urkunde vom 24. 1. 24 erklärt ist, die Reichsbank insofern, als die Umschreibung nicht entsprechend der Vormerkung in eine Feingoldgrundschuld, sondern in eine Höchstbetragshypothek erfolgen, also das durch die Vormerkung gesicherte Recht gleichzeitig eine der Berechtigten ungünstigere Änderung erfahren soll (§§ 1191 f., 1190 BGB. vgl. Güthe GBO. § 25[32], Planck Sachenrecht N. 4[3], Staudinger VII c zu § 883 BGB). Die Erklärung bedarf also der Form des § 29 GBO. Die Beglaubigung ist aber dann nicht nötig, wenn der Vorstand der Hauptstelle eine öffentliche Behörde ist. Wie bereits ausgesprochen ist, haben auch die Vorstände der Hauptstellen und Reichsbankstellen die Eigenschaft öffentlicher Behörden. Sie sind für räumlich begrenzte Bezirke auf Grund des BankG. bestellte Verwaltungs- und Vertretungsorgane, die für ihren Bezirk die öffentlichrechtlichen Aufgaben der Reichsbank zu erfüllen berufen sind. Der erste Anstand ist also unberechtigt.

Auch das weitere Verlangen, daß die Vertretungsmacht der unterzeichneten Erklärung vom 8. 7. 25 durch eine amtliche Bescheinigung des Urkundsbeamten nachgewiesen werde, ist nicht berechtigt. Der Art. 9 AG. zur GBO. bedeutet, daß das Grundbuchamt urkundliche Erklärungen öffentlicher Behörden, wenn sie innerhalb ihres Zuständigkeitsbereichs in der vorgeschriebenen Form unter Beifügung ihres Siegels oder Stempels abgegeben sind, als echt anzusehen und besondere Nachweise für die Vertretungsbefugnis der Unterzeichner nicht zu erfordern hat (KGJ. 21 S. 101, Güthe zu Art. 9[6,9]). Diesen Erfordernissen genügt die Erklärung vom 8. 7. 25, da sie eine dem Geschäftsbereich der Hauptstelle angehörige Angelegenheit betrifft, mit zwei Unterschriften und dem Reichsbankstempel versehen ist (§ 7[2] S. 3 BankG.). Diese für das Grundbuchamt maßgebliche Vorschrift ist für die Reichsbankbehörden durch §§ 7, 8 BankG. nicht aufgehoben. Wenn § 8 die Bestellung von Urkundsbeamten vorsieht, und § 7 verb. mit § 8[3] bestimmt, daß die Legitimation des Direktoriums und der Vorstände der Zweiganstalten durch eine amtliche Bescheinigung des Urkundsbeamten nachgewiesen wird, so sollte damit keine die Reichsbankbehörden im Verhältnis zu anderen öffentlichen Behörden schlechter stellende Erschwerung bei Abwickelung von Rechtsangelegenheiten, sondern für alle Fälle, in denen die Erklärungen nicht in der öffentlichen Urkundsform (Untersiegelung) abgibt, eine erleichterte Ausweismöglichkeit geschaffen werden (Koch-Schacht § 8[3]). Da sich die Reichsbank der öffentlichen Urkundsform vornehmlich bei Erklärungen gegenüber anderen Behörden und bei Akten öffentlich rechtlicher Art bedienen, bei den für Erledigung ihrer Aufgaben nötigen zahlreichen privatrechtlichen Rechtsgeschäften aber von der Untersiegelung ihrer Erklärungen absehen wird, ist die durch §§ 7, 8 vorgesehene Ausweismöglichkeit für die Betätigung der Reichsbank in Rechtsverkehr auch keineswegs praktisch bedeutungslos. Mit Koch-Schacht ist anzunehmen, daß die Vorschrift nicht ein ausschließliches, sondern ein im Bedarfsfalle an Stelle der öffentlichen Urkundsform ersatzweise verwertbares Ausweismaterial hat schaffen wollen.

5. Allgemeiner Teil des BGB.

a) α) **Anhörung auszuschließender Vereinsmitglieder.**

OLG. Hamburg, 7. ZS. Urteil v. 15. Juni 1925 (Bf. 269/25).

Den Vereinsbeschluß auf Ausschließung eines Mitglieds haben die Gerichte grundsätzlich nicht sachlich nachzuprüfen; vielmehr beschränkt sich die Nachprüfung auf die Ordnungsmäßigkeit des dabei beobachteten Verfahrens [Rsp. 44 S. 117]. Dieses ist jedoch nicht ordnungsmäßig gewesen. Aus der Einladung zur Vorstandssitzung konnte der Kläger zwar ersehen, daß sein Verhalten bei den Verhandlungen über die Gründung eines Verbandes der Grundeigentümervereine erörtert werden sollte. Er konnte sich weiter sagen, daß sich die Verhandlungen auf die Möglichkeit seines Verbleibens im Vorstand erstrecken würden, und daß man versuchen würde, ihn zur Niederlegung seines Amtes als Vorstandsmitglied zu veranlassen. Daß dagegen der Vorstand das weitere Verbleiben des Klägers in dem Verein als unvereinbar mit den Vereinsinteressen ansehe und über seine Ausschließung beschließen wolle, konnte er aus der ihm mitgeteilten Tagesordnung nicht ersehen und er brauchte sich auch nicht zu sagen, daß auf Grund seiner Weigerung, in der Vorstandssitzung zu erscheinen, seine Ausschließung beantragt und darüber in derselben Sitzung beschlossen werden würde. Daß er sich auch dann, wenn ihm dies mitgeteilt worden wäre, geweigert hätte, in der Sitzung zu erscheinen, dafür liegt nichts vor. V.

β) **Lotsenvereinigung. Abänderung der Satzungen.**

OLG. Hamburg, 1. ZS. Urteil v. 8. April 1925 (Bf. 418/24).

1. Die Aktivlegitimation des Klägers, der die Beschlüsse über Verteilung der Lotsengelder und Zuteilung eines Zwangsurlaubs als über die Vereinssatzung hinausgehend beanstandet, ist gegeben; er ist nicht etwa bei Meinungsverschiedenheiten vorliegender Art darauf angewiesen, entweder sich zu fügen oder auszutreten. Auch die Passivlegitimation der Beklagten ist gegeben, ohne daß es eines Eingehens darauf bedurfte, welche Stelle — Staat, Lotsenschaft oder Einzellotse — gegenüber der Reederei des gelotsten Schiffes den Rechtsanspruch auf das tarifmäßige Lotsengeld erheben kann. Denn dessen Zahlung und Verteilung wird im Einverständnis aller Beteiligten dauernd in der Weise gehandhabt, daß der Staat es von den Reedereien erhebt, seinen Anteil zurückbehält und den Rest in einer Gesamtsumme der Beklagten auskehrt, die ihn dann unter die einzelnen Lotsen verteilt. Dieser Regelung entspricht der Rechtsanspruch des Lotsen gegen die Beklagte auf Auszahlung des ihm nach den maßgebenden Regeln zustehenden Anteils.

2. Da die Lotsung des Schiffes einen Werkvertrag der §§ 631, einen Dienstvertrag oder einen Auftrag des § 675 darstellt, wird grundsätzlich der Teil des Lotsengeldes, den der Staat an die Beklagte zur Verteilung auskehrt, den einzelnen Lotsen je für die von ihnen persönlich gelotsten Schiffe zuzusprechen sein (HansGZ. 1907 Nr. 43, Segelken, Rechtsstellung des Lotsen S. 33, 59, 119). Eine Abänderung dieses Grundsatzes dahin, daß dieses Geld nach anderen Normen — ohne Berücksichtigung der Einzellotsungen — zu verteilen wäre, hat Beklagte nicht bewiesen. Der Ausdruck der Satzungen in § 2 b: „Wahrnehmung der aus der Verteilung der Lotsengelder sich ergebenden wirtschaftlichen Interessen", kann nicht auf die innere Verteilung bezogen werden; diese wird von der Vereinigung der Lotsen an sich nicht berührt. Wenn § 2 beginnt: „Zweck der Vereinigung", so deutet dies schon darauf hin, daß die Wahrnehmung der aus der Verteilung sich ergebenden wirtschaftlichen Interessen lediglich solche Belange der Vereinigung als solcher gegenüber Außenstehenden begreift, die auf die nicht der Vereinigung und ihren Mitgliedern zustehenden Teile des gesamten Lotsengeldes Anspruch machen, also gegenüber dem Reiche, dem Staate und eventuell gegenüber weitere Ansprüche auf Teile des Lotsengeldes Erhebenden.

Auch die in § 2 Z. a als Vereinszweck aufgeführte Pflege und Förderung der Standesinteressen hat nach dieser Fassung nur Bezug auf die Belange des Lotsenstandes als solchen gegenüber den Angehörigen anderer Stände sowie gegenüber den mit der Lotsenschaft als solcher in Berührung kommenden Behörden, Personen und Belangen, nicht aber auf eine Abänderung der den einzelnen Angehörigen der Vereinigung zustehenden Vermögensrechte.

Allerdings hat der beklagte Verein in Mitgliederversammlungen Beschlüsse gefaßt, deren formell ordnungsmäßiges Zustandekommen bezüglich Ladung der Mitglieder und Bekanntgabe der Tagesordnung der Kläger nicht bestreitet und die den Standpunkt der Beklagten rechtfertigen könnten. Die Erschwerungsvorschrift des § 33 S. 2 kommt nach § 40 BGB. nicht in Betracht, da nach § 19 der Satzungen auch bei Änderungen des Vereinszweckes einfache Stimmenmehrheit entscheidet. Diese Beschlüsse über Verteilung des Lotsengeldes sind aber nicht gemäß § 71 BGB. eingetragen worden . . .

3. Die Lotsen sind ungeachtet der mitsprechenden staatlichen Belange an der Regelung des Lotsenwesens und unbeschadet der in diesen Grenzen bestehenden staatlichen Aufsichtsrechte freie Gewerbetreibende (HansGZ. 1907 Nr. 43). Ihr Zusammenschluß gibt der Vereinigung mangels ausdrücklicher Satzungsbestimmung nicht das Recht, den Mitgliedern gegen ihren Willen einen Zwangsurlaub unter Kürzung der Gebührnisse aufzuerlegen. Eine solche Bestimmung ist aber aus der Satzung auch nicht sicher zu entnehmen. Allerdings bezeichnet § 2 Z. a und e die Pflege und Förderung der Standesinteressen, sowie Förderung des Lotswesens als Vereinszwecke. Eine derart weite und allgemeine Fassung kann aber der Vereinigung nicht gegenüber widersprechenden Mitgliedern das Recht zu Maßregeln verleihen, die in die allgemeinen oder besonderen Rechte der Mitglieder unmittelbar eingreifen und eine Förderung der angegebenen Zwecke doch nur mittelbar — nach Auffassung der widersprechenden Mitglieder überhaupt nicht — erreichen können. In derartigen Fällen muß, wenn der Wortlaut der Satzungen die Maßregeln nicht deckt, bei Widerspruch die Satzung oder der Vereinszweck geändert werden . . . V.

b) **Fallen Zweckverbände unter Art. 7 § 1² Ausf. zum BGB.?**

Kammergericht, 1. ZS. Beschluß v. 8. Oktober 1925 (X 616/25).

Der Eigentümer hat sein Grundstück dem Beschwerdeführer, einem auf Grund des Ges. vom 19. 7. 1911 in Rendsburg gebildeten Zweckverband, verkauft und notariell aufgelassen. Der Umschreibungsantrag wurde wegen Fehlens der staatlichen Genehmigung beanstandet. Die weitere Beschwerde ist begründet, weil hier die Ausnahme des Art. 7 § 1² AG. zum BGB. zutrifft. Wie die Begründung ausdrücklich hervorhebt, fallen unter die Ausnahme die Stadt- und Landgemeinden derjenigen Rechtsgebiete, in deren GemeindeO. staatliche Genehmigung nur für die Veräußerung, nicht aber für den Erwerb von Grundstücken vorgeschrieben ist (Krusen-Müller II 3 zu Art. 7, StädteO. v. 30. 5. 1853 § 50, LandGO. v. 3. 7. 1891 § 114, eingeführt in Schleswig-H. durch Ges. vom 4. 7. 1892; StädteO. für Schleswig-H. vom 14. 4. 1869). Für Zweckverbände, die auf Grund der LandGO. v. 3. 7. 1891 Titel 4 gebildet waren, hat das KG.

(Rspr. 8 S. 168) ausgesprochen, daß Art. 7 § 1² auf sie nicht zutreffe, daß sie daher zum Erwerb von Grundeigentum staatlicher Genehmigung bedürfen. Diese Annahme ist jedoch daraus hergeleitet, daß Art. 7 keine Bestimmung enthalte, die eine Anwendung des § 114 LGO. unmittelbar oder mittelbar vorschreibe, daß vielmehr die dahingehende Vorschrift des Entwurfs § 132 gestrichen sei und zwar aus der Erwägung, daß sich „die Tragweite nicht übersehen lasse". Für den Beschwerdeführer kommt als das maßgebende „besondere Gesetz" des Art. 7 § 1 in erster Linie das Ges. vom 19. 7. 1911 in Frage. Es war daher zu prüfen, ob dieses für die auf seiner Grundlage gebildeten Zweckverbände eine als Befreiung von der staatlichen Genehmigungspflicht zu deutende Vorschrift enthält. Das ist zu bejahen. Im § 22 das., der hinsichtlich „der staatlichen Zuständigkeiten" den Zweckverband einer Landgemeinde und bei Beteiligung von Städten oder Landkreisen einer Stadt gleichstellt, ist jener Begriff nicht unbegrenzt aufzufassen als: die Art der Verteilung der Geschäftsaufgaben des Staates, die in seinem Aufsichtsrecht inbegriffen sind, unter seine Behörden und das dadurch für diese Behörden begründete Recht, innerhalb des ihnen zugewiesenen Wirkungskreises staatliche Befugnisse auszuüben (Stengel Wörterbuch² 3 S. 1026, Hatschek, Institutionen 13 S. 88 „funktionelle Zuständigkeit"); es sind darunter vielmehr allgemein die Befugnisse zu verstehen, die dem Staate kraft seines Aufsichtsrechts zustehen, und zwar sowohl nach ihrem Inhalt, als auch nach der Art ihrer Ausübung; m.a.W. das Verhältnis des Staates zu den Gemeinden hinsichtlich seines Aufsichtsrechts. Diese weite Auslegung rechtfertigt sich schon deshalb, weil die GemeindeO. im Abschnitt „Oberaufsicht des Staates", der zur Umschreibung der Zuständigkeit des Staates gegenüber dem Selbstverwaltungsrecht der Gemeinden bestimmt ist, nicht nur die Art der Ausübung seiner Befugnisse, sondern auch deren Inhalt behandeln. Schon die Pr. StädteO. vom 17. 3. 1831 bestimmt in Tit. XI das „Oberaufsichtsrecht des Staates" über die Stadtverwaltung im § 139 unter b) allgemein: „dafür zu sorgen, daß die Verwaltung fortwährend in dem vorgeschriebenen Gange bleibe und angezeigte Störungen beseitigt werden". Im Sinne dieser Begriffsbestimmung halten sich die von der staatlichen Oberaufsicht handelnden Vorschriften der späteren GemeindeO. (StO. für Schleswig-H. § 92, für die östl. Prov. § 77; LGO. für die östl. Prov. § 140). Auch sie bestimmen nur allgemeines, aus der Staatsaufsicht fließendes Recht der Überwachung der Gemeindeverwaltung hinsichtlich „der ihnen zustehenden Befugnisse". Zu den „Befugnissen", auf deren Nichtüberschreitung der Staat kraft seines Aufsichtsrechts zu achten das Recht und die Pflicht hat, gehören aber auch die vermögensrechtlichen, besonders die Grundstücke betreffenden Befugnisse. Weiter fällt ins Gewicht, daß auch das „Ges. über die Zuständigkeit der Verwaltungs- und Verwaltungsgerichtsbehörden" vom 1. August 1883 den Begriff der staatlichen „Zuständigkeit" nicht nur im Sinne der sog. „funktionellen" Zuständigkeitsordnung einer Verteilung staatlicher Aufgaben und Rechte unter seine Behörden verwendet, sondern daß es darunter auch mehrfach das staatliche Aufsichtsrecht seinem Inhalte nach bestimmt (vgl.

bes. §§ 15, 16, 29, 30, 55, auch Brauchitsch, VerwGes.[22] § 1[1]). Der § 22 ZwGes. ist deshalb dahin zu verstehen, daß der Zweckverband allgemein dem Staat als Inhaber des Aufsichtsrechts nicht schlechter gegenüberstehen sollte wie eine Stadt- oder Landgemeinde, also auch, soweit die Aufsicht Rechtsgeschäfte über Grundstücke betrifft. In diesem Sinne wird der Begriff „staatliche Zuständigkeiten" im Schrifttum auch allgemein aufgefaßt (Szczesny, ZwGes. § 22[1], Wirkan, ZwGes. § 7 S. 44, Genzmer Anhang zur LGO.[4] § 22[50], Friedrich ZwGes. Anm. 1, 2, 4 zu § 22, Neuviem Kommunale Zweckverbände § 16 S. 238, 261). Die ersten drei Genannten ziehen allerdings nicht die aus dieser Bedeutung des § 22 sich notwendig ergebende Folgerung, daß auch die ein staatliches Kontrollrecht bezüglich Grundstückserwerbungen ausschließenden Vorschriften der GemeindeO. (§ 50 bzw. 114 für die östl. Prov., § 71 StO. für Schleswig-H., § 152 KreisO. für Schleswig-H.) auf Zweckverbände Anwendung finden müssen und deshalb Zweckverbände, die auf Grund des Ges. vom 19. 7. 1911 gebildet sind, zum Erwerbe von Grundstücken nicht der staatlichen Genehmigung bedürfen. . . . Es ist auch kein Grund ersichtlich, warum die Zweckverbände, als deren Wirkungszweck der § 1 „die Erfüllung einzelner kommunaler Aufgaben jeder Art" bezeichnet, in der Verwirklichung dieses Zwecks durch die Staatsaufsicht in weiterem Umfange beschränkt sein sollten als die im Verbande vereinigten Gemeinden es wären, wenn sie die aus ihrem Wirkungskreis abgezweigten, dem Zweckverband übertragenen kommunalen Aufgaben selbst als Einzelgemeinde zu erledigen hätten (Neuviem § 16 S. 237). Da sich hiernach zweifelsfrei ergibt, daß diese Zweckverbände zum Erwerbe von Grundstücken einer Genehmigung staatlicher Aufsichtsbehörden nicht bedürfen, kann es auf sich beruhen, ob der § 24, der als genehmigungspflichtige Geschäfte nur die Aufnahme von Anleihen und die Belastung der Verbandsmitglieder durch Umlagen aufzählt, Rechtsgeschäfte über Grundstücke dagegen überhaupt nicht erwähnt, eine die Zweckverbände hinsichtlich der Staatsaufsicht noch freier als die Gemeinden stellende Bestimmung bedeutet, oder nur Finanzgenehmigungen betrifft (Friedrichs § 22[1], Neuviem § 16 S. 259). Da weder Land- noch Stadtgemeinden in Schleswig-H. zum Erwerbe von Grundstücken staatlicher Genehmigung bedürfen, bedarf es keiner Feststellung, ob an dem vorliegenden Zweckverbande auch Städte beteiligt sind.

c) **Wesentlicher Bestandteil oder Grundstückszubehör?**

α) OLG. Hamburg, 3. ZS. Urteil v. 27. April 1922 (**Bf. 649/21**).

Das LG. hat mit Recht die Frage, ob das Linoleum wesentlicher Bestandteil des Grundstücks geworden sei, verneint; insoweit ist das Urteil nicht angegriffen. Nach den gleichlautenden Gutachten wird aber das wie hier auf Holzfußboden liegende Linoleum nach der hiesigen Verkehrsanschauung auch nicht als Zubehör angesehen (§ 97[1] S. 2). B.

β) OLG. Stettin, 2. ZS. Beschluß v. 19. Oktober 1925 (W 162/25).

Auf einem Ziegeleigrundstück wurden Masten gepfändet, die zerschnitten und alsdann als Schwellen für ein Feldbahngeleise verwendet werden sollten. Die Pfändung war jedoch unzulässig, da es sich um Grundstückszubehör handelte.

Das LG. verlangt allerdings außer der Verbringung der Sachen auf das Grundstück noch eine „weitere konkrete wirtschaftliche Handlung" des Schuldners. Allein nach § 97 ist nicht erforderlich, daß die Sachen bereits in unmittelbar nutzbarer Gestalt vorhanden sind. Daraus, daß die Masten für die Benutzung erst in einzelne Teile zerschnitten werden müssen, kann daher eine abweichende Beurteilung nicht hergeleitet werden. Es ist unerheblich, ob die Sachen unmittelbar dem wirtschaftlichen Zwecke der Hauptsache zu dienen tatsächlich geeignet sind. Das Nichtgeeignetsein zur unmittelbaren Verwendung hat unter Umständen nur insofern eine tatsächliche Bedeutung, als es den Schluß rechtfertigen kann, daß der Eigentümer gar nicht die Sachen zu Zwecken der Hauptsache bestimmt oder aber eine solche Bestimmung wieder aufgehoben hat. Die Zubehöreigenschaft wird auch nicht dadurch beseitigt, daß der Ziegeleibetrieb zur Zeit ruht; sie dauert so lange fort, als seine Wiederaufnahme möglich ist (RG. 77 S. 36); eine solche Möglichkeit besteht hier aber, da nach der Angabe des Gläubigers eine kapitalkräftige Gläubigerin des Schuldners die Übernahme der Ziegelei beabsichtigt. Dafür, daß die Masten im Verkehr nicht als Zubehör angesehen würden (§ 97¹ S. 2), liegen keine Anhaltspunkte vor. Die Masten ähneln nach den Anführungen des Schuldners der Materialreserve einer Fabrik, deren Zubehöreigenschaft wiederholt ausgesprochen ist (RG. 86 S. 330; 66 S. 356)[1]. R.

d) **Drohung mit Nichteinlösung des Wechsels. Auftragsbestätigung.**

OLG. Hamburg, 6. ZS. Urteil v. 10. März 1925 (Bf. 12/25).

Der Kläger hatte Anfang 1924 von der Beklagten ein gebrauchtes Lastautomobil gekauft und auf den Kaufpreis zum Teil Wechsel hingegeben. Ehe der letzte Wechsel von 3000 RM. am 14. Mai 1924 fällig wurde, beschwerte er sich über Mängel des Wagens und erklärte sich zur Einlösung erst bereit, nachdem die Beklagte ihm versprochen hatte, den Magneten in einen Boschmagneten umzutauschen und 500 Mark als Anteil an Ausbesserungskosten zu tragen. Beklagte hat jetzt dieses Versprechen wegen Drohung angefochten. Die Klage auf seine Erfüllung ist unbegründet. Für den Kläger war unverkennbar, daß die angedrohte Nichteinlösung des Wechsels für die Beklagte sehr unangenehm war und daß sie ihr Sträuben gegen die Übernahme der Verpflichtungen nur, um diese Unannehmlichkeiten zu vermeiden, aufgab. Sie hatte den Wechsel ihrer Bank weitergegeben und den Gegenwert gutgeschrieben erhalten. Wenn der Betrag nicht einging, so mußte sie Schwierigkeiten von ihrer Bank befürchten, die in jener Zeit der Kreditnot ernste Folgen für die Beklagte nach sich ziehen konnten. Diese ist also durch Drohung zu ihrer Verpflichtungserklärung bestimmt worden und kann sie deshalb nach § 123 BGB. anfechten, wenn sie widerrechtlich durch Drohung bestimmt worden ist.

[1] a) Die Kontoreinrichtung eines zum Betrieb einer Kleiderfabrik errichteten Hauses ist Zubehör, insbes. die dazugehörigen Schreibmaschinen, ohne die ein moderner Geschäftsbetrieb auch nur von mäßigem Umfange kaum denkbar ist (OLG. Augsburg, 2. ZS. Beschluß v. 8. 10. 25, BayZ. 22 S. 13). Vgl. Falkmann Zwangsvollstr. 611[37].

b) Der Minderjährige bedarf zum Abschluß des Söldnervertrags der Zustimmung seines gesetzlichen Vertreters; sie kann nicht an die Bedingung geknüpft werden, daß der Minderjährige nicht als Kampfsoldat verwendet werde (RG. 8. März 1921, RGSt. 56 S. 19).

Beklagte hat den Wagen nach der Auftragsbestätigung verkauft „wie er geht und steht". Dies besagt, daß sie für Mängel nicht haftet. Der Kläger behauptet allerdings, daß Beklagte erklärt habe, der Wagen sei vollständig überholt. Die Auftragsbestätigung enthält aber keine solche Zusicherung und erklärt ausdrücklich, daß nur schriftliche Vereinbarungen Rechtsverbindlichkeit haben. Übrigens ist der Ausdruck, daß ein Kraftwagen vollständig überholt sei, sehr wenig scharf. Der Kläger hat danach keinen Anspruch auf Beseitigung der Mängel, die sich angeblich später herausgestellt haben, geschweige denn auf Ersatz gebrauchter Teile durch neue. Keinenfalls wäre er berechtigt gewesen, der Bank gegenüber diesen Anspruch geltend zu machen und die Zahlung zu verweigern oder den Betrag zu hinterlegen. Ob er sich der Widerrechtlichkeit bewußt war, kommt nicht in Frage, da das Gesetz nur die Willensfreiheit der Bedrohten schützen und nicht eine unerlaubte Handlung des Drohenden bestrafen will.

e) α) **Bäckereien als Gegenstand des täglichen Bedarfs?**

OLG. Kiel, 1. ZS. Urteil v. 8. März 1926 (U 8/26).

Das Bedürfnis für Bäckereien erneuert sich nicht in täglicher Wiederkehr (JW. 1926 S. 39). Zum Gegenstande des täglichen Bedarfs wird sie auch nicht dadurch, daß in ihrem Geschäftsbetriebe Gegenstände des täglichen Bedarfs notwendig hergestellt werden. Ebensowenig beeinflußt der für den Verkauf eines solchen Gewerbebetriebs geforderte Preis den Preis der Betriebserzeugnisse. Denn dieser Preis richtet sich vornehmlich nach Angebot und Nachfrage und anderen Umständen, die von dem für den Erwerb des Unternehmens gezahlten Preise nicht abhängig sind. Eine auf Grund eines Kaufvertrages zu liefernde Bäckerei als Kaufgegenstand dient auch nicht zur Befriedigung des täglichen Bedarfes, Denn nicht die Bäckerei ist eine so geartete Leistung, sondern erst die in ihr erzeugten Waren dienen der täglichen Bedarfsdeckung. Dr. B. J.

β) **Nichtigkeit von Ausfuhrgeschäften.**

OLG. Hamburg, 7. ZS. Urteil v. 4. Juli 1924 (Bf. 177/23).

Die Beklagte hatte 1921 die Ware zur Ausfuhr verkauft und für die vom Kläger selbst einzuholende Ausfuhrbewilligung, Lieferwerksbescheinigung und Pro-forma-faktura zu den — den Kaufpreis übersteigenden — Ausfuhrmindestpreisen zu übersenden. Diese Vertragsabrede verstößt nicht gegen die V. über die Außenhandelskontrolle. Jene Faktura war natürlich als solche zu kennzeichnen und konnte deswegen in den Händen des Klägers nicht die vereinbarten Preise erbringen, sie war also zur Täuschung der Außenhandelsstelle nicht geeignet und kann folglich vom Kläger nicht für diesen Zweck gefordert sein; denn der Nachweis, daß nicht unter dem Ausfuhrpreise ins Ausland verkauft sei, war der Stelle selbst zu erbringen. Die Angabe des Klägers, daß er die Faktura gewünscht habe, um sich aus ihr über die in Betracht kommenden Ausfuhr-Mindestpreise zu unterrichten, ist glaubhaft; jedenfalls liegt nichts dafür vor, daß er sie zu gesetzwidrigen oder unlauteren Zwecken gefordert hat. Ebensowenig hatte Beklagte durch Beschaffung der Bescheinigung gegen die erwähnte V. verstoßen. Diese will verhindern, daß deutsche Erzeugnisse in das Ausland verschleudert und daß dem deutschen Verbrauch die für ihn bestimmten und erforderlichen Waren durch

Verkauf ins Ausland entzogen werden. Um beide Zwecke zu sichern, hat der Exporteur, der die Ausfuhrerlaubnis nachsucht, erstens durch seine Rechnungen oder auf andere Weise darzutun, daß er nicht unter dem festgesetzten Mindestpreise in das Ausland verkauft, zweitens durch Vorlegung der Lieferwerksbescheinigung nachzuweisen, daß das liefernde Werk die Ware nicht für den Inlandsbedarf, sondern zur Ausfuhr verkauft hat. Dagegen hat es für die Außenhandelskontrolle kein Interesse, zu welchem Preise der Ausfuhrhändler von dem liefernden Werke gekauft hat. Zwar haben gelegentlich einzelne Nebenstellen die Angabe der Verkaufspreise des Lieferwerks gefordert. Der Reichskommissar hat aber diese Praxis nie gebilligt und sie schließlich im Erlaß v. 22. 5. 1922 untersagt; es sei denn, daß die betr. Industriezweige sich mit den zuständigen Handelsvertretungen darüber einigten; dies hat die Vertretung des hiesigen Exporthandels abgelehnt. . . B.

f) **Voraussetzungen eines festen Angebots.**

OLG. Hamburg, 6. ZS. Urteil v. 22. Dezember 1925 (Bf. 175/24).

Der Kläger zu Amsterdam, der Schadensersatz wegen Nichterfüllung verlangt, meint, daß durch die Drahtungen v. 11., 12. 9. 23 ein Kauf über die Partie Java-Tabak Lelang 3 geschlossen worden sei. Der Verlauf war folgender. Nachdem die beiden Maklerfirmen M. in Amsterdam und N. in Bremen schon einen Monat lang über diese — von der Beklagten zum Verkauf gestellte — Partie verhandelt hatten, machte M. ein Angebot von 35 cts. für je ½ kg zu den Bedingungen seines Schreibens v. 15. 8. 20. Das lehnte N. ab mit Telegramm vom 11. 9.: „Limit 40, Javamarkt hier bekannt" und bestätigte dieses Telegramm mit Brief vom selben Tage, der besagt, daß die Beklagte an ihrer Preisforderung von 40 cts. festhalte und eigentlich schon nicht mehr gewillt gewesen sei, die Ware zu diesem Preise abzugeben. Bevor noch dieses Schreiben bei M. eingetroffen war, antwortete M. ebenfalls telegraphisch am 12. 9.: „Kläger akzeptiert Lelang ohne Musterballen, jedoch probegemäß 40 franko Kai Amsterdam, Drahtbestätigung" und wiederholte diese Mitteilung am selben Tage brieflich. Die Frage, ob hierin schon ein Kaufabschluß liegt, ist zu verneinen. Denn die Drahtung: „Limit 40 . . ." war kein festes, den Eigentümer der Ware bindendes Angebot, das von M. für einen Kauflustigen nur angenommen zu werden brauchte. Der mit 12. 8. beginnende Briefwechsel zeigt, daß M. die ihm angestellte Partie wiederholt für verschiedene Kauflustige zu einem niedrigeren Preise annehmen wollte und daß N. regelmäßig erwiderte, der Verkäufer gehe nicht unter 40 cts. herunter. Ebensowenig wie in diesen früheren Schreiben des N. ein festes Angebot lag, war deshalb seine Drahtung: „Limit 40" als ein solches aufzufassen. Daß auch M. dies nicht annahm, folgt daraus, daß er am 12. 9. um Drahtbestätigung, nämlich daß das Geschäft in Ordnung ist, bittet. Daß dies der Sinn der Bitte war, folgt auch aus dem Briefe des M. vom 16. 9., wo ausgeführt wird, daß die Antwort des N.: „Schlußzettel unterwegs" den endgültigen Abschluß bedeute. Belanglos ist, daß es in der Drahtung v. 12. 9. heißt „Kläger akzeptiert". Denn M. hat auch im Brief Anl. 5 und dem dort bestätigten Telegramm das

Wort „akzeptieren" gebraucht, trotzdem er ein Angebot von 35 cts. machte, von dem es auch nach seiner Meinung dahinstand, ob der Hintermann des N. es annehmen würde. Die Drahtung: „Kläger akzeptiert" ist also ein festes, annahmebedürftiges Angebot auf den von N. wiederholt gemachten Vorschlag. Dieses Angebot ist jedoch nicht, wie der Kläger meint, durch die Drahtung des N.: „Schlußzettel unterwegs" wirksam angenommen. Wenn dazu auch der Wortlaut verleitet, so ist doch bewiesen, daß N., der keine Abschlußvollmacht besaß, diese Drahtung ohne Ermächtigung der Beklagten abgesandt hat. . . .

Sieht man aber auch die Drahtung: „Limit 40" als ein die Beklagte bindendes Angebot an, so ist es doch am 12. 9. nicht bedingungslos angenommen worden. In der Drahtung vom 10. 9. ist auf die Bedingungen hingewiesen, die mit Brief vom 15. 8. M. gestellt hatte, nämlich: „auf Besicht von 10% Probeballen". Auf dieser Grundlage wurde gehandelt und auch gedrahtet: „Limit 40 . . .". Am 12. 9. drahtet aber M.: „Kläger akzeptiert ohne Musterballen, jedoch probegemäß". Aus einem Kauf auf Besicht sollte also ein Kauf nach Probe werden. Dem M. waren bisher nur Typmuster übersandt worden, damit Kaufliebhaber den Tabak besser beurteilen konnten. Diese Muster sollten jetzt plötzlich die maßgebenden Proben werden. Die Gewährleistungspflicht der Beklagten wurde dadurch eine ganz andere, schärfere. Die Drahtung v. 12. 9. nahm also das gemachte Angebot nicht glatt an, sondern bot einen Abschluß zu anderen Bedingungen an, die die Beklagte erst noch zu genehmigen hatte (RG. 104 S. 368).

g) **Bedeutung der Stundung einer ausländischen Schuld.**

OLG. Hamburg, 8. ZS. Urteil v. 15. Januar 1924 (Bf. 532/23).

Die Klägerin hat 1920 auf Bestellung Uhren geliefert, die der Beklagte anfangs abgelehnt hatte, weil sie ihm verspätet geliefert waren. Er hat sie schließlich behalten, nachdem die Klägerin ihm zugesagt hatte, ihren in Schweizer Frank berechneten Kaufpreis zu stunden, bis der Frank auf 500 M. gesunken sein werde. Ferner sollte bis dahin das Akzept über den Kaufpreis jeweils verlängert werden. Der Beklagte meint, er sei danach berechtigt, seine Schuld in der Weise abzudecken, daß er den Frankbetrag von 797 zu einem Kurse von 500 PM. begleiche, also insgesamt 395 000 PM. zahle. Wäre diese Auffassung richtig, so hätte nichts näher gelegen, als daß die Parteien auf dieser Grundlage das Rechtsverhältnis bereits 1921 ausgeglichen hätten. Der Klägerin lag nicht daran, nur einen Schuldbetrag zu erhalten, der einer Summe von 797 Franken auf Grundlage einer Kursberechnung von 500 PM. entsprach, sondern sie wollte ihren vollen Forderungsbetrag bezahlt erhalten, allerdings erst zu einem Zeitpunkte, an dem der Frank auf 500 M. gesunken sein werde. Inzwischen ist die Entwertung der Mark so weit fortgeschritten, daß ausgeschlossen erscheint, der Frank werde jemals wieder einen Kursstand von 500 M. erreichen. Will also Beklagter erst in diesem Falle zahlen, so stellt er damit das mit Treu und Glauben nicht zu vereinbarende Verlangen, die Ware unentgeltlich zu erhalten. Er ist Geschäftsmann und weiß, daß er Schweizer Uhren, die er vom Fabrikanten unmittelbar bezieht, in der Währung des Auslandes bezahlen muß, und ferner, daß er mit einer Fabrikantin abgeschlossen hat, die ihre Erzeugnisse verkauft und nicht verschenkt. Nach dem verständigen Willen der Parteien sollte vielmehr die Klägerin an das Stundungsabkommen nur so lange gebunden sein, als nach menschlicher Berechnung eine Annäherung des Kursstandes auf das Verhältnis von 1: 500 überhaupt noch möglich sein konnte. Sie ist nunmehr berechtigt, ihren Anspruch aus dem Wechsel unverkürzt geltend zu machen. V.

h) **Verkaufsvollmacht als Verkaufserklärung des § 313.**

α) Kammergericht, 1. ZS. Beschluß v. 7. Januar 1926 (x 804/25).

. . . Die Eigentümerin A. hatte in notarieller Verhandlung vom 13. 2. 1923 ihrem Manne mit der Befugnis zur Unterbevollmächtigung Vollmacht erteilt, ihr Grundstück zu veräußern und sonstige Vereinbarungen jeder Art über es zu treffen. Der Mann bevollmächtigte in einer am 17. 2. 1923 notariell beglaubigten Urkunde für sich und seine Frau und zwar unter Ausschluß der Beschränkungen des § 181 BGB. den M., das Grundstück zu beliebigen Preisen aus freier Hand zu verkaufen oder sonst zu veräußern, den Kaufpreis in Empfang zu nehmen, an Dritte mit oder ohne Nachlaß abzutreten, die Auflassung zu erklären, überhaupt alles Erforderliche vorzunehmen. Auf Grund dieser Vollmacht verkaufte M. im Namen der Eheleute A. das Grundstück in notarieller Verhandlung vom 8. 6. 1925 an X. und ließ es ihm sogleich auf.

Nach der Rechtsprechung (RG. 104 S. 236, 108 S. 125, 110 S. 319) bedarf eine Vollmacht, die sich nur als das äußere Gewand für die Einkleidung einer Verpflichtung zur Übertragung des Grundeigentums darstellt, der Form des § 313, wenn z. B. der Bevollmächtigte ermächtigt wird, den Kauf gemäß § 181 mit sich selbst abzuschließen. Der Umstand, daß die Vollmacht von der Beschränkung des § 181 befreit, genügt allerdings nicht; vielmehr muß aus der ganzen Sachlage hervorgehen, daß sie in Wirklichkeit nur eine zugunsten des anderen Teiles abgegebene verpflichtende Verkaufserklärung sein solle. Aus der dem M. abstrakt erteilten Vollmacht können daher für sich allein die Voraussetzungen für den Formzwang nicht entnommen werden (vgl. auch RG. in JurRdsch. 1925 Nr. 1002). Ebensowenig haben die Eheleute A. in der Form des § 29 GBO. die von ihnen behauptete Verschleierung eines Kaufgeschäfts dargetan. Allein die Vorinstanzen haben die auf allgemeiner Erfahrung beruhende Tatsache unberücksichtigt gelassen, daß in den Zeiten des Währungsverfalls, besonders in der zweiten Hälfte 1922 und Anfang 1923, Zwischenkäufe über Häuser in der Regel in die Form einer vom Verkäufer dem Zwischenkäufer erteilten unwiderruflichen oder von der Beschränkung des § 181 befreiten Vollmacht gekleidet wurden. Auf diese Weise wurden Häuser solchen Personen, die die Grundstücke nicht behalten, sondern zur Erzielung von Gewinn weitergeben wollten, für die Zwecke des Weiterverkaufs fest an die Hand gegeben; die Vollmacht verdeckte hier also eine Verkaufserklärung des Eigentümers. Bei Vollmachten aus der erwähnten Zeit mit der Befreiung von den Schranken des § 181 spricht mithin eine tatsächliche Vermutung dafür, daß sie Teil eines Zwischenkaufs sind. Diese Vermutung gilt auch für die dem M. im Februar 1923 ausgestellte

Vollmacht, die in Wahrheit eine Verkaufserklärung des § 313 BGB. darstellt.

β) OLG. Hamburg, 1. ZS. Urteil v. 9. März 1925 (Bf. 69/25).

Am 20. 8. 1924 haben der Antragsteller A. und K. laut Anl. 1 die daraus ersichtlichen Erklärungen über das Grundstück des A. notariell beurkunden lassen. K. hat den darin festgesetzten Kaufpreis von 4000 RM. vereinbarungsgemäß bezahlt und eine notariell beglaubigte Vollmacht erhalten, den A. in allen das Grundstück betreffenden Angelegenheiten unter Befreiung vom § 181 und mit Substitutionsbefugnis zu vertreten. K. hat sich den Antragsgegner substituiert, der das Grundstück an sich aufgelassen hat. Die einstwVerfügung, die ihm verbietet, dem Grundbuchamt die zur Eintragung erforderlichen sog. Umschriftspapiere einzureichen, ist begründet, weil in Wahrheit ein Kaufvertrag vereinbart und die Form eines Kaufangebots nur der Kosten wegen gewählt worden ist. Mit der sofortigen Zahlung des Kaufpreises, der sofortigen Übernahme des Grundstücks, der sofortigen Räumung wesentlicher Grundstücksteile hatten A. und K., wie ihre Handlungen ergeben, nicht die sofortige Erfüllung dieser Kaufbedingungen nach der bis zum 1. 10. 1925 möglichen Annahme des Kaufangebots, sondern die Erfüllung sofort nach der Beurkundung im Auge. Die ganzen von K. gezahlten Beträge sollten dem A. auch bei Nichtannahme des Angebots verfallen sein. K. erhielt durch die Vollmacht sofort die Möglichkeit der Verfügung über das Grundstück. Er hielt auch selbst die Annahme des Angebots nicht mehr für nötig, sondern gab seinerseits dem Antragsgegner Auflassungsvollmacht. Alles das genügt zu der Feststellung, daß K. und A. einen Kaufabschluß, der nach den in der Urkunde festgestellten Bedingungen zu erfüllen war, gewollt haben. . . .

Zu demselben Ergebnis führt eine weitere Erwägung. K. hätte nicht abgeschlossen, wenn ihm nicht gleichzeitig die Auflassungsvollmacht erteilt wäre; denn er wäre gewiß nicht zur sofortigen Zahlung des Kaufpreises bereit gewesen, wenn er nicht durch die Vollmacht die Gewähr gehabt hätte, die Auflassung erklären zu können. Die Auflassungsvollmacht war also ein wichtiger Teil des Vertrages und bedurfte daher gleichfalls der Form des § 313. Ohne diese ist der ganze Vertrag auch nach § 139 nichtig. Ebenso aber ist die Vollmacht nichtig und nicht geeignet, die Heilung der Nichtigkeit des Vertrages nach § 313² herbeizuführen. Die Auflassung ist nicht rechtswirksam erklärt, und selbst wenn die Eigentumsänderung eingetragen wäre, würde A. die Rückübertragung des Eigentums beanspruchen können (RG. 94 S. 148). . . . B.

γ) **Auflassungsvollmacht im formlosen Veräußerungsvertrage.**

Kammergericht, 1. ZS. Beschluß v. 11. Februar 1926 (x 11/26).

Der Auseinandersetzungsvertrag hätte, da es sich bei ihm um eine rechtsgeschäftliche Verpflichtung zur Eigentumsübertragung handelt, der Form des § 313 bedurft. Die Folge seines Formmangels ist Nichtigkeit, die jedoch nach S. 2 geheilt werden kann. Die Frage, ob seine Nichtigkeit auch die in ihm enthaltene Auflassungsvollmacht ergreift, verneint das LG. mit Recht. Der Beschluß (Rsp. 43 S. 65) hat für eine Auflassungsvollmacht, die in einem wegen unrichtiger Preisangabe nichtigen Veräußerungsvertrag erteilt war, ausgesprochen, daß entsprechend dem mutmaßlichen Willen der Beteiligten, das mündlich Vereinbarte auszuführen, regelmäßig davon auszugehen sei, daß sie die Vollmacht auch dann erteilt haben würden, wenn sie die Nichtigkeit des Vertrages gekannt hätten; dementsprechend ist nach § 139 Halbs. 2 die Nichtigkeit nicht auf die Vollmacht mit erstreckt worden, und zwar ohne Rücksicht darauf, ob die Beteiligten die Nichtigkeit des Vertrages kannten oder nicht. Diese Auffassung ist auch gegenüber einem ernstlich gewollten, aber formlosen Vertrag aufrechtzuerhalten, neben dem nicht noch wie in jenem Fall ein beurkundeter Scheinvertrag steht. Der entscheidende Gesichtspunkt, daß die Parteien durch die Vollmachtserteilung das formlos Vereinbarte gerade zur Durchführung bringen wollen, ist in beiden Fällen der gleiche; für die Ausnahme des § 139² kommt es darauf an, ob anzunehmen ist, daß die Parteien den nicht unmittelbar von der Nichtigkeit betroffenen Teil des Rechtsgeschäfts vorgenommen hätten, wenn sie die rechtliche Unverbindlichkeit des anderen Teils gekannt hätten (RG. 79 S. 304); das ist aber mit Sicherheit bei der im formlosen Vertrag erteilten Vollmacht anzunehmen, da durch die damit beabsichtigte Auflassung auch der unwirksame Teil Wirksamkeit erlangen konnte. Kannten aber die Beteiligten die Nichtigkeit, so ist die Vollmacht offenbar gerade zur Herbeiführung dieser Heilung erteilt (vgl. Fischer JW. 1922 S. 192; Kiehl Recht 1923 S. 124, allerdings nur für den letzteren Fall). Daß der Grundbuchrichter die Wirksamkeit der Vollmacht, die ihm in der Urschrift des Vertrages vorlag und an deren Fortdauer er zu zweifeln keinen Anlaß hatte (Rsp.aO.), nicht beanstandete, verletzt hiernach nicht das Gesetz; denn auch dafür, daß die Vollmachtgeber sich bis zur Auflassung vom Vereinbarten losgesagt hätten, fehlt jeder Anhalt.

Auch die Auffassung der Beschwerde, daß die Vollmacht der Form des § 313 bedurft hätte, weil die Erben sich gegenseitig gebunden hätten, ist irrig. Sie gründet sich auf die (übrigens für Verkaufs-, nicht für Auflassungsvollmachten ausgebildete) Rechtsprechung, die die Vollmacht dann für formpflichtig erachtet, wenn sie sich nur als das äußere Gewand darstellt. Ohne Rechtsirrtum stellt hier aber das LG. fest, daß eine Unwiderruflichkeit der Vollmacht dem Vertrage nicht zu entnehmen sei. Die Ausführung, die Vollmacht habe der Beurkundung bedurft, weil der Bevollmächtigte nach § 5 des Vertrages habe handeln müssen, verwechselt anscheinend diesen Fall mit der Gebundenheit des Machtgebers, die die Beurkundung erforderlich machen kann. . . .

6. Recht der Schuldverhältnisse.

a) Banküberweisung, wenn Zahlungen bar vereinbart sind.

OLG. Hamburg, 1. ZS. Urteil v. 2. März 1925 (Bf 437/24).

Der Grundstückskauf v. 7. 7. 1923 ist nach §§ 2, 5 aufgehoben, wenn der klagende Käufer den bar zu zahlenden Restkaufpreis v. 500 Mill. nicht bis 5. 8. 1923 gezahlt hat. Im Auftrage des Klägers hat N. am 31. 7. 1923 telegraphisch der KBank für den Beklagten den Restkaufbetrag überwiesen. Nach dem Vertrage ist allerdings der Restkaufpreis in „bar" zu zahlen und darunter kann die Bezahlung in Geldscheinen verstanden werden. Es kann aber auch lediglich die Hervorhebung eines Gegensatzes zur vorhererwähnten Hypothekenübernahme und Bankscheckzahlung gewollt und gemeint sein, daß der Kläger seiner Zahlungspflicht nicht durch Verrechnung oder Hingabe eines Schecks, wohl aber durch die allgemein übliche Banküberweisung auf das Konto der Beklagten genügen dürfe, sofern diese nur spätestens am 5. 8. über den Betrag verfügen könne. So hat der Kläger die Abmachung für den Beklagten erkennbar verstanden; denn er hat als der 5. 8. als letzter Zahlungstermin festgesetzt wurde, erklärt, das Geld komme von außerhalb und würde schon früher bezahlt werden. Ist also Zahlung in Geldscheinen nicht als vereinbart anzusehen, so mußte der Beklagte eine rechtzeitige Leistung durch Banküberweisung als Erfüllung annehmen. Er mußte dies aber am 4. 8. auch deshalb, weil sich bis dahin der Mangel an Geld in Deutschland so gesteigert hatte, daß dem Kläger die Zahlung in barem Geld unmöglich wurde. Sollte also auch diese Art der Leistung als vereinbart gelten müssen, so mußte Beklagte doch nach § 242 die nach der Entwicklung der Geldverhältnisse dem Kläger allein mögliche bankmäßige Leistung als Erfüllung annehmen; ein Fall des § 323 läge nicht vor.

Endlich hatte Beklagte auf die Ankündigung des N., daß er den Betrag auf ihr Bankkonto überweisen wolle, am 30. 7. einen bestätigten Bankscheck erbeten, indem sie die Hoffnung ausdrückte, daß diese Art der Erfüllung möglich sei. Diese Erklärungen enthielten keine Ablehnung, sondern nur den Wunsch andersgearteter Erledigung und mußten so verstanden werden, daß Beklagte, falls ihrem Wunsche Schwierigkeiten entgegenständen, auch mit einer Banküberweisung einverstanden sei. Vollends aber ist dieses Einverständnis darin zu finden, daß sie auf die ihr am 2. 8. zugegangene Mitteilung des N., er könne den Bankscheck nicht schicken und habe den Betrag telegraphisch überwiesen, schwieg. Hätte sie dem N. noch an diesem Tage gedrahtet, so hätte der Kläger noch am 3. einen bestätigten Scheck beschaffen und bis zum 4. 8. in die Hände der Beklagten gelangen lassen können, den sie nach Treu und Glauben nicht hätte ablehnen können . . .

b) **Kauf einer gebrauchten Maschine als Spezieskauf.**

α) OLG. Rostock, 1. ZS. Urteil v. 3. November 1924.

Es braucht nicht untersucht zu werden, ob die gelieferte Maschine wirklich den Erfordernissen entsprochen hat, die sie nach den Beredungen haben sollte, ob sie also fast neu und betriebsfertig war. Denn der Klageantrag auf Lieferung eines anderen Binders ist nur dann begründet, wenn es sich um einen Gattungskauf handelt. Daran fehlt es hier. Denn mögen um jene Zeit auch alte Maschinen vielfach gekauft worden sein, so bilden sie doch in der Regel nicht als Gattungssachen den Vertragsgegenstand, weil es gerade bei ihnen zu sehr auf die Art der Erhaltung ankommt. Auch die hier bei den Besprechungen angegebenen genaueren Merkmale der Maschine sprechen nicht gegen einen Spezieskauf. Denn sie sind, falls ein solcher vorliegt, eben als die Beschreibungen dieser besonderen Maschine und als Zusicherungen ihrer Eigenschaft anzusehen. Daß der Kläger jene Maschine nicht zu nehmen brauchte, wenn sie statt links- rechtsschneidend gewesen wäre, spricht keineswegs für einen Gattungskauf. Auch bei einem Spezieskauf war der Kläger zur Abnahme nicht verpflichtet, weil ausdrücklich zugesichert war, daß die Maschine linksschneidend sei und die Maschine sonst einer ausdrücklich zugesicherten Eigenschaft ermangelt hätte. Vor allem spricht aber für einen Spezieskauf, daß sie, von Station P. verkauft ist. Dadurch wurde hinreichend ausgedrückt, daß eine bestimmte Maschine in P. oder in dessen Umgegend ausschließlicher Gegenstand des Kaufes bilden sollte. Dafür, daß Beklagter in dortiger Gegend verschiedene Maschinen von einer solchen Beschaffenheit zur Verfügung gehabt und als Vertragserfüllung hätte anbieten können, liegt nichts vor; auch der Kläger konnte dies kaum annehmen. Durch die Bezeichnung jenes Lieferorts ist deshalb unzweideutig darauf hingewiesen, daß gerade eine bestimmte Maschine geliefert werden sollte, allerdings mit der Zusicherung, daß sie allen Erfordernissen entsprach, die der Kläger auf Grund des Vertrages voraussetzen konnte.

β) OLG. Hamburg, 1. ZS. Urteil v. 26. Februar 1924 (Bf 41/23).

Der Kläger hat zwar nur 41 Stück der bei X. für den Beklagten lagernden 70 Motorpflüge gekauft; jedoch handelt es sich nicht um einen Gattungskauf, sondern um speziell bestimmte Pflüge. Denn den Gegenstand des Geschäfts bilden nicht schlechthin Moterpflüge, wenn auch von bestimmter Beschaffenheit, sondern gerade die bei X. lagernden Stücke, wie sie „auf dem Lager stehen und gehen", die, wie sich aus dem Briefwechsel ergibt, aufgearbeitet werden sollten, also offenbar gebraucht waren. Diese Pflüge können nicht anderweit beschafft werden; ihre Lieferung stellt mithin eine Individualleistung dar. Daran ändert auch nichts der Umstand, daß sie noch aus dem gesamten Vorrat auszuscheiden sind. Die Auswahl hat, wie die Anl. B 10 besonders hervorhebt, Beklagte zu treffen. Hiernach ist zur Sicherung des Lieferungsanspruchs eine einstw. Verfügung zulässig. Immerhin ist darin dieses Auswahlrecht dahin auszudrücken: Beklagte hat die zu sequestrierenden 41 Pflüge auszuwählen; unterläßt sie die Auswahl, so hat der Gerichtsvollzieher auszuwählen . . .

Das Rücktrittsrecht wegen positiver Vertragsverletzung steht der Beklagten nicht zu. Denn auch unter Berücksichtigung ihres dringlichen Wunsches nach pünktlicher Zahlung kann deren Versäumung nicht als ein so wesentlicher Verstoß angesehen werden, daß dadurch der Vertragszweck erheblich gefährdet würde. Denn der größte Teil des Kaufpreises war bereits pünktlich gezahlt; dazu kam noch am 1. 11. 1922 die Übersendung einer weiteren Million in Schecks. Ferner lief Beklagte insofern keinerlei Gefahr, als sie die verkauften Pflüge noch in ihrer Verfügungsmacht und sich das Eigentum daran bis zur Zahlung des vollen Gegenwertes vorbehalten hatte. Überdies hatte der Kläger ihr die schnellste Überweisung der restlichen 2 Millionen zugesagt. Unter diesen Umständen hatte sie ihm zur Bewirkung der Restzahlung entsprechend der Regel des § 326 eine angemessene Nachfrist zu setzen, die kurz bemessen sein dürfte. Auch kann hier nicht in Anlehnung an RG. 104 S. 39 ein stillschweigender Verzicht der Parteien auf Nachfristsetzung angenommen werden; denn im Unterschiede vom dortigen Falle drohte hier durch eine kurze Fristsetzung der Beklagten kein nennenswerter Nachteil, weil sie, im Besitze der Ware und des größten Teiles des Kaufpreises, ausreichend gegen Verluste bei Vertragsbruch des Klägers gesichert war. Die Nachfrist erübrigte sich endlich nicht deswegen, weil der Kläger nach seinen vorangegangenen eigenen Äußerungen voraussichtlich auch innerhalb der Nachfrist nicht hätte zahlen können. Der Zweck einer solchen besteht darin, dem Gegner ausdrücklich die Ernstlichkeit des Willens, am Vertrage festzuhalten, und die Folgen des Vertragsbruches vor Augen zu halten. Möglicherweise hätte die Fristsetzung den Kläger doch noch veranlaßt, umgehend Zahlung zu leisten, zu der er vielleicht bei aller Anstrengung hätte die Mittel aufbringen können. B.

γ) OLG. Hamburg, 6. ZS. Urteil v. 3. Juni 1924 (Bf 367/23).

Nach dem Abkommen sind 250—300 Tonnen oberschl. Gasflamm-Förderkohlen frei Bahnwagen Löschplatz Hamburg verkauft und aus einem bereits schwimmenden Kahn zu liefern, der am 3. 11. 1922 erwartet werde. Dieser Satz läßt auf die Auffassung und den Willen der Beklagten schließen, mit Ware aus einem ganz bestimmten Kahn erfüllen zu wollen. Das Fahrzeug ist jedoch nicht näher bezeichnet, die nähere Absicht der Beklagten dem Kläger nicht zur Kenntnis gebracht. Die Spezialisierung wäre somit völlig in den guten Willen der Beklagten gestellt. Diese Umstände können aber nicht genügen, die verkaufte Gattungsware zu einer Spezies zu machen. Die Abrede mag hart an Spezialisierung streifen, erreicht ist solche nicht . . . B.

c) **Kein Anspruch der Reichsbahn auf das Privileg der preuß. Staatskassen.**

OLG. Hamburg, 2. ZS. Urteil v. 14. Febuar 1924 (Bf 547/23).

Nach I § 316 kann „der Schuldübernehmer dem Gläubiger Einreden nicht entgegensetzen, die eine ausschließliche Beziehung auf die Person des bisherigen Schuldners haben". Diesen § sowie den entsprechenden § 302 hat die 2. Komm. zwar gestrichen, jedoch nicht, um derartige Einreden nunmehr zuzulassen, sondern weil das BGB. Einreden der gedachten Art nicht kenne und weil, wenn ein andres Gesetz Einreden dieser Art bestimmte, ihm zu entnehmen wäre, ob sie mit der Schuldübernahme wegfallen oder bestehen bleiben sollten. Aus Art. 11 PrAusfG. ist aber nicht zu entnehmen, daß das offenbar höchstpersönliche Privileg der preuß. Staatskassen, nach welchem die Zahlungen an der Kasse in Empfang zu nehmen sind, in der Weise zum wesentlichen Bestandteile der staatlichen Verbindlichkeiten werden sollte, daß es mit der Schuld auf etwaige Schuldübernahme übergehen sollte; schon deshalb nicht, weil ein solcher Übergang selbst bei Rechtsnachfolgern, die über öffentliche Kassen verfügen, ohne Veränderung des Schuldinhalts schwer oder gar nicht möglich wäre, geschweige denn bei privaten Rechtsnachfolgern, für die ein derartiges Privileg ganz unverwendbar sein würde. Für das die Schulden des preuß. Eisenbahnfiskus übernehmende Reich gehört daher die Berufung auf jenes Zahlungsprivileg nicht zu denjenigen Einwendungen, die sich aus dem Rechtsverhältnisse zwischen dem Gläubiger und dem bisherigen Schuldner im Sinne des § 417 ergeben; vielmehr unterstehen auch diese Schulden des Reichs als „Bringschulden" den §§ 269, 270. Auf Grund dieser §§ ist daher festzustellen, zu welchem Zeitpunkte die Zahlung des Klägers durch die Banküberweisung vom

15. Juni im Sinne des Urteils des LG. vom 6. 4. 1921 als bewirkt zu betrachten und demgemäß, zu welchem Kronenkurse die geschuldete Summe umzurechnen gewesen ist.

Der Kläger, der gemäß § 269[1] an seinem Wohnsitze, also in Altona erfüllen mußte, hätte das Geld auf seine Kosten und Gefahr nach Hamburg als dem Wohnsitze der Beklagten zu übermitteln gehabt, wodurch gemäß § 270[4] am Leistungsorte nichts geändert worden wäre. Die Zahlung gilt demnach als geleistet mit dem Augenblicke, wo der Schuldner an seinem Wohnorte das Geld auf den Weg bringt. So läßt das RG. (78 S. 140) den Zeitpunkt entscheiden, wo er das Geld in bar bei der Postanstalt seines Wohnsitzes auf Postanweisung für den Gläubiger einzahlt. Dem ist auch durchaus zuzustimmen; denn die ihm an seinem Wohnorte obliegende Leistung hat er damit vollständig bewirkt; er soll durch die Übersendungspflicht des § 270 nicht anders gestellt werden, als wenn er dem Gläubiger an seinem Wohnorte die Geldsumme unmittelbar berichtigt hätte. Für die Zahlung durch Banküberweisung hat das RG. (82 S. 97) allerdings im Gegensatz hierzu entschieden (vgl. auch RG. 54 S. 332, HansGZ. 1913 Nr. 31, 1923 Nr. 88).

Vorliegend handelt es sich lediglich um eine Auslegung des § 244. Wenn der Schuldner das Geld dem Gläubiger nach § 270 an dessen Wohnsitz durch die Post übermittelt oder mit Zustimmung des Gläubigers durch die Reichsbank überweist, so fragt sich, was unter der „Zeit der Zahlung" und dem „Zahlungsort" zu verstehen ist. Soll er in Reichswährung zahlen können, so muß er in der Lage sein, den Umrechnungskurs festzustellen. Das ist er — wenn die Kurse schwanken — nur, wenn es auf den Kurs ankommt, der in dem Augenblicke gilt, in dem er das Geld einzahlt oder überweist, nicht aber, wenn der Kurs maßgebend ist, der am Wohnsitz des Gläubigers im Augenblicke der Auszahlung oder Gutschrift gilt. Entschiede dieser Kurs, so könnte der Gläubiger zu viel oder zu wenig empfangen. Bekäme er zu viel, müßte er einen Betrag zurückerstatten; erhielte er zu wenig, müßte der Schuldner den nicht gedeckten Teil seiner in ausländischer Währung ausgedrückten Schuld nachzahlen und die gleichen Möglichkeiten könnten sich wiederholen. Das Gesetz ist daher dahin auszulegen, daß es auf den Kurs zur Zeit und an dem Orte der Einzahlung oder Überweisung des Geldes ankommt. Die Richtigkeit dieser Auslegung wird besonders klar, wenn der Fall einer Zahlung an einen überseeischen Gläubiger berücksichtigt wird. Allerdings hat nach dieser Auslegung der Gläubiger in den letzten Jahren in zahlreichen Fällen nicht den Betrag erhalten, der nötig war, um sich die geschuldete Summe in ausländischer Währung anzuschaffen; das kann aber nicht beachtet werden. Im allgemeinen kann der Gläubiger, wenn der Kurs bei Absendung des Geldes maßgebend ist, gerade so gut zu viel wie zu wenig erhalten. Wollte der Kläger nicht das Risiko laufen, daß der Kurs der deutschen Währung sich zwischen der Absendung und dem Eingang des Geldes verschlechterte, hätte er das Geld in Altona in Empfang nehmen müssen. Wie zu entscheiden ist, wenn das Geld infolge eines Versehens der Post oder der Reichsbank nicht in der gewöhnlichen Zeit ankommt, kann dahingestellt bleiben. B.

d) **Schadensersatz in Geld: α] für noch nicht ausgelegte Beträge**[1].

OLG. Stuttgart, 4. ZS. Urteil vom 25. Mai 125.

Der Kläger verlangt als Schadensersatz wegen Körperverletzung Ersatz für Arzt- und Pflegekosten, die er schuldet, aber noch nicht ausgelegt hat. Der Beklagte wendet ein, daß der Kläger nur Befreiung von den eingegangenen Verbindlichkeiten nach § 257 verlangen könne. Allein wie der äußere und innere Zusammenhang mit § 256 ergibt, begründet § 257 nur als besonderen Fall der im allgeimenen in § 256 geregelten Verpflichtung zum Aufwandsersatz, wie sie teils durch Vereinbarung (§ 652), teils auf Grund gesetzlicher Vorschrift (§§ 304, 347) begründet wird, das Recht auf Befreiung. Aufwendungs- und Schadensersatz sind aber verschieden und vom Gesetz verschieden geregelt (RG. 71 S. 214; J. W. 1910 S. 803 11). Für den Schadensersatz sind maßgebend die §§ 249—255. Der Geldanspruch aus § 249 Satz 2 ist nicht zu verwechseln mit dem Anspruch auf Geldentschädigung nach §§ 250 2, 251, 253; er ist vielmehr gleichfalls ein Anspruch auf Herstellung, nur nicht in der Form der unmittelbaren Leistung, sondern einer durch Geldzahlung des Schuldners vermittelten Selbstbefriedigung. Der Gläubiger hat zwischen beiden Ansprüchen des § 249 S. 2 die Wahl.

β) **Nach Herstellung des früheren Zustandes.**

OLG. Hamburg, 1. ZS. Urteil v. 27. Mai 1925 (Bf 4/23).

Die Beklagte hat nach § 249 den Zustand herzustellen, der bestände, wenn die beiden Pferde des Klägers nicht tödlich verletzt worden wären. Daß sie gemäß diesem Grundsatze gleichwertige Ersatzpferde liefere, kommt jedoch nicht in Frage. Der Kläger hat von vornherein die ihm durch § 249 S. 2 gegebene Befugnis ausgeübt und den erforderlichen Geldbetrag verlangt. Er kann um so weniger noch Herstellung fordern, als er selbst bereits am 1. 12. 1921 für 30 000 M. und am 7. 4. 1922 je ein anderes Pferd gekauft hat. Der innere Wert dieser Kaufsumme kann nur mit Hilfe der für damals gefundenen durchschnittlichen Meßziffern auf 1550 + 1570 = 3120 RM. bemessen werden und ist also jedenfalls als Schadensersatz von der Beklagten zu vergüten. Ihre Ansicht, daß der Kläger jene ohne den Unfall ersparten 3120 RM. der Entwertung nur zu 50% habe entziehen können, ist irrig. Zunächst hätte er als Kohlengroßhändler einen zu seiner Verfügungstehenden Markbetrag jederzeit sofort und in ihren vollen Wert behaltenden Waren anlegen und sich so seinen Wert allen Umfanges erhalten können. Vor allen Dingen leiden hier die Grundsätze darüber, wie eine Forderung und ob sie in voller Höhe aufzuwerten sei, überhaupt keine Anwendung. Mag der Kläger anstatt Herstellung des früheren Zustandes zu fordern, gemäß § 249 S. 2 auch nur den dazu erforderlichen Geldbetrag verlangen, so erscheint diese Forderung doch immer noch als Anspruch auf Herstellung in dem Sinne, daß Beklagte die Geldzahlung leisten möge, die den Kläger in den Stand setzen würde, selbst die Herstellung in Natur vorzunehmen. An dieser Natur als eines Herstellungsanspruches ist nichts dadurch geändert, daß der Kläger die gewählte Selbstherstellung im Laufe des Rechtsstreits schon vorgenommen hat ...

---

[1]) Wegen Nichterfüllung eines Trödelvertrages: Dresden 12. 1. 1922 (SächsArch. S. 169).

Eine andere Frage ist, ob der Kläger etwa noch über jene RM. 3120 hinausgehende Geldzahlung als Schadensersatz fordern könne. Er behauptet, daß er seinerzeit durch Warenverkäufe die Kaufsumme flüssig gemacht habe und daß er diese auch sonst benutzt hätte, um eine bestimmte Menge Koks einzukaufen, für die er jetzt nicht nur 3120, sondern 4000 RM. als Kaufpreis zahlen müsse. Allein, daß der Kläger die Ersatzpferde zu den angegebenen Zeiten kaufte und dabei den behaupteten Weg einschlug, beruht auf seinem freien Entschluß und kann nicht als durch das Eingehen der am 21. 10. 1921 verletzten Tiere bedingt angesehen werden. Es ist nicht genügend dargelegt, daß ihre Ersetzung zur fraglichen Zeit und so, wie sie angeblich geschehen ist, unumgänglich gewesen sei. Sodann steht aber auch ganz dahin, ob es wirklich einen Schaden für den Kläger bedeutete, wenn er den Erlös für Waren, die an sich zur Veräußerung im Gewerbebetriebe bestimmt waren und die auch, wie mangels eines gegenteiligen Vorbringens angenommen werden darf, an sich im ordnungsmäßigen Geschäftsgange veräußert sind, nicht wieder zum Anschaffen gleichartiger Waren, sondern zum Ersatz eines anderen Abganges in seinem Betriebe verwandt, und ob er daher jetzt oder jetzt noch dadurch geschädigt ist, daß er am 9. 12. und 7. 4. seinen Beständen nicht den ihnen entnommenen Koks wieder beigefügt hat. Jedenfalls hat er es auch in dieser Beziehung an jeder gebotenen Darstellung fehlen lassen. Übrigens würde der hier fragliche Schaden, weil nur durch eine ganz eigenartige Verkettung besonderer Umstände — vor allem der völligen Markentwertung sowie der damit Hand in Hand gehenden gänzlichen Verschiebung aller wirtschaftlichen Verhältnisse — herbeigeführt, als eine so entfernte, unvorhersehbare Folge der Beschädigung des klägerischen Eigentums erscheinen, daß sie der Beklagten nicht mehr zuzurechnen wäre. Es handelt sich nicht um einen Vermögensnachteil, für den die Tötung der Pferde als ursächlich angesehen werden könnte. B.

e) α) **Einfluß der Fob-Klausel auf den Erfüllungsort.**

OLG. Hamburg, 5. ZS. Urteil v. 6. Februar 1924 (Bs 23/24).

Die Absicht des § 269 geht dahin — wenn auch die Fassung dies nicht klar erkennen läßt —, daß mangels anderer Anhaltspunkte der regelmäßige Leistungsort der Wohnsitz oder die gewerbliche Niederlassung sein soll, und daß den, der sich auf anderes beruft, die Beweislast trifft. Hier fehlt es für eine stillschweigende Bestimmung des Leistungsorts an jedem Anhalt. Allerdings gilt nach den Platzusancen für den hamb. Warenhandel § 19 (Börsenhandbuch S. 116): „Soll eine Ware „frei" eines bestimmten Ortes geliefert werden, so gilt der Lieferungsort als Erfüllungsort für die Lieferung". Aber eine Bezugnahme auf § 19 fehlt im Bestätigungsschreiben und ebenso jeder andere Hinweis, daß sich Beklagter diesen Usancen unterwerfe. Es fragt sich daher, ob aus der Natur des Schuldverhältnisses an sich oder unter Zuhilfenahme der Verkehrsanschauung zu entnehmen ist, daß der Leistungsort für Beklagten Hamburg sein sollte. Es liegt ein Fob-Verkauf vor. Nach RG. (106, S. 212) bedeutet diese Klausel, daß der Verkäufer die Gefahr des Transportes bis ans Schiff zu tragen hat.. Eine dem § 19 entsprechende Verkehrsauffassung läßt sich nicht feststellen. Die von Ritter (Bürg. Arch. 40

S. 433) angeführten Äußerungen der Handelskammern sprechen nur von der Transportgefahr, nicht vom Erfüllungsort. Es ist auch zu berücksichtigen, daß die Klausel ursprünglich eine bloße Spesenklausel war und als solche lange von den Gerichten betrachtet worden ist. B.

β) **Lieferungszeit, wenn die Arbeiter Schwierigkeiten machen.**

OLG. Hamburg, 6. ZS. Urteil v. 11. Juni 1925 (Bf 184/25).

Beklagte war, auch wenn keine Liefertermine festgelegt sind, verpflichtet, in angemessener Zeit zu liefern. Sie ist deshalb in Rückstand geraten, weil ihre Arbeiter Schwierigkeiten machten. Da die von ihr mit Rücksicht hierauf beanspruchte Lieferzeit über das sonst angemessene Maß hinausgeht, so muß sie, selbst wenn man sich auf den ihr günstigen Rechtsstandpunkt stellt, beweisen, daß sie nicht in der Lage war, diese Schwierigkeiten zu überwinden. Es ist Aufgabe des Fabrikanten, seinen Betrieb so einzurichten und zu leiten, daß er die übernommenen Lieferverpflichtungen erfüllen kann. Keinesfalls kann er ohne besondere Vereinbarungen die Folgen eintretender Arbeiterschwierigkeiten auf seine Kunden abwälzen, wenn er mit Opfern, die das dem Fabrikanten zuzumutende Maß nicht übersteigen, die Arbeiter willig machen kann. Nach dem Beweisergebnis ist die angedrohte Stillegung des Betriebes der Beklagten durch Verhandlung abgewendet worden, die sich auf die Lohnfrage erstreckte. Neben diese Lohnfrage, die für die Arbeiterschaft entscheidend war, trat allerdings als Nebenfrage ihr Wunsch, die hier fr. einfachen Leisten nur als Zwischenarbeit herzustellen, weil sie der Herstellung derart einfacher Produkte überdrüssig war und wieder die gewohnte Qualitätsarbeit machen wollte. Deshalb ließen die Arbeiter die Leisten stehen, obwohl sie an ihnen nach den erhaltenen Gehaltsaufbesserungen ebensoviel wie an der Qualitätsarbeit verdienten ... Hätte sie den genügenden Nachdruck darauf gelegt, daß sie zur Erfüllung ihrer Vertragspflichten diese Arbeiten ohne Unterbrechung fertigstellen müsse, so wäre ihr wahrscheinlich ohne Geldopfer, sicherlich aber mit einer geringen Erhöhung der Akkordsätze für diese eintönige Arbeit gelungen, die Arbeiterschaft gefügig zu machen und rechtzeitig zu liefern. Jedenfalls hat sie nicht das Gegenteil nachgewiesen. B.

γ) **Haftung des Käufers gestohlener Sachen bei Weiterverkauf.**

a) OLG. Hamburg, 2. ZS. Urteil v. 11. November 1924 (Bf 158/24).

1. Der Beklagte hat ein Armband, das dem Kläger gestohlen worden war, von X. um 62 000 M. gekauft und Ende 1922 um 95 000 M. einem Unbekannten weiterverkauft. Die Bereicherungsklage auf den Verkaufserlös ist unbegründet. Allerdings hat das RG. (105, S. 84) den § 281 auf einen Fall wie den vorliegenden für anwendbar erklärt. Dem ist jedoch nicht zu folgen. Denn wenn auch unter Umständen angängig und erforderlich sein mag, gewisse nur für das Schuldrecht gegebene Vorschriften auch für dingliche Ansprüche anzuwenden — wie es das RG. z. B. bezüglich des § 242 in JW. 1922, S. 1513[2] ausgesprochen hat, so muß doch daran festgehalten werden, daß grundsätzlich die Bestimmungen, die für die systematisch gesondert behandelten Rechtsgebiete gelten, innerhalb der ihnen im System des BGB. angewiesenen Grenzen zu verbleiben haben, und nur solche Vorschriften eine Ausdehnung ihres Geltungsbereichs vertragen, die einem

zweifellos allgemein gültigen Rechtsgedanken entsprungen sind. Nun kehrt zwar der Gedanke der „Surrogation" oder des „stellvertretenden Commodum" — nach gemeinschaftlicher Ausdrucksweise — in einer Reihe gesetzlicher Bestimmungen (vgl. RG. 105 S. 87) wieder, worunter sich jedoch keine aus dem Sachenrechte befindet. Die Regel vom dinglichen Ersatz ist auch stets auf bestimmte Fälle begrenzt geblieben, wie das RG. (94 S. 23) näher ausführt. Darum kann jedoch noch nicht gesagt werden, daß § 281, wie etwa § 242, für sämtliche im BGB. geordneten Rechtsbeziehungen auch über das Schuldrecht hinaus Geltung beanspruchen dürfte. Der § 281 ist als Ausfüllung der Lücke gedacht, die ohne ihn vorhanden wäre, wenn bei Unmöglichkeit der Vertragsleistung ein Ersatzanspruch nicht gegeben ist oder der Schuldner infolge des die Unmöglichkeit herbeiführenden Umstandes einen den Schadensanspruch übersteigenden Ersatz für den geschuldeten „Gegenstand" bekommen hat. Der Gläubiger soll, da er diesen nicht bekommen kann, zum mindesten jenen Ersatz erhalten, mag auch der Schuldner nicht für die Unmöglichkeit einzustehen haben (§§ 275, 280). Ohne den § 281 wäre er im Falle des § 280 auf den Schadenanspruch beschränkt und hätte im Falle des § 275 überhaupt keine Rechte. Die im § 281 für einen besonderen Fall — Verpflichtung zur Lieferung einer Sache — gegebene, aus den allgemeinen Bestimmungen über die Unmöglichkeit sich nicht ergebende positive Vorschrift darf nicht auf die in §§ 985 ff. ausführlich geregelten Rechte des Eigentümers gegenüber dem gegenwärtigen und dem früheren Besitzer (§§ 989, 990) angewendet werden. Es ist zu beachten, daß der gutgläubige Besitzer nicht dafür zu sorgen hat, daß er zur Herausgabe imstande bleibt; er haftet vielmehr nur solange auf Herausgabe, als er die Sache besitzt.

2. Der Verkauf der gestohlenen Sache durch den Beklagten ohne Einwilligung des Klägers war nach § 935 dem Kläger gegenüber nicht wirksam; insoweit war also der Anspruch aus § 816 nicht gegeben. Der Kläger hat nun fürsorglich die Genehmigung jenes Verkaufs erklärt und diesen dadurch allerdings gemäß §§ 185^2, 84^1 rückwirkend wirksam gemacht. Es kann aber dahingestellt bleiben, ob ein solcher Fall im Sinne des § 816 dem gleichgestellt werden kann, wo die Verfügung von vornherein dem Berechtigten gegenüber wirksam ist; denn mit dem Augenblicke der Genehmigung hört die Verfügung auf, sich als eine solche darzustellen, die von einem Unberechtigten vorgenommen worden ist, so daß schon aus diesem Grunde § 816 unanwendbar bleibt. Andernfalls hätte der Bestohlene in der Hand, aus der Kette derjenigen, die einmal den Besitz der Sache erworben haben, irgendeinen herauszuziehen und von ihm dessen Verkaufserlös zu erlangen, ohne daß dieser auf seinen Vordermann wegen Entwährung der Kaufsache nach § 440^2 zurückgreifen könnte.

3. Der über eine gestohlene Sache unberechtigt durch Verkauf Verfügende erlangt nichts unmittelbar aus dem Vermögen des Berechtigten, , so daß schon aus diesem Grund auch § 812 nicht anwendbar ist; im Falle der rückwirkenden Genehmigung wäre überdies der Kaufpreis nicht ohne rechtlichen Grund in sein Vermögen gelangt. B.

β) OLG. Hamburg, 6. ZS. Urteil v. 9. Juni 1925 (Bf 30/25).

Die dem Kläger gestohlenen Brillanten hat der Dieb unter falschem Namen und Passe dem Beklagten verkauft. Andrerseits steht fest, daß die Polizei selbst durch ihre Auskunft die Bedenken des Beklagten gegen den Verkäufer zerstreut hat und daß Beklagter die Brillanten ohne Verdienst an seinen Bruder weitergegeben hat, ehe er den Diebstahl erfahren hatte. In solchem Falle versagen die §§ 812 ff., die einen unmittelbaren Übergang aus dem Vermögen des Berechtigten in das des Verpflichteten voraussetzen. Hier floß aber dem Nichtberechtigten das durch die Verfügung Erlangte aus dem Vermögen des dritten Erwerbers zu (Seuff 66, S. 263). Es bliebe daher nur der Anspruch aus § 281.... Dabei darf nicht übersehen werden, daß dem RG. (105 S. 84) ein ganz besonderer, eng umgrenzter Fall vorlag und eine Verallgemeinerung nicht verträgt: Dort stand bereits fest, daß die gestohlene Ware nicht mehr wiederzuerlangen war, und lediglich auf Herausgabe des Gewinnes war geklagt, der insgesamt dem Werte der gestohlenen Sache nicht gleichkam. Das RG. sieht sich denn auch veranlaßt, die Entscheidung mit Vorbehalten auf den ihm vorliegenden Fall zu beschränken, besonders was den Umfang der Herausgabeanspruchs anbetrifft. Hier kommt die Herausgabe eines Gewinnes nicht in Frage. Damit daß der § 281 keinen Bereicherungs-, sondern einen Ersatzanspruch gewährt, ist die Frage noch nicht gelöst, ob der Schuldner den Erwerbspreis vom Erlös abzuziehen berechtigt ist. Mit Rücksicht darauf, daß er nach § 275 an sich bei nachträglicher Unmöglichkeit (Unvermögen) von der Leistung befreit ist, und die Haftung nach Sachlage eine leichte sein muß, da ihr jedes Schuldmoment fehlt, erscheint es unbillig, ihn in seinem Vermögen fast gleich einem bösgläubigen Schuldner zu kürzen. Der dem § 281 zugrunde liegende Gedanke ist der, daß, wer eine Sache versprochen hat, die er nicht mehr leisten kann, dem Gläubiger billigerweise auf Verlangen mindestens das herausgeben muß, was ihm von der Sache noch verblieb, oder was er als Ersatz für sie in seinem Vermögen oder Besitz erhielt. Wenn nun der Beklagte, die Brillanten, mit denen er selbst nichts anfangen konnte, für seinen Bruder, der Juwelier ist, gekauft hat, um sie ihm sofort ohne Gewinn wieder zu verkaufen, so ist nach natürlicher und wirtschaftlicher Auffassung der ihm gezahlte Kaufpreis als Ersatz nicht für die Brillanten, sondern für die gemachten Aufwendungen anzusehen. Es läßt sich wenigstens nach der besonderen Sachlage nicht sagen, daß ihm irgendetwas verblieben sei, was als Ersatz für die Brillanten angesehen werden könnte. B.

g) **Tatsächliches oder wörtliches Angebot der Leistung?** [1]

OLG. Hamburg, 6. ZS. Urteil v. 6. Oktober 1925 (Bf 293/25).

Beide Parteien werfen einander Nichterfüllung eines Kaufvertrages vor, haben Nachfristen gesetzt und machen die sich daraus ergebenden Rechte geltend. Mit Recht führt das LG. aus, daß der Kläger den Kaufpreis nach § 294 tatsächlich habe anbieten müssen. Das wörtliche Angebot reichte nach § 295 nicht aus. Denn Beklagte hatte nie erklärt, daß sie die Leistung nicht annehmen werde, vielmehr

[1]) Die §§ 268², 326 sind nicht ohne weiteres auf den Schiedsvertrag anzuwenden; Weigerung, sich auf das Schiedsverfahren einzulassen, als positive Vertragsverletzung: Dresden 27. 3. 23 (SächsArch. 209).

Zahlung gefordert. Ebensowenig war zur Bewirkung der Leistung eine Handlung der Beklagten erforderlich. Als solche betrachtet der Kläger die Bezeichnung des Lagerorts, da er nur Zug um Zug zu zahlen brauche und daher, solange er den Ort der Übergabe der Ware nicht kenne, auch den Ort der Zahlung nicht kenne. Allein er kannte diesen Ort bereits durch den (allerdings gesperrten) Lieferschein, den er schon vor dem Vorprozeß empfangen und seitdem in Händen hatte. Zweifelte er, ob die Ware noch dort lag, so hätte eine Anfrage bei dem Verwahrer genügt. Ein wörtliches Angebot konnte umsoweniger ausreichen, als Beklagte nach dem Verlauf der Angelegenheit nicht wissen konnte, ob der Kläger überhaupt zahlen könne und wolle, und nicht nur einen formellen Weg suchen wolle, um zu dem Schadensanspruch wegen Nichterfüllung zu gelangen, den er im Vorprozeß nicht hatte durchsetzen können.

Aber auch die Beklagte hat nicht die Ware, sondern nur einen Lieferschein angeboten. Allerdings ist unter Kaufleuten die Gewohnheit verbreitet, bereits gegen Lieferschein zu zahlen, da ein zuverlässiger Kaufmann ihn nur erteilt und Zahlung darauf nur entgegennimmt, wenn ordnungsmäßige Lieferung gesichert ist. Aus dieser Handhabung folgt aber noch kein zwingender Handelsbrauch, der voraussetzen würde, daß die Handhabung auf der Überzeugung einer bestehenden Rechtspflicht beruht. Eine Rechtspflicht, anstelle der Ware einen Lieferschein anzunehmen, kann aber schon deswegen nicht bestehen, weil er keine Verplichtung des zur Lieferung Angewiesenen ausweist und wenn nur gegen Zahlung angeboten, bei dieser keine Prüfung der Ware ermöglicht. Auch Beklagte durfte sich daher auf ein Angebot des Lieferscheins nur beschränken, wenn die Voraussetzungen des § 295 vorlagen. Der Kläger hat aber weder Abnahme noch Zahlung geweigert. Wenn er sich die Prüfung der Ordnungsmäßigkeit der Ware in einem Briefe vorbehielt, so ist damit nicht gesagt, daß er an die Ware höhere Ansprüche stellen wollte, als er es tun durfte, nachdem er die Ware vor dem Vorprozeß geprüft hatte und dann in Verzug geraten war. Wenn er auch seitdem die Gefahr trägt, so darf er sich doch überzeugen, ob nicht Beklagte ihre Verfügungsmacht über die Ware inzwischen ausgeübt und die ordnungsmäßige Erfüllung dadurch beeinträchtigt hat. Wenn sie statt der angebotenen 2% Verzugszinsen 3% für den Monat fordert, so war sie, solange sie keine Belege für so hohen Schaden gab, dazu nicht berechtigt; übrigens fällt dieser Unterschied nicht ins Gewicht. Die Vorprozeßkosten hat der Kläger an den Gerichtsvollzieher, also an den Vertreter der Beklagten, innerhalb der Frist gezahlt...

h) **Preisangabe. Verkauf „nebst Bestandteilen" ohne Bezeichnung.**

OLG. Braunschweig, 2 ZS. Urteil v. 29. Januar 1925 (V 200/23).

Mit dem LG. ist die Sachlage dahin zu würdigen, daß der im notariellen Vertrage v. 1. 4. 20 beurkundete Preis von 17 000 M. dem übereinstimmenden Parteiwillen entsprach. Ende 1919 hat der Kläger 7500 Mark bezahlt, als er in das ihm verkaufte Hofgrundstück einzog. Dieser Betrag stellte aber den Ersatz für Ausbesserungs- und Erneuerungskosten dar, die Beklagter bei der Instandsetzung der Gebäude aufgewandt hatte (elektrische Anlage, Erneuerung der Aborte, Schweineställe

u. dergl.). Unstreitig war der Kläger, der sein Grundstück verkauft hatte, derzeit in Gefahr, obdachlos zu werden; ihm mußte viel daran liegen, das Hausgrundstück des Beklagten eingeräumt zu erhalten. Wenn er in dieser Lage sich entschloß, alsbald die Instandsetzungskosten mit 7500 M. zu ersetzen, so wird das zwar in der Erwartung, daß später ein Verkauf des Grundstückes an ihn zustande kommen würde, geschehen sein, aber die Zahlung wird doch als Entgelt für die alsbaldige Besitzeinräumung gezahlt und empfangen sein, nicht aber als vorweg gezahlter Teil des Kaufpreises, zumal der Verkauf erst ein Vierteljahr später abgeschlossen wurde. Es ist nicht anzunehmen, daß, falls es nicht zum Verkaufe gekommen wäre, der Kläger die 7500 M. trotz Nutzung des Grundstücks hätte zurückverlangen dürfen. Vielmehr sind als Kaufpreis, als Gegenwart für die Eigentumsverschaffung, lediglich die im Vertrage beurkundeten 17 000 M. vereinbart. Eine Formnichtigkeit des Vertrages ist also nicht gegeben.

Ferner ist nach dem Beweisergebnisse die Vereinbarung der Parteien dahin gegangen, daß die Ackerpläne Nr. 282 u. 226 mit verkauft werden sollten. Nach den Grundakten ist das Hofgrundstück 1878 gebildet; mit ihm sind die Pläne, die 1883 (1885) hinzuerworben werden, seitdem trotz mehrfachen Eigentumwechsels wirtschaftlich vereinigt gewesen. Der gemeinschaftliche Verkauf der Ackerpläne mit der Hofstelle erscheint daher als das wirtschaftlich Nächstliegende. Dazu kommt, daß der Wortlaut des Vertrages, es werde das Anbauerwesen „nebst Bestandteilen" verkauft, bei anderer Auffassung sinnlos wäre, denn unstreitig sind außer den Plänen andere Bestandteile nicht vorhanden. Entscheidend ist aber, daß Beklagter Besitz und Nutzung der Pläne zugleich mit der des Hofgrundstückes am Anfang 1920 eingeräumt und bis zur Klageerhebung (Juli 1922) unangefochten belassen hat. Ein Pachtverhältnis, nach welchem der Kläger die Pläne, die im Eigentum des Beklagten verblieben, sollte besitzen und nutzen dürfen, ist nicht vereinbart. Sollten aber die Pläne neben der Hofstelle Gegenstand des Verkaufs sein, so hat dieser Parteiwille auch die Form des § 313 gefunden. Der Vertrag gibt als Gegenstand des Verkaufs an „das zu V. belegene Anbauerwesen Nr. ass. 82 nebst Bestandteilen Grundbuch von V. Blatt 106". Es ist also lediglich unterlassen, die „Bestandteile" katastermäßig (nach Plannummer, Größe) zu spezialisieren und das Grundbuchblatt der Ackerpläne anzugeben. Wenn man aber selbst eine weitergehende Fehlerhaftigkeit in der Ausdrucksweise des Vertrages finden wollte, so wäre es doch nur eine die Wirksamkeit des Vertrages nicht behindernde fehlerhafte Bezeichnung des Gegenstandes. Hat wie hier der Vertragswille irgend einen, wenn auch unvollkommenen Ausdruck in der Urkunde gefunden (Verkauf „nebst Bestandteilen"), so sind auch außerhalb der Urkunde liegende Umstände zu ihrer Auslegung heranzuziehen (Staub HGB. § 350[79]). Nach feststehender Rechtsprechung liegt aber, wenn sich nur unzweideutig ermitteln läßt, auf welche Grundstücke sich der übereinstimmende Parteiwille bezogen hat, in einer Katasterbezeichnung, die sich nur auf einen Teil der verkauften Grundstücke bezieht, oder in ähnlichen Ungenauigkeiten des Vertragswortlauts nur eine unschädliche falsa demonstratio (RG. 61, S. 265; 63, S. 169, Gruchot 59, S. 1052; in Recht 1919 Nr. 228). v. F.

i) α) **Rücktritt wegen geringfügigen Teilrückstandes.**

OLG. Braunschweig, 2. ZS. Urteil v. 10. Juni 1924 (V 29/24).

Bei den Kaufverhandlungen im Juli 1922 hat der Kläger für das Pferd einen Kaufpreis von 70000 M. gefordert, der Beklagte aber nur 65000 M. geboten; sie einigten sich dahin, daß dieser außer den 65000 M. noch 5 Zentner Hafer liefern sollte. Damals stellte der Wert dieser Lieferung bei einem Haferpreise von 4—500 M. etwa $^1/_{30}$ des Barentgeltes dar. Dagegen betrug er am 25. 1. 23, als Kläger wegen Nichtlieferung des Hafers vom Vertrage zurücktrat, nur $^1/_{25}$ dieses Entgeltes. Die Geringfügigkeit einer rückständigen Teilleistung ist aber für die Zulässigkeit des Rücktritts nach den Verhältnissen der Rücktrittserklärung zu entscheiden. Allerdings ist die Haferlieferung trotz ihrer verhältnismäßigen Geringwertigkeit von wesentlicher Bedeutung für den Abschluß des Geschäfts gewesen; denn nicht zu vermuten ist, daß der Kläger das Pferd für nur 65000 M. verkauft hätte. Ihm wird aber auch nicht zugemutet, auf das darüber hinaus vereinbarte Entgelt zu verzichten, sondern es handelt sich nur darum, ob er wegen der rückständigen Teilleistung zum Rücktritt zuzulassen oder auf die Erfüllungs- oder Schadensklage zu verweisen ist. Die weitere Behauptung des Klägers, daß die Haferlieferung für ihn ebenso wichtig gewesen sei wie die Bezahlung der 65000 Mark, wird durch den Gang der Vertragsverhandlungen und sein späteres Verhalten widerlegt. Er hat von vornherein nicht Hafer, sondern Geld gefordert; der Hafer stellte nur den Ersatz für eine Geldsumme dar. Ebenso spricht der Umstand, daß er erst am 30. 9. 1922 an die Lieferung erinnert hat, dagegen, daß sein Interesse daran größer war, als es dem Werte des Hafers entsprach.

Der Kläger verweist endlich darauf, daß im Falle des § 320² auch der Grund aus dem die Restlieferung unterblieb, geprüft werden müsse, und daß Beklagter darauf angelegt habe, gegen den bestimmt ausgesprochenen Willen des Klägers das Pferd für nur 65000 M. zu erlangen. Allerdings gebietet § 320² die Berücksichtigung der gesamten Umstände, so daß auch zu erwägen ist, ob die Leistung aus Mangel an gutem Willen unterblieb und ob nicht die Dauer des Rückstandes, etwaige vergebliche Mahnungen, gespannte Beziehungen der Parteien und die bestimmte Weigerung jeder Zahlung dem Gläubiger besonderen Anlaß zu Mißtrauen geben konnten. Allein Umstände, die wohl die Zurückhaltung der eigenen Leistung gemäß § 320², begründen können, rechtfertigen nicht ohne weiteres die gänzliche Lossagung vom Vertrage. Würde beim Teilverzuge der Rücktritt auf Grund jeder ernstlichen Erfüllungsverweigerung zugelassen, so wäre damit die Einrede der Arglist so gut wie stets ausgeschlossen, denn der Rücktritt setzt im Regelfall nach § 326 außer dem Verzuge Nichterfüllung trotz Fristsetzung voraus. Damit soll nicht verneint werden, daß Umstände vorliegen können, die den Rücktritt auch wegen geringfügiger Rückstände zu rechtfertigen vermögen. Hier reicht aber das Vorbringen des Klägers zur Entkräftung der Einrede der Arglist nicht aus.

β) **Nachträgliche Kreditunwürdigkeit des Vertragsgegners.**

OLG. Stuttgart, 1. ZS. Urteil v. 12. Februar 1923.

Nach herrschender Ansicht wird bei Kreditgeschäften nicht bloß die Zahlungsfähigkeit, sondern auch die Kreditwürdigkeit als Eigenschaft der Person angesehen; doch ist hierbei im Interesse der Rechts- und Verkehrssicherheit mit großer Vorsicht zu verfahren. (Rsp. 3 S. 99, 4 S. 9, 20 S. 40, JW. 1912 S. 26 RG. 90 S. 343). Daraus folgt, daß die objektive Kreditunwürdigkeit des Klägers zur Zeit der Bestellung tatsächlich vorhanden sein, also von der Beklagten bewiesen werden muß. Daran fehlt es hier... Trotzdem war die Beklagte von ihrer Verpflichtung loszusprechen. Bei Kreditgeschäften vermag die Anfechtung wegen Irrtums über die Zahlungsfähigkeit oder Kreditwürdigkeit des Schuldners dem Verkehrsbedürfnis nicht durchweg zu genügen. Sie genügt allerdings in den Fällen, wo der zur Vorleistung Verpflichtete bereits geleistet hat und von seinem Schuldner, weil dieser inzwischen in Konkurs ging oder keine verfügbaren Mittel hat, keine Zahlung zu erlangen vermag. Hier ist die gegebenenfalls auch das Erfüllungsgeschäft ergreifende Anfechtung wegen Irrtums der einzige Rechtsbehelf. Anders verhält es sich in den Fällen, in denen der zur Vorleistung Verpflichtete in der Zeit zwischen Vertragsschluß und Lieferung eine ungünstige Auskunft über die andere Partei erhält und vor einen rasch zu fassenden Entschluß, wie er sich ihr gegenüber zu verhalten hat, gestellt ist. Die Anfechtung wegen Irrtums ist dann mit Nachteilen verbunden. Es ist für den Kreditversprechenden, der vielleicht weit entfernt vom Vertragsgegner wohnt, nicht leicht, Gewißheit über die objektive Kreditwürdigkeit zu erlangen. Auch dürfte häufig dem Interesse des einen oder des andern oder beider Teile widersprechen, wenn dem, der sich zur Vorleistung verpflichtet hat, nur die Wahl zwischen Vorleistung und Nichtleistung (wegen Nichtigkeit nach § 142) gegeben ist, während mit einer Zugumzugleistung beiden Teilen gedient wäre. Damit kann sich der Kreditgeber nicht helfen, daß er nicht das ganze Geschäft sondern nur die Kreditzusage (Vorleistung) anficht; dem steht § 139 entgegen (Staub HGB. Anm. 47 vor § 373; Staudinger BGB. § 433 IX. 1 b; Türk Gruch. 43 S. 566). Endlich ist der Anfechtende dem Ersatzanspruch des § 122[1] ausgesetzt, eine Gefahr, gegen die der Abs. 2 nicht genügend schützt. Denn gerade dann, wenn wie hier die Auskünfte der vom Kläger angegebenen Firmen günstig ausgefallen sind, wird dem Vertragsgegner nicht leicht nachzuweisen sein, daß er die Anfechtbarkeit des Geschäfts oder der Kreditzusage hätte kennen müssen. Der Senat hält einen weiteren Rechtsbehelf für erforderlich und gegeben. Wer sich im Vertrauen auf die Kreditwürdigkeit der anderen Partei zur Vorleistung verpflichtet hat, kann die Leistung bis zur Bewirkung der Gegenleistung oder Sicherheit verweigern, wenn ihm nach Vertragsschluß von vertrauenswürdiger Seite eine solche Auskunft über jene Partei zugeht, daß ihm nach Treu und Glauben und den Anschauungen des Handelsverkehrs die Vorleistung nicht zugemutet werden kann. Dieser Satz fußt auf §§ 157, 242 und entspricht dem in ROHG (23 S. 137) enthaltenen Rechtsgedanken. Er deckt sich mit den Anschauungen des Handelsverkehrs (JW. 1899 S. 307, Dove-Meyerstein, Gutachten II, 1910 S. 38) und ist auch im Schrifttume vertreten JheringsJ. 44 S. 22; LeipzZ. Z. 1913 S. 826). Der Umstand, daß die 2 Komm. den Antrag, dem § 321 einen entsprechenden Absatz beizufügen, abgelehnt hat Prot. 1 S. 631), nötigt nicht zum Schlusse auf das Gegenteil, vielmehr steht nichts entgegen den die nachträgliche Gefährdung regelnden § 321 auf die nachträglich bekannt gewordene Gefährdung entsprechend anzuwenden. S.

γ) **Überlassungsvertrag. Rücktritt wegen positiver Vertragsverletzungen**[1]).

OLG. Braunschweig, 2. ZS. Urteil v. 4. März 1924 (V 91/23).

Der Beklagte hat 1920 notariell sein Haus für 15000 M. seinem auf Auflassung klagenden Sohn überlassen. Dieser hat Hypotheken von 6000 M. übernommen und den mit 5% verzinslichen Restpreis sechs Monate nach dem Tode des Beklagten zu zahlen, ihm auch für Lebenszeit ein dingliches Wohnungsrecht sowie andere Leistungen eingeräumt. Dieser Vertrag legt seinem Inhalte nach nahe, ihn wie die üblichen Hofverlaßverträge als Schenkung unter einer Auflage anzusehen. (Hampe, Br. Privatr. 561[9]). Allein bisher fehlt der Nachweis der dazu erforderlichen Voraussetzung, daß die Leistungen, zu denen sich der Kläger verpflichtete, hinter dem Wert des Grundstücks zurückstehen, und vor allem daß sich die Parteien über die teilweise Unentgeltlichkeit der Zuwendung einig waren (§ 516[1]; RG. 101 S. 99). Nur in diesem Falle läge eine gemischte Schenkung vor (RGKomm. § 516[7]) und wäre zu prüfen, ob und mit welcher Wirkung den Beklagten ein Widerrufsrecht gemäß § 530 zustand. Er bedarf jedoch keines Eingehens auf diese Frage. Denn wenn die Widerrufsgründe des Beklagten zuträfen, wäre auch sein Rücktritt wegen (positiver) Vertragsverletzungen gerechtfertigt und seine Widerklage auf Räumung und Rückgabe des Grundstücks nach §§ 327, 346 schlüssig begründet, während ihm der Widerruf der unentgeltlichen Zuwendung so weitgehende Ansprüche nicht gewähren würde (RG. 29 S. 267; 54 S. 110, 68 S. 328).

Um wegen positiver Vertragsverletzung ohne Nachfrist zurücktreten zu können, müßte der Beklagte beweisen, daß ihm nach Treu und Glauben eine Fortsetzung des Vertragsverhältnisses nicht zugemutet werden kann (RG. 93 S. 286). Solche Zuwiderhandlungen würden in den Mißhandlungen und Bedrohungen des Beklagten und seiner Familie, soweit sie sich nach dem Vertragschluß ereignet haben sollen, an sich zu finden sein. Denn der Zweck des Vertrages war offensichtlich, den Beklagten Wohnung und Verpflegung in dem Grundstücke nach Art eines Altenteils zu sichern. Dazu war ein Vertrauensverhältnis zwischen den Parteien erforderlich, das durch das Verhalten des Klägers vernichtet werden müßte (vgl. RG. 102 S. 409). Allein die Behauptungen des Beklagten sind nur zum geringsten Teil bewiesen... Die zweite Gruppe von Vertragsverletzungen soll darin bestanden haben, daß der Kläger Räume nicht überlassen oder ihre Benutzung gestört hat, auf die sich das ausbedungene Wohnungsrecht erstreckt. Beklagter hat jedoch nur bewiesen, daß ihm vertragswidrig die Benutzung des halben Bodens, sowie des Stalles nicht gewährt wird, daß ihm nur $1/3$ statt der halben Müllgrube und etwas weniger als der halbe Keller eingeräumt wird und daß ihm bei der zwar nicht ausdrücklich erwähnten, aber gebräuchlichen Mitbenutzung des Waschhauses Schwierigkeiten gemacht werden. Diese Vertragsverletzungen sind

---

[1]) Die Androhung des Rücktritts und des Deckungskaufs drückt unzweideutig die Absicht aus, nach fruchtlosem Fristablaufe den Erfüllungsanspruch aufgeben zu wollen (OLG. Hamm 26. 3. 23, 12 U 441/22).

jedoch nicht erheblich; der dem Beklagten zustehende Anspruch auf Vertragserfüllung und auf Schadensersatz wegen Nichterfüllung reicht vielmehr völlig aus, um seine Interessen in dieser Richtung zu wahren und etwaige Schädigungen, auszugleichen. Auch nach Setzung einer angemessenen Nachfrist könnte ihm ein Rücktrittsrecht nicht zugebilligt werden, denn die nicht erfüllten Verbindlichkeiten sind im Verhältnis zur gesamten Vertragsleistung so geringfügig, daß dadurch das Interesse des Beklagten an der Erfüllung des Vertrages im übrigen nicht in Frage gestellt ist.

Die Verschiebung der wirtschaftlichen Verhältnisse seit dem Vertragschluß kann der Beklagte nicht für sich geltend machen. Der Kaufpreis von 6000 M. ist dadurch beglichen, daß der Kläger Hypothekenschulden als Selbstschuldner übernommen hat. Dies steht wirtschaftlich, da die Erfüllung des Klägers nicht in Zweifel gezogen ist, einer Zugumzugzahlung gleich, so daß Beklagter durch die spätere Geldentwertung insoweit nicht benachteiligt ist. Der Restpreis ist nach dem Vertrage unter hypothekarischer Haftung des Grundstücks bis 6 Monate nach dem Tode des Beklagten gestundet. Mit welchem Betrage diese 9000 M. dereinst zu tilgen sein werden, ist noch nicht abzusehen. Es entzieht sich jeder Berechnung, welchen Standpunkt die Gesetzgebung, die schon jetzt mit der 3. StNV. in die Aufwertung eingegriffen hat, bei Fälligkeit der Schuld einnehmen wird v.F.

k) **Vertragsstrafe: α) Vorbehalt „bei der Annahme".**

OLG. Hamm, 12. ZS. Urteil v. 19. Dezember 1924 (U 233/22).

Die Beklagte hatte das 1917 gekaufte Holz zu fällen und bis spätestens 1. 4. 1918 bei einer Strafe von täglich 20 M. abzufahren. Die Abfuhr hat sie erst am am 15. 4. 1919 beendet und die Parteien streiten darüber, ob der Kläger die Erfüllung vorbehaltlos angenommen hat. Eine solche Erklärung liegt nicht schon darin, daß er, nachdem Beklagte im Winter 1918/19 den Wald geräumt hatte, im Frühjahr 1919 mit dessen Wiederaufforstung begann. Denn dadurch verfügte er lediglich über sein Eigentum und es liegt nichts dafür vor, daß er sich zugleich gegenüber der Beklagten über die Annahme der Abfuhrleistung hätte erklären wollen. Dagegen hat er unterm 30. 4. 19 der Beklagten mitgeteilt, durch die Verzögerung der Abfuhr habe sie verschuldet, daß das Revier erst 1919 statt 1918 aufgeforstet werden könne; hierdurch sei ihm, da sich die Preise der Pflanzen und die Arbeitslöhne höher stellten, 690 Mark Schaden entstanden, den die Beklagte binnen gesetzter Frist abzuführen habe. Durch dieses Schreiben gibt er zu erkennen, daß er die geschuldete Leistung als nunmehr bewirkt ansehe und damit als Vertragserfüllung annehme. Darin hat er keinen Vorbehalt wegen der Vertragstrafe gemacht und dadurch Anspruch auf sie verloren. Denn das, was ihm die Beklagte bezüglich der Abfuhr des Holzes schuldete, war eine einzige unteilbare Leistung, die erst vollzogen wurde mit der Abfuhr des letzten Stammes aus dem Walde. Jede Fuhre, mit der einzelne Stämme im Laufe der Zeit fortgeschafft wurden, war nur eine Teilleistung, die zur Ausführung der geschuldeten Leistung diente. Die Strafe war nicht versprochen für den Fall, daß die Beklagte nicht in gewissen bestimmten Teilen zu bestimmten Terminen räumte, sondern dafür, daß sie nicht das Holz im gesamten Umfange bis zu einem bestimmten Zeitpunkte abführe. Nur wenn Teilleistungen vorgesehen und zu bestimmten Terminen unter Strafandrohung auszuführen gewesen wären, träfen die abweichenden Ausführungen des LG. zu Dr. N.t.

β) **Strafe von täglich 1% bei verzögerter Zahlung der Frachtstundung.**

OLG. Hamburg, 2. ZS. Urteil v. 23. Juni 1925 (Bf 256/25).

Der Beklagte, der 1924 für seine Frachten mit der Reichsbahn nach deren „Bedingungen für monatelange Frachtstundung" ein Abkommen traf, hat nach § 7 Z. 8 das. bei nicht rechtzeitiger Zahlung eine Vertragstrafe von 1% für jeden Tag der Verzögerung zu zahlen neben der Stundungsgebühr von 6% (§ 9). Demgemäß berechnet die Klägerin wegen der Frachtbeträge, die vom 16. 4. bis zum 11. 6. 1924 fällig geworden sind, insgesamt 2500 RM. Vertragstrafe. Das LG. hat die Ausbedingung einer so hohen Strafe als sittenwidrig erklärt. Allerdings verfügt die Eisenbahn im Güter- wie im Personenverkehr über eine gewaltige Macht, der sich Handel und Wandel fügen müssen. Allein Beklagter beschwert sich nicht darüber, daß die allgemeinen Beförderungsbedingungen für den Güterverkehr, denen sich der Absender nicht entziehen kann, unbillig verschlechtert worden; eine Beschwerde, die, auch wenn sie sachlich begründet wäre, gegenüber der im wesentlichen gesetzlichen Regelung dieser Bedingungen im Rahmen des einzelnen Frachtvertrages keinen Platz fände. Er beanstandet vielmehr nur die Härte der Bedingungen, unter denen ihm die zuständige Direktion eine privatvertragliche Stundung der Frachtbeträge gewährt hat. Daß dieser Vergünstigung eine Verpflichtung, Frachtstundung zu nehmen, entspräche — deren Möglichkeit allerdings in § 1 Z. 1² angedeutet wird — ist nicht behauptet. Der bloße Umstand aber, daß die Stundung für den Ablader regelmäßiger Sendungen zweckmäßig und wohl gar vom Standpunkt eines praktischen Geschäftsgebahrens aus schwer entbehrlich ist, bedeutet noch nicht ohne weiteres einen Zwang, die Stundung auch unter unvernünftig schweren Bedingungen nachzusuchen. Wollte man dies doch annehmen, so müßte man andererseits die Bahn für verpflichtet halten, die Frachten unter billigen Bedingungen zu stunden; dafür fehlt aber jede gesetzliche Handhabe. Darf sie hiernach die Frachtstundung überhaupt ablehnen, so ist nicht einzusehen, weshalb sie diese nicht auch gegen schwere Bedingungen sollte gewähren können.

Die Strafe ist aber auch inhaltlich nicht schlechthin so hart, unbillig oder vernunftwidrig, daß die Rechtsordnung ihr die Anerkennung vorenthalten müßte; weshalb denn die Einrede, die Bedingung sei nichtig, auch dann versagen würde, wenn die Klägerin den Beklagten verpflichtet haben sollte, Frachtstundung zu nehmen, hiervon also die Beförderung der Güter abhängig gemacht hätte. Es trübt die Klarheit der Vorstellung, wenn man von 1% Tageszinsen spricht, als ob sich die Klägerin eine so hohe Verzinsung ausgeliehener oder ihr anderweitig geschuldeter Gelder ausbedungen hätte. Denn das bedeutet regelmäßig, daß eine Kapitalschuld rasch und unaufhaltsam in einem Maße anschwellen wird und anschwellen soll, daß die angemessene Vergütung oder Entschädigung des Gläubigers und die normale Leistungskraft des Schuldners weit übersteigt. Hier handelt es sich um eine regelrechte Vertragstrafe; durch ihre Ausbedingung will eine staatliche Behörde, die einen geschäftlichen Massenverkehr mit der Allgemeinheit zu unterhalten hat, nicht nur sich vor Schaden bewahren, sondern auch, und ganz besonders, zur Ordnung und Pünktlichkeit in ihrem Betriebe beitragen, nicht um eine günstige Kapitalsanlage, deren zeitliche Ausdehnung sich übermäßig lohnen soll, sondern um einen energischen Zwang zu rechtzeitiger Begleichung der aus den laufenden Aufträgen erwachsenden Schulden. Diese Nötigung bedeutet keine verwerfliche Selbstsucht des Gläubigers, ihre Annahme keine wirtschaftliche oder persönliche Selbstentwürdigung des Schuldners, auch nicht etwa deshalb, weil er damit immerhin die Gefahr übernimmt, im Falle — vielleicht unverschuldeter — Zahlungsschwierigkeiten nach längerem Verzuge das Mehrfache des ursprünglichen Schuldbetrages zahlen zu müssen. Beklagter hätte vermutlich selbst nicht die Vertragstrafe als sittenwidrig beanstandet, wenn auf einen fünftägigen Rückstand von RM. 2000 vertragsgemäß 100 RM. aufgeschlagen worden. Nur der Gedanke, Rückstände von über 2000 RM. nach durchschnittlich reichlich hunderttägigem Verzuge nunmehr mehr als doppelt zahlen zu sollen, erweckt seinen Widerstand. Aber er hat nichts dafür vorgebracht, daß die strenge Anwendung des Vertrages hier nach Treu und Glauben und Verkehrssitte einer einschränkenden Auslegung weichen müßte. Dies kann unter Ausnahmeumständen zutreffen, wenn z. B. einem Schuldner von RM. 1000 Frachtbeträgen nach dreijährigem Konkurse noch RM. 11 000 Vertragstrafe abgefordert würden; für einen solchen Fall ist die Regel des Vertrages nicht gedacht oder darf nicht gedacht sein. Aber die Bedigung, daß ein Ablader, der den Vorteil periodischer Zahlung genießt, nach 100- oder 200hunderttägigem Verzuge zur Strafe das Zwei- oder Dreifache seiner eigentlichen Frachtschuld zahlen soll, gilt im Empfinden des Volks, besonders der am Güterverkehr beteiligten Kreise, sicher nicht als wucherisch oder sonst sittenwidrig, auch wenn der Frachtschuldner das Unglück hatte, zeitweilig durch Geldknappheit an der pünktlichen Erfüllung seiner Verbindlichkeiten behindert zu sein. V.

l) α) **Banküberweisung als Zahlung**[1]).

OLG. Hamburg, 2. ZS. Urteil v. 2. Okt. 1924 (Bf 237/24).

Zahlung des Kaufpreises bedeutet an sich Hingabe baren Geldes, nicht Übertragung einer Forderung an ein Geldinstitut. Diese wird zwar in normalem Verhältnis als Zahlung bewertet, ja vielfach der Barzahlung vorgezogen. Dies kann jedoch nicht zur Folge haben, daß in einer Zeit, wo die Barmittelknappheit auch die Zahlungsfähigkeit der Großbanken erschüttert, jene Fiktion zu Lasten des Gläubigers, zumal des Verkäufers, der nur gegen Zahlung zu liefern braucht, aufrechterhalten wird. Zum mindesten darf in solcher Zeit nach Treu und Glauben der Verkäufer, der sich beim Vertragsschluß, als die Verhältnisse noch nicht so ungünstig lagen, nicht Barzahlung ausbedungen hat, den säumigen Käufer vor

---

[1]) Liegen nicht besondere Umstände dafür vor, daß der Gläubiger mit der Überweisung einverstanden sein werde, so tritt die Wirkung der Zahlung erst mit seiner Genehmigung der Gutschrift ein (OLG. Stuttgart, 26. 2. 24). S.

die Wahl stellen, entweder das nötige Bargeld zu beschaffen oder auf die Erfüllung des Vertrages überhaupt zu verzichten. Sonst würde, gegen den Sinn des Vertrages über den Austausch gegeneinander abgewogener Leistungen, die Not der Zeit gerade die Vertragspartei, die zu wirtschaftlich vollständiger Leistung imstande und bereit ist, übermäßig und einseitig belasten, indem an Stelle des Käufers, der zunächst den Kaufpreis beschaffen muß, der Verkäufer dessen Entwertung trüge. Am 31. 7. 1923 hat aber der Beklagte mit Recht besorgt, der ihm auf sein Bankkonto überwiesene Kaufpreis würde für ihn erst nach längerer Zeit und stark entwertet greifbar sein und seinem Vermögen als Barzahlungsmittel nur mit einem geringen Bruchteil einer bei der Festsetzung noch vorhandenen Kaufkraft zuwachsen. B.

β) **Bei bedungener Scheckzahlung Hingabe von Postauszahlungsscheck.**

OLG. Dresden, 1. ZS. Urteil v. 1. Oktober 1924 (U 585/24).

Der Postauszahlungsscheck unterscheidet sich vom Bankscheck in verschiedenen Beziehungen (PostscheckO. v. 7. 4. 1921 § 9). Wer ersteren annimmt, muß ihn dem Scheckamt, das das Konto des Ausstellers führt, vorlegen. Die Banken nehmen solche Schecks auch von ihren Kunden regelmäßig nur „zum Einzuge" herein, während sie Bankschecks, die ihnen ein Kunde anweist, diesem vorbehaltlich des Eingangs gutschreiben. Befindet sich der Empfänger eines Postschecks am Sitze des Scheckamts, so wird in der Regel freilich die Verwertung des Schecks keine besonderen Schwierigkeiten machen. Hier hätte aber der Kläger P. einen Postauszahlungsscheck der Beklagten, um ihn zu verwerten, selbst oder durch ihre Bank dem Scheckamte Berlin übersenden müssen. Deshalb konnte der Beklagte die Mitteilung des Klägers, daß er „zur pünktlichen Frankabdeckung nur Barzahlung oder Schecks annehmen könne" nach der Verkehrsauffassung nicht dahin verstehen, daß auch Postauszahlungsschecks zulässig sein sollten. —e—

m) **Schuldmitübernahme oder Bürgschaft? Ausgleichung nach § 426**

α) OLG. Kiel, 1. ZS. Urteil v. 22. Oktober 1925.

Richard A., der Sohn des Klägers, war von 1918—1923 bei der beklagten GmbH. als Dreherlehrling und Geselle beschäftigt. Dabei wurde der Geschäftsführer H. B. auf ihn aufmerksam und empfahl deshalb gelegentlich dem Kläger, für eine theoretische Ausbildung des Richard auf einer geeigneten Lehranstalt zu sorgen und stellte auf die Antwort des Klägers, es werde ihm schwer fallen, die Kosten für einen Schulbesuch aufzubringen, Beiträge dafür in Aussicht. Als sich im Juni 1922 Richard bei den technischen Schulen in Hamburg anmeldete, erhielt er folgenden Vordruck: „Hierdurch verpflichte ich mich, meinen ..... während des Besuchs der technischen Staatslehranstalten zu unterhalten, ihm die Mittel zu gewähren, die nötigen Bücher und Unterrichtsmaterialien zu beschaffen und das Schulgeld rechtzeitig zu bezahlen" ausgehändigt, den er, von seinem Vater unterschrieben, wieder mitbringen solle. Der Kläger hat den Schein nach Ausfüllung und Unterzeichnung seinem Sohn gegeben, ihn beauftragt, den Schein dem B. vorzulegen, und hinzugefügt, wenn B. nicht unterschreibe, so könne er ihn nicht auf das Technikum schicken. Richard hat den Auftrag ausgeführt und den Schein unterschrieben zurückgebracht. Unter der Unterschrift des Klägers befindet sich der Firmenstempel der Beklagten und es folgen dann untereinander „p. Pr. Schr." und „H. B.". Die Klage auf Ersatz der Hälfte des im ersten Studienjahr an Schulgeld, für Bücher und Unterhalt gezahlten 1050 RM. ist nur in Höhe des halben Schulgeldes begründet. Einen rechtsverbindlichen Inhalt hat der Schein soweit nicht, als er sich auf den Unterhalt und die Bücher bezieht. Schriftliche Erklärungen ähnlicher Art sind dazu bestimmt, einer Behörde oder Schulanstalt die Gewähr zu bieten, daß für die darin bezeichnete Person in einer ihrer Stellung entsprechenden Weise gesorgt werden wird. Eine Schulanstalt wie hier kann nur dann ihren Lehrbetrieb durchführen und ihren Zweck erreichen, wenn ihre Schüler mit den für den Unterricht vorgeschriebenen Büchern und sonstigen Gegenständen ausgerüstet sind und wenn auch für ihre Person in der Weise gesorgt wird, daß sie ausreichend ernährt und standesgemäß gehalten werden. Hierauf muß sie schon im Interesse der Erhaltung ihres eigenen Ansehens ebenso bedacht sein wie z. B. der Staat, der Referendare in den Vorbereitungsdienst übernimmt. Sie will jedoch dadurch weder für sich noch für ihre Schüler Rechtsansprüche erwerben. Solche Erklärungen sollen vielmehr nur einen moralischen Druck auf den Erklärenden ausüben und ihm, bevor er sich etwa zu unüberlegten Handlungen verleiten läßt, klar machen, in welchem Umfang ihm in Zukunft die Sorge für die Person des Schülers obliegt. Die Schüler haben selber dafür zu sorgen, daß sie in den Besitz der notwendigen Lehrgegenstände und der für ihren Lebensunterhalt erforderlichen Geldmittel kommen. Die Schule läßt sich aber durch ihren Einfluß angelegen sein, darauf hinzuwirken, daß dies erreicht wird. Es ergibt sich also bei einer den Verkehrsanschauungen entsprechenden objektiven Auslegung des Scheins, daß seine, den Unterhalt und die Lehrmittel betr. Erklärungen außerhalb des Rechtsgebietes liegen. — Anders verhält es sich dagegen mit dem Schulgeld, dessen Entrichtung die wirtschaftliche Unterlage für das Bestehen der Schule bildet. Der Kläger verpflichtete sich, jedenfalls durch die Unterzeichnung des Vordrucks zur Zahlung des Schulgeldes in klarer und bestimmter Weise. Die Lehranstalten wollten sich hierdurch für ihren Rechtsanspruch eine einwandfreie Unterlage verschaffen.

Der Schein selber ergibt eine einheitliche Firmenunterzeichnung mit Doppelunterschrift. Die Unterschrift des H. B. schließt sich räumlich an die Unterschrift des Prokuristen Schr. an, dessen Unterschrift der Firmenstempel der Beklagten beigefügt ist. Wenn dann H. B. unmittelbar darauf unterschreibt, so kann das nur so gedeutet werden, daß er auch im Namen der Firma unterschreiben wollte. Wer im Rechtsverkehr eine Erklärung abgibt, muß sich gefallen lassen, daß diese so verstanden wird, wie sie nach der Verkehrssitte verstanden zu werden pflegt; er kann sich nicht darauf berufen, daß er selber mit ihr einen anderen Sinn verbunden habe. — Hier ersahen nun Schr. und H. B., daß der Kläger den Lehranstalten gegenüber eine Erklärung abgegeben hatte und mußten also nach dem natürlichen Verlauf der Dinge damit rechnen, daß der Schein jenen Anstalten übergeben würde. Wenn sie ihn daher unterschrieben und aus der Hand gaben, so müssen sie ihre Erklärungen als solche gegenüber jenen Anstalten gelten lassen.

Sie drückten dadurch aus, daß sie sich für die Beklagte den Anstalten gegenüber insoweit verpflichten wollten, als diese aus dem Schein einen Rechtsanspruch zu erwerben gewillt waren, also wegen des Schulgeldes. Ob die Beklagte selber ihrer Erklärung einen anderen Sinn beilegte, ist unerheblich, denn entscheidend ist der nach außen hin kundgegebene Wille (RG. in LZ. 1925 S. 767). Die Übernahme einer Bürgschaft kann allerdings nicht angenommen werden, weil die bloße Hinzufügung einer Unterschrift zu der eines anderen nicht den vom Gesetz erforderten bestimmten Ausdruck eines Bürgschaftswillens enthält. Wohl aber ist darin eine Schuldmitübernahme zu finden in der Art, daß die Beklagte neben dem Kläger als ein zweiter Schuldner hinzutrat und eine neue Verbindlichkeit gleichen Inhalts einging (RG.-Komm. § 414[1]). Gab nunmehr die Beklagte den Schein aus der Hand, so lag darin ein dementsprechender an die Lehranstalten gerichteter Vertragsantrag, der wirksam wurde, sobald er diesen zuging. Sie hatten zwar, wie ihre Auskunft ergibt, keine andere Unterschrift als die des Klägers verlangt, pflegen auch sonst keine zweite Unterschrift zu verlangen, haben auch wegen des Schr. und des H. B. weiter nichts veranlaßt, insbes. wegen ihrer Persönlichkeiten keine Bedingungen gestellt, endlich auch nicht der Beklagten den Eingang des Scheines bestätigt. Alles das hindert aber nicht das Zustandekommen eines Vertrages; denn das Versprechen, zahlen zu wollen, erheischt im allgemeinen nach der Verkehrsauffassung keine ausdrückliche Annahme (§ 151, Seuff. 79 Nr. 89). Darin, daß die Lehranstalten den Schein behielten, liegt ohne weiteres der Ausdruck ihres Willens, die aus ihm ersichtlichen Erklärungen so gelten zu lassen, wie sie abgegeben waren. Sie hatten gewiß nichts dagegen einzuwenden, daß nun auch die Beklagte den Erklärungen des Klägers beigetreten war. Dadurch wurde ihr Anspruch auf das Schulgeld in erhöhtem Maße sichergestellt. Ebensowenig lag für sie ein Anlaß vor, der Beklagten den Eingang des Scheines mitzuteilen. Das erwartete sie nicht und entspräche nicht der Verkehrsanschauung.

Der hiernach mit den Lehranstalten zustande gekommene Vertrag ließ gleichzeitig zwischen den Parteien ein Gesamtschuldverhältnis entstehen. Dieser Schuldübernahme steht auch nicht § 518 entgegen, denn die Gegenleistung der Lehranstalten bestund in der Erteilung des Schulunterrichts. Daß dieser nicht der Beklagten selber zugute kam, macht die Zuwendung der Beklagten nicht zu einer unentgeltlichen (RG.-Komm. § 516[4]). Nach § 426 muß deshalb die Beklagte dem Kläger gegenüber zum Schulgeld die Hälfte beitragen. Diese Pflicht wird nicht dadurch berührt, daß in dem Schein vielleicht ein dem Kläger oder dessen Sohne gegebenes Schenkungsversprechen liegen kann. Denn es wäre nach § 518 nichtig, könnte also nicht als die „andere Bestimmung" des § 426 angesehen werden. Ebensowenig greift § 812 Platz, da den Rechtsgrund der eingeklagten Leistung der § 426 enthält. Es erhellt auch nicht, daß der Kläger auf den Ausgleichsanspruch verzichtet oder seinen Willen dahin erklärt hat, die Beklagte nur dann in Anspruch zu nehmen, wenn er selbst außerstande wäre, die Mittel für das Studium seines Sohnes aufzubringen. Dr. B.y.

β) **Übertragung des Gesellschaftsvermögens ohne das der Gesellschafter.**

OLG. Hamburg, 6. ZS. Beschluß v. 8. Dezember 1925 (Bf 451/25).

Der Kläger (Bücherrevisor) hat sich am 1. 12. 1924 das gesamte Aktivvermögen der offenen HG. X. als Treuhänder der Gesamtheit ihrer Gläubiger zu Eigentum übertragen lassen, um eine gleichmäßige Befriedigung sämtlicher Gläubiger herbeizuführen. Zugleich hat er durch Rundschreiben den Gläubigern mitgeteilt, daß die Gesellschaft, die ihre Zahlungen eingestellt habe, beabsichtigt, durch ihn zu liquidieren und den Erlös nach konkursrechtlichen Grundsätzen zu verteilen. Die Beklagten sind damit nicht einverstanden gewesen und haben am 13. 2. 1925 aus mehreren Urteilen gegen die Gesellschaft gepfändet und über diese die Geschäftsaufsicht beantragt. Die Klage, die Zwangsvollstreckung für unzulässig zu erklären, ist unbegründet. Der Senat kann zwar dem LG. in der Anwendung des § 137 auf den streitigen Vertrag nicht folgen, er sieht aber in der Übertragung der gesamten Aktiven der Gesellschaft einen unter § 419 fallenden Vertrag, so daß der Kläger selbst, soweit das ihm übertragene Vermögen reicht, für die Pfändungsforderungen der Beklagten haftet.

Dieser Vertrag bedurfte nicht der notariellen Form nach § 311.... Denn die im § 419 getroffene Regelung wird auch dann angewendet, wenn zwar nicht das ganze Vermögen als solches oder Teile des Vermögens übertragen werden, sondern nur einzeln benannte Vermögensstücke auf den Übernehmer übergehen, diese aber tatsächlich das gesamte Aktivvermögen des Übereigners bilden (RG. 69 S. 254, 420; Warn. 5 Nr. 282; RG.Komm. Oertmann, Planck 4; Staudinger zu § 410). Allerdings verneint das RG. diese Anwendung gerade bei Übertragung der Aktiva einer offenen HG. ohne gleichzeitige Übertragung der Vermögen auch der Gesellschafter (JW. 1910 S. 242[30], Warn. 8 Nr. 270), da diese die Träger der im Gesellschaftsvermögen vereinigten Rechte seien. Allein hier sind die Gesellschafter ohne pfändbares Vermögen. Es hat sich ergeben, daß auch ihre an sich wertlosen gesamten Anteile an einer von ihnen noch betriebenen GmbH. dem Kläger übertragen sind, um gleichfalls den Gläubigern der offenen HG. noch die Gewinne dieser GmbH. zufließen zu lassen. Praktisch und wirtschaftlich genommen ist dem Kläger auch das gesamte Vermögen der Inhaber der offenen HG. übertragen. Endlich kann sich der Kläger nicht auf den Eigentumsübertragungsakt berufen einem Gläubiger des Übergebers gegenüber, der aus einem gegen diesen erwirkten Titels Gegenstände in dessen Gewahrsam pfändete, da er eben aus diesem Übergangsakte verpflichtet ist, jene Gegenstände dem Gläubiger wieder zur Verfügung zu stellen. B.

n) α) **Verkauf im Freihafen lagernder Waren. Ausfuhrbewilligung.**

OLG. Hamburg, 8. ZS. Urteil v. 29. April 1924 (Bf 31/24).

Der Kläger hat die Ware entweder auf Grund einer ihm erteilten Ausfuhrbewilligung in den Freihafen Hamburg verbracht oder, wie er neuerdings vortrug, erworben, als sie bereits dort lagerte. Der Übertragung solcher Ware stehen nach den für die Außenhandelskontrolle geltenden Vorschriften Bedenken nicht entgegen, sofern nur der Veräußerer nicht selbständig die ihm erteilte Genehmigung auf den Erwerber überträgt. Dieser hat lediglich unter Darlegung des von ihm bedungenen Kaufpreises und unter Angabe des Bestimmungslandes von neuem die Erteilung der Ausfuhrgenehmigung zu beantragen (HansRZ. 1923 S. 154, 308). Hier hat der Kläger „netto einschl. Verpackung und Ausfuhrabgaben" verkauft. Diese Bestimmung besagt, daß der Verkäufer die Kosten bis zum Freihafenlager zu tragen habe, analog der fob-Klausel, verpflichtet ihn also nicht, der der beklagten Abkäuferin bei der Beschaffung der für sie erforderlichen neuen Ausfuhrbewilligung behilflich zu sein oder ihr gar diese selbst zu beschaffen. Er war auch nicht in der Lage, die ihm erteilte Bewilligung ihr zu verschaffen oder vorzulegen. Hatte er nämlich die Ware auf Grund der ihm erteilten Bewilligung in den Freihafen verbracht, so wurde diese ihm abgenommen. Hatte er dagegen die Ware selbst im Freihafenlager liegend erworben, so besaß er überhaupt nicht eine Bewilligung. In jedem Falle war es Sache der Beklagten, der Stelle den bedungenen Kaufpreis und das Ausfuhrland für die von ihr beabsichtigte Ausfuhr anzugeben und eine neue selbständige Bewilligung sich zu verschaffen. Etwaige frühere für dieselbe Ware schon erteilte Ausfuhrbewilligungen berührten dabei die Stelle überhaupt nicht. Die Beklagte behauptet, in anderen Fällen hätten gelegentlich die Grenzzollstellen die Waren beschlagnahmt, und sie habe dieser Gefahr vorbeugen wollen. Allein wer im Freihafen lagernde Waren kauft, muß damit rechnen, daß die Grenzstellen bei der Handhabung der neuen Gesetze falsche Maßnahmen treffen, die einer sachgemäßen Nachprüfung nicht standhalten. Das kann aber die Beklagte nicht berechtigen, gegen den Kläger unberechtigte Forderungen zu erheben. B.

Dazu: OLG. Hamburg, 8. ZS. Urteil v. 5. Juli 1923 (Bf 95/23).

Mangels anderweitiger Abmachung hat der Verkäufer alles das, was zur Bewirkung der Leistung erforderlich ist, zu tun, also auch die Ausfuhrerlaubnis zu beschaffen. Allerdings wird, wie der Reichskommissar beauskunftet, die Bewilligung grundsätzlich nur dem Exporteur erteilt und ist nicht übertragbar. Nicht erforderlich ist aber, daß er selber sie beantragt, es ist vielmehr zulässig und gebräuchlich, daß für ihn der Hersteller der Ware sie einholt. Hierzu bedarf dieser der Angaben des Exporteurs über den erzielten Ausfuhrpreis und über das Ausfuhrland. Die Klägerin hat jetzt den Beklagten auch veranlaßt, die Bewilligung auf den Namen des Exporteurs zu beantragen. Daß dieser Weg gangbar und zulässig ist, bestätigt die Außenhandelsstelle Chemie unterm 27. März 1923. Die notwendigen tatsächlichen Angaben hatte er sich von der Klägerin zu beschaffen. Ohne Belang ist es dabei, daß diese nicht selber der Exporteur ist, da die Bewilligung für den von ihr namhaft zu machenden Exporteur zu beantragen war. Sie hat denn auch unterm 8. 3. 23 erst im Prozesse alle erforderlichen Unterlagen dem beklagten Verkäufer mitgeteilt, der ihre Richtigkeit nicht nachzuprüfen hat; haftbar dafür der Außenhandelskontrolle gegenüber ist vielmehr der Exporteur, dem die Ausfuhr genehmigt wird. Insofern hatte die Klägerin also mitzuwirken. Beklagter hat aber nicht behauptet, daß er vor dem Prozesse sie hierzu aufgefordert habe. Wäre das geschehen und hätte sie trotzdem ihre Mitwirkung unterlassen, so wäre sie in Annahmeverzug geraten (§ 295) und Beklagter hätte gemäß § 373 HGB. die Ware in einem Lagerhause in Hamburg-Zollinland hinterlegen können. Beklagter kann deshalb nicht geltend machen, die Angaben seien ihm verspätet gemacht. Es ist nicht einzusehen, weshalb er nicht seitdem die Erlaubnis hat beibringen können. War er also nicht bestrebt, seine Lieferpflicht zu erfüllen, so darf er auch nicht einwenden, daß er zur Lieferung wegen der inzwischen eingetretenen Veränderung der wirtschaftlichen Verhältnisse nicht verpflichtet sei. V.

β) **Übergabe des Frachtbriefdoppels als Eigentumsverschaffung.**

OLG. Hamburg, 4. ZS. Urteil v. 2. März 1923 Bf 135/22).

An sich soll das Frachtbriefduplikat nur dazu dienen, den Empfänger gegen eigenmächtige Verfügungen des Absenders über das Frachtgut zu sichern. Ist der Käufer selbst im Frachtbrief als Empfänger bezeichnet, wird in der Regel in der Übergabe des Duplikats zugleich die Abtretung der Herausgabeansprüche an die Bahn und demgemäß die Übergabe des Eigentums gefunden werden können; denn mit der Verfügungsbefugnis gegenüber der Bahn fallen alle Möglichkeiten für den Absender, überhaupt über die Ware während des Transportes oder nach Ankunft zu verfügen. — Ist dagegen die bereits rollende Sendung an einen Dritten (z. B. Spediteur) gerichtet, so wird regelmäßig ein Schuldverhältnis bestehen, das den Dritten gegenüber dem Absender zum Empfange berechtigt, so daß er nach Abnahme des Gutes dessen Anweisungen zu folgen gehalten ist. Unter diesen Umständen wird normalerweise die Bahn bestimmungsgemäß das Gut dem Adressaten ausliefern; daher tritt für den Käufer die Möglichkeit, durch Besitz des Duplikates während des Transports auf die Bahn einzuwirken, praktisch völlig zurück hinter die Tatsache, daß der Empfänger mit dem Absender in einem Vertragsverhältnis steht. In solchem Falle genügt somit die Übergabe des Duplikats nicht zur Übertragung des Eigentums, vielmehr ist noch erforderlich, daß der Absender auch den Spediteur anweist, den Weisungen des Käufers zu entsprechen und seinerseits auf Verfügungen gegenüber dem Spediteur verzichtet.

Hier war die Ware zur Zeit des Verkaufes noch nicht abgesandt, der Kasse gegen Duplikat kaufende Käufer verlangte vielmehr, daß sie für ihn an den Spediteur X. versandt werde. Dementsprechend hat der Vormann des Verkäufers die Ware abgerichtet, aber so, daß ihm gegenüber der Adressat X. verpflichtet blieb, seinen Anweisungen zu folgen. Damit blieb also, obgleich der Absender infolge der Übergabe des Duplikates der Bahn gegenüber die Verfügung nicht mehr ändern konnte, seinem Willen das Schicksal der abgelieferten Ware unterstellt..... Einen „Willen" des Käufers, sich die Herausgabeansprüche an die Bahn abtreten zu lassen und damit die Übergabe des Duplikates als Erfüllung der Eigentums- und Besitzverschaffung gemäß § 433 anzusehen, kann man nur unter der Voraussetzung annehmen, daß ihm damit tatsächlich nicht nur die Verfügungsgewalt der Bahn gegenüber, sondern auch nach Ablieferung durch sie gegenüber jedem Dritten, an den es auf Grund des Frachtvertrages ausgeliefert ist, eingeräumt wird; denn anderenfalls würde er sein Geld hingeben und sich aller Ansprüche gegen den Verkäufer begeben auf die Möglichkeit hin, unter Umständen sein formales Eigentum gegenüber dem Dritten, wenn überhaupt, nur unter großen Schwierigkeiten durchsetzen zu können. Es kann aber der Wille eines verständigen Kaufmannes, der für sein Geld die unmittelbare Verfügungsgewalt über die Ware erhalten will, auf eine derartige Erledigung nicht gerichtet sein. Hier geriet eben die Ware nach den vom Absender getroffenen Anordnungen nach ihrer Ablieferung an X. auf Grund seines Schuldverhältnisses zu X. wieder unter den Zugriff des Absenders. Zwar mag Beklagte darüber nicht unterrichtet gewesen sein und angenommen haben, daß ihr Vormann die Ware an X. zur Verfügung des Klägers abgerichtet habe; ihre Sache aber war es, in dieser Beziehung alle Sicherheiten zu schaffen. Denn sie wollte sich mit der Übergabe des Duplikates ihrer Verpflichtungen entledigen und dazu gehörte, daß sie dem Käufer nicht nur für die Zeit des Transportes, sondern auch nach seiner Beendigung die Verfügungsgewalt endgültig verschaffte. V.

Dazu: **Viehkauf. Übertragung des Eigentums.**

OLG. Hamburg, 6. ZS. Urteil v. 5. Februar 1924 (Bf 2/23).

Der beweispflichtige Kläger hat zunächst behauptet, daß der Besitz des Rindes bereits durch den mittels Handschlags bekräftigten Kaufabschluß in unmittelbarer Nähe der Kaufsache übertragen sei, er sieht die übliche Beurkundung dafür in dem Einschneiden der Marke des Verkäufers in das Haar. Allein die Übergabe erfordert den körperlichen Besitzübergang. Nach der Beweisaufnahme aber und den durch die Einrichtungen des Viehhofes bedingten Verhältnissen ist ein solcher Übergang bereits mit Kaufabschluß beim Kauf nach Lebendgewicht weder üblich noch von den Parteien gewollt. Das Rind ist zunächst am Stande des Verkäufers geblieben, bis sein Knecht es zur Wage geführt hat. Es entspricht auch dem Interesse des Verkäufers, daß er den Besitz nicht aus der Hand gibt, ehe wenigstens durch die Wägung die Höhe des Kaufpreises feststeht, und daß er das Vieh zur Wage führen läßt, um sich eine Überwachung der Rechtmäßigkeit des Wägevorganges zu sichern. Das „Aufschneiden" hat darnach und nach dem Gutachten des Viehhofdirektors nur den Zweck, bei der großen Anzahl der Tiere das vom Käufer erworbene Tier genau zu bezeichnen.

Eine andere Frage, ob nach den Handelsgewohnheiten und nach den Einrichtungen des Viehhofes in der Abgabe des Viehs an den die Wage bedienenden Beamten eine Übergabe an den Käufer liegt, kann hier dahingestellt bleiben. Denn nach der Zeugenaussage hat Kläger dem Beklagten mehrfach erklärt, dieser müsse dabei bleiebn, wenn das Tier verwogen werde und es sofort in Empfang nehmen, damit es nicht fortkäme, was bei dem großen Andrange am Markt schon öfter vorgekommen sei; wenn die Kuh verwogen sei, gehöre sie dem Beklagten. Diese Geschäftsbedingung entspricht dem langjährigen auf dem Viehhof üblichen Handelsbrauche. Er ist durch die bewährten Einrichtungen bedingt, wonach der Käufer das gekaufte Vieh an der Wage in Empfang zu nehmen hat, so daß er von der Wägung an die Gefahr des Verlustes trägt, während bis dahin dem Viehkommissionär die Sorge für das Vieh obliegt. War daher Beklagter nicht an der Wage anwesend, so kam er in Annahmeverzug und der Verkäufer behielt trotz der durch Diebstahl nach der Verwiegung bewirkten Unmöglichkeit einer Leistung nach §§ 324, 293, 295 den Anspruch auf Gegenleistung...... B.

γ) **Wer trägt den Verlust, wenn einer Bank der Scheck zur Gutschrift auf ihr ausländisches Konto übertragen wird.**

OLG. Hamburg, 4. ZS. Urteil v. 11. April 1924 (Bf 89/24).

... Die Sachlage ist mithin die, daß der hier vom Kläger der Beklagten (Bank) übertragene Scheck in New York bei ihrem Geschäftsfreunde ordnungsmäßig eingegangen und ihr am 9. Juni 1923 gutgeschrieben, ihr aber, ehe sie darüber verfügen konnte, infolge des Konkurses jenes Geschäftsfreundes verloren gegangen ist. Die Parteien streiten daher lediglich darum, wen nach der konkreten Sachlage dieser Verlust trifft.... An sich wäre sehr wohl denkbar, daß der Kläger auch *diese* Gefahr zu tragen hätte; eine derartige Verpflichtung ließe sich zwar nicht aus den gesetzlichen Bestimmungen über den Kauf, wenn man schon die Übernahme des Schecks als Kaufvertrag[1]) auffassen will, herleiten, sondern könnte ihre Grundlage nur in dem Sinne des besonderen Vertrages finden... Sie konnte aber hier nicht als stillschweigend vereinbart angesehen werden; sie ist vielmehr so ungewöhnlich, daß sie nur bei *ausdrücklicher* Vereinbarung angenommen werden kann.

Es ist im Bankiergewerbe selbstverständlich, daß im allgemeinen für Währungskonten „Gegenkonten" im Ausland unterhalten werden; die als Deckung dienenden Devisen und Noten werden nicht zurückbehalten, sondern zur Bildung von Guthaben, gegebenenfalls bei den ausländischen Korrespondenten verwendet, anderenfalls würden die Kapitalien, dem auf Kapitalverwertung gerichteten Sinne des Gewerbes zuwider, dem Verkehr entzogen. Diese Einrichtung ist daher nichts Besonderes, sie ist daher nur ein Ausdruck der allgemeinen Erscheinung, daß der Bankier das ihm zur Verfügung stehende eigene und fremde Kapital im Kontokorrentverkehr mit seinen Geschäftsfreunden bewegt.

Der Sinn der auf dem (späteren) Zirkular der Beklagten v. 1. 9. 1923 beruhenden Gefahrabwälzung ist also kein anderer, als daß die Gefahr des *inneren Betriebes*, soweit sie auf der Kreditgewährung an ausländische Geschäftsfreunde im Kontokorrentverkehre beruht, von den Kunden mitgetragen werden soll, die einen Währungskredit genießen. Der innere Betrieb der Bankiers, die Art seiner Geschäftsbeziehungen und seiner Kreditgewährung ist aber etwas, das grundsätzlich den Kunden gar nichts angeht; der Kunde verläßt sich auf *seine* Bankiers, auf deren Zahlungsfähigkeit und Reellität, und auf Grundlage dieses Vertrauens mag er bis zu einem gewissen Grade mit der Zuverlässigkeit auch der Geschäftsfreunde des Bankiers rechnen, insofern dessen Solvenz dadurch nicht beeinträchtigt werde; aber unmittelbar will er mit den Geschäftsfreunden im Zweifel nichts zu tun haben. Der Gedanke, daß der Kunde durch die Zahlungseinstellung des Ge-

[1]) Die Haftung dafür, daß die bezogene Bank den Scheckbetrag bezahlt, fällt unter § 437; hatte der Aussteller ein Guthaben bei der Bank, zahlt diese aber nicht wegen Zahlungsunfähigkeit, so betrifft das nicht den Bestand, sondern die Güte der Kaufgegenstandes (OLG. Hamburg, 5. ZS. Urteil v. 26. März 1623 Bf. 40/23). B.

schäftsfreundes unmittelbar und nicht nur mittelbar durch den Einfluß auf die Zahlungsfähigkeit des Bankiers berührt werden könnte, liegt dem Verkehr durchaus ferne. Der Kunde ist nicht Partner des Bankiers. Daher wäre der Gedanke, daß der Kunde auch an den Gefahren des inländischen Konkokorrents beteiligt sein solle, geradezu widersinnig; die Voraussetzungen dafür waren aber begrifflich keine anderen als bei Währungskonten, denn auch für Markkonten unterhält der Bankier notwendigerweise Gegenkonten bei seinen inländischen Korrespondenten. Dem Kunden die Gefahr der Kreditgewährung im ausländischen Kontokorrent aufzubürden, wäre nun in keiner Weise mehr gerechtfertigt als bei dem inländischen; denn die Gefahr, daß der Bankier bei jenem Verkehr Verluste durch Zahlungseinstellung erleidet, ist nicht größer, eher — nach den heutigen Verhältnissen — geringer. Die Einräumung eines Währungsguthabens gegen einen Scheck hat daher nichts Besonderes gegenüber der Einräumung irgendeines anderen Guthabens gegen eine zur freien Verfügung des Bankiers stehende Deckung, und welche Verluste der Bankier bei der innerhalb seines Betriebes erfolgenden Verwendung der Deckung erleidet, geht den Kunden nichts an, sofern nichts Gegenteiliges vereinbart ist. Hier ist aber nur besprochen, daß der Scheck an X. zur Gutschrift auf das Konto der Beklagten geschickt werden sollte. Daraus ergibt sich lediglich, daß der Kläger ins Bild gesetzt war, in welcher konkreten Weise Beklagte mit der Deckung verfahren wolle, wer in diesem Fall als ausländischer Korrespondent in Frage kam; daß aber Beklagte den Scheck in irgendeiner Weise zur Bildung eines Guthabens verwenden werde, war von vornherein klar und hätte sich der Kläger als Kaufmann ohne weiteres selbst gesagt. Wenn ihm daher der Name des X. in dieser Weise genannt wurde, so mag sich das daraus erklären, daß der Kläger ursprünglich ein eigenes Konto in New York wünschte, man daher, wegen der Untunlichkeit dieses Wunsches, Anlaß hatte, ihm den Weg auseinanderzusetzen, den Beklagte gehen wollte, um ihm die Verfügung über Dollar zu verschaffen... V.

δ) Gleitende Lizenzgebühr und Währungszerfall.

OLG. Stuttgart, 4. ZS. Urteil v. 25. Januar 1926.

Die Lizenzgebühr ist unter den Parteien nicht in einer bestimmten Summe, sondern in Prozenten des Umsatzes, somit gleitend festgesetzt und verändert sich daher von selbst mit der Veränderung der Preise und mit dem Übergang von PM. zu RM. Es steht daher nicht die Aufwertung einer früher der Höhe nach bestimmten, durch den Währungszerfall betroffenen und daher keine entsprechende Gegenleistung mehr darstellenden Geldforderung in Frage, sondern, ob die unter anderen Verhältnissen getroffene Regelung des Prozentsatzes der Lizenzgebühr auch unter den veränderten heutigen Verhältnissen noch maßgebend ist. Dabei handelt es sich weder um eine physische noch um eine wirtschaftliche Unmöglichkeit der Sachleistung; denn diese — Gestattung der Ausnützung des Rezepts — ist durch die veränderten Umstände in keiner Weise weder physisch noch wirtschaftlich erschwert, da die Klägerin zur Ermöglichung der Ausnützung nichts aufzuwenden hat. Die Geschäftsgrundlage hat sich vielmehr lediglich auf der Seite des Geldschuldners verändert, insofern eine neue Währung geschaffen worden ist, der Geldwert stabilisiert wurde, durch die so geschaffene oder mitbeeinflußte neue Wirtschaftslage sich auch die Preise änderten und daher die Frage berechtigt ist, ob ein für die Festsetzung einer Lizenzgebühr maßgebender Prozentsatz des Umsatzes, der in der Inflationszeit vereinbart wurde, ohne weiteres auch für die völlig anders gearteten jetzigen Verhältnisse noch maßgebend sein kann. Beim Vergleich der bei Abschluß des Vertrags bestehenden und der jetzigen Verhältnisse sind besonders die Herstellungs- und Vertriebskosten des Likörs, Brutto- und Nettogewinn der Beklagten, Verhältnis der Lizenzgebühr dazu, ihre Kaufkraft, Größe des Umsatzes, Konkurrenzmöglichkeit zu beachten. Nur dann kann aber dem Kläger seine Leistung nicht mehr zugemutet werden, wenn diese Untersuchung wirklich ein untragbares Mißverhältnis infolge besonders ausnahmsweiser Neugestaltung der Verhältnisse ergibt (RG. 100 S. 129; 103 S. 133; 104 S. 122). Die Bejahung dieser Frage würde den Richter nicht ohne weiteres zur Abänderung der Gebühr, sondern nur zur Auflösung des Vertrags berechtigen (JW. 1920 S. 373), außer wenn wie hier, beide Teile den Vertrag fortsetzen wollen. In diesem Falle hat das Gericht unter Berücksichtigung der Verhältnisse zur Zeit des Vertragsschlusses den unter den derzeitigen Verhältnissen angemessenen Lizenzbetrag zu ermitteln und festzusetzen. Der Gutachter bezeichnet die zurzeit bezahlte Lizenzgebühr von $1^1/_2$% des Umsatzes als sehr erheblich. Er hat auch die im Sept. 1922 vereinbarte Gebühr von 5% für hoch angesehen. Selbst wenn von dieser Vereinbarung bei der Beurteilung der jetzt angemessenen Gebühr sowie davon auszugehen ist, daß sich damals der Kläger einen günstigen Preis gesichert hatte, trifft dies doch auch bei der jetzt bezahlten Gebühr in gleichem Maße zu. Die Umgestaltung der Verhältnisse seit Abschluß des Vertrags hat somit kein untragbares Mißverhältnis zwischen Leistung und Gegenleistung geschaffen. Dasselbe trifft auch zu, wenn man den Klageanspruch unter dem Gesichtspunkt der Aufwertung betrachtet. Endlich könnte die Anwendung der §§ 315, 316 nach dem Gutachten gegenwärtig nicht zu einer Erhöhung der Lizenzgebühr führen.

o) α) **„Wenig gebraucht" und „in sehr gutem Zustande" als Zusicherungen**[1]).

OLG. Hamburg, 6. ZS. Urteil v. 26. Juni 1924 (Bf 128/24).

Die Beklagte bot einen gebrauchten Triebwagen durch Fernsprecher an und gab das Gespräch durch Schreiben vom 30. 6. 1923 wieder. Darin gibt sie den Bericht ihres Werkmeisters wieder, der damit schließt, daß der Wagen „wenig gebraucht" und „in sehr gutem Zustande" sei. Diese Worte sind so allgemein gehalten, daß sie wohl eine gewisse Grundlage für die Beschaffenheit des Wagens bedeuten mögen, aber nicht als Zusicherungen gelten können. Wohl ist dagegen eine Zusicherung denkbar, daß der Wagen sich in sehr gutem betriebsfähigen Zustande befinde, denn die Betriebsfähigkeit ist eine klar zu erfassende Eigenschaft. Diese Zusicherung findet sich aber nicht im Schreiben der Beklagten und

---

[1]) Als solche gilt auch: „jedes Stück Seife mit made in Germany" eingestempelt; die Anbringung dieses Stempelaufdrucks auf der Papierumhüllung des Seifenstücks genügt nicht (OLG. Hamburg, 6. ZS. Urteil v. 23. 12. 23, Bf 537).

ebenfalls nicht in der telegraphischen Annahmeerklärung des Klägers: „akzeptiere Angebot Triebwagen". War im Ferngespräch auch von der Betriebsfähigkeit die Rede, so ist sie — bei der Nichtaufnahme in die Bestätigung der Beklagten und in die maßgebende Annahmeerklärung des Klägers — nicht durch Übereinstimmung der Parteien zu dem Rang einer Zusicherung erhoben. Diesen Rang kann sie auch nicht dadurch erhalten, daß der Kläger im Schreiben vom 2. 7. die Worte „in sehr gutem betriebsfähigen Zustande" braucht und Beklagte darauf schweigt. Aus solchem Schweigen kann, nachdem Beklagte in ihrem eigenen Angebot und ihrer Vertragsbestätigung nicht von Betriebsfähigkeit gesprochen hat, höchstens gefolgert werden, daß ein betriebsfähiger Wagen zu liefern sei, nicht aber, daß diese Vertragspflicht als Zusicherung gemeint war, zumal das Werturteil über gebrauchte Wagen notwendig mehr oder weniger subjektiv sein wird. V.

β) **Haftung für gefälschte, zum Wechseln hingegebene Noten.**

OLG. Hamburg, 4. ZS. Urteil v. 6. Juli 1923 (Bf 140/23).

..... Nach dem Beweisergebnisse hat der Sohn des Beklagten die vorgelegte gefälschte Dollarnote der klagenden Bank zum Umwechseln übergeben. Da ausländische Banknoten im Verkehr wie Handelsware gehandelt werden, so kommt ein Mangel im Recht nicht in Betracht. Die Klägerin kann sich daher nur auf die Gewährleistung wegen Sachmängel stützen. Handelte es sich um eine Gattungssache, so hätte sie ohne weiteres Anspruch auf eine mangelfreie Sache. Bei Geldwechselgeschäften des täglichen Lebens wird aber nicht die Lieferung ausländischen Geldes (Noten) schlechthin übernommen, sondern es werden zum Wechseln bestimmte Noten übergeben. Nur diese sollen gewechselt werden, keine anderen. Der Anspruch auf Lieferung einer mangelfreien Sache ist daher nicht gegeben. Das Kaufgeschäft ist durch Lieferung der bestimmten Noten, die Gegenstand des Kaufes waren, erfüllt worden. War eine davon unecht, so liegt lediglich ein Mangel vor, der den Käufer insoweit zur Wandlung berechtigt; denn der Mangel war nach dem Gutachten ein verborgener und ist sofort nach Entdeckung gerügt worden. Auch Lieferung einer anderen Sache kommt nicht in Betracht, da die Sache geliefert ist, die der Gegenstand des Geschäftes war. Die Klägerin kann daher nur auf Grund der Wandlung Rückgabe der hingegebenen Markbeträge verlangen. Mit ihrer Zahlung ist Beklagter seither nicht im Verzuge, der ein begründetes Wandlungsbegehren voraussetzt. Das ist aber erstmals in dieser Instanz gestellt und zwar hilfsweise, wodurch Beklagter indessen nicht in Verzug geraten konnte. Denn die Klägerin will in erster Linie nicht wandeln sondern verlangt Erfüllung und nur, wenn sie damit nicht durchdringt, will sie wandeln. Der Klage war sonach auf Grund der Wandlung nur in Höhe des hingegebenen Betrags stattzugeben, da der Antrag auch auf Zahlung von Mark gerichtet ist, im übrigen war sie abzuweisen. [RG. 108 S. 279.] V.

γ) **Deutsches Maismehl als „entkeimt" angeboten.**

OLG. Hamburg, 6. ZS. Urteil v. 14. Juli 1925 (Bf 332/24).

Da die deutschen Mühlen nicht die maschinellen Einrichtungen besaßen, um den einen hohen Fettgehalt enthaltenden Keim restlos aus dem Maiskorn zu entfernen, hatte ihr Maismehl einen bedeutend höheren Fettgehalt als das amerikanische, bei dem er im Durchschnitt 1% nicht übersteigen darf. Das war den beteiligten Fachkreisen bekannt, auch wenn deutsches Maismehl ihnen als entkeimt, entbittert oder unter ähnlicher Bezeichnung angeboten wurde. Eine Handelsübung bezüglich der zulässigen Höchstgrenze des Fettgehaltes des deutschen Maismehls hat sich wegen der Kürze der Zeit, in der überhaupt ein nennenswerter Handel darin stattfand, nicht herausgebildet, besonders nicht bis 1921. Daraus läßt sich aber nicht folgern, daß die Zusicherung, das Maismehl sei entkeimt, gänzlich bedeutungslos war. Vielmehr bedeutete sie die Gewähr dafür, daß das Mehl, wenn auch nicht annähernd vollständig, so doch nach den damaligen deutschen Fabrikationsmethoden bestmöglich entkeimt sei. Da der Kläger eigenes Fabrikat verkauft hat und damals erst die Herstellung von Maismehl aufnahm, so konnte und durfte die beklagte Käuferin, die Zusicherung entkeimten Maismehles zum mindesten dahin auffassen, daß der Grad der Entkeimung nicht hinter den von anderen Mühlen erreichten Ergebnissen zurückblieb. Die Auskünfte verschiedener Mühlen ergeben aber, daß der Fettgehalt ihres Maismehles geringer war als der, den die von der Beklagten zurückgewiesene Ware hatte.....

Überdies lautete hier die Zusicherung der Klägerin auf Maismehl, hergestellt aus entkeimten und präpariertem Natalmais. Das kann nicht anders verstanden werden, als daß das Maiskorn vor der Vermahlung entkeimt sei. Gerade darauf aber, daß die Entkeimung bei dem vom Kläger angewandten Verfahren nicht vorher, sondern erst während der Schrotung erfolgte, ist der hohe Fettgehalt des Produktes zurückzuführen... V.

p) **Wiederkaufsrecht. Eintragung als Vollrecht. Löschung.**

Bayr. Oberstes Landesgericht, ZS. Beschluß v. 1. April 1924 (III 18/24).

Die Baugenossenschaft A. verkaufte 1920 ein Haus an Georg W. und vereinbarte dabei in Nr. 7: a) A. behält sich auf 30 Jahre das Wiederkaufsrecht vor; W. ist verpflichtet, innerhalb dieses Zeitraumes der A. auf deren Verlangen das Eigentum wieder zu übertragen... Dieses Recht kann aber A. nicht ausüben in den Fällen gewinnloser Übereignung an den Ehegatten; dieser hat aber vor der Eigentumseintragung die Mitgliedschaft bei A. zu erwerben. — b) Ohne Genehmigung der A. darf das Haus nicht belastet werden. Durch Schenkungsakt v. 4. 12. 23 übereignete W. das Haus seiner Frau A., nachdem diese in die Genossenliste der A. aufgenommen worden war. Die von ihr beantragte Löschung des Wiederkaufsrechts nebst Belastungsverbot wurde abgelehnt, auf Beschwerde jedoch angeordnet. Die weitere Beschwerde ist begründet.

Das LG. hat den Rechtsbegriff des Wiederkaufsrechts mit dem eines Vorkaufsrechts verwechselt. Während dieses auf einen Verkaufsfall (vgl. § 1097) abgestellt ist, ist jenes in seiner Geltendmachung von solcher Voraussetzung überhaupt nicht abhängig. Der Wiederkäufer kann jederzeit nach seinem Belieben innerhalb der gesetzlichen Frist des § 503 das verkaufte Grundstück wieder an sich ziehen; ohne daß also gerade ein Verkaufsfall oder ein sonstiges Ereignis eingetreten zu sein braucht. Gerade darin liegt die Härte der Abmachung, die in ihrer wirtschaftlichen Folge regelmäßig das Grundstück unverkäuflich macht. Irgendwelche

Verfügungen des gebundenen Eigentümers berühren grundsätzlich das Recht des Wiederverkäufers überhaupt nicht (§ 499). Erklärt dieser also, daß er sein Recht für einen bestimmten Fall — hier der Schenkung an die Frau — nicht ausüben wolle, so erhellt ohne weiteres, daß er dadurch nicht auf sein Recht im ganzen verzichten wollte, daß es vielmehr in solchem Falle nur einstweilen ruhen solle, während es im übrigen uneingeschränkt aufrecht bleibt. Danach ist aber die Frau W. nicht berechtigt, ohne Einwilligung der A. die Löschung des Wiederkaufsrechts zu beantragen.......

2. Der Grundbuchrichter hat — in irriger Rechtsauffassung — dieses Recht nach Art eines dinglichen Vollrechts eingetragen, obwohl in der Urkunde nur eine Vormerkung beantragt und eine grundbuchmäßige Sicherung des nur schuldrechtlich wirkenden Wiederkaufs nur im Wege einer Vormerkung rechtlich zulässig ist. Ein dingliches Wiederkaufsrecht kennt das BGB. nicht. Der Auffassung, daß infolge der Bezugnahme auf die Urkunde bei der Eintragung das Recht gleichwohl im Sinne dieser Urkunde als Vormerkung eingetragen gelten könne, kann nicht beigetreten werden, da die Eintragung als solche allein maßgebend sein kann und ein bloß vorgemerktes Recht nicht nur sachlichrechtlich, sondern auch in der grundbuchmäßigen Darstellung von einem dinglichen Vollrechte verschieden ist. Das Grundbuchamt wird insoweit Veranlassung haben, nach § 54 S. 1 GBO. von Amts wegen einen Widerspruch einzutragen, der den Vormerkungscharakter der Eintragung entsprechend klar- und richtigstellt.

3. Die Beteiligten haben die Eintragung des Belastungsverbots ausdrücklich bewilligt und beantragt, ohne dabei die Eintragung einer „Vormerkung" besonders hervorzuheben. Allein Sache des Grundbuchrichters muß es sein, eine im allgemeinen beantragte Eintragung eines Rechts oder einer Verfügungsbeschränkung so vorzunehmen, wie und soweit es die einschlägigen Vorschriften nach den herrschenden Rechtsanschauungen vorschreiben und erlauben. Dem Sinne nach muß auch der zum Ausdruck gelangte Wille der Beteiligten in dieser Weise ausgelegt werden. Nach der herrschenden Anschauung kann aber eine rechtsgeschäftliche Verfügungsbeschränkung ausnahmsweise dann im Wege einer Vormerkung eingetragen werden, wenn und soweit dem Berechtigten zugleich ein Anspruch der in § 883 vermeinten Art eingeräumt ist. Dieser Fall lag hier vor: Das Belastungsverbot hängt mit dem Rückkaufsrecht und dessen Fortbestand unmittelbar zusammen. Da letzteres nicht erloschen ist, gilt gleiches von jenem Verbote, so daß für einen Löschungsantrag zu diesem Rechte kein Raum war. Auch hier wird im Wege des § 54 S. 1 GBO. durch einen amtlichen Widerspruch eine Klarstellung herbeizuführen sein.

q) α) **Miete: privater Fernsprechanlage. Wohnungsbrand.**

Kammergericht, 17. ZS. Urteil v. 22. Februar 1926 (U 10 786/25).

Die Klägerin hat am 2. 12. 1919 dem Beklagten in seiner 7 Zimmerwohnung eine Privat-Fernsprechanlage (3 Postapparate, Wecker, Kabelnetz) errichtet und sie bis 1929 vermietet. Die Wohnung ist am 15. 7. 23 abgebrannt und nicht mehr zu benutzen gewesen; die unbeschädigten Apparate sind zurückgegeben. Der Beklagte hat erst seit Ende 1924 eine eigene (4 Zimmer-)Wohnung erhalten können. Er weigerte für die Zeit nach dem Brande mit Recht die Zahlung der Miete. Mangels anderer Anhaltspunkte muß angenommen werden, daß die Anlage nur für die fragliche Wohnung vermietet war. Ist diese Wohnung durch Brand zerstört und unbrauchbar geworden, so hat der Mietvertrag hinsichtlich der Wohnung sein Ende gefunden, und lebt auch nicht etwa auf, wenn die Wohnung durch Neu- oder Umbau wiederhergestellt wird (vgl. KG. 17 Y 26/26). Nach Fortfall des Mietvertrages über die Wohnung fällt aber auch das Mietverhältnis über die für diese Wohnung gemietete Fernsprechanlage fort, jedenfalls dann, wenn die Aufhebung des Hauptmietvertrages auf Umständen beruht, die nicht in der Person des Mieters liegen, wie bei höherer Gewalt, also wenn nicht der Fall des § 552 S. 1 vorliegt. Denn nur so kann der über die Anlage geschlossene Mietsvertrag ausgelegt werden (§ 157). Wenn auch die Parteien an den Fall einer späteren Unbrauchbarkeit der Wohnung nicht gedacht haben, so muß dieser Punkt so geregelt werden, wie es die Anwendung des § 242 erfordert. Bei Erörterung dieser Möglichkeit wäre der Mieter keinesfalls auf ein Fortbestehen des Vertrages eingegangen, da die — für 7 Zimmer bestimmte — Anlage für ihn mit Rücksicht auf die damals schon bestehende und weiter zu erwartende Wohnungsnot zwecklos sein mußte. Daß die Klägerin auch für diesen Fall das Fortbestehen des Vertrages verlangt hätte, ist — mit Rücksicht auf die auch ihr bekannte Wohnungsnot und die dadurch für den Beklagten bedingte Unmöglichkeit der anderweiten Verwertung der Anlage — nicht anzunehmen, zumal der Beklagte dann vom Abschluß eines Vertrages abgesehen hätte. Auch damit, daß in solchem ungewöhnlichen und äußerst seltenen Fall die Klägerin mit Rücksicht auf das etwaige — ganz unbestimmte — frühere Ende des Vertrages die jährlichen Mietraten erhöht hätte, ist nicht zu rechnen. Es liegt nicht etwa so, daß (ohne jedes Entgelt) der Klägerin jede Gefahr aufgebürdet wäre. Durch den Brand ist die Leistung aus dem Mietvertrage infolge eines Umstandes, den weder die Vermieterin noch der Mieter zu vertreten hat, unmöglich geworden (§ 323). Bt.

β) **Aufwertung von Vertragsmiete.**

Kammergericht, 17. ZS. Urteil v. 1. Februar 1926 (U 9658/25).

Der Kläger, der am 1. 12. 19 in seinem Neubau einen Laden für jährlich 70 000 M. vermietet hatte, beansprucht für Mai 1924 eine Aufwertung der Miete auf 2900 RM. Der Ansicht des Mieters, daß er nur den GM.-Wert der Miete nach dem Kurse des Vertragstages, also 670 RM. zu zahlen habe, ist nicht beizutreten. Nach dem Sinn des RMietenGes. sollten die Parteien bei Vereinbarung einer PM-Miete nicht nur auf den Weg des RMGes. verwiesen werden, wenn sie es bei dieser Miete nicht belassen wollen; nach den Regeln von Treu und Glauben ist der Mieter auch ohne die Geltung des RMG. verpflichtet, den Mietzins entsprechend aufzuwerten. (Hertel RMG. 88, 140; vgl. RG. 108 S. 313 a. E.) [Warn. 18 S. 88]. In Anbetracht der veränderten Verhältnisse wäre die Festsetzung der lediglich in RM. umgerechneten Miete (hier 6500 M. für das Jahr) unbillig; infolge der gesunkenen Kaufkraft haben diese 6500 M. heute und auch

Mai 1924 nicht mehr entfernt den Wert wie am 1. 12. 1919. Die Bindung des Vermieters auf 5 Jahre ist unerheblich, weil 1919 niemand voraussehen konnte, daß die Geldentwertung derartig fortschreiten werde. Unstreitig haben die Parteien damals den angemessenen und üblichen Mietzins vereinbaren wollen. Für Mai 1924 war daher die angemessene Miete zu ermitteln. B.t.

γ) **Verschulden des Mieters nach § 557 S. 2 BGB.**

Kammergericht, 17. ZS. Urteil v. 15. Februar 1926 (U 10 479/25).

Der Mieter, zur Räumung auf 1. 1. 25 (ohne Ersatzraum) verurteilt, legte Berufung ein, die am 29. Mai 1925 zurückgewiesen wurde. Der Vermieter verlangt von 1. 1. 25 ab Schadensersatz. Allein der § 557 S. 2 setzt ein Verschulden des Mieters voraus (RG. 99 S. 231). Daran fehlt es hier. Die Sach- und Rechtslage des Rechtsstreits war durchaus nicht zweifellos; auch das Berufungsgericht hatte nur den einen der Kündigungsgründe für durchschlagend erachtet. Aber auch dieser Grund konnte nach der Beweisaufnahme zum mindesten sehr zweifelhaft sein. Unter diesen Umständen kann dem Mieter nicht zugemutet werden, auf einen Rechtsbehelf zu verzichten. Eine dolose Ausnutzung prozessualer Rechtsbehelfe oder eine Verschleppungsabsicht liegt dann nicht vor. Zweifelsfreie Kenntnis von der Beendigung des Mietverhältnisses erhält der Mieter erst durch das rechtskräftige Berufungsurteil. B.f.

δ) **Ausschließung des § 571, wenn möblierte Räume vermietet sind.**

Kammergericht, 17. ZS. Urteil v. 24. Nov. 1924 (U 6566/24).

Der Nebenintervenient N. war Eigentümer eines Hauses, in welchem er eine Wohnung selbst bewohnte und eine zweite möbliert für die Zeit von 1919 bis Ende 1925 an den Kläger vermietet hatte. 1922 ging das Haus an X. und bald darauf auf den Beklagten über. Der Kläger wünscht Feststellung, daß er Haupt-, nicht Untermieter des Beklagten sei. Der Anspruch ist jedoch unbegründet. Der § 571 enthält nachgiebiges Recht und kann durch Vereinbarung ausgeschlossen werden. Dazu ist, da er die Rechte und Pflichten aller drei Beteiligten: des Vermieters, des Mieters und des Erwerbers, berührt, die Einigung dieser drei erforderlich. Hierüber haben beim Vertragsabschluß von 1919 der Kläger und N. etwaige Ausschließung des § 571 nicht ausdrücklich vereinbart. Wie sich aber aus dem gesamten Vertragsinhalt ergibt, machte N. den Abschluß davon abhängig, daß die Wohnung möbliert gemietet werde. Ob N. das Gewerbe als Vermieter einer möblierten Wohnung angemeldet hatte, ob der Kläger diese bei der polizeilichen Anmeldung als eigene bezeichnete, aus welchem Grund im Vertrage die Raum- und die Möbelmiete getrennt wurde und ob ein Vordruck für leere Wohnungen benutzt wurde, ist dabei unerheblich. Der Umstand, daß der Kläger, der eigene Möbel kaufen konnte, die Möbel mitmietete und sie nur zum Teil benutzen wollte, obwohl ihm ferner die Ermietung einer anderen Wohnung leicht möglich gewesen wäre, spricht jedenfalls dafür, daß er die Wohnung des N. derart bevorzugte, daß er die Nachteile des Mietens einer möblierten Wohnung hinnehmen wollte. Hierzu gehört außer dem höheren Mietzins die Pflege der Möbel, das Recht des N. zum jederzeitigen Betreten der Wohnung und die vertragliche Bindung auf 5 Jahre, die auch nur auf Wunsch des N. eingegangen wurde. Aus alledem erhellt, daß die Möblierung der Wohnung das wesentliche sein und während der ganzen Vertragsdauer erhalten bleiben sollte. Durch diese Einigung ist aber stillschweigend der Übergang der Vermieterrechte an einen Grundstückserwerber mindestens für den Fall ausgeschlossen worden, daß N. als Vermieter weiter in der Lage blieb, seine Pflichten als Vermieter zu erfüllen. Die hierzu erforderliche Zustimmung des Erwerbers ist dadurch erteilt, daß er sich mit N. dahin einigte, daß N. im Besitze der Wohnung bliebe. Ob dies ausdrücklich im Kaufvertrag oder mündlich in dessen Ergänzung vereinbart wurde, ist unerheblich, da dieser Formfehler gemäß § 313 geheilt worden ist. Unbedenklich konnte sich aber N. den Besitz der Wohnung wirksam vorbehalten; besonders bedurfte er hierfür nicht etwa nach §§ 3, 5, 10 WohnungsMR. vom 12. Mai 1921 einer Mitwirkung der Gemeindebehörde, weil damit keine Wohnraumänderung verbunden war. Auch § 17 zu b WohnungsMR. vom 18. 8. [jetzt 30. 12] 1924 schließt nicht ein Fortbestehen des Vertrages über die möblierte Wohnung zwischen dem Veräußerer und seinem Mieter aus; dort ist vielmehr nur die gewerbsmäßige Weitervermietung für den Fall untersagt, daß der Vermieter die Räume so, wie er sie gemietet hat, — also leere Räume leer, möblierte Räume mit den vermieteten Möbeln — weiter vermietete [1]). D.n.

r) **Leihweise Überlassung gefüllter Flaschen gegen „Pfand".**

OLG. Hamburg, 5. ZS. Urteil v. 30. Mai 1924 (Bf 399/24).

Werden Flüssigkeiten in Flaschen handelsgängiger Art unter sog. leihweiser Überlassung der Flaschen gegen „Pfand" geliefert, so handelt es sich weder um eine reine Leihe, noch um ein reines Pfand. Der Käufer soll zwar in der Regel dieselben Flaschen, die er erhalten hat, zurückgeben, er genügt seiner Verpflichtung aber auch, wenn er andere Flaschen gleicher Beschaffenheit und Güte zurückgibt; kann er einzelne Flaschen nicht zurückgeben, so wird es in der Regel Absicht der Parteien sein, daß er einen gewissen festen Satz für die Flasche unabhängig vom wirklich entstandenen Schaden zu zahlen hat. Diese gemischte Eigenschaft des Vertrages bringt es mit sich, daß die als sog. Pfand gegebenen Beträge die Eigenschaften eines reinen Pfandes verlieren, und daß in den Augen der Parteien das Geschäft sich dem Begriffe des Verkaufes der Flaschen an den Empfänger des Inhalts mit der gleichzeitigen Übernahme der Verpflichtung des Rückverkaufes seitens desselben Empfängers nähert. Es liegt deshalb in der Regel auch keineswegs in der Absicht der Parteien, daß der Lieferer die als „Pfand" empfangenen Gelder wie ein echtes Pfand unverwendet in Gewahrsam nimmt, sondern er soll befugt sein, sie wie sonstige eingenommene Gelder in seinem Betriebe zu verwenden. Es liegt nichts dafür vor, was hier zu einer anderen Auffassung zwingen müßte.

s) **Dienstvertrag: α) Vorbereitende Tätigkeit. Gegenleistung.**

OLG. Hamburg, 6. ZS. Urteil v. 9. Juli 1925 (Bf 233/25).

Beklagter, der eine Fabrik besaß, wünschte als neuen Zweig Kupferoxydul

[1]) Keine einstw. Verf. zur Sicherung der Erfüllung des Untermietervertrages, wenn sie derart begründet wird, daß der Mieter seine Wohnung vertauschen will (OLG. Dresden, 6. ZS. Urteil v. 6. 11. 23, SächsArch. 1 S. 25).

herzustellen und gründete zu diesem Zwecke mit dem Chemiker S. die S. G. m. b. H. S. beschäftigte sich zunächst mit der Erforschung eines geeigneten Verfahrens; ehe er jedoch dieses gefunden hatte, kündigte er wegen Meinungsverschiedenheiten. Dadurch wurde Beklagter genötigt, sich nach einem anderen Verfahren umzusehen. Da er chemische Kenntnisse nicht besaß, beriet er sich mit dem Kläger, der sich bereit erklärte, durch Anzeigen in einer Fachzeitschrift ein neues Verfahren zu suchen. Im Anschluß daran hat der Kläger die eingehenden Angebote bearbeitet, mit den sich meldenden Chemikern verhandelt und mit den Lieferern die erforderlichen Betriebseinrichtungen erörtert. Dabei hat es sich, wie der Briefwechsel zeigt, um eine umfangreiche Tätigkeit gehandelt. Unter den verschiedenen Projekten wurde schließlich das von X. angebotene Verfahren ausgewählt und gekauft. Kurz bevor daraufhin der Betrieb begann, drängte der Kläger auf Festlegung seiner finanziellen Bezüge. Das führte zum Bruch; der Kläger schied aus, Beklagter betrieb die Fabrik nach dem X.schen Verfahren 3/4 Jahre allein, bis sie dann als unrentabel zum Stillstand kam. Danach hat der Kläger geldwerte Dienste geleistet. Allerdings hat er kein Verfahren geliefert und keine chemischen Ratschläge gegeben; allein er war auf diesem Sondergebiete kein Fachmann. Seine Aufgabe war nicht, das Verfahren zu erfinden, sondern dem Beklagten, der nur Kaufmann war, bei der Auswahl der sich bietenden Verfahren und der Beschaffung der erforderlichen Einrichtungen über Güte und Rentabilität der Angebote zu beraten und zu verhandeln. Daß er eine so umfangreiche Tätigkeit nicht umsonst leistete, versteht sich von selbst. Streitig kann nur sein, welche Gegenleistung er dafür erwartete. Die Meinung des Beklagten, daß sie lediglich in der Hoffnung bestand, nach Inbetriebsetzung einen Anstellungs- oder Teilhabervertrag mit Gewinnbeteiligung zu schließen, ist irrig. Zwar handelt es sich um das Vorstadium eines beabsichtigten Gesellschafts- oder Anstellungsvertrages. Auch in ihm sind aber bereits vertragliche Bindungen möglich und unvermeidlich, wenn bereits Leistungen eines Teils erfolgen, die den anderen Teil oder beide berühren. Daß solche Bindungen — mag man sie Vorverträge oder Verträge sui generis nennen — hier bereits vorlagen, ergibt sich ohne weiteres daraus, daß der Kläger gehaftet hätte, wenn er bei seiner Beratung fahrlässig verfahren und Schaden angerichtet hätte; denn indem er die Beratung übernahm, übernahm er auch durch Vertrag die Verpflichtung zur Sorgfalt.

Damit ist allerdings die Frage noch nicht geklärt, ob dieser Vertrag ein entgeltlicher war. Beklagter hat ausdrücklich erklärt, er könne vor Betriebseröffnung weder Gehälter noch Vergütungen zahlen. Der Kläger hätte daher, wenn er demnächst in ein Anstellungs- oder Gesellschaftsverhältnis getreten wäre, keine Vergütung für seine zuvor geleisteten Dienste verlangen können. Dennoch wären diese Dienste damit nicht unvergütet geblieben, denn er hätte den Gegenwert in dem Honorar oder der Gewinnbeteiligung gefunden, die er auf Grund des Vertrags fortan erhalten hätte. Diese Regelung war auch sachgemäß, da erst nach Betriebseröffnung die Dienste des Klägers zu Einnahmen führen konnten und diese, an denen er beteiligt werden sollte, um so größer wurden, je nützlicher seine Tätigkeit zuvor gewesen war. Dieses Entgelt fiel allerdings fort, als der endgültige Vertrag nicht zustandekam. Nach Treu und Glauben ist aber der Vertrag dahin auszulegen, daß in diesem Falle der Kläger nicht ohne Entgelt bleiben und daß dem Beklagten eine solche Ausbeutung der Arbeit des Klägers nicht gestattet sein sollte. Für die Höhe der Vergütung ist nicht entscheidend, ob der Fabrikationszweig ertragreich war. Wäre es zu einer Gewinnbeteiligung gekommen, so hätte der Kläger allerdings Gefahr laufen müssen, keinen Gewinn zu erzielen, dafür hätte er aber auch die Aussicht auf große Gewinne gehabt. Nachdem der Beklagte ihm diese Aussicht verweigert hat, kann er ihn auch nicht an dem Risiko festhalten. Überdies steht dahin, ob die Fabrik nicht unter der Mitwirkung des wissenschaftlich gebildeten Klägers besser rentiert hätte. Für die Bewertung seiner Dienste ist also zunächst festzustellen: Welches Entgelt hätte er zu beanspruchen, wenn er als zugezogener Berater entgeltlich diese Bemühungen auf sich genommen hätte? Zu diesem Zweck wird der Umfang seiner Tätigkeit zu ermitteln sein. Unstreitig ist er nicht ausschließlich in dem Betriebe tätig gewesen. Die sich darnach ergebende Vergütung wird jedoch deswegen sparsamer als bei einem befragten Gutachter zu bemessen sein, weil der Kläger seine Tätigkeit zum Teil im eigenen Interesse, um sich eine Lebensstellung anzubahnen, entfaltete und von vornherein damit rechnen mußte, daß in diesem gewinnlosen Vorstadium sparsam verfahren werden müsse. Andererseits ist die große Bedeutung einer zuverlässigen Beratung gerade in diesem Vorstadium zu berücksichtigen. Der Wert solcher Tätigkeit zeigt sich nicht ausschließlich in der späteren Rentabilität des Betriebes, sondern auch schon in der Vermeidung kostspieliger und fehlerhafter Wege und übersteigt weit den vom LG. zugesprochenen Teilbetrag v. 100 RM. B.

β) **Außerpreußische Fachärzte unterliegen in Preußen der GebO. v. 25. 2. 24.**

OLG. Kiel, 1. ZS. Urteil v. 15. Juni 1925 (U 88/25).

Der Kläger, ein hochangesehener Hamburger Facharzt, hatte auf Bestellung des in Altona wohnenden Beklagten dessen Frau vor, bei und nach ihrer Entbindung behandelt und dafür insgesamt 1620 RM. u. a. für Fahrgeld 160 und für 2 Nachtbesuche je 30 RM. berechnet, aber nur 900 M. erhalten. Die Klage auf den Rest ist nur in Höhe von 630 RM. begründet. Für die Leistungen des Klägers gilt mangels einer Vereinbarung die GebO. v. 25. 2. 1924. Diese ist nach § 1 für alle berufsmäßigen Leistungen maßgebend, die in Deutschland approbierte Ärzte in Preußen ausüben. Dies entspricht dem Grundsatze, daß für die Vergütung von Dienstleistungen, falls es auf die Ortsüblichkeit ankommt, der Ort der Dienstleistung ausschlaggebend ist (Gruch. 48 S. 911). Die Nichtanwendung der Pr.Geb.O. und die Anwendung eines anderen Gebührenmaßstabes kann auch durch schlüssige Handlungen vereinbart werden. An einer solchen Vereinbarung fehlt es hier. Es ist auch wenig wahrscheinlich, daß sich der Kläger Gedanken über die maßgebende GebO. gemacht haben sollte und es muß entgegen dem LG. bezweifelt werden, daß in den Bevölkerungskreisen, denen der Beklagte angehört, bekannt ist, daß besonders angesehene Hamburger Fachärzte von ihren begüterten Patienten Gebühren zu fordern und zu erhalten pflegen, die über die Sätze der Pr. GebO. wesentlich hinausgehen. Daher kann nicht in der Auftragserteilung allein schon eine Erklärung des Inhalts liegen, daß der Kläger nach denselben Sätzen Vergütung solle fordern dürfen, die für ihn bei einer Behandlung in Hamburg üblich wären, zumal die Gebiete von Hamburg und Altona in einander übergehen und im Verkehre vielfach als ein einheitliches Stadtgebiet angesehen werden, für das dieselben Lebensgewohnheiten gelten. Wenn deshalb ein Hamburger Arzt in einer Nachbarstadt, die sich auf das engste an Hamburg anschließt, tätig wird, so ist es nicht Sache des Auftraggebers zu erklären, daß er eine von den Sätzen der Preuß.GebO. abweichende Vergütung nicht zahlen wolle, sondern der Kläger als der mit den einschlägigen Verhältnissen bekannte Arzt hätte den Beklagten vor dem Beginn der Behandlung davon unterrichten müssen, daß er die für den Ort der Behandlung, also die für Preußen geltenden Vorschriften ausgeschaltet wissen wollte. In ärztlichen Kreisen ist allerdings die Ansicht weit verbreitet, daß Fachärzte, die z. T. als Universitätsprofessoren eine gehobene Stellung oder aus anderen Gründen ein besonderes Ansehen genießen, für ihre hochwertigen Leistungen eine höhere Vergütung verlangen können, als sie unter gewöhnlichen Umständen von jedem Arzt nach der GebO. gefordert werden kann. In der bloßen Inanspruchnahme eines solchen Facharztes wird häufig eine stillschweigende Unterwerfung unter die von ihnen üblicherweise beanspruchten höheren Vergütungen gefunden. Aber weder hat sich ein dementsprechendes Gewohnheitsrecht gebildet, noch auch läßt sich eine so allgemein gewordene Übung dieser Art feststellen, daß ohne weiteres bei Jedem, der sich in die Behandlung eines solchen Facharztes begibt, der stillschweigende Wille zu vermuten ist, sich der von der gesetzlichen Vergütung abweichenden Berechnungsart zu fügen (Rsp. 17 S. 400; Holz JW. 1919 S. 195; abw. Straßmann das.). Hier sind die preuß. Höchstsätze angemessen. Es hat sich offenbar um besondere Leistungen gehandelt, denn sonst hätte der Kläger schwerlich 2 weitere anerkannte Fachärzte zweimal zur Konsultation herangezogen. Der Beklagte endlich gehört, wenn er auch nur Angestellter im Geschäft seines Vaters ist, der übrigens wie gerichtsbekannt eine der größten Fischräuchereien besitzt, doch zu den Kreisen, die über ein gesichertes recht erhebliches Einkommen verfügen, denn er bewohnt mit seiner Familie allein ein im teuersten Wohnviertel belegenes Einfamilienhaus. Dr. B.y.

γ) **Nichtanmeldung zur Versicherung für die Eintrittswoche.**

OLG. Hamburg, 6. ZS. Urteil v. 4. Oktober 1924 (Bf 339/24).

Der beklagte Fiskus was als Arbeitgeber des Klägers diesem gegenüber vertraglich verpflichtet, für die Verwendung von Beitragsmarken zur Inv.-Versicherung zu sorgen. Das hat der hiesige 5. ZS. überzeugend ausgeführt und auch das RG. gebilligt. Da die Beiträge nach § 1447 RVO. eingezogen wurden, war der Kläger mit seinem Eintritt in den Dienst der Baudeputation anzumelden. Dies ist für die Eintrittswoche vom 16. bis 23. 4. 1916 nicht geschehen. Nur dann durfte davon abgesehen werden, wenn für diese Woche der Beitrag bereits bezahlt war. Die mit der Anmeldung beauftragten Beamten trifft ein nach § 278 vom Beklagten zu vertretendes Verschulden daran, daß der Kläger nicht für die Eintrittswoche angemeldet wurde; sie hätten sich dessen Invalidenkarte vorweisen lassen müssen. Im übrigen ist nicht bewiesen, daß er den Beamten diesbezüglich unrichtige Angaben gemacht habe.

Dagegen hat bei der Entstehung des Schadens ein Verschulden des Klägers mitgewirkt. Allerdings wird im allgemeinen der Arbeitnehmer, der im Staatsbetriebe beschäftigt ist, sich darauf verlassen können, daß seine Anmeldung und die Abführung der Beiträge ordnungsmäßig erfolgt. Indessen konnte ihm nicht verborgen bleiben, daß kein Abzug für die Eintrittswoche gemacht war. Auf den Lohntüten, in denen die Arbeiter ihren Lohn erhalten, sind regelmäßig die Abzüge nach Grund und Betrag aufgeführt. Sollte er bei der ersten Lohnzahlung übersehen haben, daß kein Abzug gemacht war, so mußte er doch bei den folgenden bemerken, daß für diese Woche die Beiträge zur InvVers. abgezogen waren. Sein eigenes Interesse hätte ihn veranlassen sollen, auf dieses offenbare Versehen hinzuweisen. Hinzu kommt, daß er gegen die Richtigkeit der ersten Aufrechnungsbescheinigung nach § 1419 RVO. nichts eingewendet, sondern sie widerspruchslos entgegengenommen hat. Diese Bescheinigung hat gerade den Zweck, dem Versicherten die Endzahlen bekannt zu geben. Er hat sie auf ihre Richtigkeit zu prüfen und gegen ihren Inhalt eventuell nach § 1422 aO. Beschwerde zu erheben. Macht er davon keinen Gebrauch, so hat er sich die daraus entstehenden Nachteile selber zuzuschreiben. Der Arbeitnehmer darf nicht einfach sich um nichts kümmern, sondern er ist auch seinerseits gehalten, die ihm zur Sicherung seines Rentenanspruches gegebenen Möglichkeiten auszunutzen. Es trifft nicht zu, daß beim Einziehungsverfahren die Nachprüfung der Bescheinigung erheblich erschwert sei. Die Beitragskarte wird nur statt beim Arbeitgeber bei der Einzugsstelle aufbewahrt. Dort konnte der Kläger die Karte einsehen und ermitteln, daß für die erste Beschäftigungswoche keine Marke geklebt war. Dies hat er noch nach Jahresfrist feststellen können. Denn wann er bei der Baudeputation eingestellt worden war, mußte er doch noch wissen, war es doch in der Woche vor Ostern gewesen, und seit diesem Tage bis zum 31. 8. 1918 ist er ohne Unterbrechung dort beschäftigt gewesen. Er brauchte also nur die Wochen nachzuzählen, um die Richtigkeit der Bescheinigung nachzuprüfen. Mit dem Einwand, daß er das Gesetz nicht gekannt habe, ist er ebensowenig zu hören, wie etwa ein Arbeitgeber. Außerdem war er früher jahrelang als Versicherungspflichtiger beschäftigt gewesen. Das spricht dafür, daß er über die In.-Vers. ebenso wie andere Arbeiter Bescheid wußte, zumal diese Beschäftigung nicht so sehr lange zurücklag.

ε) Kündigung an Mitglieder des Betriebs- und Angestelltenrates. Nachträgliche Zustimmung. Zuziehung des Stellvertreters.

OLG. Braunschweig, 1. ZS. Urteil v. 30. Mai 1924 (V 84/24).

Der Kläger war als Bautechniker bei der beklagten Gewerkschaft gegen vierteljährliche, nur zum Schluß eines Kalendervierteljahres zulässige Kündigung angestellt und wurde für 1923 zum Mitglied des Betriebs- und Angestelltenrates gewählt. Die Beklagte hat ihm am 28. 9. 23 zum 31, 12. 23 die Stellung aufgekündigt und hierzu die Zustimmung des Betriebs- und Angestelltenrates am 27. 9. nachgesucht. Während der letztere am selben Tage zustimmte, hat der erstere nach anfänglicher Verweigerung die Zustimmung nachträglich am 9. 10. 23 erteilt. Der Kläger hält diese nicht für zulässig und beantragt, festzustellen, daß die Kündigung auf Ende 1923 unwirksam sei. Die Klage ist begründet.

1. Wenn die Beklagte in diesem Rechtszuge geltend macht, daß sie zur fristlosen Kündigung nach § 626 befugt sei, weil der Kläger, wie sie erst jetzt festgestellt habe, innerhalb der Dienststunden Privatarbeiten gegen Entgelt verrichtet habe, so liegt dieser Einwand außerhalb des Rahmens der Parteianträge, die sich allein auf die Kündigung beziehen. Er ist daher gegenwärtig bedeutungslos und erst zu würdigen, wenn der Kläger das für das erste Vierteljahr 1924 rückständige Gehalt beanspruchen sollte. (RGKomm. BGB. § 626^{1}; Staub HGB. § $70^{3 \cdot 20}$; Landmann GewO. § 133^{2}). Danach ist zurzeit nicht erforderlich, das Recht zur fristlosen Kündigung gemäß §§ 96^{2} Nr. 3 und Abs. 3, 84^{2}, 86^{2} BetrRG. zu prüfen, obwohl es auch auf Einspruch des Klägers unter Umständen nicht vor dem Angestelltenrat oder den Schlichtungsausschuß, sondern im gerichtlichen Verfahren auszutragen wäre.

2. Die Beklagte meint, daß die rechtzeitige Zustimmung des Angestelltenrats dem § 96^{1} BetrRG. genüge, der Betriebsrat habe nicht mehr zuzustimmen brauchen. Der Kläger genießt jedoch als Angehöriger mehrerer Betriebsvertretungen einen mehrfachen Schutz und ihm kann nur mit Zustimmung aller Vertretungen, denen er angehört, wirksam gekündigt werden (Stier-Somlo; $Flatow^{11}$; Kieschke-Syrup; Billerbeck; Feig-Sitzlers; Dersch zu § 96; RArbM. im JB. d. ArbR. 3 S. 1751)... Es erhebt sich nunmehr die äußerst umstrittene Frage, ob die vom Betriebsrat nach Ablauf des Kündigungstermines erteilte Zustimmung die Kündigung der Beklagten wirksam macht, m. a. W. ob sie rückwirkt. Unter Verweisung auf § 184^{1} BGB., § 97 S. 3 BRG. bejahen u. a. Flatow, Dersch, Billerbeck zu § 96, Hueck, Kündigung und Entl. S. 118, Karger in JB. d. ArbR. 3 S. 176. Richtiger erscheint jedoch die verneinende Ansicht. Aus dem von § 84 abweichenden Wortlaut des § 96 ist zu folgern, daß die Kündigung nicht existent ist und keine rechtliche Wirkungen hervorbringt, bevor nicht die Betriebsvertretung ihr zugestimmt hat. Der § 96 will offenbar den Kündigungsschutz des einer Betriebsvertretung angehörigen Arbeitnehmers gegenüber dem der übrigen Arbeitnehmer verstärken. Diese Absicht würde in das Gegenteil verkehrt, und ein unerträglicher Schwebezustand herbeigeführt, wenn einer nach Ablauf des Kündigungstermins erklärten Zustimmung des Betriebsrats rückwirkende Kraft zukäme. Der Arbeitnehmer soll innerhalb der Kündigungsfrist Zeit und Gelegenheit zum Aufsuchen einer neuen Arbeitsstelle haben. Diese Möglichkeit wird ihm beeinträchtigt, solange infolge der noch fehlenden Zustimmung der Betriebsvertretung ungewiß ist, ob eine rechtswirksame Kündigung zustande gekommen ist. Mit dem Zweck der Kündigungsfrist ist demnach nicht zu vereinen, einer nach Ablauf des Kündigungstermins von der Betriebsvertretung genehmigten Kündigung Wirksamkeit zuzusprechen. Mit dem KG. 12. 8. 24 (5 U 5315/23) und dem LG. Prenzlau (JW. 1922 S. 604) ist aber eine entsprechende Anwendung des § 184 BGB. aus den dort angegebenen Gründen abzulehnen. v. F.

Dazu: OLG. Braunschweig, 1. ZS. Urteil v. 4. November 1925 (V 189/25).

Im Laufe des vorstehenden Rechtsstreits hat die Beklagte am 21. 12. 1923 dem Kläger zum 31. 3. 1924 erneut gekündigt und hierzu am selben Tage die Zustimmung der Gruppenräte erhalten. Diese haben jedoch zu den Sitzungen nicht für den Kläger einen Stellvertreter zugezogen. Die Klage auf das Gehalt für das zweite Vierteljahr 1924 ist begründet.

1. Wie das Vorprozeßurteil darlegt, wirkt, wenn der Kündigung erst nach Ablauf des Kündigungstermins nachträglich zugestimmt wird, diese Zustimmung nicht zurück, da die Voraussetzungen des BRG. § 96² unstreitig nicht vorliegen. Die neuerdings ergangenen abweichenden Urteile des OLG. Stettin vom 14. 2. 1924 (JW. 1924 S. 1055) und des LG. Hildesheim vom 24. 2. 1925 (30 342/24) bieten keine neuen Gesichtspunkte und vermögen die wesentlich auf wirtschaftlichen und sozialen Erwägungen beruhende Ansicht des Senats nicht zu erschüttern (vgl. auch LG. Leipzig im Schlichtungswesen 1924 S. 119).

2. Daß der Kläger in eigener Sache als Gruppenangehöriger nicht stimmberechtigt ist, erscheint nicht zweifelhaft. Niemand darf in eigener Sache Richter sein. Dieser allgemeine Rechtsgedanke braucht nicht besonders im Gesetz ausgedrückt zu sein; daß ältere Gesetze ihn aufgenommen haben, zwingt nicht zu der Folgerung seiner Unanwendbarkeit, wenn neuere Gesetze darüber schweigen (vgl. Feig-Sitzler N. 4, Dersch 2 c I, Brandt 5 zu § 96, Flatow § 32⁷, Häsing, Arbeitgeberkomm. zum BRG. S. 187, v. Ende Schlichtungswesen 1921 S. 561. Der scheinbar abweichenden Ansicht des RAM. (RABl. 1920 I S. 330), nach der die am Streitfall beteiligten Mitglieder des Betriebsrats in keiner Weise von den Verhandlungen mit dem Arbeitgeber und von etwaiger Beschlußfassung ausgeschlossen seien, ist nicht beizupflichten [1]).

3. Hatte hiernach gemäß § 40 BRG. ein Ersatzmitglied einzutreten, so folgert die Beklagte aus der Geschichte und dem Wortlaut des § 32 BRG., daß nur die *ordentlichen* Mitglieder der Gruppenräte zu laden seien, die Benachrichtigung des Stellvertreters aber dem behinderten Mitglied überlassen bleiben müsse. Allein die Fassung des § 32 im Regierungsentwurf (alle Mitglieder und nötigenfalls die erforderlichen Stellvertreter sind zu laden) und die Änderung durch den VII. Ausschuß der Nationalversammlung (Fortfall der Worte „und" bis „Stellvertreter") zwingen nicht zu dem Schluß, es sei eine Ladung der Ersatzmänner nicht für nötig erachtet; viel näher liegt die Annahme, daß die Ladungs-

[1]) Die Ansicht, daß die Gruppenangehörigen bei der Abstimmung ein Richteramt ausüben, hat der Senat in keiner Weise begründet; sie kann auch nicht als richtig anerkannt werden da hier kein Rechtsstreit vorliegt und der einen Partei etwas zugesprochen werden soll. Die Anwendung der §§ 41/49 ZPO. würde auch dazu führen, ein Mitglied wegen Befangenheit abzulehnen; dafür ist aber kein Verfahren vorgeschrieben. Näher liegt der Hinweis auf § 252ᵃ HGB. Wenn danach das Vorstands- oder Aufsichtsratsmitglied bei der Beschlußfassung über seine eigene Entlassung mitstimmen darf (RG. 81 S. 39, JW. 1915 S. 195), so ist nicht abzusehen, warum hier der Kläger, dem gekündigt werden soll, von der Abstimmung ausgeschlossen sein sollte, weil sein privates Interesse in Mitleidenschaft gezogen wird. Übrigens war diese Frage bereits im Vorprozeß angeregt worden und der Senat hätte sie, da die für einen bestimmten Termin erklärte Kündigung jedenfalls für den nächsten zulässigen Termin wirkt, schon damals prüfen müssen, um den späteren Prozeß zu verhindern. D. H.

vorschrift bezüglich der Stellvertreter als überflüssig weggelassen wurde, weil die Notwendigkeit der Ersatzmännerladung sich bereits aus dem System der Verhältniswahl klar ergibt. Diese Ladung liegt dem Vorsitzenden ob. Nach § 29[1] S. 2 BRG. beraumt er die Sitzungen an und setzt die Tagesordnung fest. Mangels einer entgegenstehenden Vorschrift hat er dann auch die Ladungen der Mitglieder und etwaigen Ersatzmänner zu veranlassen. Da bei der Ladung die Beratungsgegenstände mitzuteilen sind (§ 32), hat er bei Anberaumung der Sitzung schon einen Überblick, ob ein ordentliches Mitglied an der Beratung und Beschlußfassung rechtlich behindert und ein Ersatzmitglied deshalb zuzuziehen ist. Daß die Geschäftsordnung nach § 34 BRG. Abweichendes bestimmt, ist von keiner Seite behauptet.

Als rechtliche Folge der unterlassenen Ladung ist in § 32 S. 1 die Unwirksamkeit des Beschlusses mit den Worten gekennzeichnet: „Ein gültiger Beschluß des Betriebsrats kann nur gefaßt werden, wenn...." Der Standpunkt der Beklagten, diese Folge trete nicht ein, wenn mehr als die Hälfte der Zahl der Mitglieder erschienen sei und mit Stimmenmehrheit den Beschluß gefaßt habe, ist irrig. Die ordnungsmäßige Ladung aller Mitglieder ist Voraussetzung der Gültigkeit des Beschlusses (vgl. Kaskel[2], Arbeitsrecht § 84 V B). Auch trifft nicht zu, daß Beklagte auf die ordnungsmäßige Einberufung der Sitzung keinen Einfluß habe; nach § 29[2] BRG. nimmt sie vielmehr an den auf ihren Antrag anberaumten Sitzungen teil und hat danach auch die Möglichkeit nachzuprüfen, ob die Sitzung nach dem BRG. zustande gekommen ist. Daß aber die Sitzung des Angestelltenrats auf ihren Antrag einberufen ist, ergibt die Tagesordnung.

ε) **Lohn bei Betriebsunfall?**

OLG. Stuttgart, 3. ZS. Urteil v. 29. Dezember 1925.

Die Kläger (225 Fabrikarbeiter) fordern Ersatz für den Lohnausfall, den sie in den Tagen v. 13.—16. 12. 22 durch eine wegen Beschädigung des Generators eingetretene Verkürzung der Arbeitszeit erlitten haben. Der Anspruch ist jedoch nach § 5 des Tarifvertrages v. 9. 2. 22 (T.V.) unbegründet. Für das Arbeitsverhältnis der Parteien ist in erster Linie die ArbeitsO. maßgebend; ihr gehen entgegenstehende Bestimmungen des T.V. vor. Der § 11[1] ArbeitsO., wonach nur die Zeit bezahlt wird, während der wirklich gearbeitet wurde, geht deshalb dem § 615 BGB., der nicht zwingendes Recht schafft, vor. Der § 11[2a] macht aus Billigkeitsgründen eine Ausnahme vom Abs. 1 dahin, daß „bei Betriebsunfällen" versäumte Arbeitszeit bis zu 8 Arbeitsstunden bezahlt werde. Darunter sind — zumal im Hinblick auf die unter b, c für Arbeitszeitversäumung infolge Todes des Ehegatten (Kindes) getroffenen ähnlichen Ausnahmen — Betriebsunfälle gemeint, die den Arbeiter persönlich betroffen und an der Weiterarbeit verhindert haben. Auch der § 12 T.V.: „Übersteigt das Warten auf Material und bei Ausbesserungen 30 Minuten, so ist für die ganze Zeit der betr. Zeitlohn zu vergüten..." trifft nicht den vorliegenden Fall; vielmehr hat er, wie sich aus seinem ganzen Inhalt und Zusammenhang ergibt, lediglich Ausbesserungen von Arbeitsmaschinen der Stücklohnarbeiter, nicht auch von Antriebsmaschinen des ganzen Werks, im Auge gehabt.

Aber auch bei der Auslegung der Kläger wäre der Klageanspruch nicht begründet. Denn der § 5 T.V. läßt bei Mangel an Betriebskraft, Strom, Kohlen oder Rohmaterial sowie aus besonderen Anlässen eine Kürzung der tariflichen Arbeitszeit zu, ohne daß dadurch ein Anspruch auf Fortzahlung des Lohnes entsteht. Soweit diese Bestimmung zutrifft, durchbricht sie jedenfalls den von den Klägern behaupteten Grundsatz, daß der Unternehmer seine Arbeiter voll beschäftigen müsse. Die Behauptung aber, daß § 5 nur Umstände betreffe, die von außerhalb her auf den Betrieb hemmend einwirken, findet weder im Wortlaut eine Stütze noch in sonstigen Erwägungen, besonders auch nicht im Satz 2, wonach die Arbeiter für die ausfallenden Stunden bei der Behörde zur Unterstützung als Kurzarbeiter anzumelden seien. Daß der Mangel an Betriebskraft infolge des Ausfalls des Generators hier die Arbeitskürzung veranlaßt hat, ist zweifellos. Nach dem Sinne des § 5 muß aber die Entscheidung, wie bei Mangel an Betriebskraft usw. der Betrieb weitergeführt werden könne und ob die Störung eine Kürzung der Arbeitszeit notwendig mache, lediglich der Einsicht und dem billigen Ermessen des Betriebsunternehmers anheimgestellt sein. Nur dieser hat den vollen Einblick in die Auswirkungen der Störung und in die Möglichkeiten ihrer Bekämpfung, wähernd den Arbeitern die Einsicht in die ganzen Zusammenhänge des Betriebs und der Fabrikation sowie in bestehende Verpflichtungen und Abhängigkeiten, auch die erforderliche organisatorische Befähigung und damit die Möglichkeit richtiger Beurteilung der Frage naturgemäß abgeht. Der § 5 spricht deshalb auch nicht davon, daß der Betriebsrat (oder die Arbeiter) über die Arbeitskürzung zu hören seien und ihr zustimmen müssen. Nur dann hätten die Arbeiter gegenüber einer auf § 5 gestützten Arbeitsverkürzung einen Entschädigungsanspruch, wenn der Unternehmer leichtfertig dazu geschritten wäre, da es noch immer zu den guten Sitten der Unternehmer gehört, ihre Arbeiter so voll als möglich zu beschäftigen (BGB. § 826). Die Beklagte hat aber nach dem Beweisergebnisse nicht leichtfertig verkürzt.... S.

z) **Haftung der Straßenbahn bei Umsteigkarten.**

OLG. Hamburg, 1. ZS. Urteil v. 8. Februar 1926 (Bf. 213/25).

Der Kläger ist am Eingange der Wartehalle, die er, mit einer Umsteige-Fahrkarte versehen, betreten wollte, infolge starker Glätte der Schwelle gefallen und hat sich schwer verletzt. Aus dem Beförderungsvertrage haftet aber die Beklagte nicht auf Schadensersatz. Ihre Wartehallen sind zwar zur Bequemlichkeit und zum Wetterschutz aller derer bestimmt, die auf Beförderung oder Weiterbeförderung warten. Ihre Bereitstellung ist aber nicht Vertragsgegenstand; der Zutritt und der Aufenthalt steht vielmehr jedermann frei. Wer sie betritt oder sie benutzt, tritt damit noch nicht in ein Vertragsverhältnis mit der Beklagten. Dieses beginnt vielmehr frühestens mit dem Betreten des Wagens und der Duldung des Eintretenden in diesem oder erst mit der Lösung der Fahrkarte. Wer eine zum Umsteigen berechtigende Karte löst, schließt damit einen Vertrag nur über seine Beförderung bis zur Umsteigestelle und seine Weiterbeförderung von dort auf der festgesetzten Teilstrecke. Sucht er auf der Umsteigestelle die Wartehalle auf, so nimmt er die Beklagte nicht aus einem Vertrag in Anspruch, sondern wie jeder andere, der dies vor Vertragsschluß mit der Beklagten oder ohne jede auf solchen Abschluß gerichtete Absicht tut. Aus Anlaß geschlossener oder abzuschließender Verträge werden die Warteräume benutzt, wie sie auch aus Anlaß solcher erwarteter Abschlüsse errichtet sind. Der Vertrag aber ist nur auf die Beförderung mit den zur Verfügung stehenden Wagen gerichtet, nicht auch auf die Benutzung der Warteräume. Er verpflichtet weder die Beklagte zur Bereithaltung solcher für die Beförderung nicht notwendiger Räume noch berechtigt er den Fahrgast zu deren Benutzung.

Wäre aber selbst eine vertragliche Haftung grundsätzlich anzuerkennen, so hätte die Beklagte sie durch ihre Bedingungen rechtswirksam ausgeschlossen. Wer einen Beförderungsvertrag mit der Beklagten abschließt, unterwirft sich stillschweigend diesen ihren Bestimmungen, über deren Inhalt er sich auch unschwer unterrichten kann, weil sie in den Bahnwagen angebracht sind; überdies ist darauf durch Aufdruck auf den Fahrkarten hingewiesen. Sie enthalten den Satz, daß die Gesellschaft keine Haftung aus dem Beförderungsvertrag übernimmt. Das kann nur den Ausschluß der vertraglichen Haftung für Fahrlässigkeit bedeuten und ist als solcher in der Regel rechtlich nicht zu beanstanden. Das LG. verweist zwar auf die der Beklagten vom Staate zugebilligte Monopolstellung. Dabei übersieht es aber, daß Beklagte nach dem HaftpflG. ohne eigenes oder ihrer Erfüllungsgehilfen Verschulden weitgehendst haftet und daß daher jener Haftungsausschluß praktisch nur in wenigen Fällen wirksam wird.... B.

t) **Auftrag: α) zur Gutschrift eines Schecks auf London** [1]).

OLG. Hamburg, 4. ZS. Urteil v. 17. Oktober 1924 (Bf 19/24).

Der Auftrag des Klägers v. 21. 7. 23 (Anl. 2), einen Scheck über £ 147 seinem Girokonto gutzuschreiben, war völlig unmißverständlich und bedeutete, daß der Gegenwert des Schecks in RM. gutgebracht werden sollte; das setzt die vorherige Übernahme des Schecks durch die Bank voraus, da anders eben die Umwandlung des £-Betrages in RM. nicht möglich ist. Ob dem Kläger das Formular der Anl. 2 von Beamten der Beklagten übergeben ist, nachdem er seine Absicht, den Betrag auf Devisenkonto gutgeschrieben zu erhalten, mitgeteilt hatte, ist ohne Bedeutung; denn der Inhalt der formularmäßigen Anweisung widerspricht jener Absicht so offenbar, daß es sich nur um ein Mißverständnis des Beamten gehandelt haben kann, das dem Kläger bei der Ausfüllung im eigenen Kontor nicht entgehen durfte. War er sich aber nicht darüber klar, so muß er sich gefallen lassen, daß seine Erklärungen in dem allgemein verständlichen und verkehrsüblichen Sinne aufgefaßt werden.

Ebenso bedeutungslos ist, daß es in der Anl. 1 heißt: „bereits unterm 15. avisiert". Normalerweise werden mit dem Auftrage, Wechsel (Schecks) gutzuschreiben, die Schecks eingereicht, worauf auch am Kopfe des Vordrucks durch „Beifolgende" hingewiesen wird. Hier sollte der Gegenwert von von £ 147

[1]) Der Auftrag, einen über holl. Gulden lautenden Wechsel in Danzig einziehen zu lassen und den Gegenwert an die hiesige Orientbank auf das Konto E. D. in Larissa zu überweisen, ist nur so zu verstehen, daß der bei Vorlegung des Wechsels zu zahlende Guldenbetrag — ohne Umwechslung in Mark — dem E. D. bei der Orientbank zur Verfügung gestellt werden mußte (Urteil desselben ZS. v. 4. 1. 24, Bf 446/23).

unmittelbar bei der Bank durch Scheck auf London oder durch Überweisung von X. eingehen; es mußte also die Bank unterrichtet werden, daß der umzuwandelnde Gegenwert bereits zur Verfügung stehe. Dieser Orientierung, und nur ihr, dient der Avisvermerk. Stellte sich nun bei der Kontrolle heraus, daß der Gegenwert, d. h. also (da die Anl. 2 nicht mehr auf eine etwaige Überweisung eines £-Betrages, sondern nur auf einen Scheck London sich bezog) eben jener Scheck über £ 147 für den Kläger eingegangen war, so war die Sachlage für die Bank klar, ebenso, als wenn der Scheck der Anl. 2 angeheftet gewesen wäre. Der Avisvermerk hatte seinen Zweck erfüllt. Die Bank hatte also ihrer Pflicht genügt, wenn sie den Scheck — ohne Einsicht der Anl. 1 — übernommen und den Gegenwert auf Girokonto gutgeschrieben hatte.

Nicht anders aber wäre es, wenn Beklagte vor Ausführung des Auftrages die Anl. 1 eingesehen hätte. Allerdings enthält sie neben dem eigentlichen Avis die Bestellung eines Schecks über £ 137 und den Auftrag, den Rest von £ 20 dem Devisenkonto gutzuschreiben. Aber dieser Teil widerspricht der in der Anl. 2 enthaltenen Weisung so völlig, daß die Bank annehmen durfte, daß die Anl. 1 insoweit durch die Anl. 2 überholt sei, zumal mittels der bereits vor 21. 7. eingegangenen Anl. 5 der gemäß Anl. 1 bestellt gewesene Scheck gesperrt war. So wäre die Sachlage, wenn lediglich die Anl. 1, 2, 5 vorgelegen hätten. Es konnte dann keinem Zweifel unterliegen, daß Beklagte den vom Kläger erteilten, wenn auch von seinem Standpunkt aus unrichtigen Auftrag ordnungsmäßig ausgeführt hatte.

Es fragt sich daher nur, ob durch die Anl. 2, 3 die Lage zugunsten des Klägers geändert wird. Die Anl. 3 vom 21. 7. bestellt einen Scheck über £ 137 London für Heinrich R. zu Lasten des £-Kontos und nimmt auf die bereits unterm 15. 7. erfolgte Bestellung, also auf die Anl. 1, Bezug. Diese Bestellung ist ebenso wie die Anl. 4 C am 24. 7. bei der Devisenabteilung eingegangen. War zu dieser Zeit der Auftrag noch nicht ausgeführt, so durfte Beklagte ihn nicht mehr ausführen, wenn sie mit der Sorgfalt eines ordentlichen Bankiers handelte. Denn, da die Anl. 2,3 und zwar beide vom selben Tage auf die Anl. 1 Bezug nehmen und die Zahlen — eingehender Scheck über £ 147, Scheckbestellung auf £ 137 London für Heinrich R. — übereinstimmten, so konnte auch bei nur oberflächlicher Prüfung kein Zweifel walten, daß sie beide sich zwar auf denselben Eingang von £ 147 bezogen, aber gleichzeitig Konvertierung dieses Betrages auf Girokonto und Verwendung zum Ankauf eines Schecks über £ 137 anordneten. Um so klarer mußte sein, daß es sich um einen auf einem Irrtum beruhenden inneren Widerspruch handelte, da zum Ankauf eines Schecks über £ 137 ausreichende £-Beträge auf dem — ohne Rücksicht auf den Scheckeingang — nur £ 7 betragenden Guthaben nicht mehr vorhanden waren. Bei dieser Sachlage durfte daher die Bank den Scheck nicht mehr in Ausführung des Auftrages übernehmen, sondern mußte, da der Schluß, daß die Anl. 1 durch die Anl. 2 überholt sei, nicht mehr gerechtfertigt war, zunächst sich Klarheit über die wirkliche Absicht des Auftraggebers verschaffen. Es kommt daher darauf an, ob — bei Eingang der Anl. 3, 4 über den Scheck bereits verfügt war. Das ist aber der Fall gewesen. B.

β) **Wenn der eingezogene Betrag unter Zahlungsverbot fällt.**

OLG. Hamburg, 4. ZS. Urteil v. 28. November 1924 (Bf. 276/24).

Der Kläger hat im Juni 1914 einen 90 Tage-Sichtwechsel auf Osaka zur Einziehung übergeben und die Beklagte ihn weiter gegeben an die Londoner Zweigstelle einer amerikanischen Bank. Diese hat die Wechselsumme eingezogen und der Beklagten am 28. 10. 1914 kreditiert, verweigert aber die Auszahlung, weil es sich um eine am 20. 3. 1915 dem „Public Trustee" angezeigte Vorkriegsschuld handle. Da sie, wie das LG. ausführt, nur Substitüt der Beklagten ist, kann die Klage auf die Wechselsumme durch die Tatsache allein, daß der Wechselschuldner an die Amerikabank gezahlt habe, noch nicht gerechtfertigt werden. Beklagte ist auf Grund des Auftrages nur verpflichtet, das herauszugeben, was sie erlangt hat. Erlangt hat sie gegen die Amerikabank eine Forderung, von der — infolge der Einwirkung des Krieges — zweifelhaft ist, ob überhaupt, gegen wen und in welchem Verfahren sie geltend gemacht werden kann. Beklagte erfüllt ihre aus dem Vertrage zurzeit begründeten Verpflichtungen, wenn sie dem Kläger, wie sie es angeboten hat, ihre etwaigen Ansprüche abtritt, damit er selbst sie durchführt. Will er das nicht, so muß er abwarten, bis die Angelegenheit sich auf den von der Beklagten eingeschlagenen Wegen erledigt hat. Dafür, daß sie bisher in irgend einer Weise schuldhaft ihre etwaigen Verpflichtungen zur Klarstellung und Durchführung der Angelegenheit vernachlässigt habe, liegt nichts vor.

γ) **Zur Zahlung aus dem Kaufpreise. Bedingte Annahme. Widerruf.**

OLG. Hamburg, 7. ZS. Urteil v. 11. Mai 1925 (Bf. 15/25).

Der Kläger hatte von X 246 000 Fr. zum 30. 4. 1924 zu fordern. Auf Grund einer mit ihm getroffenen Vereinbarung ersuchte X unterm 24. 4. die Beklagte, von den 687 000 Fr., die sie dem X. gegen Lieferung von 130 Tonnen Zinkweiß schuldete, 246 000 Fr. „zur Verfügung des Klägers zu zahlen". Das war nicht, wie das LG. meint, die bloße Angabe einer Zahlstelle, sondern ein Auftrag, dem Kläger den Betrag zur Verfügung zu stellen. Mit Bezug auf diesen Auftrag ersuchte der Kläger die Beklagte um Bestätigung, daß sie ihm den Betrag am 30. 4. 1924 an die EBank in Paris auszahlen lasse. Damit hat er klar zu erkennen gegeben, daß er eine Zahlungspflicht der Beklagten ihm selbst gegenüber erstrebte. Die Beklagte hat sie auch übernommen, indem sie auf Grund des ihr von X. erteilten Auftrags dem Kläger mitteilte, daß sie ihm den Betrag (zwar nicht bei der EBank, aber in einem Scheck auf Paris) zur Verfügung stellen werde, nachdem sie von X. ordnungsmäßigen Lagerschein über das ihr gegen den Betrag zu liefernde Zinkweiß erhalten haben werde. Ein Widerruf jenes Auftrags war daher auch im Verhältnis des X. zur Beklagten wirkungslos, nachdem sie einmal eine Zahlungspflicht gegenüber dem Kläger übernommen hatte. Durch die hinzugefügte Bedingung hat sie ausgedrückt, daß sie nur verpflichtet sein wollte, wenn X. den Kaufvertrag in dem Umfang erfüllte, der dem Betrage von 246 000 Fr. entsprach. Sie wollte mithin die ihr aus ihrem Vertrage mit X. im Falle der Nichterfüllung zustehenden Einreden auch dem Kläger entgegenhalten können, soweit es sich um die den 246 000 Fr. entsprechende und gegen diese zu liefernde Menge Zinkweiß (50 Tonnen) handelte. Wenn daher X. am 2. Mai die Lieferung an die unberechtigte Bedingung knüpfte, daß die Beklagte an ihn selbst oder seine Verkäufer, nicht jedoch an die Kläger zahle, so hätte sie diese Andienung zurückweisen, auf Lieferung gemäß dem Vertrage bestehen oder unter den gesetzlichen Voraussetzungen von ihrem Vertrage mit X. zurücktreten können. Dagegen war sie dem Kläger gegenüber nicht berechtigt, sich der von X. gestellten Bedingung zu fügen und mit ihm Lieferung gegen Zahlung an ihn selbst zu vereinbaren. Dadurch hat sie sich ihres Rechtes, von X. Lieferung gegen Zahlung an den Kläger zu fordern, begeben und kann sich deshalb nicht darauf berufen, daß X. nicht erfüllt habe. Unstreitig hat sie von X. die Ware erhalten, von deren Lieferung sie ihre Zahlungspflicht gegenüber dem Kläger abhängig gemacht hatte.

Die Berechtigung des Klaganspruchs folgt auch daraus, daß sich der Kläger rechtzeitig bereit erklärt hatte, selbst die Lieferungspflicht des X. zu erfüllen. Wenn auch die Beklagte ihrem Verkäufer gegenüber nicht berechtigt war, den vollen Kaufpreis gegen Lieferung der gesamten 130 Tonnen an den Kläger zu zahlen, so war sie doch berechtigt, sich die den 246 000 Fr. entsprechende Menge für Rechnung des X. vom Kläger liefern zu lassen, der auch zu dieser Teillieferung bereit war. Der § 267² steht nicht entgegen; denn er regelt nur das Verhältnis zwischen Gläubiger und Schuldner. Hier dagegen war die Beklagte zu dem Dritten (Kläger) in ein besonderes, nach Treu und Glauben zu beurteilendes Vertragsverhältnis getreten, das sie nicht berechtigte, sein Lieferungsangebot zurückzuweisen. B.

8) OLG. Hamburg, 7. ZS. Urteil v. 16. Februar 1925 (Bf. 582/24).

Nach der — der Beklagten bekannten — Vereinbarung der Kaufparteien war der Kaufpreis für die am 4. 3. 1924 bestellten Waren je zur Hälfte gegen Kaiempfangschein und 30 Tage nach der Abladung, der Kaufpreis für die am 16. 3. 1924 bestellten Waren aber in voller Höhe gegen Konnossement durch die Beklagte als Vertreterin des Käufers zahlbar. Anstatt mit der Verschiffung der nach Hamburg gesandten Waren einen Spediteur zu beauftragen und der Beklagten das Konnossemet oder den Empfangsschein zur Einlösung vorlegen zu lassen, hat sich der Kläger zur Verschiffung der Beklagten selbst bedient. Er hat ihr die verschiedenen Warensendungen zugehen lassen und ihr zugleich die Rechnungen zur Weitergabe an die amerikan. Firma übersandt. Die Rechnungen enthielten teils den Vermerk „Zahlung nach Eintreffen in Hamburg", teils den Vermerk „Zahlungsbedingungen: 1/2 bei Kaireceipt, 1/2 30 Tage nach der Auslieferung am Schiff". Hieraus ersah die Beklagte, daß der Kläger an den vereinbarten Zahlungsbedingungen festhielt und das Eigentum an den Waren nur gegen Zahlung des Kaufpreises oder dessen Hälfte aufgeben wollte. In der Übermittlung der Waren mit den Rechnungen lag die Weisung an die Beklagte, die Weiterversendung nur vorzunehmen, wenn sie in der Lage und willens war, gleichzeitig die fälligen Zahlungen an den Kläger zu leisten. In diesem Sinne vertraute dieser ihr die Waren an. Wenn sie daher die Rechnungen widerspruchslos entgegennahm und die demnächst eintreffenden Waren weiterversandte, so nahm sie damit den Auftrag des Klägers an, und trat zu ihm in ein Vertragsverhältnis, das sie bei Vermeidung der Ersatzpflicht zur Einhaltung der Bedingungen verpflichtete.

Wollte man aber annehmen, daß sie eine solche Verpflichtung nicht übernommen habe, so wäre zwar ein Vertrag zwischen den Parteien nicht entstanden, sie wäre aber dann dem Kläger wegen der in der Weiterversendung liegenden Verletzung seines Eigentumsrechts als unredliche Besitzerin nach §§ 990, 989 ersatzpflichtig...

ε) **Befugnis des Beauftragten zu Löschungsbewilligungen.**

Kammergericht, 18. ZS. Urteil v. 25. April 1925 (U 11663/25).

Die Dr. Bank hat nach Empfang von 7,5 Millionen PM. die Löschung der für sie auf dem Grundstück der Beklagten eingetragenen Sicherungshypothek bewilligt, ohne dabei den im § 11 der 3. StNV. vorgesehenen Vorbehalt zu machen. Diese Unterlassung hatte zur Folge, daß eine Aufwertung der Hypothek nicht mehr verlangt werden kann, vorausgesetzt, daß die Bank berechtigt war, mit Wirksamkeit für die Anleihegläubiger die Löschung zu bewilligen. Die Kläger bestreiten solche Vertretungsbefugnis, indes zu Unrecht... Die hiernach der Bank erteilte Vollmacht deckte im Hinblick auf den damals bereits eingetretenen Währungszusammenbruch die Annahme des PMNennbetrages als Erfüllung der in Friedenszeiten begründeten Klageforderung nicht mehr. Nach dem Kurse der GM. vom 31. 8. 23 betrug der auf alle Kläger entfallende Anteil nicht einmal 2 Goldpfennig. Was auf den Einzelnen kam, war wirtschaftlich ein Nichts. Ließ die Bank hiermit den Anspruch der Kläger erfüllt sein, so verzichtete sie in Wirklichkeit auf ihn. Soweit aber ging ihre Vertretungsmacht nicht. Die Erkenntnis, daß die PM. am 31. 8. 23 nicht mehr der Friedensmark gleichstand, war damals im Wirtschaftsleben und auch in der Rechtsprechung (RG. 106, S. 425) bereits zum Durchbruch gekommen. Der Bevollmächtigte, der unter den gänzlich geänderten Verhältnissen noch eine PMLeistung zum Nennbetrage als Erfüllung einer vor 1918 entstandenen Schuld annahm, verletzte die Interessen seines Machtgebers derart, daß das Rechtsgeschäft trotz seiner äußeren Vollmachtmäßigkeit für den Vertretenen unverbindlich ist. Die Beklagte, die das erkennen mußte, verstößt gegen Treu und Glauben, wenn sie sich den geschädigten Klägern auf vorbehaltlose Annahme der Zahlung durch die Bank beruft.

ζ) **Raterteilung. Garantieversprechen.**

OLG. Hamburg, 1. ZS. Urteil v. 30. März 1925 (Bf. 409/24).

Der Kläger hatte im Mai 1924 dem bei der Treuhandbank als Abteilungsleiter angestellten Bruder Rudolf der Beklagten 20 000 RM. zur verzinslichen Anlage bei jener Bank übergeben, nachdem er von der in seinem Geschäft angestellten Beklagten gehört hatte, daß die Beträge sich dort gut verzinsten. Rudolf hat jedoch alsbald die Beträge veruntreut. Wie der Kläger behauptet, hat ihm die Beklagte Mitte Juni 1924, als er seine Unruhe über die in letzter Zeit ausgebliebenen Zinsen äußerte, erwidert, er möge sich keine Sorge machen, sie käme ihm für alles auf. Da der Schade schon entstanden war, so fehlt es an dem Kennzeichen des Garantievertrages, dem Einstehen für den Erfolg (RG. 90 S. 415). Eine Garantie für die Zukunft könnte nur dann angenommen werden, wenn in jenen Worten die Aufforderung gelegen hätte, gegen Rudolf keine Schritte zur Wiedererlangung des Geldes zu unternehmen und wenn aus dieser Unterlassung dem Kläger ein Schaden entstanden wäre; dafür liegt aber nichts vor.

Ebensowenig liegt ein kausales kumulatives Schuldversprechen vor; besonders fehlt es an einem eigenen unmittelbaren Interesse der Beklagten. Da die Einklagung nur eines Teilbetrages von 10 000 M. mit ihrer Vermögenslage begründet wird, kann sie auch nicht beabsichtigt haben, von vornherein als Gesamtschuldner neben Rudolf einzutreten. Eine solche Absicht kann auch nicht daraus gefolgert werden, daß sie geraten haben soll, das Geld ihrem Bruder zur Belegung bei der Treuhandbank zu übergeben. Dabei könnte nur eine Fahrlässigkeit in Betracht kommen, für die der Ratgeber weder aus § 676 noch aus unerlaubter Handlung haftet, da kein besonderes Recht dadurch verletzt wird (RG. 67 S. 395). Im übrigen kann die Raterteilung in der Äußerung über gute Verzinsung noch nicht gefunden werden.

Grundsätzlich ist im Zweifel der Wille zur Übernahme der Bürgschaft anzunehmen (RG. 90 S. 417). Dem steht nicht entgegen, daß hier zunächst eine Ungewißheit über die Person des Hauptschuldners (Rudolf oder die Treuhandbank) bestand, zumal eine einfache Anfrage bei der Bank zur sofortigen Aufklärung genügte. Wollte man aber die Wirksamkeit des Bürgschaftswillens aus Rechtsgründen verneinen, so würde daraus noch kein Garantieversprechen folgen. In dieser Beziehung ist auch die spätere Äußerung des Beklagten, sie sei von ihrem Bruder am meisten geschädigt, da sie jetzt für alles aufkommen müsse, nicht schlüssig, da sie ebensowohl auf eine nach § 766 ungültige Bürgschaft bezogen werden kann.

u) Haftung aus §§ 701/4 und aus dem Vertrag. Haftungsausschluß.

OLG. Hamburg, 3. ZS. Urteil v. 4. März 1924 (Bf 588/23)

Ob der Kläger auf den Inhalt des von ihm unterzeichneten Aufnahmescheins hingewiesen worden ist, und ob er ein zweites Exemplar ausgehändigt erhalten hat, ist unerheblich. Er ist Kaufmann und mußte wissen, was er tat, als er jenen Schein unterschrieb. Jeder Reisende weiß, daß angesichts der heutigen wirtschaftlichen Verhältnisse fast alle Gasthäuser Gäste nur aufnehmen, wenn sich diese mit dem Haftungsausschluß zuvor einverstanden erklären. Daß der Schaden auf ein Verschulden eines Erfüllungsgehilfen der Beklagten zurückzuführen und diese daher, abgesehen von §§ 701 ff. aus dem Beherbungsvertrage den streitigen Schaden zu ersetzen gehalten sei, ist nicht bewiesen. Ebensowenig hat Beklagte eine Monopolstellung gegenüber einer Zwangslage der namentlich nachts spät ankommenden Reisenden in unzulässiger Weise ausgenutzt; denn die besonderen wirtschaftlichen Verhältnisse der Gegenwart rechtfertigen jedenfalls zurzeit noch den Haftungsausschluß und andererseits sind hier die Interessen des reisenden Publikums dadurch gewahrt worden, daß nach den besonderen Einrichtungen der Beklagten der Reisende sofort bei der Aufnahme Gelegenheit zur Versicherung des Gepäcks hat und auf diese Möglichkeit in dem Aufnahmeschein selbst an hervorragender Stelle deutlich sichtbar hingewiesen wird. V.

β) OLG. Kiel, 1. ZS. Urteil v. 10. April 1924 (U 30/24).

Der Kläger ließ sich am Morgen des 5. 9. 1923 im Hotel der Beklagten in Altona ein Zimmer geben und füllte mit seinem Namen und den weiteren Personalien einen ihm vorgelegten Vordruck aus, an dessen Spitze stand: „Ich bin damit einverstanden, daß das Hotel für meine eingebrachten Sachen nicht haftet und daß die §§ 701/4 BGB. keine Anwendung finden". Darauf gab er den Gepäckschein dem Oberkellner. Der Hausdiener, der zur Besorgung des Gepäcks den Schein erhielt, erklärte aber bald darauf, daß dieser ihm abhanden gekommen sei. Als der Kläger hierauf sofort zum Bahnhof eilte, konnte er nur feststellen, daß der Koffer bereits ausgehändigt worden war. Die Klage auf 721 RM. Schadensersatz ist begründet. Die Haftung aus §§ 701 ist zwar durch die Unterzeichnung ausgeschlossen, Beklagte haftet aber aus §§ 276, 278. Mit Unrecht bestreitet sie, mit dem Kläger hinsichtlich seines Gepäcks in besondere Vertragsbeziehungen getreten zu sein. Nach der allgemeinen Verkehrsauffassung fällt die Besorgung des Gepäcks vom und zum Bahnhof in den Rahmen der Obliegenheiten eines Hotelwirts (so Rsp. 40, S. 304, HansGZ. 1920, S. 67). Beauftragt der Gast den Hausdiener, sein Gepäck vom Bahnhof abzuholen, so macht er nur ein Recht geltend, das ihm auf Grund des Beherbungsvertrages zusteht... Es kommt nicht darauf an, ob die Beklagte davon vor dem Abhandenkommen des Koffers gehört hat. Es ist ferner unerheblich, ob nach den Geschäftsgepflogenheiten ihres Betriebs die Besorgung des Gepäcks nicht zum Geschäftsvertrage gehört, sondern der Hausdiener den Transport des Gepäcks jeweils auf Grund besonderer Vereinbarung mit den Gästen auf eigene Rechnung übernimmt. Denn da ihr Betrieb auch von Personen aufgesucht zu werden pflegt, die mit den örtlichen Verhältnissen nicht vertraut sind, so kann sie von diesen Gästen nicht verlangen, daß sie sich stillschweigend etwaigen bei ihm bestehenden besonderen, ihnen unbekannten Gepflogenheiten unterwerfen. Die Gäste dürfen vielmehr damit rechnen, daß das allgemein Verkehrsübliche in jedem Hotelbetriebe gilt, wenn ihnen nicht Abweichendes bekannt gemacht wird. Hiernach ist die Passivlegitimation der Beklagten gegeben. Das Abhandenkommen des Gepäckscheins stellt sich als schuldhafte Verletzung des Gastschaftsvertrages dar, da Beklagte nicht gemäß § 282 nachgewiesen hat, daß ihren Hausdiener kein Verschulden trifft.

Die Vollziehung des Vordrucks beseitigt den Klageanspruch nicht. Der Koffer war allerdings nicht eingebracht, wohl aber der Gepäckschein, der keinen selbständigen Vermögenswert besitzt, jedoch eine „Sache" im Sinn des § 90 ist (Rsp. aO., Staudinger § 90[1]). Die Erklärung kann ihrem Wortlaute nach die Bedeutung haben, die die Beklagte ihr beilegt; aber sie ist nicht eindeutig und scharf genug gefaßt. Wollte Beklagte mit dem 1. Halbsatz ihre Haftung gänzlich ausschließen, so war der 2. Halbsatz überflüssig. Es hätte allenfalls heißen können: „...und daß besonders". Der Wortlaut läßt auch eine Deutung in dem Sinne zu, daß die Beklagte nur die besondere Gastwirtshaftung ausschließen wollte und daß der 2. Halbsatz nur erläuternd sagen wollte, „daß infolgedessen die §§ 701—704 keine Anwendung finden". Mag sich auch diese Auslegung dem Wortlaut besser anpassen, so mußte doch dem Gast auch bei der maßgebenden objektiven Auslegung die zweite Auslegung inhaltlich näher liegen. Denn bei der Haftung von Gastwirten denkt nicht nur der Jurist, sondern auch der Verkehr zunächst nur an die besondere Haftung ohne Verschulden. Ihr Ausschluß liegt in solchem Falle nahe, der Ausschluß der Haftung auch für Verschulden, besonders für jedes der Angestellten erscheint dagegen beim Gastwirt außergewöhnlich. Wollte Beklagte eine so ungewöhnliche und für den Gast mit ganz erheblichen Gefahren verbundene Beseitigung ihrer Haftung herbeiführen, so müßte sie diese Absicht völlig zweifelsfrei ausdrücken wie auch sonst bei formularmäßigen Vereinbarungen, z. B. Versicherungen, müssen hier Unklarheiten zulasten desjenigen gehen, der die Fassung in seinem Interesse bestimmt hat (RG. 10, S. 160, 18 S. 144).

Auch ein mitwirkendes Verschulden des Klägers liegt nicht vor. Allerdings wird ein Reisender vier fast neue Anzüge und 4 wenig getragene Paar Schuhe regelmäßig nicht mit sich führen. Indessen sind die Gegenstände nicht derartig umfangreich und wertvoll, daß der Hausdiener mit ihrem Vorhandensein im Koffer vernünftiger Weise überhaupt gar nicht rechnen konnte. Einen erheblichen Wertgegenstand stellt ein vollgepackter Reisekoffer in jedem Falle dar. Daraus, daß der Kläger einige Kleidungsstücke mehr als vielleicht meistens der Fall mit sich geführt hat, kann nicht die Verpflichtung für ihn hergeleitet werden, den Hausdiener auf diesen höheren Wert des Koffers aufmerksam zu machen. ... Eine Verpflichtung des Klägers der Beklagten gegenüber, sein Gepäck zu versichern, kann heute nach Rückkehr normaler Verhältnisse, unter denen Bahndiebstähle nicht mehr als Massenerscheinung zu bezeichnen sind und wo allerdings derartige Versicherungen sehr weit verbreitet waren, nicht anerkannt werden [1]). Dr.L.J.

γ) OLG. München, 4. ZS. Urteil v. 25. April 1925 (L 204/25).

Der Kläger übergab am 27. 6. 1923 dem Pförtner der Beklagten GmbH. den Gepäckschein mit dem Auftrag, sein Gepäck vom Bahnhof holen zu lassen und es zu verwahren, er werde auf 2 Tage noch verreisen, aber schon jetzt ein Zimmer bestellen. Diese Bestellung ist so zu verstehen, daß Beklagte ihm die Beherbergung für den 29. 6. versprochen hat, falls soviel Zimmer frei würden, daß er nach der Reihe der Vormerkungen zum Zuge käme, während sie, falls kein Zimmer frei würde, nicht gebunden sein sollte. Damit haben die Parteien einen Vertrag unter auflösender Bedingung abgeschlossen. Auf Grund dieses Aufnahmevertrages hat der Kläger dem Pförtner den Gepäckschein übergeben mit dem Auftrag, das Gepäck ins Hotel bringen und bis zu seiner Ankunft dort verwahren zu lassen. Der Pförtner ist nach allgemeiner Verkehrssitte, nach Handelsbrauch, Handlungsgehilfe der Beklagten. Er hat Handlungsvollmacht nach § 54 HGB. Damit ist er zur Vornahme einer bestimmten, zum Gastwirtsgewerbe gehörigen Art von Geschäften ermächtigt, zu denen die Annahme, Versorgung und Abgabe des Gepäcks der Gäste zählt (Rsp. 40, S. 314). Eine etwaige Einschränkung dieser Handlungsvollmacht muß der Kläger nur dann gegen sich gelten lassen, wenn er sie kannte

[1]) Muß ein Pensionär wegen plötzlicher Erkrankung die Anstalt verlassen, so hat der Pensionsinhaber, da das Vertragsverhältnis noch nicht beendigt ist, die zurückgelassenen Sachen, auch wenn sie ihm nicht besonders übergeben wurden, in Obhut zu nehmen; dabei handelt es sich um eine Vertragsleistung (Urteil desselben ZS. v. 22. 12. 22, U 261/20).

oder kennen mußte; das ist nicht der Fall. Die beiden Koffer, von denen ein wertvoller abhanden gekommen ist, sind daher „eingebrachtes Gut". Sie wären es auch dann, wenn am 27. 6. kein Beherbungsvertrag, auch nicht ein bedingter, abgeschlossen worden wäre; denn „eingebracht" sind auch Sachen, die jemand übergibt, weil er die Aufnahme als Gast erwartet oder erst nachsuchen will (Oertmann S. 701 N. 3 β. Seuff. Bl. für RA. 71 S. 632; RG. 1 S. 83) ... Die Grundlage der sehr weit gehenden Haftung der Gastwirte ist nicht der Beherbungsvertrag, sondern die Tatsache der Aufnahme. Die mit dem Gastwirtsbetrieb verbundene erhöhte Gefahr für Verlust und Beschädigung der eingebrachten Sachen hat der Gastwirt zu vertreten ohne Rücksicht darauf, ob ihn ein Verschulden trifft oder nicht. Diese Haftung kann er allerdings durch Vertrag ausschließen oder einschränken. Der Aufnahmeschein, den der Kläger am 29. 6. unterzeichnete, enthält aber nicht, wie die Beklagte meint, einen Ausschluß, sondern nur eine Einschränkung der Haftung für Kostbarkeiten. Auf diese können die einschlägigen Grundsätze des Eisenbahnfrachtrechts (§ 459 HGB. mit § 54 EVO.) nicht angewandt werden. Vielmehr sind die allgemeinen Anschauungen maßgebend, nach denen Kleidungsstücke und Wäsche von durchgängigem Werte nicht als Kostbarkeiten gelten (RG. 75 S. 190; 105, 202). Dagegen greift die für die übrigen Fälle vereinbarte Haftungsbeschränkung „bis zur Höhe von 1000 M." Platz. Diese 1000 M. sind aber nicht PM. nach dem Kursstande vom 29. 6. 1923; denn dann hätten sie gar keinen Wert und bedeuteten nichts anderes als einen vollständigen Ausschluß jeder Haftung. Die Haftungsbeschränkung hatte im Sommer 1920 die Hotelvereinigung allgemein eingeführt. Damals suchte man den Grund der Steigerung der Preise nicht in der Geldentwertung, sondern in der Knappheit der Waren, in unlauteren Machenschaften, Kettenhandel, Preiswucher. Die damals bestimmte Summe war daher als 1000 M. gemeint. Das geht auch daraus hervor, daß sie sich genau mit der Summe des § 702 deckt. Die Beklagte haftet also mindestens bis 1000 RM.

Neben den §§ 702 ff., die lediglich wegen der Beweisnot der Gäste und wegen der vermehrten Betriebsgefahr eingeführt sind, besteht aber auch noch die Haftung nach allgemeinen Grundsätzen. Die vertraglichen Beziehungen zwischen Gastwirt und Gast regelt der Beherbungsvertrag. Dieser ist ein Vertrag gemischten Inhalts, auf den teils die Vorschriften der Wohnungsmiete, teils die des Dienst- oder Werkvertrags, teils auch des Kaufs Anwendung finden (Rgkomm. Vorb. 2 z. 13. Tit.). Unter Umständen müssen aber auch die Grundsätze über den entgeltlichen Verwahrungsvertrag nach §§ 688, 689, 276², 278 BGB., § 347 HGB. Platz greifen; denn, wie den §§ 702, 703³ zu entnehmen ist, kann als Nebenbestandteil eine Verwahrung verbunden sein, für die das Entgelt in dem Preis für Zimmer und Beköstigung enthalten ist (Seuff. aO.). Meistens jedoch wird der Gast dem Wirt die eingebrachten Sachen nicht zur Aufbewahrung übergeben, sondern auf seinem Zimmer selbst verwahren. Die Haftung des § 702 erstreckt sich aber auch auf diese. Für sie ist nicht entscheidend, ob der Wirt oder seine Leute die Sachen einbringen sahen (Mot.2, S. 586). Sind sie aber ihm oder seinem Vertreter, wie hier zur Aufbewahrung übergeben und angenommen, so kommen, von § 702 abgesehen, noch die Vertragspflichten aus der Verwahrung hinzu, also aus §§ 276, 278 ... Es fragt sich daher, wie weit hier die Haftungsbeschränkung reicht. Der Wortlaut des Vertrages zielt lediglich auf §§ 701/2 ab. Mit keinem Worte wird angedeutet, daß auch die allgemeine Haftung wegen schuldhafter Verletzung des Beherbergungsvertrages ausgeschlossen sein sollte. Von selbst versteht sich dieser Ausschluß nicht. Es ist möglich, daß die Beklagte in Ausführung des Verbandsbeschlusses mit ihrem Vertragsangebot auch die Haftung wegen Verschuldens auf 1000 GM. beschränken, im übrigen aber ganz ausschließen wollte. Das würde nach Lage der Sache die Einschränkung oder den Ausschluß der Haftung wegen unerlaubter Handlung und sogar, in unzulässiger Weise, der Haftung wegen Vorsatzes in voraus in sich begreifen und damit einem weitergehenden Haftungsausschluß gleichkommen. Ob ein solcher Wille vorhanden war, läßt sich nur unter Zuhilfenahme außerhalb des Vertrages liegender Umstände durch weitausholende Schlußfolgerungen feststellen. Dem Angebote selbst ist es nicht zu entnehmen. Daß der Kläger, dessen Gedankenkreise solche Schlußfolgerungen fernliegen, einen solchen Willen der Beklagten erkannt und mit ihm übereingestimmt hat, ist mehr als zweifelhaft. Andererseits sind jene Fälle, wo die Haftung ohne Verschulden begründet ist, sehr häufig. Da auch die Beklagte als Gewerbetreibende das größte Interesse hat, auch auf dem Gebiete der Haftungsfrage dem Publikum möglichst weit entgegenzukommen, so ist nicht ausgeschlossen, daß sie nur die gewöhnlichsten Fälle, also die Fälle, wo sie kein Verschulden trifft einbeziehen, die Haftung wegen Verschuldens jedoch nicht ablehnen wollte. Es bleibt also mindestens zweifelhaft, ob die Parteien auch die Haftung wegen Verschuldens, besonders wegen schuldhafter Verletzung von Vertrauenspflichten ausschließen wollten oder nicht. Verträge wie der vorliegende sind zwar kraft der vom Gesetz anerkannten Vertragsfreiheit zulässig; allein sie gehen nicht selten an die Grenzen heran, wo der Verstoß gegen die guten Sitten beginnt. Der Senat trägt kein Bedenken in diesem Zweifelsfalle den Vertrag dahin auszulegen, daß er die Haftung wegen Verschuldens nicht ausschließen wollte. Dafür muß eine klare, die Willensmeinung deutlich offenbarende Erklärung gefordert werden. Einen ähnlichen Grundsatz hat das RG. (Gruch. 55, S. 343) für verwandte Fälle aufgestellt. Er darf ohne Bedenken auf den vorliegenden Fall ausgedehnt werden. G.r.

v) Gesellschafts- oder Mietvertrag.

α) OLG. Hamburg, 1. ZS. Urteil v. 13. Oktober 1924 (Bf 329/24)

... Nach § 5 des Vertrages sollte der Kläger 15% des in der „Vergnügungsdiele" von der Beklagten einzurichtenden „Schnellimbisses" erhalten. Das war eine schwankende Einnahme, die sich so verringern konnte, daß sie nicht ausreichte, um die vom Kläger allein zu tragende Lokalmiete anteilig zu decken. Er trug also auch seinerseits die Gefahr, bei schlechtem Geschäftsgang aus eigenen Mitteln zuschießen zu müssen. Eine derartig unsichere Entschädigung des Klägers für die zum Betriebe gewährte Räumlichkeit, für die Benutzung der dafür nach § 2 zur Verfügung gestellten Gegenstände und für die anteilige Übernahme der im § 6 genannten Unkosten und Abgaben wäre im Rahmen eines Mietvertrages auch durchaus ungewöhnlich. Wohl kommt in Pachtverhältnissen die Abgabe eines bestimmten Anteils des Fruchterträgnisses an den Verpächter als „Teilpacht" vor. Läßt die herrschende Meinung diese trotz ihres gesellschaftsähnlichen Charakters nicht als Gesellschaft gelten, weil es hier wie bei anderen partiarischen Geschäften regelmäßig an der grundsätzlichen sozialen Gleichstellung der Parteien fehle (Dernburg BGB. II. 2 § 355, Z. 5; Oertmann, Vorbem. zu § 581, Z. 2), so trifft das vorliegend nicht zu. Hier stand der Kläger nicht einseitig als „Geschäftsherr" der Beklagten gegenüber. Diese hatte vielmehr im Rahmen des ihr übertragenen Betriebes des „Schnellimbisses" eine weitgehende Selbständigkeit; die vom Kläger ausbedungenen Aufsichtsrechte bezweckten im wesentlichen nur, die richtige Berechnung des ihm zukommenden Anteils am Bruttoumsatze zu sichern. Darüber hinaus war der Beklagten nach § 10 auch die Vertretung des Klägers in dessen Abwesenheit und die allgemeine Aufsicht auch außerhalb der Schnellimbißabteilung übertragen. Ist ihr hiernach nach ihren Rechten und Pflichten die Stellung eines Gesellschafters nicht abzusprechen, so ist auch der mit dem Vertrag verfolgte gemeinsame Zweck ohne weiteres damit gegeben, daß der Besuch des Lokals und damit Umsatz und Gewinn im gleichmäßigen Interesse des Klägers und der einzelnen Standinhaber nach Möglichkeit durch die verschiedenen Unternehmungen und Veranstaltungen gehoben werden sollte. Der Kläger hat zur Förderung dieses Zweckes durch Übernahme der Lokalmiete wesentliche Beiträge geleistet; auch kann ohne weiteres angenommen werden, daß er zumindest bei der allwöchentlichen Abholung seiner Prozente sich im eigenen Interesse von der ordnungsmäßigen Geschäftstätigkeit der einzelnen Unternehmer und ihrer reibungslosen Zusammenarbeit zur Förderung des gemeinsamen Gesamtzwecks überzeugt und die dazu etwa erforderlichen Anordnungen getroffen haben wird. Weitere Maßnahmen zur Förderung des Ganzen sind in den von ihm abgeschlossenen Verträgen über Lieferung von Automaten, Kraftmessern usw. zu sehen. Ein bestimmtes Gesellschaftsvermögen ist nicht wesentlich (Seuff. 61, Nr. 187; JW. 1905, S. 719). Im übrigen sind die §§ 705—740 dispositiver Natur; das gilt auch für die im § 13 vereinbarte Abweichung von § 717.

Der Charakter des Vertrages als Gesellschaftsvertrag ist hiernach nicht zu beanstanden. Zum Abschluß eines dahingehenden Scheinvertrages fehlte aber ein ausreichender Beweggrund. Insbesondere kam eine Beschlagnahme durch das Wohnungsamt nicht in Betracht; denn es handelte sich hier nur um einen kleinen Teil eines großen Raumes, der der Beklagten für seinen Verkaufsstand überwiesen war., während andere Teile des Raums anderen Standinhabern zugeteilt waren. Da letzteres unstreitig zutrifft, so muß die Begründung eines Mietverhältnisses i. S. des § 1 Ges. v. 1. 6. 1923 ohnehin bedenklich erscheinen, da ein kleiner nicht fest abgegrenzter Teil eines größeren Raumes schwerlich als ein „Gebäudeteil" anzusprechen sein wird. Gegen die Natur als Mietvertrag spricht weiter der Umstand, daß Beklagte darin verpflichtet wurde, auf dem ihr zugewiesenen Raum einen bestimmten Gewerbebetrieb auszuüben, auf den dem Kläger wiederum eine bestimmte vertragsmäßige Einwirkung zustand, eine Vereinbarung, die einem Mietverhältnis an sich durchaus fremd ist. Mag im übrigen der Vertrag mit einem Mietvertrag auch gewisse Ähnlichkeiten aufweisen, so überwiegt doch entschieden der Charakter als Gesellschaft ... B.

β) **Kündigung einer Beteiligung an Jagdpachtverträgen.**

OLG. Hamburg, 8. ZS. Urteil v. 8. April 1924 (Bf 289/23).

Aus den beiden Schreiben des Beklagten ist zu ersehen, daß er allein die Pachtverträge mit den Grundeigentümern abgeschlossen hat; nach außen war er daher jedenfalls der alleinige Jagdpächter ... Er hat dem Kläger lediglich die Mitbenutzung der Jagd gestattet gegen die Verpflichtung, die Hälfte der Kosten der Jagd zu erstatten. Daß diese Darstellung des Beklagten unrichtig sei hat der beweispflichtige Kläger nicht dargetan. Danach hat eine Gesellschaft bürgerlichen Rechtes bestanden, deren Zweck die Ausnutzung des dem Beklagten zustehenden Pachtrechtes war. Dieses ist nicht in die Gesellschaft eingebracht und daher Alleineigentum des Beklagten verblieben. Die Gesellschaft ist nicht auf bestimmte Zeit eingegangen. Wenn auch der Umstand, daß die Verträge zeitlich begrenzt waren, darauf hindeutet, daß das dem Kläger eingeräumte Recht, an der Ausnutzung des Pachtrechtes teilnehmen zu dürfen, auf die gleiche Zeit erstreckt werden sollte, kann das beim Widerspruch des Beklagten aus diesem Umstand allein nicht gefolgert werden; denn die zeitliche Begrenzung der Rechte des Beklagten hat nicht notwendig die gleiche zeitliche Begrenzung des Gesellschaftsverhältnisses der Parteien zur Folge. Handelt es sich danach um eine auf unbestimmte Zeit eingegangene Gesellschaft, so konnte Beklagter sie jederzeit kündigen. Ob er, obwohl eine Kündigungsfrist nicht vereinbart ist, trotzdem eine angemessene Frist einzuhalten hatte, kann dahingestellt bleiben. Nachdem Beklagter die Kündigung am 2. 10. 1922 ausgesprochen und durch die Erhebung der Widerklage wiederholt hat, ist auch eine angemessene Kündigungsfrist jetzt jedenfalls abgelaufen, so daß jetzt dem Kläger ein Recht auf Ausübung der Jagd nicht mehr zusteht. Danach ist bedeutungslos, ob er durch sein persönliches oder waidmännisches Verhalten einen wichtigen Grund zur Kündigung gegeben hat. B.

γ) **Haftung nach § 708 bei Gesellschaften** a conto meta.

OLG. Hamburg, 6. ZS. Urteil v. 18. Dezember 1923 (Bf 402/23).

Aus dem a conto meta abgeschlossenen Kaufgeschäfte haftet Beklagte für die Klagsumme, die die Hälfte des Verlustes darstellt, es sei denn dieser durch ein Verschulden des Klägers entstanden. Zu vertreten hat dieser aber nicht jedes Verschulden, sondern weil sich ein Kauf a conto meta als Gelegenheitsgesellschaft darstellt, nach § 708 nur die Sorgfalt in eigenen Angelegenheiten. Nach dem eigenen Vortrage der Beklagten hat sich aber der Kläger in einer großen Reihe eigener Geschäfte ebenso nachlässig und eigentümlich benommen, wie vorliegend, so daß er nicht für den Verlust haftet. Mit Recht betont das LG. aber auch, daß noch kein Verschulden darin liegt, wenn der Kläger an eine günstigere Entwicklung der Marktlage glaubte, als sie nachher eintrat. Auch wenn Beklagte abweichender

Meinung war und auf einen früheren Verkauf drang, hatte der Kläger als alleiniger Geschäftsführer der Gelegenheitsgesellschaft das Recht, seiner eigenen Meinung zu folgen. Hätte doch sogar, wenn beide Parteien Geschäftsführer gewesen wären, nach § 711 der Weiterverkauf unterbleiben müssen, wenn der Kläger allein darauf bestand ... V.

δ) Entziehung der durch den Vertrag übertragenen Geschäftsführung.

OLG. Hamburg, 6. ZS. Urteil v. 7. März 1925 (Bf 539/23).

Nach der Begründung des Revisionsurteils v. 6. 11. 1923 hatte Beklagte kein Recht zum Rücktritt vom Gesellschaftsvertrage v. 22. 4. 1920 gemäß § 326. Auch jetzt noch kündigt keine Partei den abgeschlossenen Vertrag. Sie halten beide an ihm fest, streiten aber darüber, ob dem Kläger die Geschäftsführung zusteht. Einen sicheren Anhaltspunkt hierfür aus § 6 des Vertrages: wonach „Beklagte die künstlerische, der Kläger die geschäftliche Leitung des Konservatoriums übernimmt" zu ziehen, erscheint bedenklich. Er gibt eine in den Verhältnissen — Beklagte ist vorwiegend Künstlerin — liegende Regelung wieder, die den normalen Verlauf der Dinge darstellte. Daß Beklagte nicht von der Geschäftsführung ausgeschlossen sein sollte, zeigt § 5, wonach Erträge aus Geschäften, die von beiden Vertragschließenden im Rahmen des Konservatoriums oder im Zusammenhange damit geschlossen werden, der gemeinsamen Kasse zufließen. Die Parteien hatten beide das Recht der Geschäftsführung.

Es fragt sich, ob der Kläger dieses durch sein Verhalten verloren hat. Zunächst ist nach dem Ergebnis der persönlichen Vernehmung der Parteien ein — gemeinschaftliches Arbeiten ausgeschlossen; die Spannung unter ihnen und ihr gegenseitiges Mißtrauen ist dazu zu groß; bei gemeinschaftlicher Tätigkeit würde das Unternehmen zugrundegehen. Ferner sollte der Kläger am 10. 1. 1920 tätig werden; er ist zuerst 1921 hieher gekommen und hat sich nur um die Rückgabe seines Darlehns gekümmert. Auf die Übernahme der Geschäfte klagte er auch erst am 9. 10. 1922 und wandte sich, als das LG. am 7. 11. 1922 zu seinen Gunsten entschied, höchst rigoros gegen den vorläufig unterlegenen Gegner. Die Zeugen haben anschaulich geschildert, wie er sie sofort berufen und ihnen erklärt hat, sie ständen jetzt in seinem Brot. Als dann der Beklagten die Einstellung der Vollstreckung gelang, suchte er eine einstw. Verfügung, die ihm die alleinige Geschäftsführung geben und der Beklagten das Betreten der Räume verwehren sollte, zu erlangen und legte eine eigene eidesstattliche Versicherung vor, in der der Beklagten hinsichtlich ihrer Geschäftsführung schwere Vorwürfe gemacht werden, für die er keinen Anhalt hatte. Eine unheilbare Zerrüttung der geschäftlichen Beziehungen der Parteien liegt hiernach zweifellos vor. Hat der Kläger sie auch nicht ausschließlich veranlaßt, so scheint er doch das größte Maß von Schuld zu haben. Beklagte ist mit den Verhältnissen durch jahrelange Leitung des Unternehmens am besten vertraut. Das Recht der Aufsicht bleibt dem Kläger auch dann gewahrt, wenn er von der Geschäftsführung ausgeschlossen ist. Nach § 712 mit § 242 läßt sich im Verfolg der vom RG. angedeuteten Gedankengänge wohl ein Recht der Beklagten feststellen, dem Kläger den Anspruch auf die Geschäftsführung zu verweigern. V.

w) Unerlaubte Handlung: α) im Fuhrverkehr. Aktivlegitimation.

OLG. Hamburg, 1. ZS. Urteil v. 17. Juni 1925 (Bf 118/25).

Wenn der Beklagte mit seinem Wagen eine so belebte, fast ausschließlich dem Fußgängerverkehr dienende Straße durchfuhr, in der zudem der Fahrdamm vom Bürgersteige nicht durch Bordsteine abgegrenzt war, so mußte er auch dafür sorgen, daß er das Fuhrwerk jeden Augenblick zum Stehen bringen konnte, etwa dadurch, daß er die Pferde unmittelbar am Zaumzeug führte. Aus der Tatsache, daß ihm trotz Bemühungen ein sofortiges Anhalten nicht gelang, erhellt, daß er keinerlei Anstalten für ein plötzliches Halten getroffen, und daß er eine schnellere Gangart als langsamen Schritt eingeschlagen hatte. Eine weitere Fahrlässigkeit beging er dadurch, daß er sich mehr auf der Mitte der Straße hielt, obwohl ihm infolge häufigeren Befahrens der Straße bekannt sein mußte, daß sich in ihr fast ständig um den Zeitungsstand eine mehr oder minder starke Ansammlung bildete. Letzterer Umstand hätte ihn veranlassen müssen, weiter rechts die Straße entlang zu fahren, wodurch ein Zusammenstoß mit etwa vom Zeitungstand sich entfernenden Personen hätte vermeiden lassen . Wenn er sich aber schon auf der Mitte hielt, so hätte er zum wenigsten Warnungszeichen erteilen müssen, selbst wenn dies sonst bei einem Fuhrwerk nicht verkehrsüblich ist. Durch lautes Rufen hätte er auch trotz des Straßenlärms auf das Nahen seines Fuhrwerks aufmerksam machen können.

Das LG. hält die Klägerin zur Erhebung von Ersatzansprüchen für die von ihren E l t e r n gemachten Aufwendungen nicht für aktiv legitimiert. Allein sie lag infolge des Unfalls totkrank darnieder. In solcher Lage wird bei einem achtjährigen Kinde der physische Zustand durch physische Einwirkungen weit stärker beeinflußt als bei Erwachsenen. Auf die in Cassel beheimatete Klägerin, die sich in Bremen nur vorübergehend aufhielt, mußte, als sie im dortigen Krankenhaus lag, das Gefühl, daß ihre Eltern fern seien und ihr nicht helfen könnten, einen ihren Zustand weiter schädigenden Einfluß ausüben. Für sie war daher die Anwesenheit ihrer Eltern bildlich gesprochen „Medizin". Wie nun der Schädiger dem Beschädigten die Arzneikosten ersetzen muß, so hat auch der Beklagte der Klägerin die Kosten zu ersetzen, die aufgewandt werden mußten, um sie vor den bezeichneten seelischen Erschütterungen zu bewahren. Diese Kosten sind aber identisch mit den von den Eltern verauslagten Reise- und Mehrkosten für Unterhalt in Bremen. B.

β) Erkältungsschaden bei schadhafter Wasserleitung.

OLG. Stuttgart, 1. ZS. Urteil v. 17. Dezember 1924.

In der Nacht vom 29./30. Juli 1921 strömte Wasser in die von der Klägerin im 3. Stock gemietete Wohnung, weil ein Leitungshahn in der Küche des 5. Stocks schadhaft war. Die Klägerin will sich beim Ausschöpfen des Wassers erkältet und eine Rippenfellentzündpung zugezogen haben. Sie hat sich nach dem Auftrocknen ihrer Wohnung in die Wohnung im 4. Stock begeben und dort untätig bei den Aufräumungsarbeiten zugesehen, obgleich sie erhitzt und durchnäßt war und nur eine leichte Kleidung trug. Nach der Erfahrung des Lebens hat sie sich mit größter Wahrscheinlichkeit bei dem Herumstehen im 4. Stock erkältet. Hierfür kann sie den beklagten Hauswirt nicht verantwortlich machen. Überdies setzt seine Inanspruchnahme nach § 823 voraus, daß er die Möglichkeit einer Gesundheitsschädigung als

Folge seines Tuns hätte erkennen können und müssen. Das ist zu verneinen. Er mußte sich bei Anwendung der gebotenen Sorgfalt die Möglichkeit vor Augen halten, daß Sachschaden entstehe; aber damit, daß Menschen an der Gesundheit beschädigt werden könnten, mußte und konnte er nicht rechnen. S.

γ) Unterlassung und Berichtigung objektiv unwahrer Angaben.

OLG. Hamburg, 8. ZS. Urteil v. 3. April 1924 (Bf 19/24).

Der Kläger (Dr. phil.), der in Berlin eine Anstalt für Stotterer unterhält und in der Provinz Kurse abhalten läßt, stützt sein Klagbegehren sowohl auf Unterlassung wie auf Berichtigung, auf §§ 823², 824 und 826 und ist beweispflichtig dafür, daß unter diese §§ das Vorgehen der Beklagten (Stelle zur Bekämpfung der Schwindelfirmen) fällt. Diese hat es sich zur Aufgabe gemacht, gegen die Auswüchse im Handel und Gewerbe vorzugehen und hat sich durch den Kampf gegen die die Allgemeinheit schädigenden Unternehmen zweifellos Verdienste erworben. Ihr erstes Auftreten gegen den Kläger war dadurch bedingt, daß er sich in seinen Anzeigen und Briefköpfen als „Dr." ohne Beifügung der Fakultät bezeichnete. Sie ging davon aus, daß dadurch im Publikum der Anschein erweckt wurde und werden sollte, der Kläger sei ein Arzt. Er ist denn auch infolge Strafanzeige der Beklagten aus dem UnlWG. und gegen § 147 Nr. 3 GewO. von der 7. StK. des LG. I zu Berlin v. 13. 1. 1920 zu M. 30 verurteilt worden. Nachdem jedoch dieselbe StK. ihn am 16. 4. 1921 von der Anklage desselben Vergehens freigesprochen hatte, hat Beklagte jenen Angriff eingestellt. Wenn sie — wozu sie immerhin einigermaßen Anlaß hatte — dem Verhalten des Klägers mißtraute, und auf Anfragen deshalb von einer Verbindung mit ihm abriet und ferner ihre Akten Behörden und den Anwälten, die in Prozessen gegen ihn Privatpersonen vertraten, zur Verfügung stellte, so ist der Beweggrund doch gewesen, die Allgemeinheit vor Schädigungen, die sie vermutete, zu schützen. Dieses Vorgehen geschah jedenfalls in gutem Glauben und aus einer nicht zu mißbilligenden Tendenz heraus, auch wenn Beklagte in Einzelheiten zu weit gegangen sein mag.

Dieselben Erwägungen führen dazu, der Beklagten gegenüber den §§ 823² BGB., §§ 185/6 StGB. den Schutz des § 193 das. nicht zu versagen. Dadurch, daß sie in Wahrnehmung berechtigter Interessen gehandelt hat, sind ihre beanstandeten Äußerungen nicht widerrechtlich, da die Absicht der Beleidigung weder aus der Form noch aus den Umständen, unter denen sie gefallen sind, hervorgeht. Der Kläger kann daher das fernere Unterlassen der von ihm als ehrenkränkend und kreditschädigend empfundenen Äußerungen nur dann verlangen, wenn er nachweist, daß sie objektiv unwahr sind. Die vorbeugende Unterlassungsklage ist überall da zugelassen, wo ein widerrechtlicher Eingriff in ein vom Gesetze geschütztes Recht oder Rechtsgut vorliegt (RG. 60 S. 7, 95 S. 342). Nun enthalten die Akten, in welchen die beanstandeten Äußerungen der Beklagten niedergelegt sein sollen, nur e i n e direkt unrichtige Angabe über den Kläger. Es heißt dort nämlich in der eingehefteten Nr. 45 der Nachrichten v. 1. 6. 1920:

„So hat jüngst wieder auf Betreiben der Zentralstelle zur Bekämpfung der Schwindelfirmen in Lübeck die siebente Strafkammer des Landgerichts I in Berlin als Berufungsinstanz durch Urteil vom 13. Januar „daß ... am 13. 1. 1920 der Träger eines philosophischen Doktortitels zu einer empfindlichen Strafe verurteilt worden, weil in seiner Geschäftsbezeichnung Dr. S ... s Spezialinstitut für Stotterer nicht nur ein Vergehen gegen § 147 Nr. 3 GewO., sondern auch unlauterer Wettbewerb erblickt wurde". Die Tatsache der Verurteilung ist richtig. Unrichtig ist aber, daß der Kläger, dessen Name zwar nicht ausgeschrieben, dessen Firma aber im übrigen angegeben ist, zu einer empfindlichen Strafe verurteilt sei, während tatsächlich auf M. 30 erkannt ist. Diese Strafe kann keineswegs als eine „empfindliche" bezeichnet werden, vielmehr muß diese Bezeichnung den Eindruck erwecken, als ob es sich um ein schweres Vergehen gehandelt habe. Es fehlt jedoch an der für Unterlassungsklagen notwendigen Wiederholungsgefahr. Seitdem der Beklagten das freisprechende Urteil vom 16. 4. 1921 bekannt geworden war, hat sie die Behauptung nicht mehr aufgestellt und, wie der Inhalt ihrer Akten ergibt, auch nicht mehr aufstellen wollen. Hat sie doch am 14. 10. 1921 dem Archiv für Wohlfahrtspflege den Inhalt jenes Urteils kurz mitgeteilt mit dem Hinzufügen, daß ihr dadurch die Hände gebunden seien. Daß sie die Akten über den Kläger noch fernerhin Anderen mitteilen wird, ist deshalb auf absehbare Zeit nicht zu befürchten, weil sie ihre Tätigkeit wegen Mangels an Mitteln eingestellt hat. Zudem wird ein Interessent, der die Akten durchsieht, nicht an der beregten Zeitungsnummer, sondern an den Urteilen Interesse haben und daraus den richtigen Sachverhalt ersehen.

Diese unrichtige Behauptung einer empfindlichen Strafe ist geeignet, den Kläger nicht nur in seinem persönlichen Ansehen herabzusetzen, sondern auch besonders in seinem Erwerbe zu schädigen. Allerdings wird diese Schädigung nicht sehr erheblich größer sein, als wenn lediglich die wahre Tatsache der Verurteilung in die Öffentlichkeit gebracht worden wäre. Immerhin ist die veröffentlichte Fassung geeignete, den Kläger und sein Unternehmen in ein schlechteres Licht zu stellen, als es die einfache Wahrheit getan hätte. Ihm steht darnach ein Anspruch auf Berichtigung zu. Damit wird bezweckt, daß eine Handlung, die ihn in der Vergangenheit widerrechtlich beeinträchtigt hat und schädigende Weiterwirkung auch für die Zukunft besorgen läßt, nach Möglichkeit wieder gutgemacht wird (§ 249). Darauf gründet sich die Verpflichtung der Beklagten, ihre schädigende Behauptung zu berichtigen und dadurch den Schaden wenn auch nicht zu beseitigen, so doch besonders für die Zukunft zu verringern... B.

δ) Haftung des Wirts und der Kellner für Beschädigung der Gäste.

OLG. Hamburg, 3. ZS. Urteil v. 4. Oktober 1925 (Bf 348/23).

Als der Kläger am 26. 8. 1922 als Gast im Pavillon der Beklagten A. an einem Tische saß, wurde er mit Tinte von dem beklagten Kellner B. begossen. Dieser hatte einem Gast das Schreibzeug gebracht und wollte es zum Büfett zurückbringen, als sich das Unglück ereignete. Der Kellner in einem Kaffeehaus hat sein Verhalten so einzurichten, daß er beim Hin- und Hertragen von Speisen und Getränken sowie auch von Tinte die anwesenden Gäste nicht beschmutzt. Wird ein Gast wie hier derartig mit Tinte begossen, daß sie durch den Überzieher hindurch in den Anzug eindringt, so spricht eine starke Vermutung dafür, daß dies auf ein unvorsichtiges Verhalten zurückzuführen ist. Hinzu kommt, daß der Gast im allgemeinen gar nicht zur Aufklärung des von ihm selbst meistens überhaupt nicht beobachteten Vorganges in der Lage ist. Sache des Kellners ist daher, den Vorfall aufzuklären; das ist hier nicht hinreichend geschehen, B. führt das Unglück darauf zurück, daß er von zwei entgegenkommenden Herren unvermutet angestoßen sei. Allein da an dem Tage starker Verkehr in dem eng mit Tischen und Stühlen besetzten Lokal herrschte, mußte er damit rechnen, beim Tragen der Tinte angestoßen zu werden und deshalb besonders vorsichtig sein. Nach den Bekundungen hat er das Tintenfaß mit der linken Hand angefaßt und dann eine Wendung nach links gemacht, ohne sich zu vergewissern, ob kein Hindernis im Wege sei; darauf kann es zurückzuführen sein, daß er angestoßen ist. Die ganze Sachlage spricht so sehr für ein Verschulden des B., daß ein solches als erwiesen gelten muß.

Aber auch die A. haftet für den Schaden. Der Kläger befand sich als Gast in ihren Räumen, stand zu ihr also in Vertragsbeziehungen. Die Pflichten des Wirtes erschöpfen sich nicht in der Verabreichung von Speisen und Getränken, sondern erstrecken sich auch darauf, daß der Gast in den Räumen verweilen kann, ohne Schaden an seiner Gesundheit und seinem Eigentum zu nehmen. Dazu müssen nicht nur die Räume selbst verkehrssicher sein, sondern der Wirt hat auch dafür aufzukommen, daß der Gast durch den Betrieb der Wirtschaft nicht gefährdet wird. Zu den Vertragspflichten der A. gehörte es daher auch, daß der Kläger bei der Bedienung anderer Gäste nicht mit Kaffee, Bier oder auch Tinte begossen wurde. Verfuhr B. als Angestellter der A. hierbei unvorsichtig, so verletzte er eine der A. dem Kläger gegenüber obliegende Vertragspflicht und handelte daher als ihr Erfüllungsgehilfe (so auch JDR. 4 S. 111, Nr. 4 f, Gruch. 60 S. 377). Wenn KG. (Rsp. 10 S. 159) und Fraenkel (Recht 1912 S. 315) den Wirt aus dem Vertrage für das Verschulden eines Kellners einem Gaste nur dann haften lassen, sofern der Schaden gerade bei Bedienung dieses Gastes entstanden sei, so ist außer acht gelassen, daß sich die Vertragspflichten des Wirts nicht auf die Bedienung allein beschränken ... B.

ε) **Haftung aus §§ 836, 837 BGB.**

OLG. Hamburg, 6. ZS. Urteil v. 28. Januar 1926 (Bf 569/25).

Der Kläger ist durch den Einsturz der Deckplatten des zum Grundstück des Beklagten gehörigen Schachtes verletzt worden. Dieser führt — wie hier auch sonst üblich — von der den Fußgängern frei zugänglichen Straße in den Keller, dient dem Transport von Fässern, Kohlen usw. in jenen Keller und ist durch Metallplatten in gleicher Ebene mit dem Bürgersteige abgedeckt. Er ist als ein mit dem Grundstück verbundenes Werk anzusehen (RG. 76 S. 260). Beklagter behauptet, daß die Anlage von der Baupolizei geprüft und abgenommen sei, und daß sie darnach an sich infolge der Art der Errichtung den an ihre Sicherheit zu stellenden Anforderungen genügt habe. Dies mag zuzugeben sein. Jedenfalls aber haben sich im Laufe der jahrelangen Benutzung, besonders kurze Zeit vor dem Unfalle Mängel herausgestellt, die den Einsturz infolge mangelhafter Unterhaltung verursacht haben ... Hierfür ist der Beklagte als Besitzer des Grundstücks nach § 836 haftbar. B.

Dazu: OLG. Hamburg, 8. ZS. Urteil v. 29. Januar 1924 (Bf 331/23).

Die Beklagte hat ein Baugerüst errichtet, um die ihr vom Grundeigner übertragenen Malerarbeiten an der Außenseite des Hauses vornehmen zu können. Sie besaß daher auf dem Grundstücke in Ausübung ihrer aus dem Werkvertrage sich ergebenden Vertragsrechte ein „Werk" und war daher gemäß § 837 im Rahmen des § 836 verantwortlich (Warn. 3 Nr. 154). Von dem Baugerüst hat sich eine eiserne Klammer dadurch gelöst, daß ein auf mittlerer Höhe beschäftigter Arbeiter das bisher zur Absperrung der Baustelle verwendete Absperrbrett (Schwert) hinaufreichte, dabei die Klammer berührte und loslöste, so daß sie zur Erde fiel, also ungenügend befestigt war. Derartige Klammern, die zur Verbindung und Befestigung der einzelnen Gerüstbretter dienen, müssen so fest geschlagen und angebracht sein, daß sie eine Berührung vertragen können. Daraus folgt ohne weiteres die Haftung der Beklagten. Der ihr im § 836[1] S. 2 nachgelassene Nachweis ist nicht gelungen. Nach den Baupolizeivorschriften mußte das Publikum durch Schutzwehren, Einfriedigungen oder dgl. an dem Betreten des beanspruchten Teiles der Straße verhindert werden. Hier war das Gerüst selbst noch nicht einmal völlig fertiggestellt, als der Unfall sich ereignete. Es fehlte also in einem Augenblick, als eine erhöhte Gefahr des Herunterfallens von Gerüstteilen bestand, bereits jede polizeilich vorgeschriebene Schutzwehr (Einfriedigung), wie solche für die ganze Dauer der Aufstellung eines Gerüstes vorgeschrieben ist. Der einzige Arbeiter, der in diesem Augenblick noch auf der Straße stand, war noch mit Handreichungen für das Gerüst beschäftigt, hat also den Kläger nicht warnen können.

ζ) Haftung des Gerichtsvollziehers wegen ungenügender Pfändung[1]).

OLG. Hamburg, 5. ZS. Urteil v. 30. Oktober 1925 (Bf 400/25).

Den Pfandauftrag, der auf eine Forderung von 980 $ lautete, hat der Gerichtsvollzieher nur wegen 980 RM. ausgeführt, indem er den Vollstreckungstitel und den mit ihm übereinstimmenden Pfandauftrag ungenau prüfte ... Der Beklagte (Fiskus) bestreitet zunächst, daß dieses fahrlässige Verhalten ursächlich gewesen sei für die Entstehung des Schadens; denn in dem Hauptgeschäft des Schuldners, auf das sich der Pfandauftrag beschränkte, seien nicht genügend pfändbare Sachen am Tage der Pfändung vorhanden gewesen, während der Kläger die Filialen des Schuldners nicht kannte. Allein wenn auch bei richtiger Berechnung die Pfändung im Hauptlokal nicht die Urteilssumme gedeckt hätte, so würden doch die Anwälte des Klägers, alsbald von der teilweisen Erfolglosigkeit der Vollstreckung unterrichtet, mit Erfolg versucht haben, Nachpfändungen zu veranlassen. Die Annahme, daß es dazu nicht gekommen wäre, weil sie von den Filialen nichts gewußt hätten. trifft nicht zu; denn aus dem Adreßbuch und aus

---

[1]) Annahme einer Ersatzleistung: RG. 112 S. 61. Unter § 839[3] fallen nicht nur die gegen die Urteile der Spruchbehörden gegebenen ordentlichen Rechtsmittel, sondern alle Rechtsbehelfe, die nach gesetzlicher Ordnung die Beseitigung oder Berichtigung der schädigenden Amtshandlung ermöglichen (OLG. Kiel 4. 2. 24, U 231/23).

dem Handelsregister sind jene Filialen zu ersehen und es fehlt jeder Anhalt dafür, daß den erfahrenen Anwälten diese Hilfsmittel verborgen geblieben wären. Zu solchen Nachpfändungen ist der Kläger, veranlaßt durch das Gerichtsvollzieherprotokoll, nicht geschritten. Es ist anzunehmen, daß er weitere Gegenstände gepfändet hätte, wenn er alsbald nach der Pfändung nachgepfändet hätte. Diese Annahme wird bestätigt durch die Tatsache, daß ihm noch gelungen ist, nach Entdeckung des Versehens in geringem Umfange weitere Befriedigung zu erlangen. Daß er nicht noch mehr erreicht hat, ist durch den inzwischen eingetretenen Zeitablauf zu erklären. Er hat also jedenfalls einen Schaden dadurch erlitten, daß die Konkurseröffnung der weiteren Vollstreckung Schranken setzte.

Der Beklagte sieht ein überwiegendes Verschulden der Anwälte des Klägers oder ihres Büropersonals darin, daß das Pfändungsprotokoll zu oberflächlich oder überhaupt nicht auf seine Richtigkeit nachgeprüft worden sei; die Anwälte seien verpflichtet gewesen, jenes Protokoll an der Hand des Schuldtitels und des Vollstreckungsauftrages daraufhin, ob wegen des richtigen Betrages vollstreckt worden sei, zu prüfen, zumal oftmals Währungsansprüche Gegenstand der Vollstreckung seien. Eine so weit gehende Kontrollpflicht der Anwälte mit Bezug auf den Inhalt von Pfandprotokollen besteht jedenfalls nicht gegenüber dem Gerichtsvollzieheramt, einer Behörde, die im Rahmen ihrer amtlichen Dienstobliegenheiten die ihr erteilten Aufträge erledigt und daher eine Kontrolle ihrer dienstlichen Tätigkeit durch ihre Auftraggeber nicht erwarten kann, zumal ein Versehen wie das vorliegende dank der bewährten Zuverlässigkeit jenes Amts trotz der ungeheuren Menge der fortgesetzt einlaufenden Vollstreckungsaufträge zu den größten Seltenheiten gehört. Im allgemeinen wird davon auszugehen sein, daß der Anwalt seiner Partei, nicht jenem Amt gegenüber zur Nachprüfung der Pfändungsberichte in gewissem Umfange verpflichtet ist. Er wird sich aber darauf beschränken können und müssen, ob der im Protokoll angegebene Schuldbetrag durch die Pfandstücke, deren Wert durchgängig der pfändende Gerichtsvollzieher zutreffend schätzt, voraussichtlich gedeckt sein wird. Einen Anhalt hat der prüfende Anwalt insofern, als im Protokoll eine Angabe, daß ganz oder teilweise erfolglos gepfändet sei, dann fehlt, wenn nach der zuverlässigen Schätzung des Gerichtsvollziehers die Pfändung voraussichtlich den Gläubiger befriedigen wird. Der Anwalt kann sich daher, von besonderen Ausnahmefällen abgesehen, darauf beschränken, das Protokoll daraufhin zu prüfen, ob die Fruchtlosigkeit der beantragten Pfändung zu befürchten ist. Ist das nicht der Fall, so wird er regelmäßig nicht zu weiteren Prüfungen verpflichtet sein, er braucht besonders nicht den Schuldbetrag des Protokolls mit dem des Schuldtitels und des Pfandauftrages zu vergleichen brauchen. Das würde ein Heranziehen der Handakten nötig machen und einen größeren Zeitaufwand erfordern, als einem auch nur mittelmäßig beschäftigten Anwalt zur Verfügung steht. Das Maß der Pflicht zur nachprüfenden Tätigkeit des Anwalts wird endlich aber auch sehr wesentlich bedingt dadurch, ob im normalen Laufe der Geschäfte eine Veranlassung zur Nachprüfung sich als notwendig herausgestellt hat. Nun erkennen beide Parteien an, daß derartige Versehen äußerst selten vorkommen. Legte man also dem Anwalt eine erhöhte Nachprüfungspflicht auf, so müßte er eine Tätigkeit leisten, deren praktischer Erfolg in keinem Verhältnis zur aufgewandten Mühe und Zeit steht. Das aber bedeutet eine Überspannung der Pflichten eines Anwalts.

Es soll in diesem Zusammenhang verwiesen werden auf RG. 96 S. 325, das dem Anwalt gestattet, gewisse einfache Verrichtungen, die keine besondere Geistesarbeit verlangen, seinem Büro zu überlassen. In gleicher Weise wie dort die Pflicht zur Fristenkontrolle, wird er die Prüfung der Pfandprotokolle seinem Bürovorsteher, den er als gewissenhaft und zuverlässig erprobt hat, überlassen können. Dieser wird, ebenso wie der Anwalt, die vorstehend umgrenzte Tätigkeit die keine besondere Schulung und juristische Vorbildung erfordert, mit Erfolg ausführen können. Er wird sich in der Regel die dazu erforderliche Erfahrung in kurzer Zeit aneignen können. Auch er handelt nicht schuldhaft, wenn er in der vorstehend beschriebenen Weise die Nachprüfung vornimmt. V.

Dazu: Beschränkte Haftung der Schiedsrichter nach § 839[2].

OLG. Hamburg, 3. ZS. Urteil v. 29. Januar 1925 (Bf 477/24).

Der — gesetzlich nicht geregelte — Schiedsvertrag steht im Falle der Unentgeltlichkeit dem Auftrag, andernfalls dem Werkvertrage nahe; wegen seines eigentümlichen Inhalts hat er eine besondere Stellung zu beanspruchen. Er braucht weder ausdrücklich abgeschlossen zu werden, noch tritt er stets nur zwischen einer Partei und dem von ihr ernannten Schiedsrichter in Kraft. Die Partei, die vorbehaltlos verhandelt, spricht damit aus, daß sie Tätigkeit des Schiedsgerichts als ganzen wolle, und ebenso besteht bei allen Schiedsrichtern der Wille, für beide Parteien tätig zu sein... Diese wollen, wenn sie ein Schiedsgericht vereinbaren, zwar die staatlichen Organe der Rechtspflege ausschließen, sie wollen aber gleichwohl einen Richterspruch. Andererseits haben die Schiedsrichter das Gefühl, daß sie gleich Richtern, also auch mit den für diese gegebenen Garantien für Unabhängigkeit urteilen müssen. Es besteht also tatsächlich auf beiden Seiten der zwar unausgesprochene, aber aus der Sachlage sich ergebende Wille, daß die Stellung der Schiedsrichter die gleiche sei wie die der staatlichen Richter (RG. 65 S. 175; aA. Staudinger, Örtmann zu § 839, DJZ. 1908 S. 217, Seuff. 66 Nr. 64). Danach laufen zwar die Parteien Gefahr, um ihr gutes Recht zu kommen, da die Schiedsrichter nun einmal doch nicht den staatlichen Richtern gleichzustellen sind. Allein dies muß dadurch als ausgeglichen gelten, daß die Parteien regelmäßig in der Lage sind, Männer ihres Vertrauens zu wählen. Übrigens ist hier der Vorwurf der Fahrlässigkeit, wenn er zuzulassen wäre, unbegründet. Die Frage, welche Beweise zur Feststellung des Sachverhalts zu erheben sind und ob eine weitere Beweisaufnahme sich nach dem Ergebnis der bisherigen erübrigt, haben die Schiedsrichter nach pflichtmäßigem Ermessen zu beantworten. Daß sie die ihnen darnach gesteckten Grenzen überschritten hätten, ist nicht dargetan; sie haben keineswegs nur einseitige Beweise erhoben... V.

η) **Sachschäden durch Kraftwagen. Wahlrecht nach § 249 BGB.**

OLG. Hamburg, 3. ZS. Urteil v. 6. Mai 1924 (Bf 127/24).

Beklagte war Halter des Kraftwagens, durch den eine neue Schreibmaschine des Klägers am 10. 8. 23 zerstört worden ist, und unterliegt daher den strengen Grundsätzen der Gefährdungshaftung (§ 7 KraftFG.). Als Korrelat dazu haben die §§ 10 ff. bei Tötungen eine qualitative und quantitative, bei Sachschäden nur eine quantitative Haftungsbeschränkung festgesetzt, ohne für letztere Sondervorschriften zu geben, so daß hier jedenfalls die allgemeinen Vorschriften der §§ 249 ff. BGB. gelten. Folglich steht grundsätzlich nichts im Wege, daß der Kläger das Wahlrecht des § 249 ausübend die sog. Naturalrestitution des Satz 1 begehrt. Mit Unrecht beruft sich indessen Beklagte auf § 251[1], davon ausgehend, daß die Haftungsbeschränkung bei Sachschäden nur den Fall treffe, daß der Berechtigte Entschädigung in Geld verlange. Damit verkennt sie, daß der § 251 nur das Gegenstück zur Wahlermächtigung des Gläubigers in § 249 bieten soll und daß das KraftFG bei Sachschäden darüber, wie der Schaden zu ersetzen ist, nichts bestimmt. Wenn daher § 12 Nr. 3 den **Umfang** der Schadenspflicht bei Sachschäden bestimmt und diese im Gegensatz zum BGB. der Höhe nach beschränkt, so ist zweifellos diese Beschränkung stets anzuwenden, einerlei ob der Gläubiger „Wiederherstellung" oder Geldentschädigung wählt... B.

Dazu: Kenntnis von der Person des Ersatzpflichtigen.

OLG. Hamburg, ZS. Urteil v. 19. Oktober 1925 (Bf 219/25).

Wenngleich die „Kenntnis" im Sinne des § 15 KraftFG,. dem Kennenmüssen nicht gleichsteht, so ist doch nicht zu fordern, daß sie eine volle Überzeugung, eine unzweifelhafte Gewißheit voraussetzt. Würde der Lauf der Frist von solchen einseitigen, nicht nachprüfbaren inneren Vorgängen abhängig sein, so würde sie jeden Wert verlieren. Es muß genügen, wenn dem Ersatzberechtigten durch eine Mitteilung, die sich nach sachlichem Maßstab nicht ohne weiteres als unglaubwürdig oder unrichtig darstellt, die Person des Ersatzpflichtigen namhaft gemacht wird. Damit hat er die erforderliche Kenntnis im Sinne des § 15 erhalten, die ihn in den Stand setzt, dem Ersatzpflichtigen zur Wahrung seiner Rechte die Unfallanzeige zu erstatten. Hier halte der im Vorprozeß als Halter des Wagens belangte Kaufmann W. in der Klagbeantwortung vom 27. 3. 1924 geltend gemacht, daß nicht er, sondern der jetzige Beklagte, dessen Beruf und Wohnung in Berlin näher angegeben war, der Halter des Wagens sei, und sich dafür auf dessen Zeugnis sowie auf eine Auskunft des Polizeipräsidiums Berlin bezogen. Wenn der Kläger dieses Vorbringen als „recht dilatorisch" angesehen, ihm dehalb keinen Glauben geschenkt und die rechtzeitige Unfallanzeige unterlassen hat, so ging das auf seine Gefahr. Der Einwand der mangelnden Sachbeteiligung war ohne weitläufige Ermittelungen, zu denen der Kläger allerdings nicht verpflichtet war, durch einfache Anfrage bei der Polizeibehörde in Berlin sofort auf seine Richtigkeit nachzuprüfen und daher zur Prozeßverschleppung schwerlich geeignet. Unterließ der Kläger jene Feststellung, deren es im übrigen zur Unfallanzeige nicht einmal bedurfte, so kann er sich nicht auf Unkenntnis berufen (Eger § 15).

Diese Beurteilung wird durch die Auskunft, die die mit den Ermittelungen des Unfalls befaßte Hamburger Polizeiwache, dem Kläger dahin erteilte, daß W. der Halter des Wagens sei, nicht wesentlich beeinflußt. Da der Halter des Wagens in Berlin wohnte, war die Möglichkeits eine Irrtums der hiesigen Polizei gegenüber der bestimmten Erklärung des W., bei der von einem Irrtum kaum die Rede sein konnte, nicht von der Hand zu weisen. Tatsächlich hat auch der Kläger, ohne daß sich irgendetwas in der Sachlage geändert hätte, mit der Streitverkündung vom 27. 5. dem Beklagten die Unfallanzeige erstattet. Diese wurde aber erst am 30. 5. der Postanstalt zur Zustellung übergeben, nachdem die Klagebeantwortung des Vorprozesses bereits am 28. 3. in seine Hände gelangt war. Damit war die im § 15 vorgeschriebene, seit jener Kenntnis laufende Frist von zwei Monaten nicht innegehalten. V.

x) **Stromlieferungsverträge zwischen Gemeinde und Werk. Sperrung wegen Nichtzahlung.**

OLG. Celle, 2. ZS. Urteil v. 12. April 1926 (U 17/26).

Die Gemeinde hatte mit der Beklagten einen Vertrag über Lieferung von Elektrizität für sich und ihre Mitglieder abgeschlossen. Dem Kläger, der nicht bezahlt hatte, wurde der Strom gesperrt. Die Klage auf dessen Wiedereinschaltung ist unbegründet. Ob ein solcher Vertrag den einzelnen Gemeindemitgliedern ein selbständiges Recht gegen den Unternehmer gibt, ist Frage der Auslegung. Die 2. Komm. hat abgelehnt, ganz allgemein Dritten zu deren Fürsorge Verträge geschlossen sind, Rechte zuzusprechen. Das RG. hat bei einem Wasserversorgungsvertrag den Mitgliedern eigene Rechte abgesprochen (Rsp. 4 S. 474). Ebenso hat das OLG. Frankfurt bei einem Vertrag über die Lieferung von Elektrizität entschieden (Fr. Rdsch. 1907 S. 26, das RG. soll die Entscheidung gebilligt haben). Entgegengesetzt hat das OLG. Rostock einen ähnlichen Vertrag ausgelegt (Rsp. 34 S. 25). Vorliegend würde für ein eigenes Recht sprechen, daß sich die Beklagte verpflichtete, der Gemeinde und *ihren* Eingesessenen elektrische Kraft zu liefern, daß eine Anmeldung unter bestimmten Umständen fest sein sollte, daß eine Pflicht zur Lieferung an jedermann festgelegt ist, der die Lieferungsbedingungen schriftlich anerkenne, und daß eine Pflicht zum Anschließen festgelegt ist. Die Annahme eines Vertrages zugunsten Dritter hätte aber eine Folge, die im Vertrage nicht gewollt ist, daß nämlich nur die Gemeinde den Strom zu bezahlen hätte, wenn auch mit dem Recht, sich die Zahlungen von den Abnehmern erstatten zu lassen, daß aber die Abnehmer überhaupt keine Zahlungspflicht dem Unternehmer gegenüber hätten. Nun ist aber in § 2 ausgesprochen, daß den Abnehmern monatlich eine Abrechnung über den Verbrauch des verflossenen Monats vorgelegt wird und sofort ohne Rücksicht auf Einwendungen einzulösen ist. Ferner kann nach § 1 die Beklagte die Lieferung davon abhängig machen, daß der Einzelabnehmer die Aufstellung von Masten und die Führung von Leitungen auf seinem Grundstück gestattete. Aus diesen und ähnlichen Bestimmungen geht hervor, daß eine Reihe von Beziehungen zwischen der Beklagten und dem Einzelabnehmer bestehen soll. Man muß deshalb den Vertrag dahin auffassen, daß er zwar nur zwischen der Gemeinde und dem Unternehmer geschlossen, diesem aber die Pflicht auferlegt ist, mit *den* Einzelabnehmern in der Gemeinde, die die Bedingungen unterschreiben, die Aufstellung von Masten usw. gestatten, einen Vertrag über die Stromlieferung abzuschließen. Dieser Pflicht mag dann ein Recht der Gemeindemitglieder auf solchen Vertragschluß entsprochen haben, so daß man insofern auch von einem Vertrag zugunsten eines Dritten sprechen kann. Bei dieser Annahme sind die Einzelabnehmer selbst Schuldner der Stromrechnungen. Allerdings steht das Werk dann Tausenden von Abnehmern gegenüber, was gerade durch den Gemeindevertrag habe vermieden werden sollen. Allein die Abschlüsse des Werks mit den Einzelabnehmern haben einen festbestimmten Inhalt; sie enthalten für das Werk auch keine Lasten, die ihm durch den umfassenden Vertrag nicht sowieso auferlegt wären. Hat sich der Unternehmer doch auch in dem Gemeindevertrage verpflichtet, alle Schäden infolge Einrichtungen nicht nur der Gemeinde, sondern auch Dritten zu ersetzen. Die Schiedsgerichtsklausel z. B. kann ihrem Sinne nach nur auf die Auslegung jenes Vertrages in Betracht kommen. Dem tatsächlichen Monopol der Gesellschaft entspricht nicht, wie der Antragsteller meint, ein Recht des einzelnen Mitgliedes aus dem Gemeindevertrage auf Lieferung von Strom, sondern ein Recht auf Abschluß eines typischen Vertrages (ähnlich bei der Post oder der Eisenbahn: Dassel Recht 1911 S. 439, Hamm, Rsp. 27 S. 248). Der erwähnte § 2 ist nun Teil des Vertragstypus, den der Gemeindevertrag geschaffen hat, ist also auch im Vertrage der Parteien enthalten. Dieser § 2 ist gültig. Das Werk arbeitet für die Allgemeinheit und nur insofern für den Einzelnen, als er Mitglied der Allgemeinheit ist. Die Nichtzahlung eines großen Abnehmers könnte aber ebenso wie die eines kleinen Abnehmers, hinter dem wie hier die Mitglieder zweier Gemeinden stehen, das Werk leicht in Schwierigkeiten bringen; der Schade entsteht zwar dem Werk, wirkt aber gegen die pünktlichen Zahler und also die Allgemeinheit. Dies zu unterbinden, hat die Beklagte ein gutes Recht. Der § 2 ist nichts weiter wie die Anwendung der Einrede des nicht erfüllten Vertrages bei langdauernden Lieferungsverträgen, bei denen nach Lieferung eines Teils die Weiterlieferung verweigert werden kann, bis die ersten Lieferungen bezahlt sind (RG. 68 S. 22, 111 S. 311). Die Sperrung des Stromes ist allein von der Nichtzahlung abhängig, ein Verschulden spielt keine Rolle. Eine Anerkennung braucht nach der ausdrücklichen Bestimmung des Vertrages nicht mit der Zahlung verbunden zu sein, es kann also unter Vorbehalt gezahlt werden. Es handelt sich um die reine Geldsumme: sie soll dem Werk das Weiterarbeiten ermöglichen; ist sie zu unrecht gezahlt, muß sie zurückgegeben werden. D.

y) **Muß der Käufer stets die Auflage aus § 1, S. 2 Bek. v. 15. 3. 1918 übernehmen?**

OLG. Stettin, 1. ZS. Urteil v. 19. Februar 1926.

Der unbestrittenen Klageforderung setzt Beklagter einen Schadensanspruch entgegen. Der Kläger habe nämlich die Auflage, von der der Landrat die Genehmigung des Vertrages abhängig gemacht habe (bei Weiterveräußerung vor 1. 4. 1934 an den Kreis den Wert von 300 Zt. Roggen zu zahlen), übernehmen müssen, ohne Rücksicht darauf, ob er bei Vertragschluß davon gewußt habe, daß eine solche Auflage erfolgen könne. Allerdings ist heute der Satz anerkannt, daß sich auch aus einem Vertrage, dem zur Wirksamkeit noch die Genehmigung fehlt, für die Parteien bereits gewisse Verpflichtungen ergeben, besonders die, das zur Erlangung der Genehmigung Erforderliche zu tun (RG. 89 S. 48; Hagelberg, Ges. vom 10. 2. 1923

S. 53). Dieser Rechtssatz kann aber in dieser allgemeinen Fassung nicht anerkannt werden. Er ist jedenfalls für alle die Fälle, in denen die Erlangung der Genehmigung mit wirtschaftlichen Nachteilen verbunden ist, von denen die Partei im voraus nichts gewußt hat, dahin einzuschränken, daß nur insoweit die Verpflichtung besteht, als der Partei die Übernahme der wirtschaftlichen Nachteile nach Treu und Glauben zugemutet werden kann. Das hängt wiederum in erster Linie davon ab, in welchem Verhältnisse die wirtschaftlichen Vorteile, die die Erfüllung des Vertrages für die Partei mit sich bringt, zu den zu übernehmenden Nachteilen stehen, inwieweit also jene durch diese belastet oder gemindert werden. Unstreitig hat der Kläger beabsichtigt, spätestens in 2 Jahren das Gut weiter zu veräußern. Die wirtschaftlichen Vorteile, die er in dieser Zeit ziehen konnte, hätten aber in keinem Verhältnis zu der im Falle der Weiterveräußerung zu zahlenden Geldbuße gestanden. Die Übernahme der Verpflichtung war ihm auch noch aus einem anderen Grunde nicht zuzumuten. Der Landrat wollte gerade erreichen, daß das Gut für längere Jahre in derselben Hand blieb, und nur unter dieser Voraussetzung den Kauf genehmigen, diesen Zweck auch durch die Auflage sichern. Das ist der offenbare Sinn der nach § 1 S. 2 der Bek. zulässigen Auflage, die nicht Selbstzweck ist, sondern nur ein Mittel zur Erzielung des in öffentlichem Interesse liegenden Gesetzeszwecks, nämlich der ordnungsmäßigen Bewirtschaftung der landwirtschaftlichen Grundstücke zur Gewinnung größtmöglicher Erträge für die Ernährung des Volkes. Ging also der Kläger auf die Auflage ein unter Verschweigung seiner Absicht, das Gut alsbald weiter zu veräußern, so erreichte er zwar die Genehmigung und damit also das Wirksamwerden des Vertrages; jedoch lag in der Verheimlichung seiner wahren Absicht eine Täuschung des Landrats und in der Erwirkung der Genehmigung eine Umgehung des Gesetzes.

z) α) **Umdeutung persönlicher Vorkaufsrechte in dingliche.**

Bayer. Oberstes Landesgericht, ZS. Beschluß v. 13. März 1926 (III 18/26).

Die Beteiligten haben zunächst die Bestellung eines dinglichen Verkaufsrechts (§§ 1094) im Auge gehabt und zugleich einen vorher bestimmten Kaufpreis für den Ausübungsfall festgestellt. Ein solches Vorkaufsrecht kann aber rechtsgültig nicht bestellt werden (RG. 104 S. 122). Beim schuldrechtlichen Vorkaufsrechte des § 504 läßt dagegen die überwiegende Meinung im Hinblick auf die allgemeine Vertragsfreiheit eine derartige Festlegung zu und gestattet, es durch eine Vormerkung zu sichern (Warn. 7 S. 75, Planck 3, S. 181). Nun ist nach § 140 eine Umdeutung der hier vorliegenden Vereinbarung in die eines schuldrechtlichen Vorkaufsrechtes grundsätzlich wohl angängig, es bleibt aber im Einzelfalle stets zu prüfen, ob der Rahmen eines solchen Vorkaufsrechts nach den allgemeinen und besonderen Rechtssätzen, ausgefüllt werden kann. Auch dieses Recht untersteht den allgemeinen Rechtssätzen, die für jedes Schuldverhältnis gelten müssen. Ein Schuldverhältnis setzt aber wesentlich ein Vertragsverhältnis zwischen zwei bestimmten Einzelpersonen voraus. Hier ist das Recht dem jeweiligen Eigentümer der Plan Nr. 461 1/5 eingeräumt, es sollen also abgesehen von dem Vertragsteile B. eine unübersehbare Reihe von gegenwärtig noch ganz unbestimmten Personen als weitere Gläubiger gelten. Das verträgt sich nicht mit den Grundsätzen des Schuldrechtes: § 241 spricht nur von „dem" Gläubiger. Der 6. Abschnitt (§§ 420 ff.) handelt allerdings von einer „Mehrheit" von Gläubigern, schränkt diesen Begriff aber auf das Verhältnis der Gesamtgläubiger ein (§ 428). Das Schuldrecht kennt nur eine einzige Ausnahme in §§ 739 ff. Auch das Sachenrecht, in dessen Bereich subjektiv dingliche Rechte an sich naheliegen, läßt solche nur ausnahmsweise zu, s. §§ 1018, 1094², 1105². Man kann hier auch nicht etwa die §§ 332 ff. heranziehen; denn auch ein rechtsgültiger Vertrag zugunsten eines Dritten setzt immer grundsätzlich voraus, daß der Dritte eine bestimmte Rechtspersönlichkeit ist, nicht aber zurzeit völlig unbekannte, nicht näher zu bezeichnende Personen. Dem RG. 104, S. 123 liegt ein andrer Tatbestand zugrunde.

β) **Anbringung von Werbungsmitteln am Miethause.**

Kammergericht, 17. ZS. Urteil v. 19. April 1926 (U 573/26).

Der Kläger, Mieter eines Ladens, hatte seit 1907 am Hause zu Werbungszwecken einen Kneifer angebracht. Als er 1925 diesen mit einem Transparent in Gestalt eines von innen beleuchtbaren Auges auswechseln wollte, hinderte ihn der beklagte Vermieter daran. Die Klage auf Duldung der Anbringung ist begründet. Es kann dahingestellt bleiben, ob in Berlin die Benutzung der Hausfassade durch den Mieter für Häuser, die nicht reine Geschäftshäuser sind (vgl. RG. 80 S. 281), üblich ist, da dieses etwaige Recht durch den Mietvertrag eingeschränkt werden kann. Hier ist die Genehmigung des Hauswirts für Anbringung von Schildern verabredet und dies bezieht sich naturgemäß auch auf sonstige Plakate und Werbungsmittel. Diese Genehmigung ist aber für den Kneifer durch jahrelange stillschweigende Duldung als erteilt anzusehen und wirkte bei Auswechselung alter unbrauchbar gewordener Reklameteile naturgemäß fort. Diese Wirkung ist aber auch für den Fall beizulegen, daß an Stelle veralteter Reklameteile moderne Gegenstände von ungefähr gleicher Art angebracht werden sollen, auch wenn in unmittelbarer Nähe der früheren Stelle ein anderer Teil der Fassade dazu benutzt wird. Die Auswechselung des veralteten Kneifers mit dem modernen Lichttransparent macht keinen wesentlichen Unterschied, da irgend ein Interesse des Hauseigentümers an der Unterlassung dieses Tausches nicht ersichtlich ist. Anders läge vielleicht die Sache, wenn die Fassade erheblich beeinträchtigt oder ein anderer Mieter wesentlich gestört würde. Bei wirklicher Beschädigung hätte übrigens der Vermieter nur den Anspruch auf deren Beseitigung. B. f.

γ) **Fallen mündliche Pachtverträge als Bestandteil notarieller Grundstücksveräußerung unter § 571?**

OLG. Stettin, 1. ZS. Urteil v. 17. November 1925 (U 338/25).

Die formlose Vereinbarung über das streitige Recht auf Grasnutzung an der Wiese des Beklagten ist nur als Nebenabrede zum notariellen Grundstückskaufvertrag anzusehen und nach §§ 581 ff. zu beurteilen. Die §§ 581 ff. hätten jedenfalls dann Platz zu greifen, wenn dem Nebenvertrag ein selbständiges rechtliches Dasein zugedacht worden wäre. Daß er hier Bestandteil eines Kaufvertrages ist, schließt eine solche Beurteilung nicht aus. Die Folge dieser Verschmelzung ist nicht etwa, daß lediglich die §§ 433 ff. anzuwenden wären. Ein einheitlicher Vertrag kann nämlich auch Tatbestandsstücke umfassen, die im Gesetz bei verschiedenen typischen Vertragsarten geregelt sind (vgl. RG. 97 S. 220), und wenn ein solches Stück durch die Vorschriften über den entsprechenden Vertragstypus auch nie ganz allgemein, sondern eben nur für jenen Typus geregelt ist, so sind die Vorschriften gleichwohl auch dann anzuwenden, wenn jenes Stück Teil eines gemischten (zusammengesetzten) Vertrages ist (Enneccerus[8] Recht der Schuldv. § 323[8]; RG. 97 S. 220). Darauf, ob diese Anwendung eine unmittelbare oder analoge ist, ob also hier von einem Pacht- oder nur von einem pachtähnlichen Verhältnisse gesprochen werden muß, kommt nichts an. Damit ist nun aber keineswegs gesagt, daß das betreffende Stück als Teil des gemischten Vertrages sämtlichen Regeln seines Vertragstypus unterworfen bliebe. Wenn schon auf einen rein typischen Vertrag die dafür aufgestellten Regeln nicht ausnahmslos, auch wo sie ganz unpassend sind, angewandt werden dürfen, sondern im Einzelfall nach seinem besonderen, im Vertrag ausgeprägten Zweck eine abweichende Behandlung sich als notwendig erweisen kann, so muß umso mehr bei einem gemischten Vertrage die Anwendbarkeit der Vorschriften der einzelnen Vertragsarten davon abhängig sein, ob sie der Eigenart und dem Gesamtzweck des zu beurteilenden gemischten Vertrages und dem Gesetzzweck nicht widersprechen (Enneccerus A. 9; Schreiber, Dogm. J. 60 S. 216). Nun ist (RG. 103 S. 383) der § 566 nicht anwendbar, weil die Pachtabrede das rechtliche Schicksal des Hauptvertrages teilen muß. Der § 566 ist aber erst mit Rücksicht auf § 571 und nur wegen des § 571 aufgenommen worden. Diese Formvorschrift sollte ein Gegengewicht gegen § 571 schaffen (RG. 103 S. 383). Denn: erst in der 2. Kommission wurden anläßlich der Aufnahme des Grundsatzes „Kauf bricht nicht Miete", verschiedene Anträge gestellt, die darauf abzielten, dem Erwerber, der an die Mietverträge gebunden werden sollte, gegen eine unbillige Auswirkung dieses Satzes Schutz zu gewähren. Das Ergebnis der Beratungen war, daß ein dem jetzigen § 566 entsprechender Antrag angenommen wurde. Ist aber der § 566 als Schutzvorschrift gegenüber dem § 571 gedacht, so folgt daraus weiter, daß, da die Schutzvorschrift hier außer Anwendung bleiben muß, auch der § 571 nicht angewendet werden kann. Denn es widerspräche dem Gesetzeszweck, den § 571 uneingeschränkt anzuwenden, während die Absicht dahin ging, seine Wirkungen gegenüber dem Eigentümer durch den § 566 abzuschwächen, ihm also eine in diesem Sinne nur beschränkte Wirkung zu verleihen. Sch.

7. Sachenrecht.

a) Besitzentziehung. Klage auf Auskunfterteilung.

OLG. Hamburg, 6. ZS. Urteil v. 21. Feburar 1925 (Bf 597/24).

Der Beklagte, der seit Gründung der Klägerin (1922) ihr Direktor war und am 15. 10. 1923 seiner Stellung enthoben wurde, hat am 15. 11. 1923 vor Geschäftsbeginn aus den Geschäftsräumen gewisse Bücher und Papiere weggenommen und in seine Wohnung geschafft. Diese Handlungsweise stellt sich als Besitzentziehung im Sinne § 858 dar, gegenüber der nach § 861 die Wiedereinräumung des Besitzes verlangt werden kann, da dem Beklagten der § 863 nicht zur Seite steht. Es entsprach ersichtlich nicht dem Willen der Klägerin, daß der entlassene

Direktor Urkunden des behaupteten Inhalts aus ihrem Gewahrsam entfernte. Daß er sich dessen bewußt war, zeigt die Tatsache, daß er zu einer Zeit in das Kontor eindrang, als noch kein Geschäftsbetrieb stattfand. Darauf, daß er die Behälter mit den dazugehörigen Schlüsseln geöffnet hat, die er noch bei sich trug, kann er sich nicht berufen, denn er war insoweit niemals Besitzer, sondern nur Besitzdiener des § 855.

Der erst in dieser Instanz gestellte Hilfsantrag auf Auskunftserteilung darüber, welche Bücher, Papiere Beklagter fortgeschafft hat, erschien zulässig. Er dient dem in der Klage gestellten Herausgabeantrag zur Vorbereitung und ist zunächst aus dem Gesichtspunkte, von dem aus das LG. den Antrag behandelt hat, in Verbindung mit § 260 gerechtfertigt. Denn unter „Inbegriff" ist dort jede Mehrheit von Gegenständen zu verstehen, bei denen der Beteiligte nach der Natur des Rechtsverhältnisses nicht in der Lage ist, die einzelnen Dinge zu bezeichnen (Denkschr. 71). Sodann rechtfertigt er sich auch im Hinblick auf die Besitzstörung aus dem gleichen Gesichtspunkte des § 260. Ferner käme hier noch der § 249 mindestens in analoger Anwendung in Betracht. Denn es handelt sich in gewissem Sinne um einen Schaden, den der Besitzstörer der Besitzerin zugefügt hat, und zu dessen Ersatz er durch Wiedereinräumung des Besitzes verpflichtet ist. Der Herstellung dieses Zustandes dient in erster Linie die Aufklärung darüber, was weggenommen wurde.

b) Nichtige Auflassung. Genehmigung. Anwendung der §§ 40/41 GBO.

α) Kammergericht, 1. ZS. Beschluß v. 14. Mai 1925 (X 220/25).

Nachdem auf Grund der vom Eigentümer A. dem B. persönlich erklärten Auflassung B. am 7. März 1918 als Eigentümer eingetragen war, stellte sich heraus, daß A. seit 1905 wegen Geisteskrankheit entmündigt ist. Nach dem Tode des A. genehmigten der Vormund des B. mit Genehmigung des Vorm.-Gerichts und die Witwe A. als befreite Vorerbin ihres Mannes mit Zustimmung der Nacherben notariell den zwischen A. und B. abgeschlossenen Kaufvertrag und die darin enthaltene Hypothekenbestellung und erklärten, darüber einig zu sein, daß das Eigentum an dem Grundstück auf B. mit Wirkung vom 6. März 1918 übergegangen sei; der Antrag auf Eintragung der Eigentumsveränderung wurde aber zurückgewiesen. Die Witwe A. verkaufte nunmehr 1921 mit Zustimmung der Nacherben und mit Genehmigung des VormGerichts das Grundstück erneut an den durch seinen Vormund vertretenen B. Dieser verkaufte es in gleicher Weise weiter an E. Der Vormund, der sowohl von den A.schen Erben wie auch von E. Vollmacht erhalten hatte, ließ es notariell an B. auf und beantragte für beide Teile, die Eigentumsveränderung einzutragen. Er erklärte ferner in derselben Verhandlung die Auflassung an E. und beantragte ebenfalls für beide Teile die Eintragung der Eigentumsveränderung... Die Vorinstanzen lehnten ab, sie haben jedoch nicht alle Möglichkeiten rechtlicher Würdigung des vorliegenden Sachverhalts erschöpft.

Die frühere Auflassung ist nach § 104 Nr. 3, 105 nichtig gewesen und hat daher trotz der Eintragung der Rechtsänderung nicht zur Übertragung des Eigentums geführt, das vielmehr bei A. verblieben ist. Falls nicht durch die wirksame Nachholung der Auflassung das Bucheigentum des B. in materielles Eigentum verwandelt wurde, ist allerdings gemäß § 40¹ GBO. vor der neuen Eintragung des B. die Einschreibung der Witwe A. als der wirklich Berechtigten erforderlich. Diese Buchung wird nicht dadurch entbehrlich, daß A. früher als Eigentümer eingetragen war. Diese Tatsache wäre nur dann von Bedeutung, wenn der den B. betreffende Eigentumsvermerk vom 7. 3. 18 im Hinblick auf dessen Entmündigung als nicht vorhanden angesehen werden könnte. Alsdann wäre noch die Eintragung des A. in Kraft und B. könnte gemäß § 41 GBO. ohne vorherige Eintragung der Witwe A. und, da die Nacherben der Veräußerung zugestimmt und damit auf die Sicherung ihrer Nacherbenrechte verzichtet haben, auch ohne Buchung der Nacherbenrechte als Eigentümer vermerkt werden. Eine solche Auffassung ist aber nicht möglich. Denn die Nichtigkeit der Auflassung erfaßt jedoch nur die Eintragung des B. in ihrer rechtlichen Bedeutung als Teil der Eigentumsübertragung. Der buchmäßige Formalakt der Einschreibung bleibt dagegen bestehen. Eingetragen ist daher zur Zeit als Eigentümer lediglich B. Mit Recht lehnt das LG. auch ab, aus der Rechtsprechung des Kammergerichts über die unmittelbare Eintragung des Zweiterwerbers etwas zugunsten der Beschwerdeführer zu folgern. Abgesehen davon, daß die unmittelbare Eintragung des E. gar nicht beantragt ist, könnten die GKJ. 47 S. 158 entwickelten Grundsätze nur zur Anwendung kommen, wenn A. noch als eingetragener Eigentümer zu betrachten wäre, was jedoch oben verneint ist.

Das LG. hätte indes weiter prüfen müssen, ob nicht durch die nachträglich vorgenommene Auflassung an B. dessen Bucheigentum zu wirklichem Eigentum geworden ist... Diese Frage kann nur aus BGB. beantwortet werden, das allein über die Übertragung des Grundeigentums bestimmt. Da fehlt es aber über das zeitliche Verhältnis von Einigung und Eintragung zueinander an einer ausdrücklichen Vorschrift. Aus §§ 879², 892² geht jedoch hervor, daß die nach § 873 erforderliche Einigung auch der Eintragung nachfolgen kann. Von diesem allgemeinen Grundsatz macht das BGB. für den Eigentumserwerb keine Ausnahme. Der § 925 unterwirft die für die Übertragung des Grundeigentums nach § 873 notwendige Einigung nur insofern einer Sondervorschrift, als sie bei gleichzeitiger Anwesenheit beider Teile erklärt werden muß ... Der Senat schließt sich der überwiegenden Mehrheit des Schrifttums an (Predari Einl. § 1 III 2, Arnheim § 20³ RGKomm. 925⁵, Planck § 925¹, Rosenberg § 873 III 1), ohne genötigt zu sein, eine abweichende frühere Rechtsauffassung aufzugeben. Denn er hat bisher zu dieser Frage nicht grundsätzlich Stellung genommen. Der Ausspruch in KGJ. 21 S. 309 ist nur beiläufiger Art; KGJ. 51 S. 187 läßt die Streitfrage dahingestellt, KGJ. 51 S. 144 scheint sogar bereits der jetzt vertretenen Auffassung zuzuneigen.

Hiernach ist auch rechtlich möglich, die vor der Eintragung erklärte nichtige Auflassung wirksam nachzuholen und so in Verbindung mit der bereits vorhandenen Eintragung den Eigentumsübergang herbeizuführen. Voraussetzung ist allerdings, daß sich die Eintragung auf diejenige Rechtsänderung bezieht, die den Gegenstand der nachträglichen Auflassung bildet (KGJ. 51 S. 187), wie hier der Fall ist. Beide haben es mit der Übertragung des Eigentums von dem bisherigen Eigentümer auf B. zu tun. Daß der frühere Eigentümer nach der Eintragung verstorben ist und nunmehr seine Erben die Auflassung nachgeholt haben, ändert nichts. Die Eintragung der Witwe A. kann nun nicht mehr gemäß § 40[1] GBO. gefordert werden. Sonstige Ablehnungsgründe liegen aber nicht vor. Eine erneute Eintragung des Eigentums des B. kommt nicht in Frage; denn das Eigentum ist bereits im Grundbuche vermerkt. Es kann sich daher lediglich darum handeln, ob die Buchung vom 7. 3. 18 dahin klar zu stellen ist, daß erst am 8. 11. 21 wirksam aufgelassen worden ist. Ein solcher Vermerk, der keine Berichtigung im technischen Sinne darstellt, ist zulässig. Der vorliegende Antrag kann aber auch als auf dieses Ziel gerichtet aufgefaßt werden. Dagegen kann die Restkaufgeldhypothek aus dem Kaufvertrag vom Oktober 1921 schon deswegen nicht in der vorliegenden Fassung eingetragen werden, weil jetzt, falls nicht die Form der wertbeständigen Hypothek gewählt wird, nur noch Hypotheken in RM. zulässig sind. Die erneute Eintragung der Hypothek wird aber gar nicht mehr erforderlich sein... Denn die Witwe A. und der Vormund des B. haben unter Zustimmung der Nacherben und mit Genehmigung des VormGerichts den ursprünglichen Vertrag, besonders auch hinsichtlich der Hypothekenbestellung, bereits in der Verhandlung vom 1. 12. 20 „genehmigt". Wenn auch keine Genehmigung, sondern nur eine Bestätigung in Frage kam, so erfüllen doch die beurkundeten Erklärungen, soweit sie den Kaufvertrag betreffen, auch die Erfordernisse der Bestätigung. Es ist also nachträglich eine wirksame Einigung und damit zusammen mit der Eintragung (§ 873) eine wirksame Hypothek zustande gekommen. Mit Rücksicht darauf wird durch Zwischenverfügung den Beteiligten die Zurücknahme des jetzigen Antrages anheim zu stellen sein. Nach Klärung dieser Frage steht der grundbuchlichen Vollziehung, der dem E. erteilten Auflassung und der von ihm gestellten Anträge nichts entgegen; besonders sind die vom Grundbuchamt wegen der Nichtigkeit der ersten Auflassung zugunsten der Witwe A. und der Nacherben eingetragenen Amtswidersprüche keine Eintragungshindernisse, zumal offensichtlich das eine Erfordernis, nämlich daß die Widersprüche „unter Verletzung gesetzlicher Vorschriften" eingetragen worden sind (§ 54 GBO.), gefehlt hat.

β) **Vertragsnatur der dinglichen Einigung.**

OLG. Hamburg, 6. ZS. Urteil v. 20. März 1924 (Bf 495/23).

Die nach der Verhandlung vom 1. 9. 22 vom Beklagten abgegebenen Erklärungen besagen, daß er den Kaufvertrag zurücknehme, die Vollmacht, die Auflassungserklärung und den Umschreibungsantrag zurückziehe. Darin liegt offenbar — die Eintragung der Rechtsveränderung hatte lediglich der Kläger beantragt — auch die Zurückziehung der Bewilligung. Indem der Kläger verlangt, daß Beklagter die Eintragung der Rechtsveränderung veranlasse, begehrt er sachlich, diesen zur Abgabe einer formgerechten Eintragungsbewilligung zu verurteilen. Diese Verurteilung wäre auszusprechen, nachdem eine Nachprüfung die Rechtsbeständigkeit der Auflassung ergeben hätte und sodann auch das Verlangen der

Eintragungsbewilligung selbst für gerechtfertigt erachtet wäre. Die „Einigung" war in der Form des § 873² erklärt, also an sich bindend. Die Bewilligung des Beklagten war freilich zurückziehbar (§ 32 GBO.) und ist zurückgezogen worden. Die Eintragung des Klägers hat das Grundbuchamt nur deshalb zurückgewiesen, weil er den nach § 29 GBO. erforderlichen Nachweis der Vollmacht des Sohnes des Beklagten nicht beschafft hatte. Diese Zurückweisung schaffte jedoch keine Rechtskraft unter den Parteien; der Kläger kann vielmehr jederzeit den Antrag von neuem stellen. Insoweit bestände also kein Hindernis, zumal das Gericht jetzt in der Lage wäre, das Bedenken des Grundbuchamts für behoben zu erklären. Allein andere, materiell-rechtliche Erwägungen stehen dem Klagantrag entgegen.

Eine „Einigung", die wie hier in den Formen des § 873² erklärt ist, bindet zwar auch dann, wenn sie eine Eintragungsbewilligung nicht enthält (Güthe 1 S. 371) oder wenn diese rechtswirksam zurückgezogen ist. Gleichwohl kann lediglich aus der Einigung nicht auf Herbeiführung der Rechtsänderung geklagt werden. Die gegenteilige Ansicht (Oberneck § 38 Z. 4) sucht die Vertragsnatur der dinglichen Einigung zu verwenden. Allein auch bei Anerkennung der Vertragsnatur ist ein dingliches Recht vor der Eintragung noch nicht entstanden, da erst Einigung (Auflassung) und Eintragung dieses gewährleisten. Das Urteil (JW. 1908 S. 200[15]) ist deshalb nicht heranziehbar, weil es sich dort nicht um die formalisierte dingliche Einigung, sondern um eine formlose Abrede (die Hypothek solle den Rang unmittelbar hinter dem wirklich valutierten Betrag einer vorhergehenden Hypothek haben) handelt, die zugleich einen schuldrechtlichen Anspruch in sich schließt (ebenso Seuff. 65 Nr. 9). — Ein persönlicher Anspruch aber auf Herbeiführung der Rechtsänderung geht aus der dinglichen Einigung deshalb nicht hervor, weil sie nur ein Verfügungs-, nicht ein Verpflichtungsgeschäft ist, also selbst eine Leistung darstellt, nicht eine solche begründet und § 241 schon aus diesem Grunde auf den dinglichen Vertrag nicht anwendbar ist. Die Urteile (Gruchot 51 S. 930, 57 S. 946) sprechen sich über die zu entscheidende Frage nicht aus ... Ein Zurückgreifen auf das Kausalgeschäft könnte unter Umständen der Klage zum Siege verhelfen; ist aber hier ausgeschlossen. Denn der notarielle Vertrag ist nichtig, weil seine Form nicht den wahren Willen der Parteien deckt; der zuvor geschlossene mündliche, den wahren Willen der Parteien enthaltende Vertrag ist nichtig, weil er der Form § 313 entbehrt und es bisher an der Eintragung mangelt ...

γ) Prüfung, ob eine „Bindung" (§ 873²) eingetreten ist.

Kammergericht, 1. ZS. Beschluß v. 22. Oktober 1925 (X 645/25).

Der Eigentümer A. hat unterm 13. und 18. 3. 25 eine Brief- und eine Sicherungshypothek bewilligt und beantragt; die Bewilligungen sind bei dem Grundbuchamt am 19. 3. 25 eingegangen. Am 21. 3. 1925 ist über A. das Konkursverfahren eröffnet worden. Das Grundbuchamt hat darauf die Eintragungen abgelehnt, sie jedoch auf Beschwerde am 11. 5. vorgenommen. Die weitere Beschwerde des Konkursverwalters ist begründet.

... Der § 6 KonkO. hat zunächst jedenfalls zur Folge, daß Verfügungen des Gemeinschuldners, die erst nach der Eröffnung des Verfahrens getroffen oder beim

Grundbuchamt eingereicht werden, zu Eintragungen nicht führen können (vgl. RG. 71 S. 41, RGKomm.³ § 878⁵). Das LG. hält jedoch im Hinblick auf § 878 in Fällen, in denen bei Konkurseröffnungen bereits Eintragungsbewilligungen des Eigentümers nebst Anträgen dem Grundbuchamt vorliegen, dieses gurndsätzlich zur Erledigung derartiger Anträge für verpflichtet und nur dann zu ihrer Zurückweisung für berechtigt, wenn nach dem ihm vorliegenden Sachverhalt eine Bindung i. S. des § 873² nicht eingetreten sein kann. Grundsätzlich allerdings hat der Grundbuchrichter lediglich zu prüfen, ob die gesetzlichen Voraussetzungen der Eintragung gegeben sind; er hat weder das Grundgeschäft zu prüfen, noch auch regelmäßig das Vorliegen oder Nichtvorliegen der materiellen Einigung (§ 873) zu beachten (Güthe-Triebel 91, 99 vor § 13; § 19¹⁰). Dies schließt jedoch nicht aus, daß er unter Umständen auch zur Prüfung von Fragen, die dem materiellen Recht angehören, berechtigt wie verpflichtet ist. Der § 19 GBO. besagt nicht, daß stets die Bewilligung der Person erforderlich ist, der das Recht zusteht; vielmehr ist die Bewilligung desjenigen notwendig, der zu materiellrechtlichen Verfügungen über das Recht befugt ist, wenn dieser auch mit jener allerdings im Regelfall personengleich sein wird. Diese materiellrechtliche Verfberechtigung ist aber stets von Amts wegen zu prüfen (Güthe-Triebel § 19⁴⁵; auch RG 71 S. 40). Sind besondere Anhaltspunkte für einen Tatbestand gegeben, der die Verfbefugnis des Bewilligenden ausschließt, so muß der Nachweis für sein Nichtvorliegen erfordert werden. So aber ist hier die Sachlage. Die VerfBefugnis muß grundsätzlich nicht nur bei der Abgabe der Erklärung, sondern noch bei der Eintragung vorliegen (RGKomm. § 878; RJA. 9 S. 276); eine Ausnahme hiervon macht nun § 878. Nur wenn danach vor der Konkurseröffnung neben dem Eingang des Eintragungsantrages beim Grundbuchamt auch die Bindung des Eigentümers an seine materielle Erklärung — daß die formelle Eintragungsbewilligung für ihn unwiderruflich geworden ist, ist hier ohne Bedeutung — eingetreten war, konnte seine VerfBefugnis noch als im maßgebenden Zeitpunkt bestehend angenommen werden. Die Eintragung, die das LG. angeordnet hat, ist aber erfolgt ohne daß die VerfBefugnis des Bewilligenden wie es nach § 19 GBO. erforderlich ist, geprüft worden wäre; sie ist also unter Verletzung gesetzlicher Vorschriften erfolgt. Durch sie ist aber auch, wie glaubhaft erscheint (eines Nachweises hierfür bedarf es nicht, Güthe-Triebel § 54¹⁹), das Grundbuch unrichtig geworden; denn sein Inhalt würde mit der materiellen Rechtslage nur dann übereinstimmen, wenn die Gläubiger auch materiell die Hypotheken erworben hätten. Hierzu war aber neben der Eintragung erforderlich, daß sich A. bei Eintritt seiner Verfügungsbeschränkung bereits mit dem anderen Teil gemäß § 873 geeinigt hatte. War dies nicht der Fall, so liegt eine Einigungserklärung des „Berechtigten", der der nämliche ist wie der, dessen Recht im Sinne des § 19 GBO. von der Eintragung der Rechtsänderung betroffen wird und daher seit der Konkurseröffnung der Verwalter ist, nicht vor. Hier sind die ersten drei Möglichkeiten des § 873² offensichtlich nicht gegeben, da eine Einigung der Beteiligten in keiner der dort angegebenen Formen erklärt ist. Aber auch dafür, daß A. dem anderen Teile eine ordnungsmäßige

Eintragungsbewilligung schon vor der Konkurseröffnung hätte zugehen lassen, ist ein Anhalt nicht gegeben. Die Einreichung einer formgerechten Eintragungsbewilligung bei dem Grundbuchamt genügt dem § 878 nicht (vgl. Güthe-Triebel 74, vor § 13). Auch der Umstand, daß hier die Urkunde von dem Notar, der sie beglaubigt hatte, dem Grundbuchamt eingereicht ist, tut nicht dar, daß er sie für den anderen Teil vom Eigentümer entgegengenommen hat. Aus § 15 GBO. ist, wie bereits 1. X. 336.20 ausgesprochen, nicht zu entnehmen, daß der Notar kraft Gesetzes auch als ermächtigt angesehen werden könnte, bei materiellrechtlichen Vorgängen als Vertreter des Begünstigten mitzuwirken. Eine solche Mitwirkung würde es aber bedeuten, wenn er durch die Entgegennahme der Bewilligung dieser zur Wirksamkeit verhelfen würde (KGJ. 21 S. 276). Für die Annahme aber, daß die beteiligten Notare von den Gläubigern hier bevollmächtigt gewesen seien, die Bewilligung für sie von A. entgegenzunehmen, fehlt jeder Anhalt. Ebenso aber ist auch nicht dargetan, daß vor der Konkurseröffnung eine Einigung in anderer formloser Weise erfolgt wäre; vielmehr ist das Gegenteil nach der eidesstattlichen Versicherung des A. glaubhaft. Die Voraussetzungen, unter denen nach § 54 GBO. ein Widerspruch von Amts wegen einzutragen ist, sind hiernach gegeben.

5) Erteilung der behördlichen Genehmigung.

Kammergericht, 1. ZS. Beschluß v. 29. Oktober 1925 (x 574/25).

B. wurde auf Grund des notariellen Kaufvertrages und der Auflassung v. 18. 1. am 9. 7. 1923 als Eigentümer eingetragen. Der Magistrat Berlin hatte durch dem Grundbuchamte gegenüber abgegebene Erklärung die Genehmigung versagt, diese Verfügung hatte jedoch der Oberpräsident auf Beschwerde aufgehoben. Auf Anregung des Veräußerers A. trug das Grundbuchamt zu dessen Gunsten von Amts wegen einen Widerspruch gegen die Eigentumseintragung des B. ein. Das LG. wies es jedoch an, den Widerspruch zu löschen. Seine Ansicht, daß die Genehmigung erforderlich gewesen sei, ist nach dem Ges. vom 20. 7. 1925, dessen Art. I eine authentische Auslegung des § 15 S. 2 Ges. v. 10. 2. 1923 enthält, frei von Rechtsirrtum. Das Grundbuchamt durfte hiernach dem Eintragungsantrage nur stattgeben, wenn ihm nachgewiesen war, daß die Genehmigung entweder erteilt war oder als erteilt zu gelten hatte (§ 10 Nr. 2, 4 Ges. v. 10. 2. 1923). Der erstere Nachweis (§ 10 Nr. 2) lag nicht vor. Die Genehmigung kann ausgehen vom Gemeindevorstand oder von dem auf die Beschwerde berufenen Oberpräsidenten (§§ 7,8). Daß eine dieser Stellen die Genehmigung erklärt habe, war zu den Grundakten nicht nachgewiesen, besonders enthielt die Beschwerdeentscheidung, die nur die Versagungsverfügung aufhob, keinen Ausspruch über die Erteilung der Genehmigung. Es war aber auch nicht dargetan, daß diese gemäß § 7^4 als erteilt zu gelten habe (§ 10 Nr. 4). Hierzu fehlte es schon an der für den Nachweis des Zeitpunkts des Eingangs des Antrags allein zugelassenen Bescheinigung. Der § 10 Nr. 4 schied aber auch deswegen aus, weil die weitere Voraussetzung, daß innerhalb der Frist von drei Wochen keine Erklärung gemäß § 7^3 zugegangen ist, nicht erfüllt war. Eine solche Erklärung war hier und zwar von der zuständigen Stelle dem Magistrat abgegeben. Auf den Zugang einer solchen Erklärung kommt es aber nach dem Wortlaut und dem Zweck des § 10 Nr. 4 allein an. Die Tatsache, daß die Verfügung, auf der die Erklärung beruht, im Beschwerdeverfahren nachträglich aufgehoben worden ist, ist ohne Bedeutung. Ist dem Grundbuchamt eine Erklärung gemäß § 7³ zugegangen, so kann die Eintragung nur noch durch den Nachweis der tatsächlich erteilten Genehmigung (§ 10 Nr. 2) erreicht werden. Hiernach hat das Grundbuchamt bei der Eintragung des Eigentumswechsels gegen § 10 GBO. verstoßen. Darin liegt auch dann eine Gesetzesverletzung, wenn es von dem Nachweis der Genehmigung mit Rücksicht auf die frühere Rechtsprechung des KG. abgesehen haben sollte. Denn §54 GBO. erfordert keinen schuldhaften, sondern nur einen objektiven Gesetzesverstoß. Dieser ist aber gegeben, da nach der im Ges. vom 20. 7. 1925 enthaltenen authentischen Auslegung des § 15 S. 2 bereits bei Buchung der Eigentumsveränderung die behördliche Genehmigung erforderlich war.

Das zweite Erfordernis des Amtswiderspruchs, die glaubhafte Unrichtigkeit des Grundbuchs (KGJ. 47 S. 185), ist ebenfalls erfüllt. Das Grundbuch ist unrichtig geworden, wenn die erforderliche Genehmigung weder tatsächlich erteilt ist noch als erteilt zu gelten hat. Denn alsdann hat die Auflassung wegen ihrer Unwirksamkeit (§ 1 Ges. vom 10. Februar 1923) dem B. das Eigentum nicht verschafft. Dieses ist vielmehr bei dem Beschwerdeführer geblieben.

Da der Magistrat eine Versagungserklärung abgegeben hat, so kommt eine ausdrückliche Genehmigung durch die zuständige Genehmigungsbehörde (§ 7³) nicht in Frage. Ob der Oberpräsident die Genehmigung erteilt habe, läßt das LG. dahingestellt; er hat jedoch nach der Begründung seines Bescheides die Versagungsverfügung aufgehoben, weil keine Genehmigungspflicht bestehe. Er hat also zur Erteilung der Genehmigung keine Stellung genommen, sodaß sie auch in der Entscheidung nicht gefunden werden kann. Die Auffassung des LG., daß dagegen die Genehmigung nach § 7⁴ als erteilt zu gelten habe, ist rechtsirrtümlich. Ihr steht nicht entgegen, daß über den Eingang des Antrags keine Bescheinigung beigebracht ist; denn dieser bedarf es nur für § 10 Nr. 4. Wohl aber wird die Rechtswirkung des § 7⁴ dadurch ausgeschlossen, daß der Magistrat dem Grundbuchamte gegenüber eine Versagungserklärung abgegeben hat, durch die der Eintritt der in § 7⁴ bestimmten Rechtsfolge endgültig verhindert wird (X 497.23). Die Aufhebung des die Erklärung enthaltenden Bescheides kann die an die Abgabe der Erklärung geknüpfte Wirkung nicht beseitigen. Ist eine Erklärung erfolgt, so kommt, falls diese eine Versagung enthält, nur noch die tatsächliche Genehmigung besonders durch die Beschwerdeinstanz in Frage. Die Versagungserklärung würde der Rechtswirkung nach § 7⁴ nur dann nicht im Wege stehen, wenn sie nicht innerhalb der dreiwöchigen Frist abgegeben wäre; nach den Akten des Bezirksamts ist sie jedoch gewahrt...

Dazu: **Materielle Wirkung einer Genehmigung unter Auflage.**

OLG. Stettin, 1. ZS. Urteil v. 25. November 1924 (U 617/24).

Den Vertrag, durch den die Beklagte ihr Grundstück dem Kläger A. verkaufte, hat der zuständige Landrat „mit der Auflage genehmigt, daß A. eine freiwillig angebotene, auf 3000 GM. festgesetzte Sicherheitshypothek für den Kreis K. eintragen läßt, die zu zahlen ist, wenn A. das Grundstück innerhalb 10 Jahren weiter veräußert". Gegen diesen dem Grundbuchamt rechtzeitig zugegangenen Bescheid hat die Beklagte Beschwerde auf Versagung der Genehmigung erfolgreich eingelegt und infolgedessen die Auflassung verweigert. Die Klage auf Auflassung ist begründet. Wie der Beklagten zuzugeben ist haben die Gerichte die Richtigkeit der im Genehmigungsverfahren ergangenen Entscheidung grundsätzlich nicht nachzuprüfen und deshalb nicht zu erörtern, ob nach einer unter Auflage erteilten Genehmigung der dadurch nicht betroffene Verkäufer zur Beschwerde überhaupt befugt war. Ist die Prüfung auch der formellen Entscheidungsgrundlage allein als Gebiet des Verwaltungsverfahrens anzuerkennen, so setzt doch Recht und Pflicht der Gerichte zur Prüfung ein, wenn es sich darum handelt, ob die vom Landrat erteilte Genehmigung bereits materielle Rechtswirkungen gezeitigt hat. Diese können durch eine Änderung der Verwaltungsentscheidung, gleichviel, ob sie durch die erste Instanz oder auf Beschwerde erfolgt, nicht rückgängig gemacht werden (JW. 1922 S. 491[14], RG. 103 S. 109, 106 S. 146).

Die in Frage kommende materielle rechtliche Wirkung ist die, ob das Kaufgeschäft durch die unter „Auflage" erteilte Genehmigung wirksam geworden ist. Für die Genehmigung ohne Einschränkung bestimmt das § 8 Abs. 1 des Gesetzes ausdrücklich. Bei der Erteilung der Genehmigung unter der Auflage, die § 8 Abs. 2 anordnet, scheint der Gegensatz zu Abs. 1 zunächst gegen die Annahme einer endgültigen Genehmigung in dem Sinne zu sprechen, daß vor Abschluß des der Beschwerde unterworfenen Verfahrens bürgerlich-rechtliche Wirkungen nicht erwachsen. Eine nähere Erwägung der gesetzlichen Regelung führt aber zu der entgegengesetzten Entscheidung.

Der Bescheid des Landratsamts, der nach § 7 Ges. gegenüber dem Grundbuchamt abgegeben wird, ist zur Erzeugung der Rechtswirkungen bestimmt, während die Parteien Abschriften dieser Erklärung nur zur Kenntnisnahme erhalten. Wird unter einer im Gesetz geregelten Auflage (§ 5) genehmigt, so hat das Grundbuchamt Anträgen auf Eintragung einer Rechtsänderung nur stattzugeben, wenn die in der Auflage geordneten besonderen Sicherungen (Sicherungshypothek) als erfüllt nachgewiesen sind; insoweit wirkt also die Auflage bedingend. Sind diese Nachweise geführt, so kann (und muß deshalb) einem sonst ordnungsmäßigen Eintragungsantrage stattgegeben und das Kauf- und Auflassungsgeschäft der dinglichen Gestaltung zugeführt werden, obwohl der Beschwerdeweg des § 12 noch eröffnet sein kann. Ist eine besondere Sicherung nicht vorgesehen, so muß der Grundbuchrichter nach § 10 dem Eintragungsantrage stattgeben, ohne die Erfüllung der dem Gesetz gemäß geschehenen Auflage zu prüfen. Diese hat dann die den Auflagebegriff sonst kennzeichnende Wirkung des Zwanges, ohne die Genehmigung zu bedingen. Werden somit grundbuchliche Änderungen zugelassen, so geht das Gesetz davon aus, daß die bürgerlich-rechtliche Wirkung der Genehmigung, die vertragliche Bindung, endgültig eingetreten ist (ebenso Hagelberg § 1[13], § 5[1.9.]).

Nichts anderes kann gelten, wenn die Behörde statt der Auflage, die das Gesetz regelt, zulässigerweise auch sonst Auflagen machen könnte und auferlegt hat. Es ist aber angesichts der Sonderregelung der Auflage in § 5, der Beschleunigungsabsicht des Gesetzes, der Regelung in § 10 und der AusfBest. vom 27. 6. 1923 § 5 zu verneinen, daß die Behörde, von § 5 abgesehen, statt schlechthin zu genehmigen oder zu versagen, Auflagen machen darf. Über diese Rechtslage ist der Landrat vorliegend klar gewesen, denn er bezeichnet die Hypothekenbestellung als freiwillig angeboten und drückt damit aus, daß es sich nicht eigentlich um eine Auflage, sondern um eine der unbeschränkten Genehmigung vorhergehende besondere Verpflichtungsübernahme handelt. C.n.

ε) Wiederholung der ohne behördliche Genehmigung erklärten Auflassung.

Kammergericht, 1. ZS. Beschluß v. 10. Dezember 1925 (x 760/25).

Der am 30. 6. 1925 als Eigentümer des Grundstücks eingetragene A. hatte am 25. 2. 1922 dem B. ein notarielles Kaufangebot gemacht, das dieser durch die notarielle Urkunde am 18. 12. 1922 angenommen hatte. In der notariellen Verhandlung vom 5. 1. 1925 ließ A. das Grundstück auch an B. auf. Als auf den Antrag auf Eintragung der Eigentumsveränderung der Nachweis der behördlichen Genehmigung nach dem V. vom 10. 2. 1923 verlangt wurde, erklärten die Beteiligten in der Verhandlung vom 14. 8. 1925: „Wir wiederholen und bestätigen, die in der Verhandlung v. 5. 1. 1925 abgegebenen Erklärungen hierdurch ihrem ganzen Inhalte nach; wir sind auch heute darüber einig und bewilligen und beantragen nochmals, daß als Eigentümer nunmehr B. eingetragen werde." Die Vorinstanzen verlangten gleichwohl den Nachweis der behördlichen Genehmigung. Das LG. ist der Ansicht, daß am 14. 8. 1925 wohl die Auflassung, nicht aber der Kaufvertrag neu vorgenommen worden sei, und erachtet daher, da das Gesetz den Kaufvertrag und die Auflassung dem Genehmigungszwang unterwerfe, mit Rücksicht auf die Genehmigungsbedürftigkeit des schuldrechtlichen Veräußerungsgeschäfts den Nachweis der Genehmigung für erforderlich. Der Standpunkt des LG., daß bei dem Eintragungsantrage die Genehmigungspflicht des Kaufvertrages auch dann gemäß § 10 Ges. vom 10. 2. 1923 zu berücksichtigen sei, wenn die Auflassung selbst der Genehmigung nicht bedürfe, ist rechtsirrtümlich. Das Grundbuchamt hat es bei der Eintragung eines auf Rechtsgeschäfte beruhenden Eigentumswechsels lediglich mit der Auflassung zu tun und hat nur deren Wirksamkeit zu prüfen. Da das dingliche Erfüllungsgeschäft (Auflassung) nach dem BGB. (§§ 873, 925) als ein vom Grundrechtsgeschäfte losgelöster, gesondert davon bestehender Vertrag ausgestaltet ist, so ist es grundsätzlich vom Rechtsbestande des schuldrechtlichen Vertrages unabhängig (KGJ. 41 S. 163, 51 S. 178, RG. 104 S. 102, 109 S. 201). Die Nichtigkeit oder Unwirksamkeit des Kaufvertrages berührt daher grundsätzlich die Auflassung nicht. Daran hat auch das Ges. vom 10. 2. 1923 nichts geändert. Richtig ist die Ausführung, daß nach jenem Gesetze der Kaufvertrag und die Auflassung vom Genehmigungszwange betroffen werden. Die Auflassung bedarf jedoch der besonderen Genehmigung nur dann, wenn das zugrunde liegende Verpflichtungsgeschäft nicht genehmigt ist. Nach dem Ges. ist daher in der Genehmigung des Kaufvertrages die des dinglichen Erfüllungsgeschäfts einbeschlossen. Wenn in § 10 mit Rücksicht auf die Genehmigungspflicht Vorschriften für das bei der Erledigung von Eintragungsanträgen zu beachtende Verfahren gegeben sind, so handelt es sich dabei für die Buchung der Rechtsänderung nur um die Auflassung; die Genehmigung des ihr zugrunde liegenden Kaufvertrages hat in diesem Zusammenhange lediglich als Genehmigung der Auflassung Bedeutung. Da nun nach Ges. v. 20. 7. 1925 das Ges. vom 10. 2. 1923 mit Wirkung für die sonst nach § 1 dem Genehmigungszwang unterworfenen Rechtsgeschäfte, die nach seinem Inkrafttreten neu abgeschlossen werden, aufgehoben ist, so bedarf die am 14. 8. 1925 erklärte Auflassung, falls sie als neu vorgenommen anzusehen ist, keiner behördlichen Genehmigung mehr. Sie ist unter dieser Voraussetzung auch ohne Genehmigung rechtswirksam, selbst wenn der Kaufvertrag noch genehmigungsbedürftig und daher bei fehlender Genehmigung unwirksam ist. Die Auffassung des LG., daß Veräußerer und Erwerber am 14. 8. 1925 eine neue Auflassung erklärt haben, ist nicht zu beanstanden. Ihr steht nicht der Umstand entgegen, daß die Beteiligten bereits vorher dieselbe Auflassung vorgenommen hatten. Da das Grundbuchamt diese für genehmigungspflichtig und daher unwirksam erachtet hatte, so blieb den Beteiligten unbenommen, eine neue rechtswirksame Auflassung vorzunehmen, soweit das Gesetz dies zuließ. Mit Recht betont allerdings das Grundbuchamt, daß es sich bei der neuen Auflassung nicht um eine Bestätigung des § 141¹ BGB. handelt. Es liegt vielmehr die rechtswirksame Wiederholung einer hinsichtlich ihrer Wirksamkeit zweifelhaften Auflassung vor. Rechtsirrtümlich ist dagegen die Meinung, daß die neue Auflassung auf eine Umgehung des Ges. vom 10. 2. 1923 hinauslaufe. Da das Ges. vom 20. 7. 1925 die Möglichkeit geschaffen hat, durch die erneute Abschließung des vorher der Genehmigungspflicht unterworfenen Rechtsgeschäfts den Genehmigungszwang auszuschließen, so kann in der Benutzung dieser Möglichkeit keine Umgehung des früheren Gesetzes gesehen werden. Die Beibringung der neuen Auflassung hat allerdings zur Folge, daß die Eigentumsveränderung nunmehr nur auf dieser Grundlage eingetragen werden kann. Dies ist aber auch als Wille der Beteiligten anzunehmen. Sie haben daher den ursprünglichen Antrag dahin abgeändert.

c) Grunderwerb juristischer Personen nach Art. 7 § 1 AusfG.

Kammergericht, 1. ZS. Beschluß v. 18. Feburar 1926 (x 44/26).

Nach Art. 7 § 1 AG. zum BGB. bedürfen juristische Personen, die in Preußen ihren Sitz haben, zum Erwerb von Grundstücken der Genehmigung der staatlichen Aufsichtsbehörde, wenn der Wert den — jetzt durch Ges. vom 8. 4. 1924 (GS. 201) auf 3000 GM. festgesetzten — Betrag übersteigt. Dies gilt jedoch nicht für solche Personen des öffentlichen Rechts, die nach den für sie geltenden Gesetzen davon befreit sind. Das frühere preuß. Recht enthält für den Grunderwerb kirchlicher Körperschaften ausdrückliche Vorschriften. Das Ges. v. 7. 6. 1876 (GS. 149) schrieb in § 2 Nr. 1 vor, daß die staatliche Aufsichtsbehörde den Erwerb zu genehmigen habe. Eine gleiche Anordnung enthielt das Ges. vom 20. 6. 1875 (GS. 241) in § 50 Nr. 1. Das jetzt maßgebende Ges. über die Verwaltung des kath. Kirchenvermögens vom 24. 7. 1924 (GS. 585), durch das die bisherigen Vermögensverwaltungsgesetze aufgehoben sind, enthält keine Bestimmung über die Notwendigkeit staatlicher Genehmigung zum Grunderwerb. Die Beschwerde des Erzbischöflichen Stuhles macht geltend, dieses Gesetz habe der heutigen Auffassung über das Verhältnis zwischen Staat und Kirche entsprechend die staatliche Bevormundung beseitigt und durch sein Schweigen über die Genehmigungsbedürftigkeit diese aufgehoben ... Allein ihr kann nicht beigetreten werden. Eine feste, allgemeine Regel, daß dieses Schweigen eine Befreiung i. S. des Art. 7 § 1² enthalte, läßt sich nicht aufstellen. Es ist vielmehr im einzelnen Falle zu untersuchen, ob für die betr. Person eine Befreiung von der allgemeinen Vorschrift des Abs. 1 das. gewollt ist oder nicht. Nach der Begründung des AusfG. fallen unter die Ausnahme Abs. 2 die Stadt- und Landgemeinden, für die in den sie betreffenden GemeindeO. staatliche Genehmigung nur für die Veräußerung, nicht für den Erwerb von Grundstücken vorgeschrieben ist (Crusen-Müller AG. II 3 zu Art. 7. StädteO. vom 30. 5. 1853 § 50¹, LandG.O. v. 3. 7. 1891 § 114). Hier liegt also ein sicherer Anhalt dafür vor, daß der Gesetzgeber des AG. die in Art. 7 § 1¹ ausgesprochene Regel auf diese Gemeinden, deren Rechtsstellung in bezug auf Grundbesitz damals bereits zweifelsfrei geregelt war, nicht erstrecken wollte. Für Fälle wie den hier vorliegenden, wo es sich um ein das Recht der betr. juristischen Person neugestaltendes Gesetz handelt, erscheint die Auffassung des LG. nicht rechtsirrig, daß es hier einer ausdrücklichen Befreiung bedurft hätte, zumal diese ein Abgehen von dem bisherigen für kirchliche Körperschaften bestehenden Rechtszustand bedeutet hätte. Daß das aber nicht beabsichtigt war, ergibt die dem Ges. vom 24. 7. 1924 beigegebene Begründung (Drucks. 1924 S. 8475) zu § 15: „Da Art. 7 § 1¹ für alle juristischen Personen gilt und für kirchliches Vermögen nichts Besonderes zu bestimmen ist, so bedarf es jetzt nicht mehr der Hervorhebung dieses Erfordernisses der Genehmigung für den Grunderwerb im neuen Gesetz. Die Nichterwähnung in § 15 bedeutet also nicht den Fortfall dieses Erfordernisses, sondern die Geltung der für alle juristischen Personen gegebenen Bestimmungen." Da die §§ 15, 28¹ Entw. unverändert Gesetz geworden, so kann diese Begründung auch als Standpunkt des Gesetzgebers angesehen werden.

η) **Geht das Landgut mit dem Erbfall auf den Anerben über?**

Kammergericht, 1. ZS. Beschluß v. 5. November 1925 (x 675/25).

Der am 21. 4. 1924 verstorbene S., Eigentümer der in der Landgüterrolle eingetragenen Rittergüter P. und R., hatte Ende 1923 im notariellem Testamente zum Anerben für P. seinen Bruder Siegfried und für R. seinen Neffen Günther berufen und bestimmt, daß, falls dieser bei der Testamentseröffnung nicht mehr lebe oder die Berufung ablehne oder geistig oder körperlich zur Übernahme von R. nicht fähig sei, sein Neffe Hans zum Anerben für R. berufen werde; seiner Gattin erklärte er seine ganze bewegliche Habe und sein gesamtes Kapitalvermögen zu Eigentum zu vermachen. Mit notariellem Testament vom 28. 2. 1924 hob er die

Berufung des Günther auf und behielt sich eine andere Berufung vor. In der notariell beglaubigten Urkunde vom 11. 4. 1924 berief er als Anerben für R. seinen Neffen Hans. Dieser begehrt eine Berichtigung des Grundbuchs i. S. des § 22 GBO: dahin, daß sein angeblich durch den Erbfall entstandenes Alleineigentum an R. eingetragen werde. Ein solcher Erwerb durch den Tod des bisherigen Eigentümers ist jedoch nicht eigetreten.

Nach der LandGO. für Schlesien vom 24. 4. 1884 § 10 ist, wenn der Eigentümer eines Landguts von mehreren Personen beerbt wird, in Ermangelung einer entgegenstehenden letztw. Verfügung einer der Erben, der Anerbe, dessen Person sich nach § 11 bestimmt, berechtigt, bei der Erbteilung das Landgut nebst Zubehör für den nach § 14 festzustellenden Preis zu übernehmen; jedoch ist der Eigentümer des Landguts nach § 15 befugt, in einer der dort vorgesehenen Formen unter den Miterben den zu bestimmen, der zur Übernahme des Landguts berechtigt sein soll. Hieraus folgt bereits unmittelbar, daß Anerbe nur sein kann, wer zugleich Erbe ist. Sie ergeben ferner, daß der Anerbe nicht unmittelbar kraft Gesetzes mit dem Erwerb der Erbschaft das Eigentum des Landguts erwirbt. Eine derartige Regelung, wie sie sich z. B. im Höfeges. für Hannover (§ 13 2. Juni 1874; 28. 7. 1909, §§ 9, 11) findet, war allerdings zunächst im § 5 des Entw. einer LandGO. für Brandenburg, die der für Schlesien später als Vorbild diente und in diese fast wörtlich übernommen wurde, vorgesehen (Drucks. des Herrenh. 1882 Nr. 9 S. 50, 58, 41). Diese geplante Bestimmung wurde dann jedoch im Anschluß an die im Bericht des KG. vom 11. 7. 1882 hervorgehobenen Bedenken gegen den unmittelbaren Eigentumserwerb ohne Auflassung und an seinen Vorschlag, dem Erben nur die Befugnis zu dem Verlangen nach Überlassung des Gutes einzuräumen, das zunächst als Teil der Erbschaft in das Eigentum aller Erben fallen müsse, durch den jetzigen § 10 der Brandenb. LandGO. ersetzt (vgl. a. O. S. 12). Aus den gleichen Erwägungen ist auch bei dem Entwurf der Schlesischen LandGO. von einer Bestimmung, die das Eigentum am Landgut sogleich mit dem Erbfall auf den Anerben übergehen ließe, abgesehen worden und der § 10 der Brandenb. LandGO. wörtlich übernommen und in dieser Fassung auch Gesetz geworden (a. O. 1883 Nr. 6 S. 12). Im Gebiete dieser LandGO. bewirkt also, wie auch die Fassung ihrer §§ 10, 15 deutlich zeigt, nicht etwa die Berufung zum Anerben, daß bei mehreren Erben der Anerbe das Eigentum am Landgut alsbald mit dem Erbfall erwirbt; vielmehr erlangt er lediglich ein persönliches Recht auf die Überlassung des Landguts gegen die übrigen Erben (Wittig, LGO. für Schlesien S. 41, 52; Schultzenstein, LGO. für Brdbg. 24, 75). Die Berufung in solchem Falle bedeutet daher allein eine Teilungsanordnung i. S. des § 2048 BGB. Zum Eigentumserwerb ist deshalb neben der Eintragung im Grundbuch, die hier nicht nur berichtigender Art ist, die Auflassungserklärung der Miterben erforderlich (Güthe-Triebel § 205). Es könnte auch nicht etwa, selbst wenn der Beschwerdeführer durch die Testamente ebenso eindeutig wie der Bruder zum Anerben berufen wäre, hieraus eine Einsetzung zum Bruchteilserben in dem Sinne gefolgert werden, daß der Gegenstand dieses Bruchteils mit dem Erbfall alleiniges Eigentum des Erben würde. Eine derartige Erbeinsetzung ex re certa kennt das BGB. nicht. Allerdings kann aus der Zuwendung eines bestimmten Gegenstandes eine Erbeinsetzung unter Umständen entnommen werden. Der Bruchteil bestimmt sich dann nach dem Verhältnis des Werts des zugewendeten Gegenstandes zum Gesamtwert des Nachlasses (RGKomm. § 2087²; Warn. 6 Nr. 240); der Gesamtnachlaß wird aber auch in diesem Falle zunächst nach § 2032 gemeinschaftliches Eigentum der Miterben und es kann der zugewendete Gegenstand erst durch besondere Übertragung auf den betreffenden Erben bei der Auseinandersetzung in dessen Alleineigentum gelangen. Durch das Testament vom Ende 1923 ist nun der Beschwerdeführer jedenfalls nicht zum Alleinerben eingesetzt, wobei zunächst dahinstehen kann, ob es überhaupt eine wirksam gewordene Einsetzung seiner Person zum Erben enthält; denn jedenfalls muß der Bruder als zu dem Bruchteil, der dem Verhältnis des Wertes von P. zum Gesamtwert des Nachlasses entspricht, eingesetzter Erbe im Sinne der vorstehenden Ausführungen angesehen werden. Ohne Auflassung konnte der Beschwerdeführer daher das Alleineigentum an R. nicht erlangen.

Aber auch das Verlangen eines Erbscheins ist nicht zu beanstanden. Allerdings ist er nicht erforderlich, um den unmittelbaren Übergang des Grundstücks darzutun; denn hierzu ist er nicht geeignet. Neben der Auflassung aber bedarf es der Legitimation des Beschwerdeführers als Erben oder Anerben nicht mehr, da die Auflassung eine hinreichende Eintragnugsunterlage gibt, sofern sie nur von den zu ihr Berechtigten erteilt ist. Im übrigen hätte der Erbschein das Anerbenrecht im Gebiet der Schles. LandGO. (anders als nach Hann. Höferecht, KGJ. 43 S. 285) nicht aufzuführen, da es kein Erbrecht, sondern lediglich ein obligatorisches Recht auf Übernahme des Gutes darstellt, ein solches aber nicht in den Erbschein gehört (1. X. 169.25 v. 30. 4. 1925 für das SchleswigH. Anerbenrecht). Eines Erbscheins bedürfte es aber für die Eintragung des Beschwerdeführers, auch nachdem ihm die Miterben etwa aufgelassen haben sollten, da zur Prüfung, ob die Berechtigten die Einigung (§ 20 GBO.) erklärt haben, die Person der Miterben festzustellen ist, diese aber durch die notariellen Testamente und die Eröffnungsverhandlung allein noch nicht völlig außer Zweifel gestellt wird. Schon bei den Zuwendungen an die Witwe ergeben sich Bedenken, ob ein Vermächtnis oder eine Erbeinsetzung zu finden ist; hierfür kann ihr Wertverhältnis zum Gesamtnachlaß bedeutsam sein; auch werden über den für die Entscheidung wesentlichen Willen des Erblassers (KGJ. 52 S. 65) gegebenenfalls Ermittelungen erforderlich sein. Diese sowie die über die Werte vorzunehmen, ist nicht Sache des Grundbuchrichters, vielmehr berechtigt ihn die Notwendigkeit, sie anzustellen, bereits zu dem Verlangen eines Erbscheins (Güthe-Triebel § 36⁵⁰). Weiter aber ergibt das Testament allein nicht sicher, ob der Beschwerdeführer Testamentserbe geworden ist. Seine Berufung zum Anerben, in der unbedenklich, wie in der des Siegfried, eine Erbeinsetzung gefunden werden kann, ist in § 2 des Testaments vom 10. Dezember 1923 für den Fall erfolgt, daß Günther zur Zeit der Testamentseröffnung nicht mehr am Leben sei, die Berufung ablehne oder zur Zeit des Erbfalls geistig oder körperlich zur Übernahme des Landgutes Rudnik nicht fähig sei.

Durch diese Bestimmung war er als Ersatzerbe für Günther eingesetzt und zwar war die Ersatzberufung zulässigerweise (RGKomm. § 2096) auf bestimmte Fälle des Fortfalls des zunächst berufenen beschränkt. Das Testament vom 28. 2. 1924 hat dann aber die Berufung des Günther ohne Angabe von Gründen völlig aufgehoben. Es wird daher zu prüfen sein, ob nicht etwa mit diesem Fortfall des Haupterben auch die Berufung des Ersatzerben hinfällig geworden ist. Auch wenn aber dies verneint werden sollte, bedürfte es noch der Feststellung, ob die Voraussetzungen, von denen die Ersatzerbfolge im ersten Testament abhängig gemacht war, eingetreten sind. Ist aber der Beschwerdeführer nicht Erbe aus dem ersten Testament geworden, so ist er überhaupt nicht Testamentserbe. Denn die auf Grund des § 15 ausgestellte Urkunde vom 11. 4. 1924 kann seine Erbeinsetzung nicht enthalten, da sie der Testamentsform ermangelt. Es wäre dann hinsichtlich des dem Werte des Guts R. entsprechenden Nachlaßbruchteils ein Erbe nicht eingesetzt und insoweit daher nach § 2088 BGB. die gesetzliche Erbfolge eingetreten. Durch die Zwischenverfügung ist also der Beschwerdeführer nicht beschwert.

c) **Zusammentreffen relativer Verfügungsbeschränkungen.**

α) Kammergericht, 1. ZS. Beschluß v. 15. Oktober 1925 (x 635/25).

Die Kreditbank überreichte am 25. 5. 1925 die notarielle Bewilligung des Eigentümers A., daß für sie auf seinem Grundstück eine Auflassungsvormerkung eingetragen werde. Am 24. 6. reichte die geschiedene Frau A. die — 27. 6. zugestellte — einstw. Verfügung, durch die dem A. die Veräußerung seines Grundstücks vor Sicherstellung ihrer Unterhaltungsansprüche verboten wird, zur Eintragung ein. Das Grundbuchamt erforderte von der Kreditbank die Zustimmung der Frau A. und es trug ferner am 26. 6. gemäß § 18^2 GBO. zugunsten der Bank in Abt. II Nr. 3 eine Vormerkung ein und gab dann dem Antrag der Frau A. durch Eintragung in Abt. II Nr. 4 statt. Auf Beschwerde des A. wurde die Zwischenverfügung aufgehoben, worauf das Grundbuchamt nunmehr die gemäß § 18^2 eingetragene Vormerkung in die beantragte Vormerkung umgeschrieben hat, so daß diese unter Nr. 3 steht. Die weitere Beschwerde der Frau ist unbegründet.

Das gerichtliche Veräußerungsverbot zugunsten der Frau A. (§§ 135, 136) und die durch die Vormerkung geschaffene Verfügungsbeschränkung des A. zugunsten der Bank (§ 883^2) gleichen sich, soviel Unterschiede zwischen Veräußerungsverbot und Vormerkung auch sonst bestehen mögen, in der Wirkung einer relativen Verfügungsbeschränkung des Eigentümers, indem sie verbots- oder anspruchswidrige Verfügungen aus dem Eigentum unwirksam machen und in der Art, wie die Unwirksamkeit solcher Verfügung geltend zu machen wäre (Planck § $883^{2.3}$; Rosenberg § 883 V 3, 888 IV 3). Welche von mehreren gegen denselben Eigentümer zugunsten verschiedener Personen bestehenden Verfügungsbeschränkungen stärker ist, ist aus dem Rangverhältnis zu entscheiden, denn in ihm betätigt sich die Wirkung mehrerer dasselbe Recht betreffender beschränkter Rechte gegeneinander (Planck 2 vor § 879) und das gilt auch für das Zusammentreffen mehrerer relativer Verfügungsbeschränkungen (Rosenberg, IV 1 b vor § 879, auch KGJ. 38 S. 301, 39 S. 200). Ist also beim Zusammentreffen von gerichtlichen Veräußerungsverbot und Auflassungsvormerkung das erstere besseren Rangs, so kann der durch das Verbot Geschützte vom Vormerkungsberechtigten, sobald er das Eigentum erworben hat, gemäß § 888² die Zustimmung zu dessen Löschung verlangen; ist umgekehrt die Auflassungsvormerkung rangbesser, so ist dem Vormerkungsgläubiger gegenüber, sobald er das Eigentum erlangt hat, das Veräußerungsverbot wirkungslos.

Das LG. hat hier einen Vorrang der Vormerkung angenommen, dem entspricht der jetzt im Grundbuche hergestellte Zustand. Das Grundbuchamt hat sich dagegen von der an sich richtigen Erwägung leiten lassen, daß das Verbot als außerhalb des Grundbuchs entstehend der erst später durch Eintragung entstehenden Vormerkung vorgehen müsse; hierbei hat es übrigens übersehen, daß das durch eine einstw. Verfügung erlassene Verbot erst mit Zustellung an den Gegner wirksam wird (Stein ZPO. § 938 A II 1). Der Grund des LG., daß das Verbot erst nach Beantragung der Vormerkung, also in der Zwischenzeit zwischen Antrag und Erledigung, erlassen ist, hat also den § 878 auf die auf Bewilligung beruhende Vormerkung für anwendbar erachtet. Diese für Rechte gegebene Vorschrift will nach Eintritt bindender Einigung und Beantragung der Rechtsänderung den Erwerber gegen solche Verfügungsbeschränkungen schützen, die in der Zeit zwischen Einreichung und Erledigung des Antrags eintreten (Planck § 878¹; RG. 89 S. 152). Die Anwendung des § 878 auch auf die Bewilligungsvormerkung kann allerdings nur eine entsprechende sein; denn die dort vorausgesetzte Bindung nach § 873 oder § 875 kommt nicht oder nicht unmittelbar in Betracht. Der § 873 ist nicht anzuwenden, weil es einer Einigung der Beteiligten zur Entstehung der Vormerkung nicht bedarf (bei weitem herrschende Ansicht z. B. Planck A. 2 a, Rosenberg A III 1 zu § 885) und § 875 wäre — wenn er überhaupt, wie einzeln z. B. Rosenberg das. A III 2 meinen, hier heranzuziehen wäre —, nur entsprechend anwendbar.

Die Anwendbarkeit des § 878, die im Schrifttum verschieden beurteilt wird, hängt damit zusammen, ob die Entstehung der Bewilligungsvormerkung sich von der sonstiger Vormerkungen unterscheidet, und der rechtsgeschäftlichen Verfügung einzureihen ist oder ob alle Vormerkungen, gleichgültig auf welcher Grundlage sie beruhen, gleich behandelt werden und ihre Entstehung in einem von der rechtsgeschäftlichen Verfügung sich abhebenden Vorgang gesehen wird. Von der Stellungnahme hierzu hängt nicht nur die Anwendung des § 878, sondern auch die wesentlich weitergreifende des für die rechtsgeschäftlichen Verfügungen eingeführten gutgläubigen Erwerbs ab (§§ 892, 893), ob z. B. eine Vormerkung entstanden ist, wenn der sie bewilligende zwar als Eigentümer eingetragen, in Wahrheit aber es nicht ist, ob eine Vormerkung den bei ihrer Eintragung nicht eingetragenen, dennoch aber bestehenden Rechten im Range vorgeht,. Zu letzterem Fall hat der Beschluß (JFG. 2 S. 409) bereits in dem Sinne Stellung genommen, daß er die Anwendbarkeit des guten Glaubens bejaht hat. Im Zuge dieser Rechtsprechung liegt es, unter entsprechender Anwendung des § 878 solche Verfügungsbeschränkungen, die erst nach Beantragung der Eintragung der Bewilligungsvormerkung entstanden sind, auf die Erledigung des Antrags für unwirksam zu erachten ...

β) **Rangverhältnis von Rechten an Rechten. Vorpfändung.**

Kammergericht, 1. ZS. Beschluß v. 28. Januar 1926 (x 17/26).

Am 1. 8. 1925 reichte A. den Gerichtsbeschluß vom 31. 7., wonach die Eigentümergrundschuld Nr. 4 wegen der Forderung des A. gepfändet ist, zur Eintragung ein. Am 3. 8. legte der Beschwerdeführer B. den Gerichtsbeschluß vom 1. 8., wonach u. a. dieselbe Grundschuld für B. gepfändet ist, vor und wies nach, daß am 31. 7. dem Eigentümer die Pfändungsankündigung zugestellt worden. Nach Zwischenverfügungen trug am 1. 10. das Grundbuchamt zu Nr. 4 Sp. Veränderungen die Pfändung für A. ein; am 15. 10. ergänzte es auf Antrag diese Eintragung hinsichtlich Zinsen und Kosten der Forderung; am 15. 10. trug es ferner die Pfändung für B. ein und vermerkte, daß diese Pfändung der für A. im Rang nachstehe. Die Beschwerde des B., daß der Vorrang seiner Pfändung vermerkt werde, blieb erfolglos. Für die weitere Beschwerde ist davon auszugehen, daß es sich hier um eine Beschwerde gegen eine Eintragung handelt; denn B. bekämpft die den Pfändungseintragungen gegebene Rangordnung. Die Beschwerde kann daher nur unter dem Gesichtspunkt der §§ 71² 54 GBO. geprüft werden, also daraufhin, ob die Eintragung gesetzliche Vorschriften verletzt hat und das Grundbuch unrichtig macht oder ob sie inhaltlich unzulässig ist. Zu dieser Entscheidung muß auf das Verhältnis des Grundbuchs zum Rang von Rechten an Grundstücksrechten eingegangen werden. Der § 879 nennt nur die Rechte, mit denen ein Grundstück belastet ist, nicht auch die Rechte (Pfandrecht, Nießbrauch), mit denen ein solches Recht belastet wird. Über die Frage, wie sich das Rangverhältnis für diese Rechte an Rechten bestimmt, bestehen zwei Gruppen von Ansichten. Die eine verneint, daß das Grundbuch Einfluß auf den Rang habe und läßt den Zeitpunkt der Entstehung maßgebend sein (RGKomm. A. 2, Fuchs GBR. A. 8 b zu § 879, Goldmann § 39 zu 7 c). Die andere bejaht die Rangbestimmung durch das Grundbuch in entsprechender Anwendung des § 879. Innerhalb ihrer sind zwei Meinungen zu unterscheiden. Die eine nimmt für Preußen an, daß die in § 879 für dieselbe Abteilung als maßgebend erachtete räumliche Folge wegen der Einrichtung des preuß. Grundbuchs nicht anwendbar sei und greift daher auf die für Rechte verschiedener Abteilungen maßgebliche zeitliche Reihenfolge zurück; so Güthe, Predari § 46⁴, Oberneck⁴ 1 S. 350, Turnau-Förster³ § 879 II 1 a, neuerdings Rosenberg, Sachenrecht § 879 I 5. Die andere (z. B. Planck⁴, Biermann³ zu § 879) erkennt einen Anlaß zu besonderer Beurteilung der Frage auf Grund des preuß. Musters nicht an und läßt daher die räumliche Reihenfolge entscheiden. Das KG. hat sich für die Rechte, die erst durch die Eintragung entstehen, in GKJ. 39 S. 248 der zweiten Gruppe angeschlossen und in KGJ. 35 S. 297 für die außerhalb des Grundbuchs entstehenden Pfandrechte an Briefhypotheken angenommen, daß, wenn nicht der Rang urkundlich nachgewiesen wird, Anträge auf berichtigende Eintragung nach der allgemeinen Regel des § 46 GBO. nach dem Eingang zu erledigen seien und eine Berichtigung des dadurch hergestellten Ranges der Prozeßentscheidung überlassen werden müsse. Im Anschluß an KGJ. 39 S. 248 gibt daher, da es sich hier um die Pfändung eines Buchrechts handelt und die Pfandrechte nach den ständig auch auf Eigentümergrundschulden angewendeten §§ 830, 857[6] ZPO. erst durch die Eintragung entstehen konnten, diese an sich den Pfandrechten den Rang. Die Frage, ob dabei die räumliche oder zeitliche Reihenfolge entscheidet, kann auch hier dahingestellt bleiben, da beide übereinstimmen. Daher ist der hier vermerkte Rang nur eine ausdrückliche Bestätigung einer schon aus den Eintragungen herauszulesenden Rangordnung und es kann die Eintragung nicht inhaltlich unzulässig sein.

Eine andere Frage ist die nach der Wirkung der Vorpfändung. Daß die Pfändungsankündigung des § 845 ZPO. auch bei Hypotheken anwendbar ist, wird allgemein anerkannt und auch für Eigentümergrundschulden angenommen (RG. 71 S. 183, 75 S. 314, Rsp. 23 S. 213, 21 S. 108). Ebenso bewirkt sie, wenn ihr in der vorgeschriebenen dreiwöchigen Frist die Pfändung folgt, eine Rückdatierung (RG. 75 S. 314, 97 S. 223). Der von Stein und von Seuffert (ZPO. § 845) gemachte Vorbehalt, daß diese Rückdatierung nicht gemäß § 892 BGB. erworbene Rechte Dritter beeinträchtigen dürfe, kommt hier, wo auch das andere Pfandrecht kein rechtsgeschäftliches ist, nicht in Betracht. Es liegt demnach die Annahme nahe, daß der aus der Reihenfolge der Einragungen an sich folgende gesetzliche Rang mehrerer Pfandrechte nur dann gilt, wenn ein Recht nicht bereits infolge Vorpfändung außergrundbuchlich einen Rang erhalten hat, daß mithin in solchem Falle der an sich durch das Grundbuch ausgewiesene Rang mit dem wirklichen Rang nicht übereinstimmen kann und der Berichtigung zugänglich ist. Es würde sich also insofern ein Unterschied zu dem für die Rechte an Grundstücken in § 879 BGB zwingend bestimmten gesetzlichen Rang ergeben und es wäre der bei Planck § 879[7a] dahin gefaßte Satz, daß der gesetzliche Rang des § 879 nicht gilt für das Verhältnis der eingetragenen zu den nicht eingetragenen Rechten, für die Rechte an Rechten dahin zu erweitern, daß er auch nicht gilt für Rechte, die zwar durch die Eintragung erst entstanden, aber infolge Vorpfändung einen nach außerbuchlichen früheren Ereignissen bestimmten Rang erhalten haben. Aus solcher Annahme würde folgen, daß in der unter Nachweis einer Vorpfändung beantragten Eintragung einer Hypothekenpfändung das Ansuchen um Vormerkung des darnach sich zu etwaigen andern Pfändungen ergebenden Ranges enthalten sein kann und daß das Gruddbuchamt, das dies nicht beachtet, gesetzliche Vorschriften verletzt und die Rangordnung unrichtig macht, also einen Widerspruch von Amts wegen gemäß § 54 GBO. veranlaßt. Diese Frage bedarf jedoch hier keiner Erörterung, weil nicht innerhalb der dreiwöchigen Frist, die von der Zustellung an den Eigentümer lief (RG. 71 S. 183), gepfändet, also die Eintragung nicht vollwirksam vorgenommen ist (ebenso Stein, Seuffert a O.). Eine dem § 932[3] ZPO. entsprechende Vorschrift, wonach bei der Arrestvollziehung der Antrag auf Eintragung bereits zur Wahrung der Frist genügt, besteht für die Vorpfändung nicht. Die Stellung des Eintragungsantrags beim Grundbuchamt innerhalb der drei Wochen genügt also nicht. Dieser Umstand ist also der die Entscheidung tragende Grund.

d) **Vormerkung zur Sicherung eines Ankaufsrechtes.**

Kammergericht, 1. ZS. Beschluß v. 29. Oktober 1925 (x 657/25).

Der Eigentümer A. hat unterm 9. 7. 25 eine wertbeständige Buchhypothek für 4000 GM. Hauszinssteuerdarlehn und eine Vormerkung zur Sicherung des Ankaufsrechts für den Landkreis H. bewilligt. Über das letztere ist in dem Vertrage zwischen A. und dem Kreis vom 9. 7. bestimmt:

§ 6. A. räumt dem Kreis an dem Grundstück ein Ankaufsrecht ein, das der Kreis innerhalb 60 Jahren nach Vertragschluß ausüben kann:

a. wenn der Darlehnsnehmer den Bau nicht ausführt, das Grundstück veräußert, an ihm ohne Zustimmung des Kreises eine Hypothek oder sonstige dingliche Rechte bestellt;

b. wenn die Zwangsvollstreckung in das Grundstück oder seine Erträge beantragt wird

c. wenn der Dahrlehnsnehmer den Verpflichtungen, die sich nach § 4 für ihn ergeben, trotz Mahnung zuwiderhandelt.

Der Kreis hat die Eintragung der Hypothek und der Vormerkung erfolglos beantragt. Mit Recht nehmen die Vorinstanzen an, daß der Umfang der Grundstücksbelastung klargestellt sein muß und dazu bei einer verzinslichen Hypothek auch der Anfang der Verzinsung gehört (KGJ. 46 S. 242)... Das Fehlen der Angabe des Zinsanfangs ist jedoch nur ein durch Zwischenverfügung zu beanstandender Mangel.

In bezug auf die Vormerkung ist der ablehnende Standpunkt der Vorinstanzen nicht frei von Rechtsirrtum; es besteht aber ein Bedenken, das ebenfalls zu einer Zwischenverfügung Anlaß gibt. Ein dingliches Ankaufsrecht ist dem BGB., das die dinglichen Rechte erschöpfend aufzählt, unbekannt (Rundsch. 1925 Nr. 143). Das BGB. kennt nur ein dingliches Vorkaufsrecht, das hier aber nicht in Betracht kommt, weil das Ankaufsrecht unabhängig von einem vom Eigentümer geschlossenen Verkauf und dem darin vereinbarten Kaufpreis sein soll. Die neuere Gesetzgebung hat das Vorkaufsrecht weiter ausgebaut, so das des Siedlungsunternehmens nach §§ 4—11, 14 RSiedlG. und das des Heimstättenausgebers nach §§ 11, 15 HeimstG., bei welchem der Vorkauf zu einem von vornherein bestimmten Preise für den Boden erfolgt. Sie hat ferner das dem BGB. unbekannte, dagegen landesgesetzlich in Rentengutsrecht kraft des Vorbehalts in Art. 62 EG. vorkommende dingliche Wiederkaufsrecht ausgebaut so das Wiederkaufsrecht der §§ 20, 21 RSiedlG. den Heimfallanspruch nach § 32 ErbbaurechtsV. und nach §§ 12—16 HeimstG. Alle diese Sonderbestimmungen kommen hier nicht in Betracht, ein Wiederkaufsrecht besonders schon deswegen nicht, weil der beschwerdeführende Kreis niemals Eigentümer des Grundstücks gewesen ist. Die Beschwerde will aber aus den Abmachungen über das Ankaufsrecht eine künftige Forderung des Kreises auf Eigentumsverschaffung herleiten, deren Sicherung die begehrte Vormerkung dienen soll. Diese Rechtfertigung ist möglich. Für § 883¹ S. 2 genügt nämlich, daß eine die Gestaltung des künftigen Anspruchs genau bestimmende Grundlage vertragsmäßig geschaffen ist (KGJ. 37 S. 280). Der Senat hat deshalb bei einer Vereinbarung eines Gutsbesitzers mit Kleinpächtern, wonach diese nach Ablauf der Pachtzeit das Pachtland für einen in bestimmter Weise zu ermittelnden Preis erwerben dürfen, einen künftigen durch Vormerkung sicherungsfähigen Eigentumsübertragungsanspruch angenommen (X 285.21). Es kann also den Vorinstanzen darin nicht beigepflichtet werden, daß hier nur der Anspruch auf Abschluß eines Kaufvertrages, nicht ein solcher auf Eigentumsübertragung in Frage gezogen werden könne; denn ersterer kann zugleich für letzteren die genügend feste, vertragsmäßige Grundlage legen. Es könnte sich hier sogar fragen, ob etwa in der Abmachung nicht nur ein Vorvertrag, sondern bereits ein Kaufantrag zu sehen wäre, der den Anbietenden in der von ihm bestimmten Zeit (§ 148) bindet; diese Frage kann für die Verjährung bedeutsam werden; hier ist darauf nicht weiter einzugehen.

Soll demnach der Vertrag einen vormerkbaren künftigen Anspruch auf Eigentumsverschaffung begründen, so ist andererseits zu verlangen, daß die Entstehungsursachen für diesen Anspruch klargestellt sind. Es folgt das aus dem allgemeinen Grundsatz der Klarheit und Zweifelsfreiheit im Grundbuchverkehr und hier noch besonders daraus, daß infolge des unklaren Ausdrucks „Ankaufsrecht" das von den Vertragsparteien Gewollte erst im Auslegungswege ermittelt werden muß. Hier ist aber nicht zweifelsfrei, ob zur Entstehung des Anspruchs gehört, daß A. oder seine Erben noch Eigentümer sind. Dafür spricht, daß in den in § 6 genannten Fällen zu a und e Geschehnisse in der Person des Darlehnsnehmers betreffen, wobei vorausgesetzt ist, daß dieser Ausdruck wörtlich zu verstehen ist und nicht die häufiger in Hypothekenbestellungsurkunden zu beobachtende Verwechslung von Schuldner und Eigentümer vorliegt. Andererseits ist aber eine ausdrückliche Erklärung der Bedingung fortbestehenden Eigentums des A. im Vertrag nicht enthalten, und es ist im Falle b schlechthin das Stattfinden einer Zwangsvollstreckung erwähnt. Der hiernach bestehende Zweifel muß beseitigt werden. Es ist klarzustellen, ob die das Eigentum auf 60 Jahre dinglich beschränkende Vormerkung (§ 883²) davon abhängt, ob A. oder seine Erben bei Erwerbsabsicht des Kreises noch im Eigentum sind ....

e) **Widerlegung des § 891 BGB durch § 25 Satz 2 HGB.?**[1])

Kammergericht, 1. ZS. Beschluß v. 6. Mai 1926 (x 275/26).

Die zugunsten des Versandhauses W., Inhaber A., eingetragene Sicherheitshypothek hat mit den Forderungen in der Urkunde vom 24. 1. 1926 A., der seiner Namensunterschrift die Worte „Versandhaus W." voranschickte, an X. abgetreten und die Eintragung der Abtretung beantragt. Das Grundbuchamt lehnte ab, weil A. ausweislich der Registerakten zur Verfügung über die Hypothek nicht mehr berechtigt sei, weil er mit Wirkung vom 1. 1. 26 unter Ausschließung des Überganges der Schuldenhaftung, aber unter Gestattung der Fortführung der Firma das Geschäft veräußert hatte. Das LG. meint, daß A. dem Grundbuche gegenüber hätte nachweisen müssen, daß die Hypothek nicht mit der Veräußerung des Geschäfts übergegangen sei. Ob von dieser Auffassung aus nicht eine Zwischenverfügung geboten gewesen wäre, kann dahin gestellt bleiben; denn die grundsätzliche Stellungnahme des LG. ist rechtirrtümlich.

Gläubiger der Hypothek ist nach dem Grundbuche der Kaufmann A. Die Art, wie bei der Buchung der Berechtigte bezeichnet worden ist, entspricht zwar nicht dem § 4¹ Nr. 1 AVf. vom 20. 11. 1899 (vgl. auch KGJ. 26 S. 135). Denn danach hätte, da der Inhaber der Firma ein Einzelkaufmann war, er als Gläubiger der

[1]) Der § 891 wirkt auch gegen den Eingetragenen selbst und trifft auch die eingetragene Art des Miteigentums z. B. zur Gesamthand (Bay.ObLG. Urteil v. 17. 1. 195, Samml. 24 S. 19).

Hypothek nur mit seinem Vor- und Familiennamen unter Beifügung des Berufes und Wohnorts bezeichnet werden dürfen. Der Verstoß berührt jedoch die Gültigkeit der Hypothek nicht; nach § 1115 ist lediglich erforderlich, daß der Gläubiger angegeben wird und zwar so, daß sich seine Person aus der Eintragung sicher bestimmen läßt (RG. 72 S. 38). Dies ist aber hier, wo nicht nur die Firma, sondern auch ihr Inhaber nach Vor- und Familiennamen angegeben ist, möglich, sie ist sogar im Vermerke selbst vorgenommen. Da die Vermutung des § 891 auch für das Grundbuchverfahren gilt (KGJ. 26 S. 150, 29 S. 148, 35 S. 303), so hat der Grundbuchrichter den eingetragenen Gläubiger so lange als den Verfügungs- und Bewilligungsberechtigten (§ 19 GBO.) anzusehen, als sie für ihn nicht widerlegt ist. Eine Widerlegung kann hier besonders nicht aus § 25[1] S. 2 HGB. entnommen werden. Denn danach gelten allerdings Geschäftsforderungen, zu denen hier nach der Art der Bezeichnung des Gläubigers auch die durch die Hypothek gesicherte Forderung gehören dürfte (vgl. auch § 344 HGB.), als auf den Erwerber übergegangen. Der Übergang gilt jedoch nur den **Schuldnern** gegenüber, nicht allgemein als eingetreten. Mit Rücksicht hierauf ist bereits in KGJ. 26 S. 135 ausgesprochen, daß § 25[1] S. 2 HGB. für den Grundbuchverkehr keine Bedeutung habe, zumal diese Vorschrift nur Forderungen betrifft, die durch formlosen Vertrag übertragen werden können. Bezüglich ihrer wird es so angesehen, als wären sie zugleich mit dem die Veräußerung des Geschäfts regelnden Vertrage mit abgetreten worden. Nicht dagegen sind durch § 25 S. 2 die Vorschriften des BGB. außer Kraft gesetzt, die für die Übertragung gewisser Forderungen eine erschwerte Form bestimmen. § 1154[3] BGB. bleibt daher unberührt. Die im Betriebe eines veräußerten Handelsgeschäfts begründete und durch eine Sicherungshypothek (**nicht** Höchsthypothek des § 1190[4]) gesicherte Forderung kann daher, da die Erteilung des Briefes kraft Gesetzes (§ 1185[1]) ausgeschlossen ist, nur durch Einigung und Eintragung gemäß § 873 übertragen worden, selbst wenn sonst die Voraussetzungen des § 25[1] S. 2 HGB. gegeben sind.

f) Widerspruch bei mehrfachen Eigentumsbuchungen.

Kammergericht, 1. ZS. Beschluß v. 8. Oktober 1925 (X 627/25).

Der Widerspruch ist ein Schutzhinweis auf ein im Grundbuch nicht oder nicht richtig eingetragenes Recht, hat also dieses und seinen Inhaber anzugeben (RGKomm.[5] § 899[2]). Wird eine Behörde ermächtigt, um Eintragung eines Widerspruchs zu ersuchen (§ 11 Ges. v. 10. 2. 23), so ist es ihre Sache, im Ersuchen die durch den Widerspruch zu schützende Person anzugeben. In einfach liegenden Fällen, bei denen, wie ohne weiteres ersichtlich ist, als zu Schützender der bisherige Eigentümer angesehen wird, der sein Eigentum infolge mangelnder Genehmigung der Veräußerung nicht verloren hat, mag über die mangelnde Bezeichnung des zu Schützenden hinweggegangen werden können (Güthe GBO.[4] § 39[51]). In dem hier vorliegenden Falle mehrfacher Eigentumsbuchungen zweifelhafter Gültigkeit wird dagegen an der Notwendigkeit eines vollständigen Ersuchens festgehalten werden müssen. Denn es dürfen nicht, wie es hier das Grundbuchamt gemacht hat, Widersprüche zugunsten aller möglicherweise zu schützender

Personen eingetragen werden. Ebensowenig liegt es aber, wie das LG. meint, dem Gericht ob, erschöpfend zu prüfen, wer in solchem Fall als schutzbedürftiger wahrer Eigentümer anzusehen sei. Das Ersuchen des Bezirksamts hätte also nicht erledigt, sondern beanstandet werden sollen. Schon daraus folgt die Anweisung zur Löschung des für die GmbH. eingetragenen Widerspruchs. Sie würde aber auch dann sich ergeben, wenn ihr Erwerb sachlich zu prüfen wäre. Nach dem Ges. v. 20. 7. 1925 ist nunmehr nur eine solche Veräußerung genehmigungsfrei, der ein vor 1923 rechtswirksam abgeschlossenes Verpflichtungsgeschäft unterliegt. Ist hier auch der Kaufvertrag für die GmbH. 1922 geschlossen, so ist er doch nicht vor 8. 1. 1923, an welchem Tage sie durch Eintragung in das Register überhaupt erst entstand, im Sinne der Übergangsvorschriften des Ges. rechtswirksam abgeschlossen gewesen. Das entspricht ständiger Rechtsprechung des Senats. RG. 105 S. 228 und § 184 BGB. kommen nicht in Betracht, weil sie nur die materiellen Folgen des Rechtsgeschäfts betreffen.

g) **§ 905 BGB. und die Anlegung von Hochantennen durch die Mieter.**
OLG. Hamburg, 4. ZS. Beschluß v. 12. März 1926 (Bf 307/25).

Der Kläger, der seit Jahren zur Miete wohnt, verlangt vom Vermieter die Erlaubnis zur Anbringung einer Radio-Hochantenne. Auszugehen ist davon, daß der Rundfunk über die Zeit hinausgewachsen ist, da man ihn als eine Spielerei bezeichnen konnte. Nach den Veröffentlichungen hat die Zahl der behördlich gemeldeten Rundfunkteilnehmer im Reich bereits im Dez. 1925 eine Million überschritten. Danach darf unbedenklich angenommen werden, daß zurzeit mindestens 4—5 Millionen in Deutschland — abgesehen von den sog. Schwarzhörern — mehr oder weniger regelmäßig den Rundfunk hören. Über Umfang und Inhalt der Darbietungen unterrichten die Wochenprogramme der verschiedenen Sendestationen. Sie zeigen, in welcher Vielseitigkeit sich der Rundfunk nicht nur in den Dienst der Wirtschaft und des Verkehrs gestellt hat, sondern wie er zugleich auch durch eine Fülle wissenschaftlicher Vorträge und künstlerischer Darbietungen der Weiterbildung, Belehrung und Unterhaltung weiter Kreise unseres Volkes dient, die ohne ihn — jedenfalls größtenteils — darauf verzichten müßten. Nichts vermag vielleicht schlagender die Bedeutung des Rundfunks für unser Volksleben darzutun, als die Tatsache, daß er es ermöglicht hat, bei der Befreiungsfeier in Köln anläßlich der Anwesenheit des Reichspräsidenten viele Millionen Deutsche zu Teilnehmern an dieser Feier und unmittelbaren Hörern der dabei gehaltenen Ansprachen zu machen. Nach alledem handelt es sich beim Rundfunk keineswegs nur um eine vorübergehende Modesache; man wird im Gegenteil besonderes Gewicht darauf legen dürfen, daß er erst im Anfang seiner Entwicklung steht und zurzeit noch gar nicht abzusehen ist, wie sich die Fortschritte der Technik schon in den nächsten Jahren auch auf diesem Gebiete auswirken werden. Bei dieser Sachlage würden die Gerichte nicht seiner Bedeutung gerecht werden, wenn sie bei einer Streitfrage, wie sie hier vorliegt, sich auf den formalen Standpunkt stellen wollten, daß dem Mieter lediglich die im Vertrage besonders verzeichneten Räumlichkeiten vermietet seien und er daher kein Recht habe, irgendwelche weitergehenden Ansprüche an seinen Vermieter zu stellen, besonders also die Anbringung einer Hochantenne auf dem Hausdache zu verlangen. Eine derartig enge Auffassung wäre um so weniger zu rechtfertigen, weil es zu der Zeit, als die weitaus meisten, jetzt in Kraft befindlichen Mietverträge geschlossen wurden, überhaupt noch keinen Rundfunk gab und weil wegen der auch jetzt noch bestehenden Wohnungsnot die Mieter nicht in der Praxis die Möglichkeit besitzen, durch Kündigung und durch Abschluß eines neuen Mietvertrages ihre Rundfunkwünsche zu erfüllen.

Daß sich bisher eine Verkehrssitte über die Anbringung von Hochantennen nicht gebildet habe, wird richtig sein. Der Rundfunk ist noch zu jung, als daß sie sich — zumal bei der noch bestehenden Zwangswirtschaft — hätte bilden können. Finden sich auch Hochantennen schon jetzt auf zahlreichen Etagenhäusern, so wird schwer festzustellen sein, ob es sich dabei nicht durchweg um Anlagen handelt, die entweder dem Grundeigentümer selbst oder seinem im Hause wohnenden Verwalter gehören und nur deren persönlichen Zwecken dienen, oder — soweit sie einem Mieter gehören — von diesem auf Grund besonderer Abmachungen mit dem Hauswirt angelegt worden sind. Aber nach § 157 ist Auslegung nach Treu und Glauben das Wesentliche, und dabei soll dann auf etwa bestehende Verkehrssitten Rücksicht genommen werden. Fehlt es jedoch an solcher, so muß es dabei verbleiben, daß die Auslegung „nach Treu und Glauben" zu erfolgen hat. Geht man hiervon aus, so wird hier nur eine Abwägung der beiderseitigen Interessen zu einer sachgemäßen Entscheidung führen können. Beklagter will nun nicht behaupten, durch die Hochantenne werde für sein Haus die Blitzgefahr erhöht oder sein Dach beschädigt werden. Er macht lediglich geltend, daß er dem Kläger nur eine Etage vermietet habe, nicht aber auch die Mitbenutzung des Hausdachs, und daß er, was er dem Kläger erlaube, auch allen anderen Mietern gestatten müsse. Der erste Gesichtspunkt kommt jedoch für eine Interessen-Abwägung überhaupt nicht in Betracht, der zweite aber ist sachlich unberechtigt. Der Beklagte betont allerdings mit Recht, daß er nicht jedem seiner etwa 20 Mieter eine eigene Hochantenne auf dem Dach gestatten könne. Die Anlagen würden nicht nur sich gegenseitig stören, sondern vor allem für den Schornsteinfeger und sonstige Handwerker jegliches Arbeiten auf dem Dach unmöglich machen. Aber von derartigen Massenanträgen ist vorliegend auch gar keine Rede; lediglich ein einziger Mieter wünscht eine Hochantenne. Daß die dem Kläger dazu gewährte Erlaubnis ohne weiteres auch für alle anderen Mieter des Hauses das gleiche Recht begründen würde, kann nicht anerkannt werden. Rechtsgrundsätzlich steht nichts entgegen, wenn bereits eine oder mehrere Hochantennen auf dem Dach angelegt sind, weitere derartige Anlagen nicht mehr zuzulassen, und zwar sowohl aus dem eigenen Interesse des Vermieters, wie aus dem der Besitzer der bereits vorhandenen Antennen. Andererseits ist die Frage, ob für den Kläger gerade ein besonderes Interesse daran besteht, eine Hochantenne zu erhalten, zu bejahen, zumal auch der Beklagte nach dieser Richtung besondere Einwendungen gegen das Vorbringen des Klägers nicht erhoben hat. Daß eine Zimmerantenne unschön aussieht, kann freilich nicht entscheidend sein. Mit Recht aber weist der Kläger darauf hin, daß vor allem für das Hören auswärtiger Sender und besonders bei Verwendung eines sog. Lautsprechers nur eine Hochantenne einwandfreie Ergebnisse gewährleistet. Diese Erwägung erscheint genügend, um sein Interesse zu rechtfertigen. Sein Verlangen fällt aus dem Mietvertrage nicht heraus, hält sich vielmehr im Rahmen dessen, was er „nach Treu und Glauben" vom Vermieter auch dann beanspruchen kann, wenn beim Vertragsschluß über Rundfunkanlage und Mitbenutzung des Hausdachs überhaupt nicht gesprochen ist.

Indessen ist zunächst zu betonen, daß die Anlegung unter Berücksichtigung aller berechtigten Interessen des Beklagten vorgenommen werden muß, so daß sie nicht nur den äußeren Gesamteindruck des Hauses nach Möglichkeit nicht verunstaltet, sondern vor allem auch dem Schornsteinfeger ein einwandfreies Arbeiten auf dem Dache gestattet. Zu diesem Zweck wird es notwendig sein, den Anlageplan dem Beklagten vorzulegen und ihm auch bei den vor der Ausführung stattfindenden Verhandlungen mit der Baupolizei Gelegenheit zur Geltendmachung etwaiger Bedenken zu geben. Im übrigen erlangt der Kläger keineswegs für die gesamte Dauer des Mietvertrages ein unentziehbares Recht auf die Hochantenne. Sollten größere Ausbesserungen am Dach oder der Aufbau eines Stockwerks ihre zeitweise Entfernung notwendig machen, so hat er sie auf eigene Kosten und ohne Entschädigung fortzunehmen. Machen Fortschritte der Technik derartige Hochantennen in Zukunft entbehrlich, so erlischt damit ohne weiteres das Recht des Klägers auf Weiterbenutzung. Endlich wird der Beklagte auch verlangen dürfen, daß der Kläger auch anderen Bewohnern des Hauses die Mitbenutzung gestattet, wenn für die Anlegung weiterer Antennen auf dem Dache keine Möglichkeit vorhanden ist, die Fortschritte der Technik aber eine derartige gemeinsame Benutzung einer Antenne für mehrere Empfangsapparate ohne Beeinträchtigung des eigenen Empfangs gestatten, was freilich nach dem Gutachten zurzeit noch nicht möglich ist[1]). B.

---

[1]) Obige Gründe überzeugen nicht. Nicht vom Rundfunk und seiner Verbreitung ist auszugehen, sondern vom § 905 BGB., der das Recht des Eigentümers auf den Raum über der Oberfläche erstreckt. Dieser Raum ist weder Teil oder Zubehör einer Mietwohnung, noch dient er der gemeinsamen Benutzung der Mieter; vielmehr hat nur der Eigentümer das Verfügungsrecht über ihn und kann ihn einem Mieter oder Dritten ohne oder gegen eine besondere Vergütung zum Gebrauche (z. B. Lichtreklame, elektr. Kabel: RG. 59 S. 116) überlassen. Deshalb ist auch die Anlegung einer Hochantenne nicht Ausfluß des über die Wohn- oder Geschäftsräume geschlossenen Mietvertrages. Wäre sie es aber, so müßte das Recht einem jeden Mieter zustehen und für einen Vorzug durch frühere Besitzergreifung wäre kein Raum. Die Einschränkungen, die der Senat macht, sind für den Eigentümer bedeutungslos, weil sie nicht in die Urteilsform aufgenommen sind und den späteren Richter nicht binden. Auch wäre es wohl richtiger gewesen, wenn der Senat den Anlageplan des Klägers schon jetzt erfordert und an der Hand dieses Planes die Bedenken des Beklagten geprüft hätte, statt die Parteien auf künftige Prozesse zu verweisen. Wie steht es endlich mit dem Rechte des Hauswirts, für sich eine Hochantenne anzulegen oder die des Klägers mitzubenutzen? D. H.

h) **Überbau. Eintragung der Duldungspflicht. Rentenverzicht.**

Kammergericht, 1. ZS. Beschluß v. 18. Februar 1926 (X 9/26).

Als Eigentümer des Art. 898 sind die in der GG. des rheinischen Rechts lebenden A.schen Eheleute eingetragen. Das im Bestandsverzeichnis vermerkte Grundstück 182/100, über das der nicht vermessene Bach fließt, grenzt an einer Längsseite mit den Grundstücken 1703 und 1705/100 des Sch. In der notariellen Verhandlung vom 31. 7. 25 haben die Witwe A., alleinige Erbin ihres Mannes, und Sch. erklärt: „Insoweit Sch. mit seinen auf Nr. 1703 und 1705 errichteten Bauwerke die Grenze überbaut hat, soll die Nr. 1824 zugunsten des jeweiligen Eigentümers der Nr. 1703 und 1705 mit der Grunddienstbarkeit belastet sein, diese Überbauung dauernd unentgeltlich zu dulden. Wir bewilligen und beantragen die Eintragung einer entsprechenden Grunddienstbarkeit auf dem Grundbuchblatt der herrschenden Grundstücke." Die Vorinstanzen haben abgelehnt. Ihre Beurteilungsweise gibt allerdings zu Bedenken Anlaß. Es ist nicht ihre Aufgabe, bei Anträgen, die die Eintragung der durch einen Überbau entstandenen Rechte betreffen, von Amts wegen zu untersuchen, ob ein solcher im gesetzlichen Sinne vorhanden ist. Das Grundbuchamt kann vielmehr nur, seiner allgemeinen Amtspflicht gemäß, das Grundbuch im Einklang mit der wirklichen Rechtslage zu halten, einen Antrag auf Eintragung eines Rechts dann beanstanden, wenn es weiß, daß dieses Recht nicht besteht oder nicht entstehen kann. Bloße Zweifel in dieser Richtung genügen nicht (Güthe GBO. § 19[33. 37]). Sie würden, wenn die Angabe des Amtsgerichts, der Überbau bestehe in einer Mauer, zutrifft, zunächst schon darin bestehen, daß unter dem Überbau der § 912 ff. allgemein eine bloße Mauer nicht verstanden wird (Planck[4] § 912 A 1aα; Güthe Bd. 2 unter „Überbau"). Es mögen auch Zweifel bestehen, ob die Eigentumsvermutung, die nach § 891 das Grundbuch hinsichtlich des überbauten Geländes aufstellt, hier in Rücksicht auf den Bach besteht; denn die Ausführungen des Amtsgerichts, daß an den nach dem franz. Recht privatrechtsunfähigen Bachbett seit dem preuß. WasserGes. Eigentum der beiden Anlieger bis zur Mitte besteht (Holtz-Krentz WasserGes. § 8, RG. 12, S. 340; 30, S. 307; 53, S. 45), sind richtig. Immerhin scheint in letzterer Hinsicht durch die nicht völlig sicher festgestellten tatsächlichen Angaben die Möglichkeit nicht ausgeschlossen, daß das Bachbett nicht unmittelbar an die Sch.sche Grenze heranreicht, zwischen beiden vielmehr ein schmaler Streifen A.schen Landes liegt und letzterer derjenige wäre, der durch die Überbauung betroffen wäre. Alle diese Erwägungen beruhen aber auf nicht völlig gesicherter Grundlage.

Im Ergebnis ist jedoch den Vorinstanzen beizutreten. Die Eintragung, daß auf die aus Überbau entstandene Rentenpflicht der Sch.schen Grundstücke der Eigentümer des überbauten A.schen Landes verzichtet habe, soll auf diesem Grundstück erfolgen. Allein aus einem vom Nachbar zu duldenden, d. h. vom überbauenden Eigentümer ohne Vorsatz oder grobe Fahrlässigkeit und auch ohne alsbaldigen Widerspruch des Nachbarn vorgenommenen Überbau entsteht eine Duldungspflicht des Eigentümers des überbauten und eine Rentenpflicht des überbauenden Grundstücks. Beide Pflichten und die ihnen gegenüberstehenden Rechte sind Äußerungen des sog. gesetzlichen Nachbarrechts, sie liegen dem jeweiligen Eigentümer ob und stehen ihm zu, sie sind der Eintragung weder bedürftig noch fähig. Diese Rechte und Pflichten können aber vertraglich abgeändert, bezüglich der Rente kann auch ihre Höhe vertraglich festgesetzt werden. In solcher Abmachung, wenigstens soweit es sich um eine Änderung des gesetzlichen Rechtszustandes handelt, liegt die Begründung einer Grunddienstbarkeit, zu deren Inhalt nach § 1018 gehören kann, daß die Ausübung eines Rechts ausgeschlossen ist, das sich aus dem Eigentum an dem belasteten Grundstück dem anderen gegenüber ergibt (Planck § 912 A 2 b β). Derartige Abmachungen sind daher eintragungspflichtig (§§ 873, 914 BGB.). Aus ihrer Natur als Dienstbarkeitsvereinbarungen ergibt sich auch die Stelle des Grundbuchs, an der sie einzutragen sind. Die vertragliche Aufhebung oder Minderung der Duldungspflicht ist, wie allgemein angenommen wird, eine Grunddienstbarkeit am überbauenden Grundstück zugunsten des überbauten (Planck a. O., RGKomm. § 912[10]). Der Verzicht auf die Rente enthält eine ebenfalls das rentenbelastete Grundstück betreffende Eintragung, und zwar deswegen, weil der Verzicht da stehen müsse, wo die Rentenpflicht, wenn sie eintragungsfähig gewesen wäre, hätte stehen müssen (Planck, RGKomm., Staudinger, Biermann zu § 914, Oberneck § 63[8], auch Enneccerus-Wolff § 55 II 2). Dagegen vertreten die Ansicht, daß jener Verzicht im Blatt des überbauten, rentenberechtigten Grundstücks seine maßgebliche Stelle habe: Güthe (GBO.[4] II § 11 AVf. v. 20. 11. 99 A 5, Legitimationsfragen bei Überbau), Fuchs-Arnheim § 1[80], Turnau-Förster[3] § 914[5], Böthke Gruch. 45 S. 723. Der Senat entscheidet sich für die erste Ansicht. Sowohl der Grund, daß ein Verzicht da stehen müsse, wo das Recht, auf das verzichtet wird, seinen Platz hätte, als auch der Grund, daß das Gesetz an Eintragungen an dem überbauenden Grundstück zu denken scheine, überzeugen; für die Gegenansicht sind Grundlagen nicht zu ersehen. Auch liegt die Annahme nahe, daß die AVf. v. 20. 11. 99, die in § 11 Nr. 4 dem Verzicht den Platz in Abt. II Sp. 1—3 zuweist, gleichfalls das Blatt meint, in dessen Abt. II Sp. 1—3 die Rente, falls sie eintragungsfähig wäre, Aufnahme gefunden hätte. Somit war der Antrag zurückzuweisen, auf dem überbauten Grundstücke den Verzicht auf die Rentenpflicht einzutragen.

In bezug auf den ferneren Antrag muß unterschieden werden, ob hiermit nur ein nach Ansicht der Parteien bereits gesetzlich gemäß § 912 entstandenes Rechtsverhältnis verlautbart werden soll oder ob es sich darüber hinausgehend um eine vertragliche Dienstbarkeit handelt. Der Beschluß 1. X. 84. 26 hat bei Erörterung des Satzes, daß die gesetzliche, aus einem Überbau entstandene Duldungspflicht nicht eintragbar ist, ausgeführt:

Diese Verpflichtung besteht nur unter bestimmten, in § 912 genau festgelegten Voraussetzungen. Soweit diese nicht erfüllt sind, also gemäß § 1004 die Beseitigung des Überbaus verlangt werden könnte, ist ... die Bestellung einer entsprechenden Grunddienstbarkeit statthaft (Rspr 18 S. 146 a. E.) . . . Indessen auch da, wo Zweifel bestehen, ob die Erfordernisse der gesetzlich geregelten Duldungspflicht gegeben sind, ist das Bedürfnis und das Recht der Beteiligten anzuerkennen, durch vertragliche Regelung und entsprechende grundbuchliche Eintragung für die Zukunft diese Zweifelsfragen und die möglicherweise entstehenden Streitigkeiten auszuschalten. Bereits im Beschluß vom 10.2.1921 (JW. 584), wo es sich um die Duldung der Rauchzuführung eines Bergwerks handelte, wird ausgeführt, daß die Eintragung der Duldungspflicht als Dienstbarkeit jedenfalls dann zulässig ist, wenn Zweifel über den Umfang der gesetzlichen Eigentumsbeschränkung bestehen und deswegen eine weitestgehende, vom Gesetz unabhängige und inhaltlich selbständige Duldungspflicht vertragsmäßig festgesetzt wird. Man wird aber noch weiter gehen und den Beteiligten ganz allgemein die Befugnis zuerkennen müssen, die Duldung eines Überbaus ohne Rücksicht auf § 912 und unabhängig von ihm durch Vereinbarung zu regeln. . . Bei der vertraglichen Begründung einer Grunddienstbarkeit müssen deren Inhalt und Umfang nach dem Bestimmtheitsgrundsatz durch Bezeichnung des zu duldenden Bauwerks bestimmt sein.

Diesen Gesichtspunkten genügt die vorgelegte Urkunde nicht. Es läßt sich nach ihrem Inhalt nicht mit Sicherheit sagen, daß die Beteiligten lediglich das Bestehen eines gesetzlichen Überbaus mit den sich daraus nach § 912 ff. ergebenden Folgen feststellen wollten, daß also ein uneintragbares Rechtsverhältnis vorliegt; andererseits weist ihre Absicht eine entstandene Rentenpflicht auszuschließen, darauf hin, daß sie an einen gesetzlichen Überbau dachten; schließlich aber entbehrt die Verhandlung, falls sie eine vertragliche Grunddienstbarkeit darstellen sollte, einer näheren Bezeichnung des zu duldenden Überbaus; wenn in letzterer Hinsicht auch genaue flächenmäßige Angaben nicht erforderlich sind, so muß doch mindestens die Art der zu duldenden Baulichkeit aus der Verhandlung sich ergeben.

i) **„Persönliche Anwesenheit" bei der Auflassung.**

α) OLG. Braunschweig, 2. ZS. Urteil v. 16. März 1926 (V. 206/26).

Der klagende Notar hat gelegentlich der Auseinandersetzung zwischen der Beklagten und ihrem geschiedenen Mann St. 1923 die Auflassung des Grundstücks an den Mann beurkundet. Da die bettlägerige Beklagte diesen nicht wiedersehen wollte, hat der Kläger mit ihr vereinbart, daß ihr Mann während der Verhandlung vor der geöffneten Schlafzimmertür stehen bleiben und von dort aus die Verlesung des vorher angefertigten Protokolls anhören solle; St., hiervon unterrichtet, ist dem Kläger vor das Schlafzimmer gefolgt und dort stehengeblieben; der Kläger ist in jenes Zimmer gegangen, hat bei geöffneter Tür das Auflassungsprotokoll verlesen und es von der Beklagten unterschreiben lassen; dann hat er sich mit St. in das Erdgeschoß begeben und dort von ihm das Protokoll unterzeichnen lassen. Der Kläger behauptet, er habe bei der Verlesung beide Eheleute sehen und sich mit ihnen verständigen können; beide hätten durch ihr Verhalten zu erkennen gegeben, daß sie die Auflassung erklären wollten. Unstreitig hat die Beklagte ihren Mann nicht gesehen, doch hätte sie ihn durch die geöffnete Tür sehen können. Auf Grund der Auflassungsurkunde ist das Grundstück auf den Mann umgeschrieben. Später hat die Beklagte gegen ihn auf Berichtigung des Grundbuchs geklagt, weil die Auflassung nichtig sei. Vorliegend verlangt der Kläger die Feststellung, daß die Beklagte den Schaden ersetze, der ihm dadurch entstehe, daß die Beklagte die Auflassung als ordnungswidrig beurkundet bezeichne. Daß durch diese Behauptung der Ruf und die Praxis des Klägers Schaden leiden, ist wahrscheinlich. Daß bereits eine Schädigung eingetreten sei, dafür ist freilich nichts vorgebracht. Die Ersatzpflicht der Beklagten könnte begründet sein nach §§ 824 und 826. Letzterer ist nicht anwendbar, weil die Beklagte nicht vorsätzlich dem Kläger Schaden zufügt. § 824 setzt aber die wahrheitswidrige Behauptung (Verbreitung) einer Tatsache voraus; schon daran fehlt es hier. Die Auflassung erfordert nach § 925 die Erklärung der zur Eigentumsübertragung erforderlichen Einigung bei gleichzeitiger Anwesenheit beider Teile vor dem Grundbuchamt (Notar). Sie ist nach der herrschenden Meinung ein Vertrag (RGKomm. §§ 873[7], 925[6]). Sie kommt zustande durch Abgabe der Vertragserklärungen nicht gegenüber dem Urkundsbeamten, sondern gegenüber dem Vertragsgegner; letzteres ist nach allgemeinen Grundsätzen (§§ 145 ff.) unerläßlich. Es kommt mithin nicht darauf an, ob der Mann die Auflassung dem Kläger gegenüber erklärt hat, sondern ob er sie der Beklagten gegenüber abgegeben hat, und zwar bei gleichzeitiger Anwesenheit beider Teile vor dem Kläger. St. hat jedoch seinen Vertragswillen nicht durch eine für die Beklagte vernehmbare Äußerung erklärt. Diese hat ihn nicht gesehen, so daß er sich ihr auch nicht etwa durch Gebärden hat verständlich machen können. Es liegt nichts weiter vor, als daß sie wußte, daß ihr Mann die Verlesung des Protokolls mit anhörte und kein Zeichen des Widerspruchs vernehmen ließ. Dies Unterlassen kann der in § 925 geforderten Abgabe einer Erklärung nicht gleichgestellt werden. Aus der Vorschrift, daß vor dem Grundbuchamt aufzulassen ist, folgt, daß die Erklärungen ausdrücklich und mit einer jeden Zweifel ausschließenden Deutlichkeit abgegeben werden müssen, so daß ihre Protokollierung ohne weiteres möglich ist. Dem Grundbuchamt (Notar) kann nicht überlassen bleiben, das Verhalten einer Partei als eine Erklärung bestimmten Inhalts auszulegen. Nach der Entstehungsgeschichte ist denn auch zweifellos unter „Erklärung" im Falle des § 925 eine mündliche, ausdrückliche Erklärung verstanden, die den Beteiligten die Folge des Eigentumswechsels klar zum Bewußtsein bringt (Motive 3 S. 173, Prot. 36, 38, Denkschr. 127). Auch in Rechtsprechung und Schrifttum werden übereinstimmend mündliche (Rsp. 3, S. 429, 10, S. 406, KGJ. 33, S. 192; RGKomm.[13]), ausdrückliche Auflassungserklärungen (RG. 54, S. 381; Rsp. 26, 33; ZBl.FG. 6, S. 20; Planck § 925[4], Goldmann 2 § 33[18], § 46 III 2 d) verlangt, ohne daß freilich ein bestimmter Wortlaut gefordert wird (RG.; Planck a. O.). Aus der Form der Testamentserrichtung läßt sich zugunsten des Klägers nichts entnehmen; dort handelt es sich um einseitige Erklärungen, bei der Auflassung um einen Vertrag, für den die besondere Vorschrift des § 925 gilt. Auch die Streitfrage, ob die Protokollierung notwendig ist (RG. 99, S. 65), spielt hier keine Rolle. v. F.

β) Grundstückserwerb des Reichsknappschaftsvereins.

Kammergericht, 1 ZS. Beschluß v. 27. Mai 1926 (X 244/26).

Am 16. 2. 1925 hat die „Ruhr-Knappschaft, Bezirksverein des Reichsknappschaftsvereins einen bestimmten Teil des Grundstücks zur Errichtung eines Zahlbezirksbüros mit Beamtenwohnungen für 20 000 RM. gekauft und Anfang 1926 die Auflassung erhalten. Die Vorinstanzen haben jedoch die Eintragung des Eigentumswechsels mit Recht abgelehnt. Bedenken könnten sich zunächst insofern ergeben, als die als Beschwerdeführerin auftretende „Ruhrknappschaft" nicht rechtsfähig ist und deshalb auch an einem Verfahren der freiw. Gerichtsbarkeit nicht beteiligt sein kann. Rechtsfähigkeit besitzt nach den §§ 4, 5 RKG. nur der RKV., der Träger der Reichsversicherung ist. Die BezirksKV. sind lediglich Unterabteilungen des RKV. (§ 6²); der sich ihrer bei Durchführung der Versicherung als örtliche Verwaltungsstellen bedient (§ 9¹). Eigene Rechtspersönlichkeit besitzen diese Unterabteilungen (Verwaltungsstellen) nicht (vgl. Güthe-Triebel, GBO. 2 S. 1923). Daran vermag auch der Umstand, daß sie nach § 109² gewisse Vermögensteile im Auftrage des RKV. zu verwalten haben, nichts zu ändern. Der Senat ist indessen der Ansicht, daß die Ruhrknappschaft gar nicht beabsichtigt hat, bei Einlegung der Beschwerde sowie bei den vorangegangenen Rechtsverhandlungen aus eigenem Rechte tätig zu werden, diese Rechtsakte vielmehr nur als Vertreter des RKV. kraft der ihr gesetzlich durch § 109² gegebenen Vollmacht vorgenommen hat. Es liegt daher lediglich eine falsche Bezeichnung des Rechtsträgers vor, die berichtigt werden konnte, ohne daß der Rechtsbestand des Verfahrens dadurch berührt wurde.

In der Sache selbst ist nach den im § 109 RKG. in bezug genommenen §§ 26, 27 c RVersO. v. 15. 12. 1924 nicht für jeden Grundstückserwerb durch einen Träger der Reichsversicherung eine Genehmigung der Aufsichtsbehörde erforderlich ist. Voraussetzung ist vielmehr, daß er sich als eine Vermögensanlegung darstellt, daß also zum Erwerb eigenes Vermögen verwendet wird, mag es sich aus Überschüssen, aus Einnahmen aus den Beiträgen oder aus unentgeltlichen Zuwendungen zusammensetzen. Daneben werden immerhin Fälle denkbar sein — wie etwa der Erwerb eines geschenkten Grundstücks —, in denen der Erwerb keine „Anlegung des Vermögens“ bildet. Jeder Erwerb mit *eigenen Mitteln* stellt aber eine Vermögensanlage dar, gleichviel ob diese auch den *Zweck* des Grundstückserwerbs bildet oder andere Zwecke verfolgt, etwa die sachgemäße Erfüllung der den Trägern gesetzmäßig zugewiesenen Aufgaben, z. B. die Errichtung eines eigenen Verwaltungsgebäudes. Auch ein solcher Zweck vermag an der Tatsache nichts zu ändern, daß das „Vermögen“ in einem Grundstück „angelegt“ wird. Der im Anschluß an den Erlaß vom 28. 5. 1898 (Arbeiterverf. Nr. 35 S. 544) im Schrifttum vertretenen Ansicht, daß der Grundstückserwerb eines Vers.-Trägers zur Einrichtung eines eigenen Geschäftshauses grundsätzlich nur als eine Aufwendung von Verwaltungskosten zu beurteilen sei, vermag der Senat nicht zu teilen. Der Begriff „Verwaltungskosten“ (vgl. z. B. § 363 RVO.) setzt voraus, daß Beträge aus den Mitteln des Vers. Trägers für Verwaltungszwecke *ausgegeben*, *aufgebraucht* werden und daher als Vermögensbestand ausscheiden. Die Verwendung der Mittel zum Grundstückserwerb für Verwaltungszwecke bedeutet aber keinen solchen Verbrauch der Mittel, sondern lediglich ihre wirtschaftliche Umgestaltung, indem die verwendeten Mittel der Unternehmer in Gestalt des Grundstücks als Vermögensbestandteil wieder zugeführt werden. Nur soweit etwa die aufgewendeten Mittel den Grundstückswert übersteigen, könnte — neben der Vermögensanlage — von einer Aufwendung von Verwaltungskosten gesprochen werden. Zu Unrecht beruft sich die weitere Beschwerde zum Nachweise dafür, daß der Erwerb eines Grundstücks durch den Versicherungsträger für eigene Verwaltungszwecke eine Vermögensanlage im Sinne des § 26 RVO. nicht darstellen, auf die Entstehungsgeschichte der RVO.

Die Beschwerde weist darauf hin, daß nach der RVO. vom 19. 7. 1911 (§§ 26, 22) das Vermögen der Vers.Träger wie Mündelgeld (§§ 1807, 1808 BGB angelegt werden müßte, die Anlegung in Grundstücken also grundsätzlich ausgeschlossen war, daß die RVO. aber trotzdem die Zulässigkeit des Grundstückserwerbes als selbstverständlich voraussetzte (§§ 346, 720, 1354, 1357 n. F.). Soweit es sich um die Berufsgenossenschaften und die Vers.-Anstalten handelt, geht dieser Hinweis schon deshalb fehl, weil für sie in §§ 718², 1356² (u. f.) eine von den §§ 26, 27 (u. f.) abweichende Vermögensanlegung ausdrücklich vorgesehen war. Für die Krankenkassen fehlte es allerdings an einer solchen Sondervorschrift und gleichwohl bestimmte § 346 über ihre Vertretung beim Grundstückserwerbe. Bedeutung gewinnt diese Vorschrift zunächst für solchen Grundstückserwerb, der sich nach den obigen Darlegungen nicht als Vermögensanlegung darstellte. Darüber hinaus ist aber aus ihr der Wille des Gesetzes zu entnehmen, den Krankenkassen den Grundstückserwerb, auch soweit er sich als Vermögensanlage darstellt, abweichend von § 26 (u. f.) insoweit zu gestatten, als er sich als eine zur Erfüllung der den Krankenkassen zugewiesenen Aufgaben notwendiger Verwaltungsmaßnahmen darstellt (vgl. auch OVG. 54 S. 412), da das Gesetz die Möglichkeit geben mußte, die ihnen obliegenden Aufgaben sachgemäß zu erledigen.

Daraus kann jedoch keineswegs, nachdem jetzt für jede Vermögensanlegung in inländischen Grundstücken die Genehmigung vorgeschrieben ist, eine Ausnahme für solche Fälle entnommen werden, in denen die Anlegung sich als eine sach- und ordnungsgemäße Verwaltungsmaßnahme zur Erfüllung der dem Vers. Träger zugewiesenen Aufgaben darstellt. Diesen Gesichtspunkt wird die Aufsichtsbehörde zu berücksichtigen haben; die Genehmigungspflicht als solche aber besteht für jeden, eine Vermögensanlage darstellenden Grundstückserwerb. Im Schrifttum vertritt soweit es zugänglich war, eine hiermit übereinstimmende Auffassung Hanow (RVO. 5, § 26¹⁷, vgl. dagegen Schulz § 27⁹). Das RVers. Amt (Amtl. Nachr. 1925 S. 68) hat den Erwerb eines Grundstücks durch eine Berufsgenossenschaft zur Beschaffung eines eigenen Verwaltungsgebäudes, wozu die Mittel überwiegend aus Beitragsvorschüssen und zum Teil einem Kredit bei einem Geldinstitut entnommen waren, für genehmungspflichtig erklärt.

Nun bestimmt aber weiter der § 27ᵈ RVO., daß der Erwerb von Grundstücken über einen vom Arbeitsmin. festgesetzten Kaufpreis hinaus der Genehmigung der Aufsichtsbehörde bedürfe. Wie diese Fassung ergibt, muß dabei auch an solchen Grundstückserwerb gedacht sein, der nicht als Vermögensanlage anzusehen ist. Denn da für den Grunderwerb als Vermögensanlage bereits die unbeschränkte Genehmigungspflicht des § 27ᶜ bestand, so hätte, wenn das Gesetz diese nur hätte einschränken wollen, es den § 27ᵈ etwa dahin fassen müssen: „Der Genehmigung bedarf nicht der Erwerb von Grundstücken bis zu einem vom Arbeitsmin. festgesetzten Kaufpreise.“ Eines näheren Eingehens bedarf es jedoch nicht; denn dem § 27^d fehlt einstweilen jeder Inhalt, da der Arbeitsmin. eine Kaufpreisgrenze bisher nicht festgesetzt hat. Bei § 27^d handelt es sich um eine Rahmenbestimmung, die erst durch die vorgesehene Ausfüllung Inhalt und Wirksamkeit erlangen kann. Die im Erlaß v. 28.4.1925 (Arbeiterverſ. 1925 S. 362) vertretene Auffassung (vgl. auch Hanow, § 27^d), daß, solange die Kaufpreisgrenze nicht festgesetzt worden, jeder Grundstückserwerb der Genehmigung nach § 27^d bedürfe, vermag der Senat nicht zu teilen. Daraus, daß § 27^d bisher noch gegenstandslos ist, folgt jedoch höchstens, daß die Vers. Träger einer Genehmigung zum Grundstückserwerb einstweilen insoweit nicht bedürfen, als der Erwerb keine „Vermögensanlage" darstellt. Handelt es sich um eine solche, so ergibt sich die Genehmigungspflicht ohne weiteres aus § 27^e, dessen Wirksamkeit dadurch, daß § 27^d noch nicht wirksam geworden ist, nicht berührt wird... Wenn Triebel (GBO. 2 S. 1978) bemerkt, daß die §§ 26, 27 für den Grundbuchrichter ohne Bedeutung seien, so vermag dem der Senat angesichts des § 27^c nicht beizupflichten. Für die Annahme, daß diese Vorschrift die Bedeutung nur für den inneren Verkehr der Behörden haben und daß von ihrer Befolgung die Wirksamkeit des Rechtserwerbs nicht abhängig sein sollte, fehlt es an jedem Anhalte; sie wäre mit der Fassung nicht in Einklang zu bringen und widerspräche auch der Auffassung der Verwaltungsbehörde. Bei dem weiteren Hinweise (1738, 1978), daß für Berufsgenossenschaften und Vers. Anstalten eine Genehmigung nicht mehr erforderlich sei, da die §§ 720, 1357 aufgehoben seien, ist übersehen, daß diese Aufhebung deshalb erfolgt ist, weil die Bestimmungen durch die für alle Vers. Träger geltenden §§ 27^c und 27^d n. F.) entbehrlich geworden waren.

k) **Eigentumserwerb an Haushaltungssachen. Vermutung des § 1006.**

OLG. Stettin, 1. ZS. Urteil v. 18. Dezember 1925.

Der Kläger verlangt die Herausgabe der Möbel, die er in der ehelichen Wohnung zurückgelassen hat, als er sich von seiner beklagten Frau trennte. Er will, als er die Sachen 1905 kurz nach der Eheschließung kaufte, den Preis ausschließlich von seinem Gelde bezahlt haben. Dagegen bringt Beklagte vor, daß er dazu auch ihr gehöriges Geld verwendet habe, so daß die Sachen Miteigentum seien. Der Anspruch ist begründet. Auf § 1006 kann sich keine der Parteien berufen. Sein Abs. 1 spricht nur für das Eigentum der Beklagten. Diese hat jedoch den Besitz dadurch erlangt, daß der Kläger die eheliche Wohnung unter Zurücklassung der streitigen Sachen verlassen hat. Daraus ergibt sich, daß sie den Besitz nicht in einer das Eigentum begründenden Art erworben hat. Das gehört aber zur Widerlegung der Vermutung aus § 1006^1, da sie nur für den Erwerb des Eigentums gilt (RG. 55, S. 53; Planck § 1006^4; Wolff Sachenrecht § 22). — Damit wäre der Weg frei für § 1006^2, der zugunsten des Klägers spricht; denn innerhalb der häuslichen Gemeinschaft sowohl beim gesetzlichen Güterrecht, wie bei der GG. hat der Mann den unmittelbaren Besitz (RGKomm. § 868^3; RG. 105, S. 2). Er kann die Vermutung aber nur für sich beanspruchen, wenn nicht ein anderer mittelbarer Besitzer war; denn der Abs. 3 geht dem Abs. 2 vor (Planck § 1006^4). Beklagte aber behauptet gerade, Miteigentümerin zu sein, und als solche würde sie während der Ehe auch mittelbare Mitbesitzerin gewesen sein (RGKomm. § 868³; RG. 105, S. 21). Der Kläger müßte also erst das Miteigentum der Beklagten widerlegen, oder, was dasselbe wäre, sein Alleineigentum beweisen. Könnte er aber diesen Beweis führen, so brauchte er die Vermutung nicht mehr. Der § 1006 versagt mithin für das Verhältnis der Eheleute untereinander innerhalb der häuslichen Gemeinschaft. — Auch ein gewisser tatsächlicher Anhalt dafür, daß der Mann die innerhalb der häuslichen Gemeinschaft vorhandenen Gegenstände besitzt, die nicht ausschließlich zum persönlichen Gebrauch der Frau bestimmt sind, läßt sich aus seiner Stellung als Haushaltungsvorstand (§ 1354) allein noch nicht entnehmen (JW. 1911 S. 327); besondere Umstände, die hierfür sprächen, sind aber nicht erkennbar.

Unstreitig ist der Kläger beim Erwerb der Sachen persönlich als Käufer im eigenen Namen aufgetreten. Daraus läßt sich aber ebenfalls keine — tatsächliche — Vermutung für sein Eigentum herleiten. Denn er braucht hierbei nicht notwendig für eigene Rechnung aufgetreten zu sein, sondern er kann auch in verdeckter Stellvertretung für die Beklagte gehandelt haben. Dies wäre den Umständen zu entnehmen (§ 164¹) und spräche hier, wo Hausmobiliar für den ehelichen Hausstand gekauft wurde, eher zugunsten der Beklagten, da diese die Aussteuer im allgemeinen zu beschaffen hat. Entscheidend für die Frage, für wen der Kläger handeln wollte, wäre lediglich das innere Rechtsverhältnis zwischen den Gatten. Hätte er danach den Willen, Eigentum für Beklagte allein oder Miteigentum für sie zu erwerben, haben müssen, so wäre auch davon auszugehen, daß er tatsächlich den entsprechenden Willen gehabt habe (RG. 109 S. 170). Träfe aber zu, daß er die Sachen mit eigenem Gelde bezahlt hat, so wäre damit ausreichend dargetan, daß er für sich allein erwerben durfte und wollte, also Alleineigentümer geworden ist. Dies ist aber anzunehmen. Sch.

l) **Gut- oder bösgläubiger Erwerb?**

OLG. Hamburg, 6. ZS. Urteil v. 9. Juni 1925 (Bf. 182/25).

Der Kläger verlangt die Herausgabe einer bestimmten Ware. Beklagte behauptet auf Grund Kaufvertrages und daraufhin erfolgter Übergabe verbunden mit gutem Glauben Eigentümerin geworden zu sein. Wie der nach § 1006 beweispflichtige Kläger vorträgt, hat Beklagte die Ware von dem Geisteskranken X., dessen Frau bei Gelegenheit des Geschäftes ihn nur begleitet habe, gekauft und Eigentum auch gutgläubig nicht erwerben können (§ 932 BGB., § 366 HGB.). Diese Ausführung ist zutreffend. Da X. wegen Geisteskrankheit entmündigt war, sind seine Handlungen unwirksam. Andererseits kann nicht angenommen werden, daß seine Frau bei dem Geschäfte nur eine passive Rolle gespielt hat. Sie war regelmäßig bei den geschäftlichen Verhandlungen ihres Mannes zugegen. Dieser hatte sie als Mitinhaberin seines Geschäftes bezeichnet, das nach der Zeugenaussage die Form einer offenen HG. haben sollte. In der Tat sprechen die von X. geschäftlich, auch im Verkehr mit der Beklagten gebrauchten Briefbogen von der offenen HG. Theodor X. Frau X. hat auch den Vertrag und die daran sich schließenden Verhandlungen aktiv mitgemacht. Jedenfalls kann der Beklagten nicht widerlegt werden, daß Frau X. ihr die Ware mitverkauft hat. Diese war verfügungsfähig, sie verschaffte auch der Beklagten mit den Besitz. — Sie war jedoch beim Erwerbe der Ware in bösem Glauben; denn sie wußte, daß X. geisteskrank oder doch überhaupt entmündigt sei. Deshalb mußte sie vor Abschluß der Verhandlungen sich über die Geschäftsverhältnisse der Firma X. vergewissern. Sie hätte dann erfahren, daß die Firma keine offene HG. war, daß die Frau X. also weder Mitinhaber noch Prokurist war, daß Beklagte vielmehr lediglich einen geschäftsunfähigen Vertragsgegner vor sich hatte, von dem man gar nicht wissen konnte, wie er in den Besitz der Ware gelangt war, ob hier ein redlicher Erwerb vorlag. B.

m) **Stellung eines belasteten Erbbaurechts unter Heimstättenrecht.**

α) Kammergericht, 1. ZS. Beschluß v. 27. Mai 1926 (X 280/26).

Das Anfang 1925 angelegte Erbbaugrundbuchblatt weist im Bestand-Verz. ein auf Haben eines Einfamilienhauses und Nutzung des nicht bebauten Landes als Hofraum, Garten, Acker gerichtetes Erbbaurecht an einem 1331 qm großen Grundstück, in Abt. I den Beschwerdeführer als Erbbauberechtigten, in Abt. II und III Belastungen aus. Jetzt ist unter Vorlegung des Heimstättenvertrags vom 31. 3. 1925 erfolglos beantragt, diese Eigenschaft und die Gemeinde T. als Ausgeberin einzutragen. Die Rechtslage, zunächst im allgemeinen betrachtet, ist folgende:. Die durch das RHeimstG. v. 10. 5. 1920 zugelassene HeimstEigenschaft ist eine Summe von Bindungen, die für bestimmte Anwesen geschaffen werden kann, es sind danach herstellbar die Wohn- und die Wirtschaftsheimstätte; erstere besteht aus Einfamilienhaus mit Nutzgarten, letztere ist ein landwirtschaftliches oder gärtnerisches Anwesen, zu dessen Bewirtschaftung eine Familie unter regelmäßigen Verhältnissen keiner ständigen fremden Arbeitskräfte bedarf (§ 1). Diese Eigenschaft kann auch bei einem Erbbaurecht begründet werden, da die sich auf Grundstücke beziehenden Vorschriften auch für das Erbbaurecht gelten (§ 1017 BGB., § 11 ErbbaurechtsV., Begründung zum RHeimstG. Druckf. Nr. 2487 der NationalVers. zu § 26). Als Begründungsvorgang ist hauptsächlich die in §§ 1 ff. behandelte Neuausgabe von Heimstätten — also zu Eigentum oder Erbbaurecht — angenommen. Daneben gestattet aber § 25 die nachträgliche Bestellung durch den Eigentümer oder Erbbauberechtigten zugunsten eines Ausgebers, der beim Erbbaurecht nur der Eigentümer sein darf (§ 26). Nach § 25³ bestimmt in diesem Falle, wenn das Grundstück mit Rechten Dritter belastet ist, die oberste Landesbehörde das Nähere über die Zulässigkeit und die Durchführung der Eintragung. Nach den Pr. AusfBest. v. 25. 4. 1924 (Volkswohlfahrt 1924 S. 199) „ist die Zustimmung sämtlicher eingetragener Berechtigten erforderlich, außerdem bedarf es dann vorläufig noch der Genehmigung durch den zuständigen Minister ..." Die Vorinstanzen haben diese Bestimmung hier angewendet. Das LG. beruft sich dafür, daß hier eine Wohnheimstätte vorliege, auf die geringe Größe des Grundstücks und meint, daß, falls Beschwerdeführer anderer Ansicht wäre, es seine Sache gewesen sei, darzulegen, daß es sich um eine Wirtschaftsheimstätte handele. Die Beschwerde kämpft hiergegen an und meint, es sei eine

Frage subjektiven Ermessens des Heimstätters, welche Art Heimstätte vorliege. Der Standpunkt des LG. ist — mindestens im Ergebnis — nicht irrig. Das läßt sich schon daraus herleiten, daß hier ein Erbbaurecht vorliegt, bei dem das Haus das Wesentliche ist (so auch Krüger RHeimstG. 3 vor § 26).

Das LG. nimmt ferner an, es liege hier die in § 25 Ges. und XI AusfBest. gemeinte nachträgliche Stellung des Erbbaurechts unter Heimstättenrecht vor. Die Beschwerde macht hiergegen geltend, es handle sich um § 1: die Gemeinde habe das Erbbaurecht übertragen und nur aus Zweckmäßigkeitsgründen den Heimstättenvermerk nicht vor, sondern erst nach Errichtung des Gebäudes beantragt; § 4² lasse das zu. Ob diese — an sich nicht zu bezweifelnde — Sachdarstellung zutrifft, ist nicht festgestellt; sie kann deshalb nicht beachtet werden. Es kommt aber auch darauf nicht an. Nach § 4² kann „die Eigenschaft als Heimstätte vor der Errichtung der Wohn- und Wirtschaftsgebäude eingetragen werden". Die Beschwerde scheint dies dahin zu verstehen, daß neben den beiden oben erwähnten Möglichkeiten der Ausgabe als Heimstätte und der nachträglichen Eintragung dieser Eigenschaft noch eine dritte Mischform bestehe, indem bei der Ausgabe die Verleihung der Eigenschaft bis nach Errichtung des Gebäudes hinausgeschoben werden könne. Allein nach § 4² soll, obwohl zum Heimstättenbegriff das Vorhandensein von Wohn- oder Wirtschaftsgebäuden gehört, dennoch deren Nichtvorhandensein die Eintragung der Eigenschaft nicht hindern. Dies beruht auf der Erwägung, daß das einstweilige Fehlen der Mittel zum Bauen die rechtliche Schaffung der Heimstätte nicht aufhalten soll (Krüger § 4³). Der § 4² hat also mit der Anwendung der §§ 1, 25 über die Entstehung der Eigenschaft bei der Ausgabe oder durch nachträgliche Bestellung nichts zu tun. Daß bei dem hier nun einmal geschaffenen Sachverhalt das LG. den letzten Fall angenommen hat, ist nicht rechtsirrig. Die AusfBest. sind nicht als reine Verwaltungsanordnungen, deren Beachtung das Grundbuchamt nichts anginge, sondern als Rechtsvorschriften erlassen.

Schließlich fragt sich, ob es sich hier um eine Belastung „mit Rechten Dritter" handele. Eingetragen sind in Abt. II ein Erbbauzins für den Grundeigentümer, die Gemeinde, ein Vorkaufsrecht für sie, eine Reallast und eine Dienstbarkeit für den durch den zuständigen Reg.-Präsidenten vertretenen Pr. Staat und in Abt. III eine Hypothek für die Heimstätte GmbH. Als „dritte" Rechtsinhaber kommen also nur die als Ausgeberin in Aussicht genommene (und als solche anscheinend vom Staat zugelassene) Gemeinde, die gemeinnützige GmbH. und der Staat in Betracht. Bei dem aus der AusfBest. ersichtlichen Bestreben, die Entscheidung der Zentralinstanz vorzubehalten, erscheint der Standpunkt der Vorinstanzen als nicht rechtsirrig

Dazu: Bedeutung des § 36 Reichs-HeimstättenGes.

Kammergericht, 1. ZS. 1a. Beschluß v. 19. Februar 1926 (X 102/26).

Das LG. hält den § 36 nur für anwendbar, wenn solche Hypotheken in Frage stehen, die beim Erwerbe der Heimstätte bereits eingetragen waren und im Zusammenhange mit deren Begründung gelöscht werden; dagegen fiele die Löschung von Hypotheken, die erst bei oder nach jener Begründung eingetragen worden sind, nicht unter § 36. Allein bei der Auslegung des § 36, der dem § 29 RSiedlG. nachgebildet worden, ist davon auszugehen, daß der Gesetzgeber den Willen hatte, es sollten die Vorschriften über die Gebühren-, Stempel- und Steuerfreiheit im Interesse der Förderung der Heimstättengründung im weitesten Sinne von den zuständigen Behörden ausgelegt werden (Krüger, RHG. § 36²). Alle Geschäfte und Verhandlungen sollen die Vorteile des § 36 genießen, die für sich allein oder im Zusammenhange mit später vorzunehmenden Geschäften der Begründung von Heimstätten dienen, es müßten denn die Geschäfte und Verhandlungen mit den Zwecken jener Begründung nur ganz lose zusammenhängen. Auch die Geldbeschaffung, besonders die Aufnahme von Zwischenkrediten und die hiermit verbundene Belastung der Heimstätte mit Hypotheken sowie deren spätere Löschung können mit der Begründung eng zusammenhängen. Bei der späteren Löschung von Zwischenkredithypotheken kann dies namentlich dann der Fall sein, wenn deren Löschung bereits bei der Begründung der Heimstätte vorgesehen war.... Das Amtsgericht wird deshalb von neuem zu prüfen haben, ob die Löschung der Sicherungshypothek von 2100 GM. mit zur Begründung der Heimstätte dienen konnte und ihr im Bejahungsfalle gedient hat (vgl. KGJ. 53 S. 270). Diese Prüfung ist geboten, weil eine Versicherung der Ausgeberin im Sinne des § 36², daß die Löschung zur Durchführung des Heimstättenverfahrens erfolgt sei, nicht vorliegt.

β) Keine Grunderwerbssteuer bei Begründung eines Erbbaurechts.

OLG. Hamburg, 1. ZS. Beschluß v. 4. Mai 1925 (F 47/25).

Nach § 1 des GrunderwStG. vom 12. 9. 19 wird eine Steuer nur beim Übergang des Eigentums erhoben. Nach § 2 stehen den Grundstücken Berechtigungen gleich, auf die die Vorschriften des bürgerlichen Rechts über Grundstücke Anwendung finden. Das bedeutet, daß die Steuer auch beim Übergang solcher Berechtigungen, zu denen das Erbbaurecht gehört, zu erheben ist. Sie kann aber nicht erhoben werden, wenn das Grundstück mit einem Erbbaurecht neu belastet wird, denn hier geht kein Recht vom bisher Berechtigten auf einen anderen über, da das Erbbaurecht kein Teil des Eigentumsrechts, sondern ein neubegründetes dingliches Recht ist. Der § 24 a. O. kann nur zur Anwendung gelangen, wenn das Eigentum vom Eigentümer auf den Erwerber oder eine der in § 2 bezeichneten Berechtigungen vom Berechtigten auf einen anderen übergehen soll. Das Grundbuchamt hat zu prüfen, ob ein Rechtsübergang vorliegt. Ist das nicht der Fall, so ist § 24 nicht anwendbar. Ist es oder kann es der Fall sein, so ist die Bescheinigung der Steuerstelle zu fordern, der die selbständige Prüfung obliegt, ob Steuer zu erheben ist.

Ebenso steht es mit dem Verlangen nach Vorlegung des „Kammerscheines". Nach § 4⁴ hamb. Grundsteuerges. v. 21. 1. 1925 kann ein Grundstück im Grundbuch erst dann umgeschrieben werden, wenn die Steuerbehörde bescheinigt hat, daß ein Steuerrückstand aus den letzten zwei Jahren nicht vorhanden ist. Umschreibung ist begrifflich die Eintragung eines Rechtsübergangs. Die Neueintragung eines Erbbaurechts zu Lasten eines Grundstücks ist keine Umschreibung. Die entsprechende Anwendung der sich auf Grundstücke beziehenden Vorschriften hat nur zur Folge, daß bei Umschreibung eines Erbbaurechts die Bescheinigung zu fordern ist, der bisherige Erbbauberechtigte habe die von ihm zu entrichtelen Grundsteuern bezahlt. Diese Deutung steht auch mit dem Sinn und Zwecke des § 4[1] durchaus im Einklang. Durch die Neueintragung eines Erbbaurechts wird die dingliche Sicherung des Steuerfiskus wegen rückständiger Grundsteuern in keiner Weise berührt. Die persönliche und dingliche Haftung des Grundstückseigentümers bleibt dieselbe; für den neu einzutragenden Erbbauberechtigten kommen Steuerrückstände nicht in Frage. B.

γ) **Rechtsgeschäftliche Aufhebung einer Abbaugerechtigkeit?**

Kammergericht, 1. ZS. Beschluß v. 18. März 1926 (X 116/26).

Über die hier zu entscheidende Frage, ob im Gebiete des Ges. v. 22. 2. 1869 eine Abbaugerechtigkeit durch Rechtsgeschäft auch ohne Abbau oder dessen Nachweis aufgehoben werden kann, bestehen zwei Ansichten. Die eine, die gleich den Vorinstanzen die Frage verneint, vertreten: KG. in Rsp. 10 S. 413, Oberbergamt Halle (Z. f. Bergr. 26 S. 405), Brassert-Gottschalk S. 885, Güthe-Triebel Art. 22[39] PrAG. zur GBO. Die andere Ansicht, die die Aufhebung durch ein nach § 875 BGB. zu beurteilendes Rechtsgeschäft des Berechtigten für möglich hält, findet sich im Urteil des RG. v. 10. 6. 96 (Z. für Bergr. 37 S. 485, ferner bei Klostermann[6] S. 621, Arndt[9] S. 210, Isay[2] S. 304, Sehling, Rechtsverhältnisse S. 230, Müller-Erzbach Bergrecht Preußens S. 566, bei Turnau-Förster[3] 2 S. 556, Predari S. 411, und Arnheim § 3[38]. Für diese Ansicht entscheidet sich jetzt auch der Senat... Wenn das BGB. für das Erbbaurecht den Ausdruck Gerechtigkeit auch nicht gebraucht, so besteht doch im Schrifttum allgemein die Ansicht, daß dieses Recht und die Kohlenabbaugerechtigkeit Erscheinungen des umfassenden Rechtsbegriffs der selbständigen Gerechtigkeiten sind und zwar ersteres als alleinige Verwirklichung dieses Rechtsbegriffs im neueren Reichsrecht, letztere als eine der verschiedenen im Landesrecht kraft der Vorbehalte des EG. zum BGB. vorkommenden Rechtsformen (Güthe Art. 22[51], ausführlich Sehling 168, 188). Beide sind Gerechtigkeiten an einem Grundstück (Sehling 2, 14, RG. aO.). Die Gerechtigkeit ist ein als solches in seiner Allgemeinheit in der neueren Gesetzgebung rechtlich nicht geordnetes Rechtsgebilde. Für die Abbaugerechtigkeit und das Erbbaurecht des BGB. ist ihr rechtliches Wesen übereinstimmend in der Weise geordnet, daß die sich auf Grundstücke beziehenden Vorschriften (des BGB) auch für sie gelten sollen (§ 1017 BGB., § 5 AbbauGes.); das gleiche ist mit einer auf Abweichungen in Einzelheiten hinweisenden Fassung für das Erbbaurecht der V. v. 15. 1. 1919 in § 11 bestimmt (Glaß-Scheidt I das.). Es ist also für beide eine im wesentlichen gleichartige rechtliche Behandlung herbeigeführt... Die nähere begriffliche Erläuterung der Abbaugerechtigkeit (Rahm Gruch. 66 S. 186, Isay II 3 vor § 210) ist hier nicht von Belang, nur sei bemerkt, daß nicht etwa schon mit der Bestellung des Rechts für einen Dritten das Kohlenvorkommen in Boden auf den Dritten eigentümlich übergeht, daß vielmehr die

Kohle erst mit ihrer Gewinnung ihm gehört. Es ist nun nicht einzusehen, warum ein derartiges Recht nicht die allgemeine Natur aller Rechte an Vermögensgegenständen — anders z. B. Familienrechte — teilen und verzichtbar sein soll. Auch das Erbbaurecht ist aufhebbar (§ 26 V.); ebenso das auf Verleihung beruhende Bergwerkseigentum (§ 161 Pr. BergG.). Bejaht man die Aufhebbarkeit der Abbaugerechtigkeit, so muß man annehmen, daß die als selbständige Befugnis erlöschende Abbaubefugnis wieder Eigentumsausfluß wird (Sehling S. 214, RG. aO.). Es scheint aber, als ob hier der Grund für die erste Ansicht vorliegt, indem deren Vertreter meinen, ein einmal abgetrenntes Recht bleibe bis zu der in § 8 Ges. erörterten Gegenstandslosigkeit bestehen. Deshalb hält denn auch Rahm S. 199, der im übrigen kein Anhänger jener Ansicht ist, die Wiedervereinigung des Eigentums mit der Abbaubefugnis nur dadurch für möglich, daß der Eigentümer die Abbaugerechtigkeit erwirbt und sie mit dem Grundstück gemäß § 890 BGB. vereinigt. Diese Ansicht betont anscheinend das in § 1 Ges. gebrauchte „abtrennen" zu stark; es bezieht sich nicht auf das Körperliche, Gegenständliche, also das Kohlenvorkommen, sondern auf die Befugnis, die aus dem Eigentum soll herausgelöst werden können. Es ist nicht einzusehen, warum sich die sog. Elastizität des Eigentums nicht auch dieser Befugnis gegenüber äußere und sie nach Erlöschen der Verselbständigung wieder in sich aufnehmen soll. Es läßt sich auch nicht anführen, daß etwa § 8 vollständigen Abbau als alleinigen Erlöschensgrund bezeichne. Das Gesetz äußert sich zu den Erlöschensgründen dadurch, daß es in § 5 auf die über Grundstücke bestehenden Vorschriften verweist. § 8 bezweckt darüber hinaus, bei völligem Abbau dem Eigentümer die Möglichkeit zur Löschung des Abbaurechts auch ohne Verzicht des Abbauberechtigten zu geben.

Als Vorschriften des BGB., die die Aufhebung von Rechten am Grundstück betreffen, kommen § 928 und § 875 in Betracht. Ersterer regelt den Verzicht auf das Eigentum, letzterer die Aufhebung sonstiger Rechte. Der Unterschied ist besonders der, daß beim Eigentumsverzicht, da der Gegenstand fortbesteht und die beschränkten Rechte also nicht in Mitleidenschaft gezogen werden, Erklärung und Eintragung genügen, daß dagegen bei den sonstigen Rechten, soweit an ihnen Rechte bestehen, deren Inhaber, um durch die Aufhebung nicht ins Leere zu fallen, zustimmen müssen (§ 876; vgl. auch die zum Schutz von Bergwerksgläubigern bestehenden §§ 161^2, 158, 160 BergGes.). Für die rechtsgeschäftliche Aufhebung der Abbaugerechtigkeit kommen hier die §§ 875, 876, nicht der § 928 in Betracht, da an der Gerechtigkeit Rechte Dritter bestehen können. Dies ist auch die einhellige Annahme der Vertreter der die Aufhebbarkeit zulassenden Ansicht. Das Gesetz drückt dasselbe klar aus, indem es im § 5^2 aus den anzuwendenden Eigentumsvorschriften zwar die über den Erwerb, nicht aber auch die über den Verlust erwähnt,

Dazu: Übertragung der Lasten auf das neue Grundbuchblatt.

Kammergericht, 1. ZS. Beschluß v. 17. Juni 1926 (X 344/26).

Der Eigentümer des Grundstücks (Niederlausitz) Nr. 55 hat der beschwerdeführenden AktienG. an der dazu gehörigen Parzelle Nr. 179.21 das Kohlenabbaurecht verkauft und aufgelassen. Es ist auf ein besonderes Blatt Nr. 190 übertragen worden; dabei ist ein auf Blatt 55 in Abt. II Nr. 4 eingetragenes Wegerecht, von dem auch die genannte Parzelle betroffen wird, mitübertragen worden. Die hiergegen von der AG. beantragte Eintragung eines Widerspruchs haben die Vorinstanzen abgelehnt. Die weitere Beschwerde in zulässig. Die AG. war nicht darauf beschränkt, unmittelbar gegen die Übertragung des Wegerechts Beschwerde gemäß § 71² S. 2 GBO. mit dem Ziele auf Eintragung eines Widerspruchs einzulegen, sie konnte vielmehr zulässigerweise auch gegen die Ablehnung des zunächst bei dem Amtsgericht gestellten Antrages auf Eintragung des Widerspruchs Beschwerde erheben (vgl. Beschluß des Senats vom 14. 4. 1902 Y 388.02; Güthe Triebel § 71¹²).

In der Sache selbst folgt aus Art. 2 ff. Ges. v. 22. 2. 1869 zunächst, daß die auf dem Stammgrundstück in Abt. II und III eingetragenen Lasten gemäß § 49 GBO. auf das für die Gerechtigkeit anzulegende besondere Grundbuchblatt mit übertragen werden müssen, sofern nicht Enthaftung erfolgt oder ein Unschädlichkeitszeugnis (Art. 38 § 6 AG. zum BGB.) vorgelegt wird (Güthe-Triebel a. O. Art. 22³⁶ AG. z. GBO., Rahm Gruch. 66 S. 182, Sehling, Rechtsverh. an Mineralien S. 205, Crusen-Müller AG. zum BGB. Art. 38 § 5 N. 4). Ein Unschädlichkeitszeugnis kommt für Grunddienstbarkeiten nicht in Frage. Danach war hier die Mitübertragung des Wegerechts geboten, da eine Enthaftung nicht erfolgt ist. Die Voraussetzungen des § 54 GBO. liegen nicht vor. Die Meinung der Beschwerde, die Belastung einer Abbaugerechtigkeit mit einem Wegerecht sei begrifflich unmöglich, geht fehl. Daraus, daß nach Art. 38 § 5 AG. zum BGB. auch für die *Belastung* selbständiger Abbaugerechtigkeiten die für Grundstücke geltenden Vorschriften des BGB. maßgebend sind und daß nach §§ 1018 ff. BGB. die Grundstücke mit Grunddienstbarkeiten belastet werden können, ergibt sich die Zulässigkeit einer solchen Belastung auch für selbständige Abbaugerechtigkeiten.

Die Beschwerde macht ferner geltend, es müßte im Hinblick darauf, daß die Veräußerung und Abtrennung einer Abbaugerechtigkeit und die Anlegung eines besonderen Blattes sich als ein der Grundstückszerteilung ähnlicher Rechtsvorgang darstelle (vgl. hierzu auch Güthe-Triebel 36 zu Art. 22 AG. zu GBO.), der § 1026 BGB. sinngemäß Anwendung finden. Es mag dahinstehen, ob eine ausdehnende Anwendung dieses eine Ausnahme bestimmenden § 1026 auf ähnliche Fälle, die eine Grundstückszerteilung im eigentlichen Sinne nicht darstellen, zulässig wäre. Voraussetzung einer entsprechenden Anwendung wäre in jedem Falle, daß durch den Rechtsvorgang der Bestand und die Ausübung der Dienstbarkeit rechtlich und wirtschaftlich in keiner Weise berührt wird. Das trifft hier schon im Hinblick darauf nicht zu, daß der Abbauberechtigte in der Lage wäre, in das Wegerecht und seiner Ausübung durch Tagbau einzugreifen. Die Beschwerde meint zwar, daß es einer Mitübertragung des Wegerechts aus diesem Gesichtspunkte deshalb nicht bedürfe, weil der Wegeberechtigte auch ohne sie in der Ausübung eines Rechts gegen solche Eingriffe im Hinblick auf die Eintragung auf dem Stammgrundstücke durch die §§ 1027, 1004 BGB. geschützt sei. Wäre letzteres richtig, ergäbe sich da raus nur, daß die Mitübertragung überflüssig wäre. Überflüssige Eintragungen stellen sich aber nach der ständigen Rechtsprechung des Senats, wenn sie auch nicht vorgenommen werden sollen, nachdem sie einmal erfolgt sind, weder als inhaltlich unzulässig dar, noch machen sie, — worauf es hier im Hinblick auf den Beschwerdeantrag allein ankommt — das Grundbuch unrichtig. Die Beschwerde übersieht aber auch daß, da hier die für Grundstücke geltenden Vorschriften des BGB. maßgebend sind, nur die auf dem besonderen Grundbuchblatt eingetragenen Belastungen das dingliche Recht mit Wirkung für die Abbaugerechtigkeit erzeugen können und daß mangels einer Eintragung des Rechts auf diesem Blatt jeder gutgläubige Erwerber der Gerechtigkeit (§ 892 BGB.), der in das Wegerecht eingreift der Klage aus den §§ 1004, 1027 BGB. mit der Einrede entgegentreten könnte, er habe sie frei von dem Wegerecht erworben (vgl. Güthe-Triebel § 7[15], Predari § 7[6], RGKomm. 2 S. 944 N. 3 zu § 14 V, über das Erbbaurecht, auch Rsp. 30 S. 16).

n) α) **Wasserschöpfgerechtigkeit an städtischen Rohrleitungen.**

OLG. Braunschweig, 2. ZS. Urteil v. 16. Juni 1925 (V 35/25).

Das Leitungswasser ist bis 1904 in drei Rohrleitungen in die klagende Stadt O. geleitet. Die älteste, die Wellenleitung, besteht schon seit langen Jahren und ist von der Klägerin angelegt; dazu haben die Eigentümer des Camphofes Beiträge geleistet. Innerhalb des Stadtgebietes läuft sie über das städtische Krankenhaus und die H.-Straße, über den Camphof hinüber und von dort weiter in die Stadt. Nach Fertigstellung der Sornerleitung (1905) hat die Klägerin für die Benutzung der Leitungen Wassergeld beansprucht. Der beklagte Eigentümer des Camphofes verweigert die Zahlung, weil ihm die ersessene Gerechtsame zustehe, aus der Wellenleitung zum regelmäßigen Gebrauch unentgeltlich Wasser zu entnehmen. Er beantragt widerklagend die Feststellung dieses Rechts.

Mit seinem Vorbringen hat Beklagter lediglich die Verpflichtung der Klägerin behauptet, die Entnahme von Wasser aus der Leitung zu dulden. Darin ist nicht die Behauptung enthalten, daß sie positiv die Leitung in ihrer jetzigen Lage dauernd in Betrieb halten und dadurch den Hof mit Wasser versorgen müsse. Er beansprucht somit keine Reallast, sondern nur eine Grunddienstbarkeit; denn die Verpflichtung zu positivem Tun hat nach gemeinem Rechte, wie nach jetzigem, den Hauptinhalt einer Grunddienstbarkeit nicht zu bilden vermocht. — Eine Wasserschöpfgerechtigkeit will Beklagter auch nicht etwa an benachbarten oder weiter abliegenden Grundstücken beanspruchen. Hierzu wäre eine genaue Bezeichnung dieser Grundstücke und die Angabe ihrer Eigentumsverhältnisse nötig gewesen. Beklagter will vielmehr die Gerechtsame lediglich an der Wellenleitung selbst erworben haben und zwar durch Ersitzung. Das BGB. hat diese für Grunddienstbarkeiten grundsätzlich ausgeschlossen; nur an nichteingetragenen und der Eintragung nicht bedürftigen Grundstücken ist nach Art. 128 EG. die Ersitzungsmöglichkeit auch jetzt noch gegeben und zu ihnen gehören nach § 1 AusfV. vom 12. 6. 1899 (GuVS. 50, S. 503) besonders auch die im Eigentum der Gemeinden stehenden Wege. Beklagter gründet auch seine Ansprüche dementsprechend auf das gemeine Recht.

Ob Röhrenleitungen, die durch fremde Grundstücke gehen, deren Bestandteile sind, ist streitig. Nach der herrschenden Ansicht sind sie es nicht, weder wesentliche noch unwesentliche, vielmehr wird durch ihr Einlassen in fremde Grundstücke an den Eigentumsverhältnissen nichts geändert; auch soweit sie in fremden Grundstücken liegen, bleiben sie Zubehör der Anlage, zu deren Zwecken sie gelegt sind (BraunschwZ. 62 S. 133, Warn. 11 Nr. 155). Obwohl die Leitung schon vor 1900 angelegt ist, kommt insoweit doch das BGB. zur Anwendung (RG. 97 S. 103). Auch innerhalb des Hofes ist die Leitung somit Zubehör des städtischen Wasserwerkes. Röhrenleitungen rechnen aber mangels ihrer Eigenschaft als Bestandteile zu den beweglichen Sachen (RG. 87 S. 51); das gilt auch von dem in der Röhrenleitung fließenden Wasser. Realservituten waren aber nach gemeinem Rechte, wie es auch jetzt nach BGB. nur an Immobilien zulässig. Die Servitut an der klägerischen Leitung kann deshalb aus rechtskonstruktiven Gründen nicht ersessen sein. Daß Beklagter unter Vermittlung der Röhrenleitung eine Schöpfgerechtigkeit am Wasserwerke oder am Quellengrundstück ersessen habe, ist nicht geltend gemacht. Die Widerklage ist deshalb abzuweisen ... v. F.

β) **Übernahme der Pflicht zur Unterhaltung eines Ufergrundstücks.**

Kammergericht, 1. ZS. Beschluß v. 31. März 1926 (X 143/26).

Das Deutsche Reich hat das an der Spree belegene Grundstück 1923 an B. verkauft und im Vertrage bestimmt, „daß die Käuferin die dem Reiche nach § 119 Wassergeſ. vom 7. 4. 1913 mit § 1[a] des Staatsvertrages v. 31. 3. 21 (GS. 519) obliegenden Uferarbeiten in der Ausdehnung, in der das Trennstück an den Wasserlauf grenzt, nach näherer Anweisung des Wasserbauamtes auf ihre Kosten auszuführen hat", und „daß dies als öffentlich-rechtliche Verpflichtung auf dem Grundstücke laste". Die Eintragung dieser Last ist ohne Grund abgelehnt. Der Beschluß v. 11. 3. 1926 (1 X 128/26) hat bereits eine gemäß § 121 WG. vom Uferanlieger mit wasserpolizeilicher Genehmigung übernommene Unterhaltungspflicht des § 119 für eintragungsfähig erklärt und ausgeführt:

„Das WG. unterscheidet die Unterhaltungspflicht hinsichtlich des Wasserlaufs (§ 114) und hinsichtlich der Ufergrundstücke (§§ 119, 120). Hier handelt es sich nur um die letztere. Ihrer rechtlichen Natur nach kann sie, weil auf ein Tun gerichtet, nicht den Inhalt einer Dienstbarkeit (§§ 1018, 1090), sondern nur einer Reallast (§ 1105) bilden. Soweit sie privatrechtlicher Natur ist, unterfällt sie als „beständige" (KGJ. 38 S. 269) Last dem AblGes. vom 2. 3. 1850 (§§ 6, 91), ist also nicht eintragungsfähig. Soweit sie öffentlich-rechtliche Eigenschaft hat, ist sie nach § 6 das. zwar von der Ablösung nicht betroffen, aber von der Eintragung im Grundbuch ausgeschlossen, wenn sie unter Art. 11 AG. zur GBO. fällt, also unter „die öffentlichen Lasten, die bei der Zwangsversteigerung den Rechten am Grundstück im Range vorgehen." Als solche bezeichnet Art. 1[1] AG. zur ZVG. in Nr. 2 „die auf einem nicht privatrechtlichen Titel beruhenden Abgaben und Leistungen, die auf dem Grundstück nach Gesetz oder Verfassung haften (gemeine Lasten)." Eine solche „gemeine" Last liegt nur vor, wenn sie kraft Gesetz oder Verfassung allen Grundstücken der bestimmten Art obliegt (Jäckel ZVG.- zu Art. 1 AG.). Die in Art. 2 aufgeführten Leistungen sind nur Beispiele von Lasten des Art. 1. Wenn also in Art. 2 Nr. 2 genannt sind „Beiträge, die aus der Verpflichtung zu öffentlichen Wege-, Wasser- oder Uferbauten entstehen", so ist dabei vorausgesetzt, daß es sich um Leistungen handelt, die nach den einschlägigen Gesetzen allgemein Grundstücken bestimmter Art auferlegt sind. Nicht darunter fallen daher solche öffentliche Lasten, die nicht zugleich kraft Gesetzes oder Verfassung „gemeine", d. h. allen Grundstücken der bestimmten Art ohne besonderen Verpflichtungsakt obliegende sind (RG. 59 S. 400).

Vorliegend fällt die Unterhaltungspflicht weder unter das AblGes., noch unter Art. 11 AG. Die Eintragung ist nur insoweit beantragt, als die Eigentümerin der Ufergrundstücke Pflichten im Sinne des § 119 WG. übernommen hat, also solche, die — im Gegensatz zu dem in § 120 aufgeführten — kraft Gesetzes dem Staat als Stromeigentümer obliegen Die Übernahme ist im Vertrage vereinbart. Das Gesetz läßt derartige, von der gesetzlichen abweichenden Regelungen zu, entweder durch bloße Vereinbarungen der Beteiligten ohne Mitwirkung der Wasserpolizei mit rein privatrechtlicher Wirkung zu (§ 113²), so daß für den Übernehmer eine rein privatrechtliche Last entsteht, an der öffentlich-rechtlichen gesetzlichen Unterhaltungspflicht des Eigentümers am Wasserlauf aber nichts geändert wird, oder durch Vereinbarungen mit Zustimmung der Wasserpolizei (§121) mit der Wirkung, daß die übernommene Pflicht als öffentlich-rechtliche auf den Eigentümer des Ufergrundstücks übergeht (Holtz § 113¹·⁴ Vorb. und 2 zu § 121; Lenhard § 121). Im letzteren Fall ist also die übernommene Last keine unter §§ 6, 91 AblGes. fallende privatrechtliche Last, sondern eine öffentlich-rechtliche, aber keine „auf nicht privatrechtlichem Titel beruhende gemeine Last" des Art. 1 Nr. 2 AG. zum ZVG., Art. 11 AG. zur BGO. Sie ist also der Eintragung in das Grundbuch fähig. Eine Eintragung in das Wasserbuch kommt nicht in Frage, da § 82 WG. nur von Rechten und Pflichten hinsichtlich des Wasserlaufs handelt und die Uferunterhaltungspflicht nicht mitbetrifft (Holtz N. 4, Lenhard N. 2 b. d zu § 182). Liegt sonach eine wasserpolizeilich genehmigte Vereinbarung des § 121 vor, so ist die Eigentümerin des Ufergrundstücks nunmehr öffentlich-rechtlich gehalten, auch die in § 119 bezeichneten Uferunterhaltungspflichten zu leisten.

Vorliegend kommt auch das LG. aus im wesentlichen gleichen Erwägungen zu dem Ergebnis, daß die hier gemäß § 121 getroffene Vereinbarung für den Grundstückseigentümer eine nicht als „gemeine" anzusehende, und deshalb nicht unter Art. 11 AG. fallende öffentlichrechtliche Verpflichtung begründe. Es verneint jedoch ihre Eintragungsfähigkeit, weil das AblGes. unter dem in § 6² erwähnten „öffentlichen Lasten" nur die „gemeinen Lasten", also diejenigen öffentlichen Lasten verstanden habe, die zugleich das Merkmal der „gemeinen" Lasten im oben erörterten Sinn aufweisen. Es kann dahingestellt bleiben, ob diese Annahme zutrifft. Denn Art. 65 mit Art. 3 EG. zum BGB. haben die Regelung des Wasserrechts der Landesgesetzgebung überlassen. Das WG. war daher eine geeignete Rechtsquelle, im Gebiete des Wasserrechts Grundstückslasten in weiterem Umfange zuzulassen, als das AblGes. Eine dahingehende Regelung hat es mit seinen die Unterhaltung der Ufergrundstücke behandelnden Vorschriften, besonders §§ 119, 121 treffen wollen. Die in § 120 den Eigentümern der Ufergrundstücke auferlegten Unterhaltungspflichten treffen, wie der Wortlaut nicht zweifelhaft läßt, die jeweiligen Eigentümer, bilden also eine gesetzliche öffentliche Grundstückslast. Der § 119 legt gewisse Arbeitsleistungen an den Ufergrundstücken dem zur Unterhaltung des Wasserlaufs Verpflichteten auf, und zwar gleichfalls als öffentliche Last (§ 113¹). Wenn im Anschluß daran der § 121 zuläßt, daß diese öffentlichrechtliche Pflicht im Wege der, wasserpolizeilich genehmigten, Vereinbarung der Beteiligten auf die Eigentümer der Ufergrundstücke übertragen wird, so will er also eine Erweiterung der durch § 120 den Ufergrundstücken auferlegten Unterhaltungspflichten ermöglichen. Dieser Zweck würde aber nicht erreicht, wenn die erweiterte Pflicht lediglich auf die Person des Übernehmers beschränkt bliebe und nicht vielmehr ebenso wie die Pflicht aus § 120 das Eigentum am Ufergrundstück selbst belastete; weil dann bei Eigentümerwechsel jedesmal eine vom guten Willen des Erwerbers abhängige neue Vereinbarung getroffen werden und bei seiner Weigerung die öffentliche Unterhaltungspflicht an den Eigentümer des Wasserlaufs, also bei Wasserläufen erster Ordnung das Reich, zurückfallen müßte. Praktischen Nutzen für die Zwecke der öffentlichen Wasserbauverwaltung hat nur eine das Ufergrundstück selbst belastende, neben die aus § 120 tretende Übertragung der Unterhaltungspflicht aus § 119. Diese Erwägungen nötigen zu dem Schluß, daß § 121 einen Weg für eine das Ufergrundstück selbst belastende öffentlichrechtliche Verpflichtung hat schaffen wollen, und daß er insofern, falls § 6² AblGes. die nicht gemeinen öffentlichen Lasten nicht mitbetreffen sollte, eine durch Art. 65, 3 EG. gedeckte Änderung derselben hinsichtlich der wasserrechtlichen Unterhaltungspflichten herbeigeführt hat. Auch das Pr. Obertribunal (Entsch. 83 S. 283) hat die vertragliche Verpflichtung von Anliegern untereinander zur Unterhaltung von Vorflutanlagen (ALR. I 8 §§ 103 f.) als einen nicht vom AblGes. betroffene, eintragungsfähige Last angesehen. Art. 115 EG. zum BGB. steht nicht entgegen, weil die danach unberührt bleibenden Landesgesetze gemäß Art. 3 EG. auch geändert werden können. —

Als öffentliche Last ist die hier übernommene Verpflichtung auch genügend bestimmt, wenn sie so eingetragen wird, wie sie bewilligt ist, da die vorzunehmenden Handlungen jedenfalls bestimmbar sind und eine Bezugnahme auf einfache geltende Gesetzesvorschriften nicht unzulässig ist (vgl. KGJ. 26 S. 271, 46 S. 221). Der in der Versteigerung zu leistende Geldersatz beurteilt sich nach §§ 92, 121 ZVG. (Jäckel § 92).

γ) **Persönliche oder Grunddienstbarkeiten? Rechtspersönlichkeit des Domanialvermögens. Fällt die Angliederung eines Landes unter § 1092?**

Kammergericht, 1. ZS. Beschluß v. 14. Januar 1926 (X 694/25).

Das Grundbuchblatt, als dessen Eigentümer die Pflegeanstalt GmbH. eingetragen ist, enthält unter Nr. 1—5 des Bestandverz. Grundstücke, die als Hofraum und Garten bezeichnet sind. In Abt. II sind auf Nr. 3 am 7. Mai 1910 folgende Lasten eingetragen:

1. Recht der Waldeckischen Domänenkammer, daß der zwischen den zwei Grundstücken... befindliche Entwässerungsgraben an der Grenze dieser beiden Grundstücke als offener Graben oder kanalisiert bestehen bleibt.

2. Geh- und Fahrtrecht jener Kammer dauernd bis zum Ausbau der im Bebauungsplan von Pyrmont projektierten beiden Straßen südlich und westlich der St. Georgsvilla

Ferner ist auf Nr. 5 am 7. 10. 1912 eingetragen:

3. Verbot der Benutzung der zutage tretenden Mineralquellen

4. Fahrtrecht auf der nördlichen Seite des Grundstücks entlang für die Kammer und deren Pächter, bis die südliche Straße ausgebaut ist.

... Diese Rechte nimmt der Pr. Staatsfiskus, vertreten durch die Regierung in Hannover, gestützt auf ein Gutachten des Justizmin. vom 13. 12. 1923 für sich in Anspruch und hat beantragt, sie gemäß § 22 GBO. auf ihn (allgemeine Finanzverwaltung) umzuschreiben. Das Grundbuchamt hat abgelehnt. Die Beschwerde führt aus: Die Rechte Nr. 1—4 seien beschränkte persönliche Dienstbarkeiten; der eingetragene Berechtigte vertrete als Behörde das Domanilvermögen, dieses sei keine von Staat und Fürstenhaus getrennte eigene juristische Persönlichkeit, sondern nur ein abgesondert verwalteter Vermögenskomplex; an diesem seien seit dem Rezeß von 1853 zwei Eigentumsprätendenten vorhanden gewesen; durch die Auseinandersetzung von 1920 sei das Eigentum des Staates anerkannt; innerhalb des Staatsvermögens gehöre das Domanialvermögen nicht zum Hoheits- sondern zum fiskalischen Vermögen; nach dem auch für dieses durch § 7 des Staatsvertrages v. 29. 11. 1921 ausgesprochenen Grundsatze der Staatensukzession sei es in seiner Gesamtheit auf Preußen übergegangen; der § 1092 BGB. werde nicht berührt. Diesem Standpunkt hat sich das LG. insoweit angeschlossen, als es eine selbständige, vom Staat oder Fürstenhaus getrennte Rechtspersönlichkeit des Domanialvermögens verneint und die hier fraglichen Rechte als beschränkte persönliche Dienstbarkeiten ansieht. Ebenso schließt es sich dem Gesichtspunkt eines staatsrechtlichen Vermögensübergangs, der auch die privatrechtlich nicht übertragbaren Rechte ergreift, an, hält ihn hier aber nicht für anwendbar, weil er sich nur auf Staatsvermögen beziehe, eine dahingehende Feststellung für die Rechte aber nicht sicher getroffen werden könne. Diesen Rechtsansichten kann, soweit sie eine selbständige Rechtspersönlichkeit des Domanialvermögens ablehnen und — sofern die Rechte zum Staatsvermögen gehören — sie dem fiskalischen Staatsvermögen zuweisen, unbedenklich beigetreten werden. Die Annahme, daß die Rechte beschränkte persönliche Dienstbarkeiten seien, wird zunächst als richtig unterstellt. Der Entscheidung bedürfen alsdann nur die beiden Fragen, ob das Domanialvermögen als Staatsvermögen anzusehen ist und ob bejahendenfalls die Rechte mit diesem auf Preußen übergegangen sind.

Zur ersten Frage geht das LG. von der privatrechtlichen Vorstellung eines Prätendentenstreits zwischen mehreren Personen um ein Recht, das nur einer von ihnen zusteht, aus; es nimmt folgerichtig an, daß bei unentschiedenem Streit die nur dem einen Prätendenten mögliche Form der Vermögensübertragung durch Staatensukzession nicht zur Grundlage der Entscheidung gemacht werden könne; es erachtet schließlich diesen Streit hier für unentschieden, weil der Rezeß von 1853 die Eigentumsfrage offengelassen habe und weil auch die Auseinandersetzung von 1920 trotz Gebrauchs des Worts „anerkennen“ nur vergleichsweise die unentschieden bleibende Eigentumsfrage aus der Welt schaffe. Hiermit wird aber das LG. den besonderen Verhältnissen und dem in der Auseinandersetzung bekundeten Willen der Vertragsparteien nicht gerecht. Die Zweifelhaftigkeit der Berechtigung am Domanialvermögen erklärt sich historisch daraus, daß es aus einer Zeit stammt, in der „die publizistische und die privatrechtliche Persönlichkeit des Landesherrn noch nicht geschieden“ waren und daß Waldeck zu den wenigen deutschen Ländern gehört, in denen diese Zweifelslage nicht im Laufe des 19. Jahrhunderts durch Gesetz geregelt worden ist (vgl. Meyer-Anschütz Deutsches Staatsr. 319 ff.). Durch die Auseinandersetzung von 1920 ist der Streit entschieden indem die beiden gemeinsam zur alleinigen Verfügung über dieses Vermögen berufenen Rechtspersönlichkeiten sich über den Berechtigten geeinigt haben. Die hierbei etwa aufzuwerfende Frage, ob der Vertrag zur Erzielung der gewollte Wirkung tauglich war und genügte, ist zu bejahen (JFG. 2 S. 295).

Zur zweiten Frage kann dem Standpunkte der Beschwerde und des LG. in bezug auf Vermögensgegenstände im allgemeinen ohne weiteres zugestimmt werden. Es ist ein allgemeiner Rechtssatz, daß ein einverleibender Staat Herr des Vermögens des einverleibten wird; hier ist der Satz überdies im Staatsvertrag ausdrücklich ausgesprochen. Es kann dabei die staatsrechtliche Meinungsverschiedenheit unerörtert bleiben, ob der Rechtssatz nach der älteren Ansicht von Huber (Staatensukz. 1898) auf eine Universalsukzession zurückzuführen, oder ob er mit einer neueren Auffassung (Schönborn in Hatschek-Strupp Wörterbuch des Völkerrechts 2 S. 578, ähnlich Guggenheimer Lehre vom Staatenwechsel 52) als völkerrechtlicher Zuständigkeitswechsel zur Betätigung der eigenen Staatsgewalt zu erklären ist. Jedenfalls steht im Falle der Einverleibung eine privatrechtliche, auf die einzelnen Vermögensstücke sich beziehende Übertragung nicht in Frage. Indessen erhält der Fall seine Eigenart dadurch, daß persönliche Dienstbarkeiten nicht nur unübertragbar, sondern auch einem Wechsel des Inhabers infolge Erlöschens des bisherigen Inhabers als Rechtspersönlichkeit unzugänglich sind. Nach §§ 1090², 1061 erlöschen derartige Rechte nämlich, wenn sie einer natürlichen Person zustehen, mit deren Tode und, wenn sie einer juristischen Person zustehen, mit deren Ende. Die frühere Auffassung der Zulässigkeit vererblicher sog. irregulärer Personalservituten ist in das BGB. nicht übergegangen (KGJ. 33 S. 33, Predari GBO. § 24). Der dafür leitende Gedanke, einer dauernden Trennung des Gebrauchsrechts von Eigentum entgegenzutreten (Planck 2 vor § 1030), hat indessen nicht gehindert, die im 1. Entw. enthaltene Vorschrift, die die juristischen Personen zustehenden Rechte auf 100 Jahre beschränkte, zu streichen (Planck § 1061³). Es steht also mit dem Willen des Gesetzes im Einklang, daß derartige Rechte auch für die Dauer bestehen, wenn ihr Inhaber eine nach menschlichem Ermessen auf die Dauer bestehende juristische Person des öffentlichen Rechts ist. — Wann solche endet, bestimmt sich nach den für sie geltenden Vorschriften. In KGJ. 51 S. 263 ist bei Verschmelzung einer Aktienges. mit einer anderen juristischen Person gemäß §§ 304, 306 HGB. ein den Untergang ihres Nießbrauchs bewirkendes Endigen angenommen. Diese Entscheidung betraf also eine privatrechtliche juristische Person und es braucht deshalb darauf, ob an ihr festzuhalten wäre, hier nicht weiter eingegangen zu werden, da es sich hier um eine Person des öffentlichen Rechts handelt. Das BGB. beschränkt sich für diese in § 89 auf wenige die Ersatzpflicht betreffende Vorschriften, im übrigen hat es deren Ordnung dem öffentlichen Recht überlassen (Otto Mayer VerwRecht³ 2 § 55 II). Über das Erlöschen eines Staats gibt das von diesem erlassene Recht naturgemäß keine Vorschriften. Nach der herrschenden Lehre geht er u. a. unter, wenn seine Herrschaftsgewalt vollständig und endgültig auf einen anderen Staat durch Staatsvertrag übergeht (Hatschek Wörterbuch unter „Untergang von Staaten"). Indessen gibt diese allgemeine Lehrmeinung keine genügende Unterlage für den hier entscheidenden Fall. Das hier Eigenartige ist der Umstand, daß innerhalb des Reichs auf Grund des Art. 18 Reichsverf. unter Berücksichtigung des Willens der beteiligten

Bevölkerung eine innere Änderung der Gliederung des Reichs vorgenommen worden ist. Ein derartiger Vorgang erscheint, vom Zweck der §§ 1061, 1090 BGB. aus betrachtet, nicht als Beendigung, sondern als Verwandlung derselben juristischen Person. Der gleiche Gesichtspunkt kann für Organisationsveränderungen öffentlicher Verbände innerhalb des Staats in Betracht kommen, wenn die Gesetzgebung keine klaren Vorschriften über die hier aufgeworfenen Fragen gibt. Ein Beispiel bietet das von Kohler (RheinZ. 3 S. 409) wiedergegebene Urteil des Züricher ApellGerichts vom 22. 2. 1911 im sog. Glögglifall. Es handelte sich darum, ob die Dienstbarkeit auf Halten und Gebrauchen einer Glocke in fremdem Hause, die für eine aus Teilen zweier politischer Gemeinden verschiedener Kantone zusammengesetzte Zivilgemeinde bestand, durch die Auflösung der Gemeinde erlosch. In dem dies verneinenden Urteil ist gesagt: „Die Gemeinde ist kein selbständiges Individuum, sondern ein frei geschaffener Organismus, der als Mittel dient, damit gewisse Bedürfnisse einer Gemeinschaft von Menschen befriedigt werden können; die Form der Gemeinde kann wechseln, der Umfang größer oder kleiner werden, aber durch alle Veränderungen hindurch, geteilt oder mit einem ähnlichen Gebilde vereinigt, lebt die Gemeinde als notwendiges Glied des Staates fort und ihre Rechte und Verbindlichkeiten bleiben bestehen . ." Hiernach wäre der hier gestellte Antrag nicht unbegründet. Er durfte freilich nicht als ein Berichtigungsantrag aus § 22 GBO. § 894 BGB. angesehen werden, denn eine Unrichtigkeit in diesem Sinne würde einen außerhalb des Buchs eingetretenen Subjektwechsel voraussetzen, der nach obigem bei der persönlichen Dienstbarkeit ausgeschlossen ist. Die begehrte Eintragung wäre vielmehr als bloßer Richtig- oder Klarstellungsvermerk (Güthe GBO. § 22[7]) anzusehen, daß der eingetragene Rechtsinhaber nunmehr in einem anderen Rechtsgebilde fortlebt.

Indessen ist der bisherge Ausgangspunkt, wonach die Rechte als persönliche Dienstbarkeiten angesehen sind, nicht zweifelsfrei. Der Wortlaut der Eintragung scheint zwar darauf hinzuweisen; bei näherer Prüfung erscheint aber auch denkbar, daß die Rechte bestimmten Grundstücken des Domanialvermögens als herrschenden zustehen und zu deren Vorteil dienen sollten. Bei Nr. 4 spricht die Erwähnung der Pächter (offenbar bestimmter Grundstücke) als an der Nutzung Beteiligter in diesem Sinne. Auch der Inhalt der Rechte, zum mindesten der zu 1, 2 und 4 weist darauf hin, daß sie zum Nutzen nicht aller Staatsbürger, sondern einer bestimmten, durch Beziehungen zu Grundstücken umschriebenen Personengruppe dienen sollten. Ob die Eintragungen so wie sie — der Bewilligung entsprechend — vorgenommen sind, Grunddienstbarkeiten verlautbaren können, ob sie also das herrschende Grundstück bei Würdigung örtlicher Verhältnisse immerhin noch genügend bezeichnen, ist eine Frage, die zz. noch nicht entschieden zu werden braucht, zumal hierfür tatsächliche Feststellungen nicht vorliegen. Jedenfalls muß einstweilen als zweifelhaft bezeichnet werden, ob persönliche Dienstbarkeiten oder Grunddienstbarkeiten im Grundbuch verlautbart werden sollten. Über diese Zweifelsfrage muß das Grundbuchamt sich zunächst aussprechen. Der Antrag ist als solcher auf einen Richtigstellungsvermerk erfolgreich, wenn persönliche Dienstbarkeiten eingetragen sind; er ist dagegen abzulehnen, wenn die Rechte Grunddienstbarkeiten sein sollen, da deren Berechtigter der seiner Persönlichkeit nach nicht näher zu bezeichnende jeweilige Eigentümer des herrschenden Grundstücks ist. Die Grundakten geben keine weiteren Unterlagen als die Bewilligungserklärungen in den gerichtlichen Auflassungsverhandlungen. Da der Beschwerdeführer eine Entscheidung in dem Sinne erstrebt, daß persönliche Dienstbarkeiten vorlägen, so steht ihm frei, Unterlagen, die zur Auslegung der bei Begründung der Rechte abgegebenen Erklärungen dienlich sind, vorzulegen.

δ) **Wettbewerbsverbot als Inhalt persönlicher Dienstbarkeiten.**

Kammergericht, 1. ZS. Beschluß v. 18. Februar 1926 (X 63/26).

In Sachen der Kläger A. und B. gegen G. hat sich dieser vergleichsweise 1924 „als Eigentümer der Besitzung 51" verpflichtet, bis zum 1. 4. 1934 weder ein Kino zu betreiben, noch durch Dritte betreiben zu lassen. Die dementsprechende Eintragung zugunsten der Kläger in Abt. II Nr. 2 ist auf Anregung des G. gemäß § 54 GBO. am 13. 10. 1925 von Amts wegen gelöscht. Das LG. hat die Eintragung eines Widerspruchs zugunsten des A. und des B. angeordnet; denn die Handlungen, zu denen sich G. im Vergleiche verpflichtet habe, beträfen die tatsächliche Beherrschung, nicht die rechtliche Verfügung über das Grundstück; sie seien auch nicht schuldrechtlich gemeint gewesen, da G. die Unterlassungspflicht nicht für sich (schuldrechtlich), sondern als Eigentümer, also dinglich übernommen habe; eine derartige Einschränkung der tatsächlichen Verfügungsmacht über ein Grundstück könne den Inhalt einer Dienstbarkeit bilden.

Diese Ausführungen enthalten keinen Rechtsirrtum. Der Inhalt einer Grund- oder persönlichen Dienstbarkeit kann darin bestehen, dem Eigentümer die Ausübung bestimmter Gewerbe auf dem Grundstücke zu verbieten (KGJ. 36 S. 216; 52 S. 173; Rsp. 5 S. 316; 10 S. 118; 15 S. 372). Auf die Frage, ob der Zweck des Verbots, Ausschluß des Wettbewerbs, mit der Benutzung des Grundstücks etwas zu tun habe, kommt es hier, wo es sich um eine persönliche Dienstbarkeit handelt, nicht an. Ein gewerbliches Wettbewerbsverbot kann, wie in KGJ. 52 S. 173 für die Grunddienstbarkeit allerdings ausgesprochen ist, den Inhalt einer solchen nach § 1019 nur dann bilden, wenn das zu schützende gewerbliche Unternehmen zum herrschenden Grundstücke bestimmte festere Beziehung hat, so daß das Recht nicht zum Schutz eines dort zufällig und vorübergehend betriebenen Gewerbes dienen darf. Für die persönliche Dienstbarkeit ist eine ähnliche Voraussetzung nicht aufgestellt, es gilt für sie, wie neuerdings angenommen ist (RG. 111 S. 384), nichts besonderes; es genügt also, daß sich das Bedürfnis des Berechtigten zur Verfolgung mit Rechtsbehelfen des Privatrechts eignet und das ist für das Begehren, aus Wettbewerbsgründen die Ausübung eines bestimmten Gewerbes auf einem Grundstück zu verbieten, im allgemeinen anzunehmen. Aus welchen Gründen der Eigentümer diese Last auf sich genommen hat und ob er etwa sich von ihr befreien kann, sind Erwägungen, die im Grundbuchverfahren nicht anzustellen sind[1])...

[1]) Der Eigentümer des mit einer Wegegrunddienstbarkeit belasteten Grundstücks darf auf

o) **Kreditsicherung durch Hypothek und Grundschuldverpfändung am selben Grundstücke** [1]).

α) Kammergericht, 1. ZS. Beschluß v. 29. Oktober 1925 (x 679/25).

Auf dem Grundstücke des A. steht unter Nr. 16 für ihn eine Briefgrundschuld von 15 000 GM. und Nr. 19 für die „Bürgerbank" eine Höchsthypothek von 10 000 GM. zur Sicherung eines dem X. gewährten Kredits. Unterm 24. 7. 1925 hat A. erklärt, daß er seine Grundschuld der Bürgerbank zur größeren Sicherheit für alle Forderungen, die dieser gegen X. aus dem Kreditverhältnis oder einem sonstigen Grunde zustehen, verpfände, den Brief der Pfandgläubigerin übergeben habe und die Eintragung der Verpfändung bewillige. Die Vorinstanzen beanstanden den Antrag unter Hinweis auf Rspr. 43 S. 16 dahin, daß die Verpfändung nicht wegen des bereits durch die Höchsthypothek gesicherten Betrages, sondern nur wegen eines 10 000 GM. übersteigenden Betrages erfolgen könne. Allein jene Entsch. behandelt ebenso wie Rspr. 43 S. 14, 210, 213 nur die Zulässigkeit mehrerer Einzelhöchsthypotheken für Forderungen aus einer Geschäftsverbindung. Als Voraussetzung hiefür ist dort das Erfordernis hingestellt, daß jeder Hypothek nur ein bestimmt abgegrenzter Teilbetrag zugrunde gelegt werden könne. Maßgebend für diesen Standpunkt ist die Erwägung, daß jede Hypothek nur eine bestimmte Forderung — Forderungsteil — sichern darf (§§ 1113, 1115), daß mehrere Hypotheken zur Sicherung derselben Forderung rechtsgeschäftlich an demselben Grundstück überhaupt nicht, an verschiedenen Grundstücken nur als Gesamthypotheken (§ 1132) bestellt werden dürfen, und daß deshalb Bewilligung und Eintragung außer Zweifel stellen müssen, daß keine der einzutragenden Einzelhypotheken einen bereits durch eine andere gesicherten Teil des aus dem Forderungskreise hervorgehenden Guthabens mit sichern, daß vielmehr jede der Hypotheken als Sicherheit für einen besonderen Forderungsteil dienen soll. Diese Erwägungen lassen sich aber nicht verwerten, wenn eine Forderung gar nicht durch Bestellung mehrerer Hypotheken — Pfandrechten am G r u n d s t ü c k —, sondern durch ein Pfandrecht am Grundstück einerseits und ein Pfandrecht an einem dieses belastenden Rechte andrerseits dinglich gesichert werden soll. In solchem Falle sollen als Sicherheiten für die Forderung nebeneinander treten nicht mehrere Pfandrechte am Grundstücke selbst — Grundstückseigentum —, sondern ein Pfandrecht am Grundstück und ein solches an einem das letztere belastenden Recht, das gegenüber dem Eigentum ein selbständiges Vermögensrecht ist und dessen Haftung in besonderem Vollstreckungsverfahren zu verwirklichen ist. Insbesondere steht der Verpfändung einer Grundschuld nicht entgegen, wenn die Forderung bereits durch eine auf demselben Grund-

---

diesem ein Lattentor anbringen, wenn die Breite für den Weg nicht beeinträchtigt wird und das Tor während der Verkehrszeit unverschlossen bleibt, für die Nachtzeit aber ein Schlüssel gewährt wird (BayObLG. 4. 6. 1924, Samml. 23 S. 116).

[1]) Die Bezeichnung der Verzinsung genügt dem Bestimmtheitsgrundsatz nur dann, wenn der Zinssatz unmittelbar aus dem Grundbuche feststellbar ist; eine Verweisung auf den „jeweiligen Zinssatz der Städtischen Sparkasse für kurzfristige Einlagen" genügt ebensowenig, wie die Verweisung auf den jeweiligen Reichsbankdiskontsatz (KG. 25. 9. u. 13. 11. 24 X 399, 475/24).

stück haftende Hypothek gesichert ist. Es handelt sich zwar dabei auch um eine mehrfache Sicherung durch Rechte am Grundstück, allein der ihr dienende Gegenstand ist nicht das an mehreren Rangstellen durch Hypothek verpfändete Grundstück, sondern das Grundstück und die mit selbständigem Rechtsdasein ausgestattete Grundschuld, bei der das Pfandrecht nicht nach dem ZVG., sondern nach BGB. § 1277 ZPO. §§ 857⁴ 829, 830, 837 verwirklicht wird. Die Briefgrundschuld wird rechtswirksam durch Übergabe des Briefs und schriftliche Abtretungserklärung verfändet (§ 1274, 1192, 1154 BGB.). Ob die dadurch zu sichernde Forderung bereits auf andere Weise, besonders durch eine auf demselben Grundstück wie die Grundschuld haftende Hypothek dinglich gesichert worden, ist für das wirksame Entstehen des Pfandrechts an der Grundschuld belanglos. Ist aber außerhalb des Grundbuchs ein wirksames Pfandrecht an der Grundschuld entstanden, so bedeutet die grundbuchliche Eintragung nur eine Berichtigung des § 22 GBO., die vorzunehmen ist, wenn die Voraussetzungen des Pfandrechts — Briefübergabe und Verpfändungserklärung — in der Form des § 29 GBO. nachgewiesen sind. Für die durch die Verpfändung zu sichernde Forderung genügt Bestimmbarkeit; die Verpfändung kann auch für einen dem Pfandgläubiger eingeräumten, nicht begrenzten Kredit erfolgen (Warn. 4 Nr. 274; KGJ. 44 S. 269). Wie hiernach die für die Bürgerbank eingetragene Sicherungshypothek zum Höchstbetrage von 10 000 GM. die Eintragung der Verpfändung der Grundschuld von 15 000 GM. wegen des gleichen Betrages nicht hindern kann, so würde auch andererseits die Wirksamkeit der Sicherungshypothek durch die nachfolgende Eintragung der Verpfändung nicht in Frage gestellt....

β) Kein Übergang aus der Reichs- in die Goldmark.

Kammergericht, 1 ZS. Beschluß v. 1. Juli 1926 (X 161/26).

Im Liegenschaftsrecht ist der Umfang der beschränkten Rechte fest und nicht nach oben erweiterbar (KGJ. 40 S. 282). Ein Übergang aus der RM. in die GM., also aus der währungsmäßig in die wertbeständig durch den Goldpreis bestimmte Rechnungseinheit schafft die Möglichkeit einer Umfangserweiterung. Das kann trotz der Basierung der deutschen Reichswährung auf Gold, trotz gegenwärtiger Gleichbewertung von RM. und GM. im Verkehr und trotz mehrfacher, hierdurch erklärter Gleichstellung beider Einheiten in Einzelvorschriften der neueren Reichsgesetzgebung nicht geleugnet werden und zeigt sich auch gerade darin, daß der beschwerdeführende Eigentümer auf die Eintragung von GM. statt RM. Wert gelegt hat. Ob die Rechtsprechung bei dem erhofften weiteren Fortbestand der verkehrsmäßigen Gleichbewertung von RM. und GM. auch zu einer rechtlichen Gleichsetzung gelangt, muß der Zukunft überlassen bleiben. Der Übergang aus einer vorhandenen RM. Belastung in eine GM.-Belastung ist daher mit Recht beanstandet worden.

γ) Geldbetrag der Forderung durch Verbindung von RM und GM.

Kammergericht, 1 ZS. Beschluß v. 1. Juli 1926 (X 441/26).

Die Grundstückeigentümer haben die Eintragung einer Hypothek für die Bank beantragt. In der Bewilligung heißt es: „Wir bekennen, ein bares Darlehn von 11 000 GM. — eine GM gleich 1/2790 kg Feingold — unter folgenden Bedingungen erhalten zu haben ... 5. Falls gemäß § 1115 auf die Eintragungsbewilligung Bezug genommen wird, beantragen wir folgende Fassung 11 000 GM. — eine GM gleich 1/2790 kg. Feingold — Darlehn... Das Grundbuchamt hat den Antrag beanstandet. Das LG. führt ohne Irrtum aus, es handle sich hier um eine wertbeständige, und zwar eine Feingoldbelastung gemäß dem Ges. 23.6. 1923; es verweist auf den § 2 und meint, daß der Fall zweier wertbeständiger Maßstäbe hier nicht vorliege Es spricht sich sodann dahin aus, daß die hier angewandte Begrenzung durch RM. dem Bestimmtheitsgrundsatz zuwidergehe und die Sicherheit der nachstehenden Gläubiger gefährde. Dem kann nicht gefolgt werden. Es ist hier der Fall vorgesehen, daß die GM. unter die RM. herabgeht und für diesen Fall die Haftung in letzterer statt in ersterer festgesetzt. Warum das unbestimmt sein oder nachstehende Gläubiger schädigen soll, ist nicht zu ersehen.

Es bleibt also die grundsätzliche Frage, ob eine derartige Verbindung von GM. und RM. aus allgemeinen Gründen unzulässig ist. Dafür liegt nichts vor. Der Beschluß (Rsp. 44 S. 149) hat bei einer in RM. einzutragenden Hypothek den Zusatz, daß für jede RM. der Gegenwert von 1/2790 kg Feingold zu entrichten sei, deshalb abgelehnt, weil der Antrag in widerspruchsvoller Weise unklar lasse, ob die Belastung währungsmäßig (§ 28 GBO.) oder wertbeständig (Ges. v. 23.6.23) umgrenzt sein solle und es ist auf die Unterschiede zwischen beiden hingewiesen; über Zulässigkeit oder Unzulässigkeit einer Verbindung beider Zahlungsbestimmungen ist aber nichts gesagt. Über die letztere Frage ist gesetzlich nichts festgesetzt. Immerhin zeigt der erwähnte § 2, daß der Gesetzgeber eine Verbindung mehrerer für die Zahlungsbestimmung beachtlicher Umstände für zulässig gehalten hat. Wenn Düringer-Schultze (Ges. v. 23.6.1923 § 2[1]) nicht als zulässig erachten, einer wertbeständigen Hypothek einen nach Reichswährung bestimmten Geldbetrag als Höchst- oder Mindestgrenze zu setzen, so ist dieser, wohl durch die wirtschaftliche Lage der alten Markwährung beeinflußten Ansicht nur insoweit beizupflichten, als § 2 über eine derartige Zulässigkeit allerdings nichts bestimmt; es ist aber nicht zu ersehen, welche grundsätzlichen Bedenken gegen eine Verbindung der heutigen Reichswährung mit dem wertbeständigen Goldmaßstab bestehen sollen. Voraussetzung der Zulässigkeit einer derartigen Verbindung ist natürlich aber völlige Klarheit und Zweifelsfreiheit, wie für sie grundbuchlich zu verlautbarende Rechtsverhältnisse allgemein Bedingung ist. Die hier gewollte Verbindung, wonach als untere Grenze der wertbeständigen Haftungsbestimmung das Heruntergehen unter den Nennbetrag vorgesehen und für diesen Fall an Stelle der GM. die RM. in dem Nennbetrag der ersteren gesetzt wird, enthält keine Unklarheiten. Ob diese Bestimmung praktische Bedeutung hat, ist hier nicht zu erörtern. Der Haftungsumfang muß aber auch in der Eintragung unmittelbar ausgedrückt werden. Die vorgeschlagene nur auf GM. lautende Fassung, ist unzureichend. Der jetzt gemachte Vorschlag: „11 000 GM., mindestens 11 000 RM. erscheint annehmbar.

o) Schweizer Goldhypotheken. „Schuldner" im Art. 1 Zus. Abk.

α) Kammergericht, 1. ZS. Beschluß v. 22. Oktober 1925 (x 673/25).

Auf dem Grundstücke, das seit Juni 1923 dem Beschwerdeführer A. gehört, haftete seit 1913 für die Baseler Gesellschaft eine Hypothek von 225 000 M. Nach der in bezug genommenen Bewilligung sind alle Zahlungen in deutscher Reichswährung in Gold zu leisten. Am 1. 2. 1924 sind auf Antrag der Gläubigerin für sie auf Grund des Zusatz Abk. vom 25. 3. 1923 unter Löschung der Hypothek eine Frankgrundschuld von 277 762 und für den Eigentümer eine solche von 555 52 eingetragen. Die Beschwerde mit dem Antrag auf Löschung oder auf Eintragung eines Widerspruchs ist mit Recht zurückgewiesen. Der Amtswiderspruch, der hier mangels inhaltlicher Unzulässigkeit der Eintragungen allein in Frage kommt (§§ 71² S. 2, 54¹ S. 1 GBO.), setzt voraus, daß dabei gesetzliche Vorschriften verletzt worden, also die für die Anwendbarkeit des Z. A. notwendige Übermittlung der in Art. 2c bezeichneten Erklärung nicht wirksam an W. erfolgt wäre. In X 281. 24 Recht 1924 Nr. 1269 ist als „Schuldner" des Art. 2ᶜ H. A., 1 Z. A. der Hypothekenschuldner, also der Grundstückseigentümer bezeichnet. Dieser Standpunkt ist jedenfalls in dem Sinn aufrecht zu erhalten, daß eine dem Eigentümer erfolgte Uebermittlung zur Anwedung des Z. A. im Sinne von Art. 1 genügt. Das H. A. hat mit „Schuldner" nicht ausschließlich den persönlichen Schuldner bezeichnen wollen. Es hat zwar hinsichtlich der in ihm getroffenen Regelung der „Goldhypotheken" nur schuldrechtliche Wirkung, aber bei seiner Regelung nur an den regelmäßigen Fall gedacht, daß der Eigentümer auch der persönliche Schuldner sei (Denkschr. zum Z. A. bei Geiler-Pfefferle die schweiz. Goldhyp. S. 62, Art. 3 S. 155⁷, RG. 104 S. 353, 357). Das Z. A. gibt in Art. 1 gleichfalls keine nähere Bestimmung des „Schuldnerbegriffs". Da es jedenfalls den Eigentümer, den dinglichen Schuldner der Goldhypothek, nicht hat ausnehmen wollen, muß deshalb angenommen werden, weil es die Regelung gerade der dinglichen Seite bezweckt, den nur schuldrechtlich verpflichteten an anderer Stelle (Art. 2², 5) ausdrücklich „persönlichen Schuldner" nennt. diesen aus dem Haftungsverhältnis überhaupt ausscheidet (Art. 6³ S. 2) und endlich in Art. 5 einer Vereinbarung zwischen Gläubiger und Eigentümer über das der Goldhypothek zugrunde liegende Rechtsverhältnis die gleiche, das Z. A. ausschließende Wirkung beilegt, wie einer Vereinbarung zwischen Gläubiger und persönlichem Schuldner, während Art. 5 H. A. nur allgemein von Vereinbarungen zwischen Gläubiger und „Schuldner" spricht. Der Umstand, daß das Z. A. in Art. 5 als auf der Schuldnerseite Beteiligte nicht nur den persönlichen, sondern daneben auch den Eigentümer nennt, läßt erkennen, daß der im A. H., besonders in Art. 2, 5 erwähnte „Schuldner" unter der Geltung des A. Z. nicht notwendig der persönliche Schuldner zu sein braucht. Hiernach ist anzunehmen, daß es im Sinne des Z. A. liegt, Unterstellungserklärungen des Art. 2ᶜ H. A., die unter der alleinigen Geltung des H. A. dem Eigentümer übermittelt sind, für die Anwendbarkeit des Z. A. als dem „Schuldner" übermittelte gemäß Art. 1 Z. A. gelten zu lassen (Erlaß des RJM. vom 29. 1. 1924 Abs. 3 — JMBl. S. 59, abweichend Geiler-Pfefferle Vorbem. 3 zu Art. 2 H. A., Art. 1² Z. A.).

β) Genießt der nach Ges. v. 23. 6. 23 bestellte Treuhänder Gebührenfreiheit?

Kammergericht, ZS. 1a Beschluß v. 13. November 1925 (x 812/25).

Die unter Nr. 30 für die Akt.-Ges. in Zürich eingetragene Friedens-GM-

Hypothek von 900 000 ist auf Grund des Schweizer HypAbkommens am 19. 11. 23 gelöscht, dagegen sind unter Nr. 35 neu eingetragen: 1 111 050 Fr. Gläubigergrundschuld für die AG. und unter Nr. 36 für den Eigentümer eine Grundschuld von 222 210 Fr., bei der in Spalte Veränderungen außerdem die Verwaltung des Treuhänders vermerkt wurde. Nach § 3 G. v. 23. 6. 23 hatte nun der Eigentümer die zwischen der ursprünglichen Hypothek (Nr. 30) und der neuen Grundschuld (Nr. 35) stehenden Berechtigten zu befriedigen. Die Hypotheken Nr. 32, 33, 34 sind gelöscht, ebenso ein Teilbetrag der Nr. 31. Dagegen mußte der Rest der Nr. 31 über 50 000 M. gemäß § 4 enteignet werden. Darauf ist am 15. 4. 25 auch dieser Teil auf Antrag der Reichskreditgesellschaft („RKG.") gelöscht worden. Diese hält sich zur Zahlung der Löschungskosten nicht für verpflichtet, denn sie habe die Löschung nicht aus eigenem Recht, sondern als Verwalterin und Treuhänderin des Reichs, zu dessen Gunsten die Enteignung erfolgt sei, beantragt. Kostenschuldner sei also das Reich, dem gemäß § 8 Pr. GKG. Gebührenfreiheit zustehe. Sie beansprucht also für ihre Person keine Gebührenfreiheit. Es liegt auch weder nach den allgemeinen Bestimmungen des Pr. GKG. ein Fall von sachlicher Gebührenfreiheit vor, besonders nicht der Fall der Enteignung des § 7³, da es sich nicht um Enteignung von Grundbesitz handelt, noch nach den besonderen aus Anlaß des Abkommens ergangenen Bestimmungen, die nur Kostenfreiheit für die Löschung des Treuhändervermerks vorsehen (Art. II der 4. AusfV. v. 30. 6. 24). Es könnte daher eine Gebührenfreiheit nur dann in Frage kommen, wenn das gebührenbefreite Deutsche Reich Kostenschuldnerin wäre. Diese Frage ist aber zu verneinen. Hätte die RKG. als Vertreterin des Reiches, also aus fremdem Recht, gehandelt, dann würde sie persönlich nicht für die Kosten haften, sondern das vertretene Reich. Sie hat aber aus eigenem Recht gehandelt. Dagegen spricht nicht, daß die gelöschte Hypothek zugunsten des Reiches enteignet, also damit dessen Eigentum geworden ist. Darauf, in wessen Rechtsgebiet eine kostenpflichtige Handlung eingreift, kommt es bei der Frage der kostenrechtlichen Haftung nicht an. Dies hat der Senat neuerdings z. B. für die Haftung der deutschen Reichsbahngesellschaft bei den das Betriebsvermögen — Eigentum des Reiches — betreffenden Geschäften ausgeführt (JMBl. 1925 S. 208). Der Verwalter fremden Vermögens handelt stets mit Wirkung für dieses. Ob er hierbei nur Vertreter ist, hängt von der Art seiner Stellung ab, besonders ob er aus eigenem Recht handelt. Ein Treuhänder handelt nun aber nicht als Vertreter für die verschiedenen Beteiligten, denen seine Tätigkeit gilt; er müßte denn, z. B. als Treuhänder zum Ausgleich der Belange eines Schuldners und seiner Gläubiger bestellt, gleichzeitig Vertreter widerstreitender Interessen sein. Er ist vielmehr zur Herbeiführung eines bestimmten Erfolges durch eigene Entschließungen bestellt. Er handelt hierbei in eigenem Namen aus eigenem, ihm von den widerstreitenden Interessenten verliehenen Rechte. In ähnlicher Weise sind auch durch das Ges. v. 23. 6. 23 und die dazu ergangenen AusfV. v. 28. 6. 23; v. 9. 11. 23; v. 9. 2. u. 30. 6. 24 die Befugnisse der RKG. als Treuhänderin geregelt. Der Treuhänder, nicht der Eigentümer, verwaltet nach § 1 Ges. v. 23. 6. 23 die Eigentümergrundschuld und verfügt über sie. Er verwaltet die zugunsten des Reichs enteigneten Zwischenhypotheken und bringt sie zur Löschung (§ 4). Er befriedigt nach § 3 die Zwischenhypotheken — auch ohne Enteignung —, wenn der Eigentümer dies nicht tut. Er wird also aus dem ihm im Gesetz verliehenen selbständigen Recht tätig, um den Zustand herbeizuführen, der den Abmachungen zwischen dem Reich und der Schweiz im Staatsvertrage zwischen beiden entspricht. Er ist weder Vertreter des Reichs, noch des Eigentümers, noch des Schweizer Hypothekars. Zu wessen Gunsten er handelt, ist durchaus bestritten. Jedenfalls ist er zur selbständigen Herbeiführung eines bestimmten Erfolges, nicht zur Vertretung eines dabei Beteiligten bestellt. Daß der RKG. zur Erfüllung ihrer Aufgabe Vorschüsse vom Reich gewährt sind und daß sie über Einnahmen und Ausgaben mit dem Reich abrechnet, ändert kostenrechtlich nichts. Dies ist lediglich eine innere Angelegenheit zwischen ihr und dem Reich. Auch mit dem Eigentümer und den enteigneten Zwischenhypothekaren hat sie sich zu verrechnen, ohne dadurch zu ihrem Vertreter zu werden. Sie kann sogar die den letzteren gezahlten Entschädigungen nach den Vorschriften über die Beitreibung öffentlicher Abgaben von dem Eigentümer einziehen (§ 7). Die RKG. ist also nicht privatrechtliche Vertreterin, sondern ein zur Durchführung des Staatsvertrags geschaffenes Organ, das seine Befugnisse unmittelbar aus dem Gesetz entnimmt. Da ihr die persönliche Gebührenfreiheit nicht verliehen ist, sie auch neben dem Reichsfiskus als privatrechtliche AktienG. eine völlig selbständige Rechtspersönlichkeit ist, haftet sie nach § 1 Pr. GKG. für die durch ihre Anträge entstandenen Kosten selbst.

p) **Erfaßt das Verfügungsverbot über das Grundstück die nach § 1183 erforderliche Zustimmung des Eigentümers?**

Kammergericht, 1 ZS. Beschluß v. 1. Juli 1926 (x 401/26).

Die auf dem Grundstücke des M. unter Nr. 5 für D. gebuchte Hypothek von 7500 GM. ist auf Grund der Bewilligung des Gläubigers und der Zustimmung des M. vom 30. 11. 1925 am 4. 12. 1925 gelöscht. Die Beschwerdeführerin hat in dem sich gegen M., D. und die Firma K. richtenden Verfahren zunächst die durch Beschluß vom 3. 10. 1925 erlassene einstweilige Verfügung erwirkt, die dem M. verbietet, bis zum Wert von 3511 RM. über das Grundstück zu verfügen. Sie hat ferner die durch Urteil vom 4. 11. 1925 erlassene Verfügung herbeigeführt, wonach dem D. die Verfügung über die Hypothek Nr. 5 verboten ist. Das Verbot vom 3. 10. ist am 6. 10. in Abt. II Nr. 2 eingetragen. Die am 14. 12. beantragte Eintragung des Verbots gegen D. ist wegen der inzwischen erfolgten Löschung der Hypothek abgelehnt. Die weitere Beschwerde ist begründet.

Die Eintragung des Verbots vom 4. 11. 25 setzt das Bestehen des Rechts voraus, dessen Inhaber beschränkt werden soll. Die Annahme des LG., daß die Hypothek des D. nicht mehr bestehe, ist irrig. Nach § 891² BGB. besteht infolge der Löschung zwar die Vermutung für das Erloschensein des Rechts, diese Vermutung kann aber durch Gegenbeweis entkräftet werden, und diesen Gegenbeweis hält die Beschwerd gerade durch den Hinweis auf das Verbot vom 3. 10

für geführt. Freilich gehörte, falls der Beschwerde hierin beizustimmen wäre, zum Erfolge des Antrags nach § 4 GBO. auch die Wiedereintragung der Hypothek. Hierin läge aber ein im allgemeinen nur zur Zwischenverfügung führendes Hindernis. Ihre Auflage wäre es, die Wiedereintragung herbeizuführen. Dieses setzt ein besonderes Berichtigungsverfahren voraus. Die Ansicht, es könne schon im gegenwärtigen Verfahren ein Widerspruch gegen die Löschung der Hypothek eingetragen werden, ist abzulehnen, weil es sich hier nicht um eine Beschwerde gegen diese Löschung (§ 71² GBO.) handelt.

Die Meinung der Beschwerdeführerin, die Hypothek sei ihr gegenüber infolge des Verbots vom 3. 10. gegen M. nicht aufgehoben (es ist zu beachten, daß D. nicht über die Leistung der Hypothek quittiert hat und somit diese zur Eigentümergrundschuld geworden, sondern daß Aufhebung gemäß §§ 875, 1183 BGB. erfolgt ist), wäre richtig, wenn jenes Verbot auch die gemäß § 1183 erteilte Zustimmung des Eigentümers erfaßte. Denn dann hätte diese zur Aufhebung erforderliche Willenserklärung nach §§ 135, 136 BGB. dem Geschützten gegenüber keine Wirkung, es hätte die Löschung nicht erfolgen sollen (Güthe 7 vor § 13) und es hätte die Beschwerdeführerin nach § 888² BGB. gegen M. den Anspruch auf Zustimmung zur Wiedereintragung. Es ist also zu entscheiden, ob die gemäß § 1183 erteilte Zustimmung gegen das Verbot vom 3. 10. verstieß. Dieses enthält sich der Bezeichnung bestimmter einzelner Handlungen (938² ZPO.) und bedient sich des zusammenfassenden begrifflichen Ausdrucks: Verfügung zum Nachteil der Gläubigerin (Beschwerdeführerin). Es ist also durch Auslegung festzustellen, ob die Zustimmung zur Aufhebung der Hypothek dem Verbot widerspricht und deshalb unwirksam ist (Gruch. 48 S. 934). Das ist zu verneinen. Die Aufhebung eines das Grundstück belastenden Rechts ist regelmäßig als ein rechtlicher Vorteil für das Grundstück, das darauf gerichtete rechtsgeschäftliche Handeln des Eigentümers also nicht verbotswidrig. Davon für die Hypothek deshalb eine Ausnahme zu machen, weil sie Eigentümerhypothek (Grundschuld) werden kann, liegt kein Grund vor, denn Eigentum und Eigentümergrundschuld (-hypothek) sind selbständig nebeneinanderstehende Rechte; aus dem gegen den Eigentümer erlassenen Verbot folgt noch nicht seine Ausdehnung auf Verfügungen über eine Eigentümergrundschuld(hypothek); ein Interesse des Gläubigers an der Entstehung eines derartigen Rechts ist also nicht ersichtlich. Verfügungsverbote sind im allgemeinen eng auszulegen. Wollte die Beschwerdeführerin dem Eigentümer auch die Aufhebung einer Hypothek verbieten, so hätte sie das Verbot darauf erstrecken müssen. Wenn sie hier ausführt, daß die Aufhebung der Hypothek ihr die billigere und schnellere Vollstreckung in die Hypothek entziehe, so sind das Ausführungen, die nur durch den zufälligen Umstand, daß sie auch Gläubigerin des Hypothekars ist, begründet und deshalb für die Frage, ob ein Verfügungsverbot gegen den Eigentümer auch die Zustimmung gemäß § 1183 verbietet, nicht zu verwerten sind.

Mit der Verneinung der letztgenannten Frage ist aber der vorliegende Fall noch nicht erschöpft. Die von M. abgegebene Zustimmung wirkte nur dann, wenn die von D. erklärte Aufhebung der Hypothek vom 30. 11. 1925 (§ 875 BGB.) wirksam war. War aber damals dem D. gegenüber das gegen ihn erlassene Verbot vom 4. 11. bereits in Wirkung getreten, so ist seine Aufhebungserklärung und aus diesem Grund auch die Zustimmungserklärung des M. ohne Wirkung gegenüber der Beschwerdeführerin (§§ 136, 886 BGB.).... Es kommt also darauf an, ob dieser gegenüber der neben der grundbuchlichen Löschung zum Untergang der Hypothek erforderliche Löschungswille wirksam geäußert werden konnte. Entscheidend ist also einerseits nach §§ 936, 929 ZPO. der bisher ungeklärte Umstand, ob die erforderliche Zustellung (daß es durch Urteil erlassen ist, erübrigt die Zustellung nicht, Stein ZPO. § 938 II; RG. 51 S. 129) fristgemäß erfolgt war und andererseits nach § 40 GBO., daß die Hypothek wieder eingetragen wird. Beides sind Hindernisse, von denen nicht ohne weiteres angenommen werden muß, daß sie in kürzerer Frist nicht beseitigt werden können; ihre Behebung ist daher durch Zwischenverfügung aufzugeben.

q) **Höchsthypothek: α) im Falle des § 1187. Anwendung des § 51 GBO.**
Kammergericht, 1. ZS. Beschluß v. 17. Juni 1926 (x 349/26).

...Nach § 1187 S. 1 ist als Form der dinglichen Sicherung für Forderungen aus Schuldverschreibungen auf den Inhaber lediglich die Verkehrshypothek ausgeschlossen; dagegen ist nicht bestimmt, daß nur die in § 1184 geregelte gewöhnliche Sicherungshypothek zugelassen sei. Da auch die Höchstbetragshypothek nach § 1190³ eine Sicherungshypothek ist, so bestehen gegen ihre Verwendung als Grundstückspfand für Forderungen aus Schuldverschreibungen keine Bedenken. Hinzu kommt, daß nach § 1190 die Art der Forderungen, für die die Höchsthypothek als Sicherung dienen soll, ohne jede Bedeutung ist, so daß auch Forderungen aus Schuldverschreibungen durch sie gesichert werden können (KGJ. 30 S. 284).

Ein Rechtsirrtum liegt dagegen darin, daß die Vorinstanzen den § 51 GBO. auf Höchsthypotheken für Teilschuldverschreibungen für anwendbar erklären. Der bloße Wortlaut des § 51 könnte ihnen Recht geben. Nach der Denkschrift S. 57 ist jedoch die Vorschrift eingefügt worden, weil die §§ 1115, 1187 unter Umständen zu der Auffassung Anlaß geben könnten, daß für die Forderung aus jeder einzelnen Teilschuldverschreibung eine besondere Hypothek eingetragen werden müsse. Es ist hiernach für den Fall, daß die Schuldverschreibung in Teile zerlegt ist, nachgelassen, eine zusammengefaßte Hypothek einzutragen (vgl. KGJ. 35 B. 29, 38 B. 68, 50 S. 198); zugleich ist hinsichtlich des Geldbetrages der Forderung der 1115 BGB. dahin ergänzt worden, daß es genügt, den Gesamtbetrag der Hypothek unter Angabe der Anzahl des Betrages und der Bezeichnung der Teile im Grundbuche zu vermerken (vgl. auch Güthe-Triebel 51 A. 2—5). Hieraus folgt, daß § 51 nur Hypotheken betrifft, bei denen die Eintragung des Geldbetrages der Forderungen geboten ist. Er bezieht sich also nur auf die gewöhnliche Sicherungshypothek nach §§ 1184, 1187, die für bestimmte Forderungen aus bestimmten Schuldverschreibungen bestellt wird. Werden dagegen Forderungen aus Teilschuldverschreibungen, deren Feststellung im übrigen vorbehalten wird, durch eine Höchsthypothek sichergestellt, so kommt nach § 1190 die Eintragung des Geldbetrages der Forderungen nicht in Frage (KGJ. 23 S. 237, 35 S. 279, 40 S. 314). Einzutragen ist vielmehr lediglich der Höchstbetrag, bis zu dem das Grundstück haften soll. Insoweit erleidet daher die Inhaberhypothek, die als Höchsthypothek gebucht wird, eine Abänderung. Im übrigen bleiben jedoch die Vorschriften über Inhaberhypotheken, besonders § 1189 in Geltung. Ist hiernach bei der Eintragung der beantragten Höchsthypothek an Stelle des Geldbetrages der gesicherten Forderungen die Haftsumme zu vermerken, so ist für § 51 kein Raum.

β) Ersatzansprüche von Mitbürgen.

Kammergericht, 1. ZS. Beschluß v. 25. Juni 1925 (x 404/25).

Der Eigentümer A., gegen den ein Strafverfahren wegen Untreue eingeleitet ist, hatte notariell erklärt, daß M, N, O gemeinschaftlich für ihn im Falle seiner Haftentlassung Sicherheit bis 35000 GM. zu leisten bereit seien und daß er ihnen für alle Ansprüche aus diesem Schuldverhältnisse eine Sicherungshypothek zum Höchstbetrage von 35000 GM. zu gleichen Rechten und Anteilen bewillige. Darauf war als Nr. 6 eingetragen: „35000 RM. Sicherungshypothek zur Sicherung einer Forderung aus einer Bürgschaftsübernahme für M, N, O zu gleichen Rechten und Anteilen". In einer späteren Urkunde erklärte A. unter Zustimmung der drei Genannten: „Diese Hypothek soll der Stadt W. zur Sicherung für ihre Ersatzansprüche, die sie gegen mich geltend gemacht hat, zustehen, und zwar mit der Maßgabe, daß die Ansprüche der Stadt aus der Sicherungshypothek erst dann geltend gemacht werden können, wenn die Untersuchungshaft gegen mich aufgehoben oder beendet sein wird und M, N, O gegen mich keine Forderungen haben, zu deren Sicherung die bisherige Eintragung zu dienen bestimmt ist." Diese Eintragung ist mit Recht abgelehnt worden. Eine einheitliche ungeteilte Hypothek für die Forderungen mehrerer Gläubiger gegen denselben Schuldner kann nur bestellt werden, wenn sich die Gläubiger hinsichtlich der zu sichernden Forderung in einer Rechtsgemeinschaft befinden. Diese kann eine Bruchteils- (§ 741 f.), eine Gesamthandsgemeinschaft (§§ 718, 1438, 2032) oder eine Gesamtgläubigerschaft (§ 428) sein. Das folgt aus dem Grundsatze, daß *eine* Hypothek je nur eine bestimmte einheitliche Forderung zu sichern bestimmt ist, und gilt auch bei Hypotheken für bedingte oder künftige Forderungen sowie bei gewöhnlichen Sicherungshypotheken und bei Höchsthypotheken (§§ 1113, 1115, 1184, 1190). Aus diesem Grunde kann eine einheitliche Hypothek, auch als Höchsthypothek für mehrere Gläubiger nicht in der Weise bestellt werden, daß sie als Sicherung für die Forderungen des einen nur dann und insoweit dienen solle, als Forderungen des anderen nicht entstehen. Wie eine einheitliche Hypothek für eine Mehrheit von Gläubigern mit einem solchen Inhalt nicht *neu* bestellt werden kann, so kann einer für einen Gläubiger oder eine in Rechtsgemeinschaft stehende Gläubigermehrheit bereits begründeten Hypothek auch nicht *nachträglich* im Wege der Inhaltsänderung (§ 877) ein so gearteter Inhalt gegeben werden. Es würde sich dabei nicht um eine Forderungsauswechselung im engeren Sinne des § 1180, sondern um die Einbeziehung einer neuen Forderung in die für eine andere Forderung (Forderungskreis) bestehende Sicherung handeln. In diesem Sinne sind die vom LG. in Anlehnung an RG. 75 S. 250 gemachten Ausführungen gemeint und so verstanden sind sie nicht rechtsirrtümlich, stimmen vielmehr mit der neueren Rechtsprechung überein (JW. 1916 S. 740[6], KGJ. 45 S. 287, 49 S. 224) und der im Schrifttum herrschenden Meinung.

Hiernach wäre die beantragte Eintragung selbst dann nicht zulässig, wenn die Hypothek Nr. 6 wirksam wäre. Das ist aber nicht der Fall. Nach dem, eine Bezugnahme auf die Bewilligung nicht enthaltenden, Eintragungsvermerk erscheint sie als eine gewöhnliche Sicherungshypothek (§ 1184) für die „Forderung" der als Gläubiger bezeichneten „aus einer Bürgschaftsübernahme". Hinsichtlich der daraus etwa entstehenden Regreßansprüche (§§ 774, 426) der mehreren Bürgen gegen den Hauptschuldner besteht aber zwischen den Mitbürgen keine Rechtsgemeinschaft in oben erörtertem Sinne, besonders auch keine Bruchteilsgemeinschaft. Die Rechtslage gestaltet sich vielmehr im Falle der Befriedigung des Gläubigers durch einen der Bürgen so, daß die Forderung in Höhe der Leistung auf jenen Bürgen übergeht (§ 774) und die anderen ihm nach Maßgabe ihrer Vereinbarungen oder des Gesetzes (§§ 769, 426) ausgleichspflichtig sind. Die für die Mitbürgen bestellte Hypothek soll also sichern die infolge Befriedigung des Gläubigers auf den Bürgen übergegangene Forderung und sodann die Ersatzansprüche, die den Mitbürgen infolge von Ausgleichszahlungen aus dem der Bürgschaft zugrundeliegenden Rechtsverhältnisse gegen den Hauptschuldner erwachsen (§§ 670, 683). Die Ansprüche bestehen rechtlich selbständig nebeneinander als voneinander unabhängige Einzelrechte der mehreren Bürgen, und sind daher der Sicherung durch eine einheitliche Hypothek nicht fähig (KGJ. 28 S. 143, RG. Komm. § 1115[3]). Die hier für die Mitbürgen eingetragene Sicherungshypothek ist hiernach inhaltlich unzulässig und kann also überhaupt nicht Gegenstand einer Inhaltsänderung des § 877 sein, wird vielmehr gemäß § 54 S. 2 GBO. von Amts wegen zu löschen sein. Deshalb kann unerörtert bleiben, ob es sich nach der Eintragungsbewilligung überhaupt um eine Bürgschaft der §§ 765 f. BGB. und nicht vielmehr um das Versprechen einer Sicherheitsleistung der §§ 117 f. StPO. handelt. Auch kommt es nicht mehr darauf an, daß die Hypothek entgegen der Bewilligung und des Antrages nicht als Höchsthypothek (§ 1190), sondern als gewöhnliche Sicherungshypothek (§ 1184) und daß sie nicht als GMHypothek — was zulässig gewesen wäre, weil das Ges. v. 23. 6. 1923 nicht durch das Münzges. vom 30. 8. 1924 außer Kraft gesetzt ist (1. X. 136/25)—, sondern als RMHypothek eingetragen ist. Die hier beabsichtigten Sicherungen werden nicht anders als durch Bestellung selbständiger Einzelhypotheken erreicht werden können und zwar nötigenfalls unter Zuhilfenahme des § 179

r) Zeitliche Beschränkung der nach § 1199 bestellten Rentenschuld.

OLG. Braunschweig, 1. ZS. Beschluß v. 29. Mai 1925 (N 41/25).

Nach der einen Meinung sind zeitliche Begrenzungen schlechthin zulässig, auch wenn durch die einzelnen Rentenzahlungen allmählich das Ablösungskapital getilgt wird (Gierke Privatr. § 165 III; Kretzschmar Sachenr. § 1199[2]). Andere lassen in keinem Falle eine Bedingung oder Befristung zu, da die Rentenschuld begrifflich eine „ewige Schuld“ sei [1]). Eine mittlere Meinung endlich gestattet mit Rücksicht auf §§ 1199^2, 1201^2 eine zeitliche Beschränkung nur dann, wenn die einzelnen Renten zugleich, ganz oder teilweise, Tilgungsrenten sind [2]). Dieser Meinung ist darin beizutreten, daß eine zeitliche Begrenzung mit dem Begriffe der Rentenschuld dann nicht unvereinbar ist, wenn durch die Rentenzahlungen keine Amortisation des Ablösungskapitals bewirkt wird. Dieses ist hier auf den 25 fachen Jahresbetrag der Rente bestimmt und der Höhe nach unveränderlich, ohne Rücksicht darauf, wie lange die Renten zur Zeit der etwaigen Ablösung schon gezahlt sind. Die zeitliche Beschränkung liegt hier allein darin, daß der Frau A. der Rentenanspruch für die Dauer ihres Witwentums nach Art einer Leibrente gewährt wird, indem der Zeitpunkt des Todes ihres Mannes den Anfangstermin und der Zeitpunkt ihres eigenen Todes den Endtermin bilden. Eine Befristung dieser Art ist zuzulassen

Die Einführung der Rentenschuld als einer besonderen Art des Liegenschaftspfandes durch das BGB. war eine Neubelebung des alten deutschrechtlichen Rentenkaufes. Das durch diesen erworbene Rentenrecht war allerdings seiner Natur nach ein „ewiges“ Recht (Ewiggeld) (Stobbe Handb. 2, Halbb. 2 S. 100 § 142; Gerber-Cosack System § 171). Diese zwar vom Eigentümer des belasteten Grundstückes ablösbaren, im übrigen aber unkündbaren, ewigen Rentenrechte hatten im Mittelalter Bedeutung, die sie später unter der Einwirkung des römischen Rechts fast völlig verloren. Die Rechtsentwicklung war derartigen unkündbaren Rentenrechten nicht günstig und hat dahin geführt, daß sich der Rentenkauf (Ewiggeld) als besondere Form des Realkredits nur noch ganz vereinzelt in Deutschland erhalten hat (Gerber-Cosack 296; Stobbe 95; Mugdan, Mat. zum BGB. 3 S. 989). Seine Wiederbelebung durch das BGB. beruht auf dem Wunsch aus Kreisen der Landwirtschaft, um im Interesse des ländlichen Grundbesitzes neben der Kapitalbelastung mit einer Hypothek oder gewöhnlichen Grundschuld eine besondere Beleihungsform in Gestalt einer ausschließlich dinglichen Belastung mit einer Geldrente einzuführen. Aus dieser geschichtlichen Entwicklung, vor allem aus der unmittelbaren Entstehungsgeschichte der §§ 1199 ff. kann nichts dafür entnommen werden, daß die Rentenschuld begrifflich weiteren Beschränkungen hätte unterworfen werden sollen, als sie sich aus ihrer Eigenschaft als einer besonderen Art der Grundschuld und aus den besonderen Vorschriften der §§ 1199 f. ergeben. Insbesondere spricht nichts dafür, daß diese neubelebte Rentenschuld, obwohl das Vorbild des alten Ewiggeldes als in den weitaus meisten Gebieten Deutschlands veraltet gelten mußte, demnach wieder als eine ewige Rente habe gestaltet werden sollen, zumal die beteiligten landwirtschaftlichen Kreise kein erkennbares Interesse an dem Ausschlusse zeitlich begrenzter Rentenschulden,

---

[1]) So RGKomm., Fuchs, Staudinger zu § 1199; Endemann, BGB. 679^{14}; Goldmann, BGB. S. 460^{33};

[2]) So Biermann, Planck zu § 1199; Enneccerus BGB. 552 I; Crome, System § $486^{8,20}$; Oberneck, 484; Güthe-Triebel 1 S. 595; dagegen 2 S. 1930; jetzt auch RG. Rsp. 43 S. 17.

so z. B. von Leibrenten in der Gestalt der Rentenschulden anstatt von Reallasten, hatten. Nach der in den §§ 1191 und 1199 getroffenen Regelung der Rentenschuld bestehen deren wesentlichste Begriffsmerkmale im Gegensatze zur Reallast in der ausschließlich dinglichen Haftung des belasteten Grundbesitzes und im Gegensatze zu der gewöhnlichen Grundschuld in dem zwingenden Ausschlusse eines Kündigungsrechts des Gläubigers. Daß das Recht auf die Grundrente auch ein dauerndes, ewiges sein müsse, ist dagegen im Gesetze nirgends ausgedrückt. Es läßt sich vielmehr nur soviel sagen, daß eine Gestaltung der Grundrenten als Tilgungsrenten einer Kapitalschuld dem Grundsatze der Unkündbarkeit der Rentenschuld auf seiten des Berechtigten und der ebenfalls zwingenden Vorschrift eines festen Ablösungskapitals widerspreche. Darüber hinaus aber läßt sich für den Ausschluß einer Befristung oder sonstigen zeitlichen Beschränkung der Rentenschuld weder aus der geschichtlichen Entwicklung noch aus der besonderen Regelung des BGB. ein Anhalt gewinnen. Allerdings handelt es sich hier um eine auf die Lebenszeit der Berechtigten gestellte Leibrente, die nach dem Inhalte der Bestellungsurkunde bei Eintritt des Endtermines gegen Vorlegung der Sterbeurkunde gelöscht werden darf, also ohne daß die Zahlung der Ablösungssumme in Frage kommt. Trotzdem ist diese nicht bedeutungslos und ihre Bestimmung nicht als etwas rein Äußerliches aufzufassen, da während der Dauer der Rentenpflicht der Grundeigentümer die Rentenschuld ablösen kann, und zwar nur durch Zahlung des vollen Ablösungskapitals. Damit ist dem Erfordernisse des § 1199³ nicht nur dem Schein nach, sondern in einer Weise genügt, die der sachlichen Bedeutung der Vorschrift gerecht wird. v. F.

s) **Unschädlichkeitszeugnisse für Parzellenverkäufe gegen Geld.**

Kammergericht, 1 ZS. Beschluß v. 12. November 1925 (x 658/25).

Auf dem Grundbuchblatt ist in Abt. II Nr. 16 für die Höfebank in Kiel eine Auflassungsvormerkung hinsichtlich der Parzelle 6 Nr. 37 von 10 ha und hinsichtlich eines der Lage nach näher bezeichneten Teiles der Parzelle 3 Nr. 66/8 von 11 ha eingetragen. Ferner sind unter Nr. 17 und 18 am 16. 2. und 3. 3. 1925 Vermerke über Einleitung des Verwendungsverfahrens hinsichtlich der vorbenannten Trennstücke gebucht. In Abt. III steht unter Nr. 39 seit 1924 eine Hypothek von 50 000 GM., unter Nr. 39 seit 15. 4. 1925 eine Landschaftshypothek von 165 000 GM. mit dem Range vor ersterer und unter Nr. 40 eine Sicherungshypothek von 14 000 RM. seit Juli 1925 eingetragen; im Mai 1925 ist die Hypothek Nr. 38 von 100 000 GM. gelöscht worden. Der Grundeigentümer G. ist am 16. 10. 1923 rechtskräftig verurteilt worden, in den lastenfreien Eigentumsübergang der in der Vormerkung bezeichneten Grundstücksteile auf die Höfebank gegen Zahlung näher bezeichneter Geldbeträge zu willigen. Die Bank hat eine vollstreckbare Urteilsausfertigung, ein GVProtokoll vom 16. 4. 1924 über vergebliches Angebot der Geldbeträge, die von ihr am 17. 4. 1924 vor dem Amtsgericht unter Urteilsvorlegung erklärts Entgegennahme der Auflassung, Entpfändungserklärungen der Gläubiger der Nr. 37 und 38, ferner die Katasternachweisungen und endlich 2 Unschädlichkeitszeugnisse des Kulturamtsvorstehers vorgelegt. Im ersten Zeugnis vom 20.1.1925 wird für die Parzelle 37 die Unschädlichkeit des Verkaufs „gegenüber den Hypothekengläubigern, mit Ausnahme jedoch Nr. 37 und 38, und sonstigen Realberechtigten", im zweiten vom 5.5.1925 wird für den Teil der Parzelle 66 die Unschädlichkeit gegenüber den „voreingetragenen Hypothekengläubigern (Abt. III Nr. 28, 29) und sonstigen Realberechtigten bescheinigt. In beiden ist erklärt, daß der Kaufpreis sichergestellt sei. Der Umschreibungsantrag ist ohne Grund beanstandet worden.

Die Pr. Gesetzgebung des 19. Jahrhunderts hat das UnschZeugnis für den Fall des Abverkaufs eines Grundstücksteils ... gegen Kaufpreis oder Rente (Ges. v. 3.3.1850, auf Schleswig-Holstein ausgedehnt durch Ges. v. 22.4.1886), für den Fall des Austauschs eines Grundstücksteils gegen eine andere (Ges. vom 27.6.1860) und endlich für den Fall der unentgeltlichen Abtretung einer Parzelle zu öffentlichen Zwecken (Ges. vom 15.7.1890) eingeführt. Der Art. 19 Pr. AG. hat diese bestehenden Vorschriften mit zwei Maßgaben aufrechterhalten, deren zweite die ist, daß das Zeugnis auf einzelne Belastungen beschränkt werden kann. Art. 20 AG. zur GBO. bestimmt die früher zweifelhaft gewesene Stellung des Grundbuchamts gegenüber einem UnschZeugnis (Predari GBG. § 47[8]) für die obigen 3 Fälle durch nähere Vorschriften. Für den hier vorliegenden Fall des Verkaufs gegen Kaufgeld gestattet er in Nr. 3b die lastenfreie Abschreibung nur dann, wenn die Auseinandersetzungsbehörde bescheinige, daß das Kaufgeld zu ihrer Verfügung hinterlegt oder sichergestellt oder daß die Verwendung des Kaufgeldes erfolgt oder nicht erforderlich sei. Diese Bescheinigung ist hier in den vom KAVorsteher ausgestellten Zeugnissen enthalten. Seine Zuständigkeit ergibt sich aus § 1 Ges. vom 3.3.1850; da hier zurzeit der Ausstellung der Zeugnisse die landschaftliche Beleihung noch nicht erfolgt war, war er mithin (§ 9 Ges. v. 3.6. 1919) zuständig.

Für die vom LG. gemachte Unterscheidung zwischen den einzelnen Zeugnissen, wonach nur bei solchen im Falle der unentgeltlichen Abtretung zu öffentlichen Zwecken das Zeugnis auch die künftige Belastung mitumfasse, gibt die Rechtslage hiernach keinen Grund. Wenn sich das LG. auf KGJ. 4 S. 199 beruft, so mißversteht es diese Entscheidung. Das UnschZeugnis erstreckt vielmehr seine Wirkung, soweit es solche überhaupt äußern kann (KGJ. 22 S. 317; 31 S. 281), stets auf alle Rechte, also sowohl die bestehenden wie die erst später eingetragenen, sofern es nicht selbst seine Wirksamkeit nur auf einzelne Belastungen beschränkt (Güthe Pr. AG. Art. 20[5]; Holzapfel Grundbuchrecht 279 unter 4). Unter diesem Gesichtspunkt erscheint die Auffassung des Grundbuchamts, das Zeugnis vom 20.1. sei auf einzelne Belastungen beschränkt, irrtümlich; denn dadurch, daß es die Gläubiger Nr. 37, 38 ausnimmt, verliert es noch nicht seine Allgemeingültigkeit. Anders mag das Zeugnis vom 5.5. zu beurteilen sein, das die Hypotheken Nr. 28 und 29 offenbar versehentlich benennt und die Nr. 38 und 39 meint. Indessen kommt es hierauf überhaupt nicht an, weil die Landschaftshypothek Nr. 39, die die Zwischenverfügung veranlaßt hat, und die erst nachher begründete Nr. 40 erst beantragt und eingetragen sind, als bereits die sog. Sperrvermerke in Abt. II Nr. 17, 18 eingetragen waren.

Nach § 4 Ges. vom 3. 3. 1850 sind auf die Verwendung der festgesetzten Kaufgelder die Vorschriften über die Verwendung der Ablösungskapitalien anzuwenden. Demgemäß kann gemäß § 59 V. v. 30. 6. 1834 der sog. Sperrvermerk eingetragen werden und den Kreis der Verwendungsberechtigten, der sich hier an sich erst mit der Umschreibung des Parzelleneigentums schließen würde, zur erleichterten Verwendungsregelung auf die bei Eintragung des Vermerks Berechtigten beschränken. Die Eintragung der Vermerke Nr. 17, 18 schließt mithin die Mitbelastung der bezeichneten Parzellen bei späterem Erwerb solcher Rechte aus, auf die sich ein Ablösungszeugnis erstrecken kann (Güthe Art. 20[14], Art. 12[26]; Predari 593, Holzapfel 258), hier also bei Entstehung der Belastungen Abt. III Nr. 39, 40; diese hindern also nicht, die Parzellen lastenfrei abzuschreiben.

t) **Der Anspruch aus § 1223² steht auch dem persönlichen Schuldner zu.**

OLG. Dresden, 10. ZS. Urteil v. 14. Februar 1924 (O 191/23).

Die Ansicht, daß nur dem Drittverpfänder der Anspruch aus § 1223² zustehe (Warn. 7 S. 10; Rspr. 29 S. 381), legt den Wortlaut zu eng aus. Der Abs. 1 spricht den Grundsatz aus; der Abs. 2 zieht daraus die Folgerung der Zugumzugleistung, ohne das Recht des Verpfänders auf Rückgabe des Pfandes von einer vorherigen Tilgung der Pfandschuld abhängig zu machen und ohne das Recht des Pfandgläubigers auf Befriedigung bis zur Herausgabe des Pfandes Zugumzug gegen Bezahlung zu beeinträchtigen (RG. 90 S. 72, 92 S. 287). Daß der Kläger Eigentümer der Pfandsache sei, ist nicht Voraussetzung des § 1223². —e—

u) **Vorrecht der Pfändungen des Steuerfiskus vor anderen Pfandrechten.**

OLG. Breslau, 5. ZS. Urteil v. 6. Januar 1926 (U 292/25).

Dem Kläger stehen 660 M. für Ausbesserung eines Kraftwagens zu. Das Finanzamt ließ diesen Wagen wegen der aus dessen Weiterverkauf entstandenen Umsatzsteuer beim Kläger pfänden, versteigern und den Erlös hinterlegen. Der Anspruch des Klägers auf vorzugsweise Befriedigung wegen seines Werklohns ist begründet. Die Meinung, daß der Kläger durch Nichterheben eines Widerspruchs auf sein Pfandrecht verzichtet habe, kann mangels besonderer Anhaltspunkte nicht geteilt werden. Auch daß das Pfandrecht durch Verlust des Besitzes erloschen sei, trifft nicht zu, da der Kläger trotz der Pfändung Besitzer des Wagens geblieben ist. Das Pfandrecht aus § 647 geht nach § 317 RAbgO. dem Pfändungspfandrecht des Beklagten vor, da es früher entstanden ist. Der § 317² S. RAbgabenO. findet keine Anwendung. Beide Pfandgläubiger fallen im Konkurs unter § 49 Nr. 2 KO.; der Beklagte ist weder nach Abs. 2 noch nach Abs. 1 Nr. 1 bevorrechtigt, da keine öffentliche Abgabe vorliegt, wegen welcher der Wagen „zurückgehalten oder beschlagnahmt" wäre. Vielmehr handelt es sich um eine Verkehrssteuer, die durch den Verkauf fällig geworden ist, aber mit dem Pfandgegenstand nicht unmittelbar zusammenhängt. Die Bemerkung Jägers (KO. § 49¹) bezieht sich auf die Verkehrssteuer für Spielkarten und auf den Urkundenstempel, die unmittelbar auf diesen Gegenständen ruhen.

Fehl geht auch der Einwand, daß dem Kläger ein Anspruch nach § 319 RAO. deshalb nicht zustehe, weil er den gepfändeten Wagen besessen habe. Zwar hätte der Kläger als Besitzer der Pfändung nach § 301 RAO. widersprechen können.

Dieses Recht schließt aber das aus § 319 nicht aus, sondern ist nur das stärkere Recht, bei dessen Nichtgeltendmachung oder Aufgabe das Recht aus § 319 bestehen bleibt. Die beiden Rechte stehen in demselben Verhältnis zueinander wie der Widerspruch des § 771 zu dem Recht aus § 805 ZPO., denen sie nachgebildet sind.

8. Mieterschutz. Ges. v. 1. Juni 1923/30. Juni 1926.

a) **Der Ausspruch (§ 7[1]) hindert die Gemeindebehörde nur an einer Inanspruchnahme, die infolge des Urteils möglich werden würde.**

Kammergericht, 17. ZS. Rechtsentscheid v. 14. Mai 1926 (Y 41/26).

Im § 4[5] ist an die Fälle gedacht, in denen eine Beschlagnahme noch nicht oder nicht mehr vorlag. Das ist dann der Fall, wenn, ohne daß sie vorangegangen war, das Mietverhältnis aufgehoben worden ist. Es gilt aber auch dann, wenn sie stattgefunden und zum Abschluß eines Zwangsvertrages geführt hat; dieser ist aufzuheben ebenso wie ein freiwilliger Mietvertrag. Erschöpft sie sich im Abschluß des Zwangsvertrages, so ist mit dessen Aufhebung auch sie erledigt; denn sie hat mit dem Abschluß jenes Vertrages ihr Ziel erreicht und kann nicht noch weitere Wirkungen äußern. § 4[7] bezweckt also eine künftige Beschlagnahme, die sich etwa auf den durch das Urteil geschaffenen Tatbestand gründen könnte, zu verhindern. Dem Gericht sollte die Befugnis gegeben werden, in gewissen Fällen, in denen ein Mietverhältnis aufgehoben wird, zu verhindern, daß die Behörde die dadurch frei werdenden Räume beanspruche. Nicht betroffen werden dagegen die Fälle, in denen ganz unabhängig von dem Urteil eine Beschlagnahme bereits vorher bestanden hat und mangels Aufhebung oder Verbrauchs noch weiter fortbesteht. Hier hatte die Behörde zulässigerweise die Räume beschlagnahmt, ohne zunächst einen Zwangsmietvertrag herbeizuführen. Diese Beschlagnahme ist dadurch, daß die Polizei vorübergehend einen Obdachlosen einwies, nicht erledigt worden; sie besteht vielmehr, da ein Grund für ihre Beendigung nicht ersichtlich ist, nach wie vor fort und wird auch durch den die weitere Beschlagnahme ausschließenden Ausspruch im Urteil, das den Obdachlosen zur Räumung verurteilt, nicht berührt. D.

b) α) **Räumungsverzug und Schadensersatz im Falle des § 6.**

OLG. Stuttgart. 3. ZS. Urt. v. 10. November 1925.

Die Entscheidungsgründe erklären „die Klage auf Aufhebung des Mietverhältnisses auf 1. 4. 1924 als begründet"; sie haben also keineswegs eine lediglich deklaratorische Feststellung treffen wollen, sondern gemäß §§ 1[2], 5[1] das Mietverhältnis für den Zeitpunkt, an dem die vereinbarte Mietzeit abgelaufen war, konstitutiv aufgehoben. Zugleich wird durch den dem § 6[1] entsprechenden Vorbehalt ausgesprochen, daß ein Verzug des Beklagten mit der Räumung erst bei Sicherung angemessenen Ersatzraums anzunehmen sei. Denn nach § 6[3] haben die Parteien insolange, als der Ersatzraum nicht gesichert ist, die aus dem Mietverhältnis sich ergebenden Rechte und Pflichten. Diese erst durch den Ausschuß aufgenommene Vorschrift bezweckt eine wirksamere Ausgestaltung des Mieterschutzes einerseits, der Erhaltung der Mietsache und der Sicherung eines angemessenen Mietzinses für den Vermieter andrerseits, eine Notwendigkeit, die sich durch das unbefriedigende Ergebnis der bisher ergangenen Entscheidungen (z. B. JW. 1924 S. 853) ergeben hatte. Der § 6³ — jetzt Abs. 4 — verleiht dem Mieter mit aller Deutlichkeit nicht bloß einen Besitzschutz auf Grund seines Notstands, sondern das zivilrechtlich wirksame Recht, gegen Zahlung der sich aus dem bisherigen Mietverhältnis ergebenden Miete die Sache weiterbenützen und insolange das Recht des Vermieters auf Räumung ausschließen zu dürfen. Dadurch sind Ersatzansprüche aus Verzug mit der Räumung ausgeschlossen. Damit ist noch nicht entschieden, ob sich eine Ersatzpflicht des Beklagten daraus ergibt, daß er mit einer ihn aus dem Mietvertrag etwa treffenden Verpflichtung, um einen angemessenen Ersatzraum für die voraussichtliche Beendigung des Mietverhältnisses sich beizeiten umzutun, säumig gewesen ist. S.

β) **Beschwerde gegen die vom LG. ausgesprochene Sicherung eines Ersatzraums.**

OLG. Hamburg, 1. ZS. Beschluß v. 30. September 1925 (Bs 142/25).

Gegen das Berufungsurteil hat der Kläger Beschwerde eingelegt, soweit es die Vollstreckung von der Sicherung eines Ersatzraums abhängig macht. Es erscheint schon zweifelhaft, ob, wenn das LG. als Berufungsgericht die Vollstreckung von der Sicherung eines Ersatzraums abhängig macht, diese Anordnung noch wieder der in § 6² — jetzt Abs. 3 — vorgesehenen Beschwerde unterliegt. Diese Frage (vgl. Vidal § 6¹²) braucht indessen nicht entschieden zu werden. Denn das LG. hat nicht etwa der zunächst nur auf § 2 gestützten Klage stattgegeben, sondern das Mietverhältnis allein aus dem noch herangezogenen § 4¹ aufgehoben. Es hat denn auch nach § 6¹ die Vollstreckung nicht von einem ausreichenden, sondern einem angemessenen Ersatzraum abhängig gemacht. Die Beschwerde ist aber nur in den Fällen des § 6² gegeben. Allerdings soll nach § 24 bei Untermietverhältnissen an Stelle des § 6¹ der § 6² Anwendung finden. Diese Einschränkung gilt aber nicht, wenn wie hier der Untermieter im Mietraum eine eigene Wirtschaft führt. Wenn der Kläger wieder darlegt, die Beklagten seien durchaus schikanöse Mieter, die den Vorteil eines Ersatzraums nicht zu genießen verdienten, so richtet sich diese Begründung in Wahrheit gegen die Entscheidung, daß er die Aufhebung nur aus § 4¹, nicht aber, wie er in erster Linie begehrt, aus § 2 verlangen könne. Gegen diese in der Sache selbst getroffene Entscheidung ist aber die Beschwerde nicht gegeben...... B.

γ) **Weitere Beschwerde gegen den Beschluß über den Ersatzraum?**

OLG. Darmstadt, 2. ZS. Beschluß v. 20. Oktober 1925 (W 616/25).

Das LG. hat auf Beschwerde beschlossen, daß die Vollstreckung aus dem 1. Urteil nicht von der Sicherung ausreichender Ersatzräume abhängig zu machen sei und das Urteil insoweit aufgehoben. Mit dem hiergegen als „Berufung" eingelegten Rechtsmittel kann nur die weitere Beschwerde des § 568² ZPO. gemeint sein, deren Zulässigkeit insofern nicht beanstandet werden könnte, als an sich der Beschwerdebeschluß einen neuen, selbständigen Beschwerdegrund enthält. Allein es fragt sich, ob die ZPO. auf das in §§ 6², 14 gegebene Rechtsmittel anwendbar ist. Wenn für diesen Standpunkt die sich auf die Beschwerde nach § 99³ ZPO. beziehende RGE. 50 S. 310 angeführt wird, so mag zugegeben werden, daß diese Entscheidung auf Erwägungen beruht, die sich aus der völligen Abhängigkeit der Kosten- von der Sachentscheidung ergeben und daß im Gegensatz hierzu es sich im § 6 um eine von der Hauptentscheidung unabhängige selbständige Entscheidung handelt. Die Ähnlichkeit der beiden Fälle ist aber darin zu finden, daß in beiden das Verfahren auf einen bestimmten Streitpunkt beschränkt wird und daß mit Rücksicht auf diese Beschränkung an Stelle des Haupt- ein Ersatzrechtsmittel gegeben wird, wobei naturgemäß das letztere im Rechtsmittelzuge nicht weiter greifen soll als das erstere (vgl. JW. 1924 S. 2035[7], 1925 S. 823[43]). W.

c) α) **Die Beschwerdestelle hat zu prüfen, ob die Beisitzer des MEA. vorschriftsmäßig gewählt sind. — „Örtliche Hausbesitzer- und Mietervereine" sind nur solche örtliche Vereinigungen, die ausschließlich oder überwiegend Vermieter- oder Mieterinteressen verfolgen.**

Kammergericht, 17. ZS. Rechtsentscheid v. 11. Juli 1925 (Y 99/25).

Schon der Wortlaut des § 5 der 1. AV. v. 15. 8. 1923: „Aus den eingereichten Listen wählt der Ausschuß die Beisitzer" spricht dafür, daß der Ausschuß an die Listen gebunden ist und nur für den Fall ihrer Unzulänglichkeit (§ 6 bzw. § 4²) andere Personen wählen darf, daß also keine Soll-, sondern eine Mußvorschrift gegeben ist. Dies ergibt sich weiter aus der Entstehung des die Grund lagen dieser Vorschrift bildenden § 7² MSchG., auf den § 38³ das. verweist. Während der Entwurf nur vorsah, daß „die Vorschläge des Vereines tunlichst berücksichtigt werden sollen", hat der Reichstag die Fassung gewählt: „die Bestellung erfolgt auf Grund von Vorschlagslisten" der Vereine. Es ist also dem Wunsche der Hausbesitzer- und Mieterverbände (Begründung zu § 7) weiter als bisher entgegengekommen und die bisherige Soll- in eine Mußvorschrift umgewandelt worden, bei deren Außerachtlassung das MEA. nicht vorschriftsmäßig besetzt ist. Die Beschwerdestelle hat also auf Anregung einer Partei — anders als das ordentliche Gericht (RG. 105, 60) — zu prüfen, ob die Beisitzer vorschriftsmäßig auf Grund der Vorschlagslisten der örtlichen Hausbesitzer- und Mietervereine gewählt sind. Als solcher Verein kann aber nur eine solche Vereinigung angesehen werden, die ausschließlich oder doch überwiegend Wahrnehmung der Interessen der Hausbesitzer oder Mieter zum Zweck hat, nicht aber auch eine Vereinigung, die vorwiegend andere Zwecke verfolgt und nur nebenbei auch Interessen der Hausbesitzer oder Mieter wahrnimmt. Die Vereine müssen örtliche sein, also im Bezirk des MEA. ihren Wirkungskreis haben. D.

β) **Das MEA. ist nicht vorschriftsmäßig besetzt, wenn bei der Wahl der Beisitzer die Vorschlagsliste einer Vereinigung berücksichtigt ist, die nicht ausschließlich oder überwiegend Vermieter- oder Mieterinteressen verfolgt.**

Kammergericht, 17. ZS. Rechtsentscheid v. 14. Mai 1926 (Y 34/26).

Wird die Vorschlagsliste einer anderen Vereinigung — hier der MSchOrganisation des Deutschen Gewerkschaftsbundes Ortsgruppe A. — mit zugrunde gelegt, so verstößt die Wahl gegen eine zwingende Vorschrift und ist ungültig (ähnlich für unzulässig erweiterte Schöffenlisten: GoltdA. 49 S. 107, 208, 211). Auch aus § 4² V. v. 28. 9. 23 läßt sich nicht die Gültigkeit der Wahl herleiten, denn es ist nicht festgestellt, daß die anderen Listen zur Auswahl der Beisitzer nicht ausreichten, besonders auch die Liste der Gewerkschaft als Vorschlag dieser und nicht als solche des Vorstandes der Kommunalbehörde berücksichtigt worden ist. Das MEA. ist daher nicht vorschriftsmäßig besetzt, mag auch der in der Sache gerade berufene Beisitzer nicht auf Grund dieser Liste gewählt sein. D.

γ) **Die Beisitzer des MEA. dürfen als solche nur während des Geschäftsjahres tätig sein, für das sie gewählt sind.**

Kammergericht, 17. ZS. Beschluß v. 4. März 1926 (Y 11/26).

Nach dem im § 4[1] AV. v. 25. 9. 1923 für anwendbar erklärten § 5 der 1. AV. v. 15. 8. 1923 (GS. 405) ist die erforderliche Zahl von Beisitzern und Stellvertretern für das nächste Geschäftsjahr, das mit dem Kalenderjahr zusammenfällt, zu wählen. Die Gewählten können aber nicht mehr Rechte ausüben als die, die die Wahl ihnen verleiht. Da sie nur für ein Jahr gewählt sind, erstreckt sich ihre Beisitzereigenschaft nur auf dieses Jahr; daß sie darüber hinaus diese Eigenschaft bis zur Bestellung neuer Beisitzer behalten sollten, hätte besonders bestimmt werden müssen.... D.

δ) **Auf den Schriftführer des MEA. ist § 49 ZPO. anzuwenden.**

Kammergericht, 17. ZS. Rechtsentscheid v. 12. Oktober 1925 (Y 124/25).

Die VerfAn. v. 19. 9. 1923 (RGBl. I S. 889), die erst den Schriftführer eingeführt hat, enthält allerdings keinen Hinweis auf die §§ 41 ff. ZPO. Hieraus ist aber keineswegs zu folgern, daß sie diese §§ ausschließen wollte. Dagegen ergibt sich aus § 8[3], daß auch der auf den Gerichtsschreiber bezügliche § 49 Anwendung findet. Im § 38 ist die Erwähnung des Gerichtsschreibers oder Schriftführers offensichtlich nicht deshalb unterblieben, weil der Protokollführer beim MEA. eine andere Stellung einnehmen sollte, als der Gerichtsschreiber beim MietSchöffengericht, sondern deshalb, weil beim MEA. die Zuziehung eines Schriftführers damals noch nicht vorgesehen war, jenen Protokollführer, der die gleichen Obliegenheiten hat wie der erwähnte Gerichtsschreiber, anders zu behandeln als diesen, fehlte jeder Anlaß. Auch die VerfAn. wollte offenbar den Schriftführer nicht anders stellen als den Gerichtsschreiber. Hierfür spricht auch ihr § 29, der, soweit die Aufgaben des MEA. einem Gericht übertragen sind, an Stelle des Schriftführersden Gerichtsschreiber setzt und damit die auf ihn bezüglichen Bestimmungen der ZPO. übernimmt. Die §§ 41 ff. sind überdies der Ausdruck eines allgemeinen Rechtsgedankens, der, auch ohne daß er im Einzelfalle besonders ausgesprochen ist, für jedes Verfahren, in dem eine Rechtsprechung unter Zuziehung von Urkundspersonen ausgeübt wird, gelten muß. Danach ist hier der § 41 Nr. 4 verletzt, zu dessen Anwendung die Möglichkeit genügt, daß die Gesetzesverletzung für die Entscheidung ursächlich war (RG. 82 S. 275; 47 S. 186; bayObLG. 28. 4. 25). D.n.

Dazu: Die Entscheidung des PEA. ist wegen der Anwesenheit des Schriftführers bei der Beratung nur dann aufzuheben, wenn sie auf diesem Mangel beruht.

Kammergericht, 17. ZS. Rechtsentscheid v. 18. Juni 1926 (Y 46/26).

... Die §§ 192/8 GVG. haben mit der anderweitig geregelten Zusammensetzung des Gerichts oder hier des PEA. nichts gemein. Deshalb erfüllt ein Verstoß gegen § 193 GVG. nicht den Tatbestand des § 551 Nr. 1 ZPO. und bildet deshalb auch nach § 32[2] PSchO. keine Gesetzesverletzung, die stets zur Aufhebung der Entsch. führen muß, weil das Gesetz den ursächlichen Zusammenhang zwischen dem Verstoß und der Entsch. unter allen Umständen annimmt. Ebenso für das in gleicher Weise geregelte Verfahren vor dem MEA. Bandmann, Verfahren vor den MEA. 100, Hertel, MSch. 209, sowie OLG. Darmstadt, HessRspr. 1925 S. 110, weitergehend OLG. Rostock, MecklZ. 42 S. 256. G.

d) α) **Gegen die Weigerung des MEA., zu bescheinigen, daß der Mieter gegen den Ersatzraum keine Einwendungen erhoben hat, ist die Rechtsbeschwerde nicht zulässig.**

Kammergericht, 17. ZS. Rechtsentscheid v. 12. Oktober 1925 (Y 109/25).

Die Rechtsbeschwerde ist, wie der Zusammenhang zwischen § 41 und § 43² zeigt, nur gegen eine Entscheidung gegeben, die endgültig werden kann. Das setzt begrifflich voraus, daß sie nach ihrem Inhalte irgendeine Frage unter den Beteiligten abzuschließen vermag, so daß das MEA. nicht mehr befugt ist, seinen Anspruch bei gleichbleibendem Sachverhalt zu ändern. Seine Stellungnahme gegenüber einem Ansuchen auf die Bescheinigung gehört nicht zu dieser Gruppe. Denn sie könnte nur zum Inhalt haben, daß der Mieter gegen den Ersatzraum bis zu einem bestimmten Kalendertage nichts eingewendet habe. Mehr zu bescheinigen, ist das MEA. überhaupt nicht in der Lage, denn es hat von sich aus weder den Anfang noch das Ende der Wochenfrist zu prüfen, weil es über beides nicht verbindlich zu entscheiden vermag (Rsp. 44 S. 251, Y 95/25). Bei dieser Rechtslage könnte das MEA. die Bescheinigung, die sich als unzutreffend herausstellt, jederzeit ändern. Sie ist überhaupt keine Entscheidung, sondern nur die Äußerung über eine Wahrnehmung. D.

β) **Das MEA. hat nicht zu prüfen, ob die Gemeinde oder der Vermieter den Ersatzraum dem Mieter angeboten hat und ob die Einwendungen des Mieters innerhalb der Wochenfrist erhoben sind.**

Kammergericht, 17. ZS. Rechtsentscheid v. 4. Februar 1926 (Y 145/25).

1. Die Frage, ob das MEA. überhaupt zu prüfen hat, wer den Ersatzraum zugewiesen hat, ist zu verneinen, insoweit also von der Begründung (Rsp. 44 S. 251) abzuweichen. Allerdings liegt bei zwangsbewirtschafteten Räumen eine Zuweisung des § 16 nicht vor, sofern nicht das Wohnungsamt dabei mitgewirkt hat. Indessen kann die Frage, ob ein solcher Raum vorliegt, vielfach in tatsächlicher und rechtlicher Beziehung zweifelhaft sein. Da die Wirksamkeit der Zuweisung zu den Voraussetzungen für die Erteilung der vollstreckbaren Ausfertigung gehört, so steht die Entscheidung dieser Zweifel nur dem Gerichtsvorsitzenden zu. Würde das MEA. sie vorweg prüfen, so könnten zwischen seiner Auffassung und der letzten Endes allein maßgeblichen des Gerichtsvorsitzenden Abweichungen vorkommen, die nur zum Schaden der Parteien ausschlagen würden.

2. Aus den gleichen Gründen hat das MEA. die Einhaltung der Wochenfrist nicht nachzuprüfen. Es bedarf hier keiner Erörterung, ob diese Frist eine Ausschlußfrist für die Anrufung des MEA. ist (vgl. Günther, WohnArch. 1 S. 119). Selbst wenn sie bedeutet, daß der Mieter mit seinen Einwendungen nach Ablauf der Woche überhaupt nicht mehr wirksam hervortreten kann, so muß doch die Entscheidung über den Fristablauf der Stelle vorbehalten bleiben, die allein verbindlich darüber befindet. D.

γ) **Die Entscheidung des MEA. ist auch dann endgültig, wenn der Ersatzraum nach Art oder Umfang nicht dem Raum entspricht, den der Mieter zu verlassen hat. Dies gilt auch, wenn die Entscheidung des Gerichts Angaben über Art oder Umfang des Ersatzraums enthält.**

Kammergericht, 17. ZS. Rechtsentscheid v. 18. Juni 1926 (Y 56/26).

Nach § 16¹ S. 2 hat das MEA. zu prüfen, ob nach rein wirtschaftlichen Gesichtspunkten der Ersatzraum angemessen und im Fall des § 6² ausreichend ist. Die Begründung sagt hierzu: „Der Gedanke, auch die Prüfung der Eignung des Ersatzraums den Gerichten zu übertragen, erschien nicht durchführbar.... Andererseits erscheint das MEA., das schon bisher mit derartigen Aufgaben befaßt war und dem für die Ortsbesichtigungen meist technisch geschulte Hilfskräfte zur Verfügung stehen, wegen ihrer Verbindung mit den Wohnungsämtern und wegen ihrer Kenntnis des Wohnungsmarktes hierfür durchaus geeignet." Die Prüfung, ob der angebotene Ersatzraum angemessen ist, gehört demnach zum Aufgabenkreis des MEA. Während es bei der Entscheidung, ein Ersatzraum sei überflüssig, diesen Aufgabenkreis überschritten hat (Rsp. 44 S. 253), bleibt es mit der Entscheidung, ein Ersatzraum sei angemessen, innerhalb jener Grenzen, auch wenn er nach Art und Umfang dem Raum nicht entspricht, zu dessen Räumung oder Herausgabe der Mieter verurteilt oder durch Vergleich verpflichtet ist. Denn diese wirtschaftliche Prüfung gehört zu den ihm ausdrücklich übertragenen Aufgaben [1].... D.

δ) **Die Entscheidung ist auch dann endgültig, wenn das MEA. einen Teil der vom Mieter zu verlassenden Räume als Ersatzraum gebilligt hat.**

Kammergericht, 17. ZS. Rechtsentscheid v. 18. Juni 1926 (Y 62/26).

... Es kann nicht von Bedeutung sein, ob der Ersatzraum aus völlig anderen Räumen oder aus einem Teil der zu verlassenden Räume besteht. Auch wenn das MEA. nach sachlicher Prüfung darüber entscheidet, ob der dem Mieter zugewiesene Teil der zu verlassenden Räume angemessener Ersatzraum ist, handelt es innerhalb des ihm übertragenen Aufgabenkreises. Allerdings kann auf diese Weise derselbe wirtschaftliche Erfolg wie bei einer Teilaufhebung nach § 4² erzielt werden, aber eben nur dann, wenn Wohnungsamt und MEA. hinsichtlich der Ersatzwohnung dem Vermieter beitreten und ersteres ihm die Restwohnung zuweist. D.

ε) **Der auf Grund des § 21 zu entrichtende Mietzins ist nach § 2⁴ RMG. festzusetzen.**

Kammergericht, 17. ZS. Rechtsentscheid v. 12. Oktober 1926 (Y 101/25).

Es mag dahingestellt bleiben, ob aus § 21 entnommen werden kann, daß mit der Beendigung des Dienst(Arbeits-)verhältnisses kraft Gesetzes ein Mietverhältnis entsteht und ob es sogar besteht, wenn der Rauminhaber alsbald zur Herausgabe des Raumes verurteilt worden ist. Hier genügt als Ausgangspunkt

[1] Deshalb besteht kein Anlaß, ihre Tätigkeit auf die beiden in den §§ 16, 27 geregelten Fälle, die miteinander nichts mehr gemein haben als jeder von ihnen mit dem vor dem Schiedsmann geschlossenen Vergleich, zu beschränken. Vielmehr sind sie auch für den entsprechenden Fall des vor dem Schiedsmann geschlossenen Vergleichs zuständig, wenn darin die Zwangsvollstreckung von der Sicherung eines Ersatzraumes abhängig gemacht ist (Rechtsentscheid v. 21. 12. 1925 17 Y 150/25).

die Feststellung, daß das MEA. als Vergütung den Mietzins zu ermitteln hat, also den Betrag, der bei Vermietung des Raumes als Mietzins zu entrichten wäre. Daraus aber ergibt sich das Erfordernis, die gesetzliche Miete festzusetzen und dabei das RMG. anzuwenden. Dieses gibt durch § 1[1] jedem Beteiligten, dessen Mietverhältnis überhaupt unter das Gesetz fällt, die Befugnis, die gesetzliche Miete ohne Rücksicht auf den Inhalt der Vereinbarungen zur Geltung zu bringen. Dann aber muß diese Miete auch im Falle des § 21 der Mietzins sein, den das MEA. festzusetzen hat; denn hier fehlt es gänzlich an einem vereinbarten Zins, und die Lücke soll gerade durch den Spruch ausgefüllt werden. Kann der Vertragszins bei jedem Mietverhältnis nach § 1 RMG. zugunsten der gesetzlichen Miete verdrängt werden, ist dabei aber das MEA. auf die Mitwirkung bei ihrer Ermittlung und Feststellung beschränkt, so kann ihm auch nach § 21 nicht die Befugnis gegeben sein, einen abweichenden Zins zu bestimmen. Man kann dem nicht entgegenhalten, daß es nicht darüber zu bestimmen habe, von welchem Zeitpunkt ab seine Entscheidung wirke. Einer solchen Anordnung bedarf es im Falle des § 21 ebensowenig wie sonst; denn es fällt aus dem Aufgabenkreise des MEA. heraus und ist dem ordentlichen Gericht vorbehalten, einen Streit über den Einfluß des Spruches auf das Rechtsverhältnis zu entscheiden und dabei nach dem geltenden Rechte die besonderen Umstände des Sachverhaltes zu berücksichtigen.... D.

f) α) **Billige Abwägung der beiderseitigen Interessen.**

OLG. Darmstadt, 1. ZS. Rechtsentscheid v. 14. Mai 1925 (W 284/25).

Wenn Genthe und Stern (§ 29[2]) aus der Art des § 29 als eine nicht zwingende Sollvorschrift folgern, daß eine Erlaubniserteilung auch dann gültig ist, wenn der Vermieter sie aus einem wichtigen Grunde verweigert hat, so kann dem beigetreten werden. Wenn aber Genthe weiter annimmt, daß eine Rechtsbeschwerde nicht mit einer solchen Erteilung begründet werden könne, da das Gesetz nicht verletzt sei, so übersieht er, daß die Entscheidung jedenfalls insoweit rechtlich nachzuprüfen ist, als die Grundsätze des billigen Ermessens in Betracht kommen. Überdies wird hier nicht die Erteilung, sondern die Versagung der Erlaubnis angefochten. Das MEA. hat dem Mieter die Untervermietung zweier möblierter Zimmer, die für ihn entbehrlich sind, deshalb versagt, weil er nicht eine einzelne Person, sondern ein junges Ehepaar aufnehmen will. Die Erwägung, daß dadurch eine Wohnung in der Regel sehr verwohnt werde und daß zu befürchten sei, daß dort gekocht und gewaschen und, wenn demnächst Kinder vorhanden seien, Windeln in der Küche gewaschen und auf dem Balkon getrocknet würden, läßt eine billige Abwägung der beiderseitigen Interessen durchaus vermissen. Die Entscheidung ist deshalb aufzuheben. W.

β) **Das MEA. kann die Erlaubnis nach § 29 nur für den leeren Raum, nicht für mitvermietete Möbel und ähnliche Gegenstände ersetzen. Ist streitig, ob ein Raum leer vermietet oder ob der Mieter berechtigt ist, den Raum leer zu machen, so hat es vom Sachvortrag des Mieters auszugehen.**

Kammergericht, 17. ZS. Rechtsentscheid v. 20. Januar 1926 (Y 152/25).

1. Der Wortlaut des § 29 erwähnt nur den Wohnraum und verweist zugleich

auf § 549[1] BGB., der ebenfalls nur Räume und nicht bewegliche Sachen betrifft. Es findet sich auch weder in der Entstehungsgeschichte des § 29 noch im Hinblick auf seinen Zweck ein Anhalt dafür, daß seine Bedeutung über den Wortlaut hinaus auszudehnen wäre. Trotzdem folgt aus dem Umstande, daß eine Wohnung möbliert vermietet worden ist, nicht unter allen Umständen, daß das MEA. einem Antrage aus § 29 nicht entsprechen dürfte. Vielmehr kommt darauf an, ob der Mieter nach dem Vertrage befugt ist, den Raum leer von den Möbeln des Vermieters zu überlassen. In solchen Fällen kann also die Überlassung des leeen Raumes wohl in Frage kommen, besonders wenn einzelne Räume der Wohnung ohne Möbel abgegeben worden sind; dann kann der Mieter die Möbel aus den möbliert vermieteten Zimmern nach seiner Wahl in die leeren umstellen, ohne gegen den Vertrag zu verstoßen. Auch die Gefahr, die vom MEA. gestattete Untervermietung werde zu einer Mitbenutzung der Möbel des Vermieters führen, schließt die Anwendung des § 29 auf die Untervermietung der leeren Räume nicht schlechthin aus. Vielmehr kann sie im Einzelfalle nur einen wichtigen Versagungsgrund abgeben.

2. Den Streit darüber, ob die Wohnung dem Mieter leer vermietet ist, kann für die Parteien verbindlich nur das ordentliche Gericht entscheiden. Dieses wäre durch eine Stellungnahme des MEA. nicht gebunden, und selbst wenn das MEA. nach seiner Beurteilung der Rechtslage, vielleicht nach einer Beweisaufnahme die Erlaubnis aus § 29 mit der Begründung ersetzt hätte, daß der Vermieter die Wohnung leer vermietet habe oder daß der Mieter zur Herausnahme der ihm mitvermieteten Möbel nach dem Vertrage befugt sei, könnte doch der Vermieter stets das ordentliche Gericht anrufen, sei es durch eine Feststellungsklage, sei es mit der Aufhebungsklage aus § 2. Dann aber hat das ordentliche Gericht völlig unbehindert durch die Entscheidung des MEA. die Anwendbarkeit des § 29 zu verneinen, weil die Wohnung mit Möbeln vermietet und der Mieter zu deren Beseitignng nicht berechtigt ist. Stellt sich jetzt endgültig heraus, daß der Mieter zur Abgabe leeren Wohnraums nach dem Hauptmietvertrage nicht befugt, also außerstande ist, so ergibt sich zugleich, daß die Voraussetzungen des § 29 nicht gegeben waren, die Entscheidung des MEA. also nicht durch seine Zuständigkeit gedeckt wird. Weist der Mieter dagegen dem Gericht nach, daß er die Räume leer gemietet oder doch ohne Vertragsverletzung die Möbel aus ihnen entfernt hat, so ist auch die Untervermietung des Raumes keine unbefugte, weil das Gericht dann an die im Rahmen des § 29 ersetzte Erlaubnis gebunden ist. Es stoßen hier also die Zuständigkeiten des Gerichts und des MEA. in ähnlicher Weise aufeinander, wie in dem Falle (Rsp. 44 S. 15). Aus den damals erörterten Gründen hat sich auch hier das MEA. einer Entscheidung des bürgerlich-rechtlichen Streites zu enthalten, weil diese die Parteien in keiner Weise fördern könnte. Natürlich darf es nicht etwa die Entscheidung überhaupt ablehnen; vielmehr hat es im Streitfalle den Sachvortrag des Mieters zugrunde zu legen, wobei jedoch nicht dessen Rechtsauffassung maßgebend sein kann, sondern die, die nach den von ihm vorgetragenen Tatsachen als richtig

erscheint. Allerdings weiß der Mieter, obwohl die Erlaubnis ersetzt wird, noch nicht, woran er ist. Allein der § 29 ergänzt nur den § 549 BGB. und soll dem Mieter neben dem dort vorgesehenen Kündigungsrecht einen weiteren Rechtsbehelf geben, der die Kündigung und den Umzug möglichst vermeidet. Schon daraus folgt, daß er von § 29 eine endgültige Lösung nur für solche Fälle erwarten kann, in denen das Kündigungsrecht nach BGB. gegeben ist. Ob das aber der Fall ist, könnte auch, wenn § 29 fehlte, immer erst im Rechtswege entschieden werden. Es entspricht also nur dieser Rechtslage, wenn unter solchen Umständen auch die Entscheidung aus § 29 das Anrufen des ordentlichen Gerichts nicht überflüssig macht. Es ist deshalb durchaus zweckmäßig, wenn das MEA. in seinem Beschlusse darauf hinweist, daß die Ersetzung nur für den Fall erfolge, daß der Raum leer vermietet oder der Mieter ihn leer machen darf. Darin liegt gar keine Bedingung, vielmehr werden nur die gesetzlichen Voraussetzungen für die Wirkung der Entscheidung in Erinnerung gebracht, die auch ohne den Hinweis ebenso zu beachten wären. D.n.

Dazu: Kammergericht, 17. ZS. Rechtsentscheid vom 4. Februar 1926 (Y 6/26).

Ist beantragt, die Erlaubnis nach § 29 zu ersetzen, und bestreitet der Gegner das Bestehen eines Mietverhältnisses, so hat über dessen Bestand das MEA. nicht zu entscheiden, sondern insoweit den Sachvortrag des Antragstellers zugrunde zu legen.

γ) **Nachträgliche Erlaubnis. Namentliche Bezeichnung des Dritten?**

OLG. Darmstadt, 1. ZS. Beschluß v. 24. Sept. 1925 (W 580/25).

1. Wie der Vermieter die Erlaubnis nachträglich erteilen kann, ist auch das MEA. hierzu befugt. Nach dem Sinn und Zweck des Gesetzes steht nichts entgegen, daß die Erlaubnis auch dann noch erteilt wird, wenn der Untermieter bereits eingezogen ist; ob in solchem Falle die Aufhebungsklage nach § 2 begründet ist, hat das Mietschöffengericht zu entscheiden.

2. Daraus, daß das MEA. die Erlaubnis nicht allgemein, sondern nur für einen bestimmten Dritten ersetzen kann (oben S. 4), folgt nicht, daß der Dritte unter allen Umständen namentlich bezeichnet werden muß. Der Vermieter widerspricht hier nur deshalb, weil er einen Teil der Räume für seinen Braumeister beansprucht; die Person des vom Mieter aufgenommenen Pensionärs ist ihm gleichgültig. Es genügt deshalb, daß das MEA. die Erlaubnis nur für die Schüler erteilt hat, die sich bei dem Mieter in Pension befinden. Damit ist auch genügend ausgedrückt, daß eine ganz allgemeine Erlaubnis nicht erteilt ist....

3. Das MEA. hat das Verlangen des Vermieters, seinem Braumeister einen Teil der Wohnung des Mieters zu überlassen, nicht deshalb für unbeachtlich erklärt, weil der Gegner bereits untervermietet habe, sondern weil das Mietverhältnis zwischen den Streitteilen auf die Klage des Vermieters noch nicht aufgehoben sei und insolange der Braumeister doch nicht einziehen könne. Dem ist beizupflichten. Im übrigen hat das MEA. rechtlich einwandfrei dargelegt, daß aus Billigkeitsgründen, die in den Verhältnissen des Mieters liegen, die Erlaubnis zu erteilen sei. W.r.

g) α) **Neu geschaffen sind auch Räume, die an Stelle der eingestürzten oder sonst vernichteten Räume erbaut sind.**

Kammergericht, 17. ZS. Rechtsentscheid v. 31. März 1926 (Y 26/26).

Die Ausnahmevorschriften in § 12 WMG., § 16 RMG. und § 33 MSchG. wollen die Schaffung neuen Raumes möglichst fördern und treffen deshalb überall dort zu, wo neuer Raum tatsächlich durch die Bautätigkeit gewonnen worden ist. War der früher zur Verfügung stehende Raum durch den Einsturz vernichtet, also tatsächlich für die Bedürfnisse der Bevölkerung ausgeschieden, so wären ohne den neuen Bau die Räume endgültig verloren geblieben; erst die Bautätigkeit hat sie wieder zu Wohnzwecken verfügbar gemacht. Es wäre willkürlich, für die Frage einer Raumvermehrung einen anderen Zeitpunkt zugrunde zu legen als den, in welchem die Bautätigkeit begonnen oder durchgeführt wurde. Ob an einer Stelle gebaut wird, auf der noch kein Haus gestanden hat, oder ob für vernichtete Hausteile ein Ersatzbau ausgeführt wird, ist für die Behebung der Wohnungsnot gleichgültig. Den Ausschlag darf allein die Tatsache geben, daß nunmehr Räume für die Zwecke der Raumsuchenden vorhanden sind, die sonst fehlen würden.

β) **Begriff der durch Um(Ein)bau neu geschaffenen Räume.** [1])

Kammergericht, 17. ZS. Urteil v. 1. Februar 1926 (U 9658/25).

Der Beklagte hatte vom Kläger einen Laden zum Betriebe eines Zigarrengeschäfts gemietet. Der Laden wurde mit noch 4 anderen von dem Kaffee, das sich ursprünglich im ganzen Erdgeschoß befand, abgetrennt: es wurde eine 10 m hohe und 4 m lange Rabitzwand aufgeführt, 2 Türen eingebaut und die Wände tapeziert; abgesehen von der Rabitzwand trug der Mieter die Kosten. Der Beschluß des MEA., daß es sich um einen Umbau handele, war für das Gericht nicht bindend (vgl. 17 Y 14/24). Ein Umbau liegt vor, wenn Räume geschaffen sind, die in ihrer Gestalt und Verwendbarkeit vorher nicht vorhanden waren (17 Y 143/24). Die veränderte Verwendbarkeit wird meist ein sicheres Anzeichen für die Erheblichkeit der Gestaltsänderung bieten. Die Errichtung der Rabitzwand und das Einfügen 2 neuer Türen hat die Gestalt des Raumes verändert, der vorher ein Teil des Kaffees war. Auch die Verwendbarkeit ist eine völlig andere; der Raum als Bestandteil des Kaffees war ohne Vornahme baulicher Veränderungen zum Betrieb eines Tabakgeschäfts ungeeignet; unerheblich ist, ob der Raum vordem schon zu gewerblichen Zwecken benutzt worden ist. Nach der Abtrennung der Läden von dem e i n e n Gewerbebetrieb (Kaffee) sind nunmehr völlig selbständige Gewerbebetriebe vorhanden, die ohne den Umbau gar nicht möglich waren; neue Erwerbsmöglichkeiten sind dadurch geschaffen worden, so daß der jetzige Verwendungszweck mit dem früheren nicht mehr zu vergleichen ist.

Dazu: Kammergericht, 17. ZS. Urteil v. 24. März 1924 (U 13 468/23).

Der § 16 soll der günstigeren Gestaltung des Wohnungsmarktes dienen,

[1]) Neugeschaffene Räume sind solche, die tatsächlich neu gewonnen oder durch den Um-(Ein)bau in bezug auf ihre Verwendbarkeit ganz andere, neue geworden sind, die etwas ganz anderes darstellen als die früheren (RG. 23. 4. 1926, Warn. 18 S. 153).

indem er die Menge des überhaupt vorhandenen Wohnraums vermehrt; mit dem Schutze des einzelnen Mieters oder Vermietes hat er dagegen nichts zu tun. Deshalb hängt seine Anwendung auch nicht davon ab, mit welchen Opfern der einzelne Mieter seine Unterbringung in den neuen Räumen erzielt. — Der § 16 ist nicht schon deshalb unanwendbar, weil der umgestaltete Raum oder eine Mehrheit von Räumen, die als Ganzes umgestaltet worden sind, auch früher schon zur Unterbringung Wohnungsloser hätten verwendet werden können oder verwandt worden sind. Obdachlose kann man auch in einer großen Halle oder in einem Stall unterbringen, um sie wenigstens vor den Unbillen der Witterung zu schützen. Trotzdem fallen die neuen Räume, wenn der Stall zu Wohnungen umgebaut wird, selbstverständlich unter § 16. Es kommt darauf an, ob der Um- oder Einbau dazu führt, daß Räume den allgemeinen Anforderungen als Wohnräume nunmehr entsprechen, während sie das vorher nicht in einem annähernd gleichen Maße taten. Geht man von diesem Satze aus, so hat auch hier das Erdgeschoß einen Umbau oder Einbau erfahren. Die Räume, die vorher als Atelier eingerichtet waren und nur zu einem kleinen Teil im Zusammenhang mit einer anderen Wohnung zu Wohnzwecken in gewisser Hinsicht (Billardzimmer) benutzt wurden, waren an sich ungeeignet, den gewöhnlichen Anforderungen an den Begriff der Wohnräume zu entsprechen. Das ergibt sich daraus, daß das große Atelier, welches im Verhältnis zu dem geringfügigen Nebenraum dem gesamten Stockwerk das Gepräge gab, zweistöckig war. Ein solcher Raum ist so wenig ein Wohnraum wie die erwähnte Halle. Er ist zu einem Wohnraum auch in seinem unteren Teil erst durch die Verlegung der massiven Decke gemacht worden. Kommt dann noch hinzu, daß man die Räume durch Zwischenwände eingeteilt und einen für diese Wohnung bestimmten neuen Zugang geschaffen hat, so ist die Wohnung, die nur im Zusammenhange bewertet werden kann, als Ganzes durch die Bauarbeiten neu gewonnen worden. Dr. G.

γ) Wirkung der Rückzahlung der öffentlichen Baukostenzuschüsse.

Kammergericht, 17. ZS. Urteil v. 1. Februar 1926 (U 928/725).

Die Kläger sind Mieter im Hause der Beklagten, das bei Kriegsausbruch im Rohbau fertiggestellt, aber erst 1920 mit Hilfe der vom Wohnungsverband gewährten Baukostenzuschüsse fertiggestellt wurde. Zur Bedingung war gesetzt, daß die Wohnungen durch Vermittlung des städtischen Wohnungsnachweises vermietet werden müßten, daß aber nach zehn Jahren der Eigentümer in der Bemessung der Mieten und in der Auswahl der Mieter frei sein sollte; demgemäß hat auch das Wohnungsamt die Mieten festgesetzt. Nachdem die Beklagte den Zuschuß zu 40 % im Nov. 1924 zurückgezahlt hatte, kündigte sie den Klägern zum 1. 4. 1925. Ihre Klage auf Feststellung, daß seit 1. 4. 1925 kein Mietverhältnis bestehe, ist unbegründet.

Nach dem Sinn der V. v. 7. 4. 1924 (GS. 220) sollte durch Gewährung der Zuschüsse und Ermöglichung der Fertigstellung das Haus den aus MSchG. § 1—31 ersichtlichen Beschränkungen unterliegen. Dafür, daß den Mietern dieser Schutz durch die Rückzahlung der Zuschüsse genommen werden sollte, bietet das Gesetz und die darauf beruhende V. keinen Anhalt. Private rechtsgeschäftliche Handlungen können nicht die Wirksamkeit eines Gesetzes aufheben, wenn es dies nicht vorgesehen hat (JW. 1925 S. 1149). Diese Rückzahlung ist im MSchG. und in der V. v. 7. 4. 24 überhaupt nicht erwähnt und findet sich lediglich in der 3. DfV. vom 12. 7. 1924 (GS. 578) und zwar in dem Sinne, daß sie zum Antrag auf Befreiung von der Hauszinssteuer berechtigt. Daraus, daß die Häuser nachträglich von dieser Steuer befreit werden, ist aber ein Rückschluß darauf, daß sie auch von den sonstigen Beschränkungen, denen sie nach den Gesetzen unterliegen, nicht möglich. Vielmehr spricht jene Erwähnung dafür, daß die Wirkung auf die Hauszinssteuer beschränkt werden sollte. Anders läge es vielleicht, wenn die Zuschüsse vor der V. v. 7. 4. 24 zurückgezahlt wären. Bf.

h) α) **Der Editionseid (§ 426 ZPO.) ist im MSchVerfahren unzulässig.**

Kammergericht, 17. ZS. Rechtsentscheid v. 4. Februar 1926 (Y 156/25).

... Da § 10 VerfA. keine Beschränkung enthält, so sind Beweise aller Art, also auch der Urkundenbeweis zugelassen; das folgt auch aus § 9, nach welchem das MEA. den Parteien die Vorlegung von Urkunden aufgeben kann. Daraus ergibt sich jedoch nichts für die weitere Frage, ob § 426 ZPO. auch hier anzuwenden ist. Ein allgemeiner Grundsatz, daß die Verfahrensvorschriften der ZPO. auch vor dem MEA. anwendbar seien, ist in der VerfA. nirgends ausgedrückt; er besteht auch nicht (Rsp. 44 S. 262 aE.). Anwendbar sind vielmehr nur die Bestimmungen der ZPO., die das Gesetz ausdrücklich in Bezug nimmt oder die einen derart allgemeinen gesetzgeberischen Gedanken entspringen, daß sich hieraus ihre allgemeine Giltigkeit ergibt. Weder das eine noch das andere ist hier der Fall; vielmehr handelt es sich im § 426 um eine besondere, dem Zivilprozeß eigentümliche Einrichtung. Sie findet sich daher auch nicht in anderen Verfahrensarten, die zum Vergleich herangezogen werden könnten; weder der VerwStreit noch die freiw. Gerichtsbarkeit kennt eine derartige Bestimmung. Was für das MEA. gilt, gilt nach § 27 VerfA. auch für die Beschwerdestelle. D.

β) **Einstweilige Anordnungen des MEA. (§ 40⁵) unterliegen nicht der Rechtsbeschwerde.**

Kammergericht, 17. ZS. Rechtsentscheid v. 14. Mai 1926 (Y 52/26).

Eine einstw. Anordnung kann vor der Entscheidung erlassen werden, ist nur eine einstweilige Regelung bis zur Entscheidung und somit nicht selbst die „Entscheidung" des § 41¹. § 16 VerfA. unterscheidet daher auch zwischen Beschlüssen und einstw. Anordnungen. Für letztere ist eine Begündung nicht vorgeschrieben, was gleichfalls dagegen spricht, daß sie anfechtbar wären. Ein anderer Rechtsbehelf als die Rechtsbeschwerde kommt nicht in Frage; diese ist deshalb nicht zulässig. In Y 61/24 ist nur ausgesprochen, daß der Beschwerdestelle für den Erlaß einer einstw. Anordnung ein Rechtsentscheid erteilt werden kann. Für eine Unterscheidung bei der Zulassung der Rechtsbeschwerde, je nachdem die Zulässigkeit der Anordnung oder ihr Inhalt in Streit ist, sind Gründe nicht ersichtlich. Die Wirksamkeit einer Anordnung, die nicht vollstreckbar ist und unter Umständen im ordentlichen Rechtswege erzwungen werden muß, unterliegt aber der Nachprüfung des ordentlichen Gerichtes, so daß auch insoweit die Rechte der Beteiligten ausreichend geschützt sind. D.

γ) **Über Kostenerstattung kann auch dann durch Ergänzungsbeschluß entschieden werden, wenn sie erst nach der Sachentscheidung beantragt worden ist. Gebühren eines RA. in eigener Sache sind jedoch keine baren Auslagen des § 15 VerfA.**

Kammergericht, 17. ZS. Rechtsentscheid v. 31. März 1926 (Y 28/26).

Wie sich aus Rsp. 44 S. 264 ergibt, gehört die Entscheidung über die Kostenerstattung zur Entscheidung über die Rechtsbeschwerde selbst. Denn darüber ist nicht nur dem Grunde, sondern auch der Höhe nach zu beschließen. Ist Erstattung der Kosten vor Erlaß der Beschwerdeentscheidung beantragt, darüber in dieser aber nicht entschieden, so ist die Entscheidung zu ergänzen (ebenso Hertel[3] S. 265, abweichend Bandmann Verfahren 65, Müller 108 Nr. 17). Diese Ergänzung ist zwar eine Abänderung der früheren Entscheidung, aber nach § 27 VerfA., § 40[6] MSchG. ausdrücklich zugelassen. Dabei ist zu berücksichtigen, daß das Verfahren vor MEA. und Beschwerdestelle ein besonderes Festsetzungsverfahren vor dem Gerichtsschreiber nicht kennt. Da die Höhe der entstandenen Kosten, besonders der baren Auslagen und Anwaltsgebühren, zumal vor der Beschwerdestelle, sich gewöhnlich erst nach der Entscheidung übersehen läßt, weil vorher nicht zu sagen ist, ob eine Verhandlungs- und Beweisgebühr, Fahrkosten und Zeitversäumnis entstehen, so führt die entsprechende Anwendung des § 321 ZPO. dazu, daß auch ein nachträglicher Antrag auf Erstattung der außergerichtlichen Kosten zuzulassen ist.

Der RE. (unter m) betrifft nur die Berechnung der Anwaltsgebühren. Ob aber überhaupt Gebühren zu erstatten sind, ist nicht dem § 7 der RAGebO., sondern dem § 15 VerfA. als der Sondervorschrift zu entnehmen. § 15 läßt nur den Ersatz der baren Auslagen sowie Entschädigung für Zeitversäumnis zu. § 14 VerfA. v. 23. 9. 1918 gab überhaupt noch keinen Anspruch auf Kostenerstattung. Wenn daher diese jetzt in gewissen Grenzen zugelassen ist, so ist die Vorschrift bei ihrem klaren Wortlaut nicht ausdehnend auszulegen und, zumal die Entschädigung für Zeitversäumnis geregelt ist, die Erhebung von Gebühren des Anwalts in eigener Sache nicht zuzulassen, wie dies auch für den entsprechenden § 467 (früher 499) StPO. unbestritten ist (Friedländer, GebO. für RA. § 7[16], Sydow-Busch, § 7[1], Erlaß vom 9. 4. 1892 in KGBl. 1893 S. 72). D.

i) α) **Die Rechtsbeschwerde kann nicht durch Erklärung zum Sitzungsprotokoll des MEA. eingelegt werden.**

Kammergericht, 17. ZS. Rechtsentscheid v. 25. November 1925 (Y 133/25).

... In dieser Streitfrage gibt der Senat der strengeren Auffassung den Vorzug und tritt dem RG. (Gruchot 38 S. 175) darin bei, daß ein Sitzungsprotokoll doch nun einmal etwas ganz anderes ist als ein vom Gerichtsschreiber — hier also vom Schriftführer des MEA. — über eine einzelne Erklärung aufgenommenes besonderes Protokoll, und daß die positiv geregelten Förmlichkeiten der Rechtsmittel nicht nach richterlichem Ermessen durch andere Formen ersetzt werden können. Daß für das Verfahren vor dem MEA., also für die Einlegung der Rechtsbeschwerde eine von der ZPO. abweichende Auslegung zulässig sei, ist mangels jeglichen Anhalts dafür nicht anzunehmen. Ob das Rechtsmittel im Einzelfalle deshalb zulässig sein kann, weil der Beschwerdeführer seine Erklärung unterzeichnet hat oder weil sich die Erklärung in einem Teil des Protokolls befindet, der sich auch äußerlich als nur vom Schriftführer aufgenommen darstellt, bedarf hier keiner Untersuchung. Ebensowenig ist noch auf die Frage einzugehen, ob das Protokoll des Schriftführers der Unterschrift des Beschwerdeführers bedarf. D.

β) **Die Rechtsbeschwerde kann durch Telegramm eingelegt werden. Sie ist nicht deshalb unzulässig, weil das bestellte Telegramm die Unterschrift des Beschwerdeführers unrichtig wiedergibt [1]).**

Kammergericht, 17. ZS. Rechtsentscheid v. 12. Oktober 1925 (Y 127/25).

Daß die Pr. PSchO. an die Form der Einlegung des Rechtsmittels strengere Anforderungen stellt als die StPO. und die ZPO., ist nicht anzunehmen, da für eine solche Absicht jeglicher Anhalt fehlt. Für jene Gesetze ist aber die telegraphische Einlegung der Rechtsmittel allgemein zugelassen. Für den Zivilprozeß insbes. hat das RG. (JW. 1921 S. 527) für ausreichend erklärt, daß der Rechtsmittelkläger die Urschrift des Telegramms eigenhändig unterzeichnet und die angefochtene Entscheidung unmißverständlich angegeben hat. Noch weiter geht das OLG. Hamburg (Rsp. 40 S. 383), das nicht einmal die eigenhändige Unterschrift verlangt. Jedenfalls besteht kein Anlaß, vom RG. abzuweichen. Wenn in 17 Y 135/24 und 69/25 die handschriftliche Unterzeichnung der Beschwerdeschrift für unerläßlich bezeichnet wird, so ist dem durch die Unterzeichnung der Urschrift des Telegramms entsprochen. Diese Unterzeichnung kann allerdings nicht genügen, wenn die Urkunde beim Beschwerdeführer bleibt, mag er auch eine Behörde sein. Dagegen ist nicht erforderlich, daß das unterzeichnete Schriftstück gerade zu den Akten der Pachtschutzsache gelangt. Vielmehr ist die notwendige Offenkundigkeit der Prozeßhandlung auch gewahrt, wenn die Urkunde mit der Unterschrift sich im Besitze des Telegraphenamts befindet. Genügt aber die Unterzeichnung des Telegramms und die Bestellung einer Ausfertigung, die über die Persönlichkeit des Beschwerdeführers und die angefochtene Entscheidung keinen Zweifel läßt, so kann nicht ausschlaggebend sein, wenn darin die Unterschrift verstümmelt oder unrichtig ist, denn der Nachweis, daß die Rechtsbeschwerde in zulässiger Form eingelegt worden ist, kann unter diesen Umständen durch die Urschrift jederzeit erbracht werden. Dr. G.

γ) **Sind Mehrere als Vermieter oder Mieter beteiligt, so kann jeder von ihnen gegen die Entscheidung des MEA. über die FrM. die Rechtsbeschwerde einlegen. Die Vorschriften der ZPO. über die notw. Streitgenossenschaft gelten entsprechend.**

Kammergericht, 17. ZS. Rechtsentscheid v. 11. Dezember 1925 (Y 122/26).

Sind Mehrere als Mieter oder Vermieter beteiligt, so finden auf sie, wenn es sich nicht um eine auf Gesellschaftsvertrag beruhende Gemeinschaft, eine eheliche GG. oder um eine Erbengemeinschaft handelt, die §§ 741 ff. BGB. Anwendung. Danach ist jeder Teilhaber berechtigt, die zur Erhaltung des Gegen-

[1]) Die schriftliche Einlegung der Rechtsbeschwerde erfordert nach § 27¹ Pr.PSchO., daß die Schrift handschriftlich unterzeichnet ist (KG. v. 4. 5. 1925, 17 Y 69/25). Vgl. Rsp. 44 S. 260 ß.

standes notwendigen Maßregeln ohne Zustimmung der anderen zu treffen (§ 744²). Der Kreis dieser Maßregeln darf nicht zu eng gefaßt werden. Es gehören hierher nicht nur solche, die zur Erhaltung des Gegenstandes in seiner physischen Substanz dienen, sondern auch solche, die die Erhaltung seines wirtschaftlichen Wertes bezwecken. Unter ihnen sind nicht allein Handlungen tatsächlicher Art, vielmehr auch solche rechtlicher Art zu verstehen, besonders auch Prozeßhandlungen wie Klageerhebung, Rechtsmittel (RG. 60 S. 270, 76 S. 29). Die Maßregeln müssen notwendig sein; jedoch darf dieser Begriff nicht einschränkend ausgelegt werden. Die Einlegung eines Rechtsmittels ist bereits dann als notwendig anzusehen, wenn die Rechtsverfolgung (-verteidigung) nicht mutwillig oder aussichtslos erscheint. Ob und in welchem Umfang das Rechtsmittel Erfolg haben wird, ist für die sachliche Befugnis des Teilhabers zur Einlegung belanglos. Hiernach ist, da es sich bei der Rechtsbeschwerde gegen einen Beschluß über die FrM. um eine Maßregel handelt, die zur Erhaltung des von der Höhe des Mietzinses abhängigen wirtschaftlichen Wertes des Gegenstandes notwendig ist, aus § 744² die sachliche Befugnis jedes Teilhabers zu bejahen.

Zu prüfen bleibt die Frage, ob die Entscheidung über die FrM. für und gegen die auf derselben Seite Beteiligten, die das Rechtsmittel nicht oder nicht rechtzeitig eingelegt haben, rechtskräftig wird. Die FrM. kann nur einheitlich für alle Beteiligten bestimmt werden. Das folgt ohne weiteres aus ihrem Wesen sowohl für ihre Feststellung als auch für ihre Festsetzung nach § 2⁴·⁵RMG. Es kann die FrM. nicht für einen von mehreren Vermietern oder Mietern auf einen anderen Betrag festgestellt oder festgesetzt werden als für die übrigen. Das könnte aber eintreten, wenn die Entscheidung auf die nur von einem der mehreren Vermieter oder Mieter eingelegte Rechtsbeschwerde nur für diesen einen abgeändert werden könnte.... Einige Verfahrensvorschriften haben auch die Frage geregelt. So sieht § 70 Pr. LVG. vor, daß das Gericht die Beiladung Dritter, deren Interesse durch die zu erlassende Entscheidung berührt wird, verfügen kann und daß dann die Entscheidung auch den Beigeladenen gegenüber gültig ist. Die ZPO. ferner löst die Schwierigkeit in dem ähnlich liegenden Fall, daß „das streitige Rechtsverhältnis allen Streitgenossen gegenüber nur einheitlich festgestellt werden kann" (§ 62), durch die Bestimmungen über die notwendige Streitgenossenschaft. Es bestehen keine Bedenken, zur Ausfüllung der Lücke die anderen Verfahrensvorschriften heranzuziehen. Da auf die ZPO. sowohl im MSchG. als auch in der VerfAn. an vielen Stellen verwiesen wird, erscheint es angezeigt, auf den hier gegebenen Fall die §§ 62/3 entsprechend anzuwenden.

δ) **Die Beschwerdestelle kann die Kostenentscheidung des MEA. auch dann abändern, wenn die Rechtsbeschwerde in der Hauptsache unbegründet ist**[1]**.**

Kammergericht, 17. ZS. Rechtsentscheid v. 18. Juni 1926 (Y 65/26).

Von der Auslegung abzuweichen, die der § 99¹ ZPO. in der Rechtsprechung

---

[1]) Die Beschwerdestelle kann einen Beschluß des MEA. nur dann wegen Fehlens der Begründung aufheben, wenn ihr eine schriftliche Begründung zur Zeit ihrer Entscheidung nicht vorliegt (E. v. 4. 2. 1926, 17 Y 148/25).

erfahren hat, gibt weder die Fassung der ZPO. noch die des MSchG. einen Anhalt, zumal die Frage der Zulässigkeit des Rechtsmittels vorweg geprüft werden und die Zulässigkeit feststehen muß, ehe zu der weiteren Frage Stellung genommen werden kann, ob das Rechtsmittel in der Sache Erfolg hat oder nicht. Eine andere Frage ist, ob die Kostenentscheidung auch dann angefochten werden kann, wenn die Hauptsache gleichzeitig angefochten wird, die Umstände aber ergeben, daß in Wirklichkeit lediglich das Ziel einer Abänderung der Kostenentscheidung verfolgt und die Sachentscheidung nur deshalb angefochten wird, um jenes Ziel zu erreichen. Der Senat trägt kein Bedenken, diese Frage (RG. 102 S. 290) zu bejahen (vgl. auch Seuff. 68 Nr. 243, Stein-Jonas ZPO. § 99 II 14 a).

ε) **Nachprüfung der tatsächlichen Feststellungen des MEA?**

OLG. Darmstadt, 1. ZS. Beschluß v. 14. Mai 1926 (W 272/26).

Das MEA. hat den Abschluß eines Zwangsmietvertrags deshalb abgelehnt, weil es die Wohnung für eine Werkwohnung hielt. Diese Annahme ist aber nach den vom Wohnungsamt jetzt angeführten unbestrittenen Tatsachen irrig. Die Beschwerdestelle (OLG.) ist an die tatsächlichen Feststellungen des MEA. nicht unter allen Umständen gebunden, vielmehr nach § 41³ befugt, in Fällen, in denen es ihr notwendig erscheint, von Amtswegen die Nachprüfung oder Vornahme einzelner tatsächlicher Feststellungen anzuordnen. Der § 41³ soll nach dem Ausschußbericht verhindern, daß eine in tatsächlicher Beziehung unrichtige Entscheidung des MEA. nur deshalb nicht abgeändert werden kann, weil sie keinen Rechtsirrtum erkennen läßt. Die Beschwerdestelle hat hieraus ständig das Recht und die Pflicht entnommen, nicht in allen, wohl aber in den ihr geeignet scheinenden Fällen die tatsächlichen Feststellungen des MEA. nachzuprüfen. Sie stimmt dabei mit Kiefersauer 116, Genthe 235, Vidal 173, Brumby 147, Stern 128 überein und kann dem gegenteiligen Rechtsentscheid (Rsp. 43 S. 242) und Hertel S. 227 nicht beitreten. Die Rechtsbeschwerde des Entwurfs ist eben durch den vom Ausschuß dem § 41 beigefügten Abs. 3 in ihrem Wesen geändert worden und kann in Fällen, in denen der Beschwerdestelle nötig erscheint, um einen offenbaren Fehlspruch zu verhüten, der Berufung gleichkommen. Mit den Verfahren vor den ordentlichen Gerichten steht diese Regelung allerdings nicht im Einklang, zweckmäßig ist sie aber durchaus. Danach ist die Entscheidung des MEA. aufzuheben. Zurückverweisung ist geboten, weil noch zu prüfen ist, ob nicht andere Bedenken dem Abschluß des Zwangsvertrags entgegenstehen. W. r.

ζ) **Weitere Beschwerde über die vom MEA. festgesetzte Ordnungsstrafe?**

Kammergericht, 17. ZS. Beschluß v. 15. März 1926 (W 1313/26).

Gegen die Antragsteller hat das MEA. wegen Ungebühr eine Ordnungsstrafe festgesetzt. Der § 13 Verf.A. v. 19. 9. 1923 gibt gegen diese Festsetzung die Beschwerde, nicht aber eine weitere Beschwerde. Da § 13 das Verfahren die Ungebühr abschließend und abweichend vom § 181 GVG. regelt, so ist für eine ihm entsprechende Tätigkeit des OLG. kein Raum, abgesehen davon, daß nach § 181 das OLG. auch nur über die erste Beschwerde zu entscheiden hat.

k) α) **Die Beschwerdestelle kann nur dann in der Sache selbst entscheiden oder sie zurückverweisen, wenn die Entscheidung des MEA. auf einer Gesetzesverletzung beruht, die den Beschwerdeführer beschwert. Ist zurückverwiesen, so kann die erneute Sachentscheidung auch zuungunsten des Beschwerdeführers ergehen.**

Kammergericht, 17. ZS. Rechtsentscheid vom 8. November 1925 (Y 107/25).

1. Das Verbot der Schlechterstellung gilt auch nach dem MSchG., wie das Bay.ObLG. (Samml. 24 S. 189) dargelegt hat. Diese Auffassung wird hinreichend dadurch gestützt, daß § 41⁴ das Recht zur Anschließung gibt und daß nach § 22 VerfA. die Parteien auf die Rechtsbeschwerde verzichten können. Danach sind auf das MSchVerfahren die allgemeinen Grundsätze der ZPO. und damit auch § 536 anwendbar. Im Zusammenhange mit § 41² wird daraus ersichtlich, daß der Beschluß des MEA. nur wegen solcher Gesetzesverletzungen aufgehoben werden darf, die ihn zuungunsten des Beschwerdeführers beeinflußt haben.

2. Wird nach vorstehenden Gesichtspunkten der angefochtene Beschluß aufgehoben, so kann die neue Sachentscheidung entweder die Beschwerdestelle selbst geben oder dem MEA. überlassen. Ob das Verbot der Schlechterstellung dann noch für die Instanz gilt, an die der Rechtsstreit zurückverwiesen worden, ist nicht unstreitig. Für das Gebiet des ZPO. ist seine Fortgeltung jedoch ganz überwiegend abgelehnt, besonders vom RG. (94 S. 11).... Allerdings mißt das Pr. Ober-VerwG. für das Verwaltungsstreitverfahren regelmäßig (anders Entsch. 62 S. 394) dem Verbot eine weitergehende Bedeutung bei (Friedrichs, Verw.-Rechtspflege § 464 S. 932; Hatschek, VerwR. § 52 S. 403; von Brauchitsch, VerwGes. 1 § 82¹). Das MSchVerfahren lehnt sich aber nicht an das Verwaltungsrecht an, sondern, wie schon die Verweisungen im Gesetz zeigen, an die ZPO. Deshalb muß auch das Verbot in der Gestalt als übernommen gelten, die es durch die langjährige Rechtsprechung des RG. gewonnen hat. Das neue Verfahren ist keine Fortsetzung, sondern ein erneutes Verfahren vor dem MEA. Ob das gleiche nicht auch gelten muß, wenn die Beschwerdestelle von der Zurückverweisung absieht und selbst entscheidet, ist bei dem gegebenen Sachverhalt nicht zu erörtern. D.

β) **Das MEA. darf der Rechtsbeschwerde auch teilweise abhelfen. Auch dann hat es diese der Beschwerdestelle vorzulegen, die nur insoweit zu entscheiden hat, als ihr nicht abgeholfen ist.**

Kammergericht, 17. ZS. Rechtsentscheid v. 31. März 1926 (Y 19/26).

... Der Zweck des § 42¹ ist allerdings auch die Entlastung der Beschwerdestellen. Hilft das MEA. der Beschwerde in vollem Umfange ab, so wird dieser Zweck ganz, hilft es ihr nur teilweise ab, so wird er wenigstens zum Teil erreicht. Die Akten müssen zwar auch im letzten Falle dem LG. vorgelegt werden; die Entlastung besteht aber dann darin, daß dieses nicht mehr mit der ganzen Vorentscheidung, sondern nur mit dem aufrechterhaltenen Teil zu befassen hat. Diese Auslegung stimmt mit der einhelligen Auslegung des § 571 ZPO. überein, dem der § 42¹ wörtlich nachgebildet ist (vgl. RG. bei Gruchot 39 S. 1144). — Dagegen ist eine neue Rechtsbeschwerde schon deshalb nicht erforderlich, weil die alte, soweit ihr nicht abgeholfen ist, noch unerledigt und nach § 42¹ insoweit der Beschwerdestelle vorzulegen ist. Demgemäß unterliegt der Beurteilung der Beschwerdestelle nur der abgeänderte Teil. Dieses Ergebnis ist nicht unbefriedigend; denn dem durch die Abänderung betroffenen Gegner steht nunmehr die Rechtsbeschwerde zu. D.n.

γ) **Die Mitglieder der Beschwerdestelle dürfen auch nicht stellvertretende Mitglieder eines MEA. sein.**

Kammergericht, 17. ZS. Rechtsentscheid v. 9. Juli 1926 (Y 55/26).

Nach dem Wortlaut des § 42² S. 3 kann es keinen Unterschied machen, ob das Mitglied der Beschwerdestelle bei dem MEA. als ordentlicher oder stellvertretender Vor- oder Beisitzer beschäftigt wird. Daß die Vorschrift im weitesten Sinne auszulegen ist und jede Verbindung der Tätigkeit bei der Beschwerdestelle und beim MEA. in einer Person verhindern soll, wird zudem dadurch klargestellt, daß das Verbot sich nicht auf ein bestimmtes, sondern schlechthin auf jedes MEA. bezieht. Der § 66 GVG. kann zur Erläuterung nicht herangezogen werden, denn danach bildet jede Kammer und jeder Senat des ordentlichen Gerichts vermöge der Geschäftsverteilung eine Einheit. Derartiges ist für das MEA. nicht vorgesehen. D.

1) **Hat das MEA. die sachliche Entscheidung auf einen zu seiner Zuständigkeit gehörigen Antrag deshalb abgelehnt, weil sie für das Rechtsverhältnis der Parteien nicht in Betracht kommen könne, so hindert die Rechtskraft nicht die Wiederholung des Antrages.** [1])

Kammergericht, 17. ZS. Rechtsentscheid v. 12. Oktober 1925 (Y 113/25).

Wie schon der Rechtsentscheid Y 131.24 ausgeführt hat, ist das MEA. nicht befugt, über die Erheblichkeit eines zu seinem Aufgabenkreise gehörigen Antrages zu urteilen, wenn die Parteien darüber streiten. Es ist vielmehr Sache des ordentlichen Gerichts zu prüfen, welche materiell-rechtliche Bedeutung rechtsgeschäftliche Willenserklärungen, besonders ein Vergleich über die Höhe der Friedensmiete, für die Vertragsteile haben. Das MEA. hat daher durch den Beschluß, der die Festsetzung der Friedensmiete deshalb ablehnte, weil sie für die Parteien nicht in Betracht kommen könnte, eine ihm nicht zustehende Entscheidung getroffen, die formell rechtskräftig geworden ist. Voraussetzung dafür ist nur, daß der Beschluß von einem MEA. formell richtig gefaßt, den Parteien bekannt gegeben und binnen der gesetzten Frist nicht angefochten worden ist.

Materielle Rechtskraft, daß also zwischen denselben Personen über dieselbe Streitsache nicht nochmals verhandelt werden kann, hat der Beschluß nur in dem Umfange des § 44: sie ergreift nur den erkennenden Teil, die Beschlußformel. Zu ihrer Erläuterung sind jedoch die Beschlußgründe heranzuziehen, wenn sie nicht erkennen läßt, über welche Rechtsbeziehungen der Parteien entschieden ist. Diese Prüfung ergibt nun, daß der Antrag des Vermieters nur deshalb abgewiesen ist, weil die Festsetzung der Friedensmiete für die Parteien bedeutungslos sei. Es kann daher auch nur insoweit eine materielle Rechtkraft in Frage kommen. MEA. und Beschwerdestelle können aber als Entscheidungsstellen besonderer Art nur innerhalb des ihnen zugewiesenen Aufgabenkreises materiell bindend entscheiden (ebenso RG. 101 S. 115, 103 S. 314, 107 S. 284

[1]) **Kein Mieterschutz auf Grund nichtiger Mietverträge: RG. 113 S. 159.**

Die im ersten Beschlusse des MEA. getroffene Entscheidung kann daher, weil außerhalb jenes Kreises liegend, auch keine materielle Rechtskraft erlangen. D.

m) **Die Befugnis des MEA., seine vor 1. 10. 1923 ergangene Entscheidung nach billigem Ermessen abzuändern, besteht nicht mehr, wenn es die Abänderung nachher bereits rechtskräftig abgelehnt hat. — Die endgültig festgesetzte FrM. kann nicht deshalb neu festgesetzt werden, weil im früheren Verfahren keine Vergleichsräume herangezogen oder bei ihnen unrichtige Friedensmieten angenommen worden sind.**

Kammergericht, 17. ZS. Rechtsentscheid v. 9. Juli 1926 (Y 64/26).

1. Nach Y 5024 (Rsp. 43 S. 262) hat das MEA. die Richtigkeit seiner früheren Entscheidung in jeder Richtung zu prüfen. Damit wird auch der Beschluß, der die Abänderung versagt, zu einer Sachentscheidung, die zugleich die von dem MSchG. getroffene Entscheidung als sachlich zutreffend bestätigt. Dann aber liegt nunmehr eine nach 1. 10. 1923 zur Sache ergangene Entscheidung vor, für die eine Änderungsbefugnis des MEA. in der angegebenen Art überhaupt fehlt. Diese Befugnis kann auch nicht im Einzelfalle daraus entnommen werden, daß das MEA., als es erstmals nach 1. 10. 23 die Abänderung versagte, eine Sachprüfung im Sinne des angegebenen RE. unterlassen hatte. Darin läge ein Mangel des Verfahrens, der mit der Rechtsbeschwerde verfolgt werden mußte und nach der Rechtskraft der auf ihm beruhenden Ablehnung nicht mehr geltend gemacht werden darf.

2. Der Fall bietet keinen Anlaß, zur Anwendbarkeit des § 44 auf die Festsetzung der FrM. abschließend Stellung zu nehmen, da der Umstand, daß bei der ersten Festsetzung keine Vergleichsräume berücksichtigt oder bei ihnen falsche Friedensmieten angenommen wurden, die Wiederholung der Festsetzung unter keinen Umständen rechtfertigt. Ist § 44 nicht anwendbar, so ist nur die Wiederaufnahme in Betracht zu ziehen, deren Zulässigkeit sich gemäß Y 16124 (Rsp. 44 S. 263) nach der ZPO. richtet und mit den zu erörternden Vorgängen deshalb nicht begründet werden kann. Gilt aber § 44, so rechtfertigen die Wiederholung des Verfahrens nur neue Tatsachen, die früher nicht geltend gemacht werden konnten. Die Annahme einer unrichtigen FrM. für den Vergleichsraum wird in der Regel schon deshalb als Grund für ein neues Verfahren unverwendbar sein, weil sie bereits im ersten geltend gemacht werden konnte. Doch ist sie überhaupt keine Tatsache im Sinne des § 44, weil sie sich nicht auf den Mietraum selbst bezieht, für den die FrM. festgesetzt wurde, sondern nur die Verwendung eines einzelnen Beweismittels beanstanden läßt. Würde man den § 44 auch auf solche Tatsachen ausdehnen, so verlöre die Rechtsbeschwerde und die an sie geknüpfte Rechtskraft der Entscheidungen allzu sehr an Bedeutung. D.

n) α) **Im Verfahren vor MEA. und Beschwerdestelle gilt die Deutsche RAGebO.**

Kammergericht, 17. ZS. Rechtsentscheid v. 31. Oktober 1925 (Y 103/25).

Im Reichsrecht fehlt es an einer Bestimmung, aus der vorliegend die Anwendung der RAGebO. hergeleitet werden könnte. Sie ergibt sich jedoch aus Art. 2 Pr. LandesGebO. für RA. Unmittelbar läßt sich allerdings das MSch-Verfahren in keine der dort erwähnten Gruppen einordnen. Dieses Verfahren ist aber ganz wesentlich, soweit nämlich nicht das MSchG. und die VerfA. Sonderregeln enthalten, aus der ZPO. zu ergänzen. Man kann also von Rechtssachen sprechen, auf die „vor besonderen Gerichten" die ZPO. Anwendung findet. Die Geltung der RAGebO. ergibt sich dann aus Art. 2 Nr. 1 Pr. GebO.

Nimmt man aber an, daß das Verfahren eine stärkere Verwandtschaft mit dem VerwStreitverfahren hat, so kommt man aus Art. 2 Nr. 3 das. zum gleichen Ergebnis. Daraus, daß der Mieterschutz im Art. 2 nicht erwähnt ist, können abweichende Folgerungen nicht gezogen werden. Denn das MSchG. bestand zur Zeit des Erlasses der GebO. noch nicht (vgl. auch die Gutachten in KGBl. 1922 S. 10). — Die Anwendung der RAGebO. läßt sich aber auch weiterhin aus Art. 14 der LandesGebO. herleiten. Der Auffassung des LG., daß sich die Tätigkeit des RA. im Mieteinigungsverfahren völlig in die Art. 8—12 LandesGebO. einordnen läßt, konnte nicht beigetreten werden. Das hier fr. Verfahren ist ein durch besondere Normen geregeltes, in der Hauptsache streitiges Verfahren. An solche Fälle ist in den Art. 8—12 nicht gedacht; diese beziehen sich vielmehr auf die zahlreichen Fälle, in denen der Anwalt eine vereinzelte Tätigkeit ausübt, die nicht Teil eines geordneten Verfahrens ist und die sich daher erschöpfend im voraus nicht erfassen lassen. D.

β) **Ist neben der Entscheidungs- auch eine Prozeßgebühr anzusetzen?**

Kammergericht, 17. ZS. Beschluß v. 7. Januar 1926 (W 7501/25).

Der Vermieter ist unter Zurückweisung seiner Rechtsbeschwerde zu den Kosten verurteilt. Seine Beschwerde darüber, daß eine Prozeß- und eine Entscheidungsgebühr berechnet worden, ist zulässig. Denn nach § 2 der 2. AV. v. 22. 10. 1923 (GS. 485) finden auf den Ansatz der Kosten die in bürgerlichen Rechtsstreitigkeiten geltenden Vorschriften Anwendung, also besonders § 104 ZPO. Die Beschwerde ist aber nicht begründet. Das Rechtsbeschwerdeverfahren entspricht dem Berufungsverfahren. Es gliedert sich wie dieses in das Verfahren bis zur Entscheidung, die Entscheidung, und läßt auch eine Beweisaufnahme zu. Es bestehen daher keine Bedenken, auch in ihm je nach Lage des Falles mehrere Gebühren zu erheben. Da hier kein Beweis erhoben, wohl aber eine Entscheidung ergangen ist, sind zutreffend Prozeß- und Entscheidungsgebühr angesetzt worden (§ 28, 201, 3 D. GKG., Hertel 279, 515; a. M. Vidal 190[4]).

γ) **Keine Anfechtung der Streitwertsfestsetzung.**

OLG. Hamburg, 1. ZS. Beschluß v. 9. Juni 1926 (Y 4/26).

Bei Zurückweisung der Rechtsbeschwerde ist zugleich der Streitwert auf RM. 30 000 festgesetzt. Die darüber eingelegte Beschwerde, die den Wert auf RM. 5000 festzusetzen beantragt, ist unzulässig. In §§ 39. 47 MSchG. sowie in der VerfA. sind allerdings eine Anzahl Vorschriften der ZPO. für entsprechend anwendbar erklärt und bezüglich der Höhe der Gebühren und ihrer Beitreibung ist auch auf Bestimmungen des D. GKG. verwiesen. Aber darunter finden sich die Vorschriften über die Bemessung und Festsetzung des Streitwertes und die Anfechtung dieser Festsetzung, besonders § 18 nicht. Auch sonst enthalten das RMG., das MSchG. und die VerfA. keine Bestimmung darüber, daß die Festsetzung des Streitwertes in einer Sache durch das MEA. oder die Beschwerdestelle angefochten werden könne. Eine solche Anfechtung ist daher nicht vorgesehen und demgemäß nicht statthaft. B.

o) **Keine weitere Beschwerde im Falle des § 6^3 S. 3 Ges. v. 29. 6. 26.**

OLG. Stuttgart, Ferien-ZS. Beschluß v. 10. September 1926.

Auch in diesem Falle wurde offensichtlich zur Vereinfachung und Verbilligung des Rechtsmittelwegs und zur Ermöglichung einer in diesen Fällen besonders gebotenen raschen Entscheidung die Beschwerde an Stelle des an sich zutreffenden Rechtsmittels der Berufung gegeben. Die für die isolierte Kostenentscheidung gewonnenen Ergebnisse des RG. (57 S. 315) müssen daher auch für die Frage der Zulässigkeit der Beschwerde im Falle des § 6^3 S. 3 MSchG. gelten, woraus sich die Unzulässigkeit der weiteren Beschwerde ergibt. S.

p) **Ein von der Verwaltungsbehörde bestellter Vertreter des Landrats darf Mitglied eines MEA. sein, wenn sich die ihm übertragene Vertretungsbefugnis von vornherein nicht auf Wohnungsmangelsachen erstreckt hat.**

Kammergericht, 17. ZS. Rechtsentscheid v. 9. Juli 1926 (Y 58/26).

... Die Frage, ob der mit der Vertretung des Landrats nach § 75 KreisO. betraute Kreisdeputierte unter allen Umständen als gesetzlicher Vertreter des Kreises zu gelten hat, liegt, weil es sich dabei um eine durch Gesetz geschaffene Vertretung handelt, anders als hier, wo es sich um eine Vertretungsbefugnis handelt, die lediglich durch einen Akt der Verwaltungsbehörde entsteht. Daß eine andere Person zum Vertreter des Landrats trotz § 75 durch eine Anordnung der Verwaltungsbehörde bestellt werden kann, ist anerkannten Rechtes (ObVerwG. 10 S. 24, Rsp. 18 S. 207). Eine derartige Vertretungsmacht hat aber nicht einen festumgrenzten Umfang; sie richtet sich vielmehr in ihrem Umfange nach dem Verwaltungsakt, der sie begründet hat. Untersagt der RegPräsident dem RegAssessor ein Einschreiten in WM-Angelegenheiten, so liegt hierin eine Beschränkung der Vertretungsbefugnis, die den Vertreter hindert, in jenen Angelegenheiten als Vertreter des Kreises aufzutreten. Er ist daher nicht in vollem Umfange Vertreter des Landrats in dessen Eigenschaft als gesetzlichen Vertreters des Kreises. Dafür, daß er etwa im inneren Dienst auf diesem Gebiete tätig ist, bietet die vorliegende Rechtsfrage keinen Anhalt; ob die Vorschrift des § 7^3 S. 4 und der RE. 17. Y 29/25 anzuwenden sind, bedarf daher hier keiner Erörterung.

q) **Der Rechtsentscheid Y. 32/24 (Rsp. 43 S. 331) wird aufrechterhalten**[1]**.**

Kammergericht, 17. ZS. Rechtsentscheid v. 9. Juli 1926 (Y 74/26).

Nach § 16^1 S. 2 ist es Aufgabe des MEA., zu prüfen, ob der zugewiesene Ersatzraum nach Art und Umfang unter Berücksichtigung wirtschaftlicher Gesichtspunkte, besonders der Wohn- und Geschäftsbedürfnisse des Mieters, angemessen (ausreichend) ist. Die Art des Ersatzraumes wird auch durch seine örtliche Lage bestimmt. Hierbei kann es keinen Unterschied machen, ob er in der bisher vom Mieter bewohnten Gemeinde liegt oder nicht. Es ist zwar sehr wohl denkbar, daß die Lage in einer anderen, besonders in einer entfernten Gemeinde, bei der nach billigem Ermessen zu treffenden Abwägung der Interessen des Ver-

---

[1]) Auch der RE. zu § 29 (Rsp. 44 S. 47) wird aufrechterhalten (KG. 9. 7. 26, Y 69/26).

mieters und Mieters dazu führt, einen derartigen Ersatzraum nicht als angemessen zu bezeichnen, aber immer bleibt das MEA. dabei innerhalb des ihm nach § 16¹ S. 2 gestellten Aufgabenkreises. Seine Entscheidung ist daher nach § 16¹ S. 2 endgültig; besonders vermag die Rüge, daß sie sachlich unrichtig sei und das billige Ermessen verletze, die Rechtsbeschwerde nicht zu begründen.

9. Aufwertung.

Abkürzung: Aw. = Aufwertung; A. = Antragsteller des § 16; B. = Antragsgegner.

a) α) **Ist der als „Mark" während der Geldentwertung festgesetzte Grundstückspreis als GM. gemeint?**

Kammergericht, 9. ZS. Beschluß v. 19. April 1926 (Aw. 107/26).

Die im Juli 1921 abgegebenen Erklärungen der Beteiligten lauteten auf Mark, d. h. auf die durch den Währungsverfall entwertete PM. Freilich war die Mark, in der die Beteiligten die Kaufpreise beim Verkaufe von Grundstücken, besonders von ländlichen, 1918 bis 1921 festsetzten, nach ihrer Vorstellung die Mark der Vorkriegszeit, die FriedensGM., aber das war eben, wie sich erst später herausstellte, ein Irrtum, den sie jetzt nach dem AwG. büßen müssen. Mit der Behauptung, daß sie bei der Festsetzung des Preises die FriedensGM. zugrunde gelegt hätten, werden die Beteiligten in der Regel nicht gehört werden können, es sei denn die Abrede so scharf und klar getroffen, daß man die FriedensGM. im Sinne eines wertbeständigen Zahlungsmittels als vereinbart ansehen müßte (Nadler 139); in diesem Falle wäre aber das AwG. nicht anwendbar (§ 1¹). Eine solche Vereinbarung ist aber hier nicht behauptet, auch dem Vertrage nicht zu entnehmen. [RG. 112 S. 25.] N.r.

β) **Die AwStelle ist nicht zuständig für den Streit, ob ein wertbeständiger oder ein aufwertungsfähiger Anspruch vorliegt.**

Kammergericht, 9. ZS. Beschluß v. 29. März 1926 (Aw. 85/26).

A. verlangt die Aw. einer Hypothek und einer Forderung von 1 500 000 M. auf 507 000 GM., weil ihm ein wertbeständiger Anspruch auf 300 000 Gulden zum Kurse von je 1,65 RM. zustehe. Ist dies aber der Fall, so ist die AwStelle nicht zuständig, denn der wertbeständige, also von der Geldentwertung nicht betroffene Anspruch fällt nicht unter das AwG. (§ 1¹). B. erachtet dagegen den Anspruch für einen PM.Anspruch, der nach dem AwG. aufzuwerten sei. Es herrscht Streit darüber, ob das Prozeßgericht diese Frage zu entscheiden hat (so Emmerich AwG. S. 379; BuschZ. 51 S. 1; Abraham AwG. S. 307). Dagegen hat nach Quassowski 408, Lehmann 333, Nadler 102 die AwStelle darüber zu entscheiden, ob die allgemeinen Voraussetzungen der Aw. gegeben sind. Es kann dahingestellt bleiben, ob jene Stelle über die übrigen Voraussetzungen des § 1 zu entscheiden hat, jedenfalls hat über einen Streit darüber, ob ein aufwertungsfähiger Mark- oder ein wertbeständiger Anspruch vorliegt, das Prozeßgericht zu befinden; denn es handelt sich dabei in Wirklichkeit um den Grund, um das Bestehen des Anspruchs. Die Parteien streiten hier nicht über die Höhe der Aufwertung eines — zwischen ihnen unstreitigen — PM.Anspruchs, sondern um den Anspruch selbst. In diesem Fall ist, wenn keine Vereinbarung nach § 71 getroffen ist, das Prozeßgericht zuständig. N.r.

b) **Maßgeblicher Erwerbstag bei Darlehnshypotheken.**

α) Kammergericht, 1. ZS. Beschluß v. 4. März 1926 (X 120/26).

Für den Beschwerdeführer A. steht unter Nr. 7 seit 20. 1. 1920 eine Darlehensbriefhypothek von 4000 M. verzeichnet. Der Eigentümer hat das Kapital zurückgezahlt, und zwar 40 M. vor 15. 6. 1922, weitere 23 M. Ende 1922 und den Rest am 16. 4. 1923. Auf Grund der Bewilligung des A. ist die Hypothek am 26. 4. 1923 gelöscht. A. hat gemäß §§ 15, 16 den AwAnspruch angemeldet. In notarieller Urkunde vom 23. 11. 1925 hat der Eigentümer, unter Zugrundelegung eines aufzuwertenden Betrages von M. 3959 (§ 18¹ S. 2), die gesetzliche Aufwertung auf 95 GM. errechnet und deren Wiedereintragung bewilligt und beantragt. Dieser Betrag ist dabei nach dem Tage nicht der Eintragung der Hypothek, sondern der Hingabe des Darlehens (2. 1. 1920) ermittelt[1]); der danach sich ergebende Betrag ist wie der GM.Betrag höher als der, der sich bei Zugrundelegung des 20. 1. ergibt. Den Eintragungsantrag des A. haben die Vorinstanzen wegen dieser Berechnung mit Recht beanstandet. Es handelt sich hier nicht sowohl um die Entkräftung der Vermutung der §§ 5, 9, wonach für die Berechnung des GMBetrages des dinglichen Rechts wie der Forderung der Tag der Eintragung des ersteren als der nach § 2 maßgebliche Erwerbstag gilt, sondern um die grundsätzliche Frage, ob letzten Endes ohne Rücksicht auf jene Vermutung für die Berechnung des der Aw. des dinglichen Rechtes zugrunde zu legenden GMBetrages der Zeitpunkt maßgebend ist, in welchem das dingliche Recht zugunsten des Gläubigers entstanden (von ihm erworben) ist, oder der Zeitpunkt, in welchem er die Forderung erworben hat. Allerdings läßt das AwG. eine Hypothek nicht ohne die Forderung oder diese nicht ohne die Hypothek aufwerten, wie dies nach § 11 der 3. StNV. möglich war (RG. 109 S. 111; 110 S. 77/78). Im übrigen, besonders hinsichtlich der Höhe der Aw. behandelt es aber das dingliche und persönliche Recht grundsätzlich verschieden. Als Grundlage für die Aw. der in Betracht kommenden Ansprüche, also in Ansehung der Hypotheken sowohl der dinglichen wie der persönlichen Ansprüche, nimmt es in den §§ 2, 3 den GMBetrag des Anspruchs an und verordnet im § 2² für die nach 1. 1. 1918 erworbenen Ansprüche, daß dieser Betrag festgestellt wird durch eine Umrechnung des Nennbetrags (oder des hier mit diesem unbedenklich gleichzusetzenden Erwerbspreises) nach dem Wertverhältnisse, das in der Anlage für den Tag des Erwerbes bestimmt ist. Es folgen im Abschnitt II und zwar in den §§ 4—8 die Vorschriften über die Aw. des dinglichen Rechts, in den §§ 9—13 besondere Vorschriften über die der persönlichen Forderung. Dieser Aufbau stellt ebenso wie Wortlaut und Inhalt der Vorschriften außer Zweifel, daß das Gesetz die beiden Arten von Ansprüchen als voneinander verschiedene und verschiedenartig zu behandelnde ansieht. Der § 4, wonach die Aufwertung der Hypothek nach oben durch den Betrag der Forderung begrenzt wird, ist nur aus grundsätzlich gesonderter Behandlung der Aw. beider Ansprüche zu erklären; § 10 bietet für sich allein keine genügende Erklärung dafür,

---

[1]) Sollte dieses auch erst nach der Buchung gezahlt sein (KG. 14. 8. 26, 9 Aw. 573/26).

daß schon § 4 eine solche Vorschrift enthält, ebenso nicht die nach §§ 8, 9 bestehende Möglichkeit, daß bei Verschiedenheit von Schuldner und Eigentümer nur der erstere eine Herabsetzung der Aw. erlangt. Daß im übrigen der § 9 die für das dingliche Recht gegebenen Vorschriften zum Teil auf die Aw. der persönlichen Forderung angewendet werden, ist grundsätzlich bedeutungslos. Die Verschiedenartigkeit der Behandlung findet ihren Grund darin, daß es sich nach dem maßgeblichen bürgerlichen Recht um verschieden geartete Ansprüche handelt, die ein jeder den besonderen, für Ansprüche dieser Art geltenden Rechtssätzen unterfallen. Danach ist besonders der für den GMBetrag des aufzuwertenden Rechts grundlegende Zeitpunkt des Erwerbes des Anspruchs für jeden der beiden Ansprüche ein besonderer, aus seinem Wesen sich ergebender; für das dingliche Recht ist er nach den für dessen Erwerb geltenden Grundsätzen, für die Forderung dagegen nach den für ihre Entstehung maßgebenden Tatsachen zu beurteilen. Der Aw. jedes der beiden Ansprüche ist sein eigener Erwerbszeitpunkt zugrunde zu legen. Die für die Ermittelung des Erwerbszeitpunkts anzuwendenden Rechtsvorschriften enthält das bürgerliche Recht; das AwG. gibt besondere Vorschriften darüber nicht. Nur zur Erleichterung der Bearbeitung dient die Vermutung des § 5, wonach als Erwerbstag der Hypothek — solange nämlich kein anderer Zeitpunkt nachgewiesen wird — der Tag ihrer Eintragung gilt. Wenn nach § 9 dieselbe Vermutung auch für die Forderung besteht, so beruht das auf dem gleichen Grund und ändert nichts daran, daß endgültig und grundsätzlich der Aw. der Forderung der für deren Erwerb nach bürgerlichem Recht maßgebende Zeitpunkt und der Aw. des dinglichen Rechts der von dessen Erwerb zugrunde zu legen und daß beide Zeitpunkte unabhängig voneinander nach den für jeden der beiden Ansprüche geltenden Regeln festzustellen sind.... Hier kann nach dem Vorbringen der Beschwerde und dem Inhalt der Akten nur der Zeitpunkt der Eintragung (20. 1. 1920) in Betracht kommen. Denn auch die Briefhypothek wird mit der Eintragung erworben, wenn vorher die Aushändigung des Briefes an den Gläubiger gemäß § 1117[2] BGB. vereinbart und die Forderung gleichfalls vorher entstanden ist (JFG. 2 S. 375). Die Darlegung, daß die Hypothek einen Eigenwert nicht besitze, so daß deshalb als ihr GMBetrag nur der der Forderung angesprochen werden könne, ist nur bedingt richtig und läßt ebenfalls die positiven Bestimmungen des Ges. unberücksichtigt. Dem akzessorischen Charakter der Hypothek trägt § 4 im Satzteil 2 genügend Rechnung; denn danach gilt von dem Grundsatze, daß die Aw. der Hypothek ihren eigenen Regeln folgt, allerdings die Ausnahme, daß die Hypothek nicht höher aufgewertet wird als die gesicherte Forderung. Daraus ergibt sich zugleich, daß der Erwerbstag der Forderung auch für die Aw. der Hypothek dann bestimmend sein kann, wenn der GM.Betrag der Forderung, berechnet nach ihrer Erwerbszeit, bei Anwendung des § 2 niedriger ist als der des dinglichen Rechts, berechnet nach dessen Erwerbszeit. Auf einem so gearteten Tatbestande beruht 1 X 713/25, in welchem Falle die Forderung zwar ebenfalls vor Eintragung der Hypothek entstanden, der Kurswert der Mark bis zur Eintragung aber gestiegen war. Hier beruht wiederum die Beschwerde gerade auf dem höheren GMWerte der Forderung. Auch jene Ausnahme vermag an der Geltung des Grundsatzes nichts zu ändern. Erwägungen wirtschaftlicher Natur können aber zu keinem anderen Ergebnisse führen, schon weil es sich bei dem „Erwerb" im § 2 um einen Rechtsbegriff und nicht um einen wirtschaftlichen Begriff handelt (Mügel § 2³)....

β) OLG. Hamburg, 1. ZS. Beschluß v. 8. Februar 1926 (F 124/25).

Es handelt sich ausschließlich um die Aw. der Hypotheken. Wann diese erworben sind, ergibt sich aus den allgemeinen Vorschriften. Die Buchhypothek (M. 3100) ist erworben durch ihre Eintragung, dagegen die Briefhypothek (M. 30 400), da es sich um eine neu einzutragende Hypothek und einen erst zu bildenden Brief handelt, durch die Eintragung und Übergabe des Briefs; für letztere ist die gesetzliche Vermutung des § 5 S. 1 zugunsten des Gläubigers zu berücksichtigen. Ein früherer Zeitpunkt als der Tag der Eintragung kann für den Erwerb der Hypotheken deshalb, weil die durch sie gesicherten Forderungen früher erworben seien, rechtlich gar nicht in Betracht kommen. Dieses Vorbringen mag für die etwaigen persönlichen Forderungen von Bedeutung sein.... V.

c) α) **Fällt ein Erbschaftskauf unter § 3 Nr. 2 oder Nr. 8?**[1]

Kammergericht, 1. ZS. Beschluß v. 14. Mai 1926 (X 308/26).

... Vorliegend ist ein Widerspruch unzulässig, weil die rechtliche Würdigung des tatsächlichen Vorbringens der Antragstellerin A. das Nichtbestehen eines auf §§ 14, 15, 17 beruhenden Anspruchs ergibt. Die A. stützt sich darauf, daß sie durch den Erbschaftskaufvertrag vom 10. 2. 1923 den zu ihrem Erbteil gehörigen Anteil der Hypothek an X. „abgetreten" und die Gegenleistung im April 1923 empfangen habe. Sie folgert daraus, daß ihr als Zedentin in Höhe ihres Anteils gemäß den §§ 15, 17 ein Anspruch kraft Rückwirkung zustehe. Allein wie bereits der Senat am 4. 7. 25 X 700 dargelegt hat, ist der Vertrag, da der Erblasser vor 1900 verstorben ist, gemäß Art. 213 EG. nach dem ALR. zu beurteilen; es steht ferner, da der ganze Erbteil verkauft ist, ein wirklicher Erbschaftskauf der §§ 445 ff. I 11 in Frage, dessen rechtliche Natur durch den Vorbehalt einzelner Nachlaßwerte nicht berührt wird (Strieth. 68 S. 136); endlich hat er die gleiche Wirkung derart, daß die zum Nachlaß gehörigen Rechte ohne weiteren Übergangsakt mit dem Kaufabschluß auf den Käufer übergehen (Obertrib. 80 S. 261)....

Das LG. hat nun einen Fall der im § 17 a. E. bezeichneten Art für vorliegend erachtet, und zwar hat es den des § 3 Nr. 8 angenommen, weil der Erbschaftskauf sich rechtlich als die „Übernahme eines Vermögens als Ganzen" darstelle. Es befindet sich dabei im Einklang mit Mügel (Nachtrag § 3²), der die Voraussetzungen der Nr. 8 auch für den — nur schuldrechtliche Wirkungen erzeugenden — Erbschaftskauf nach § 2371 BGB. annimmt, während Quassowski (§ 3 Nr. 8 III) diese Auffassung mißbilligt. Welche dieser Meinungen vorzu-

[1]) Werden bei Auflösung einer Sparkasse die Spareinlagen und Hypotheken restlos einer andren Sparkasse zugeführt, so ist die Nr. 8 entsprechend anzuwenden, auch wenn der Reservefonds nicht mitübertragen wird (KG. 23. 7. 1926, 9 Aw. 448/26; JW. 2368).

ziehen ist, kann unerörtert bleiben, weil vorliegend im Hinblick auf die dingliche Wirkung des Erbschaftskaufes — ebenso wie nach BGB. bei einem Erwerb von Erbanteilen gemäß § 2033 — in jedem Falle der § 3 Nr. 2 zur Anwendung kommt, wonach für die Berechnung des GMBetrages „bei Erwerb von Todes wegen der Erwerb durch den Erblasser" maßgebend ist. Die Aufzählung der Fälle in § 3 Nr. 2—11, in denen ausnahmsweise der Erwerb durch den Rechtsvorgänger des Gläubigers entscheiden soll, ist nicht in dem Sinn erschöpfend, daß ihre ausdehnende Anwendung grundsätzlich ausgeschlossen wäre. Treffen die Gesichtspunkte, aus denen der Erwerb des Rechtsvorgängers als maßgebend erklärt ist, auch auf ähnlich liegende Fälle zu, so ist ihre entsprechende Anwendung geboten (Mügel § 3³, Quassowski § 3 II). Soweit zu den Ausnahmegruppen des § 3 die Fälle der Gesamtrechtsnachfolge gehören, liegt ihnen der Gedanke zugrunde, daß der Erwerber in die Gesamtrechtsstellung des Rechtsvorgängers eintritt und daß sich daraus die natürliche Folge ergibt, ihn auch bezüglich der Aw. dem Rechtsvorgänger gleichzustellen. Mügel und Quassowski wollen deshalb dem Erwerb von Todes wegen im Sinne der Nr. 2 den Erwerb des Fideikommißfolgers auch dann gleichstellen, wenn der Übergang nicht durch einen Todesfall veranlaßt ist. In erhöhtem Maß ist aber diese Vorschrift bei einem Erbschaftskauf im Sinne der §§ 445 ff. I 11 ALR. anzuwenden. Nach § 454 tritt der Käufer mit dinglicher Wirkung in alle Rechte und Pflichten des Erben. „Die Sache wird daher so genommen, als wenn die Erbschaft sogleich dem Käufer und nicht dem Verkäufer angefallen wäre" (§ 456). Diese Rechtsstellung des Käufers, nach der er mit abgeschlossenem Erbschaftskauf als „Erbe von Anfang an" zu betrachten ist (Strieth. 68 S. 263) führt zwingend zu dem Ergebnis, daß auch in Ansehung der Aw. sein Erwerb als ein solcher von Todes wegen im Sinne des § 3 Nr. 2 anzusehen oder mindestens ihm gleichzustellen ist. Es würde des inneren Grundes entbehren, in solchem Falle den Käufer gerade bezüglich der Aw. von der Gleichstellung mit dem Rechtsvorgänger auszuschließen. Ist hiernach aber für die Berechnung des GMBetrags der Hypothek zugunsten des Erbschaftskäufers der Erwerb durch den Erblasser der A. maßgebend, so ist eine Aw. zugunsten der A. nach § 17 a. E. ausgeschlossen. Damit erweist sich zugleich die Eintragung eines Widerspruchs gemäß den §§ 16², 17 S. 2 zu ihren Gunsten als unzulässig.

Die Beschwerde hat sich allerdings noch auf eine angebliche Nichtigkeit des Erbschaftskaufes gestützt. Ihr Vorbringen enthält insofern eine an sich zulässige Rechtsrüge, als die Voraussetzung für die — im Ergebnis gebilligten — Erwägungen des LG. gerade seine Rechtsgültigkeit bildet. Allein sie übersieht, daß dann die von ihr geltend gemachten Voraussetzungen für den Widerspruch aus den §§ 16, 17 ohne weiteres hinfällig würden. Aus der Ungültigkeit des Erbschaftskaufes würde sich zwar ergeben, daß die A. materiell noch Gläubigerin der gelöschten Hypothek zu ihrem Anteil wäre; ihr stände alsdann ein Anspruch auf Berichtigung des Grundbuchs — unabhängig von den AwBestimmungen — nach § 894 sowie auf einen Widerspruch gemäß § 899 BGB.

zu. Die Voraussetzungen eines Widerspruchs aus §§ 16, 17 fielen dann aber ohne weiteres weg: eine Abtretung (§ 17) könnte bei einer Nichtigkeit des Vertrages nicht in Frage kommen. Die A. hätte alsdann auch nicht, wie es die §§ 14, 15 voraussetzen, die ihr als Gläubigerin geschuldete Leistung, sondern lediglich eine Leistung aus einem nichtigen Vertrag entgegengenommen, zu deren Rückgewähr sie aus dem Rechtsgrunde der Bereicherung verpflichtet wäre. Aus denselben Erwägungen kann vorliegend auch die Frage unerörtert bleiben, ob die Hypothek etwa zu den vom Erbschaftskauf ausgeschlossenen Gegenständen gehörte; denn auch in diesem Falle läge weder eine „Abtretung" (§ 37) noch die „Annahme einer Leistung" (§§ 14, 15) vor.

β) § 3¹ Nr. 2, wenn ein Ersatzgegenstand an die Stelle gesetzt wird.

Kammergericht, 1. ZS. Beschluß v. 31. März 1926 (X 137/26).

Auf dem den Eheleuten A. je zur Hälfte gehörigen Grundstücke steht unter Nr. 4 seit 1906 eine Darlehnshypothek von 37 000 M. verzeichnet. Sie ist nach dem Tode des ursprünglichen Gläubigers Leo 1919 auf dessen Erben umgeschrieben und am 13. 9. 1923 an C. vom Vollstrecker abgetreten. Dieser hat zu notariellem Protokoll vom 22. 12. 1925 erklärt: dem C. habe Leo durch Verfügung vom 10. 11. 1913 eine jährliche Rente von 2000 M. vermacht; zur Sicherung der Rentenzahlung habe er gemäß der Bestimmung des Erblassers ein Kapital in Verwahrung genommen, zu dem auch die Hypothek gehört habe; diese sei „auf Grund getroffener Vereinbarung über die Ablösung der vermachten Rente" abgetreten. Am 19. 10. 1925 haben die Witwe A. und C. erklärt, sie seien darüber einig, daß die Abtretung der Hypothek als Erwerb von Todes wegen im Sinne des § 3¹ Nr. 2 anzusehen sei und demgemäß bewilligt und beantragt, daß die Aw. mit 9250 GM. eingetragen werde. Die Vorinstanzen haben abgelehnt. Die weitere Beschwerde des C. ist begründet....

Die gesetzliche Aw. stellt den Betrag von 9250 GM. dar, wenn C. die Hypothek auf Grund eines Vermächtnisses, also von Todes wegen (§ 2147 BGB.), erworben hat. Auch in diesem Falle wäre zwar zum Erwerbe eine Abtretung der Erben oder des Vollstreckers erforderlich gewesen; hätte aber die Abtretung von 1923 lediglich diese Bedeutung, so würde sich gemäß § 3¹ Nr. 2 die Höhe der Aw. nach dem Zeitpunkt des Erwerbes durch den Erblasser (1906) bestimmen, ohne daß der Erwerb durch die Erben überhaupt in Betracht käme und ohne daß, wie es bei einem Erwerb unter Lebenden an sich möglich wäre, eine Aw. zu deren Gunsten stattfände. Der § 3¹ Nr. 2 wird für den Fall des Vermächtnisses einer Hypothek nicht dadurch ausgeschlossen, daß mit Eintritt des Erbfalles zunächst die Erben Gläubiger des vermachten Rechtes geworden sind und daß es noch eines von ihnen vorgenommenen Abtretungsaktes bedarf, um das Recht zu übertragen. Denn die Eigenschaft des Erwerbes als eines Erwerbes von Todes wegen steht außer Zweifel; die Anordnung kann aber nur durch einen den Erwerb des Vermächtnisnehmers vermittelnden besonderen Rechtsakt des Beschwerten verwirklicht werden. Der Abtretung kommt hier keine selbständige Bedeutung zu; vorliegend wäre sie zwar nicht unmittelbar in Erfüllung der Anordnung erklärt; sie hätte jedoch als zu ihrer Erfüllung geschehen zu gelten.

Ein Erwerb von Todes wegen ist aber gegeben, falls ein der Erklärung vom 22. 12. 1925 entsprechender Tatbestand für nachgewiesen zu erachten ist. Die Hypothek bildete allerdings auch danach nicht den eigentlichen Gegenstand des dem C. zugewendeten Vermächtnisses. Gegenstand war vielmehr die dort erwähnte Rente, und die Hypothek stellt nur einen auf Grund einer Vereinbarung der Beteiligten an ihre Stelle getretenen Ersatz für sie dar. Auch bei diesem Sachverhalt muß aber die Hypothek als im Sinne des AwG. von Todes wegen erworben angesehen werden. Bei den in § 3[1] Nr. 2—11 aufgeführten Fällen eines als Rechtsnachfolge sich darstellenden Erwerbs handelt es sich um Gesamtrechtsnachfolge und gleichgeartete Fälle oder um Fälle der unentgeltlichen Zuwendung, für die aus Billigkeitsrücksichten — im Hinblick auf das Fehlen spekulativer Absichten auf seiten des Erwerbers und weil eine Aw. zugunsten des früheren Rechtsinhabers nicht in Betracht kommt oder nicht erforderlich erscheint — zugunsten des jetzigen Inhabers für die Berechnung des GMBetrages der Zeitpunkt des Erwerbes durch den früheren Gläubiger für maßgebend erklärt ist. Es entspricht jedoch diesen Billigkeitsgedanken, wie sie das AwG. auch sonst beherrschen, wenn in einem Falle vorliegender Art, in welchem das einem Vermächtnisnehmer zugewendete aufwertbare Recht zwar nicht den eigentlich vermachten Gegenstand bildet, aber nach Eintritt des Erbfalls im Einverständnis der Beteiligten aus Zweckmäßigkeitsgründen, z. B. um den Wirkungen der Geldentwertung zu begegnen, an dessen Stelle gesetzt ist, den für den Erwerb von Todes wegen gegebenen § 3 Nr. 2 auch in bezug auf diesen ersatzweise übertragenen Anspruch angewendet wird. Allerdings kommt, da sonst der Erwerb durch den Erblasser nicht zugrunde gelegt werden kann, die ausdehnende Anwendung nur dann in Betracht, wenn wie hier auch der Ersatzgegenstand zum Nachlasse gehört, wobei hier noch besonders ins Gewicht fällt, daß die Hypothek angeblich zu einem Kapital gehört hat, das nach der Anordnung des Erblassers zur Sicherung des Vermächtnisanspruchs zurückgestellt war. Als der maßgebende Zeitpunkt ist somit unter der angegebenen Voraussetzung die Erwerbzeit des Erblassers anzusehen, die mit der Begründung des Rechts 1906 zusammenfällt.

Als Stütze für den Berichtigungsantrag kommt zwar nach § 22 GBO. neben dem Unrichtigkeitsnachweis noch die Bewilligung des Betroffenen in Betracht. Betroffen sind aber der Eigentümer, der Gläubiger und die im Range gleich- oder nachstehenden Berechtigten. Hier liegt jedoch nur die Bewilligung des Gläubigers vor; dagegen kann, abgesehen von der gleichrangigen Post Nr. 3 und der nachfolgenden Nr. 5, auch eine Bewilligung des Eigentümers nicht angenommen werden. Denn es ist nicht nachgewiesen, daß die Witwe A. alleinige Erbin ihres Mannes und dadurch Alleineigentümerin geworden sei; ihre Berechtigung, allein die Bewilligung an Stelle des Eigentümers zu erklären, ist also nicht dargetan. Die Notwendigkeit ihrer Eintragung als alleiniger Eigentümerin

(§§ 40, 41 GBO.; Art. 16 DfV.) steht vorerst noch nicht zur Erörterung. Außerdem aber wird auch in dem Falle, daß der Antrag auf die Bewilligung der Betroffenen gestützt wird, schon im Hinblick auf § 67¹ der Grundbuchrichter prüfen müssen, ob und inwiefern es sich um die Eintragung der gesetzlichen Aufwertung handelt.

γ) **Abtretung einer in Hypothek umgewandelten Nachlaßgrundschuld.**
Kammergericht, 1. ZS. Beschluß v. 6. Mai 1926 (X 289/26).

Die 1907 eingetragene Hypothek von 6000 M. ging im Erbgang auf den Grundeigentümer N. über. Dieser fiel 1916 und wurde von seiner Witwe und seinem minderjährigen Sohn beerbt. In dem Auseinandersetzungsvertrage vom 14. 3. 1919 wurde der Witwe das Grundstück überwiesen, während die infolge Vereinigung von Forderung und Schuld schon in der Person des Erblassers zur Grundschuld gewordene Hypothek unter Umwandlung in eine solche für eine von der Witwe geschuldete Erbabfindung von 6000 M. dem Sohn überwiesen wurde. Nachdem die entsprechenden Eintragungen am 9. u. 12. 4. 1919 erfolgt waren, wurde am 4. 11. 1925 bei der Hypothek unter Zugrundelegung des Erbfalls (1916) als Erwerbstag eine Aw. von 1500 GM. eingetragen. Der jetzige Eigentümer regte hiergegen einen Amtswiderspruch an, weil die Zeit der Auseinandersetzung (1919) zugrunde gelegt werden müsse. Die Vorinstanzen haben mit Recht abgelehnt. Da hier die Erbengemeinschaft bereits 1916 eingetreten ist, kommt es nicht darauf an, ob bei einem bereits vom Erblasser gemachten Erwerb neben Nr. 4 auch Nr. 2 des § 3 anwendbar, also die Zeit des Erwerbs durch den Erblasser maßgebend ist (so Mügel, § 3 Anm. 2⁴; Grau J. Rdsch. 1925 S. 944). Nach §§ 4, 31 wäre die Eigentümergrundschuld, wenn sie dem Sohne bei der Auseinandersetzung unverändert überwiesen wurde, auf 25 % von 6000 M. aufgewertet. Sie ist nun nicht als solche, sondern als ein in eine Hypothek umgewandeltes Recht überwiesen. Diese Umwandlung ist eine Inhaltsänderung des § 877 BGB. (RGKomm. § 877⁴, Güthe-Triebel GBO. 2 S. 1851 Nr. 8) und bleibt nach § 3² für die Feststellung des Erwerbstages außer Betracht. Auch eine aus der umgewandelten Nachlaßschuld entstandene Hypothek gilt also als von der Erbengemeinschaft mit dem Erbfall erworben und ist unter Zugrundelegung dieses Zeitpunktes für den Miterben, dem sie überwiesen wurde, aufzuwerten. Die Umwandlung ist nicht ohne Einigung über eine zu sichernde Forderung möglich, weil eine Hypothek ohne Forderung nicht bestehen kann. Ergibt sich nach §§ 2, 9 für die bei der Umwandlung mit der Hypothek verbundene Forderung ein geringerer als der nach dem Erwerbstag der Grundschuld berechnete AwBetrag, so kann das gemäß § 4 eine Verringerung auch des AwBetrages der Hypothek zur Folge haben. Die mit einer Nachlaßgrundschuld bei der Umwandlung verbundene Erbabfindungsforderung entsteht zwar mit dem nach Gegenstand und Höhe schließlich bestimmten Inhalt erst auf Grund der Auseinandersetzung, sie hat aber ihren Rechtsgrund in der Erbengemeinschaft; sie wurzelt in dieser und gewinnt mit deren Eintritt ihre Rechtsgrundlage. Den Zwecken des § 3² kann es nur entsprechen, wenn das mit der Abfindungsforderung verbundene, aus dem Nachlaß stammende dingliche Recht hinsichtlich der Aw. nicht ungünstiger behandelt wird, als wenn es ohne Veränderung seiner Rechtsgestalt dem Miterben überwiesen wäre; denn es kann nicht angenommen werden, daß der Miterbe hinsichtlich einer ihm aus dem Nachlaß überwiesenen Grundschuld im Falle der Umwandlung in eine Hypothek zur Sicherung der Erbabfindungsforderung schlechter gestellt sein sollte, als wenn ihm die Grundschuld schlechthin, d. h. überhaupt ohne Beziehung zu einer persönlichen Forderung, als Abfindung oder als Sicherung der Abfindungsforderung ohne Umwandlung in eine Hypothek überwiesen wäre. . .

δ) **Für die zur Sicherung abgetretene Hypothek ist bis zur Rückabtretung nur der Zessionar aufw.berechtigt**[1]**.**

Kammergericht, 9. ZS. Beschluß v. 19. April 1926 (Aw. 67/26).

A. hatte eine für ihn auf dem Grundstücke des B. haftende Hypothek am 31. 5. 1920 an eine Bank abgetreten und dies am 21. 6. 1922 im Grundbuch eintragen lassen. Auf Grund löschungsfähiger Quittung der Bank wurde die Hypothek am 10. 3. 1923 gelöscht. A. begründet nun seinen AwAnspruch damit, daß er die Hypothek nur zur Sicherung wegen gewährten und zu gewährenden Kredits abgetreten habe. Allein damit hat die Bank nach außen hin — entsprechend der selbständigen (abstrakten) Natur der Abtretung — das volle Gläubigerrecht erworben, während sie im Innenverhältnis zum Abtretenden die sich aus dem Schuldverhältnis ergebenden Beschränkungen einzuhalten hat. Wenn A. die Bank wegen ihrer Ansprüche befriedigte, so war sie zur Rückabtretung verpflichtet; bis dahin war sie aber allein nach außen hin zur Geltendmachung der Rechte aus der Hypothek befugt. Als B. am 9. 1. 23 die 95 000 M. auszahlte, stand die Hypothek noch auf den Namen der Bank, die deshalb gemäß § 15 aufw.berechtigt ist. Die Abtretung zur Sicherung ist eine treuhänderische Abtretung; die Bank hat die Hypothek also auf Grund eines Treuhandverhältnisses des § 3¹ Nr. 7 erworben. Für die Berechnung des GMBetrages ist deshalb der Erwerb des Abtretenden maßgebend. Hieraus folgt nach § 17 S. 1 Halbs. 2, daß nicht zugunsten des A. aufzuwerten ist. Ob die Bank schuldrechtlich verpflichtet ist, die auf der Grundlage des Erwerbstags des A. aufgewertete Hypothek auf diesen zurückzuübertragen, ist hier nicht zu erörtern. N.r.

ε) **AwHöhe, Erwerbstag bei Schenkungen unter Auflage.**

Kammergericht, 1. ZS. Beschluß v. 31. März 1926 (X 177/26).

A. hat die seit 1903 eingetragenen Hypotheken Nr. 1 und 3 in der Urkunde vom 6. 8. 1921 unter Vorbehalt des lebenslänglichen Zinsgenusses an die Stadt P. abgetreten und weiter erklärt: „Als Entgelt für die Abtretung hat die Stadt die Pflege und Unterhaltung des A.schen Erbbegräbnisses und der Reihengräber . . . zu übernehmen." Nachdem die Abtretung nebst dem Zinsvorbehalt am 14. 10. 1921 im Grundbuch vermerkt war, beantragte A. unter Überreichung der Briefe in einem von zwei Magistratsmitgliedern unterschriebenen und mit

---

[1]) Eine Abtretung zu Sicherheitszwecken ist bei späterer Rückübertragung dem § 3 Nr. 7 zu unterstellen und bleibt von § 11 frei (BayObLG. 15. 5. 26, BayZ. 22 S. 199).

Stempel versehenen Schriftstück die gesetzliche Aw. von 25 % des Nennbetrages einzutragen. Dem Antrage fügte er den Zusatz bei: „Weitere Ansprüche, die uns bei einer Änderung der Gesetzgebung oder Rechtsprechung zustehen, behalten wir uns vor." Der Grundeigentümer bewilligte die Eintragung der Aw. Das Grundbuchamt beanstandete jedoch unter Billigung des LG. den Antrag. Die Ausführungen des LG., mit denen es die Voraussetzungen des § 3 Nr. 11 nicht für nachgewiesen und daher die Zustimmung der nachstehenden Berechtigten für erforderlich erachtet, sind nicht frei von Rechtsirrtum. Die Eintragung der Aw. kennzeichnet sich als eine Berichtigung des Grundbuchs. Sie erfordert daher, falls nicht dessen Unrichtigkeit nachgewiesen wird (§ 22), die Bewilligung der „Betroffenen" (§ 19 GBO.). Zu diesen gehören, wie der Senat bereits unter der 3. StNV. angenommen hat, außer dem Eigentümer und dem Gläubiger auch die gleich- oder nachstehenden Berechtigten (IFG. 2 S. 373). Die Zustimmung der zuletzt Genannten ist hiernach nur entbehrlich, wenn die Unrichtigkeit nachgewiesen ist. Der Nachweis hat sich auf die Tatsache und die Höhe der Aw. zu erstrecken. Da sich der Eintritt der Aw. in der Regel, so auch hier, ohne weiteres aus dem Gesetz ergibt, so bedarf es zu diesem Punkte keines besonderen Nachweises. Wohl aber ist er für die Höhe erforderlich. Da die Stadt der Berechnung des GMBetrages nicht ihren eigenen Erwerb, sondern gemäß § 3 Nr. 11 den des A. zugrunde legt, so ist nachzuweisen, daß die Stadt die Hypothek durch Schenkung, worunter auch eine unter Auflage fallen würde, erworben hat und ferner, wann A. sie erworben hat. Hinsichtlich des Erwerbtages des A. wird der Nachweis durch die Vermutung des § 5[1] ersetzt. Nach dieser hat A. die beiden Hypotheken vor 1918 erworben, so daß als GMBetrag der Nennbetrag der Rechte zu gelten hat, falls für die Berechnung jenes Betrages der Erwerb durch A. maßgebend ist (§ 2[1] S. 1). Für den Nachweis, daß die Stadt die beiden Hypotheken von A. unter einer Auflage geschenkt erhalten hat und daß daher gemäß § 3 Nr. 11 der GM.Betrag nach dem Zeitpunkt des Erwerbes durch den Schenker zu berechnen ist, steht der Stadt keine Vermutung zur Seite. Dagegen wird ihr der Nachweis durch Art. 2 DfV. erleichtert. Danach bedarf für die Eintragung der Aw. der Nachweis des Erwerbstages und des Preises nicht der Form des § 29 GBO. Das Grundbuchamt hat also, soweit für die Buchung der Aw. die genannten Punkte erheblich sind, auch andere, dem § 29 GBO. nicht entsprechende Urkunden als Beweismittel gelten zu lassen und seine Überzeugung dem gesamten, ihm unterbreiteten oder aus den Akten ersichtlichen Sachverhalte zu entnehmen. Nach der Wortfassung könnte allerdings scheinen, als bezöge sich die Erleichterung nicht auf den Nachweis, welcher Rechtserwerb für die Berechnung des GMBetrages maßgebend sei, sondern nur darauf, an welchem Tage der entscheidende Rechtserwerb erfolgt ist, so daß der Gläubiger, der die Eintragung nach einem GMBetrage verlangt, der nicht nach seinem eigenen Erwerb, sondern nach dem eines früheren Gläubigers berechnet ist, die diese Berechnung nach § 3 Nr. 2—11 rechtfertigenden Umstände in der Form des § 29 GBO. nachzuweisen hätte. Es leuchtet ein, daß durch eine solche Auslegung dem Art. 2 für den Nachweis des Erwerbstages ein erheblicher Teil seiner praktischen Bedeutung genommen würde. Denn da in § 5 eine Vermutung für den Zeitpunkt des Erwerbes aufgestellt ist, so würde Art. 2 nur für die Entkräftung der Vermutung in Frage kommen. Andererseits würde die Eintragung der Aw. auf Grund eines gemäß § 3 Nr. 2—11 nach dem Erwerbe eines früheren Gläubigers berechneten GMBetrages aus dem Gesichtspunkte des Unrichtigkeitsnachweises in der Regel unmöglich sein. Denn da es sich bei den Umständen des § 3 Nr. 2—11 nicht um „sonstige zu der Eintragung erforderliche Erklärungen" handelt, so müßte das Vorliegen eines jenen Vorschriften entsprechenden Sachverhaltes, soweit es nicht bei dem Grundbuchamt offenkundig ist, nach § 29 S. 2 GBO. durch öffentliche Urkunden dargetan werden, ein Nachweis, der abgesehen von § 3 Nr. 2 und vielleicht noch des § 3 Nr. 8 (vgl. §§ 311, 419 BGB.) kaum formgerecht zu führen ist. Die erwähnte enge Auslegung entspricht weder dem Sinne noch dem Zwecke des Art. 2. Unter dem Erwerbstag ist dort der Tag zu verstehen, nach dem sich gemäß § 2 der GMBetrag der Hypothek bestimmt. Da für die Eintragung der Aw. nur der Tag des für die Berechnung des GMBetrages maßgebenden Erwerbs Bedeutung hat, so kann Art. 2 nur den Sinn haben, daß der Nachweis des Zeitpunktes des für diese Berechnung entscheidenden Erwerbs erleichtert werden soll. Ist aber Art. 2 so aufzufassen, so wird durch ihn auch nachgelassen, den Nachweis, welcher Erwerb maßgebend ist, in erleichterter Form zu führen. Durch diese Auslegung wird auch allein der aus § 88² S. 1 AwG. ersichtliche Zweck des Art. 2 erreicht, nämlich die Erleichterung des Grundbuchverkehrs hinsichtlich des Nachweises der beiden für den GMBetrag einer aufgewerteten Hypothek nach § 2 wichtigen Tatsachen, des Erwerbstages und des Erwerbspreises.

Ob das LG. von diesen Rechtsgrundsätzen ausgegangen ist, läßt sich nicht ersehen. Da es jedoch erwägt, ob die vorliegenden Urkunden die Ansicht der Beschwerde, die Hypotheken seien der Stadt von A. unter einer Auflage geschenkt worden, bestätigen, so scheint es hinsichtlich der Frage, welcher Rechtserwerb der Berechnung des GMBetrages zugrunde zu legen sei, eine von § 29 GBO. befreite Beweisführung für zulässig zu erachten. Die vom LG. aus dieser grundsätzlichen Stellungnahme gezogenen Folgerungen sind jedoch nicht einwandfrei. Es kommt nämlich zu dem Ergebnis, daß zweifelhaft sei, ob A. die Hypotheken der Stadt unter der Auflage, bestimmte Gräber zu pflegen und zu unterhalten, geschenkt habe, so daß dem Grundbuchrichter nicht zugemutet werden könne, selbst zu entscheiden. Allein vorliegend handelt es sich nur um die rechtliche Beurteilung eines auf Grund der zwischen der Stadt und A. gepflogenen Verhandlungen und ferner auf Grund der Abtretungserklärung feststehenden Sachverhalts. In solchem Falle darf sich das Grundbuchamt einer eigenen Stellungnahme nicht enthalten. Nur wenn der Sachverhalt aus dem vorgelegten Beweisstoff nicht vollständig hervorgeht oder wenn die beigebrachten Beweismittel nicht zuverlässig sind, wird die Entscheidung nicht möglich sein, so daß dann die Beibringung der Bewilligung der von der Berichtigung Betroffenen verlangt werden kann. Hier ist jedoch nicht ersichtlich, in welcher Richtung der Sachverhalt noch vervollständigt werden könnte. Da die Verhandlungen in amtlichen Akten des Magistrats niedergelegt sind und die Abtretungsurkunde öffentlich beglaubigt ist, so ist auch die Zuverlässigkeit der Beweismittel nicht zu bemängeln. Hiernach durfte das LG. nicht auf ein eigenes Urteil verzichten.

Die Prüfung führt dazu, das Vorliegen einer Schenkung für nachgewiesen anzusehen. Nach dem Protokoll vom 28. 5. 1921 hat A. den Wunsch, daß nach seinem Tode die Stadt die Pflege und Unterhaltung gewisser Gräber übernehmen möge, vorgetragen und sich bereit erklärt, ihr als Entschädigung dafür die Hypotheken von zusammen 4800 M. zu übereignen. Der Magistrat hat das Angebot angenommen, worauf A. die Hypotheken abgetreten hat.... Gegen die Annahme eines entgeltlichen Vertrages spricht schon der Umstand, daß es nicht ein geschäftliches Unternehmen, sondern eine Stadt ist, der die Grabpflege auferlegt ist. Eine Stadt wird darauf nur eingehen, wenn für sie ein besonderer Vorteil damit verbunden ist. In der Tat konnte auch die Stadt damit rechnen, daß sie zur Durchführung der Verbindlichkeit lediglich genötigt sein würde, die ihr nach dem Tode des A. zustehenden Hypothekenzinsen anzugreifen, das Kapital dagegen für die Stadt zu erhalten. Dieser Annahme steht der Umstand, daß der Wert der Hypotheken und ihrer Zinserträge gemessen am Dollarstande Mitte 1921 bereits stark gesunken war, nicht entgegen. Denn damals wurde noch allgemein die Erholung der Mark erwartet. Da die Grabpflege erst nach dem Tode des A., also erst später einsetzen sollte, so konnte die Stadt annehmen, daß ihr aus der Abtretung der Hypotheken und der Übernahme der Verpflichtung ein erheblicher Vorteil erwachsen würde. Andererseits wird sich auch A. bewußt gewesen sein, daß im Hinblick auf die erhoffte Wiederherstellung der deutschen Währung der Zinsertrag zur Pflege der Gräber ausreichen würde. Sein Wille ist demgemäß nicht lediglich dahin gegangen, von der Stadt durch Hingabe der Hypotheken eine Leistung zu erlangen, sondern dieser auch eine unentgeltliche, eine Bereicherung bringende Zuwendung zu machen. Beide Teile sind hiernach bei Vertragsschluß — auf diesen Zeitpunkt kommt es allein für die rechtliche Beurteilung an — darüber einig gewesen, daß die Leistung des A. nicht der Leistung der Stadt gleichzusetzen sei, daß diese vielmehr nur als eine aus jener folgende Nebenleistung zu gelten habe. Damit ist dargetan, daß die Hypotheken schenkungsweise abgetreten und daß der Freigebigkeit eine Verpflichtung zur Gräberpflege hinzugefügt worden ist (vgl. auch JW. 1915 S. 513[11]). Diese Auffassung ist im übrigen für Fälle vorliegender Art üblich und hergebracht (RG. 112 S. 210). Eine Genehmigungspflicht nach Art. 6 AG. zum BGB. kam zur Zeit der Vornahme der Schenkung nicht in Frage.

ζ) Wenn der geschenkte Gegenstand durch andre Rechte ersetzt wird.

Kammergericht, 1. ZS. Beschluß v. 8. Juli 1925 (X 409/26).

Auf dem Grundstücke Bl. 305 des Leo G. stand unter Nr. 5 seit 1905 eine — von G. beim Erwerbe des Grundstücks übernommene — Darlehnshypothek von 147 000 M. für X. verzeichnet. Dieser hat 1907 davon 10 000 M. abgetreten und sodann unterm 25. 11. 1915 über die Rückzahlung der Restsumme von 137 000 M. durch den Eigentümer quittiert sowie die Löschung der Post bewilligt. G. hat am 23. 11. 1922 auf Grund der Quittung zunächst einen Teilbetrag von 7000 M. löschen lassen; ferner hat er die ihm zustehende Eigentümergrundschuld von noch 130 000 M. an seinen minderjährigen Enkel Heinz, vertreten durch den Pfleger P., abgetreten. Dieser Abtretung, die gleichfalls am 23. 11. 1922 gebucht ist, liegt folgender Sachverhalt zugrunde. Leo G. hat laut Schenkungsurkunde vom 28. 12. 1918 dem Heinz 160 000 M. geschenkt, und zwar durch Abtretung zweier Hypotheken von 100 000 M., lastend auf Blatt 57, und von 60 000 M., eingetragen auf Blatt 84/86. Die Hypothek auf 57 wurde vom Grundstückseigentümer zum 1. 1. 1922 gekündigt und ist auf seine Anweisung an die Sparkasse abgetreten; die Hypothekenvaluta hat der Pfleger an Leo G. auf Bankkonto überwiesen; hierfür trat dieser seinem Enkel eine für ihn auf dem Grundstück 22 bei dessen Veräußerung 1918 eingetragene Restkaufgeldhypothek von 130 000 M. ab. Diese Abtretung ist nicht eingetragen; sie ist vollzogen durch Erteilung einer notariellen Abtretungsurkunde vom 31. 12 1921 und durch Übergabe des Hypothekenbriefs. Heinz hatte nunmehr seinerseits noch einen Gegenwert von 30 000 M. dem Leo G. zu verschaffen. Zu diesem Zwecke hat diesem der Pfleger die dem Mündel gehörige Hypothek von 60 000 M. auf 84/86 zurückabgetreten, während dieser zum Ausgleich eine Hypothek von 30 000 M. auf Blatt 39 abtrat. Die Hypothek auf 22 haben 1922 die Grundstückseigentümer zurückgezahlt; der Pfleger hat am 21. 10. 1922 löschungsfähig quittiert, worauf die Hypothek am 28. 3. 1925 gelöscht wurde. Das Kapital ist auf Anweisung des Pflegers wiederum an Leo G. gezahlt; dieser hat ebenfalls am 21. 10. 1922 die eingangs erwähnten 130 000 M. auf Blatt 305 an Heinz abgetreten. In einem vormgerichtlich genehmigten Vergleich vom 27. 10. 1925 haben Leo G. und der Pfleger die Aw. der für Heinz auf 305 eingetragenen Grundschuld von 130 000 M. auf 19 500 GM. und deren Eintragung vereinbart. . . .

Eine derartige Eintragung ist nur möglich, wenn die 19 500 GM. den Betrag der dem Heinz gesetzlich zukommenden Aw. nicht überschreitet. Eine solche Überschreitung liegt nicht vor, wenn Heinz die Grundschuld durch Schenkung von Leo G. oder jedenfalls in einer Weise erworben hat, daß auf seinen Erwerb die für den Erwerb durch Schenkung geltende Bestimmung des § 3 Z. 11 anzuwenden ist. Denn Leo G., dessen Erwerb alsdann für die Berechnung des GMBetrages maßgebend wäre, hat die Grundschuld vor 1918 erworben; er hat die seinerzeit von ihm übernommene Forderung des X. durch die zweifellos zur Tilgung der Schuld erfolgte Zahlung des Kapitals zum Erlöschen gebracht, und die Hypothek ist damit als Grundschuld auf ihn als den Eigentümer übergegangen. Hätte demnach der Nennbetrag der Grundschuld als GMBetrag zu gelten, so ergäbe sich ein gesetzlicher AwBetrag von 32 500 GM., die beantragte Aw. bliebe also noch unter der gesetzlichen zurück. Der Erwerb muß aber auf Grund der festgestellten und aus den Grundakten ersichtlichen Tatsachen als im Sinne des § 3 Z. 11 durch Schenkung erfolgt angesehen werden. Einer Form bedurfte es für den Nachweis dieser Tatsachen, insoweit sie den Erwerb durch Schenkung ergeben, nicht (vgl. Art. 2 DfV.).

Die Grundschuld bildete allerdings nicht den ursprünglichen Gegenstand der von Leo G. seinem Enkel gegenüber vorgenommenen Schenkung. Ursprünglich waren die beiden Hypotheken von 100 000 und 60 000 M. auf 57 und 84/86 gebucht. In bezug auf die erstere war jedoch die Absicht des Leo G., die offenbar auf die Schenkung von Grundstückspfandrechten ging, durch die Kündigung der Hypothek und ihre Auszahlung vereitelt. Wenn Leo G. nunmehr das Kapital zurücknahm und seinem Enkel an Stelle der ausgezahlten eine andere Hypothek (die auf 22) übertrug, so hatte dieser Vorgang keine andere Bedeutung, als daß der Schenker den zunächst geschenkten Gegenstand wieder an sich nahm und dem Beschenkten dafür ersatzweise einen anderen zuwendete. Lediglich um eine Wiederholung desselben Vorganges aber handelte es sich augenscheinlich, wenn die Tatsachen richtig gewürdigt werden, als demnächst auch die Hypothek auf 22 ausgezahlt wurde. Damit war auch in Ansehung dieses Rechtes die Absicht der Zuwendung eines Grundstückspfandrechts zunichte gemacht; der Schenker nahm daher auch diesmal das Kapital wieder an sich und gewährte an Stelle der ausgezahlten Hypothek die jetzt in Rede stehende Grundschuld. Wird in solcher Weise und aus Gründen der vorstehend dargelegten Art der ursprünglich geschenkte Gegenstand vom Schenker durch einen anderen ersetzt, so handelt es sich jedenfalls vom Standpunkte des AwG., soweit aufwertbare Rechte in Frage stehen, um eine Fortsetzung des Schenkungsaktes; für die Aw. muß das die Folge haben, daß das ersatzweise gegebene Recht im Sinne des § 3 Z. 11 ebenso als geschenkt zu gelten hat wie das dem Beschenkten ursprünglich zugewendete. Die Annahme des LG., daß die späteren Abtretungen als entgeltliche Neuanlagen anzusehen seien, entspricht somit nicht der von ihm selber gegebenen Sachdarstellung; sie wird den Gründen dieser späteren Abtretungen und ihrem unmittelbaren Zusammenhang mit der ursprünglichen Schenkung nicht gerecht . . .

γ) Umwandlung einer Grundschuld. Begründung eines neuen einheitlichen Rechts. Berechnung des AwBetrages.

Kammergericht, 9. ZS. Beschluß v. 19. April 1926 (Aw. 102/26).

Für die 3 Beschwerdeführer A. lasteten die Eigentümergrundschulden Nr. 10—13 von zusammen 210 000 M.; davon waren die Nr. 10—12 ursprünglich Darlehnshypotheken aus 1912, während Nr. 13 von 12 000 M. am 22. 2. 1919 als Grundschuld neu eingetragen ist. Nachdem am 9. 2. 1921 das Grundstück an B. für 1 120 000 M. verkauft worden, wurden unter Nr. 14, 15, 16 eine Restkaufgeldhypothek von je 110 000 M. und unter Nr. 17 eine solche von 290 000 M. für die drei Verkäufer in ungeteilter Erbengemeinschaft am 25. 2. 1921 eingetragen und die Nr. 10—13 gleichzeitig gelöscht. Die Vorinstanzen haben mit Recht den § 3² angewendet. Die Vertragschließenden hätten die vier Grundschulden, die der Käufer übernehmen sollte, in Restkaufgeldhypotheken für die Verkäufer umwandeln können; darin hätte eine Änderung des Inhalts des

Rechts im Sinne des § 3² gelegen, weil als solche auch die Umwandlung einer Grundschuld in eine Hypothek anzusehen ist (Mügel 205, Michaelis 49, Quassowski 94, Nadler 143). Sie haben aber, weil der Käufer nicht zwölf Teilhypotheken auf seinem Grundstücke haben wollte, an Stelle dieser Umwandlung die Grundschulden löschen und für jeden Verkäufer eine Restkaufgeldhypothek von 110 000 M. — nach der Feststellung des LG. auch noch die von 290 000 M. — neu eintragen lassen. Diese Rechtshandlungen gehen allerdings über eine „Änderung des Inhalts" hinaus, der § 3² ist aber gleichwohl anzuwenden; denn es liegt hier der Fall des S. 2 vor. Daß mit dem neuen einheitlichen Recht gleichzeitig dessen Inhalt, nämlich die Umwandlung der Grundschuld in eine Hypothek, geändert worden ist, steht nicht entgegen. Daher ist der GMBetrag der Grundschulden auch für die Berechnung der Aw. der Restkaufgeldhypotheken maßgebend. Die AwStelle hat den GMWert der vier Grundschulden auf 195 580 festgestellt, davon ausgehend, daß nur die drei Hypotheken von je 110 000 M. an die Stelle der vier Grundschulden getreten sind. Das LG. hingegen hat angenommen, daß die vier Restkaufgeldhypotheken — also auch die über 290 00 0M. — die vier Grundschulden ersetzen sollten, und hat für jede Hypothek von 110 000 M. einen AwBetrag von 9975 GM. errechnet. Dabei hat es den GMBetrag der Grundschuld von 12 000 mit Recht nach dem Tage ihrer Eintragung berechnet, weil der auf Grund des Erbrezesses vom 1. 7. 1913 behauptete frühere Erwerb der Grundschuld vor der Eintragung rechtlich unmöglich ist.

Das LG. hat auch die persönlichen Forderungen auf die Beträge aufgewertet, die es für die Hypotheken errechnet hat. Die Grundschulden sind jedoch vorliegend in Hypotheken und zwar für Kaufgeldforderungen umgewandelt worden. Handelt es sich also jetzt um Hypotheken, so finden die für diese gegebenen Vorschriften des AwG., besonders auch der § 4 Anwendung. Freilich ist nach dem hier anwendbaren § 3² für die Berechnung des GMBetrages der Hypotheken nicht deren Erwerb, sondern der der Grundschulden maßgebend, hierdurch wird aber die Anwendbarkeit des § 4 nicht berührt. Mag der AwBetrag der Hypothek infolge des Erwerbs der Grundschulden in der Vorkriegszeit an sich noch so hoch sein, so wird doch, wenn die Kaufgeldforderung wie hier erst während des Währungsverfalls begründet worden ist, der AwBetrag der Hypothek in jedem Fall auf den niedrigeren AwBetrag der Forderung herabgesetzt (ebenso Schlegelberger § 3¹⁵, Nadler 143). Die Ansicht des LG., daß in solchem Falle kraft des § 3² die persönliche Forderung bis zur Höhe des dinglichen Rechts heraufgehoben werden müsse, verkennt die rechtliche Bedeutung des § 3² und beachtet nicht, daß nach § 4 zwar die Aw. der Hypothek von der der Forderung, nicht aber die Aw. der Forderung von der der Hypothek beeinflußt wird.

Die Antragsteller gehen noch weiter als das LG. und meinen, daß der GMBetrag der persönlichen Forderungen nicht nach dem Tage des Kaufabschlusses, sondern nach dem Zeitpunkt festgesetzt werden müsse, der für die Berechnung des GMBetrages der ihnen zugrunde liegenden dinglichen Sicherung für maßgeblich erachtet werde. Sie übersehen dabei, daß der dingliche und der persönliche Anspruch, ein jeder nach den für ihn geltenden Vorschriften, getrennt aufzuwerten sind, daß besonders für jeden Anspruch der Erwerbstag besonders zu ermitteln ist. Die Forderungen der Antragsteller sind erst durch den Vertrag vom 9. 2. 1921 erworben, sie durften deshalb gemäß §§ 10¹ Nr. 5, Abs. 3 nicht über 100 % des — nach dem 9. 2. 1921 berechneten — GMBetrages aufgewertet werden. Die AwStelle hat diese Beträge richtig berechnet und auch die Hypotheken gemäß § 4 auf die gleichen Beträge aufgewertet. Das LG. hat dagegen infolge rechtsirrtümlicher Auslegung des § 3² die Forderungen über die nach § 10³ zulässigen Höchstbeträge hinaus aufgewertet. Hierdurch sind aber die Beschwerdeführer, die hiermit mehr erhalten haben als ihnen zukommt, nicht benachteiligt. . . .[1]) N.r.

d) § 4 ist auch dann anzuwenden, wenn die persönliche Forderung auf Grund von § 8 oder § 15 herabgesetzt wird [2]).

Kammergericht, 9. ZS. Beschluß v. 10. Juni 1926 (Aw. III. 197/26).

Auf den Antrag des persönlichen Schuldners, gemäß § 15 S. 2 den AwBetrag auf Null herabzusetzen, hat die AwStelle entschieden, daß eine Aw. weder gegen den persönlichen Schuldner noch gegen den Grundeigentümer stattfindet. Dieser Beschluß ist, soweit er den ersteren betrifft, nicht angefochten. Damit ist rechtskräftig festgestellt, daß die persönliche Forderung nicht besteht und hieraus folgt zugleich gemäß § 4, daß auch die Hypotheken nicht aufzuwerten sind. Die gegenteilige Ansicht [3]), daß die Anwendung der Härteklausel zugunsten des persönlichen Schuldners keinen Einfluß auf die Höhe der dinglichen Aw. habe, widerspricht dem klaren Wortlaute des Gesetzes. Es trifft nicht zu, daß die Härtevorschriften nur eine aus der Persönlichkeit des Schuldners hergeleitete Einrede, eine Art Vollstreckungsschutz darstellen und daß ein Gläubiger unmöglich infolge Verarmung seines Schuldners die Befriedigungsmöglichkeit aus dem Grundstück einbüßen könne. Es mag diese Folge des § 4 eine große Härte für den Gläubiger mit sich bringen, aber, da sich der § 15 auf die Höhe der Schuld bezieht, und da § 4 ausdrücklich erklärt, daß die Hypothek nicht höher aufgewertet werden könne als die durch sie gesicherte Forderung, so folgt daraus zwingend, daß, wenn

---

[1]) Aus der Tatsache, daß die neue Hypothek nur gegen Löschung der beiden alten genehmigt, die Löschung ausdrücklich „wegen Aufnahme eines Gesamtdarlehns" bewilligt, endlich der Betrag der alten Hypotheken an der neubewilligten Summe abgezogen und nur der Überrest von der Sparkasse an den Schuldner ausbezahlt wurde, konnte das LG. folgern, daß es sich dabei — wenigstens im wirtschaftlichen Sinne — im wesentlichen um eine Erhöhung der alten Hypothek handelte. Die gleichzeitige Änderung der Zins- und Zahlungsbestimmungen sowie die Provisionsberechnung sind demgegenüber von untergeordneter Bedeutung (Bay. ObLG. 23/4 26 VIII 36/26, BayZ. 22. 198).

[2]) Unter § 4 fällt auch eine Höchsthypothek des § 1190 BGB.; steht bereits endgültig fest, daß nur eine bestimmte Forderung durch sie gesichert wird, so besteht auch kein Hindernis für eine Aw. aus §§ 9, 10 (Bay.ObLG. 23. 4. 26, BayZ. 22 S. 183).

[3]) Abraham 106, 112; Holländer DStZ. 1925 S. 1051; Wunderlich DJZ. 1926 S. 15; Hagen JW. 1925 S. 2535; Kaufmann das. 1926 S. 132; Mügel DsV. 211; Lasker Bresl. Vortr. S. 11; Grau ZivArch. V Heft 1/2.

die Forderung gar nicht aufgewertet wird, auch die Hypothek nicht aufgewertet werden kann. Das AwG. hat klarstellen wollen, daß eine Hypothek ohne zugrunde liegende Forderung mindestens dann, wenn sich die Forderung gegen eine andere Person als den Grundeigentümer richtet, nicht bestehen kann. Die abweichende Ansicht würde auch dazu führen, daß in den Fällen, in denen der persönliche Schuldner dem Eigentümer gegenüber zur Tragung der Schuld verpflichtet ist, der Eigentümer, wenn er wegen der dinglichen Forderung beansprucht wird, von dem persönlichen Schuldner Befreiung verlangen könnte, und dann würde diesem die Befreiung, die er auf Grund der Härteklausel erlangt hat, nichts nützen [1]). N.r.

e) α) Erwerbstag einer Teilabtretung im Falle des § 1117² BGB.

Kammergericht, 1. ZS. Beschluß v. 17. Juni 1926 (X 320/26).

Von den unter Nr. 25 eingetragenen 70 000 PM. hat am 30. 3. 1921 der Gläubiger 20 000 M. an den Beschwerdeführer G. abgetreten und die Aushändigung des zu bildenden Teilhypothekenbriefes an G. bewilligt, worauf die Teilabtretung am 10. 8. 1921 eingetragen wurde. Der Antrag, für diesen Teilbetrag eine Aw. von 362 GM. unter Zugrundelegung des 1. 4. 1921 als Stichtages einzutragen, wurde beanstandet, weil Erwerbstag der 30. März 1921 sei.... Die Vorentscheidungen legen gemäß § 5¹ S. 2 den Ausstellungstag der Abtretungsurkunde zugrunde. Hierbei ist offensichtlich verkannt, daß dort nur zur Erleichterung des Grundbuchverkehrs eine gesetzliche Vermutung aufgestellt ist. Diese entband den Grundbuchrichter zwar von weiteren Nachforschungen darüber, ob sich etwa ein anderer Erwerbstag ermitteln ließe, befreite ihn aber nicht von der Verpflichtung, an der Hand der ihm vom Antragsteller beigebrachten und ihm sonst vorliegenden Urkunden, besonders der bei den Grundakten befindlichen Unterlagen zu prüfen, ob als Erwerbstag der Teilhypothek — abweichend von § 5¹ S. 2 — nach den allgemeinen Vorschriften des BGB. nicht ein anderer Tag als der Ausstellungstag der Abtretungsurkunde in Frage komme, wobei der Art. 2 DfV. — erleichterter Nachweis des Erwerbstages — zu beachten war.... Diese sachliche Prüfung hat aber ergeben, daß die Vorentscheidungen im Ergebnis zutreffen.

Eine abgetretene Briefhypothek wird nach §§ 1154, 1117 BGB. erworben. Der Tag der Zahlung des Gegenwertes für die Abtretung ist für sich allein für den Erwerbstag bedeutungslos. Die Beschwerde will aber offensichtlich aus der Tatsache dieser Zahlung folgern, daß am Zahlungstage auch der Brief übergeben worden ist. Eine solche Annahme wird indes durch die Grundakten widerlegt. Der Teilbrief ist dem G. nicht am 1. 4., sondern erst nach dem 12. 9. 1921 ausgehändigt worden. Zu dieser Zeit aber war der Markkurs gegenüber dem am 30. 3. sowie auch am 1. 4. erheblich gesunken. Es kann sich hiernach nur noch fragen, in welcher Weise die Erklärung der Abtretungsurkunde, daß der Teilbrief an G. ausgehändigt werden solle, rechtlich zu bewerten ist. Enthielte sie bloß eine ein-

[1]) Ebenso Quassowski S. 76/77; Gribel S. 104; Nadler 105, S. 145; Simonsohn in JRdsch. 1926 S. 32; Harmening JW. 1926 S. 133; Levis S. 27.

seitige Anweisung der Zedentin an das Grundbuchamt, ihn dem G. auszuhändigen, so hätte die Hypothek erst mit der Aushändigung des Briefes erworben werden können (RG. 66 S. 100, KGJ. 25 S. 153). Anders wäre die Rechtslage zu beurteilen, wenn die Erklärung als eine die Übergabe des Teilbriefs ersetzende Vereinbarung — zwischen der Zedentin und G. — im Sinne des § 1117 BGB. dahin aufgefaßt werden könnte, daß G. berechtigt sein sollte, sich den Brief vom Grundbuchamt aushändigen zu lassen. Einer besonderen Form bedarf sie nicht; sie kann besonders auch darin gefunden werden, daß der Zedent das Grundbuchamt in der Abtretungsurkunde ersucht, den Brief dem Zessionar auszuhändigen und daß dieser — wenn auch nur stillschweigend — die Erklärung annimmt (Güthe-Triebel 2 S. 1968). Vorliegend könnte sie aus den obwaltenden Umständen wohl entnommen werden. Es kann davon ausgegangen werden, daß die Abtretungsurkunde in der geschehenen Form bei dem die Hypothekenangelegenheiten regelnden Notar gemäß vorheriger mit G. getroffener Abrede ausgestellt ist und daß der Notar die entsprechende Erklärung des Zedenten durch Empfangnahme der Urkunde namens des G. stillschweigend angenommen hat. Mit dieser Vereinbarung hatte G. zwar zunächst noch nicht ohne weiteres die Teilhypothek erworben; die Zedentin mußte vielmehr noch den Stammhypothekenbrief dem Grundbuchamt einreichen (vgl. RGKomm. § 1154³, Staudinger § 1117², Güthe-Triebel 1969, Predari 146, RG. 64 S. 322; 65 S. 63; 69 S. 43). Dies ist am 13. 5. 1921 geschehen; damit hatte aber der Übergang des Teilbriefes auf G. rückwirkend als im Zeitpunkt der Vereinbarung erfolgt zu gelten, da diese in § 1154 i. V. mit § 1117 BGB. der Übergabe des Briefes gleichgestellt ist (vgl. RGKomm., von Staudinger, Güthe-Triebel, RG. Recht 1911 Nr. 1750, Warn. 5 Nr. 291; a. A. anscheinend: KG. 9 Aw. 113.24). Auf dieser Grundlage ergibt sich daher als der Erwerbstag der Teilhypothek der 30. 3. 1921; es wird damit also die sich aus § 5 ergebende gesetzliche Vermutung bestätigt. Jedenfalls aber — und das ist hier allein entscheidend — wird diese Vermutung durch die vorliegenden urkundlichen Unterlagen nicht widerlegt.

β) Pfandauswechslung (§ 5²). Änderung des Inhalts des Rechts (§ 3²). Forderungsaustausch des BGB. § 1180.

Kammergericht, 9. ZS. Beschluß v. 6. Mai 1926 (Aw. 111/26).

A. erwarb 1917 durch Erbteilung zwei auf dem Grundstück des B. eingetragene Hypotheken von insgesamt 12 000 M. Als B. 1919 das Grundstück verkaufte, kündigte er die Hypotheken, zahlte jedoch das Kapital mit Einverständnis des A. an F., für den auf einem anderen Grundstück des B. eine Darlehnshypothek von 12 000 M. eingetragen war, worauf F. die Hypothek an A. abtrat. Die Vorinstanzen haben den § 5² für anwendbar erklärt. Allein dort ist vorausgesetzt, daß die Hypothek, die auf dem Grundstück Nr. 1 eingetragen war, auf Nr. 2 wieder eingetragen wird. Von der gleichen Hypothek kann aber bei deren akzessorischem Charakter nur gesprochen werden, wenn die gesicherte Forderung dieselbe blieb. Das ist aber hier nicht der Fall. Das LG. stellt mit Recht fest, daß die Forderung des A. erloschen ist. B. hat die 12000 M. mit Einverständnis des A. an F. gezahlt und damit die ihm obliegende Zahlungspflicht erfüllt. Mit dem Erlöschen der Forderung erwarb der Eigentümer nach § 1163¹ BGB. die Hypothek. Ist aber die Hypothek als Fremdhypothek untergegangen, so ist die Wiedereintragung derselben Hypothek, d. h. der die frühere Forderung sichernden Hypothek, rechtlich nicht mehr möglich.

Freilich kann gleichzeitig der Fall des § 5² und der des § 3² vorliegen, indem zugleich mit der Pfandauswechslung der Inhalt des Rechts geändert, besonders die Forderung in eine anderer Art umgewandelt wird. Dabei bleibt sie aber an sich bestehen, nur ihr rechtlicher Charakter wird verändert. Eine solche Umwandlung war deshalb hier, wo die Forderung erloschen ist, nicht möglich. Ob vielleicht hier die Forderungen gemäß § 1180 BGB. ausgetauscht worden sind, braucht nicht untersucht zu werden. Denn ein solcher Austausch fällt nicht unter den § 3², vielmehr ist dabei der GM Betrag nach dem Erwerbstage der Forderung zu berechnen, die an Stelle der bisherigen tritt (Mügel DfB. 210, Nadler 143). Die Hypothek des F. nebst der Forderung hat A. aber erst mit der Abtretung erworben, indem B. das von ihm geschuldete Hypothekenkapital im Auftrage des A. an F. als Abtretungsentgelt zahlte. N. r.

γ) Pfandauswechslung. Begriff der „Umwandlung" nach § 10 Nr 5.

Kammergericht, 9. ZS. Beschluß v. 19. April 1926 (Aw. 149/26).

A. hatte dem B. das Grundstück Nr. 1 verkauft, auf dem eine Restkaufgeldhypothek von 50 000 M. eingetragen wurde. Diese wurde 1919 gelöscht und für sie auf dem dem Käufer gleichfalls gehörenden Grundstücke Nr. 2 eine Eigentümergrundschuld in eine Darlehnshypothek von 50 000 M. umgewandelt. Die Vorinstanzen werteten die Hypothek, indem sie den GM Betrag der gelöschten Hypothek zugrunde legten, auf und wiesen eine höhere Aw. der persönlichen Forderung ab. Die weitere Beschwerde ist begründet.

1. Nach § 10¹ Nr. 5 setzt die freie Aufwertbarkeit voraus, daß die das Kaufgeld sichernde Hypothek auf dem verkauften Grundstück eingetragen ist, sie fällt also fort, wenn die Forderung durch eine auf einem anderen Grundstück des Käufers oder auf dem eines Dritten eingetragene Hypothek gesichert wird. Hiernach müßte der Forderung des A. an sich der Vorzug erhöhter Aufwertbarkeit versagt werden. Diese wird jedoch durch die besondere Gestaltung des vorliegenden Falles gerechtfertigt. Die Löschung der Hypothek auf dem verkauften und ihre Eintragung auf einem anderen Grundstücke desselben Eigentümers, die sich hier in der Form der Umwandlung einer Eigentümergrundschuld in eine Hypothek vollzogen hat, stellt eine Pfandauswechslung des § 5² dar. Eine Kaufgeldforderung, für die eine Hypothek auf dem erkauften Grundstück eingetragen ist, verliert diese Eigenschaft nicht durch eine Pfandauswechslung. Die 3. StNV. und ihre DfB. kannten diese noch nicht, dagegen war sie bereits in dem Entwurf (§ 2³) zum AwG. enthalten. Zur Löschung der Hypothek auf einem Grundstück und ihrer Wiedereintragung auf einem anderen Grundstück desselben Eigentümers kam es besonders häufig in dem Falle, daß der Eigentümer das erstere verkaufen wollte und es zu diesem Zweck lastenfrei machen mußte. Da die neue Hypothek zwar rechtlich erst mit der Eintragung begründet wurde, wirtschaft-

lich aber mit dem alten Recht eine Einheit bildete, wurde der Erwerbstag des alten Rechts für maßgebend erklärt und damit der Hypothek der alte Goldwert erhalten. Der § 5² bezweckt also eine durch wirtschaftliche Erwägungen gebotene Besserstellung des dinglichen Gläubigers. Man wird ihm jedoch eine weitergehende Bedeutung beilegen und in ihm den Ausdruck eines allgemeinen Grundsatzes finden müssen. Das AwG. sieht die alte und die neue Hypothek wirtschaftlich als eine Einheit an und hält deshalb für notwendig, die Schädigung des Gläubigers, die die Folge einer rein rechtlichen Beurteilung sein würde, zu verhindern; es erklärt infolgedessen die Neueintragung für unbeachtlich und betrachtet für den AwBetrag die alte Hypothek als noch fortbestehend. Der Wille des Gesetzes geht hiernach offensichtlich dahin, daß durch die Pfandauswechslung überhaupt kein Gläubiger in seinem AwRecht verkürzt werden soll. Danach entspricht hier dem Willen des Gesetzes, daß die Wiedereintragung auf einem anderen Grundstücke des Käufers wenigstens dann, wenn der Eigentümer die Pfandauswechslung veranlaßt hat, nicht beachtet, es vielmehr so angesehen werden soll, als ob die Hypothek noch auf dem erkauften Grundstück eingetragen wäre (a. A. Karger 71).

Die hier vertretene Auffassung rechtfertigt sich auch aus folgenden Erwägungen. In der Regel tritt der Eigentümer an den Hypothekar mit der Bitte heran, die Hypothek auf dem Pfandgrundstück löschen und auf einem anderen seiner Grundstücke eintragen zu lassen. Für Erfüllung dieser Bitte würde der Gläubiger, wenn man den § 10¹ Nr. 5 ausschließen wollte, in der Weise belohnt werden, daß seine Forderung erheblich niedriger aufgewertet würde, als wenn er nicht gefällig gewesen wäre; das ist mit Treu und Glauben nicht zu vereinen. Scheint auch der Wortlaut entgegenzustehen, so ist doch in solchem Falle zu fragen, wie der Gesetzgeber ihn geregelt haben würde. Da man unterstellen muß, daß er eine Treu und Glauben entsprechende, das Rechtsgefühl befriedigende Regelung getroffen hätte, so würde er die freie Aufwertbarkeit der Kaufgeldforderung auch bei einer Pfandauswechlung aufrechterhalten haben. In Fällen dieser Art hat die Rechtsprechung die Lücken des Gesetzes durch eine dem Willen des Gesetzgebers gerecht werdende ergänzende Auslegung auszufüllen. Ob hier der Eigentümer die Pfandauswechslung veranlaßt hat, ist noch festzustellen.

2. Die Forderung des A. hat die freie Aufwertbarkeit nicht dadurch eingebüßt, daß sie bei der Übertragung auf das andere Grundstück als Darlehn eingetragen worden ist. Denn die Eintragung genügt nicht dem § 10 Nr. 5; dieser verlangt vielmehr, daß das Kaufgeld in ein Darlehn umgewandelt worden ist. Es muß also eine wirkliche Novation, eine völlige Loslösung von der bisherigen Rechtsgrundlage, eine Ersetzung des bisherigen durch einen neuen Anspruch beabsichtigt sein (Nadler 163). In dieser Beziehung ist nichts festgestellt.

f) α) Beglaubigung des Antrags auf Eintragung der gesetzlichen Aw.?

Kammergericht, 1. ZS. Beschluß v. 15. April 1926 (X 189/26).

Eingetragen sind unter Nr. 9, 10 seit 1900 Darlehne von 900 und 1200 M. für A. Mittels privatschriftlicher Eingabe vom 1. 10. 1925 haben die Eigentümer die Eintragung der gesetzlichen Aw. mit insgesamt 525 GM. beantragt. Für derartige Anträge auf Berichtigung des Grundbuchs gilt bei unzweifelhaft vor 1918 erworbenen Althypotheken und zwar in den Regelfällen wie hier das Folgende. Bei der Frage, ob der auf 25 % des GM Betrages gerichtete Antrag begründet ist, hat sich der Grundbuchrichter zunächst nur an die Normalbestimmung des § 4 zu halten. Da bei den Althypotheken auch die Forderung vor 1918 erworben sein muß und die Nennbeträge von Forderung und Hypothek sich decken, kann der Fall einer geringeren Normalaufwertung der Forderung außer Betracht bleiben. Auf jeden Fall auszuscheiden sind aber die Möglichkeiten einer Abweichung von der Normalaufwertung, wie sie sich aus §§ 8, 9, 10 im Hinblick auf die Herabsetzung der Aw. von Hypothek oder Forderung oder der Aw. der Forderung nach den allgemeinen Bestimmungen ergeben und in den Fällen der §§ 203/4, 206/7 BGB. (vgl. §§ 8, 12 AwG.) auch noch nach 1. 4. 1926 bestehen. Denn es handelt sich bei der Herabsetzung um eine nur auf Verlangen des Eigentümers oder Schuldners zulässige Rückgängigmachung der an sich eingetretenen Normalaufwertung und auch bei der Aw. der Forderung nach allgemeinen Vorschriften um eine ebenfalls besonders zu beantragende Abweichung vom normalen Höchstsatze. Der § 15 S. 2 kommt vorliegend nicht in Betracht, wird aber nicht anders zu behandeln sein. Wird in dieser Weise verfahren, so ergibt sich bei Althypotheken aus dem Inhalt des Grundbuchs (dem Eintragungstage) und dem Gesetz ohne weiteres, daß das Grundbuch unrichtig ist, weil und insofern es nicht den gesetzlichen AwBetrag enthält und daß in diesem Sinne berichtigt werden muß. Der Antrag auf Eintragung der Aw. kann also auf den Nachweis der Buchunrichtigkeit gestützt werden, indem auf Grundbuch und Gesetz verwiesen wird, ohne daß es irgendwelcher sonstigen Erklärungen und Nachweise und besonders der Bewilligung der Betroffenen bedürfte (§ 22 GBO.). Auch die Bewilligung des Eigentümers ist nicht erforderlich. Daß er die Berichtigung beantragen darf, ergeben § 13 GBO. und § 6 AwG. Sein Antrag ist, da er eine Bewilligung oder sonstige Erklärung nicht zu ersetzen braucht, ein sog. reiner — lediglich prozessualer — Antrag und bedarf daher gemäß §§ 29, 30 GBO. keiner Form.

Die Beglaubigung des Antrags ist somit zu Unrecht gefordert. Das LG. meint zwar, daß er zugleich den Verzicht auf das Herabsetzungsrecht nach § 8 enthalte und aus diesem Grund eine zur Eintragung erforderliche Erklärung ersetze. Allein die Erklärung eines solchen Verzichts ist zur Eintragung des gesetzlichen AwBetrages auch bei den vor 1. 4. 1926 gestellten Anträgen nicht „erforderlich"; die Herabsetzung bleibt vielmehr bei der Frage, ob und inwiefern eine Buchunrichtigkeit besteht, außer Betracht. Der Antrag enthält auch keinen derartigen Verzicht und kann nicht in diesem Sinne verstanden werden. Vielmehr sind hier die Eigentümer, solange eine Frist für sie läuft, nicht gehindert, trotz ihres Antrags die Herabsetzung gemäß § 8 zu betreiben und nach ihrer Erlangung das Grundbuch nochmals durch Eintragung des herabgesetzten Betrages zu berichtigen (Schlegelberger § 8[4]). Daß dies auch der Standpunkt des Gesetzes ist, ergibt sich aus Art. 5 DfV., wonach der Eintragung der (gesetzlichen) Aw. sogar nicht entgegensteht, daß ihre Herabsetzung bereits beantragt ist. Der Art. 5 stimmt überhaupt mit den Auffassungen überein, wie sie vorstehend bezüglich der Voraussetzungen der Buchunrichtigkeit vertreten sind....

β) Kein Vermerk auf dem Briefe, daß keine Rechte des § 6² eingetragen sind.

Kammergericht, 1. ZS. Beschluß v. 10. Juni 1926 (X 290/26).

Bei den — noch nicht gelöschten — Hypotheken Nr. 20—24 ist die Aw. eingetragen und auf dem gemeinschaftlichen Briefe vermerkt. Der weitere Antrag, „unsere Briefe durch einen Vermerk dahin zu ergänzen, daß vom 14. 2. 1924 bis 1. 10. 1924 keine Rechte eingetragen oder vorgemerkt worden sind, die dem 15 % übersteigender AwBetrage unserer Hypothek gemäß § 6² im Range vorgehen", ist mit Recht zurückgewiesen. Der Brief soll Auskunft über die am Grundstück bestehenden Rechtsverhältnisse geben. Diesem Zwecke dient vornehmlich der im § 57 GBO. vorgeschriebene Grundbuchauszug, besonders soll dadurch eine Prüfung der Sicherheit der Hypothek ermöglicht werden; das ist vor allem auch die Bedeutung des § 57² Nr. 4: „die kurze Bezeichnung des Inhalts der Eintragungen, welche der Hypothek im Range vorgehen oder gleichstehen". Sind solche Eintragungen nicht vorhanden, so ist das, wie sich aus den der AVf. v. 20 11. 1899 beigefügten Briefmustern ergibt, durch einen entsprechenden Negativvermerk ersichtlich zu machen. Der § 57 bezieht sich zunächst auf die Neubildung des Briefes besonders bei der Begründung der Hypothek. Ändert sich nachher der Inhalt des Grundbuchs, so ist nach § 57³ der im Brief enthaltene Grundbuchauszug auf Antrag zu ergänzen. Der Abs. 3 hat jedoch Bedeutung nur hinsichtlich solcher Grundbucheintragungen, die nicht bei der Hypothek erfolgen; denn Eintragungen der letzteren Art sind nach § 62¹ GBO. von Amts wegen auf dem Briefe zu vermerken. Nach § 42 sollen Eintragungen bei der Hypothek im allgemeinen nur erfolgen, wenn der Brief vorgelegt wird; die Vorlegung ermöglicht die Eintragung des durch § 62 vorgeschriebenen Vermerks. Für die in der GBO. hinsichtlich der Vorlegung des Briefes vorgesehenen Ausnahmefälle bestimmt § 62² S. 2, daß das Grundbuchamt den Besitzer des Briefes zu dessen nachträglicher Vorlegung zwecks Eintragung des Vermerkes anzuhalten habe. Durch die AwGesetzgebung (§ 6¹, Art. 17 DfV.) sind die Fälle der Zulässigkeit einer Eintragung bei der Hypothek ohne Vorlegung des Briefes und der daraus folgenden Verpflichtung des Grundbuchamts, den Besitzer zur nachträglichen Vorlegung anzuhalten und den Vermerk alsdann nachzuholen, erweitert. Sie hat besondere, dem bisherigen Recht unbekannte Rangverschiebungen hinsichtlich der eingetragenen Rechte und namentlich der Hypotheken zur Folge. Auch diese müssen im Grundbuch ausgedrückt werden und sind nach den bestehenden, vorerörterten Vorschriften auf dem Briefe zu vermerken; ergibt sich eine Rangverschiebung zuungunsten der Hypothek, so ist das auch durch einen Vermerk im Grundbuchauszuge des Briefes gemäß § 57² Nr. 4 GBO. ersichtlich zu machen. Das gilt auch für § 6², der naturgemäß von Bedeutung nur für solche Rechte ist, die nicht schon nach den sonstigen Vorschriften der aufgewerteten

Hypothek im Range vorgehen. Soweit ein anderer solche Rechte in der kritischen Zeit erworben hat und noch am 15. 7. 1925 Gläubiger des Zwischenrechts war (Quassowski § 6 I B 3a, vgl. auch 1. X. 304.26), sind sie in Ansehung der Mehraufwertung auch im Briefe als vorgehend zu vermerken. Die Beschwerde will sich aber nicht damit begnügen, daß die vorgehenden und gleichstehenden Eintragungen ersichtlich gemacht werden und daß gegebenenfalls allgemein angegeben wird, daß solche nicht vorhanden seien, sondern will das Fehlen solcher Rechte, also einer bestimmten Art von — der Hypothek mindestens zum Teil vorgehenden — Rechten besonders ausgedrückt haben. Ein solcher Vermerk ist nicht erforderlich, bedeutungslos und deshalb unzulässig.

Denn wie sich aus dem Dargelegten ergibt, muß schon nach den bestehenden Vorschriften, wenn Rechte gedachter Art eingetragen sind, das Rangverhältnis von Amts wegen bei der Eintragung der Aw. im Grundbuche, und zwar auch bei der aufgewerteten Hypothek, ersichtlich gemacht und gemäß § 62 GBO. auf dem gegebenenfalls nachträglich einzufordernden Briefe vermerkt werden; letzteres hat nicht nur durch Wiedergabe des das Rangverhältnis ersichtlich machenden AwEintrags, sondern auch durch die Erwähnung der fraglichen Rechte in der Rubrik „Vorgehende oder gleichstehende Eintragungen" (§ 57² Nr. 3, 4) zu geschehen. Das Fehlen eines sie betreffenden Vermerks im Briefe beweist das Nichteingetragensein von Rechten im Sinne des § 6²; das gilt besonders auch, wenn der Brief in der Rubrik gemäß Abs. 2 Nr. 4 nur die Angabe enthält, daß „keine" vorgehenden oder gleichstehenden Eintragungen vorhanden seien. Allerdings ist möglich, daß das außerhalb des Grundbuchs in der kritischen Zeit erworbene Recht erst nach Eintragung der Aw. zur Kenntnis kommt und zur Eintragung gelangt. Dann wird das Grundbuchamt die Verschiebung des Rangverhältnisses nachträglich bei der AwEintragung zu vermerken und wiederum — in entsprechender Anwendung des § 62² S. 2 GBO. und des Art. 17² DfV. — den Brief einzufordern haben, um auch auf ihm die im § 57² vorgeschriebenen Vermerke einzutragen....

γ) Der Glaube des Grundbuchs [§§ 6, 22] ist nur zeitweilig ausgeschlossen.

Kammergericht, 1. ZS. Beschluß v. 24. Juni 1926 (X 329/26).

Auch die weitere Beschwerde des A. kann nicht zum Erfolge führen, weil die erste ohne Sachprüfung als unzulässig hätte verworfen werden müssen.

A., der die Hypothek nach 13. 2. 1924, also mit der Aw. durch rechtsgeschäftliche Übertragung erworben hat, ist der Ansicht, daß der gesetzliche AwBetrag höher als der eingetragene Betrag von 19 GM. sei und 1137 GM. betrage. Die Beschwerde richtete sich also gegen eine „Eintragung" und ist nach § 71¹ S. 1 GBO. grundsätzlich unzulässig. Allerdings gilt diese Beschränkung nur für solche Eintragungen, die unter dem Schutze des Glaubens des Grundbuchs stehen. Das trifft aber vorliegend auch zu. Der zeitweilige Ausschluß des öffentlichen Glaubens, wie er sich aus dem in § 6 enthaltenen Grundsatz sowie aus § 22 ergibt, hat mit der Eintragung des AwBetrages sein Ende erreicht. Mit dieser gelangt die allgemeine Regel über den öffentlichen Glauben wieder zur Geltung, nach dem der eingetragene AwBetrag für jeden, der gutgläubig Rechte an dem Grundstück erwirbt, als richtig gilt. Dem kann auch nicht mit der Erwägung begegnet werden, daß die Beschwerde sich im Grunde gar nicht gegen die Eintragung als solche richte, sondern nur die Vervollständigung einer Eintragung bezwecke. Durch deren Unvollständigkeit, die aus dem Grundbuch nicht erkennbar ist, ist aber das Grundbuch, wenn die Angaben der Beschwerde richtig sind, unrichtig geworden. Denn das Blatt ist dazu bestimmt, unter dem Schutz des öffentlichen Glaubens eine dem materiellen Rechtsstand entsprechende Auskunft über alle Rechte und Rechtsverhältnisse zu geben, über die es Auskunft zu geben hat. Ist nun ein bestehendes Recht nicht seinem vollen Umfange nach eingetragen, so gibt die Eintragung zwar ein unvollständiges, zugleich aber, weil die Unvollständigkeit nicht erkennbar ist, ein unrichtiges Bild von der wirklichen Rechtslage (Predari GBO. § 54²). In Wahrheit richtet sich also die Beschwerde, mit der die Ergänzung oder Berichtigung der angeblich nicht vollständigen Eintragung verlangt wird, gegen diese Eintragung selbst. Diese — unrichtige — Eintragung ist aber im Hinblick auf den Glauben des Grundbuchs der Beschwerde unzugänglich (Predari § 71¹⁴). . . .

Auch für die Eintragung eines Amtswiderspruchs aus § 54 GBO. war kein Raum. Denn das Grundbuchamt hat nicht unter Verletzung gesetzlicher Vorschriften eingetragen; das ist allein nach der Sach- und Rechtslage zur Zeit der Eintragung zu beurteilen (Rsp. 25 S. 388). . . .

g) α) **Ist die Rangvorbehaltshypothek stets in GM. einzutragen?**

Kammergericht, 1. ZS. Beschluß v. 3. Juni 1926 (X 253/26).

Der Art. 9 DfV. beruht, wie auch dessen Erläuterer darlegen, darauf, daß die in § 7 dem Eigentümer zugestandene Hypothek sich in ihrem Umfang nach dem erststelligen aufgewerteten Recht bestimmt. Da letzteres in GM. aufgewertet ist (Art. 1 DfV.), ist auch ersteres in GM. einzutragen. Der dies aussprechende Art. 9 ist also aus Gründen der Folgerichtigkeit erlassen. Sie müßte als zwingend angesehen werden, wenn nicht das Gesetz selbst Anhalt für Ausnahmen böte. Ein solcher Anhalt liegt darin, daß die vorbehaltene Rangstelle nach § 7⁴ durch bereits vorhandene, u. a. auch auf RM. lautende Rechte ausgefüllt wird und daß Art. 12 DfV. zur Umrechnung dieser Rechte in GM. einen Maßstab aufstellt. Hat hiernach das Gesetz das Einrücken bereits vorhandener RMRechte in die Rangstelle des Eigentümers zugelassen und geordnet, so ist kein Grund dafür ersichtlich, dem Eigentümer, dessen Rangstelle noch unausgefüllt ist, und der RMRechte in sie einrücken lassen will, das zu versagen. Der Art. 9 ist also nicht zwingend und versperrt dem die RM. vorziehenden Eigentümer nicht die Möglichkeit, seine Rangstelle durch darauf lautende Rechte auszufüllen.

Dazu: Begriff „GMBetrag" im § 7 und Aufwertungsbetrag" im § 4.

Kammergericht, 1. ZS. Beschluß v. 23. September 1926 (x 549/26.)

Der Begriff „GMBetrag" ist in § 2 festgelegt als der zur Errechnung der prozentualen Aw. bestimmte Betrag, der sich bei den vor 1918 erworbenen Rechten mit dem Nennbetrag deckt, andernfalls gemäß § 2¹ S. 2, § 3 festzustellen ist. Der nach diesem GMBetrage festgestellte Betrag der aufgewerteten Hypothek wird im Gegensatz hierzu in der grundlegenden Vorschrift des

§ 4 „AwBetrag" genannt. Ausschließlich in dieser Bedeutung werden beide Begriffe auch sonst verwendet (vgl. §§ 5, 8, 17 ff., 21, 22, 25 ff. AwG., Art. 6, 13, 21 DfV.). Wenn also § 7 von „GMBetrag" spricht, so ist damit nicht, wie das LG. meint, der eingetragene GMBetrag des aufgewerteten Rechts (AwBetrag) gemeint, sondern der Betrag, nach dem die Höhe der Aw. gemäß § 2 fg. zu berechnen ist. § 7¹ S. 2 knüpft die Entstehung von Rangvorbehalten hinter nicht an erster Stelle eingetragenen aufgewerteten Rechten an die Voraussetzung, daß der „GMBetrag" der für den Rangvorbehalt maßgebenden Rechte in voller Höhe innerhalb der Mündelsicherheitsgrenze liegt. Rangvorbehalte hinter einem nicht an erster Stelle eingetragenen aufgewerteten Rechte kommen also nur in Frage, wenn der nach § 2 für die Aw. der Hypothek zugrunde zu legende „GMBetrag" der betreffenden Hypothek und die „GMBeträge" sämtlicher im Range vorgehender aufgewerteter Hypotheken innerhalb jener Grenze liegen (Nadler 74, Mügel 4 und 9, Schlegelberger 12, Quassowski 6 c zu § 7). Da jene Grenze hier ½ von 28400 = 14200 M. ausmacht (Art. 73 A. G. zum BGB.) und schon die hinter den erststelligen Sparkassenhypotheken eingetragene Hypothek des B. von 11 000 M. mit ihrem vollen GMBetrage nicht innerhalb dieser Grenze liegt (die Summe der Goldmarkbeträge der Rechte Nr. 1 und 2 beträgt 21 000 M.), so bestehen hinter ihr und den weiteren Hypotheken keine Rangvorbehalte. Hiernach ist rechtswirksam nur die gemäß § 7¹ S. 2 hinter den Sparkassenhypotheken unter Nr. 12 erfolgte Eintragung des Rangvorbehalts, während die sonstigen Rangvorbehalte zu unrecht eingetragen und mithin zu löschen sind. Soweit die Rangvorbehalte im Range vor der AwHypothek des Beschwerdeführers eingetragen sind, also Nr. 13, 14 und 15 war hiernach das Grundbuchamt zur Löschung anzuweisen, während es auch den hinter der AwHypothek des Beschwerdeführers eingetragene Rangvorbehalt (Nr. 17) auf Antrag gemäß § 22 GBO. zu löschen haben wird.

β) **„Erststelliges Recht" [§ 7 S. 1] im Falle der Abtretung.**

Kammergericht, 1. ZS. Beschluß v. 31. März 1926 (X 129/26).

Die 1905 bestellte erste Hypothek von 2 200 000 M., von der 1906 ein Betrag von 200 000 M. mit dem Range hinter dem Rest abgetrennt wurde, ist 1907 in zwei gleichrangige Teile von je 1 000 000 M. zerlegt. Nachdem diese Teile am 5. 2. 23 auf neue Gläubiger umgeschrieben worden, hat der Eigentümer E. Ende 1925 mit der Begründung, daß ihm nach § 7 ein Rangplatz von 500 000 GM. offenstehe, Eigentümergrundschulden in dieser Höhe — eine zu 200 000, die drei anderen zu je 100 000 GM., alle drei unter sich zu gleichem Rang — im Range hinter der ersten Hypothek und den sonstigen Belastungen beantragt. Das Grundbuchamt hat ihm eröffnet, daß der GMBetrag der ersten Hypotheken infolge ihrer Abtretung während des Währungverfalls nicht feststehe und deshalb die Feststellung des berichtigten Wehrbeitragswertes und des GMBetrags der ersten Hypotheken abzuwarten sei. Hiergegen hat E. insoweit, als der Antrag auf Eintragung einer Grundschuld von 100 000 GM. berührt werde, Beschwerde erfolglos eingelegt. Die weitere Beschwerde ist zulässig, da die erste Verfügung keine bloße

Meinungsäußerung ist, sondern als endgültige Entscheidung erlassen ist. Daß das LG. sie als Ablehnung ausgelegt hat, ist rechtlich nicht zu beanstanden. Auch die Beschränkung des Beschwerdeantrags ist nicht zu bemängeln (Güthe GBO. § 74[6]).

Für den Erfolg des Antrags kommt es darauf an, ob die begehrte Eintragung ihrem Umfange nach innerhalb der 25% des § 7 S. 1 liegt, maW. ob das erststellige aufgewertete Recht einen GMBetrag hat, der das vierfache des einzutragenden Rechts darstellt. Daß die Vorinstanzen als erststelliges Recht die beiden aus der ursprünglichen ersten Hypothek hervorgegangenen, im gleichen Range miteinander stehenden Teilhypotheken von je 1 000 000 M. ansehen, entspricht der Rechtsprechung des Senats. Die entscheidende Frage liegt also darin, ob als GMBetrag nur der in Betracht kommt, den die Rechte in der Hand des gegenwärtigen, in der Inflationszeit erwerbenden Gläubigers haben, oder ob auch der hinzuzurechnen ist, den die Rechte für den früheren Gläubiger kraft der vom AwG. auch diesem gewährten Aw. haben. Das LG. weist zur Begründung seiner im ersteren Sinn ergangenen Entscheidung darauf hin, daß das Recht des früheren Gläubigers nach § 21² den Rang hinter dem gegenwärtigen Gläubiger und den diesen gleich- und nachstehenden Gläubigern zugewiesen erhalten habe; es meint, daß dadurch ausgeschlossen werde, die dem Eigentümer durch § 7 verliehene Befugnis nach der Summe der AwBeträge für gegenwärtigen und früheren Gläubiger zu bestimmen. Dieser Entscheidung und ihrer Begründung ist durchaus beizupflichten. Allerdings handelt es sich bei der Aw. für den gegenwärtigen und für den früheren Gläubiger um dieselbe Hypothek, weshalb auch der Senat gelegentlich (Rsp. 44 S. 315) den Ausdruck gebraucht hat, beide seien Teilgläubiger der ursprünglichen Hypothek. Indessen ist bereits in X 791, 25 ausgeführt, daß es sich um völlig selbständig und unabhängig voneinander dastehende Rechte des gegenwärtigen und früheren Gläubigers handele. Da nun diese beiden Rechte auch einen ganz verschiedenen Rang haben, indem das Recht des gegenwärtigen Gläubigers den Rang der ursprünglichen Hypothek behalten und das des alten Gläubigers ihn hinter allen eingetragenen Belastungen zugewiesen erhalten hat, so hat für die Auslegung des § 7 die gemeinsame Herkunft beider Rechte aus derselben Hypothek außer Betracht zu bleiben und es ist als das in dieser Vorschrift gemeinte „an erster Stelle eingetragene aufgewertete Recht" nur dasjenige des gegenwärtigen Gläubigers anzusehen. Dieselbe Auslegung vertreten Schlebelberger 132, Quassowski 138, Mügel 235[5] und die weitaus überwiegende Mehrheit des Schrifttums; die Gegenansicht, die sich hauptsächlich bei Nadler 76 findet, führt zu sehr verwickelten Lagen. Es soll nicht verkannt werden, daß durch die hier angenommene Auslegung des § 7 die Bedeutung der dem Eigentümer gewährten Kreditstelle stark dadurch beeinflußt wird, ob und wann die eingetragenen Hypotheken, besonders die erste, ihren Gläubiger gewechselt haben. Dieser Gesichtspunkt kann aber nicht entscheidend sein, denn es liegt in der Natur der Sache und ist unvermeidlich, daß bei einer AwRegelung die Vorgänge, die sich nun einmal während des Währungsverfalls abgespielt haben, beachtlich sind. Im übrigen kann sich die Minderung des GMBetrages des erststelligen Rechts, die die Folge seiner Abtretung in jener Zeit ist, für den Eigentümer dadurch ausgleichen, daß infolgedessen nachstehende bisher nicht innerhalb der Mündelsicherheit liegende Rechte in diese eintreten.

Hiernach ist also als GMBetrag des erststelligen Rechts der anzusehen, den die beiden Hypotheken von je 1 000 000 M. infolge ihrer Abtretung vom 5. 2. 23 in der Hand ihrer gegenwärtigen Gläubiger haben. Wäre annehmbar, daß auch bei dieser Auslegung der gestellte Antrag Erfolg haben könnte, so hätte geprüft werden müssen, inwieweit der GMWert mit Hilfe der gesetzlichen Vermutungen sich berechnen läßt oder inwieweit noch Nachweisungen nötig sind, deren Beschaffung durch Zwischenverfügung aufzugeben gewesen wäre. Nach Lage der Dinge — für den nach § 5 als Erwerbstag zu vermutenden 5. 2. 23 beträgt die Meßziffer 1,35 GM. = 10000 M. — stellt aber das erststellige Recht in der Hand der gegenwärtigen Gläubiger keinen GMBetrag dar, der gleich dem Vierfachen des Betrages von 100 000 GM. ist; es ist daher nicht rechtsirrtümlich, daß das LG. alsbaldig den Eintragungsantrag zurückgewiesen hat.

γ) **Mehrere gleichrangige Rechte als erststelliges Recht. Verzicht aus § 7⁵.**
Kammergericht, 1. ZS. Beschluß v. 4. März 1926 (X 118/26).

Die Beschwerdeführer, die seit 6. 10. 1925 Eigentümer des Grundstücks sind, bestellten am selben Tage für X eine Darlehnshypothek von 70000 RM.; diese wurde auch unter Nr. 25 eingetragen. Dagegen wurde die Eintragung eines in derselben Urkunde erklärten Verzichts auf die Befugnis des § 7 abgelehnt. Das LG. führt im wesentlichen aus: „Der § 7 setzt voraus, daß hinter einer erststelligen Hypothek bei Inkrafttreten des AwG. weitere eingetragene oder wiedereintragungsfähige Rechte vorhanden seien; beim Fehlen solcher könne also ein Rangvorbehalt und mithin auch ein Verzicht auf ihn nicht eingetragen werden. Vorliegend seien die unter Nr. 14 und 15 für dieselbe Bank haftenden gleichrangigen Hypotheken als e i n erststelliges Recht des § 7 anzusehen. Aufwertungsfähige Rechte nach dieser Hypothek seien jedoch nicht vorhanden. Hinsichtlich der — vor 15. 6. 22 gelöschten — Nr. 16—22 komme eine Aw. kraft Rückwirkung nicht in Frage. Auch mit einer Aw. kraft Vorbehalts brauche der Grundbuchrichter mit Rücksicht auf die auch ihm gegenüber geltende Vermutung des § 891² BGB. nicht zu rechnen. Ebensowenig sei die Post Nr. 23 für den Beschwerdeführer als Zessionar aufwertbar, weil die Löschung erst am 8. 10. 25 bewilligt sei, § 78 die Aw. aber nur für solche Fälle zulasse, in denen eine Leistung vor seinem Inkrafttreten angenommen sei. Auch für den früheren Gläubiger komme eine Aw. nicht in Frage; der in der Abtretungsurkunde v. 2. 6. 25 erklärte Verzicht auf jede gegenwärtige und künftige Aw. würde zwar eine solche noch nicht hindern, weil dazu nur ein gegenüber dem Eigentümer oder dem persönlichen Schuldner erklärter Verzicht geeignet sei; jedoch habe nach § 17 S. 1 a E. verb. mit § 2¹ im Fall einer nach 13. 2. 1924 stattgefundenen Abtretung nur der Zessionar, falls im übrigen die Voraussetzungen für die Aufwertbarkeit des Rechtes zu seinen Gunsten gegeben seien, Anspruch auf Aw. unter Zugrundelegung der Erwerbszeit des Zedenten, während eine Aw. zugunsten des letzteren ausgeschlossen sei.

Diese Erwägungen lassen Rechtsirrtümer nicht erkennen. Zutreffend ist besonders die Annahme, daß mehrere Rechte, die bei Inkrafttreten des AwG. untereinander gleichen Rang hatten, im Sinne des § 7¹ als ein einheitliches erststelliges Recht zu behandeln sind (so auch Nadler 20, Schlegelberger, Lehmann § 7³). Der § 7 spricht von „an erster Stelle eingetragenen" und von „diesen nachgehenden" Rechten; er setzt also ein vorgehendes und ein auf dieses folgendes Recht voraus. Zwischen beiden soll die Befugnis des Eigentümers zur Eintragung kommen. In welchem Fall und in welchem Umfange dingliche Rechte an Grundstücken in jenem Verhältnisse zueinander stehen, bestimmt sich — abgesehen von einigen gesetzlichen Sonderfällen (Güthe GBO. § 46 N. 27, KGJ. 53 S. 208) — nach der allgemeinen Rangvorschrift des § 879 BGB. Danach bestehen verschiedene, für die Reihenfolge der Befriedigung aus dem Grundstücke maßgebende Rangstellen. Diese haben im Regelfalle bei Eintragungen in derselben Abteilung den Rang entsprechend der räumlichen Nummernfolge der Eintragung, bei Rechten in verschiedenen Abteilungen gemäß der Zeitfolge der Eintragungen. Diese Maßgeblichkeit der räumlichen oder zeitlichen Eintragungsfolge fällt fort, wenn die mehreren räumlich oder zeitlich nacheinander eingetragenen Rechte im Grundbuch als einander im Range gleichstehend gekennzeichnet sind. Dann besteht zwischen diesen kein Verhältnis von vor- und nachgehendem Recht, also auch keine Verschiedenheit von Rangstellen; die Rechte nehmen vielmehr zusammen eine Rangstelle ein und müssen daher gegenüber etwaigen Nachrechten als eine einheitliche Vorrangstelle, wie „erste Rangstelle" im Sinne des § 7¹ behandelt werden. Im übrigen stehen die Ausführungen des LG. im Einklang mit der Rechtsprechung (vgl. insbesondere 1 X 747.25, J. Rdsch. 1926 Nr. 177, 1 X 778.25 das. Nr. 287 und 1 X 818.26 J. W. 263). Die Richtigkeit dieser Auffassung kann durch den Hinweis Goltermanns (J. Rdsch. 1926 S. 70) auf die Möglichkeit von Zwangshypotheken und anderen gegen den Willen des Eigentümers einzutragenden Hypotheken nicht in Frage gestellt werden. Denn mangels Vorhandenseins von Rechten hinter dem erststelligen ist der Eigentümer in der Lage, durch Aufnahme von Realkredit und Befriedigung der eben erwähnten Gläubiger die Entstehung von Zwangs- oder gesetzlichen Hypotheken zu hindern, oder sie abzulösen. Ob bei Vorhandensein von Rechten, die vor 15. 6. 1922 gelöscht sind, das Grundbuchamt in jedem Falle bei Prüfung der Eintragungsfähigkeit der Rangbefugnis aus § 7 mit Rücksicht auf die Vermutung des § 891² BGB. bis zum Nachweise des Gegenteils von der Nichtaufwertbarkeit ausgehen kann, braucht hier nicht entschieden zu werden. Jedenfalls können die gelöschten Rechte dann als endgültig erloschen behandelt werden, wenn wie hier die Löschungen zu einer Zeit erklärt sind, in der erfahrungsgemäß Vorbehalte von den Hypothekaren nicht gemacht wurden, wenn ferner die Löschungsbewilligungen über einen Vorbehalt nichts besagen.

Dazu: wenn die Teilhypotheken verschiedenen Rang erhalten.

Kammergericht, 1. ZS. Beschluß v. 23. September 1926 (x 618/26).

An erster Stelle ist seit 1905 unter Nr. 4 eine Hypothek von 180 000 M. für die ABank verzeichnet. Ein Teilbetrag von 30 000 M. ist am 30. 1. 1923 mit dem Range hinter den verbleibenden 150 000 M. an B. abgetreten und dies am 23. 2. 1923 im Grundbuch vermerkt. Unter Nr. 5 war für X. seit 1905 eine Hypothek von noch 32 000 M. eingetragen; X. hat sie laut Urkunde vom 2. 1. 1923 an C. abgetreten, der seit dem 6. 1. 1923 als Gläubiger gebucht ist. Die Hypotheken Nr. 6 und 7 sind gelöscht und kommen nicht in Betracht. Auf Antrag der Bank ist für sie am 9. 4. 1926 bei den erststelligen 150 000 M. der Nr. 4 der AwBetrag von 37 500 GM. eingetragen. Unter Nr. 8 ist gleichzeitig eine diesem Rechte entsprechende Eigentümerbefugnis vermerkt, eine gleichhohe Hypothek (Grundschuld) GM. im Range nach jenem Teilbetrage der Nr. 4 und vor den dieser Hypothek nachgehenden Rechten eintragen zu lassen. Endlich ist ebenfalls am 9. 4. unter Nr. 9 der der Bank als Zedentin des letztstelligen Teilbetrages der Nr. 4 zukommenden Aw. von 7490 GM. eingetragen. Die Teilhypothek von 30 000 M. ist im übrigen auf Grund einer vom Zessionar am 21. 1. 1925 erteilten Löschungsbewilligung, am 30. 6. 1926 auf den jetzt gestellten Antrag des Eigentümers hin gelöscht worden. Gegen den Rangvorbehalt Nr. 8 hat die Bank insofern Beschwerde erhoben, als dem Eigentümer die Rangstelle vor der für sie als Zedentin des zweiten Teilbetrages vermerkten AwHypothek, nicht aber erst hinter dieser letzteren, eröffnet ist. Die Beschwerde ist mit Recht zurückgewiesen.

Bei der Beurteilung sind zwei, in den Beschwerden nicht auseinandergehaltene Fragen zu unterscheiden: erstens, ob im Falle der Teilung einer erststelligen Hypothek in Teilrechte von verschiedenem Range die Teilhypotheken für den Rangvorbehalt des § 7 weiter als einheitliche Hypothek anzusehen sind; ferner aber die bei Abtretung von Teilbeträgen in der Inflationszeit (§ 17) sich erhebende Frage des Ranges der Aw. des Zedenten einer Teilhypothek im Verhältnis zu den Rangvorbehalten, die dem Eigentümer im Anschluß an den Gesamtbetrag der Hypothek oder an die (noch in der ursprünglichen Hand befindlichen oder abgetretenen) Teilbeträge eröffnet sind. Die erste Frage ist in der (vorstehenden) Entscheidung dahin beantwortet, daß die geteilte Hypothek als einheitliche anzusehen ist; der Rangvorbehalt kommt also nicht zwischen den einzelnen Teilen der Hypothek, sondern erst nach ihrem ursprünglichen Gesamtbetrage zur Geltung. Das kann jedoch — und damit wird auch die zweite Frage berührt —, sofern die Teilbeträge in der Inflationszeit abgetreten sind, nur gelten bezüglich der AwHypotheken der Zessionare: nur mit solchen hatte es X 153 zu tun, in welcher AwAnsprüche des Zedenten nicht in Frage kamen. Soweit dagegen die AwHypothek des Zedenten eines Teilrechts in Betracht kommt, greift der § 21² ein. Da jedoch der Rangvorbehalt nach Vorstehendem im Anschluß an die ganze, durch die gleiche Nummer gekennzeichnete Hypothek einzutragen ist, fragt es sich, wie sich das Rangverhältnis des AwRechts des Zedenten einer Teilhypothek zu der an die ganze, ursprünglich einheitliche Hypothek und damit an das abgetretene Teilrecht sich anschließenden Eigentümerbefugnis gestaltet (wobei die Frage des Ranges mit der Frage zusammenfällt, ob auch das Zedentenrecht — als Bestandteil des für den Rangvorbehalt grundlegenden Rechts — für dessen Höhe mitbestimmend ist)

Diese Frage ist durch § 21² deshalb noch nicht ohne weiteres erledigt, weil zu den dortigen Rechten dieser die bloße Rangbefugnis des Eigentümers zutreffend, nicht gerechnet werden kann. Die Antwort ergibt sich aber aus § 7¹ verb. mit § 21². Denn nach § 7¹ ist der Rangvorbehalt in jedem Falle im unmittelbaren Anschluß an das ihm zugrundeliegende Recht einzutragen, in Fällen wie hier, also im unmittelbaren Anschluß an die geteilte Hypothek; von dieser ist jedoch nach § 21² die AwHypothek des Zedenten möglicherweise durch eine Reihe von Zwischenrechten getrennt. Sie kann also dem Rangvorbehalt nicht vorgehen. Vielmehr muß es als die Absicht des Gesetzes angenommen werden, daß die Aw. des Zedenten auch hinter den an die Hypothek sich anschließenden Rangvorbehalt zurücktreten soll (so daß er bei der Berechnung der Höhe des letzteren nicht in Betracht kommt). . . Nach diesen Grundsätzen war freilich die Rangstelle des § 7 für den Eigentümer erst eröffnet im Anschluß an die den 37 500 GM. nachfolgende AwHypothek des Zessionars des zweiten Teilbetrages von 30 000 M. Aus den Akten ergibt sich jedoch, daß B. seine Aw. v. 2 oder 3 GM. nicht geltend macht. Die Nichtberücksichtigung seines AwRechts ist daher vorliegend nicht zu beanstanden (wegen der Eintragung der Zedentenaufwertung vgl. 1. X. 330.26); das Grundbuchamt konnte vielmehr später (30. 6. 1926) unbedenklich sein Gläubigerrecht löschen; übrigens ist die Bank insoweit nicht beschwert. Letzteres gilt auch bezüglich der Nr. 5; die Zessionarin C. stellt nach den Akten ebenfalls keine AwAnsprüche, während die etwa für den früheren Gläubiger X. einzutragende Aw. im Range nach den 7490 GM. einzutragen wäre.

δ) **bei Teilung einer einheitlichen Gemeinschaftshypothek in Einzelhypotheken.**

Kammergericht, 1. ZS. Beschluß v. 18. März 1926 (X 153/26).

1907 wurde unter Nr. 4 für die bisherigen Eigentümer Eheleute E. eine mit 4% verzinsliche Restkaufgeldhypothek von 25000 M. je zur Hälfte eingetragen. Nach dem Tode des Mannes erklärte die Witwe unter Zustimmung der Nacherben am 9. 2. 12, daß sie von ihrem Anteil 2500 M. und als Vorerbin des Mannes dessen Anteil von 12500 M. an A. abtrete mit der Maßgabe, daß die abgetretenen 15000 M. den Vorrang vor dem ihr verbleibenden 10000 M. haben sollten. Gleichzeitig vereinbarten A. und der Grundeigentümer für die abgetretenen 15000 M. andere Zins- und Zahlungsbedingungen. Am 6. 1. 1919 wurde auch der Rest von 10000 M. dem A. abgetreten und auf ihn umgeschrieben. Nachdem am 7. 5. 25 unter Nr. 5 für einen anderen Gläubiger eine Hypothek von 10000 RM. eingetragen worden war, beantragte A. am 1. 10. 25 bei der Hypothek für ihn einen AwBetrag von 5032 (3750 + 1282) RM. einzutragen. Die Verfügung des Grundbuchamts weist den Antrag weder endgültig zurück noch macht sie seinen Erfolg von der Behebung eines Hindernisses des § 18 GBO. abhängig. Sie legt vielmehr nur die Rechtsauffassung über die Eintragbarkeit einer Aw. bei Nr. 4 dar und kündigt die Absicht an, in diesem Sinn über den Antrag durch Eintragung zu entscheiden. Meinungsäußerungen und Entscheidungsankündigungen sind aber keine der Beschwerde zugängliche „Entscheidungen“. Es enthält jedoch keine Beschwerung, wenn wie hier die erste Beschwerde als unbegründet zurückgewiesen, statt als unzulässig verworfen ist. Die weitere Beschwerde war hiernach zurückzuweisen.

Anlangend die weitere Behandlung ist zwar der Ausgangspunkt der Vorinstanzen richtig, daß, wenn der 1912 mit Vorrang vor dem Rest abgetretene Teilbetrag erststelliges Recht und der Restbetrag ein selbständiges nachstehendes Recht im Sinne des § 7¹ S. 1 wäre, dem Eigentümer zwischen beiden eine Rangstelle in Höhe des AwBetrages von 15000 M. zustehen und daß in diese Zwischenstelle die Nr. 5 in Höhe des Betrages der Eigentümerbefugnis einrücken würde (§ 7⁴) Beide Vorinstanzen nehmen an, daß am 15. 7. 1925 unter Nr. 4 zwei im Sinne des § 7 selbständige Rechte von 15000 und 10000 M. im Range nacheinander eingetragen waren. Während jedoch das Grundbuchamt davon ausgeht, daß zunächst eine einheitliche Bruchteilshypothek entstanden, diese aber durch die Abtretung von 1912 in zwei im Sinne des § 7 selbständige Rechte geteilt sei, also für den Fall der nachträglichen Teilung eines zunächst einheitlich entstandenen Rechts den vorgehenden Teilbetrag als das im Sinne des § 7 maßgebende erststellige Recht ansieht, nimmt das LG. an, daß zwar für diesen Fall nach wie vor das ganze Recht als eine erste Stelle im Sinne des § 7 zu gelten habe, meint aber, hier handele es sich um eine Eintragung, die von vornherein zwei selbständige Teilhypotheken von je 12500 M. — unzulässigerweise — zusammengefaßt habe; in solchen Fällen sei es nicht anders anzusehen, als wenn zwei unter besonderer Nummer zunächst mit gleichem Rang untereinander eingetragene Hypotheken in Frage ständen, von denen eine im Range hinter die andere zurückgetreten wäre. Für solchen Fall bestehe zwischen beiden ein Rangvorbehalt für den Eigentümer.

Es kann hier dahin stehen, ob der Auffassung des LG. über eine Rangstelle des Eigentümers bei Unterstellung, daß von vornherein zwei selbständige Einzelhypotheken von je 12500 M. vorhanden gewesen seien, zu folgen wäre. Denn diese Auslegung der Eintragung wird den §§ 133, 741 f. BGB. nicht gerecht. Daß auch Hypothekenrechte Gegenstand einer Bruchteilsgemeinschaft sein können, ist anerkannt (KGJ. 31 S. 313; vgl. Güthe-Triebel 2 N. 1796¹). Daß eine solche hier zunächst begründet war, weist die Fassung des Eintragungsvermerks und die ihr zugrunde liegende Bewilligung aus. Denn beide lauten nicht dahin, daß jeder der Ehegatten zur Sicherung einer Forderung von 12500 M., eine Hypothek in gleicher Höhe erhalten, sondern daß beide Ehegatten zur Sicherung einer einheitlichen Kaufforderung von 25000 M. für ihr gemeinschaftliches Grundstück an diesem eine Hypothek von 25000 M. je zur Hälfte — zu gleichen Rechten und Anteilen — erhalten sollten. Diese Fassung entspricht der für Bruchteilsrechte des § 741 BGB. gebräuchlichen und grundbuchrechtlich gemäß § 48 GBO. geforderten Ausdrucksweise. Ursprünglich war daher das unter Nr. 4 eingetragene Recht eine Bruchteilshypothek. Diese Gemeinschaft ist nach dem Tode des Mannes spätestens durch die Verhandlung vom 9. 2. 1912 aufgehoben (§§ 747, 752 BGB.). Die einheitliche Gemeinschaftshypothek ist in zwei Einzelhypotheken von 15000 und 10000 M. geteilt (§ 752 BGB.). Für den Fall der Teilung einer zunächst einheitlichen unter einer bestimmten Nummer eingetragenen Hypothek ist mit Nadler 20 anzunehmen, daß die Teilung dem Recht die Eigenschaft als Eintragungseinheit, als eine durch den Gesamtbetrag begrenzte Rangstelle im Sinne des § 7 nicht entzieht. Es kann unbedenklich davon ausgegangen werden, daß das AwG., wenn es von Rechten, die an erster Stelle eingetragen sind, und von Rechten, die diesem nachstehen, spricht, die Rangstellen in einem, den § 879 BGB., § 46 GBO. entsprechenden Sinn aufgefaßt hat. Danach besteht bei Eintragungen in derselben Abt. eine Rangfolge, Rangstellenabgrenzung, entsprechend der Nummernfolge und der unter den einzelnen Nummern angegebenen Beträge. Teilungen innerhalb der Rangstellen und Schaffung von Teilrangstellen innerhalb des durch die ursprüngliche Eintragungsnummer gekennzeichneten dinglichen Haftungsrahmens, können vom Gesichtspunkt des § 7 Rangplatzwirkungen nur innerhalb dieser Rangstelle haben, die ihrerseits gegenüber den unter anderen Nummern stehenden ihre Einheitlichkeit und Selbständigkeit behält[1]). Bei anderer Auffassung würde die mit § 7 bezweckte Erleichterung der Kreditbeschaffung für den Eigentümer in allen den Fällen schwerlich erreicht werden, wo das an erster Stelle eingetragene Recht in viele kleinere, innerhalb der Sicherheitsgrenze liegende Teile zerfallen ist, und mehrere durch die Teilhypotheken getrennte Rangstellen für den Eigentümer angenommen werden müßten. Der Eigentümer würde diese kleinen einen verschiedenen Rang einnehmende Stellen für Kreditaufnahmen nicht mit dem nach dem Gesetz beabsichtigten Erfolge nutzbar machen können. Außerdem würden bei Vorhandensein einrückungsfähiger wertbeständiger Rechte (§ 7⁴) Schwierigkeiten bei der grundbuchlichen Verlautbarung dieses gesetzlichen Rangeintritts entstehen. Wird aber die erste Hypothek derart geteilt, daß der zweitstellige Betrag nicht mehr innerhalb der Sicherheitsgrenze liegt, so würde der Eigentümer eine Rangstelle nur nach dem ersten Teilbetrag erhalten, während er bei ungeteiltem Recht die nach dessen Gesamtbetrag zu bemessende Rangstelle ohne Rücksicht auf die Innehaltung der Sicherheitsgrenze erhalten müßte. Die Teilung würde also in jedem Falle den Eigentümer benachteiligen, was eine vom Gesetz wohl nicht gewollte Unbilligkeit bedeuten würde, zumal § 1151 BGB. die Teilung und Rangänderung der Teilbeträge ohne Mitwirkung des Eigentümers ermöglicht. Hiernach wird nichts im Wege stehen, die Aw. bei Nr. 4 ohne Zwischeneintragung eines Rangvorbehalts einzutragen. Auch hinter jenem Recht kommt ein Rangvorbehalt nicht in Frage, weil das einzige nachstehende Recht eine RMHypothek ist. Der Antrag wird gemäß § 1 DfV. auf Goldmark zu stellen sein, was formlos geschehen kann.

ε) Begriff der im § 7¹ S. 3 bezeichneten „Unternehmen".

Kammergericht, 1. ZS. Beschluß v. 20. Mai 1926 (X 305/26).

Die unter Nr. 21, 24, 25 für die Baugewerks-Berufsgenossenschaft ein-

[1]) Obige Erwägungen, die aufrechtzuhalten sind, umfassen, soweit sie konstruktiver Natur sind, auch den Fall des § 7 Abs. 1 S. 2; ein Nachteil kann allerdings dem Eigentümer dann entstehen, wenn zwar ein oder mehrere Teilbeträge, nicht aber der Gesamtbetrag der Hypothek innerhalb der Mündelgrenze liegt, er kann jedoch gegenüber den für die Nichtzulassung sprechenden Gründen nicht ausschlaggebend sein (Beschluß desselben ZS. v. 28. Okt. 1926, X 676/26).

getragenen Hypotheken von je 50000 M. sind am 26. 11. 1924 gelöscht worden. Nachdem am 19. 9. 1925 unter Nr. 30, 31, 32 zur Sicherung der Wiedereintragung ein Widerspruch gemäß § 16² S. 2 eingetragen war, haben die Eigentümer bei dem Grundbuchamt die Eintragung einer Rangbefugnis gemäß § 7¹·³ hinter der gelöschten Nr. 21 in Höhe von 25% des GMBetrages dieses aufgewerteten Rechts erfolglos beantragt. Die weitere Beschwerde ist unbegründet. Ohne Rechtsirrtum hat das LG. die Berufsgenossenschaft als ein Unternehmen des § 7¹ S. 3 angesehen. Diese Vorschrift hat der Ausschuß in zweiter Lesung auf Antrag der Kompromißparteien eingefügt, weil er „im Interesse der Grundkreditanstalten die Zusammenfassung einzelner Splitterhypotheken derart ermöglicht, daß die Kreditgrundschuld des Eigentümers nicht hinter jeder Einzelhypothek entsteht, sondern geschlossen hinter allen in unmittelbarem Zusammenhange stehenden Einzelhypotheken" (Ausschuß Drucks. Nr. 118). Der Zusatz erhielt in der dritten Lesung eine redaktionelle Umstellung; denn „es erschien logisch, in Abs. 1 die Sätze 2 und 3 einzustellen und die Bestimmung über die Zusammenfassung der Splitterhypotheken für Grundkreditanstalten erst nach der Bestimmung über mehrfache Rangplätze des Eigentümers (S. 3) einzuschalten". Wenn in diesem Bericht ausschließlich von Grundkreditanstalten die Rede ist, so kann daraus doch nicht gegenüber dem viel weiter gehenden Inhalt der Ausschußbeschlüsse und — ihnen folgend — des Ges. der Rückschluß gezogen werden, daß zu den „Unternehmen" in § 7¹ S. 3 nur Grundkreditanstalten gehören sollten. Ihre alleinige Erwähnung im Bericht an Stelle der umständlichen Bezeichnung „öffentlich-rechtliche oder . . ." ist wohl nur im Interesse der Kürzung des Ausdrucks — durch Hervorhebung der wichtigsten dieser Unternehmen — geschehen. Es wäre andernfalls unverständlich, weshalb nicht in den Beschlüssen selbst die Bezeichnung „Grundkreditanstalten", wie zB. in § 47, gewählt worden ist. Auch innere Gründe sprechen nicht für eine Beschränkung auf Grundkreditanstalten. Die Vorschrift bezweckt, zu vermeiden, daß, wenn Unternehmungen die Beleihungsgrenzen einzuhalten verpflichtet sind, die ihnen zustehenden, wirtschaftlich zusammenhängenden und regelmäßig innerhalb der Mündel-Sicherheitsgrenze liegenden Grundstücksrechte voneinander getrennt werden, obwohl davon ausgegangen werden kann, daß die Rangstelle des Eigentums gemäß § 7 auch hinter diesen Rechten sich nicht an eine unverhältnismäßige hohe Belastung anschließen wird. Dieser Zweck trifft für die Grundstücksrechte nicht nur der Grundkreditanstalten, sondern auch anderer öffentlich-rechtlichen oder unter Staatsaufsicht stehender Unternehmen der bezeichnender Art zu. . . .

ζ) Stadtgemeinde als „Unternehmen". Fallen Arresthypotheken unter § 7⁴?

Kammergericht, 1. ZS. Beschluß v. 20. Mai 1926 (X 260/26).

Unter Nr. 1 und 2 stehen seit 1914 Hypotheken von 63000 und 109000 M. für die Stadt Berlin eingetragen. Unter Nr. 3 ist eine Vorkriegshypothek von 60000 M. verzeichnet. Nr. 4 und Nr. 5 sind gelöscht. Die letzte Post Nr. 6 ist zum Höchstbetrage von 7000 RM. auf Grund Arrestbeschlusses des Finanzamts zur Sicherung des Reiches für Steueransprüche in geschätzter Höhe von 210000 RM.

am 17. 6. 1925 eingetragen. Der Grundstückseigentümer hat unterm 19. 1. 1926 erklärt, daß die Nr. 1 und 2 der städtischen Sparkasse zuständen, die unter Staatsaufsicht stehe und bestimmte Beleihungsgrenzen innezuhalten habe; der dem Eigentümer nach § 7 zustehende Rangvorbehalt sei mithin einheitlich für die beiden Hypotheken mit 43000 GM. zu berechnen. Den Antrag auf Eintragung einer Darlehenshypothek von 43000 GM. an der vorbehaltenen Rangstelle haben die Vorinstanzen beanstandet, weil als Gläubiger die Stadtgemeinde eingetragen sei, für die § 7^1 S. 3 nicht gelte und weil die Nr. 6 gemäß § 7^4 ohne weiteres die erste Stelle der vorbehaltenen Rangstelle einnimmt, so daß nur noch 36000 GM. frei seien. Die weitere Beschwerde ist unbegründet.

Die Vorinstanzen sind davon ausgegangen, daß jedenfalls die Sparkasse der Stadt Berlin ein öffentlich-rechtliches oder unter Staatsaufsicht stehendes Unternehmen sei, dessen auf sein erststelliges Recht folgende Rechte zusammen mit jenem als einheitliches Recht zu behandeln sind. Die Frage, ob die Sparkassen unter § 7^1 S. 3 fallen, ist nicht unbestritten (vgl. Quassowski § 7 I B 2). Sie steht jedoch, da das Grundbuchamt ein Bedenken insoweit nicht erhoben hat, hier nicht zur Entscheidung. Übrigens wird sie jedenfalls für die städtischen und Kreissparkassen zu bejahen sein. Sind diese Sparkassen zwar nicht selber juristische Personen, sondern Teile der Stadt- oder der Kreisverwaltung, so sind sie innerhalb der letzteren doch selbständige Unternehmen mit gesonderter Vermögensverwaltung, und zwar Unternehmen von öffentlich-rechtlichem Charakter, die unter Staatsaufsicht stehen und nach ihrer Satzung regelmäßig — so auch vorliegend — bestimmte Beleihungsgrenzen einzuhalten haben; sie gehören ferner, weil und insoweit die Verwendung der bei ihnen angelegten Gelder zur Beleihung von Grundstücken einen regelmäßigen Zweig ihres Geschäftsbetriebes bildet, im Sinne des AwG. zu den Grundkreditanstalten, deren Interessen der § 7^1 S. 3 zu dienen bestimmt ist. Der die Nr. 1, 2 betreffende, die Stadt Berlin als Gläubigerin bezeichnende Eintragungsvermerk läßt jedoch nicht erkennen, ob es sich um Sparkassenhypotheken handelt. Es besteht die Möglichkeit, daß sie nicht von der Sparkasse, auch nicht von einer besonderen städtischen Hypothekenanstalt gegeben sind, auf die die im S. 3 aufgestellten Begriffsmerkmale ebenfalls zutreffen, sondern von der Stadtgemeinde als solcher aus ihr zur Verfügung stehenden Geldern. Ob aber die Stadtgemeinde als Unternehmer des § 7^1 S. 3 angesehen werden müßte, mag zwar dahingestellt bleiben; jedenfalls ist nicht ersichtlich, daß auch für sie Vorschriften über die Einhaltung von Beleihungsgrenzen bestehen, so daß sie aus diesem Grunde nicht zu den dort bezeichneten Gläubigern gehört. Das Grundbuchamt hat daher mit Recht den Nachweis gefordert, daß die Hypotheken zum Vermögensbestande der Sparkasse gehören. Andernfalls wäre eine Befugnis für den Eigentümer nur nach § 7^1 S. 1, 2 gegeben. Die nachgewiesene Gläubigerschaft einer anderen, dem S. 3 unterfallenden städtischen Anstalt würde der Sparkasse jedoch gleichstehen.

Die Vorinstanzen nehmen ferner zutreffend an, daß in die dem Eigentümer vorbehaltene Rangstelle zunächst die für den Steuerfiskus vor dem AwG. im

Zwangswege eingetragene RMHöchstbetragshypothek eingerückt sei. Dem § 7⁴ liegt der Gedanke zugrunde, daß die Kredithypothek des Eigentümers insoweit ausfallen soll, als das Kreditbedürfnis bereits durch die Aufnahme wertbeständiger Schulden befriedigt ist. Der freiwilligen Aufnahme derartiger Hypotheken muß aber ihre zwangsweise erfolgte Eintragung gleichstehen. Wie die Zwangsvollstreckung überhaupt nur einen Ersatz für die vom Schuldner verabsäumte freiwillige Befriedigung des Gläubigers bildet, so wird auch mit der Eintragung von Zwangshypotheken lediglich nachgeholt, was der Eigentümer zur Sicherstellung seines Gläubigers bereits selber hätte tun müssen. Auch in diesem Falle handelt es sich letzten Endes um die Befriedigung eines Kreditbedürfnisses, die nur, da der Eigentümer sie nicht freiwillig vorgenommen hat, im Zwangswege bewirkt ist. Es liegt kein Grund vor, die zwangsweise geschehene Kreditaufnahme anders zu behandeln, als die freiwillige. Das steht mit dem Wortlaut in Einklang, der unterschiedslos von den am Grundstück bestehenden, wertbeständigen Rechten spricht. Diesem Wortlaut entspricht aber ferner, auch zwischen Zwangs- und Arresthypotheken nicht zu unterscheiden (Nadler 88); dafür kommt außerdem in Betracht, daß regelmäßig die Arresthypothek nur der Vorläufer einer an ihre Stelle tretenden Zwangshypothek sein wird.... Ihr Einrücken ist kraft Gesetzes erfolgt und braucht nicht erst durch eine Eintragung herbeigeführt zu werden[1]).

h) α) **Zur Anwendung des § 7⁴, wenn wertbeständige Rechte am 15. Juli 1925 den erststelligen aufgewerteten Rechten im Range vorgehen.**

Kammergericht, 1. ZS. Beschluß v. 22. April 1926 (X 231/26).

In Abt. III lasteten unter Nr. 1: 60000 M. und Nr. 3: 15000 für A. seit 1910, unter Nr. 2: 25000 M. für den B. seit 1911. Diese Hypotheken sind auf Grund von Abtretungen v. 4. 1. 1923 am 17. 3. 1923 umgeschrieben auf Anna N. und sodann auf die Bewilligung vom 23. 1. 1925 am 20. 2. 1925 gelöscht. Löschungsantrag und Bewilligung waren am 26. 1. vorm. 11 Uhr beim Grundbuchamt eingegangen. Am selben Tage 1 Uhr Mittags ging ein Antrag auf Eintragung einer Grundschuld von 3942,4 g Feingold und am 5. 2. 1925 ein weiterer Antrag auf eine Hypothek von 8960,5 g Feingold ein. Die Grundschuld wurde am 19. 2. unter Nr. 7, die Hypothek am 22. 2. unter Nr. 8 eingetragen. An weiteren PMRechten waren zuletzt noch eingetragen gewesen: Nr. 4: 22000 M. seit 1909, Nr. 5: 6000 M. seit 1911; diese Rechte sind am 4. 7. 1923 gelöscht, und zwar die 22000 M. auf Bewilligung vom 11. 6. 1923, die 6000 M. auf solche v. 2. 1. 1915.

Zugunsten der Nr. 1—3 wurden sodann am 29. 9. 1925 aus § 16² S. 2 AwG. Widersprüche eingetragen. Diese wurden am 19. 11. 1925 auf Bewilligung des Eigentümers in AwHypotheken umgeschrieben, und zwar Nr. 9 für A. an Stelle der 60000 PM. (1) mit 14992 GM., Nr. 10: für B. an Stelle der 25000 PM. (2) mit 6238 GM., Nr. 11 für A. an Stelle der 15000 PM. (3) mit 3748 GM. unter der Maßgabe, daß diesen Hypotheken die wertbeständigen Rechte Nr. 7, 8 im

[1]) Dem § 7¹ S. 3 genügt, wenn dem Unternehmer nur so geringe Reallasten vorgehen, daß ihre Nichtberücksichtigung weder den Nachhypothekaren noch dem Eigentümer einen beachtlichen Nachteil zufügt (OLG. Dresden 31. 7. 26, AwRsp. 1 S. 568).

Range vorgehen. Gleichzeitig wurde unter Nr. 12 für den Eigentümer ein Rangvorbehalt von 15000 GM. aus § 7 AwG. mit dem Range hinter Nr. 9 vor dem nachfolgenden Posten vermerkt. Die Beschwerde von A. und B. über diesen Rangvorbehalt wurde zurückgewiesen. Dagegen war auf ihre weitere Beschwerde dessen Löschung anzuordnen.... Das LG. hat die unbeschränkte Zulässigkeit der ersten Beschwerde mit Recht bejaht. Der § 71² S. 1 GBO. betrifft nur solche Eintragungen, die unter dem Glauben des Grundbuchs stehen, in dem Sinne, daß sich an sie ein gutgläubiger Erwerb Dritter anschließen kann. Der Rangvorbehalt des § 7 ist jedoch eine dingliche Rechtsbefugnis, die dem jeweiligen Grundeigentümer zusteht, und als solche von Dritten auf rechtsgeschäftlichem Wege überhaupt nicht erworben werden kann.

Zutreffend gehen die Vorinstanzen davon aus, daß die unter Nr. 7, 8 eingetragenen wertbeständigen Rechte gemäß § 892² BGB., § 20 ¹·² AwG. den AwHypotheken der Beschwerdeführer im Range vorgehen. Steht den wertbeständigen Rechten das ursprünglich vor der Löschung an erster Stelle eingetragene aufgewertete Recht wegen des öffentlichen Glaubens im Range nach, so kommt eine Rangbefugnis nur hinter diesem in Frage, und zwar ohne Rücksicht darauf, ob es innerhalb der Mündelsicherheitsgrenze liegt. Denn nach § 7¹ besteht die Befugnis hinter dem an erster Stelle eingetragenen aufgewerteten Rechte. Der § 7 sieht nach dem Wortlaut eine Ausnutzung der Befugnis nur in zweifacher Weise vor, nämlich dadurch, daß der Eigentümer innerhalb ihres Rahmen eine Hypothek eintragen läßt (Abs. 1) und sodann dadurch, daß wertbeständige, auf RM oder eine ausländische Währung lautende Rechte (hier zusammenfassend „wertbeständige Rechte" genannt) in die Rangstelle des Eigentümers einrücken (Abs. 4). Der Abs. 4 geht von dem Regelfall aus, daß die wertbeständigen Rechte bei Inkrafttreten des AwG. den für die Befugnis maßgebenden aufgewerteten Rechten im Range nachstehen, was u. a. dann der Fall ist, wenn die letzteren von vornherein vorgingen und überhaupt nicht oder erst nach Eintragung der wertbeständigen Hypothek gelöscht sind. Auf diesen Regelfall sind die Abs. 4, 5 zugeschnitten; denn das Einrücken der wertbeständigen Rechte in die Rangstelle soll den Rang dieser Rechte verbessern, darum kann es auf einseitigen Antrag des Eigentümers im Grundbuch verlautbart werden, und aus dem gleichen Grund ist zum Verzicht auf die Rangstelle die Zustimmung der Gläubiger der wertbeständigen Rechte erforderlich. Des Falles, daß diese bei Inkrafttreten des AwG. den Rang vor den aufgewerteten Rechten hatten, sei es infolge Vereinbarung oder der Wirkungen des öffentlichen Glaubens, hat das Gesetz zwar bei buchstabenmäßiger Auslegung des § 7 nicht besonders gedacht; da aber § 7 erkennbar eine alle Fälle ohne Rücksicht auf die jeweilige Grundbuchlage erschöpfende Regelung der Rangbefugnis bezweckt, muß auch für Fälle, in denen wie hier wertbeständige Rechte bei Inkrafttreten des AwG. an erster Stelle stehen, eine Lösung aus den dem § 7 zugrunde liegenden Zweckgedanken gefunden werden. Diese gehen dahin, dem Eigentümer in bestimmtem Umfange die Aufnahme wertbeständigen Realkredits zu ermöglichen, jedoch nur, soweit er ihn nicht schon vor dem AwG. aufgenommen hatte, und zwar ohne Unterschied, ob die bereits bestehenden wertbeständigen Rechte den für die Rangstelle maßgebenden AwRechten im Range nachstehen oder vorgehen. Denn wollte man im letzteren Falle dem Eigentümer trotz der wertbeständigen Rechte noch eine voll ausnutzbare Rangstelle zuerkennen, und zwar hinter dem ersten aufgewerteten Recht ohne Rücksicht auf die Sicherheitsgrenze, so würden Bestehen und Umfang der Befugnisse des Eigentümers zum Nachteil der Gläubiger der nachstehenden AwHypotheken vielfach lediglich von dem zufälligen Umstand abhängen, ob der Antrag auf Eintragung der wertbeständigen Rechte vor oder nach Löschung der aufgewerteten Hypotheken oder Erteilung formgemäßer Löschungserklärungen (§ 892² BGB., § 20¹·² AwG.) beim Grundbuchamt eingegangen ist, ein Ergebnis, das den Zwecken des Gesetzes offenbar durchaus zuwiderliefe. Im Sinne des § 7 muß vielmehr liegen, daß, wenn wertbeständige Rechte bei Inkrafttreten des AwG. den erststelligen aufgewerteten Rechten im Range vorgehen, zunächst Rangbefugnisse für den Eigentümer hinter den den wertbeständigen Rechten an erster Stelle folgenden und, bei Innehaltung der Sicherheitsgrenze, auch hinter weiteren aufgewerteten Rechten entstehen, daß diese Rangstellen als solche aber im Umfange der voreingetragenen wertbeständigen Rechte nicht mehr ausnutzbar, mithin gegenstandslos und deshalb als solche auch nicht mehr einzutragen sind. Diesen Rechtsvorgang mit der Beschwerde als einen „Verbrauch" zu bezeichnen, wäre insofern ungenau, als begrifflich eine Rangstelle nur verbraucht werden kann durch einen ihrer Entstehung nachfolgenden Rechtsvorgang, der sie selbst belastet, sei es durch Neubeleihung (§ 7¹) oder durch Hineinschiebung eines bestehenden Rechts in sie (Abs. 4), nicht aber durch Rechte, die an anderer, vorgehender Stelle standen und stehen bleiben.

Hiernach ergibt sich hier folgende Rechtslage: Die AwHypotheken der Beschwerdeführer stehen ihnen als Abtretungsgläubigern im Sinne der §§ 17 f., 21 zu. Sie gehen also im Range nicht nur der etwaigen AwHypothek der Zessionarin N., sondern auch allen ihr gleich- oder nachstehenden Rechten im Range nach (§ 21²). Die erste Stelle nimmt also die AwHypothek der Zessionarin vor den 60000 PM. des A. ein, falls ihr Recht nicht durch Nichtanmeldung erloschen ist (§§ 16¹, 21, 78). Ihr folgen die den Nr. 1—3 nachstehenden Hypotheken. An solchen ist inzwischen die Nr. 4 von 22000 M. bereits mit 5500 GM. wieder eingetragen worden (Nr. 13). Ohne Rücksicht auf die Sicherheitsgrenze bestand eine Rangbefugnis also nur hinter der AwHypothek der Zessionarin N. (von Nr. 1, 2 oder 3 oder, wenn ihre Rechte wegen Nichtanmeldung erloschen sind, hinter dem aufgewerteten Recht Nr. 4 (= 5500 GM). Die Nr. 5 ist nicht aufwertungsfähig, weil sie ausweislich der Quittung schon 1915 bezahlt ist. Hinter dem Recht des A. (1) 9 konnte dagegen, da es nicht erststelliges im Sinne des § 7¹ ist, eine Rangbefugnis nur dann entstehen, wenn sein GMBetrag, also 60000 M. (§§ 7¹, 2¹ AwG.) in voller Höhe innerhalb der Sicherheitsgrenze liegt. Das letztere ist jedoch nicht der Fall. Nach der Mitteilung des Finanzamts beträgt der berichtigte Wehrbeitragswert 184000 RM., die Sicherheitsgrenze also die Hälfte mit 92000

RM. (Art. 73 AG. zum BGB.). Die der Hypothek des A. von 60000 PM. vorgehenden Hypotheken machen, abgesehen von den etwaigen geringfügigen AwHypotheken der N. einen GMBetrag von zusammen mindestens 58000 (11000 der Nr. 7) + 25000 der Nr. 8) + 22000 der Nr. 4) aus. Der GMBetrag der Hypothek des A. von 60000 liegt hiernach nicht im vollen Umfang innerhalb der Sicherheitsgrenze, überschreitet diese vielmehr mindestens um 20000 M. Eine Rangbefugnis für den Eigentümer besteht hinter ihr also nicht. Der Grundbuchrichter hat bei der Eintragung der Aw. einer Hypothek von Amts wegen zu prüfen, ob etwa eine der gelöschten aufwertungsfähigen Hypotheken als erststelliges Recht des § 7 in Frage kommt. Zu diesem Zwecke muß er an der Hand der AwAkten prüfen, ob die Anmeldung rechtzeitig ist. Soweit das letztere der Fall ist, muß, auch wenn ihre Aw. mangels Antrags noch nicht zur Eintragung kommt, bei der Frage, ob hinter der gerade einzutragenden anderen AwHypothek eine Rangstelle für den Eigentümer einzutragen ist, davon ausgegangen werden, daß die vorgehende aufwertungsfähige, aber noch nicht eintragbare Hypothek erststelliges Recht ist, und geprüft werden, ob der GMBetrag der gerade einzutragenden AwHypothek innerhalb der Sicherheitsgrenze liegt (Nadler 74 f.). Rangbefugnisse konnten nur hinter den, im Falle rechtzeitiger Anmeldung, der Zessionarin N. zustehenden geringfügigen AwHypotheken und hinter der Nr. 13 (früher 4) von 5500 GM., die auf jeden Fall innerhalb der Sicherheitsgrenze liegt, entstehen. Es können aber auch hinter diesen Rechten Rangvorbehalte nicht mehr eingetragen werden, da die voreingetragenen wertbeständigen Rechte ihren Umfang weit übersteigen. Das Grundbuchamt wird nunmehr ferner bei Nr. 9, 10, 11 und 13 einen Amtswiderspruch hinsichtlich des Vorranges der Nr. 13 vor Nr. 9, 10 und 11 zugunsten des Gläubigers von Nr. 13 eintragen müssen.

Dazu: OLG. Darmstadt, 1. ZS. Beschluß v. 25. März 1926 (Aw. 4/26).

Nachdem eine an erster Stelle für M. eingetragene Hypothek von restlich 324000 PM. am 28. 10. 1924 gelöscht war, wurde am 24. 11. 1924 für die BBank eine Hypothek von 50000 GM. eingetragen. Wegen seines Anspruchs auf Wiedereintragung der gelöschten Hypothek im AwBetrage von 79242 GM. hat M. Anfang 1926 Widerspruch gegen die Löschung eintragen lassen. Gemäß § 7[1] S. 1 beantragte nunmehr der Eigentümer E. die Eintragung dreier Eigentümergrundschulden im Gesamtbetrage von 29000 RM., indem er zwar den Vorrang der GMHypothek vor der einzutragenden AwHypothek nach § 20 anerkannte, jedoch für diese den Rangvorbehalt nach § 7, allerdings unter Abzug des GMBetrages beanspruchte. Die Vorinstanzen haben abgelehnt, weil infolge des ersten Ranges der GMHypothek dem Antrag nur unter den Voraussetzungen des § 7[1] S. 2 entsprochen werden könne. Der weiteren Beschwerde, die, gegen die Ablehnung einer Eintragung gerichtet, nach §§ 71 ff. GBO. zu behandeln ist, war nach § 78 stattzugeben. Der § 7[1] S. 1 bezweckt, zur Erhöhung des Kredits des Grundeigentümers diesem an der durch die Aw. der Hypotheken freigewordenen Stelle d. i. nach einem aufgewerteten Rechte und bemessen nach diesem einen kreditfreien Platz einzuräumen, ohne daß dadurch die übrigen Gläubiger schlechter gestellt würden, als bei Begründung ihres Rechts. Dementsprechend kann auch der klare eindeutige Wortlaut nur bedeuten, daß sich der Rangvorbehalt an das nach den Grundsätzen des AwG. die erste Stelle einnehmende Recht anschließt, soweit dieses aufgewertet ist, und daß die Höhe dieses Rangvorbehalts 25% des GMBetrags wiederum dieses aufgewerteten Rechts beträgt. Das LG. hat also angesichts dieser nach Sinn und Wortlaut eindeutigen Ausdrucksweise infolge einer „einengenden Auslegung der lex specialis" und wegen der seiner Ansicht nach zweifelhaften „Gesetzestechnik" übersehen, daß der Gesetzgeber ganz ausdrücklich den Rangvorbehalt auf die an erster Stelle stehenden aufgewerteten Rechte beschränkt hat. Weiter aber ergibt sich die zwingende Folgerung, daß die an ein erststellig aufgewertetes Recht geknüpfte Befugnis nicht dadurch verloren geht und in ihrer Wirkung nicht beseitigt werden kann, daß dem ersteingetragenen aufgewerteten Rechte, weil es gelöscht war, infolge des öffentlichen Glaubens nach § 20 eine später eingetragene Goldhypothek vorrückt. Nach wie vor bleibt der Rangvorbehalt dem Eigentümer nach dem ersteingetragenen, aufgewerteten Rechte und nur nach diesem gewahrt (Nr. 3, 15, 16). Die Ausführungen Mügel (Nachtr. DurchfV. 236 d), die zum Teil die vorliegende Frage berühren, sind in sich widerspruchsvoll und nicht zu billigen.

Hiernach ist vorliegend, trotz des nach § 20 erfolgten Vorrückens der GM-Hypothek an die erste Stelle, die Befugnis des Eigentümers bestehen geblieben, nach der ersten AwHypothek von 79242 GM. einen Rangvorbehalt sich eintragen zu lassen. Mit Recht hat er aber den Antrag um den Betrag der vorgängigen GMHypothek von 50000 M. gekürzt und demgemäß nur auf 29000 GM. beschränkt. Wäre die AwHypothek nicht gelöscht gewesen, so hätte sie nach § 6 trotz der GMHypothek ihren ersten Rang beibehalten, während die Goldhypothek zwar nicht an die erste Stelle, wohl aber nach § 7⁴ in die für den Eigentümer vorbehaltene Rangstelle mit ihrem Betrag von 50000 M. eingerückt wäre, so daß immer noch zugunsten des Eigentümers ein Vorbehaltsrecht von 29000 M. verblieben wäre. Diese Grundsätze des § 7⁴ sind sinngemäß auch vorliegend anzuwenden. Der nach der AwHypothek bestehende Rangvorbehalt ist hier infolge der vorgerückten Goldhypothek, somit zugunsten wertbeständigen Kredits des Eigentümers bereits in Höhe von 50000 RM. verwendet, so daß A. nur noch für den überschießenden Betrag von 29000 M. durch Eintragung von Eigentümergrundschulden verfügen kann und darf. Dieses Ergebnis entspricht nicht nur dem Wortlaut und dem aus den Motiven und dem Gesetz selbst erkennbaren Willen des Gesetzgebers, es schmälert auch tatsächlich in keiner Weise die Rechte der Nachhypothekare; denn diese sind gegenüber ihren früheren Rechten nicht schlechter gestellt, wenn außer der auf 25% aufgewerteten Hypothek mit 79000 GM. durch GMHypothek und Eigentumsvorbehalt wertbeständige Rechte von insgesamt gleicher Höhe ihnen vorgehen. Dr. M.

β) Einrücken der Höchsthypothek in die vorbehaltene Rangstelle.

Kammergericht, 1. ZS. Beschluß v. 10. Juni 1926 (X 340/26).

Für die Sparkasse standen früher drei Hypotheken, und zwar Nr. 1 von

150000 M. und im Range unmittelbar folgend die Nr. 3 und 4a von je 30000 eingetragen. Sie wurden am 31. 10. 1923 auf Grund einer Quittung der Gläubigerin gelöscht. Am 28. 3. 1925 wurde unter Nr. 11 eine Sicherungshypothek zum Höchstbetrage von 25000 RM. und 19. 11. 1925 unter Nr. 13 ebensolche von 15000 RM. für die D. Bank eingetragen. Am 31. 12. 1925 trug das Grundbuchamt auf Antrag die drei gelöschten Hypotheken der Sparkasse im aufgewerteten Zustande unter Nr. 14, 15 und 16 wieder ein und vermerkte dabei, daß die AwBeträge der Nr. 11 im Range nachgingen. Unter Nr. 17 buchte es ferner die Befugnis des Eigentümers, eine Hypothek oder Grundschuld in Höhe von 50000 GM. mit dem Range nach Nr. 16 und vor den dieser nachgehenden Rechten eintragen zu lassen. Am 15. 2. 1926 überreichte die Bank eine notarielle Erklärung des Eigentümers E., wonach dieser der Nr. 13 von seiner vorbehaltenen Rangstelle einen Teilbetrag von 15000 GM. im Range vor dem Restbetrag einräumte und die Eintragung der Sicherungshypothek an der vorbehaltenen Rangstelle beantragte. Die Vorinstanzen haben den Antrag beanstandet.... Das LG. prüft lediglich die Frage, ob die Nr. 11 auf Grund des § 892 BGB. den Rang vor Nr. 14, 15, 16 erhalten habe und daher nicht gemäß § 7⁴ in die vorbehaltene Rangstelle eingerückt sei. Da es zu dem Ergebnis kommt, daß mindestens eine starke Wahrscheinlichkeit dafür bestehe, daß die Nr. 11 den Vorrang nicht erworben habe, so erachtet es die angefochtene Zwischenverfügung bereits für gerechtfertigt. Damit verkennt es jedoch den Sinn und die Bedeutung jener Verfügung. Das Hindernis, das nach der Ansicht des Amtsgerichts entgegensteht, ist der fehlende Nachweis, in welcher Höhe die Nr. 11 in der Hand des A. entstanden ist. Dieser Nachweis wird dem Antragsteller aufgegeben. Die Auflage ist jedenfalls unbegründet, gleichviel ob die Nr. 11 den Vorrang vor den AwHypotheken hat oder nicht. Denn selbst wenn Nr. 11 unter die Rechte fällt, auf die sich § 7⁴ bezieht, kann jener Nachweis nicht gefordert werden. Das Verlangen beruht offensichtlich auf der Auffassung, daß eine Höchsthypothek nicht ein von vornherein das Grundstück in Höhe des ganzen Höchstbetrages belastendes Recht sei oder daß sie für das Einrücken in die vorbehaltene Rangstelle nur insoweit in Frage komme, als sie in der Hand des eingetragenen Gläubigers entstanden ist. Beide Auffassungen sind unrichtig. Die Höchsthypothek stellt wie jede andere Hypothek von vornherein eine Belastung des Grundstücks in Höhe des eingetragenen Betrages dar. Ungewiß ist lediglich, zu welchem Teilbetrage der Eigentümer und zu welchem Betrage der Gläubiger an der Hypothek berechtigt ist (RG. 75 S. 245, 97 S. 226, RGKomm. § 1190¹). Diese Ungewißheit hindert jedoch nicht ihr Einrücken in die Rangstelle des Eigentümers gemäß § 7⁴, falls die sonstigen Voraussetzungen vorliegen. Sie nimmt vielmehr in ihrem vollen Umfange diese Rangstelle ein ohne Rücksicht darauf, ob sie dem Eigentümer oder dem Gläubiger zusteht, vorausgesetzt natürlich, daß der Rangvorbehalt ausreicht.

Bei der weiteren Behandlung der Sache wird folgendes zu berücksichtigen sein. Nach X 231.26 ist für die Ausnutzung der Rangbefugnis durch die am 15. 7. 1925 vorhandenen wertbeständigen Rechte ohne Bedeutung, ob diese den aufgewerteten Rechten im Range vorgehen oder nicht. Von Gewicht ist dieser Umstand nur bei der Eintragung der Rangbefugnis, da die Befugnis in Höhe des Betrages des im Range vorgehenden wertbeständigem Rechts nicht mehr einzutragen ist. Vorliegend hat aber, obwohl die Nr. 14, 15, 16 mit dem Range hinter Nr. 11 gebucht sind, das Grundbuchamt unter Nr. 17 die Rangbefugnis in vollem Umfang eingetragen. Bei richtiger Buchung kam jedoch hinter Nr. 16 nur noch eine Eigentümerbefugnis in Höhe von 25000 GM. in Frage, so daß nach Einräumung der vorbehaltenen Rangstelle an Nr. 13 eine Restbefugnis in Höhe von 10000 GM. verbleibt. Nach § 7^4 rücken RMHypotheken, die am 15. 7. 1925 bestehen, nach dem Umrechnungssatze 1 RM. = 1 GM. (Art. 12 DfV.) in die dem Eigentümer vorbehaltene GMRangstelle ein. In Art. 9 DfV., der am 10. 12. 1925 in Kraft getreten ist, ist dagegen bestimmt, daß Hypotheken, die der Eigentümer auf Grund des § 7 an den ihm vorbehaltenen Rangstellen eintragen läßt, in GM. einzutragen sind. Wie zu verfahren ist, wenn er einer nach 25. 7. 1925 zunächst ohne Rücksicht auf die Befugnis gebuchten Reichsmarkhypothek die vorbehaltene Rangstelle anweist, darüber fehlt es an einer ausdrücklichen Vorschrift. Da der Senat (oben $g\alpha$) sogar zugelassen hat, die Befugnis durch eine erst neu einzutragende Reichsmarkhypothek auszunutzen, so können auch keine Bedenken dagegen erhoben werden, daß er einer bereits eingetragenen RMHypothek die vorbehaltene Rangstelle einräumt.

γ) Anwendung des § 7^4 S. 1 auf bestehende Vormerkungen.

Kammergericht, 1. ZS. Beschluß v. 24. Juni 1926 (X 418).

Seit 24. 10. 1924 ist unter Nr. 11 der Anspruch auf eine Sicherungshypothek zum Höchstbetrage von 7800 GM. für die Bank vorgemerkt. Am 19. 2. 1926 wurde bei der Hypothek Nr. 2 die Aw. in Höhe von 7250 GM. eingetragen. Gleichzeitig wurde unter Nr. 13 gebucht, daß der Eigentümer nach § 7 befugt ist, mit dem Range nach Nr. 2 eingetragenen und vor den nachgehenden Rechten eine Hypothek oder Grundschuld von 7250 GM. mit dem üblichen Zinsfuß eintragen zu lassen. Die Bank erhob wegen ihrer Vormerkung Anspruch auf „den Rang nach den unter Nr. 2 eingetragenen und vor den unter Nr. 13 eingetragenen 7250 GM." und „ersuchte um eine bezügliche Vormerkung".... Wird dieser Antrag wörtlich genommen, so ist er schon deswegen abzulehnen, weil mangels einer Vorschrift des AwG. eine Vormerkung nur gemäß § 885^1 BGB. eingetragen werden kann. Aber auch wenn er als ein ungenau gefaßter Antrag gemäß § 7^4 S. 2 verstanden wird, erweist er sich für den Fall als ungerechtfertigt, daß tatsächlich die Eintragung des Vorranges der Vormerkung Nr. 11 vor der Eigentümerbefugnis begehrt wird. Denn nach § 7^4 kommt nur eine Buchung der Vormerkung an, nicht vor der dem Eigentümer vorbehaltenen Rangstelle in Frage. Die Stellungnahme der Bank läßt indes erkennen, daß sie lediglich die grundbuchliche Verlautbarung des Einrückens der Vormerkung in die vorbehaltene Rangstelle erstrebt hat. Die Vorinstanzen haben daher mit Recht geprüft, ob die eingetragene Vormerkung gemäß § 7^4 S. 1 die vorbehaltene Rangstelle eingenommen hat. Ihr verneinender Standpunkt ist jedoch rechtsirrtümlich. Allerdings ist nach dem

Sprachgebrauch des AwG. eine Vormerkung kein „an dem Grundstück bestehendes" Recht; denn, wie § 6² S. 1 ergibt, unterscheidet das Gesetz die am Grundstück bereits bestehenden und die nur vorgemerkten Rechte. Wenn daher im Gegensatz dazu in § 7⁴ nur von den bestehenden Rechten gesprochen wird, so sind damit nicht ohne weiteres auch vorgemerkte Rechte gemeint. Zu dieser Annahme leitet auch die Erwägung hin, daß die Ausfüllung der vorbehaltenen Rangstelle grundsätzlich dem Eigentümer obliegt; dieser kann nach § 7¹ an der Rangstelle eine Hypothek (Grundschuld) eintragen lassen. Unter den Voraussetzungen des § 7⁴ S. 1 nimmt das Gesetz die Ausfüllung vor, das also an Stelle des Eigentümers die Rangstelle vergibt. Daraus ist zu folgern, daß sich das Einrücken kraft Gesetzes grundsätzlich auch nur auf Rechte von solcher Art erstreckt, wie der Eigentümer sie auf Grund der Eigentümerbefugnis bestellen kann, also auf endgültige, nicht dagegen vorgemerkte Hypotheken. Dieser Grundsatz rechtfertigt zugleich die weitere Folgerung, daß, wenn der Eigentümer trotz des Wortlautes des § 7¹ S. 1 die vorbehaltene Rangstelle auch einer Vormerkung zur Sicherung des Anspruchs auf Bestellung einer Hypothek einräumen darf, dann auch eine bei Inkrafttreten des AwG. eingetragene Vormerkung zur Sicherung des Anspruchs auf eine Hypothek der im § 7⁴ S. 1 bestimmten Art kraft Gesetzes der Rangvergünstigung teilhaftig werden müsse. Die Vergebung der Rangstelle an eine Hypothekenvormerkung muß nun aber sowohl nach dem Zweck des Gesetzes wie auch nach den Rechtswirkungen der Vormerkung für zulässig erachtet werden. Die Schaffung der Befugnis beruht auf dem Gedanken, daß dem Eigentümer auf diese Weise die Möglichkeit gegeben werden soll, an hinreichend sicherer Stelle neuen Kredit aufzunehmen. Deshalb muß der Eigentümer auch in der Lage sein, einem Kreditgeber zunächst eine vorläufige Sicherung an der ihm vorbehaltenen Rangstelle in Gestalt einer Vormerkung zu gewähren. Aber auch die Rechtswirkungen der Vormerkung sprechen für die Rangvergebung an eine Vormerkung. Diese ist, wie aus § 883³ BGB. hervorgeht, der Platzhalter für die Hypothek, auf deren Einräumung der vorgemerkte Anspruch gerichtet ist. Der Rang des endgültigen Rechts wird also durch die Vormerkung bestimmt. Nach § 48 ZVG. ist ferner die Vormerkung bei der Feststellung des geringsten Gebots wie ein eingetragenes Recht zu berücksichtigen. Sie wird also hinsichtlich der Rangstellung dem endgültigen Recht, das durch ihre Eintragung gesichert wird, gleich geachtet. Dieselben Erwägungen haben bei dem Rangvorbehalt des § 881 BGB. dahin geführt, diesen auch auf die Eintragung von Vormerkungen zu beziehen und die Eintragung von Vormerkungen zuzulassen (RGKomm. § 881², Güthe-Triebel § 46¹⁹, Rosenberg § 881 II 1). Demgemäß muß auch statthaft sein, auf Grund des § 7¹ S. 1 zunächst eine HypVormerkung an der vorbehaltenen Rangstelle eintragen zu lassen. Dies rechtfertigt weiter die Annahme, daß auch eine bei Inkrafttreten des AwG. eingetragene Vormerkung, die eine Hypothek des § 7⁴ S. 1 sichert, genau wie eine endgültige Hypothek in die vorbehaltene Rangstelle einrückt. Es ist dies auch eine unabweisbare Folgerung aus dem § 48 ZVG. Denn da die vorgemerkte Hypothek beim geringsten Gebote wie endgültiges Recht zu behandeln ist, so gilt sie als eine im Zeitpunkt der Vormerkungseintragung gebuchte Hypothek. Damit rückt sie für die Feststellung des geringsten Gebots in die vorbehaltene Rangstelle ein. Denn der ZVRichter hat die sich aus § 7⁴ S. 1 ergebenden Rangverschiebungen von Amts wegen zu berücksichtigen. Es geht aber nicht an, daß die Vormerkung außerhalb des ZVVerfahrens hinsichtlich des Ranges anders beurteilt wird als in jenem Verfahren. Der Rang, der ihr darin zukommt, ist kein neuer, sondern der bereits nach dem materiellen Recht bestehende. Der vom Gesetz bestimmte Rang der Rechte ist letzten Endes überhaupt nur wegen einer etwaigen Zwangsversteigerung festgesetzt und von Bedeutung. Daß die Vormerkung aber überhaupt in einem Rangverhältnis zu den Rechten am Grundstück oder zu anderen Vormerkungen steht und daß dieses Rangverhältnis einer Änderung zugänglich ist, ist bereits in KGJ. 22 S. 311, 39 S. 198 bejaht. Das Bestehen eines Rangverhältnisses und die Zulässigkeit seiner Änderung ist allerdings Voraussetzung für die Gleichstellung der Vormerkung mit den Rechten im Sinne des § 7⁴ S. 1; denn das Einrücken dieser Rechte in die für den Eigentümer vorbehaltene Rangstelle findet „in der Reihenfolge ihres Ranges" statt.

Die Möglichkeit, daß der gesicherte Anspruch nicht entsteht oder in anderer Weise als durch Eintragung des endgültigen Rechts erlischt und damit die Vormerkung wirkungs- und gegenstandslos wird, ohne daß eine Eigentümergrundschuld entsteht (RG. 65 S. 260, KGJ. 25 S. 170), steht nicht entgegen, da auch bei den eingetragenen endgültigen Rechten die Möglichkeit gegeben ist, daß sie in Wirklichkeit nicht bestehen und daher auch nicht eine Eigentümergrundschuld zur Folge haben. Ebensowenig kann der § 7⁴ S. 1 erst in Frage kommen, wenn die Vormerkung in das endgültige Recht umgeschrieben ist. Denn damit das erst nach dem Inkrafttreten des AwG. entstehende endgültige Recht die vorbehaltene Rangstelle einnimmt, ist gerade Voraussetzung, daß bereits die Vormerkung in die Rangstelle eingerückt ist (§383³ BGB.).

Dazu: Kammergericht, 1. ZS. Beschluß v. 8. Juli 1926 (X 336/26).

Auf vier Grundstücken wurde hinter verschiedenen Vorkriegshypotheken unter Nr. 4 am 4. 7. 1925 zugunsten des A. der Anspruch auf eine wertbeständige Hypothek von 28000 GM. vorgemerkt und sodann auf Antrag des A. unter Löschung der Vormerkung eine Gesamthypothek von 28000 RM. unter Nr. 5 eingetragen. Der Antrag, diese Gesamthypothek an der dem Eigentümer vorbehaltenen Rangstelle einzutragen, ist ohne Grund zurückgewiesen, vielmehr liegen die Voraussetzungen des § 7¹, soweit die bei den Grundakten befindlichen Tabellen ersehen lassen, bezüglich sämtlicher Pfandgrundstücke vor. Der § 7⁴ bestimmt, ohne Vormerkungen besonders zu erwähnen, daß wertbeständige Rechte in der Reihenfolge ihres Ranges die für den Eigentümer vorbehaltene Rangstelle einnehmen. Solche Rechte sind, streng genommen, Vormerkungen nicht, weil sie nicht ein Recht auf Befriedigung aus dem Grundstück begründen, sondern nur einen Anspruch auf Eintragung dinglicher Rechte sichern, sie sind aber mit dinglichen Wirkungen insofern ausgestattet, als sie nach § 883³ BGB. den Rang des endgültigen Rechts bestimmen, sie sollen also dem Recht eine dingliche Rangstelle in derselben Weise sicherstellen, wie sie dem gesicherten Recht im Falle sofortiger endgültiger Eintragung zugute gekommen wäre. Zu den Rangvorteilen des Rechts hätte, wenn es im Zeitpunkt der Vormerkung eingetragen wäre, auch sein Eintritt in die vorbehaltene Rangstelle nach § 7⁴ gehört; der dingliche Platz, den die Vormerkung freihielt, ist also jetzt von Gesetzes wegen die Rangstelle des Eigentümers ebenso geworden, als wenn zur Zeit des Inkrafttretens des AwG. das Recht selbst bereits eingetragen gewesen wäre. Daß diese Auslegung den Zwecken des Ges. nicht zuwiderläuft, ergibt § 6², der hinsichtlich des Nachranges der 15% übersteigenden AwBeträge der vom 14. 2. bis 1. 10. 1924 erworbenen Rechte die Vormerkung den endgültig erworbenen Rechten gleichstellt.

An dieser Rechtslage kann hier nichts ändern, daß sich die Umwandlung der Vormerkung in die Hypothek grundbuchmäßig durch Löschung und Neueintragung vollzogen hat; denn sie sind in einem einheitlichen Akte auf Grund innerlich einheitlicher Unterlage am selben Tage ohne Zwischeneintragungen erfolgt und dadurch als der im Sinne des § 883³ BGB. maßgebliche Rechtsvorgang gekennzeichnet (vgl. 1. X. 418.26).

δ) Rang der nach 15. 7. 25 begründeten wertbeständigen Hypotheken.

Kammergericht 1. ZS. Beschluß v. 24 Juni 1926 (X 372/26).

Für A. ist unter Nr. 4 auf Bewilligung vom 20. am 22. 7. 1925 eine Hypothek von 1720 GM. eingetragen. Damals waren die Rechte Nr. 1, 2 gelöscht, während die Nr. 3 von M. 20000 noch eingetragen war und erst am 26. 8. 1925 auf Bewilligung vom 20. 7. 1925 gelöscht ist. Am 9. 2. 1926 wurde die Nr. 1 mit einem AwBetrage von 1011 GM. unter Nr. 5 wieder eingetragen. Ferner wurde unter Nr. 6 ein Rangvorbehalt von 1025 GM. für den Eigentümer gebucht. Gleichzeitig wurde bei der Hypothek des A. vermerkt, daß sie den Rang nach Nr. 5 und Nr. 6 habe. Die Beschwerde des A. gegen diese Rangeintragung ist mit Recht zurückgewiesen. Da der Rangvermerk eine Eintragung des § 71² GBO. ist, ist gemäß S. 2 das. die Beschwerde nur zulässig mit dem Ziele auf Eintragung eines Widerspruchs gemäß § 54¹ S. 1 GBO. An seinen beiden Voraussetzungen fehlt es aber hier. § 7 ermöglicht die Besetzung der vorbehaltenen Rangstelle in zweifacher Weise nach Abs. 1 oder 4. Der letztere Fall ist hier auszuschalten, weil nach dem klaren Wortlaute „Bestehen Rechte . . .“ nur Rechte einrücken, die bereits am 15. 7. 25 bestanden. Die Beschwerde verkennt die Bedeutung des § 22² einerseits und des § 7⁴ andererseits. Irgend eine innere Beziehung dieser Vorschriften zueinander besteht gar nicht. Ohne § 7⁴ würden bestehende wertbeständige Rechte ihren Rang hinter allen aufgewerteten Rechten behalten. Diese aus § 6 AwG., § 879 BGB. grundsätzlich sich ergebende Folge schließt § 7⁴ zugunsten der bestehenden wertbeständigen Rechte aus, indem er sie in die Rangstelle des Eigentümers einrücken läßt und dadurch ihren Rang verbessert. § 22² ist nur gegen Rechtsvorgänge nach 1. 7. 1925 gerichtet, die auf Grund der Vorschriften über den öffentlichen Glauben grundsätzlich geeignet wären, bestehende Rechte zu vernichten oder ihren Rang zu verschlechtern.

Im Wege des § 7¹ wird die Eigentümerrangstelle nur dann besetzt, wenn der Eigentümer die Eintragung an dieser Rangstelle bewilligt. Tut er das nicht, so ist an bereitester Stelle einzutragen. Die der Hypothek des A. zugrundeliegende Bewilligung sagt nichts davon, daß die Hypothek an der vorbehaltenen Rangstelle eingetragen werden solle. Das Grundbuchamt verletzte das Gesetz nicht, wenn es die Hypothek an bereitester Stelle eintrug, um so weniger, als damals noch gar nicht feststand, ob gelöschte Rechte zur Aw. kommen würden und ob eine Rangbefugnis des Eigentümers bestehe. Durch die an letzter Stelle erfolgte Eintragung war der Hypothek des A. gemäß § 879 BGB., § 6 AwG. ihr Rang hinter der damals noch eingetragenen Nr. 3 und den damals zwar gelöschten, aber wieder einzutragenden aufgewerteten Rechten zugewiesen. Die Wiedereintragung der aufgewerteten Nr. 1 und der durch sie bestimmten Rangbefugnis des Eigentümers mußte also den Rang vor Nr. 4 erhalten und dieser Vorrang mußte bei Nr. 4 vermerkt werden. Die inzwischen erfolgte Löschung der Nr. 3 bewirkt nicht ein Hineinrücken der Nr. 4 in die Rangstelle, sondern nur ein unmittelbares Heranrücken, falls nicht Nr. 2 zur Wiedereintragung gelangt. In die Rangstelle selbst kann die Nr. 4 nur dadurch gelangen, daß der Eigentümer ihr nachträglich den Vorrang einräumt (§ 880 BGB., Art. 14^{3} DfV.). Den gleichen Erfolg könnte A. unter der Voraussetzung, daß Nr. 2 nicht wieder eingetragen wird, dadurch erreichen, daß der Eigentümer auf die Rangbefugnis verzichtet und den Verzicht eintragen läßt.

ε) **Keine Briefvorlegung für den Rangeintritt des § 7^{1}.**

Kammergericht, 1. ZS. Beschluß v. 16. April 1926 (X 195/26).

Eingetragen sind: Nr. 3 Briefhypothek von 500000 M. für X seit 1900; Nr. 5 Briefhypothek von 50000 M. für Y seit 1914; Nr. 6 Buchgrundschuld von 40000 RM. für den Beschwerdeführer A. seit Anfang 1925. Unterm 17. 12. 1925 erklärte der Eigentümer, daß er befugt sei, hinter der aufgewerteten Nr. 3 = GM. 125000 eine Grundschuld von 25% des GMBetrages mit dem üblichen Zinsfuß einzutragen; er beantrage hiermit, „die Eintragung der Nr. 6 im Wege der Berichtigung an der vorbehaltenen Stelle, in die diese Grundschuld kraft Gesetzes einrücke, und zwar im Range vor dem ihm selbst verbleibenden Restrangvorbehalt". Die Vorinstanzen haben ohne Grund abgelehnt. Nach § $7^{1.4}$ sind die Rangbefugnis des Eigentümers und der Rangeintritt der bereits bestehenden wertbeständigen und RMRechte kraft Gesetzes sich vollziehende Rechtsvorgänge, die das Grundbuch unrichtig machen. Der auf ihre Verlautbarung gerichtete Antrag ist also ein Berichtigungsantrag; hier muß also der Beschwerdeführer, da die Betroffenen nicht in der Form des § 29 GBO. zustimmen, die Unrichtigkeit des Grundbuchs nachweisen. Dieser Nachweis setzt nicht die vorherige Eintragung der Aw. voraus (§ 7^{3} S. 2), wohl aber außer dem formlosen Antrag des Eigentümers die Feststellung des GMBetrages des Rechtes, hinter dem die Rangbefugnis besteht, weil davon der Umfang der vorbehaltenen Rangstelle und der Einrückungsmöglichkeit für die in § 7^{4} erwähnten Rechte abhängt. Richtig ist auch, daß bei Briefrechten mit Rücksicht auf die Möglichkeit außergrundbuchlicher Rechtsübertragung (§§ 1154 f. BGB.) der von der Erwerbszeit abhängige GMBetrag des erststelligen Rechts und demgemäß auch der Umfang der vorbehaltenen Rangstelle zuverlässig nur bei Vorlegung des Briefes und etwaiger Abtretungserklärungen beurteilt werden kann. Das AwG. und die DfV. haben jedoch in der Absicht, die Durchführung der Aw. und der sonstigen Zwecke des Gesetzes, besonders der ungehinderten Ausnutzung des Rangvorbehalts für die Kreditbedürfnisse des Eigentümers mehrfach auch Vermutungen aufgestellt und die in § 42 GBO. allgemein bestimmte Briefvorlegung ausgeschaltet und damit hier bewußt Erleichterungen des Unrichtigkeitsnachweises geschaffen dergestalt, daß das Grundbuchamt dabei von diesen gesetzlichen Vermutungen bis zum Nachweise des Gegenteils auszugehen hat.

Für den Rangvorbehalt aus § 7 ergibt sich dieser Standpunkt aus § 6². Danach ist das Grundbuchamt gehalten, ohne besonderen Nachweis, daß das Recht nicht außergrundbuchlich übertragen sei, unter Zugrundelegung der durch § 891¹ BGB. gestützten Erklärung des Eigentümers, nach der der eingetragene der wirkliche alleinige Gläubiger sei, den nach dem Eintragungstage berechneten AwBetrag als den der wirklichen Rechtslage entsprechenden einzutragen (§§ 2, 4, 5). Schon hieraus könnte gefolgert werden, daß auch für die Rangstelle des Eigentümers, die je nach § 7³ S. 2 bei der Eintragung der Aw. von Amts wegen zu vermerken ist, nach dem Willen des Gesetzes die Vorlegung des Briefs und der Nachweis des Fortbestehens des Briefrechts nach Maßgabe des Grundbuchinhalts — Nichtübertragung — auch dann nicht erforderlich sein sollte, wenn der Eigentümer die Eintragung des Rangvorbehalts vor der Aufwertung gemäß § 7³ S. 2 Halbs. 2 beantragt. Der dahingehende Gesetzeswille erhellt aber noch besonders aus Art. 10¹ DfV. Berücksichtigt man ferner, daß nach der Vermutung des Art. 4 das. bei der Eintragung der Aw. auch in den Fällen des § 1155 BGB. ein im Range gleich(nach)stehendes Recht dem zusteht, für den es eingetragen steht, obwohl gleichstehende, erststellige Rechte im Sinne des § 7¹ als ein einheitliches erststelliges Recht zu behandeln sind (X. 55. 26), so ist die Annahme gerechtfertigt, daß das Gesetz auch bei Briefhypotheken nicht nur für die Aw. sondern auch für die nach dem gleichen GMBetrage zu bemessende Rangbefugnis gemäß der allgemeinen Vermutung des § 891¹ ohne besondere Nachweise den als Gläubiger behandeln will, der als solcher eingetragen steht (in gleichem Sinne hat sich bereits der Beschluß vom 21. Januar 1926 — X. 813. 25 — ausgesprochen, vgl. auch Schlegelberger, Mügel zu Art. 4 DurchfV.). Die Erwägung, daß dabei der Rangvorbehalt möglicherweise abweichend von der wirklichen Rechtslage eingetragen wird (Nadler 84), kann nicht dahin führen, seine Eintragung von Nachweisen abhängig zu machen, die mit dem erkennbaren Gesetzeswillen nicht vereinbar und in der Form des § 29 GBO. überhaupt nur schwierig zu beschaffen sind; es muß dann den Beteiligten überlassen bleiben, gemäß § 22 GBO. eine Berichtigung des Grundbuchs herbeizuführen. Folgerecht muß das gleiche gelten für die Eintragung des Einrückens der im § 7⁴ erwähnten Rechte.

ζ) Auslegung des Verzichts des § 7 Abs. 5. Voraussetzung seiner Eintragung.
Kammergericht, 1. ZS. Beschluß v. 24. Juni 1926 (X 426/26).

Der Eigentümer hat am 2. 2. 1926 eine Grundschuld von 60000 Goldmark bewilligt und zugleich erklärt: „Ferner verzichte ich zugunsten der Grundschuld und etwaiger später einzutragenden Belastungen auf den Rangvorbehalt aus § 7 AwG. und beantrage die Eintragung dieses Verzichts.“ ... Das LG. meint, diese Erklärung lasse Zweifel darüber, ob der Verzicht auch zugunsten der gelöschten, eventuell aufwertbaren Rechte gelten solle. Allein die Absicht des Eigentümers ging erkennbar dahin, nicht nur die jetzige Gläubigerin in der bestmöglichen Weise dinglich zu sichern, sondern zur Erleichterung künftiger Kreditaufnahme auch für etwaige weitere Kreditgeber ein für allemal grundbuchrechtlich klarzustellen, daß Rangbefugnisse des § 7 am Grundstück überhaupt nicht bestehen sollten. Ein Verzicht ohne Einschränkung bedeutet begrifflich Aufgabe der Befugnis schlechthin, also mit Wirkung für alle Beteiligten (vgl. auch Nadler 91). Soll die Rangbefugnis nur zugunsten bestimmter Beteiligter aufgegeben werden, so liegt es näher, dies nicht in der Form eines Verzichts zugunsten dieser Beteiligten, also durch einen Verzicht mit Einschränkungen hinsichtlich der Person des Begünstigten auszudrücken, sondern in der Weise, daß der Eigentümer mit der Befugnis hinter diese bestimmten einzelnen Rechte zurücktritt, eine Erklärung, wie sie Art. 14^2 DfV. für Teilbegünstigungen ausdrücklich vorsieht. Die natürlichere Ausdrucksform für eine Aufgabe der Rangbefugnis zugunsten nur einzelner bestimmter Beteiligter ist also der Rücktritt mit der Rangbefugnis (vgl. auch Mügel Art. § 14^2, Nadler 92).

Ist also hier ein allgemeiner, dh. zugunsten aller in Frage kommenden Beteiligten wirkender Verzicht gemeint, so setzt seine Eintragung nur die Möglichkeit, nicht dagegen die Feststellung des Bestehens von aufgewerteten Rechten und von Rangbefugnissen voraus. Ausgeschlossen ist die Eintragung nur dann, wenn bereits feststeht, daß ein Rangvorbehalt nicht entstanden sein kann, wenn zB. das Nichtvorhandensein von weiteren aufgewerteten Rechten hinter dem ersten aufgewerteten Recht feststeht (oben g γ). Hier waren hinter den an erster Stelle noch eingetragenen 33000 PM. unter Nr. 2—6 verschiedene Höchsthypotheken eingetragen, die Anfang 1923 — also in der Rückwirkungszeit des § 15 — gelöscht sind. Daß keine dieser letzteren Hypotheken aufwertbar ist, steht zurzeit nicht grundbuchmäßig fest. Die Möglichkeit ihrer Aufwertbarkeit wird nicht schon durch den nach der Löschung erfolgten Eigentümerwechsel ausgeschlossen, wohl aber in dem Falle, daß das Grundbuchamt etwa zuverlässig weiß, daß keine dieser Hypotheken rechtzeitig, also vor Ablauf des 2. 1. 1926 zur Aw. angemeldet ist, weil die Nichtanmeldung das endgültige Erlöschen der Hypotheken zur Folge hatte.

Dazu: Verzicht aus § 7^5 nur zugunsten einzelner Rechte?

Kammergericht, 1. FerienZS. Beschluß v. 13. September 1926 (1 x 562/26).

... Die Frage, ob der Verzicht auf den Rangvorbehalt gemäß § 7^5 nur zugunsten eines einzelnen Rechtes zulässig und eintragungsfähig ist, ist gegen Mugel (DfV. Art. $14^{1 \cdot 2}$) mit Nadler zu verneinen. Der Verzicht auf den — dingliche Rechtswirkung erzeugenden — Rangvorbehalt stellt sich begrifflich als die Aufgabe eines Rechts dar, seine Eintragung ist dazu bestimmt, dies zu verlautbaren (JFG 3 S. 374). Mit dem Begriff und Zweck einer solchen Rechtsaufgabe (vgl.

z. B. § 375 BGB) ist der Verzicht nur zugunsten eines bestimmten Rechtes, also die Aufrechterhaltung der Befugnis zugunsten der anderen Rechte, nicht vereinbar; er kann stets nur absolute, nicht relative Wirkung haben. Eine solche Beschränkung widerstreitet aber nicht bloß dem Begriff des Verzichts, sie ist auch deshalb unzulässig, weil vereinbarungsgemäß die gesetzlichen Rangverhältnisse im Grundbuch auf anderem als dem durch die § 880 ff. BGB. vorgesehenen Wege nicht geändert werden können. Rangverschiebungen mit nur relativer Wirkung könnten nach den bestehenden Vorschriften nur kraft Gesetzes als notwendige und nicht zu vermeidende Folge des Glaubens des Grundbuchs (§ 892[2] BGB) besonders unter dem AwG. § 20, sowie auf Grund des — gleichfalls auf dem Gedanken des Schutzes des guten Glaubens des Rechtserwerbers beruhenden — § 6[2] eintreten. Ähnliche Rechtsgedanken liegen auch der Sondervorschrift des § 881[4] BGB. zugrunde, die gleichfalls eine nur relative Änderung des gesetzlichen Rangverhältnisses zur Folge haben kann.

Eine vereinbarungsgemäße Begründung einer solchen Rangverschiebung ist aber dem Gesetze fremd; sollte sie durch das AwG. zugelassen werden, so hätte das klarer ausgedrückt werden müssen. Ihre Zulassung erscheint um so bedenklicher, als dadurch eine nicht abzusehende Verwirrung des Grundbuchs herbeigeführt werden könnte. Durch die Eintragung des Verzichts sollen aber gerade klare grundbuchliche Verhältnisse geschaffen werden. Jeder, der mit dem Grundstück als Gläubiger zu tun hat, soll davor geschützt werden, daß mit dem Range vor ihm ein Recht eingetragen wird, mit dem er nicht gerechnet hat. Der Verzicht muß deshalb zugunsten aller Rechte gelten, die irgend einer — festgestellten oder auch nur möglichen — Befugnis im Range nachgehen, also zugunsten der eingetragenen, der gelöschten, aber wieder einzutragenden, und namentlich auch zugunsten der Rechte, die unter dem AwG. eingetragen werden. Der Hinweis auf § 2350 BGB. kann bei der wesentlichen Rechtsverschiedenheit sachenrechtlicher und erbrechtlicher Rechtsgebilde nicht durchgreifen. Der Erbverzicht zugunsten bestimmter Personen hat keineswegs, wie der Rangverzicht, einen teilweisen Fortfall und ein teilweises Fortbestehen des Rechts zur Folge, sondern nur die Abhängigkeit der Wirksamkeit des Verzichts davon, daß die begünstigten Personen Erben werden, daß für diesen Fall also der Erbverzicht volle Rechtswirkung gegenüber jedermann erzeugt, während er im anderen Falle überhaupt nicht in Kraft tritt.

l) Aw. der während der Geldentwertung übernommenen Schuld [1]). Anerkenntnis des AwBetrages. Überschreitung der Zuständigkeit des § 75.

α Kammergericht, 9. ZS. Beschluß v. 12. Mai 1926 (Aw. 188/26).

Für A. war auf dem Grundstücke des B. aus dem Vertrage vom 20. 2. 1919

---

[1]) Eine „Mitteilung" des § 415 BGB. könnte nach RG. 63 S. 44, Warn. 7 Nr. 281 in der angebotenen Auszahlung der Hypothek nur dann gefunden werden, wenn besondere Umstände dafür sprächen, daß die Übernehmer sich hiermit dem Gläubiger gegenüber als persönlicher Schuldner bekennen wollte (KG. 29. 3. 1926 Aw. 83/26). Sie ist auch noch während des AwVerfahrens zulässig (KG. 7. 8. 26, JW. 2689). — Die Aw. hängt nicht davon ab, daß die später bezahlte und gelöschte Hyp. nicht wieder eingetragen werden kann (OLG. Karlsruhe 28. 7. 26, Badische Rechtspraxis 92 S. 131).

ein Restkaufgeld von 10000 M. eingetragen, das am 19. 6. 1923 gelöscht ist. Die Witwe und Erbin des A. beantragte Aw. der Hypothek und der Forderung zunächst nur gegen B., später nahm sie wegen der Forderung auch den C. in Anspruch, der das Grundstück von ihrem Manne gekauft hatte. B. erkannte den persönlichen Anspruch in Höhe von 1,35 GM. an, während C. bestritt, persönlicher Schuldner zu sein. Die AwStelle setzte das Verfahren gegen C. aus und wertete gegen B. die Hypothek auf 852 GM. und die Forderung auf 0,68 GM. auf. Die Beschwerde des B., der aus § 4 auch die Herabsetzung des AwBetrages der Hypothek auf 68 Pf. verlangte, ist mit Recht zurückgewiesen worden. B. hat vor der AwStelle anerkannt, daß er dinglich in Höhe von 852 hafte. Diesem Anerkenntnisse gemäß ist auch der Betrag für die Hypothek festgesetzt. Dadurch, daß seinem Anerkenntnisse gemäß entschieden worden, ist B. aber nicht beschwert. Übrigens kann er sein Anerkenntnis auch nicht einseitig widerrufen, denn es ist, da die A. hiermit übereinstimmte, als ein vertragsmäßiges anzusehen.

Anlangend das weitere Verfahren hat B. die Auffassung, daß er die persönliche Forderung nur in dem GMWerte, den sie damals hatte, übernommen habe, vertreten und sie deshalb nur in Höhe von 1,35 GM. anerkannt. Darin, daß die AwStelle die Forderung nur auf 68 Pf. aufwertete, kann keine abschließende Entscheidung über die Aw. der persönlichen Forderung gegen B. gesehen werden. Diese ist in Höhe von 3409 GM. geltend gemacht und trotz der anerkannten 1,35 GM. aufrechterhalten worden. Sollte die Entscheidung so gemeint sein, daß die A. mit dem ganzen persönlichen Anspruche, soweit er gegen B. gerichtet und nicht zugesprochen ist, abgewiesen sein soll, so wäre sie nach § 75 rechtlich unwirksam, weil die Stelle damit ihre Zuständigkeit überschritten hätte. Denn sie durfte über den bestrittenen persönlichen Anspruch nur entscheiden, wenn ihre Zuständigkeit nach § 71 vereinbart worden wäre; daran fehlt es. Man kann aber die Entscheidung noch in anderer Weise verstehen, nämlich als eine Teilentscheidung. Danach wäre das Verfahren über den persönlichen Anspruch gegen B. — abgesehen von den zugesprochenen 68 Pf. — noch anhängig und die A. könnte die Fortsetzung des Verfahrens vor der AwStelle verlangen. Diese hätte dann infolge des Bestreitens des B. das Verfahren auszusetzen. Es dürfte sich empfehlen, daß sie nochmals die gütliche Einigung versucht und dabei den B. über die Unrichtigkeit seiner Auffassung belehrt (Nadler 112). Übrigens ist die Übernahme einer Schuld, für die eine Hypothek bestellt ist, regelmäßig eine befreiende (RG. 56 S. 200, 75 S. 338, RGKomm. BGB. § 415[1]). N.r.

β) **Übernahme einer Grundschuld auf den Kaufpreis.**

Kammergericht, 9. ZS. Beschluß v. 6. Mai 1926 (Aw. 137/26).

Es entspricht im Zweifel dem Willen der Parteien, daß die Kaufgeldforderung, soweit die Grundschuld auf den Kaufpreis angerechnet wird, dadurch nicht endgültig getilgt wird, sondern bestehen bleibt und zwar gesichert durch die Grundschuld (vgl. KG. JW. 1926 S. 994). Besondere Umstände stehen hier aber der regelmäßig gebotenen Auslegung entgegen. Regelmäßig findet sich in den Verträgen der Satz, wonach der Kaufpreis in der Weise belegt wird, daß der Käufer auf den Kaufpreis die für den Verkäufer eingetragene Eigentümergrundschuld übernimmt und ferner bestimmte Beträge stundet oder bar zu zahlen hat. Hier heißt es dagegen, daß der Käufer das Grundstück für die eingetragene Grundschuld übernimmt. Hiermit ist deutlich ausgedrückt, daß mit der Übernahme der den ganzen Kaufpreis deckenden Grundschuld das Kaufgeld völlig und endgültig getilgt sein soll. Die Übernahme stellt sich somit hier als eine Leistung an Erfüllungsstatt dar, die der Gläubiger auch als solche annimmt[1]). N.r.

γ) **Kammergericht, 9. ZS. Beschluß v. 28. Januar 1926 (Aw. 13/26).**

A. hatte als Eigentümer und persönlicher Schuldner zwei Hypotheken von 12000 und 6000 M. ausgezahlt und die Hypotheken an sich abtreten lassen. Bei dem Kauf des Grundstücks 1920 übernahm B. diese Hypotheken auf den Kaufpreis. A. meint, daß sie dadurch Restkaufgeldhypotheken geworden seien. Die AwStelle hat die Aw. der persönlichen Forderung abgelehnt. Das LG. hat aufgehoben. Die weitere Beschwerde ist begründet.

1. Allerdings kann eine Grundschuld in eine Hypothek umgewandelt werden (§ 1198 BGB.). Dies setzt aber Einigung und Eintragung voraus, und dabei ist die Forderung, die gesichert werden soll, bestimmt zu bezeichnen (RGKomm. § 1198[1], KGJ. 31 S. 339). Daran fehlt es hier. Umwandelung ist hier nicht erfolgt.

2. Rechtlich liegt die Sache so, daß der Eigentümer infolge der Rückzahlung der Hypotheken Eigentümergrundschulden erlangt hatte (§ 1177 BGB.). Wären diese Grundschulden damals nicht für den Eigentümer eingetragen gewesen, so wäre die Restkaufgeldforderung, die 9000 M. betrug und eingetragen wurde, um die 12000 und 6000 M. erhöht worden, und es wäre ein Restkaufgeld von 27000 M. eingetragen worden. Das unterblieb lediglich deshalb, weil bereits zwei Grundschulden eingetragen waren und deren Abtretung erheblich billiger war, als wenn die Grundschulden gelöscht und eine neue Kaufgeldhypothek eingetragen worden wäre. In solchem Falle sind zwei Möglichkeiten denkbar. Der Parteiwille konnte dahin gehen, daß der Kaufpreis durch die Übernahme der Grundschulden in Höhe ihres Betrages getilgt werden sollte; dann wäre die persönliche Forderung des A. erloschen. Die zweite Möglichkeit, daß die persönliche Forderung bestehen bleiben und lediglich durch die Grundschulden gesichert werden sollte, entspricht im Zweifel dem Willen der Parteien (Nadler 89). In diesem Sinne hat sich auch der Staatssekretär Joel im Reichstag ausgelassen (StenBer. 3030 f.; a. A. von Karger S. 71). Ist aber die Forderung durch eine Grundschuld gesichert, so wird sie als ungesichert behandelt und nach den §§ 62, 63 AwG. aufgewertet. Hierfür ist die AwStelle nicht zuständig.

Dazu. OLG. Rostock, 1. ZS. Beschluß v. 3. Juni 1926.

Besteht auch die Möglichkeit, Grundschulden anstatt Hypotheken zur Sicherung eines bestehen bleibenden obligatorischen Anspruchs aus einem Kaufvertrag zu bestellen, so ist doch immer davon auszugehen, daß als dingliche Rechte, durch

[1]) Ebenso tilgt der Käufer, der die Hypothek eines Dritten auf den Kaufpreis übernimmt, dadurch die Kaufgeldforderung, selbst wenn sich der Verkäufer bereits im Kaufvertrage zum Erwerbe jener Hypothek verpflichtet und für diesen Fall neue Bedingungen für sie vereinbart hatte (KG. 21. 7. 26, JW. 2371).

welche obligatorische Ansprüche gesichert werden sollen, in erster Linie Hypotheken in Betracht kommen. Wer sich dagegen die Bestellung einer Grundschuld versprechen läßt, drückt damit mangels anderweitiger Erklärungen aus, daß die Leistung in einer reinen Realleistung bestehen soll, die von einer Beziehung zu einer anderen persönlichen Forderung absieht. Daß die in Höhe des Kaufgeldrestes einzutragenden Grundschulden zur Sicherung der bestehen bleibenden Forderung dienen sollen, ist deshalb nur dann anzunehmen, wenn solche Annahme im Wortlaute und Sinne des Vertrages eine besondere ausreichende Stütze findet. Das ist hier aber nicht der Fall.... Die Fassung läßt vielmehr, wenn der Vertrag unter Zuziehung eines Rechtskundigen geschlossen ist, nur die Annahme zu, daß der Käufer neben der Barzahlung und der Übernahme der Belastungen nur die Bestellung der Grundschulden zu leisten haben und daß mit der Bewirkung dieser Leistung der Verkäufer den Vertrag vollständig erfüllt haben sollte, ohne daß noch ein persönlicher Anspruch des Käufers bestehen blieb. Dr. Br.

k) α) **Einfluß schwerer Verschuldung des Schuldners.**

Kammergericht, 9. ZS. Beschluß v. 29. April 1926 (Aw. 151/26).

Der Schuldner hat seine persönlichen Verhältnisse eingehend dargelegt, besonders im einzelnen angegeben, welche AwLasten und andere Lasten auf dem Grundstück ruhen, und auch seine sonstigen Schulden aufgeführt. Diese Belastung ist ungewöhnlich schwer, und deshalb unbedingt erforderlich, daß sie bei der Abmessung der Aw. berücksichtigt wird. Die Ausführung des LG., es habe sich nicht davon überzeugen können, daß in den persönlichen Verhältnissen der Parteien Umstände vorhanden seien, die eine andere Festsetzung der Aw. rechtfertigen könnten, läßt nicht erkennen, daß es sich bewußt gewesen ist, daß eine schwere Verschuldung des Schuldners auf die Höhe der Aw. erheblich sein kann. Jedenfalls bestehen Zweifel darüber, ob dieser wesentliche Umstand so berücksichtigt worden ist, wie der gegebene Fall billigerweise erheischt. N.r.

β) **Übernahme des Nachlaßgrundstücks durch den Mann einer Miterbin als „Auseinandersetzung".**

Kammergericht, 9. ZS. Beschluß v. 18. März 1926 (Aw. 59/26).

Die inzwischen verst. Frau des A. und die Frau des B. haben als alleinige Erbinnen ihres Vaters am 12. 12. 1901 mit B. einen als Auseinandersetzung bezeichneten Vertrag geschlossen. Dort heißt es, daß die Erbinnen dem B. die Nachlaßgrundstücke zum Zwecke der Auseinandersetzung überlassen, während B. bekennt, das Kaufgeld ihnen als väterliches Erbteil zu verschulden. Dieser von A. ererbte Anspruch seiner Frau beruht auf den Beziehungen aus der Auseinandersetzung unter Miterben. Daß B. selbst nicht Miterbe ist, ist unerheblich; denn er gehört als Mann der einen Miterbin zu den an der Auseinandersetzung Beteiligten, da in Schlesien, wo die Eheleute B. ihren ersten ehelichen Wohnsitz gehabt haben, die Verwaltungsgemeinschaft des ALR. galt, die in das gesetzliche Güterrecht des BGB. übergeleitet worden ist. Nach §§ 1363 ff. stand somit dem B. an der väterlichen Erbschaft seiner Frau die Verwaltung und Nutznießung zu. Die ihm hierdurch eingeräumte Rechtsstellung, die ein selbständiges Verwaltungs- und Verfügungsrecht der Frau ausschließt, rechtfertigt daher, ihn als beteiligt an der

Auseinandersetzung der Erbschaft anzusehen. Ein solcher Vertrag behält deshalb auch wenn der Mann sich nicht auf die Ausübung seines Verwaltungsrechts beschränkt, sondern den gesamten Nachlaß käuflich erwirbt, die rechtliche Natur einer Erbauseinandersetzung, zumal dieser recht dehnbare Begriff im weitesten Sinne zu verstehen ist (JW. 1925 S. 1124, 26 S. 173). Schließlich wollten die Vertragschließenden die Wirtschaft dem B. nicht als einem beliebigen Dritten, sondern in seiner Eigenschaft als Mann der einen Miterbin verkaufen, und der Übernahmepreis sollte den beiden Erben nicht als gewöhnliches Kaufgeld, wie bei einem Kaufe durch einen beliebigen Dritten, sondern nach ausdrücklicher Vereinbarung als väterliches Erbteil verschuldet werden. N.r.

γ) **Berechnung der Aufwertung von Erbansprüchen.**

Kammergericht, 9. ZS. Beschluß v. 19. April 1926 (Aw. 66/26).

B., der in der allgemeinen GG. gelebt hatte, setzte sich mit den Beschwerdeführern, seinen Kindern, am 17. 6. 1920 gerichtlich dahin auseinander, daß er das im wesentlichen aus einem Anerbengut bestehende gemeinschaftliche Vermögen übernahm und sich zur Zahlung von je 4000 M. verpflichtete, die hypothekarisch gesichert wurden. Das LG. setzte die von der AwStelle auf je 2400 GM. festgesetzten AwBeträge auf je 1500 GM. herab. Ihm ist darin beizutreten, daß die AwStelle nicht zwischen den Beteiligten eine neue Schichtung unter Zugrundelegung des jetzt vorhandenen Vermögens vorzunehmen, sondern nur darüber zu entscheiden hat, wie hoch die bei der Schichtung festgestellten Ansprüche der Kinder aufzuwerten sind. Rechtsirrtümlich ist dagegen seine Auffassung, daß es nicht darauf ankomme, wie hoch sich das Vermögen des Schuldners jetzt belaufe. Dieser Umstand ist vielmehr für die Berechnung des AwBetrags ausschlaggebend, denn die Forderungen der Kinder sind nicht reine Geldforderungen (Markzahlungsansprüche), sondern haben die Eigenschaft von Wertansprüchen im weiteren Sinne. Wenn der Vater bei der Auseinandersetzung das Nachlaßgrundstück übernimmt und sich zu Abfindungen verpflichtet, die entsprechend den Erbanteilen und dem Werte des Nachlaßgrundstücks berechnet sind, so ist es offensichtlich, daß den Kindern, dem Zwecke der Erbteilung und dem Willen der Parteien entsprechend, mit den überwiesenen Summen ein bestimmter Teil des Wertes des Nachlasses zugewendet werden soll. Diese Eigenschaft des Anspruchs als eines Wertanspruchs wird durch den Währungsverfall nicht berührt, bietet vielmehr eine zuverlässige Grundlage für eine dem Willen der Parteien und den Anforderungen von Treu und Glauben entsprechende Berechnung der Aw. Ging der Wille der Parteien dahin, den Kindern je 1/4 des Wertes des Nachlasses zuzuwenden, so muß der Vertrag gemäß § 157 BGB. dahin ergänzt werden, daß die Parteien, wenn sie den Währungsverfall vorausgesehen hätten, den Vertrag so gestaltet hätten, daß sie den Kindern das Recht auf je 1/4 des Wertes des Nachlasses durch Zubilligung eines entsprechenden Bruchteils des Nachlaßwertes zurzeit der Auszahlung oder Neufestsetzung nach Beendigung des Währungsverfalls gesichert hätten (Nadler 153). Der AwBetrag ist deshalb in Fällen dieser Art grundsätzlich nach dem Wertverhältnis zu berechnen. Die „Wertanteilslehre" des KG. wird übrigens bei Erbansprüchen auch in den Kreisen der Beteiligten allgemein als billig und gerecht empfunden, auch hier erkennt der Vater das Recht der Kinder auf je 1/4 des jetzigen Grundstückswerts grundsätzlich an und bestreitet nur die jetzige Bewertung des Grundstücks. Der nach dem Wertverhältnis errechnete Betrag ist freilich nicht etwa ohne weiteres festzusetzen, es muß vielmehr in jedem Einzelfalle sorgfältig geprüft werden, ob nicht die besonderen Umstände des Falles, besonders die persönlichen Verhältnisse der Parteien, Abschläge von dem gefundenen Betrage rechtfertigen. Die Aw. der persönlichen Forderung darf den Schuldner, der eine Wirtschaft übernommen hat, keineswegs in solchem Maße belasten, daß die Leistungsfähigkeit der Wirtschaft gefährdet wird. N.r.

δ) **Gilt § 10³ für Ansprüche aus Gutsüberlassungsverträgen?**
Kammergericht, 9. ZS. Beschluß v. 8. März 1926 (Aw. 71/26).

Der Vater der Parteien verkaufte 1919 sein Grundstück für 7000 M. neben einem Ausgedinge dem A. und überwies davon 3000 M. dem B. Die AwStelle wertete diesen hypothekarisch gesicherten Anspruch über 100% des GMBetrags auf. Das LG. hielt dagegen den § 10³ für anwendbar. Die weitere Beschwerde ist begründet. Das AwG. hat die bisherige Rechtslage mehrfach verändert: im § 10¹ Nr. 2 führt es außer den in § 7 Nr. 2 der 1. DfV. zur 3. StNV. bezeichneten Rechtsverhältnissen noch die Gutsüberlassungen auf, und beschränkt im Abs. 3 die Aw. der Ansprüche aus diesen Verträgen und der vor 1922 begründeten Kaufgeldforderungen je nach dem Zeitpunkt der Begründung auf 75 oder 100% des GMBetrags. Diese neuen Bestimmungen bieten jedoch dem Senate keinen ausreichenden Anlaß, von seiner bisherigen Beurteilung (JW. 1925 S. 1124) abzugehen. Auch im Sinne des § 10 Nr. 2, der insoweit mit dem erwähnten § 7 Nr. 2 wörtlich übereinstimmt, ist die Regelung in einem Überlassungsvertrage, der mit einer Abfindung der Geschwister des Übernehmers verbunden ist, als eine Auseinandersetzung unter Miterben oder unter Eltern und Kindern anzusehen und zu behandeln.

Dagegen gilt die Beschränkung des § 10³ nicht auch in dem Falle, daß die Regelung der Verhältnisse im Überlassungsvertrage gleichzeitig eine Auseinandersetzung unter Miterben oder unter Eltern und Kindern im Sinne des § 10 Nr. 2 darstellt. Der Begriff jenes Vertrages ist nicht auf Verträge zu beschränken, die zwischen Eltern und Kindern abgeschlossen sind, umfaßt vielmehr auch zwischen Fremden geschlossene Verträge, sofern sie den üblichen Inhalt einer Gutsüberlassung haben, besonders also in ihnen Altenteile oder Wohnungsrechte für die Überlassenden oder Abfindungen für deren Kinder ausbedungen sind. Von diesen Verträgen fallen unter die zweite Gruppe des § 10¹ Nr. 2 nur die zwischen Eltern und Kindern abgeschlossenen Verträge. Es sind hiernach reine Überlassungsverträge und solche zu unterscheiden, die gleichzeitig eine familien- oder erbrechtliche Auseinandersetzung enthalten. Der § 10³ macht diese Unterscheidung nicht, beschränkt vielmehr die Aw. der Ansprüche aus Überlassungsverträgen im allgemeinen. Nach dem Wortlaut fallen somit Gutsüberlassungen jeder Art unter § 10³. Der Wortlaut allein kann aber nicht ausschlaggebend sein, das entscheidende

Gewicht ist vielmehr auf den Willen des Gesetzes zu legen, wie er der Gesamtheit seiner Bestimmungen zu entnehmen ist. Aus der Fassung des § 10¹ Nr. 2, der den recht dehnbaren Begriff der Beziehungen und den im weitesten Sinne zu verstehenden Begriff der Auseinandersetzung verwendet, geht deutlich hervor, daß die auf familien- und erbrechtlicher Grundlage beruhenden Ansprüche eine besonders weitgehende Aw. erhalten sollen. Auch bei der Beratung ist dieser Standpunkt wiederholt anerkannt worden (AusschBer. S. 43). Es widerspräche deshalb offenbar dem Willen des Gesetzes, wenn man Ansprüchen dieser Art lediglich deshalb, weil sie in einem gleichzeitig eine Gutsüberlassung darstellenden Vertrag begründet sind, den Vorzug erhöhter Aw. entziehen wollte. Es muß aber, wie der Beschluß (JW. 1926 S. 173) näher darlegt, das Ziel der Auslegung des AwG. sein, dem allgemeinen bürgerlichen Recht, soweit irgend möglich, wieder Geltung zu verschaffen. Deshalb müssen die die Rechte der Gläubiger beschränkenden Vorschriften des AwG. eng ausgelegt werden, während die Bestimmungen, die für gewisse Fälle die Grundsätze des allgemeinen bürgerlichen Rechts, dh. die freie Aw. zulassen, ausdehnend auszulegen sind, so daß der Kreis der AwAnsprüche erweitert wird. Dieser Standpunkt muß gerade bei den auf familien- und erbrechtlicher Grundlage beruhenden Ansprüchen des § 10¹ Nr. 2 besonders gelten und rechtfertigt es, den § 10³ auf die reinen Überlassungsverträge zu beschränken (ebenso BayObLG. Aufw. Rechtspr. S. 18, Nadler 97, Schlegelberger S. 164, Lehmann S. 140, Wagemann S. 34, Mügel DJV. S. 262, Gribel S. 96)¹).

1) α) **Grundsätze für Aw. von Kaufgeldforderungen ²).**

Kammergericht, 9. ZS. Beschluß v. 29. März 1926 (Aw. 49/26).

Nach der Rechtsprechung des Senats ist sowohl bei den unbeschränkt als auch bei den gemäß § 10³ beschränkt aufwertbaren Kaufgeldforderungen der nach dem Grundstückswertverhältnis errechnete innere Wert jener Forderungen ein

¹) Dagegen ist § 10³ anwendbar, wenn der Vater die Wirtschaft neben einem Ausgedinge für einen gestundeten und durch Hypothek gesicherten Preis verkauft, ohne die Geschwister des Übernehmers überhaupt zu erwähnen (Beschluß vom 8. März 1926, Aw. 56/26).

²) a) Für die Aw. eines Vorkriegskaufgeldes ist nicht dessen Alter maßgebend; innerhalb des Rahmens von 25 bis 100 % richtet sie sich vielmehr nach anderen Gesichtspunkten, besonders nach der Entwicklung der Grundstückswerte und den persönlichen Verhältnissen der Beteiligten (KG. 28. 5. 26, Aw. 169/26). — War dagegen jene Forderung ein reiner Inflationsgewinn, so kann es nicht Sache der auf Treu und Glauben beruhenden und Beseitigung der Inflationswirkungen erstrebenden Aw. sein, solche Gewinne wieder herzustellen; sie sind vielmehr lediglich nach der Meßzahl des AwG. aufzuwerten (Beschluß v. 8. 3. 1926, Aw. 53/26).

b) Die Ausführung des LG., daß, auch wenn das Haus heute tatsächlich einen weit geringeren Wert habe, eine Aw. auf 40 % angemessen sei, widerspricht dem § 242 BGB.; es durfte über die Behauptung, daß es vor dem Kriege einen Wert von 44 000 M. hatte, jetzt aber nur 15 000 M. wert sei, nicht hinweggehen (KG. 18. 3. 26, Aw. 58/26). Vgl. oben 44 S. 361.

c) Der Käufer kann nicht deshalb eine besonders niedrige Aw. der Kaufgeldforderung beanspruchen, weil er zu teuer gekauft habe; dieser Umstand kommt vielmehr dem Verkäufer zugute und ist sogar eine Aw. über den Tagespreis zulässig (KG. 28. 5. 1926 Aw. 109/26). Vgl. JW. 1926 S. 697, RG. 109 S. 163). — Dagegen haben Fälligkeit und Verzinsung keinen Einfluß auf den AwBetrag (KG. 31. 7. 26, 9 Aw. 359/26).

d) Steuerliche Bewertungsgrundsätze sind nicht allein maßgebend (KG. 13. 7. 26, 9 Aw. 517/26); desgl. nicht steuerliche Verhältnisse beim Weiterverkauf (ObLG. 12. 2. 26 S. 25 S. 68).

wichtiger, wenn auch nicht allein maßgebender Maßstab.... Das LG. hat aber nicht untersucht, welcher Betrag bei einer Bemessung nach jenem Verhältnis angemessen wäre. Es hat allerdings den gegenwärtigen Grundstückswert auch berücksichtigt, jedoch lediglich in der Weise, daß es als Aw. die Hälfte des Unterschieds zwischen dem jetzigen Werte von 22000 RM. und dem von B. aufgewendeten Kaufpreise von 3961 RM. festgesetzt hat. Diese Art der Berechnung ist aber als mehr oder minder willkürlich nicht geeignet, eine Berechnung nach dem Wertverhältnis entbehrlich zu machen.

Das LG. hat aber nicht nur den § 242 BGB., sondern auch den § 12 FGG. verletzt. Es hat zwar die Gutachten zugrunde gelegt, diese gehen aber zum Teil von falschen Voraussetzungen aus: sie schätzen den Wert der Baulichkeiten und der Grundstücke nach ihrem Werte von 1914, weil der augenblickliche Wert schwer zu ermitteln sei. Das war unzulässig. Es muß der heutige Wert zugrunde gelegt werden, und zwar der jetzige Verkaufswert. Die Sachverständigen haben ferner nicht berücksichtigt, daß es sich hier um eine wirtschaftliche Einheit, um ein Hotelgrundstück mit Inventar handelt. Sie haben erklärt, daß sie das Inventar nicht schätzen könnten, und demgemäß hat auch das LG. es vollkommen außer acht gelassen. Offensichtlich hat aber das Hotelinventar einen ganz erheblichen Wert, denn nach dem Vertrage von 1919 war es 40000 M. wert, machte also $^4/_{10}$ des Gesamtkaufpreises aus. Es darf aber auch nicht das Inventar für sich allein geschätzt werden, sondern es muß ermittelt werden, welchen Wert das Hotelgrundstück mit Inventar im ganzen hat, dh. welcher Verkaufspreis hierfür jetzt erzielt werden könnte (Nadler 162). N.r.

β) Berücksichtigung von Verbesserungen des Grundstücks.

Kammergericht, 9. ZS. Beschluß v. 3. Juni 1926 (Aw. 226/26).

Das LG. hat den gegenwärtigen Grundstückswert berücksichtigt. Der Beschwerdeführer will die gesamten Aufwendungen für Verbesserungen abziehen. Allein abzuziehen ist lediglich die auf den Verbesserungen beruhende Wertsteigerung, deshalb wird in der Regel von einer genauen Feststellung der aufgewendeten Beträge abgesehen werden können. Der Schuldner kann auch nicht etwa alle Aufwendungen, die er seit dem Erwerbe des Grundstücks für dieses gemacht hat, abziehen; vielmehr ist sorgfältig zu prüfen, welcher Art sie sind. Größere und kleinere Instandsetzungen, und zwar nicht nur die laufenden, sondern auch solche, die in größeren Zeitabständen erforderlich werden, scheiden aus. Es muß sich um Arbeiten handeln, die aus dem Rahmen des Gewöhnlichen herausfallen, zB. um Aufstockungen oder um neue Gebäude. Gleiches gilt für die nicht durch den Erwerber veranlaßten Wertsteigerungen: sie kommen dem Verkäufer zugute, wenn sie auf außergewöhnlichen Umständen beruhen (JW. 1925 S. 2253). Die AwStelle wird, falls die Aufwendungen während der Geldentwertung gemacht sind, auch diesen Umstand berücksichtigen dürfen. N.r.

γ) Ist die Forderung, auch soweit sie sich auf mitverkaufte Gegenstände bezieht, als Kaufgeld für das Grundstück anzusehen?

Kammergericht, 9. ZS. Beschluß v. 28. Mai 1926 (Aw. 216/26).

Die Firma B. hat ein Grundstück mit Fabrikanlagen, Wohngebäuden,

Maschinen und Vorräten erworben, also ein Fabrikgrundstück mit allem, was zum Betrieb einer Fabrik gehört. Sie wollte nicht die einzelnen Bestandteile kaufen, sondern das Fabrikunternehmen als Ganzes, als eine wirtschaftliche Einheit. Den Hauptbestandteil bildete das Grundstück mit den darauf stehenden Gebäuden. Es war für den Fabrikbetrieb eingerichtet, und die mitverkauften beweglichen Sachen bildeten, wirtschaftlich betrachtet, nur das Zubehör. Ob die Maschinen und die Vorräte auch im Rechtssinne Zubehör waren (§§ 97, 98 BGB.), ist unerheblich. Der Begriff des Kaufgelds für das Grundstück ist nicht rein rechtlich nach dem BGB., sondern aus dem AwG. (§ 10 Nr. 5) selbst heraus unter besonderer Berücksichtigung wirtschaftlicher Gesichtspunkte zu verstehen. Nach dem AwG. kann dem Empfänger des Sachwerts eine höhere Aw. zugemutet werden, weil er in der Regel wirtschaftlich in der Lage sein wird, sie zu tragen. Sind aber wirtschaftliche Gesichtspunkte in erster Linie maßgebend, so kann es, wenn der Erwerber nicht nur das reine Grundstück, sondern gleichzeitig andere Sachen gekauft hat, nicht darauf ankommen, ob diese Sachen im Rechtssinne Bestandteile oder Zubehörstücke sind, sondern ausschlaggebend ist allein, ob das, was der Käufer erworben hat, zusammen mit dem Grundstück eine wirtschaftliche Einheit bildet. Dabei kann es keinen Unterschied machen, ob nur ein Gesamtkaufpreis vereinbart ist, oder ob er wie hier auf die einzelnen verkauften Sachen verteilt und dabei auch ein Preis nur für das Grundstück festgesetzt ist. Denn diese Verteilung hat in der Regel ihren Grund lediglich darin, daß dadurch Kosten, Stempel und Steuern erspart werden sollen [1]).

Dazu: Kammergericht, FerienZS. Beschluß v. 31. Juli 1926 (9 Aw. 582/26).

Als „Kaufgeld" gilt auch der Teil des Kaufpreises, der dem Verkäufer eines Apothekengrundstücks für den Verzicht auf die Konzession gewährt wird. Grundstück, Inventar, Warenvorräte und Konzession bilden eine wirtschaftliche Einheit, die übertragen und erworben werden soll. Ohne die Möglichkeit der Erlangung der Konzession wäre der Vertrag nicht geschlossen worden.

---

[1]) Deshalb ist auch unerheblich, ob das für einen bestimmten Betrieb eingerichtete Grundstück und das Inventar in getrennten Verträgen verkauft und besondere Preise festgesetzt sind (Beschluß v. 28. 5. 1926, Aw. 196/26). — Bei Nr. 5 kommt es nicht auf die Bezeichnung und äußere Aufmachung, sondern auf den wirtschaftlichen Charakter des Rechtsgeschäfts an; deshalb kann, wenn sämtliche Geschäftsanteile unter Bestellung einer Hypothek für den Abtretungspreis auf Grundstücken der GmbH. abgetreten werden, die Hypothek nach Nr. 5 aufgewertet werden (ObLG. 8. 7. 26, JW. 2377). Auch die sich auf Zwangsversteigerung des § 188 ZVG. gründende Forderung gegen den Ersteher ist eine Kaufgeldforderung; Stundung und Verzinsung machen sie nicht zum Darlehn (ObLG. 24. 9. 1926, BayZ. 22 S. 243; KG. 14. 10. 26, JW. 2690). Dagegen bewirkt die Vereinbarung nach § 91² ZVG. nicht, daß das bestehen bleibende Recht als solches untergeht und als Kaufgeldforderung neu entsteht (KG. 7. 10. 1926 Aw. 725/26).

Gesetzesverzeichnis.

N. bedeutet „Nachträge".

1. Bügerliches Gesetzbuch.

2. Handelsgesetzbuch.

3. Gesetz betr. die Gesellschaften mbH.

4. Wechselordnung.

5. Scheckgesetz v. 11. März 1908.

6. Gesetz über Mieterschutz und MEÄmter v. 1. Juni 1922/30. Juni 1926.

7. Verfahrensanordnung
v. 19. September 1923.

8a. Aufwertungsgesetz v. 16. Juli 1925.

8 b. Durchführungsverordnung
v. 29. November 1925.

9. Zivilprozeßordnung.

gerichtsrat Dr. Stenglein bearbeitet, wird das Werk nunmehr, nachdem die anderen Mitarbeiter der letzten Auflage verstorben sind, von Oberreichsanwalt Dr. Ebermayer in Gemeinschaft mit den anderen oben genannten Mitgliedern des Reichsgerichts und der Reichsanwaltschaft bearbeitet werden.

13 Jahre sind seit Abschluß der vierten Auflage vergangen. Obschon das Werk seit langer Zeit vergriffen war, haben sowohl wirtschaftliche Ereignisse wie die gesetzgeberischen Verhältnisse erst jetzt eine neue Auflage ermöglicht. In der langen Zwischenzeit hat sich aber auf dem Gebiete der strafrechtlichen Nebengesetze gar vieles geändert: Manche Gesetze sind durch die Zeitverhältnisse überholt und dadurch in ihrer Bearbeitung veraltet, zu anderen sind wesentliche Abänderungsgesetze ergangen, viele sind ganz neu hinzugetreten. Es liegt in der Strömung der Zeit, daß weit mehr Gesetze als früher Strafbestimmungen enthalten; besonders die Kriegs- und Nachkriegszeit hat eine gesetzgeberische Hochflut mit zahlreichen strafrechtlichen Bestimmungen veranlaßt. In welchem Ausmaße das Werk, das in dieser Auflage als ein vollkommen neues bezeichnet werden kann, sich geändert hat, zeigt das nachstehende vorläufige Inhaltsverzeichnis. **Nicht weniger als 133 Reichsgesetze mit Strafbestimmungen werden in einheitlicher Form nach dem gegenwärtigen Stande der Wissenschaft und der Praxis teils umgearbeitet, teils völlig neu bearbeitet hier vereinigt.**

Um das Werk und den Preis nicht zu stark anschwellen zu lassen, ist dabei die Reichsversicherungsordnung mit deren Nebengesetzen ausgeschieden worden, zumal zahlreiche selbständige Bearbeitungen hierzu vorliegen. Fortgelassen sind auch die Zoll- und Steuergesetze, deren Stoff sich zu einem gewaltigen selbständigen Gebiete ausgewachsen hat. Der Verlag behält sich jedoch vor, den bisherigen zweiten Band mit den Zoll- und Steuergesetzen zum Gegenstande eines besonderen, in sich abgeschlossenen Werkes zu machen. Nicht aufgenommen ist schließlich eine Anzahl von Gesetzen, deren baldiges Außerkrafttreten nach einem ausdrücklich gesetzten Zeitpunkt oder bei der Lage der von ihnen berührten wirtschaftlichen Verhältnisse vorauszusehen ist. Es erschien nicht angebracht, ein für die Benutzung durch viele Jahre berechnetes Werk mit ihnen noch zu belasten und dadurch zu verteuern. Aus ähnlichen Erwägungen werden auch einzelne neuere Gesetze fortgelassen, die bei gewaltigem äußeren Umfang nur von ganz untergeordneter Bedeutung in strafrechtlicher Beziehung oder in der Praxis bisher nicht angewandt sind.

Durch diese Begrenzung wird die Vollständigkeit des Werkes für die strafrechtliche Praxis keineswegs berührt. Es enthält vielmehr **alle Reichsgesetze mit strafrechtlichen Bestimmungen,** deren Bestand für lange Zeit gewährleistet ist, und die für Wissenschaft und Praxis des Strafrechts Bedeutung beanspruchen können. Größeres Gewicht als bisher ist auf die wirtschaftlichen Gesetze gelegt worden, weil diesen unter den heutigen Verhältnissen besondere Bedeutung zukommt.

Die bewährte Form der Erläuterung ist beibehalten, die Bearbeitungsweise tunlichst einheitlich gestaltet. Die Ergebnisse der Wissenschaft und der Rechtsprechung sind bis auf die jüngste Zeit berücksichtigt, insbesondere auch zahlreiche ungedruckte Urteile des höchsten Gerichtshofes verarbeitet worden. Bei den einzelnen

Gesetzen werden nicht nur die Strafbestimmungen selbst, sondern auch die sonstigen Gesetzesvorschriften zivil- und verwaltungsrechtlicher Natur erläutert, soweit diese irgendwelche Bedeutung für das Verständnis und die Auslegung haben können.

Nach seiner Vollendung wird sich erst recht auch diese 5. Auflage als ein **für Wissenschaft und Praxis des Strafrechts** ebenso **unumgänglich notwendiges Werk** erweisen wie die früheren Auflagen. Der weitbekannte „Stenglein'sche Kommentar" wendet sich daher auch in dieser neuen Gestalt wiederum nicht nur an die **Strafrechtler** im engeren Sinne, die **Strafrichter, Verteidiger, Staatsanwälte und Hochschullehrer des Strafrechts.** Er wird vielmehr wie bisher für **alle Richter, Rechtsanwälte und Rechtslehrer, die Polizei- und Verwaltungsbehörden** sowie **Beamten des Staates und der Selbstverwaltung,** nicht zuletzt auch für **Wirtschaft, Handel und Industrie,** ein praktisches Nachschlagewerk, ein stets zuverlässiger Führer durch die große Zahl der strafrechtlichen Nebengesetze sein, in allen einschlägigen Fragen sicheren Rat erteilen und somit die Anschaffung der einzelnen Ausgaben von 133 Gesetzen, die sonst zum Teil überhaupt nicht erläutert sind, entbehrlich machen.

Änderungen und Ergänzungen des Inhalts bleiben vorbehalten. Dies gilt besonders für neue Gesetze und diejenigen, für die eine Reform in Aussicht genommen ist. Die Höhe dieser 5. Auflage schließt das Erscheinen einer neuen Auflage für lange Zeit aus. Um das Werk auf dem laufenden zu erhalten, sollen erforderlichenfalls später Ergänzungshefte erscheinen.

Mit Genugtuung übergibt die Verlagsbuchhandlung der Wissenschaft und Praxis dieses Werk in neuer Gestalt. Möge es eine ebenso weite Verbreitung und beifällige Aufnahme finden wie die früheren Auflagen!

Verzeichnis der in der fünften Auflage der „Strafrechtlichen Nebengesetze" erläuterten Gesetze.

(Abänderungen, Erweiterungen und Umstellungen vorbehalten.)

I. Abteilung:

Gesetze zum Schutz des geistigen und gewerblichen Eigentums.

1. Patentgesetz v. 7. April 1891.
2. Ges. v. 21. Mai 1900, betr. die Patentanwälte.
3. Ges. v. 1. Juni 1891, betr. den Schutz von Gebrauchsmustern.
4. Ges. v. 19. Juni 1901, betr. Urheberrecht an Werken der Literatur u. Tonkunst.
5. Ges. v. 19. Juni 1901 über das Verlagsrecht.
6. Ges. v. 9. Jan. 1907, betr. Urheberrecht an Werken der bildenden Künste und Photographie.
7. Ges. v. 11. Jan. 1876, betr. Urheberrecht an Mustern und Modellen.
8. Ges. v. 12. Mai 1894 zum Schutz der Warenbezeichnungen.
9. Ges. v. 7. Juni 1909 gegen den unlauteren Wettbewerb.

II. Abteilung:

Gesetze, betr. die Verkehrsanstalten.

10. Ges. v. 28. Okt. 1871 über das Postwesen.
11. Art. 3 des Ges. v. 20. Dez. 1899, betr. Änderungen von Nr. 10.
12. Ges. v. 26. Aug. 1925 über Kraftfahrlinien.
13. Ges. v. 21. Nov. 1887 zur Ausführung des internat. Vertrages zum Schutze der unterseeischen Telegraphenkabel.
14. Ges. v. 6. April 1892 über d. Telegraphenwesen.
15. VO. v. 8. März 1924 zum Schutz des Funkverkehrs.
16. Eisenbahnbau- u. BetriebsO. v. 4. Nov. 1904.

III. Abteilung:

Polizeigesetze.

17. Ges. v. 7. Mai 1874 über die Presse.
18. Ges. v. 9. Juni 1884 gegen verbrecherischen u. gemeingefährl. Gebrauch von Sprengstoffen.

Zu beziehen durch den Buchhandel sowie direkt vom Verlage.

19. Ges. v. 19. Mai 1891, betr. Prüfung der Handfeuerwaffen.
20. Ges. v. 9. Juni 1897 über das Auswanderungswesen.
21. VO. v. 14. Febr. 1924 gegen Mißstände im Auswanderungswesen.
22. Ges. v. 6. Juli 1904, betr. Bekämpfung der Reblaus.
23. Vogelschutzgesetz v. 30. Mai 1908.
24. Ges. v. 7. Sept. 1915, betr. Schutz von Berufstrachten usw. in der Krankenpflege.
25. Bek. v. 2. Juni 1917 über das Schlachten von Tieren.
26. VO. v. 14. Dez. 1918 über Zurückführung von Waffen u. Heeresgut an das Reich.
27. VO. v. 13. Jan. 1919 über Waffenbesitz.
28. VO. v. 6. April 1923 über Bestrafung von Zuwiderhandlungen geg. Paßvorschriften.
29. Lichtspielgesetz v. 12. Mai 1920.
30. Kraftfahrzeuggesetz v. 3. Mai 1909.
31. Luftverkehrsgesetz v. 1. Aug. 1922.

IV. Abteilung:

Gesetze, betr. Geld- und Kreditwesen.

32. Ges. v. 8. Juni 1871, betr. Inhaberpapiere mit Prämien.
33. Ges. v. 26. Mai 1885, betr. Schutz des zur Anfertigung von Reichskassenscheinen verwendeten Papiers.
34. Ges. v. 16. Mai 1894 über Abzahlungsgeschäfte.
35. Börsengesetz v. 22. Juni 1896/8. Mai 1908.
36. Bankdepotgesetz v. 5. Juli 1896.
37. Hypothekenbankgesetz v. 13. Juli 1899.
38. Ges. v. 4. Dez. 1899, betr. gemeins. Rechte der Besitzer von Schuldverschreibungen.
39. Ges. v. 2. Jan. 1911, betr. Schutz des zur Anfertigung von Reichsbanknoten verwendeten Papiers.
40. WechselstubenVO. v. 8. Mai 1923.
41. DevisenmaklerVO. v. 17. Sept. 1923.
42. RentenbankVO. v. 15. Okt. 1923.
43. Bankgesetz v. 30. Aug. 1924.
44. Privatnotenbankgesetz v. 30. Aug. 1924.
45. Münzgesetz v. 30. Aug. 1924.
46. Industriebelastungsgesetz v. 30. Aug. 1924.
47. Devisenordnung v. 8. Nov. 1924.
48. Ges. v. 16. Juli 1925 über die Ablösung öffentlicher Anleihen.

V. Abteilung:

Gesetze, betr. das Militärwesen.

49. Ges. v. 21. Dez. 1871, betr. Beschränkung des Grundeigentums bei Festungen.
50. Ges. v. 19. Juni 1883, betr. Reichskriegshäfen.
51. Ges. v. 28. Mai 1894, betr. Schutz der Brieftauben.
52. Ges. v. 22. März 1902 zum Schutze des Genfer Neutralitätszeichens.
53. Ges. v. 3. Juni 1914 über Verrat militärischer Geheimnisse.

VI. Abteilung:

Gesetze, betr. das See- und Schiffahrtswesen.

54. Strandungsordnung v. 17. Mai 1874.
55. VO. v. 15. Aug. 1876 über das Verhalten der Schiffer nach einem Zusammenstoß.
56. Ges. v. 4. Dez. 1876, betr. die Schonzeit für Robben.
57. Ges. v. 22. Mai 1881, betr. Küstenfrachtfahrt.
58. Ges. v. 30. April 1884, betr. polizeiliche Regelung der Fischerei in der Nordsee.
59. Ges. v. 4. März 1894, betr. Branntweinhandel unter den Nordseefischern.
60. Ges. v. 15. Juni 1895, betr. Binnenschiffahrt.
61. Ges. v. 15. Juni 1895, betr. Flößerei.
62. Ges. v. 22. Juni 1899, betr. Flaggenrecht der Kauffahrteischiffe.
63. Ges. v. 18. Juni 1911, betr. Schiffsmeldungen bei den Konsulaten.
64. Seemannsordnung v. 2. Juni 1902.
65. Ges. v. 2. Juni 1902, betr. Verpflichtung zur Mitnahme heimzuschaffender Seeleute.
66. VO. v. 18. Okt. 1903, betr. das Ruderkommando.
67. Seestraßenordnung v. 5. Febr. 1906.
68. VO. v. 7. Febr. 1907, betr. Lotsensignalordnung.
69. Bek. v. 17. Jan. 1918, betr. Veräußerung von Kauffahrteischiffen ins Ausland.
70. Bek. v. 20. Jan. 1918, betr. Veräußerung von Aktien u. Anteilen deutscher See- u. Binnenschiffahrtsgesellschaften ins Ausland.
71. VO. v. 13. Juni 1919, betr. Nothafenladungen deutscher Schiffe.
72. Strom- u. SchiffahrtspolizeiVO. v. 29. Dez. 1922 für westdeutsche Kanäle.
73. Schiffahrts-PolizeiVO. v. 3. April 1925 für den kanalisierten Main.
74. PolizeiVO. v. 20. April 1904/26. Sept. 1925 für die Unterelbe.
75. DonauschiffahrtspolizeiO. v. 2. Okt. 1925.
76. Ges. v. 14. April 1926 über Verfrachtung alkoholischer Waren.

VII. Abteilung:

Gesetze, betr. Gesundheitswesen und Lebensmittel.

77. Impfgesetz v. 8. April 1874.
78. Ges. v. 14. Mai 1879, betr. den Verkehr mit Nahrungsmitteln.
79. Ges. v. 25. Juni 1887, betr. Verkehr mit blei- u. zinkhaltigen Gegenständen.
80. Ges. v. 5. Juli 1887, betr. Verwendung gesundheitsschädlicher Farben.
81. Ges. v. 15. Juni 1897, betr. Verkehr mit Butter, Käse, Schmalz u. Ersatzmitteln.
82. Bek. v. 26. Juni 1916/28. April 1921 über fetthaltige Zubereitungen.

Auszug aus Kritiken über die 4. Auflage des Werkes:

„Der Vergleich des bisher Gebotenen mit den früheren Auflagen ergibt, daß die günstige Beurteilung, welche die sorgfältige und gewissenhafte, über jedes Lob erhabene Bearbeitung des umfassenden Gebietes durchweg gefunden hat, auch der neuen Veröffentlichung gebührt, die ebenfalls wieder für die deutsche Strafrechtswissenschaft **ein neues Ruhmesblatt** zu werden bestimmt erscheint.

Aber nicht nur **die Wissenschaft** wird durch das große Unternehmen gefördert, sondern auch, und nicht zuletzt, **die Praxis.** Der Berichterstatter war schon häufig in der Lage, den Kommentar zu Rate zu ziehen. **Auf keinem Gebiete** hat er **versagt.** Überall ist die Literatur und Judikatur bis in die jüngste Zeit ausgiebig verwertet; die Darlegungen sind klar und erschöpfend. Die Praktiker in ihrer Gesamtheit sind den neuen Bearbeitern zu höchstem Dank verpflichtet für die umfassende und umsichtige Arbeit, mit der sie ihnen ein so zuverlässiges Hilfsmittel beschert haben. Einem so bedeutenden Werk gegenüber kann auch heute nur in Bewunderung vor der geleisteten Geistesarbeit wiederholt werden, daß die Bearbeitung des weiten Gebietes über jedes Lob erhaben ist."

Liszts Zeitschrift f. d. g. Strafrechtswissenschaft.

„Die 4. Auflage des **jedem Praktiker unentbehrlichen Kommentars** ist als ein völlig neues Werk gedacht. Die Bearbeiter, deren Namen in der strafrechtlichen Wissenschaft und Praxis sich des besten Rufes erfreuen, haben die gewaltige Arbeit nach Materien untereinander geteilt. Die Bearbeitung zeigt überall, mit welch gründlichem wissenschaftlichen Ernst und praktischem Geschick sie ihre Aufgabe erfaßt haben. Es darf mit Sicherheit erwartet werden, daß die neue Auflage sich noch in erhöhterem Maße als die früheren Auflagen als ein hervorragendes Hilfsmittel zur sachgemäßen Anwendung unserer strafrechtlichen Nebengesetze bewähren wird."

Deutsche Juristen-Zeitung.

„In fast vierjähriger Arbeit ist ein Werk vollendet, auf das alle Beteiligten, Verfasser und Verleger, Besitzer und Benutzer, stolz sein können. . . . Zum Lobe des Werkes etwas zu sagen, erscheint überflüssig. Darauf mag indessen doch hingewiesen werden, daß **der Titel** eine recht **unzureichende Decke für den Inhalt** bietet. Das Buch enthält weit mehr, als die Überschrift annehmen läßt. Zutreffender wäre vielleicht **Reichsgesetze mit Strafvorschriften.** Denn es sind in den meisten Fällen nicht nur die Strafbestimmungen und die zu deren Verständnis ganz unentbehrlichen sonstigen Gesetzparagraphen erörtert, sondern vielfach auch verwaltungs- und zivilrechtliche Vorschriften mit herangezogen und kommentiert, so daß die Bedeutung des Werks mit seiner Anwendung in der Strafrechtspflege keineswegs erschöpft ist."

Deutsche Rechtsanwalts-Zeitung.

„Der mit allen Errungenschaften neuerer Kommentierungskunst ausgestattete Kommentar hat ein hohes wissenschaftliches Niveau eingehalten und ist stets mit Recht als eine bedeutende wissenschaftliche Leistung bewertet worden. Der Umstand, daß er sich auf den ganzen Inhalt der betr. Gesetze erstreckt, hat dem Werke über den nächsten Zweck der Benutzung für die Strafjustiz hinaus den **Charakter einer Sammlung von Kommentaren** der wichtigsten kleineren Reichsgesetze und eines ergänzenden Kommentarwerkes zu den Kommentaren über die großen Kodifikationen gegeben."

Verwaltungsarchiv.

„. . . Eine **musterhafte Kommentararbeit.** . . . Überall findet man die gleiche sorgfältige Erläuterung und, was von besonderem Werte ist, die Kommentierung **beschränkt sich nirgends auf die eigentlichen Strafrechtssätze,** sondern berücksichtigt auch die **verwaltungs- und zivilrechtlichen Bestimmungen,** die für die Erschließung der strafrechtlichen Normen Bedeutung haben. . . . . Ein besserer Führer ist schwer denkbar."

Prof. Dr. Hafter
in der Schweiz. Zeitschrift f. Strafrecht.

„War der Kommentar in seinen früheren Auflagen in erster Linie für den strafrechtlichen Praktiker von Interesse, so kann die **neue vierte Auflage** den Anspruch erheben, ein **zuverlässiges, vielfach unentbehrliches Handbuch für die gesamte Juristenwelt** zu bilden. Sie ist ein **Standard-Werk,** zu dem man die Herausgeber und den Verlag beglückwünschen darf."

Juristische Wochenschrift.

„Nunmehr ist ein Werk vollendet, das an praktischer Bedeutung und wissenschaftlicher Vertiefung in der modernen Rechtsliteratur seinesgleichen sucht, das vor allem auch der Ziviljurist nicht unbenutzt lassen darf: auch er wird darin **eine Fundgrube** wertvollsten Materials entdecken und schätzen."

Archiv für bürgerl. Recht.

Zu beziehen durch den Buchhandel sowie direkt vom Verlage.

Paß & Garleb A.-G., Berlin W 57.

FSC
www.fsc.org
MIX
Papier | Fördert
gute Waldnutzung
FSC® C083411

Kolibri 360 GmbH
Ferdinand-Jühlke-Straße 7
99095 Erfurt, Deutschland
produktsicherheit@kolibri360.de